国家社会科学基金重大项目（批准号:10&ZD130）
国　家　出　版　基　金　项　目
国家"双一流"建设学科"南京大学中国语言文学"资助项目
江苏省2011协同创新中心"中国文学与东亚文明"资助项目

中国古代文献文化史

第八卷

作为物质文化的石刻文献

程章灿 主编

程章灿 著

南京大学出版社

图书在版编目(CIP)数据

作为物质文化的石刻文献 / 程章灿著. —南京：南京大学出版社，2023.5
(中国古代文献文化史 / 程章灿主编)
ISBN 978 - 7 - 305 - 23827 - 7

Ⅰ.①作… Ⅱ.①程… Ⅲ.①石刻-文献-研究-中国 Ⅳ.①K877.404

中国版本图书馆 CIP 数据核字(2023)第 197731 号

出版发行	南京大学出版社
社　　址	南京市汉口路 22 号　　邮　编　210093
出 版 人	金鑫荣

丛 书 名	中国古代文献文化史
主　　编	程章灿
书　　名	**作为物质文化的石刻文献**
著　　者	程章灿
责任编辑	胡　豪
出版统筹	胡　豪　李　亭
装帧设计	赵　秦
封底篆印	徐兴无
责任监制	郭　欣

照　　排	南京紫藤制版印务中心
印　　刷	南京爱德印刷有限公司
开　　本	718×1000　1/16　印张 32　字数 446 千
版　　次	2023 年 5 月第 1 版　2023 年 5 月第 1 次印刷
ISBN	978 - 7 - 305 - 23827 - 7
定　　价	150.00 元

网　　址：http://www.njupco.com
官方微博：http://weibo.com/njupco
官方微信：njupress
销售咨询热线：(025)83594756

＊ 版权所有，侵权必究
＊ 凡购买南大版图书，如有印装质量问题，请与所购
　 图书销售部门联系调换

总　序

程章灿

中华民族有着五千年悠久而灿烂的文明,绵延至今,从未断绝。浩如烟海、形式多样的中国古代文献,在中华文明传承过程中发挥了重要的作用。中国古代文献不仅是文化的载体,也承载着历史的记忆,生生不息,成为中华文明一大特色。"中国古代文献文化史"这一研究课题,就是以文献为切入点来研究文化,从文化的视角来研究文献,前者强调文化研究的实证基础,后者突出文献研究的宏观视野。对于认识中华文化的形成过程及其特点,认识中国古代文献的发展变化及其文化价值,这一研究的意义是显而易见的。

纵观五千年中华文明史,造纸术与印刷术的发明,早已被公认是推动人类文明重大跨越的不朽贡献。实际上,早在造纸术和印刷术发明之前,中国古代就有了甲骨契刻、简帛书写、金石镌刻等文献生产方式,开创了源远流长的文字书写传统,也确立了坚实深厚的文献历史传统。《尚书·多士》最早用文字记载确认了这一传统:"惟殷先人,有册有典。"这个传统一方面体现在中国古代文献数量极夥,以现存1911年以前的古籍文献(不包括出土文献)而言,即不下二十万种。另一方面,这个传统体现在中国古代文献类型十分丰富,除书本外,文书、卷子、档案、信札、石刻、契约、账册、书画等不一而足。中国古代文献在书写、制作、印刷与流通等方面取得了很高的成就,为中国乃至世界文化发展做出了巨大的贡献,它吸引后人展开全面而深入的文化研究,同时也为这种研究奠定了坚实的文献基础。

　　从文化史的角度来看，文献既是文化的重要载体，也是突出的文化现象，具有重要的文化史研究价值。狭义的文献一般指书籍或有文字、图像的载体，广义的文献外延较广，包括一切人类符号载体。文献是思想知识的载体，其根本属性是"精神"与"物质"的结合。文献的这一属性决定了它本身也是一种重要的文化现象，不仅以自身的内容记载传承文化，而且以自身的物质形式嵌入广义的文化史架构之中。据《论语·八佾》记载，孔子最早使用"文献"一词，他说："夏礼吾能言之，杞不足征也；殷礼吾能言之，宋不足征也。文献不足故也，足则吾能征之矣。"宋代大儒朱熹在《论语集注》中解释"文献"这个词，明确指出："文，典籍也。献，贤也。言二代之礼我能言之，而二国不足取以为证，以其文献不足故也。文献若足，则我能取之以证吾言矣。"这是"文献"一词的经典解释。在这个话语体系中，"文献"包括典籍与贤人两个方面。典籍是载录文化的载体，贤人是传承文化的主体，典籍与贤人亦即物与人的深刻交集，恰好揭示了文献的物质文化与精神文化本质。环绕着文献的制作、生产、衍生、阅读、聚散、流通、使用等过程，各种社会群体与历史力量参与其间，纵横交错，在文化与文献之间形成无数交叉联结之点。经由这些联结点，既可以看到被文化史所塑造的文献现象，也可以看到文献史所凸显的文化特性。这正是中国古代文献文化史研究首要着力的方向。

　　中西学术传统都很重视对于文献本身的研究，由此产生了目录学、版本学、校勘学、书志学、典藏学等文献学相关学科，图书馆学、金石学、历史文献学等学科也涉及对古代文献的研究。涵盖校勘学、目录学、版本学和典藏学等学科的中国古典文献学，历来以整理图书为己任，尤重考镜源流、辨章学术，为往圣继绝学，表现出强烈的延续文化学术的历史使命感。具体而言，校勘学揭示了古代书写与传播的方式与特点；目录学揭示了文献的历史状况、分类源流和学术思想轨迹；版本学揭示了文献的物质文化形态；典藏学揭示了文献聚散传承的轨迹及其社会文化因缘。它们都为中国古代文献文化史研究提供了宝贵的学术文献资源，其中所蕴含的文化自觉和历史意识，更为中国古代文献文化史研究提供了重要的文化思想资源。

随着 20 世纪初中国学术现代化的发轫,中国古典文献研究中的文化自觉更加明显,其代表作有王国维《简牍检署考》、孙德谦《汉书艺文志举例》《刘向校雠学纂微》、陈登原《古今典籍聚散考》、余嘉锡《古书通例》等。其后又有刘国钧《中国书史简编》、张秀民《中国印刷术的发明及其影响》等,它们带动了一大批关于书史、印刷史的研究,但此类研究仍然偏重于书籍物质形态本身,对文献的文化史意义的抉发不够深广,还谈不上是系统的中国古代文献文化史研究。

自 20 世纪西方新史学诞生以来,特别是社会史、文化史观照视角兴起以后,开始出现以社会、经济、文化取代传统历史编纂学叙事关注的倾向。文献,特别是印刷书籍成为被关注的热点之一,书籍史研究于是应运而生。1958 年,法国年鉴学派史学家费夫贺(Lucien Febvre)与马尔坦(Henri-Jean Martin)出版了《印刷书的诞生》,从宏观角度解答印刷术发明对整个欧洲历史的深远影响,为书籍史研究导夫先路。20 世纪中期以后,广义历史研究的"文化转向"进一步明显,图书的阅读史、接受传播史、商品贸易史,特别是图书对社会文化影响的研究成为一种重要的学术思潮,其代表作为美国史学家达恩顿(Robert Darnton)所著《启蒙运动的生意:〈百科全书〉出版史(1775—1800)》,以 18 世纪狄德罗《百科全书》为个案,从其出版过程及流通的角度,探讨图书出版与启蒙运动的互动历史。其突出贡献在于提出了"书的历史"的重要价值,将书籍的传播过程视为理解思想、社会以及历史的最佳途径及策略。

简而言之,西方学者的这些"书籍史"(histoire de livre)研究,不同于图书馆学、目录学和版本学意义上的"图书史"(history of the book),它是一种文化史的观照,其核心是将书籍理解为文化历史中的一股力量。书的制作情形如何?由谁制作?为谁制作?撰著者与出版商之间的关系为何?国家意识形态如何影响书籍的出版?思想理念又如何通过书籍而传播?书的价格与书的贸易情况如何?书籍的传播与接受的社会效果如何?读者的阅读能力与参与性怎样?国家文化当局的权威及其影响力如何?等等。这些问题的产生,使二十世纪六七十年代以来的当代书籍史研究开始超越传统的文献学研究,成为一个专门学科。这一学科的内涵是:在文献书籍存在的长久时段内,用最广泛、最完整的视角来看待它,探究其社会功用、经济和政治利益、文化实践与影响等等。

西方学者运用西方书籍史的视角,研究中国古代文献与社会文化历史的关系,产生了一系列富有价值的成果,也在一定程度上推动了中国本土学者在书籍史方面的探索。但西方学者主要关注近世以来的书籍与印刷,对其他时代、其他形态的文献关注不足,亦较少利用中国传统文献学中的学术资源。因而,结合中西学术积累进行中国古代文献文化史研究,是一个极富意义并具有广阔发展前景的学科方向。

2010年底,以程章灿教授为首席专家的南京大学文学院古典文献研究所团队成功申请国家社科基金重大项目"中国古代文献文化史"(批准号:10&ZD130),项目分为十个子课题,子课题负责人依次为:赵益教授、徐兴无教授、于溯副教授、巩本栋教授、俞士玲教授、徐雁平教授、张宗友教授、程章灿教授、金程宇教授等九位。其预期成果为十卷本《中国古代文献文化史》。这个研究团队及其依托的学科群体,在古典文献学、域外汉籍研究、古代文化史研究等领域已有较为丰厚的学术积累,也较早开始了中国古代文献文化史的研究探索。

立项以来,研究团队多次对十卷本《中国古代文献文化史》的架构进行系统规划,深入研讨这一课题的内涵、意义、价值及研究方法,凝聚共识。研究团队多次主办学术讨论会、专题暑期学校、学术论坛、工作坊、系列报告会等,深化对文献文化史概念及其研究思路的思考。研究团队还在《文献》《南京大学学报》《学术研究》《古典文献研究》等重要学术刊物上组织专栏,发布文献文化史研究的阶段性成果。2013年1月23日,《中国社会科学报》A1版以《古代文献文化史:超越"书籍史"的本土化尝试》为题,发表该报记者霍文琦对程章灿教授的访谈;同年赵益教授在《南京大学学报》第3期发表《从文献史、书籍史到文献文化史》一文,系统阐述文献文化史的研究思路,扩大了本项目的社会影响和学术影响。从2010年至2020年,研究团队邀请来自美、欧、日、韩的国外学者来校交流、讲学,通过多种形式的国际学术交流,以更好地借鉴外来的学术方法与观念,开阔视野。在研究团队成员的指导下,南京大学中国古典文献学和中国古代文学专业的研究生们围绕中国古代文献文化史进行专题研究,进一步开拓了中国古代文献文化史这一新的学科领域。

"十年磨一剑,霜刃未曾试。"经过十年的辛勤耕耘,十卷本《中国古代文献文化史》终告完成。2020年,十卷本《中国古代文献文化史》荣获国家出版基金资助,标志着这一成果获得了学界同行的认可。十卷本《中国古代文献文化史》包括:

  第一卷　中国古代文献:历史、社会与文化(赵益著)
  第二卷　早期经典的形成与文化自觉(徐兴无著)
  第三卷　中古时期的历史文献与知识传播(于溯著)
  第四卷　宋代文献编纂与文化变革(巩本栋著)
  第五卷　明代书籍生产与文化生活(俞士玲著)
  第六卷　清代的书籍流转与社会文化(徐雁平著)
  第七卷　治乱交替中的文献传承(张宗友著)
  第八卷　作为物质文化的石刻文献(程章灿著)
  第九卷　汉籍东传与东亚汉文化圈(金程宇著)
  第十卷　中国古代文献文化史史料辑要(程章灿、许勇编著)

第一卷《中国古代文献:历史、社会与文化》是全书之绪论。本卷开宗明义,就中国古代文献文化史之研究内容与撰述方针提出自己的见解。全卷除"绪论"之外共设五章,分别从中国古代文献之历史、社会与文化三个方面,拈出具有宏观性的问题进行系统论述,对其中悬而未决或有待探索的重要问题,辨证前说,阐述新见,也为深入的思考和未来的研究提示方向。

第二卷《早期经典的形成与文化自觉》是专论之一,专论先秦两汉时代早期经典形成的历史语境和形成条件。本卷既注重从文明史的角度讨论中国"前轴心时代"和"轴心时代"的经典文化,又重视从经典文化的角度讨论早期中国经典的意义、体系及其文化转变。从早期经典的发生,到诸子文献的形成,从先秦两汉经学文献体系的形成,到西汉末年谶纬的兴起,本卷系统论述了经典的宇宙化、历史化和神秘化过程。

第三卷《中古时期的历史文献与知识传播》是专论之二,专论中古史部文献之形成与传播。本卷第一章抓住中古时期历史编纂和历史知识传播的新特点进行讨论。以下四章围绕这些特点,以史书、史志、史注、史部形成以及具体史传文本为中心,讨论中古时期不同历史文献的书写策略,进而论述中古文献收藏以及史部文献在收藏活动中的优势和劣势,呈现中古史部文献的存佚与当时文化环境之间的关系。

第四卷《宋代文献编纂与文化变革》是专论之三,专论宋代文献编纂及其对文化变革之影响。宋代正式从钞本时代进入刻本时代,文献数量浩如烟海,其编纂方式、阅读方式与传播方式都发生了显著改变。本卷选取宋初四大书、经部文献、北宋私家藏书与文献编纂、南渡之际文献传承以及集部文献的新变等个案,通过对具体文献之编纂、整理、刊刻、流传的研究,挖掘和揭示其蕴含的思想文化意义,确立其在宋代思想文化史上的作用和地位,勾勒有宋一代思想文化发展的轨迹。

第五卷《明代书籍生产与文化生活》是专论之四,专论明代书籍生产及其文化环境。本卷挑战传统文献学中所谓"明人刻书而书亡"的观念,从新的角度思考明代图书生产现象。明代图书生产者身份多样,官刻、坊刻与家刻长期互动,时常联手,造成嘉靖、万历以降图书生产的兴盛,其征稿、编书、写书方式以及图书文化功能发生丕变,足以体现明代图书生产的灵活性和复杂性。本卷十分重视商业出版,但不是在商业出版的框架内讨论书籍的社会史和文化史,而是在书籍的社会史和文化史中发现商业因素,从而确认在图书生产中政府、社会群体、作者、赞助者、出版者、评论者、接受者各自的位置、角色及身份的变化。

第六卷《清代的书籍流转与社会文化》是专论之五,专论清代之文献文化,其基本思路是关注社会中层与底层,尤其是区域社会的"书群",以体现清代文献的时代特色和本土特色。本卷强调,文献文化史要研究"动态的文献"或者有"社会情缘的文献",具体而言,是既要关注文献的内容与物质形态呈现(如家集、新学书籍、日记等新文献形态),关注文献之著述、编辑、刊印、流通、阅读等环节以及每一环节所牵涉的行为动机,又要关注所关联的环节与人群之间的互动,如关注抄书、藏书题跋、石印等环节以及书估、女性读者等人群,通过对零散材料的搜集与整合,提炼问题,展开深入而有新意的探讨。

第七卷《治乱交替中的文献传承》是专论之六,专论治乱交替与文献传承之关系。本卷以治乱交替之背景为切入点,研讨中国古代文献传承的内在理路。文献作为文化载体,具有强大的文化内驱力,在历代研习、注解、新纂中不断实现文本衍生与代际传承,以刘向、刘歆父子与朱熹等人为代表的历代知识阶层是推动文献传承的主体力量。历代帝王从维护巩固其统治地位、加强思想控制出发,也往往重视文化建设,建构同本朝政治体制相适应的文献体系,从而成为文献恢复、整理、编纂与传承的有力推动者。

第八卷《作为物质文化的石刻文献》是专论之七,专论石刻文献,弥补了以往文献研究及书籍史研究之不足。中国古代石刻源远流长,类型繁多,影响深远。本卷超越以往石刻研究偏重史料研究和史学研究的格局,从物质文化角度深入石刻的生产、使用、阅读、传播全过程,特别关注刻工与拓工这两个以往被忽视或遗忘的人群,透过刻工、拓工与文士的交往,突显其社会文化存在。各章论述中提炼的"尤物""礼物""景物""方物""文物""读物"等主题词语,概括并凸显了作为物质文化的石刻在中国文化史上的功能与意义。

第九卷《汉籍东传与东亚汉文化圈》是专论之八,专论汉籍东传与汉文化之东亚传播。汉籍不只是文化交流的媒介和途径,也是东亚汉文化的重要组成部分;不只是中国与东亚其他国家之间的文化桥梁,也是日本、韩国等国吸收世界其他文明的媒介。可以说,汉籍东传是促使东亚汉文化圈形成、东亚文明格局发生变化的动力之一。从东亚汉文化圈的视野研究汉籍东传,意义重大。本卷从汉籍东传之途径、特点以及汉籍回流等角度切入论题,详细论述汉籍东传对东亚各国广泛与深远之文化影响。

第十卷《中国古代文献文化史史料辑要》分为两个部分:第一部分是从古典文献中辑录有关古代文献文化史研究之资料,分门别类,首次建构了中国古代文献文化史的传统论述框架;第二部分选取海内外有关书籍史、印刷史、阅读史、藏书史等方面的研究著作四十馀种,各撰提要,加以评述,为中国古代文献文化史研究融合中外、开拓创新提供思考和参证的基础。

从总体架构上看,十卷本《中国古代文献文化史》舍弃传统的线性叙事和面面俱到的论述结构,而以绪论、专论与史料辑要来建构全书论述。绪论一卷(第一卷)以中国古代文献的总体状况为基础,以历史发展为线索,以若干具有全局性问题的论述作为发端,对中国古代文献文化史进行宏观观照。专论八卷(第二卷至第九卷),由各项专门研究组成,包括不同时期及不同类型文献的作用与影响,各种文献现象的社会文化内涵,不同的文献制作、传播、阅读、授受方式与社会文化的互动关系等众多的专门问题。史料辑要一卷(第十卷)汇辑有关中国古代文献文化的史料以及海内外重要研究成果提要,通过资料汇编和研究文献评述来总结学术历史,为未来研究奠定基础。

从总体思路上看,《中国古代文献文化史》有如下三个重点:第一,从文化的视角阐释文献,突出新视角与开阔视野,以文献为依据叙述文化,强调实证求是,勾勒文献发展的历史线索,突出中国古代文献的民族文化特色;第二,注重文献的生产、阐释、传播与接受的历史传统,在动态过程中把握文献的社会文化意义,重视中国古代文献的域外传播及其对东亚文化圈形成的影响;第三,既强调对中国古代文献历史的整体把握,也注重文献形态的复杂性与多样性,特别是书籍以外的其他文献形态,如石刻等。总而言之,本丛书始终把文献理解为中国文化史中的一股重要力量,探寻这股力量如何发生作用,具有怎样的意义,以及如何形塑了中国文化的传统。

本丛书采取多维视角,运用多学科研究方法,主要包括而不限于如下三个层面:第一,在文献层面上,采取包括传统校雠学、目录学、版本学、典藏学、编纂学等多学科相结合的方法,以期更好地分析与解决问题。本丛书第四卷较多采用编纂学的研究视角,而第七卷较多采用了目录学的视角。第二,在文化层面上,结合当代文化研究的理论与方法,如新文化史、物质文化研究、接受学、传播学等,更好地揭示了古代文献的文化内涵。本丛书第八卷较为集中运用物质文化研究的视角,而第九卷则结合了目录学与传播学的方法。第三,在历史层面上,既以技术史,也以经济史、社会史、学术史、思想史、文化史的视野进行多方面的观照。本丛书第六卷第十章使用技术史的视角,第一卷和第二卷则较多使用学术史和思想史的视角,而在第三卷和第五卷中,社会史视角比较突出。

本丛书的总体特色主要体现在如下三个方面:第一,结构体系上,以问题为中心,以历史发展为线索,对文献文化史进行全面而系统的观照。丛书的总体框架大致以绪论与专论相结合,既重视各卷之间的连续性和整体性,也突出各自的专题性和独特性。每个子课题都设立核心焦点,从各自不同的角度切入,追求论述的深度和视角的创新。第二,具体操作上,简牍时代、写本时代与印本时代并重,在继续深入进行明清书籍史研究的同时,显著填补宋以前文献文化史的空白;在突出其历史阶段性的同时,重视中国古代文献的形态多样性,动态把握其历史进程,特别重视中国古代文献外传对东亚汉文化圈形成的意义。第三,理论方法上,从原始文献出发,传世文献与出土文献兼收,文字材料与图像资料互相参证,考据与义理并重,旨在总结中国古代文献的民族特色,彰显其对人类文化的贡献。

本丛书确立了中国古代文献文化史这一新的研究方向与领域,在文献发掘、研究方法及学术思路上都力求创新。本丛书重视发掘以往未受重视的文献类型,在传统的书籍文献之外,重视日记、书札、石刻与出土文献;在传统的古文献学资料之外,重视国外的书籍史、印刷史、新文化史等研究文献。此其一。本丛书由多位在古典文献学领域素有研究的学者承担,注重"长时段"的时间观念,弱化单纯的线性进程,各以一个较大问题为中心,如古代文献的核心问题、早期经典的形成与文化自觉、中古时期的历史文献与知识传播、治乱交替中的文献传承、宋代文献编纂与文化变革、明代书籍生产与文化生活、清代的书籍流转与社会文化、汉籍东传的文化意义以及古代石刻文献的内涵与意义等,进行深入细致的探讨,多维度阐释中国古代文献文化的丰富内涵。此其二。本丛书的学术思路是将文献与文化相互融合,从文献的实证角度阐释文化,从文化的宏观视角审视文献,突破了已有研究成果将文献史研究与文化史研究割裂的格局。换句话说,本丛书的研究突破了传统文献史研究的旧有框架,借鉴"书籍史"此一新文化史研究视野并力求超越,研究对象从"书籍"扩展至"文献",时间范围从"宋元明清"扩展至整个中华文明史,深入挖掘中国古代文献的文化历史内涵,特别注重发掘古代文献的文化建构意义。此其三。

本丛书虽然已有十卷之多,字数也多达400万,但是,相对于浩瀚的中国古代文献文化史研究领域,这只是扬帆初航而已。我们深知,已经完成的工作尚有诸多不足,还有大量的领域有待继续深化拓展。

"路漫漫其修远兮,吾将上下而求索。"

2021年6月26日初稿
8月3日定稿

目　次

第一章　绪论：从物质文化角度看中国古代石刻……………… 001
　一、中国"尤物"……………………………………………… 001
　二、人工开物与石刻的文化属性…………………………… 006
　三、"玩物见志"中的石刻…………………………………… 013
　四、恋物与"延伸的自我"…………………………………… 019
　五、余论……………………………………………………… 022

第二章　石刻文献之"四本论"………………………………… 024
　一、"四本论"………………………………………………… 024
　二、石刻"四本"：写、刻、拓、辑…………………………… 026
　三、"四本"之生产、阅读、流通与利用……………………… 037
　四、小结……………………………………………………… 042

第三章　宋前刻工的社会身份及其文化地位………………… 044
　一、唐前文献所见刻工的模糊身影………………………… 045
　二、唐代刻石官署及官署刻工……………………………… 051
　三、从新出《邵建和墓志》看唐代刻工的身份地位………… 063

第四章　宋代刻石文化与刻工 073
一、两宋诸帝对刻石的文化利用 073
二、宋代民间刻工 078
三、宋代刻石官署 083

第五章　元明刻工世家及其文化交游 093
一、茅绍之与四明茅氏 093
二、长洲章氏家世考 099
三、章简甫父子之书法与刻石 105
四、章简甫父子与吴中文士群体之交往 112
五、刻工世家昆山唐氏 116

第六章　元明清刻石官署及民间刻字店之勃兴 123
一、元代刻工的社会组织与管理 123
二、明清两代的官署刻工 128
三、集书法篆刻雕板刻石于一体的刻字店 136

第七章　拓本生产与流通中的拓工——以缪荃孙及其拓工为中心
.... 146
一、拓本学与拓工的隐显 146
二、缪荃孙与北京拓工李云从 149
三、缪荃孙与江宁拓工聂明山 155
四、缪荃孙与泰安黄士林及其他刻工 161
五、雇约拓工的运作方式及其影响 167

第八章　秦始皇东巡刻石的传统、礼仪与文本文化 173
一、秦始皇东巡刻石与秦文化传统 173

二、秦始皇东巡刻石与礼仪及齐鲁文化 …………………… 176
　　三、秦始皇东巡刻石文本与水德终数 …………………… 181

第九章　礼物：汉碑与社会网络 …………………………… 193
　　一、礼物制作与石刻礼物之双重性 ……………………… 193
　　二、不同类型的赠礼 ……………………………………… 200
　　三、从石刻题名看社会网络 ……………………………… 207
　　四、一人数碑与不同社会网络的独立运作 ……………… 220
　　五、汉碑之作者问题：委托制作与代言体 ……………… 225
　　六、结论 …………………………………………………… 231

第十章　汉末三国石刻的政治神话 ………………………… 234
　　一、石刻与谶纬及神异 …………………………………… 235
　　二、汉末记载神异事迹之石刻 …………………………… 239
　　三、三国之神异石刻 ……………………………………… 245
　　四、六朝的石刻志异叙事 ………………………………… 251

第十一章　景物：石刻作为空间景观与文本景观 ………… 255
　　一、引论 …………………………………………………… 255
　　二、为了"被看见"：石刻景观的生成 …………………… 257
　　三、拿什么给人看：石刻景观之展示 …………………… 266
　　四、谁在看？怎么看？空间景观之欣赏 ………………… 274
　　五、文本景观的阅读、诠释与传播 ……………………… 282

第十二章　方物：从永州摩崖石刻看文献生产的地方性 … 286
　　一、摩崖刻石的文化传统与时空交叉点 ………………… 287
　　二、从元柳对照看元结与永州水石的因缘 ……………… 290

003

三、永州摩崖石刻及其文化景观建构 …………………… 298
　　四、《大唐中兴颂》与地方风景的经典化 ……………… 303

第十三章　朱熹对石刻的文化利用与转化 ………………… 309
　　一、朱熹家世与石刻 …………………………………… 311
　　二、《韩集考异》中的石本运用 ………………………… 314
　　三、朱熹撰书的石刻文字 ……………………………… 320
　　四、朱熹对石刻的文化利用 …………………………… 327

第十四章　晚清笺纸与石刻文献的"结古欢" ……………… 329
　　一、笺中有石：晚清彩笺的新变 ………………………… 331
　　二、笺中看石：作为视觉对象的石刻文字 ……………… 339
　　三、笺中读石：作为阅读文本的石刻文字 ……………… 344
　　四、造笺用石：文人雅玩与士大夫趣味 ………………… 351
　　五、结语 ………………………………………………… 363

第十五章　晚清士风与碑拓流通 …………………………… 366
　　一、晚清士风、学风与碑拓流通 ………………………… 367
　　二、晚清碑拓流通的特点 ……………………………… 370
　　三、晚清碑拓流通的国际化 …………………………… 378
　　四、晚清碑拓流通与学术文化 ………………………… 383

第十六章　作为阅读对象的石刻 …………………………… 387
　　一、石刻的现场阅读及其三种样态 …………………… 387
　　二、"保残守缺"的艺术：欧阳修的拓本阅读 …………… 401
　　三、作为阅读衍生文本的题跋 ………………………… 418
　　四、刘体乾旧藏《宋拓蜀石经》及其题跋 ……………… 422

五、石刻题跋与阅读者的被阅读 ………………………………… 429
　　六、石刻题跋与阅读现场的重现 ………………………………… 434

附录　汉唐石刻：中国式的纪念与记忆 …………………………… 451

征引文献 ………………………………………………………………… 468

后记 ……………………………………………………………………… 490

插图目次

图1　正始石经残石拓本 ⋯⋯⋯⋯⋯⋯⋯⋯⋯⋯⋯⋯⋯⋯ 009
图2　现存于西安碑林博物馆的开成石经 ⋯⋯⋯⋯⋯⋯⋯ 009
图3　赵之谦刻《亡妇范敬玉事略》(局部) ⋯⋯⋯⋯⋯⋯ 016
图4　黄庭坚《王长者墓志铭》稿本 ⋯⋯⋯⋯⋯⋯⋯⋯⋯ 027
图5　张迁碑(局部) ⋯⋯⋯⋯⋯⋯⋯⋯⋯⋯⋯⋯⋯⋯⋯ 030
图6　闾伯昇暨妻元仲英墓志 ⋯⋯⋯⋯⋯⋯⋯⋯⋯⋯⋯ 032
图7　邵建和墓志 ⋯⋯⋯⋯⋯⋯⋯⋯⋯⋯⋯⋯⋯⋯⋯⋯ 065
图8　王开霖篆刻镌碑润例　叶康宁收藏 ⋯⋯⋯⋯⋯⋯⋯ 142
图9　王开霖镌碑样品　叶康宁收藏 ⋯⋯⋯⋯⋯⋯⋯⋯⋯ 143
图10　缪荃孙致王懿荣札 借阅《高丽金石苑》 ⋯⋯⋯⋯ 166
图11　汉《景君碑》碑阴题名 ⋯⋯⋯⋯⋯⋯⋯⋯⋯⋯⋯ 218
图12　摩崖《大唐中兴颂》元结撰文 颜真卿书 ⋯⋯⋯⋯ 292
图13　潘祖荫致吴大澂书札用苏轼《墨妙亭诗》石刻残字为笺 ⋯⋯ 338
图14　容闳致木斋(王德楷)札用集钩汉《张迁碑》字 ⋯⋯ 338
图15　梁启超用笺,底纹是集《张迁碑》字书写的陶诗"君其爱体素"
⋯⋯⋯⋯⋯⋯⋯⋯⋯⋯⋯⋯⋯⋯⋯⋯⋯⋯⋯⋯⋯ 340
图16　顾肇新所用汉石经残字笺纸 ⋯⋯⋯⋯⋯⋯⋯⋯⋯ 359
图17　欧阳修跋《华山碑》手迹 ⋯⋯⋯⋯⋯⋯⋯⋯⋯⋯ 414

图 18　赵明诚读《集古录跋尾》题记 ·················· 414
图 19　宋拓蜀石经《周礼》残本 ······················ 426
图 20　宋拓蜀石经《左传》残本 ······················ 426
图 21　翁方纲、段玉裁跋《宋拓蜀石经》残本 ············ 428

第一章
绪论：从物质文化角度看中国古代石刻

一、中国"尤物"

物质文化(material culture)研究，是近二三十年西方学术界的一个热点。2008年，北京大学出版社出版《物质文化读本》，集中译介了西方在这一领域比较重要的研究论文24篇。作为导读，主编之一的孟悦撰写了一篇题为《什么是"物"及其文化？——关于物质文化的断想》的长篇前言。他引述詹姆斯·迪兹(James Deetz)的定义，将物质文化界定为"我们生存的自然环境中，被文化所决定的人类行为所改变的那部分环境"。① 这些物质既是人类所创造的，自然要打上人类行为的印记，而且，不管是在物质之生产与消费环节，还是在物质之拥有、收藏与流通过程中，都蕴含着丰富的文化意义。实际上，物质的消费包括两个方面，一个是日常生活中的商品消费，另一个是文化活动中的文化消费。物质的生产与技术有着密切的关系，与文化环境也有复杂的联系，所以，其背后既有社会经济的因素，也有精神文化的因素。物质文化研究中经常谈到、有待展开的论题很多，比如对物质的迷恋，简称为"物恋"或者说"恋物"，又如物质的流通及其与空间、时间的关系，等等。从时间角度来看，

---

① 孟悦《物质文化读本·前言》，孟悦、罗钢主编《物质文化读本》，北京大学出版社，2008年，第2页。

某一具体物质(亦即物品)也像人一样拥有生命,甚至可以就此写成一部"传记"。

正如孟悦指出的,物质文化研究"是在过去的两个十年里开始形成的、有多学科参与的、具有自觉和自我批评意识的同时又是开放的新学术空间"。①"虽然考古学和人类学更接近物质文化的研究,但历史学、艺术史、城市研究、空间研究,以及消费文化的研究都与之相互重叠。"② 要之,物质文化研究是跨考古学、历史学、艺术史等多学科的交叉研究领域,这种跨学科特点,不仅使我们将物质文化的研究思路引入中国古代文献研究尤其是石刻文献研究显得顺理成章,而且也预示了广阔的发展前景。一本书、一件石刻、一幅书画,既可以视为文献,也可以视为一种物品(object),皆可作为物质文化研究的对象。例如,物的制作、消费与流通过程,物与人世社会的互动,构成物的"身世",这往往是一部情节曲折而内涵丰富的"传记"。每一个物品都有其文化身份,这个文化身份与其制作者、消费者、拥有者或收藏者之间,也有着难以切割的联系。物质文化研究的这些基本观念与思路,也同样适用于中国古代文献研究,尤其是石刻文献的研究。

美国哲学家和心理学家威廉·詹姆士(William James)说过:"一个人的自我是他能够称作是他的所有东西的总和。"③在此基础上,物质文化研究学者罗素·W·贝尔克(Russell W. Belk)提出一个著名的观点,即财产是延伸的自我。④ 值得注意的是,在英文原文中,贝尔克是用possession一词来指称"财产"。实际上,possession一词还有"拥有""所有""藏有"乃至"收藏"的意思。在中国古典文献学领域,与possession内涵最为接近的词语,应该是"藏弄""收藏"或"典藏"。按照这种理论类推,完全可以说,拥有或者收藏什么物品,既是收藏者(包括收藏机构)个性的体现,更是其自我的延伸。人与物之间,或者说,生命与财物之间,

---

① 孟悦《物质文化读本·前言》,第5页。
② 孟悦《物质文化读本·前言》,第4页。
③ 罗素·W·贝尔克《财产与延伸的自我》,《物质文化读本》,第112—150页。
④ 转引自孟悦、罗钢主编《物质文化读本》,第112页。

有着千丝万缕的情感联系,剪不断,理还乱。正因为人们难以解脱对物的这种眷恋与执着,才催生了我们在无数场合听到的"某某为身外之物"这样的自慰或慰人之辞。另一方面,既然物,尤其是精心收藏之物,是延伸的自我,那么,根据某人所拥有、所喜欢的物来判断其人,就不会显得突兀了。宇文所安曾经指出,在十一世纪的北宋,亦即金石之学兴起的那个时代,那时的文学家都热衷于探讨一个重要的主题,亦即快乐与特定的地点和拥有物的联系,①而同时与随后的另一些宋代理学家则常常告诫人不要"玩物丧志"。② 他们的讨论正是着眼于外物与内心之间有着非常密切的关系,从根本上说,这也是一种"以物取人"的做法。《尚书·旅獒》云:"人不易物,惟德其物。"孔传曰:"言物贵由人,有德则物贵,无德则物贱,所贵在于德。"③一件物品有无价值,重要的不在于这个物品本身,而在于拥有物品者是什么样的人。这是强调人与物的紧密联系,强调物即是人。《世说新语·德行》就有这么一段非常有名的故事:

> 王恭从会稽还,王大看之。见其坐六尺簟,因语恭:"卿东来,故应有此物,可以一领及我。"恭无言。大去后,即举所坐者送之。既无馀席,便坐荐上。后大闻之甚惊,曰:"吾本谓卿多,故求耳。"对曰:"丈人不悉恭。恭作人无长物。"④

"长物"就是多余之物,它似乎是从身体里涨出来的,像赘疣一样的东西,虽然多馀,却像身外之物一样,让古人魂牵梦萦。王恭自称"作人无长物",此语不可小觑。由其拥有物的方式,即可判断其为人的风格。人与物之间的关系是如此直接,又如此密切。据说古代西方有一句谚语:

---

① [美]宇文所安《快乐、拥有、命名:对北宋文化史的反思》,载其《华宴:宇文所安自选集》,南京大学出版社,2020年,第140—214页。
② 参看《伊川先生语》四,[宋]程颢、程颐著《二程集》,中华书局,1981年,第239页。
③ 《尚书正义》,[清]阮元校刻《十三经注疏》,中华书局影印,1980年,第195页上。
④ [南朝宋]刘义庆著,[南朝梁]刘孝标注,余嘉锡笺疏《世说新语笺疏》(修订本),上海古籍出版社,1993年,第48—49页。

"说出你跟谁在一起,我就能知道你的根底。"①从物质文化研究的角度出发,同样可以说,你拥有怎样的物品,我就能判断你是怎样的一个人。

综上所述,在中国古代,早就有类似于物质文化研究的思路,只不过没有抽象出物质文化研究这样的名称或概念而已。有意思而且特别值得重视的是,在古代汉语中,"物"泛指外在于自身的世界万物,既包括物品,也包括他人。在"物议""待人接物"之类的词语中,"物"既指他人,也指与自己相对的那个外部世界。所以,在古代汉语的言说体系中,"物"字既有作为"物体"的对象性与客体性,也有作为"人(他人)"的社会性与文化性,这种双重身份,是有利于以物为基础/视角展开文化研究的。

"物"字既能指人又能指物的双重属性,最为突出地凝聚在"尤物"这个词语之中。《左传》昭公二十八年云:"夫有尤物,足以移人,苟非德义,则必有祸。"②这里的"尤物",指的是那些特别美丽妖娆,能够在感官上给人以强烈冲击,产生巨大心理震撼,甚至带来严重后果的美女,尤其特指如夏代妺喜、商代妲己、周代褒姒那一类的绝色美女,在古人的认知中,正是她们导致夏商周三代的倾覆或动乱。后来,"尤物"一词的语义有所拓展。唐人韩偓《病忆诗》云:"信知尤物必牵情,一顾难酬觉命轻。"③凡是能将人的情感牢牢拴住的人或者物,都可以称为"尤物"。所以,酷爱栽梅的范成大称梅花为"天下尤物"。④ 而非常喜欢荔枝的苏轼,到了岭南之后,初啖荔枝,便惊艳不已,将其称为"尤物":"不知天公有意无,遣此尤物生海隅。"⑤可见不仅人,而且一花一果,都足以让人产生强烈的感情。另一方面,对尤物产生的感情过于强烈,就有可能带来

---

① [西班牙]塞万提斯著,张广森译《堂吉诃德》,上海译文出版社,2006年,第521页。
② 《春秋左传正义》,[清]阮元校刻《十三经注疏》,中华书局影印,1980年,第2118页中。
③ 《全唐诗》卷六八三,上海古籍出版社缩印康熙扬州诗局本,1986年,第1720页下。
④ [宋]范成大《梅谱·序》,孔凡礼点校《范成大笔记六种》,中华书局,2002年,第253页。
⑤ [宋]苏轼《四月十一日初食荔支》,[清]王文诰辑注,孔凡礼点校《苏轼诗集》卷三九,中华书局,1982年,第2122页。

负面效应,所以,白居易《八骏图》诗云:"由来尤物不在大,能荡君心则为害。"①显然,白居易笔下的"尤物"指的是玩赏之物。

赵明诚、李清照夫妇从年轻时候开始,就酷爱收藏古器物及金石拓本,他们节衣缩食,日积月累,收藏颇具规模。不幸的是,由于遭遇靖康之乱,其所收金石刻两千卷丧失殆尽。赵明诚去世之后,李清照编定《金石录》,写了一篇《金石录后序》,回首平生,感物怀人,有如下一段充满感情的文字:

> 今日忽阅此书,如见故人。因忆侯在东莱静治堂,装卷初就,芸签缥带,束十卷作一帙。每日晚,吏散,辄校勘二卷,跋题一卷。此二千卷,有题跋者五百二卷耳。今手泽如新,而墓木已拱,悲夫! 昔萧绎江陵陷没,不惜国亡而毁裂书画;杨广江都倾覆,不悲身死而复取图书,岂人性之所著,生死不能忘欤? 或者天意以余菲薄,不足以享此尤物邪? 抑亦死者有知,犹斤斤爱惜,不肯留人间邪? 何得之艰而失之易也!②

李清照用"尤物"来指称她和赵明诚所收藏的这些古器物及石刻拓本。在极度悲伤无奈之余,她只好自我安慰:也许这是因为赵明诚离开这个世界之后,心里仍然放不下、忘不掉这些尤物,所以,他运用某种超自然的力量,把这些东西带到另外一个世界去陪伴他,而不使之留在人间。言外之意,赵明诚不但生前与其所收藏的金石拓本有密切的关系,而且在他身后,他的生命还与这些尤物不可分割。南宋末年,学者周密在其《癸辛杂识》中写道:"吴兴向氏,后族也。其家三世好古,多收法书、名画、古物,盖当时诸公贵人好尚者绝少,而向氏力事有余,故尤物多归之。

---

① [唐]白居易撰,顾学颉校点《白居易集》卷一,中华书局,1979年,第76页。
② [宋]赵明诚撰,金文明校证《金石录校证》,广西师范大学出版社,2005年,第534—535页。

作为物质文化的石刻文献

其一名士彪者,所畜石刻数千种,后多归之吾家。"①显然,周密所谓"尤物",包括书画古物,特别包括石刻,有财力的好古之士,才可能拥有这些尤物。可见,对"尤物"的这种理解,在宋代是相当普遍的。

物与人、物与社会之间有这样密切而长久的联系,正是物质文化研究所赖以展开的逻辑基础。如果说,妹喜、妲己等古代美女可以称为中国古史的尤物,那么,石刻就是中国文献文化史上的尤物,它当之无愧。

二、人工开物与石刻的文化属性

石刻是人工雕刻而成的物品,即所谓"人工开物"。"开"在这里是雕刻的意思。一件石刻的完成,需要经过多重工序,"开"(雕刻)只是其中最为重要的一道。但是,我们可以将"开"作为这些人工程序的代表。"人工开物",表示石刻形成过程中有诸种人的力量在发挥作用,石刻也因此而具有了多种文化身份。

石刻都是以石为材料而雕刻出来的,这是其共同点,但其物质形状多种多样,文本形态亦各自不同。传统石刻学者有将其细分为四十二类的,如叶昌炽,②因无关本章题旨,这里且不备述;也有粗分为七类的,即墓碑、墓志、刻经(石经、释道经幢)、造像(画像)、题名题字、诗词、杂刻(砖瓦、法帖)。③ 七大类中,仅墓碑一项,就有墓碣、墓幢、塔铭、纪德碑等诸多名目。各种石刻名目不同,其文献身份与文化功能也各异。很多石刻是礼器,却适用于不同的礼仪场合,例如各种功德碑以及名山大川的各类祭祀碑,其功能或类似于秦汉以前的青铜器。又如墓碑,一般来说树立于地面之上,则是丧葬场合所用的礼器。东汉人重视孝道,对墓碑一物极其重视,物极必反,便产生了不少社会弊病。一方面是相互攀

---

① [宋]周密撰,吴企明点校《癸辛杂识》后集,中华书局,1988年,第79页。
② [清]叶昌炽撰,柯昌泗评,陈公柔、张明善点校《语石·语石异同评》卷三至卷五,中华书局,1994年,第182—383页。
③ 杨殿珣编《石刻题跋索引》(增订本),商务印书馆,1990年。

比，造成物力浪费，如东汉崔寔葬父，为了"起冢茔，立碑颂"，不惜"剽卖田宅"，"资产竭尽"，结果穷困不堪，只好"以酤酿贩鬻为业"。① 由此产生的是经济与社会问题。另一方面，则是由于虚荣心作祟，谀墓不实，助长了虚妄不实的社会风气，引起了一些有识之士的反感，以致被立法禁止。自汉末建安以后，魏晋南朝屡次禁碑，就与此一背景有关。但是，上有政策，下有对策，魏晋以后，作为葬礼用品的墓碑就改头换面，由地面转入地下，由墓上改为墓中，最初的墓志便由此产生了。② 所以，最初的墓志的形制往往近于墓碑，多为长方形，有的甚至保留了碑穿，而定型后的墓志则基本上是正方形。可见，石刻在社会传播过程中，会发生形制、功能及其身份的转变。

　　无论从形制还是从功能来看，碑、志都是两种物品，但二者的功能也有交叉重叠，久而久之，后人不明就里而致混淆二者的情况也时有所见。近代即墨农民李某，"掘地见古冢，四壁皆石，方广十丈，……中树墓碑，文曰：'宋故吉州太和县主簿李公讳路，字季通，于元祐五年庚午十二月三十日，合掌氏之丧，葬于即墨县皋虞乡先茔之次，今立石以志之。'"③ 邓之诚说这是墓志的"别体"。更准确地说，这是墓志与墓碑的混合体，从其形制来看是碑，从其空间位置来看则是墓志。这说明，各类石刻尤其是墓碑与墓志之间，由于其形制及其空间位置的变化，其功能与身份也会产生相应的转变。定型的墓志，一般包括墓志与墓志盖两件，两者上下重叠，摆在墓室正前方，既表明墓主身份，也指示墓穴位置。换句话说，墓志作为丧葬之物，确定了墓主的时间位置与墓穴的空间位置，具有历史和地理的双重意义。墓碑也有类似的时空指示功能和历史地理意义。

　　石刻经典包括儒家经典、佛教经典和道教经典，儒家经典刻石的文化意义最为突出。中国历史上曾多次刻立儒家经典，最早一次是在东汉

---

① ［南朝宋］范晔《后汉书》卷五二，中华书局，1965年，第1731页。
② 参看程章灿《墓志文体起源新论》，《学术研究》，2005年第6期。
③ 邓之诚《骨董琐记》卷二"宋李路墓志"条，《骨董琐记全编》，中华书局，2008年，第62页。

熹平(172—178)年间,称为"熹平石经",现在只能看到一些残石。熹平石经是第一次以碑板形式传播儒家经典,用当时通行的隶书,由蔡邕等人书写。三国魏正始(240—249)年间再次刻立石经,通常称为"正始石经",亦称"三体石经",因其用古文、小篆、汉隶三种字体写刻。两次刻经所用字体不同,既表明了两种经碑各自不同的文化归属,也体现了汉魏之间经学文化面貌的某种变迁。千年之下,面对这两次刻经的残石或拓本,仍能产生明显不同的感受,对于喜欢玩赏字体的人来说,其观感之不同就更加不言而喻了。再往后,唐、五代、宋、清各代还曾多次刻经,其所处的文献文化环境各有不同。总体来看,儒家经典历次刻石,入刻经典数量多少不同,版本依据彼此不同,其动机与目的各有区别,碑板形制各有变化,但越往后代,刻经规模越大,这一趋势却是比较明显的。今天仍然保存在西安碑林博物馆,刻于唐代开成(836—840)年间的开成石经,一共十二部,一排排经碑比肩并列,虽然在户内,依然气势非凡,若安置于更加开阔的户外空间,则对人的视觉冲击一定更加强烈。清代乾隆年间,有好事者为了奉谀乾隆皇帝,抄写刻成十三经,碑石现存北京国子监,规模更加宏大,但其文献意义和文物价值已不能与前几次刻经同日而语。当初,熹平石经甫一刻立,"其观视及摹写者,车乘日千餘两,填塞街陌"。[①] 全国各地士子蜂拥而至,都来抄读这个石经,同时也观赏了经碑展开与排列的阵势。可以说,石经是东汉首都洛阳一道宏伟的人文景观。同时,从物质文化角度来看,历次石经的造作背景、规格形制以及空间位置,都有文化意义。

与儒家经典相比,佛经及道经石刻又有其特点。最大规模的石刻佛经,应推北京房山云居寺之石经,蔚为壮观的经板,被收藏在不同的藏经洞里;最具特色的则是北朝的摩崖刻经。前者的目的主要在于典藏保存,而后者的目的在于积德修行。佛经的文本展示及其传播方式,与置于开阔之地或者立于太学之旁的儒家石经相比,迥然有别。道家经典较少见于石刻,值得一提的是现存西安碑林博物馆的三体阴符经,北宋郭

---

① [南朝宋]范晔《后汉书》卷六〇下,中华书局,1965年,第1990页。

第一章 绪论：从物质文化角度看中国古代石刻

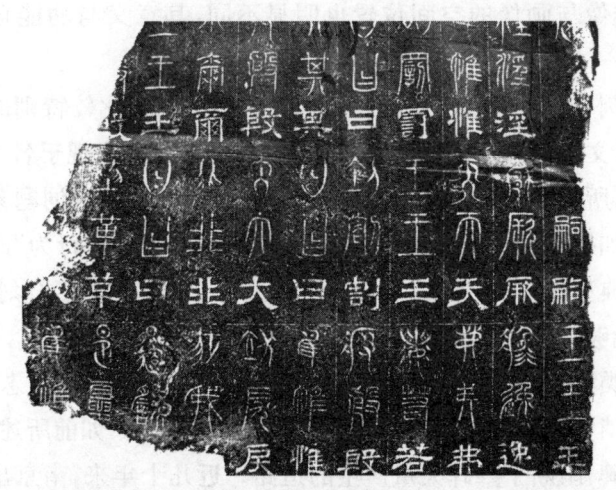

图1 正始石经残石拓本

图2 现存于西安碑林博物馆的开成石经

忠恕以古文、篆、隶三体书写，与同样三体的正始石经后先相映。此外，道教名山和宫观也有一些道经石刻。从儒道释三教石经之异同中，可以窥见三教对于石刻的使用与收藏有着不同的理解与态度。

造像基本上是立体的，至于在山东、江苏徐州以及河南、四川等地均有发现的汉代画像石，则基本上是平面的，大多是以浮雕的形式呈现图案。造像与画像以图像为主，但也有一些文字与之配合。除了立体与平

009

面之别,造像与画像的空间位置也明显不同,其意义与功能自然差别更大。

在杂刻中,有两类应该特别提出,一类是形制上比较特别的摩崖石刻,一类是文本内容上比较特别的法帖。摩崖石刻多出现于名山大川或风景胜地,所刻内容庞杂,历代人物题名题字以及各体诗词题刻所占比例较高。如果说摩崖是石刻这种"被文化所决定的人类行为"改变自然环境的最典型的体现,那么,法帖则是从另一个角度突出了石刻这种"人类行为"能够在多大程度上"为文化所决定"。

各种类型石刻的孳生,反映了不同文化消费的需要。墓志之出现,就是文化消费需要催生石刻新品种的一个生动例子。如前所述,魏晋南朝屡次禁碑,阻断了墓碑大量产生的道路。近几十年来,南京出土了很多东晋南朝世家大族的墓志,先为砖刻,后为石刻。最早的墓志出现于东晋中后期,其时,北方士族南迁已经过了六十多年,侨姓士族越来越清楚地认识到北归无望,本土化的压力越来越大,他们只能转认南方作故乡,但同时他们也无法忘怀原籍,即使卒葬于南方,也要设法铭记祖先,在墓中记述家族渊源,以志不忘,以传久远。于是,砖刻或石刻墓志就应运而生,[1]最终,更为坚硬的石刻取代砖刻,成为丧葬中使用的石刻新品种,并且逐渐成为中国文献史上最为大宗的石刻品种之一。如果没有侨姓士族高度的文化修养及其强烈的文化需求,墓志这一石刻新品种是不会以这种面目,在这个时候出现的。

石刻的存毁与现存状况如何,与石材质量以及石刻所处空间环境有关系,也与刻字工匠的技术有关系。怎样选料,怎样采石,怎样把石头砻平,巨大的碑材如何运输,都涉及材料。至于撰、书、刻、立等诸道造作工序,更是一个复杂过程。大多数石刻上有界格,有的线条至今仍然清晰可见,有的则已模糊不清,总之行列整齐。但是,像汉代《石门颂》及北魏云峰山石刻这样的摩崖石刻,则似乎没有界格,那是受石材质地所限,无法保证行列的整齐划一。书丹也好,模勒也好,镌刻也好,石刻与材料及

---

[1] 详参程章灿《墓志文体起源新论》,《学术研究》,2005年第6期。

工具的关系，与空间环境的关系，与装饰、美术等工艺的关系，都是在制作石刻过程中应当考虑的技术因素。关于石刻刻工对于石刻的影响，这类人群在古代社会中的位置，我曾有专著作过专门探讨，①但是，关于这类人群在文献文化史上的地位，还有不少问题有待深入探讨。碑刻完工之后，如何树立起来，对于周边空间环境有何要求，从物的制作角度来说，也有多方面的技术考量。即使同一品种的石刻，其镌刻仍然有技术高下、制作精粗的区别，也有时代及地域风格的异同。

一个时代有一个时代的刻石中心。北朝时代，洛阳是当时的刻石中心，而明清时代，苏州则是当时的刻石中心。苏州一些刻字店兼营刻石与刻书，如乾隆时期著名的穆大展局，影响甚大，甚至被画到名噪一时的《姑苏繁华图》之中。② 有的家族世代从事刻石行业，艺术造诣精深。这不仅涉及当时的技术和经济发展状况，也与当地文化发展水准有关系。从物质文化角度来说，关注刻工、拓工等石刻生产者及其组织，探讨其与其他社会成员之间的互动，也是十分重要的。本书也设有专章讨论。

清人王芑孙《碑版文广例》云："汉碑阴类皆题名，其题名有书率钱之数者，有不书钱数者，有题门生故吏者，其门生故吏有分标者，有错列者，有杂以书撰人名者，有杂以石工石师者，有并纪续事者，有并纪他人者，随事各殊，了无义例，悉数不能终其物也。"③其实，这些题名未必"了无义例"。门生故吏在碑阴题名，往往附注某人身份及其"率钱之数"。从这个角度来看，碑阴题名实为一册"人情簿"，从中可以看出以碑主为中心而编织的一张社会关系网。有碑阴题名的汉碑主要是两类，一类是用于丧葬场合的墓碑，一类是在更具社交意义的礼仪场合所用的功德碑，无论哪一类，其实都可以看作是门生故吏送给碑主的一个礼物。碑主作为长官或者老师、前辈，当其离世或者离职之时，其门生故吏共同出资，

---

① 程章灿《石刻刻工研究》，上海古籍出版社，2008年。
② 参看范金民《清代苏州城市工商繁荣的写照——〈姑苏繁华图〉》，载《江南社会经济研究·明清卷》，中国农业出版社，2006年。
③ ［清］王芑孙《碑版文广例》卷六，朱记荣辑《金石全例》，北京图书馆出版社，2008年，下册，第335页。

树碑立传，并以碑阴题名的方式，确认出资者与碑主以及出资者彼此之间的社会关系，碑阴详列门生故吏之名字、籍贯、身份以及出资数额，正是这一社会关系网络运作及展示的表现。《后汉书·郭太（泰）传》记郭泰去世，"四方之士千余人，皆来会葬。同志者乃共刻石立碑，蔡邕为其文"。[1] 如果说参加会葬的千余人是以郭泰为中心的社会关系圈的外圈，那么合力刻石立碑的"同志者"，则是这个社会关系圈的内圈，而蔡邕的碑文实际上是代表这些"同志者"而作的。郭泰碑就是包括其门生故人在内的诸多"同志者"奉献给郭泰的一个礼物，而碑阴题名为我们从礼物角度理解碑刻提供了翔实的依据。本书设有专章，对此展开深入探讨。

  碑刻是从东汉大地上树起的最为显眼的人文景观之一，其中既包括洛阳太学的石经，也包括名山大川的纪功纪事碑刻，还包括各种巨大的功德碑及墓碑。其实，不仅东汉时代，到今天，古代碑刻依然是引人注目的人文景观。据《三国志·魏志·邓艾传》，邓艾本名邓范，字士则，其取名经过是这样的："年十二，随母至颍川，读故太丘长陈寔碑文，言'文为世范，行为士则'，艾遂自名范，字士则。后宗族有与同者，故改焉。"[2]陈寔是颍川名人，其墓碑自是当地有名的景观，途经此地的邓艾慕名探访，细读碑文，这显然是一次认真的寻访之旅。像邓艾这样的，迂道拜墓读碑，甚至在墓碑前徘徊流连，摩挲古刻，体会其文章笔法者，汉魏时代并不罕见，宋代金石学兴起之后更是屡见不鲜。[3] 曹操和杨修路过《曹娥碑》，细读碑刻及碑阴题字，即是一例。[4] 在纸张尚未普及、拓本制作还没有成为普遍流传的技术的汉魏时代，这是他们能够采取的有效地"拥有"碑刻的惟一方式。东汉以前基本上是庙祭，东汉以后就变成了墓祭，

---

[1]　[南朝宋]范晔《后汉书》卷六八，第 2227 页。
[2]　[晋]陈寿撰，[南朝宋]裴松之注《三国志》卷二八，中华书局，1982 年，第 775 页。
[3]　参看本书第十六章《作为阅读对象的石刻》，尤其是其中第二节、第三节。
[4]　[南朝宋]刘义庆著，[南朝梁]刘孝标注，余嘉锡笺疏《世说新语笺疏》（修订本），第 579 页。

"墓地由凄凉沉寂的死者世界一变而为熙熙攘攘社会活动的中心"。① 在祭祀的时候,亲人、故旧、门生,都到坟墓上去,拜墓读碑,大小公私集会也在此进行。在他们的视野中,墓碑就是景物,在摩挲、阅读和记诵中,碑刻被他们拥有,成为他们知识和记忆的一部分。

三、"玩物见志"中的石刻

对东汉以后的中国古代士大夫而言,玩赏石刻是非常重要的一种学术趣味和生活趣味,自宋代以来,这种趣味的弥漫、延伸或者说深化与日俱增。从某种意义上甚至可以说,"保残守缺"就是这种趣味的一部分。石刻与其他古物有一个共同点,即虽然残缺,但自有残缺之美。完整的古刻当然能够给我们提供完整的历史信息,但是,断碑残石也有其不可替代的价值,可以发挥其特殊功用,产生特有的魅力。近代以来,以学问湛深而著称的文献学家马衡、杨树达和余嘉锡等人,以及虽然主要以文学家、思想家名世而实际上在金石收藏研究方面有很高造诣的鲁迅先生,都曾专门考证传世的汉魏六朝断碑,完成了极其精采的学术研究。他们将残缺的断片拼接起来,作最大程度的信息还原,残碑的生命由此被重新激发出来,在读者面前展现一个崭新的意义世界。②

面对断碑残石之拓本文字,可以想象一个完整的世界;利用断碑残石之实物,则可以制造新物品,实现断碑生命值的转换甚至递增。宋神

---

① 巫鸿《从"庙"至"墓"——中国古代宗教美术发展中的一个关键问题》,[美]巫鸿著,郑岩、王睿编,郑岩等译《礼仪中的美术——巫鸿中国古代美术史文编》,生活·读书·新知三联书店,2005年,第568页。

② 马衡关于汉石经残字的研究,见其《凡将斋金石丛稿》,中华书局,1977年;杨树达《汉西乡侯兄张君残碑跋》《汉朝侯小子残碑跋》,载《积微居小学金石论丛》,上海古籍出版社,2007年,第445—446、448—449页;余嘉锡《汉池阳令张君残碑跋》,载《余嘉锡文史论集》,岳麓书社,1997年,第556—562页。鲁迅先生撰有《〈□肱墓志〉考》《〈郑季宣残碑〉考》《〈吕超墓志铭〉跋》等三篇,皆极见功力,三文载《鲁迅全集》第八卷《集外集拾遗补编》,人民文学出版社,2005年,第71—75、79—80、81—85页。

作为物质文化的石刻文献

宗熙宁四年(1071)十一月,高邮孙觉(莘老)自广德移守吴兴(今浙江湖州),次年二月,他在府第之北、逍遥堂之东修建了一座墨妙亭,陈列他从吴兴境内各地搜集的汉代以来的历代古文遗刻,"深檐大屋,以锢留之"。同时,他又请好友苏轼作《墨妙亭记》,希望借助苏轼文章之力,使这些"古文遗刻"传诸久远。"凡有物必归于尽,而恃形以为固者,尤不可长,虽金石之坚,俄而变坏,至于功名文章,其传世垂后,乃为差久。"①孙莘老建墨妙亭,不仅期望"锢留"古文遗刻,还企图在历史与时间长河中"锢留"这一段风雅胜事。苏轼深深理解这一点,在《墨妙亭记》之外,他又应孙莘老之请作诗一首。诗的前半段细述古刻书迹之可贵,后半段说到墨妙亭之事:

> 吴兴太守真好古,购买断缺挥缣缯。龟趺入座螭隐壁,空斋昼静闻登登。奇踪散出走吴越,胜事传说夸友朋。书来乞诗要自写,为把栗尾书溪藤。后来视今犹视昔,过眼百世如风灯。他年刘郎忆贺监,还道同时须服膺。②

栗尾是当时的名笔,溪藤是当时的名纸,苏轼郑重其事,自书其诗以寄,并借用当年刘禹锡恨不能与贺知章同时的故事,表达对孙莘老的服膺。孙莘老以墨妙亭集藏古物,为好古之士提供了传拓玩赏之便,还将苏轼的墨妙亭诗刻石立碑,树于亭内,古今辉映。曾几何时,意在吟咏"古文遗刻"的诗歌文本及其书法也化身为"古文遗刻",成为后人眼中的又一件古物,成为古代文献历史上的又一个风雅象征。

岁月沧桑,不仅墨妙亭古刻渐次散失,苏轼诗碑也不幸毁坏,几片断碑残石流落人间,却不期然有缘重生,并从此开启一段新的生命旅程。其中一片断碑"广三寸七分,长三寸四分",苏诗原刻"存十六字四行",即

---

① [宋]苏轼《妙墨亭记》,孔凡礼点校《苏轼文集》卷一一,中华书局,1986年,第354—355页。
② [宋]苏轼《孙莘老求墨妙亭诗》,[清]王文诰辑注,孔凡礼点校《苏轼诗集》卷八,第371—373页。

"吴越胜事""书来乞诗""尾书溪藤""视昔过眼"。明清之际,此段断碑为著名学者黄道周收藏。黄道周将其背面改造为一方石砚,"右偏刻'断碑'二隶字,下刻'道周'二字印篆",左边则刻有朱彝尊的铭文:"身可污,心不辱。藏三年,化碧玉。"置诸明清易代的大背景中,寻味其字里行间,朱彝尊的铭文似乎别有寄托。同光年间,此断碑砚被潘祖荫收藏,后来不知下落。[1] 另一片断碑"高广各三寸,长四寸","存十二字,凡四行,行三字",即"灯他年""忆贺监""时须服""孙莘老",其中"孙莘老"三字显然出自诗题。明代大儒王守仁贬谪龙场驿时收得这片断碑,"遂以背面作砚。左侧刻'守仁'二楷字,右刻篆书'阳明山人',侧分书'驿丞署尾砚'。乾隆时归裘文达曰修,绘画遍征题咏"。[2] 最初是孙觉建墨妙亭,将吴兴古碑刻汇集收藏其中,接着苏轼题诗刻碑,然后诗碑毁坏,残片流落人间,最后变形为断碑砚,继续其生命历程——这是一件石刻从北宋到清代的流传史和生命史。碑也好,砚也好,都贴近文士生活,易于凝聚文化关注。从物的角度研究一件石刻传记,这是非常好的一个案例。

刻印时采用碑的形制,也有异曲同工之妙。清代仪征学者江德量(秋史),"尝仿汉碑式,作收藏印。石高二寸,碑面修三寸,阔寸余。上仿碑头作穿孔式,阳文'江君之记'四字。碑文云:'君讳德量,字量殊,江都人,……刊兹佳石,以传亿载。'自作跋云:'赵邠卿生立圆石,达者情也。而《荡阴表颂》生亦称讳。至宝难得,性命可轻,身实殉之。墨君弟为予摹汉碑,获予心哉!秋史识于问津书院学海堂。'"[3]这方印章是汉碑与收藏印杂交而生之物,碑面、碑穿、碑文应有尽有,足见江氏对汉碑形制的迷恋。碑印二物使用场合固然不同,但印章可以视作缩微版的碑刻,碑刻亦可以视作庞然大物的印章,碑印之间的互动关系,也可以从物质文化研究的角度开掘。

无独有偶。清同治元年(1862)十一月,著名篆刻家赵之谦为纪念亡

---

[1] 邓之诚《骨董琐记》卷二"断碑砚"条,《骨董琐记全编》,第66页。
[2] 邓之诚《骨董琐记》卷五"阳明驿丞署尾砚"条,《骨董琐记全编》,第168页。
[3] 邓之诚《骨董琐记》卷六"碑式印"条,《骨董琐记全编》,第214页。

作为物质文化的石刻文献

妻,刻了两方悼亡印,印文分别为"俯仰未能弭,寻念非但一"和"如今是云散雪消,花残月阙"。他还在这两方印石四边环刻多达382字的长篇边款,每边4行,每行12字,界格分明,行列整齐。这实际上是一篇题为《亡妇范敬玉事略》的文章,也可以看作是一篇墓志,其形态与东晋南朝之交出现的刻于若干块砖上的墓志特别类似。① 换句话说,这两方印实际上融合印章和墓志于一体,这是文献形式与艺术形式的创新,也是物质文化的创造。

图3 赵之谦刻《亡妇范敬玉事略》(局部)

---

① [日]西川宁编《二金蝶堂遗墨》,二玄社,1989年,第304—305页。按:印文"俯仰未能弭,寻念非但一"出自江淹《杂体诗三十首·潘黄门述哀》,"云散雪消,花残月阙"则出自相传杨亿(大年)所撰祭皇太后文,见[宋]孙奕撰,侯体健、况正兵点校《履斋示儿编》卷九"祭文简古"条,中华书局,2014年,第130页。故此印可称为"悼亡印"。

第一章 绪论：从物质文化角度看中国古代石刻

石刻的衍生力很强。法帖和拓本是石刻最为重要的两个衍生物。《癸辛杂识》后集"贾廖碑帖"条云：

> 贾师宪以所藏定武五字不损肥本禊帖，命婺州王用和翻开，凡三岁而后成，丝发无遗，以北纸古墨摹榻，与世之定武本相乱。贾大喜，赏用和以勇爵，金帛称是。又缩为小字，刻之灵璧石，号"玉板兰亭"，其后传刻者至十余，然皆不逮此也。于是其客廖群玉以《淳化阁帖》《绛州潘氏帖》二十卷，并以真本书丹入石，皆逼真。又刻《小字帖》十卷，则皆近世如卢方春所作《秋壑记》，王茂悦所作《家庙记》《九歌》之类。又以所藏陈简斋、姜白石、任斯庵、卢柳南四家书为小帖，所谓《世彩堂小帖》者。世彩，廖氏堂名也。其石今不知存亡矣。[①]

此条兼及法帖与拓本。法帖原为纸本，经由名工翻刻，遂尔转换为石刻；而依据石刻摹制的拓本又化身千百，石本重又回归纸本。尽管刻工技艺高超，号称"丝发无遗"，尽管"以北纸古墨摹榻"，材料精美而讲究，有"逼真"甚至乱真之誉，但石本与纸本毕竟为二物，彼此之间还是有区别的。如果着眼于二物不同的介质，不同的保存与传播特点，那么，就有更多的文化意义可待追寻。写本（manuscript）文献有一个特点，即文献不能批量复制，其复制与传播之效率（包括速度与准确度）亦受到限制。石刻无疑是写本时代的产物，具有写本文献的诸多特点，但是，它又与一般的写本文献不同，有其自身的特质。这种特质甚至使其脱离写本文献，而发展出与刻本文献或印本文献的亲缘关系。换句话说，绝大多数石刻文献都以写本为基础，但同时又是镌刻的结果。拓本的出现，又使石刻进入了准印本时代。石刻必须一件件镌刻，而拓本则可以批量生产。写本、拓本与印本之间，不是简单的单向演进，而是非常复杂的关系。以石经为例，在东汉熹平石经之前，这些经典的传播主要靠简帛，后来纸普及

[①] [宋]周密撰，吴企明点校《癸辛杂识》后集，第86页。

了,才可以抄为纸本。唐代开成年间刻石经,自有众多纸质写本为依据,开成之后近百年,"后唐明宗长兴三年二月,中书奏乞依石经文字,刊《九经》书印板,从之"。[①] 同一文本而有纸本、石本、板本之分,文献媒介形式变动不居,造成不同物品之间的纠葛,也值得从物质文化研究角度作进一步的探讨。

拓本是石刻最有生命力的衍生物,它为石刻复制与传播提供了巨大方便。从玩赏角度来看,拓本有石刻所没有的诸多便利,便于张挂、卷舒、收藏、携带、交易,几乎可以不受时间和空间的限制,随时随地展开、摩挲、把玩、研读,甚至在上面撰写题跋。但是,石刻也有拓本所不可能具有的身份和意义。石刻作为拓本所从出的母体,具有原始性和惟一性,它与它所处的空间环境相互配合,突显位置意义与景观价值。当然,石刻和拓本都可以作为商品,也都可以作为礼品,还都可以当作艺术品,同时,它们也都是士人阅读的对象——读物。

笺纸也是古代文士雅玩之一。笺纸中有一类是使用碑刻拓本作背景的。其中,撷取汉碑拓本的片断作背景,又是比较常见和流行的。例如,浣花斋制笺中,就撷取汉《尹宙碑》中"肃""致"二字,双钩隶书作为背景。此二字在原碑中并不相连,笺中通过拼接组成新词,不仅取其汉隶字形,更取"肃致"为致书习语之意。有时干脆就取残碑为背景,如清人沈景修有一诗束,其所用笺即以汉"公乘伯乔残题名"双钩本为背景。[②] 这类笺纸是拓本的一种衍生物,也可以说是石刻的再衍生物。从这类笺纸的生产来看,石刻拓本与信笺纸本之间,并没有不可跨越的界限。这种跨界衍生,其实也反映了古代文士对石刻的雅玩态度,反映了他们对于这些古物的迷恋。中国传统石刻学或者说金石学,就是在宋人玩物和恋物的过程中诞生的。

---

① [宋]李上交《近事会元》卷三,《守山阁丛书》本。参看《骨董琐记》卷一"刊书"条,《骨董琐记全编》,中华书局,2008年,第37页。

② 以上二例并见梁颖《说笺》(增订本),上海科学技术文献出版社,2012年,第75页。按:"公乘伯乔残题名"参考[宋]洪适撰《隶续》卷二,中华书局影印洪氏晦木斋刻本《隶释·隶续》,1985年,第305页。

四、恋物与"延伸的自我"

如前所述,英文 possession 一词兼有"收藏"之义,可以译为"财产",也可以译作"拥有""藏有",这是一个比较宽泛的概念。就中国古典文献研究领域而言,收藏就是拥有,收藏家珍视其收藏之物,有逾财宝。就宋人而言,"集古"就是其最重要的收藏活动之一,而癖好集古,就是恋物的表现。欧阳修就是癖好集古之士,一生致力于收藏金石古刻。他晚年自号"六一居士",自言:"吾家藏书一万卷,集录三代以来金石遗文一千卷,有琴一张,有棋一局,而常置酒一壶,……以吾一翁,老于此五物之间,是岂不为'六一'乎?"[①]"五物"与"一翁"相加,就是六一居士欧阳修。欧阳修所收藏、拥有的"五物",包括"三代以来金石遗文一千卷"在内,不仅构成了欧阳修生活之内容与意义,也可以看成欧阳修"延伸的自我"。

欧阳修曾经谈到其对收藏的理解:"物常聚于所好,而常得于有力之强。有力而不好,好之而无力,虽近且易,有不能致之。……凡物好之而有力,则无不至也。""夫力莫如好,好莫如一。予性颛而嗜古,凡世人之所贪者,皆无欲于其间,故得一其所好于斯。好之已笃,则力虽未足,犹能致之。"[②]他认为,收藏主要靠两个条件,一是主观喜好,二是客观经济能力,但更重要的是能够专心致志,持之以恒。他也坦言,他"独取世人无用之物而藏之者",不只是"出于嗜好之癖,而以为耳目之玩"。[③] 从反面来理解,他是承认集古能够提供"耳目之玩",满足"嗜好之癖"的,在某种意义上,也就是满足了感官享受。野外访碑,呼吸着旷野的空气,拂去尘灰,拭除青苔,叩击石面,聆听或清越或嘶哑的声音;或者在一室之内独对拓本,静听拓本卷轴不疾不徐地展开的声音,抚摸纸面,嗅着旧纸古

---

① [宋]欧阳修《六一居士传》,[宋]欧阳修著,洪本健校笺《欧阳修诗文集校笺》卷四四,上海古籍出版社,2008年,第1131页。
② [宋]欧阳修《集古录目序》,《欧阳修诗文集校笺》卷四一,第1060—1061页。
③ [宋]欧阳棐《集古录目记》,[宋]欧阳修著,邓宝剑、王怡琳笺注《集古录跋尾》,人民美术出版社,2010年,第229页。

墨独有的芳香,细辨石花墨痕,极视听之娱。二者感官享受虽然不同,却同样怡人,但后者显然更为方便、自由。欧阳修在退朝之暇,每每优游于一千卷金石遗文之间,张开五官,接收古物拓本所发射的信息,偶有感触或心得,便撰为题跋,抒发自我感怀。不管是附于拓本之尾,装裱为一体,还是别纸以存,这些题跋都可以说是欧阳修"延伸的自我",是欧阳修生活美学的展现。

欧阳修在《集古录目序》中又言:"或讥予曰:'物多则其势难聚,聚久而无不散,何必区区于是哉?'予对曰:'足吾所好,玩而老焉,可也。象犀金玉之聚,其能果不散乎?予固未能,以此而易彼也。'"①在欧阳修眼中,他所收聚的金石拓本比"象犀金玉"更加宝贵,更能让他优游其中,而不知老之将至。玩物以忘忧,生命在集古中得以延伸。他迷恋集古,迷恋古物,其实就是迷恋人生,迷恋世界。欧阳修常常感叹古人"托有形之物,欲垂无穷之名",②其实他的集古之癖,又何尝不是如此?只是殊途而同归而已。

李清照在《金石录后序》中详细叙述靖康之乱后,她和赵明诚带着平生收藏各类长物南奔的经过。这是赵李夫妇的一段辛酸史,也是两宋之际图书文献毁损散失的惨痛史。序中写道,靖康元年(1126),时赵明诚守淄川,"闻金人犯京师,四顾茫然,盈箱溢箧,且恋恋,且怅怅,知其必不为己物矣。建炎丁未春三月,奔太夫人丧南来,既长物不能尽载,乃先去书之重大印本者,又去画之多幅者,又去古器之无款识者,后又去书之监本者,画之平常者,器之重大者,凡屡减去,尚载书十五车"。在形势危急之时,赵明诚曾向李清照交代:"必不得已,先去辎重,次衣被,次书册卷轴,次古器,独所谓宗器者,可自负抱,与身俱存亡,勿忘也。"显然,赵明诚将其收藏的金石古物视同生命。最后,历经各种丧乱,赵李夫妇平生收藏各类长物丧失殆尽,只有"一二残零不成部帙书册,三数种平平书

---

① [宋]欧阳修《集古录目序》,《欧阳修诗文集校笺》卷四一,第1061—1062页。
② [宋]欧阳修著,邓宝剑、王怡琳笺注《集古录跋尾》卷三,第69页。

帖,犹复爱惜如护头目,何愚也邪!"①字里行间,浸透了赵李夫妇对长物的深切爱恋之情。

恋物表现在很多方面,恋恋不舍、誓共存亡是一种表现,很多人以所收藏的石刻命名书斋,是另一种表现。古有明代宛平县令李荫的"古墨斋",今有张钫的"千唐志斋"、于右任的"鸳鸯七志斋"以及吴湖帆的"四欧堂",等等,不胜枚举。② 命名是风雅之举,亦寓占有之意。西方物质文化史研究的著名学者图恩曾说:"我们脆弱的自我感觉需要支持,而这种支持是通过拥有和占有财产获得的,因为很大程度上我们就是我们所拥有和占有的。"③对收藏家来说,收藏之得失,占有之成败,甚至成为判断其人生顺逆的标准之一。神化某些石刻,也是恋物的一种表现。云南"永平宝台山,有隋大业间某僧画壁达摩像,宋人某勒碑识之。寺屡毁于火,而画壁不毁,至今犹存。……大理南诏碑,今世通行拓本模糊无字,乃碑阴字为人凿去,谓和药食之,可以却病,正面踣于地上,字迹完好"。④ 在有些人眼中,这些石刻简直就是神物,其拥有的超自然力量,足以令人膜拜。至于从政治利用的角度神化某一石刻的例子,更是屡见不鲜,本书有专章讨论,此不赘述。

访碑是迷恋石刻的古人常有的举动。拜托友人寻访石刻及其拓本,是常有的事;自己亲自外出寻访,不辞辛劳,踏遍山崖水滨,也不罕见。与明清两代相比,宋代拓本市场流通网络相形见绌,集古之士自出访碑者不多。清代就有很多金石家亲身访碑,将其访碑行程及心得写入日记,或吟诗作画,征求题咏,广为传播,为文士玩物开辟了新途径。比较

---

① [宋]赵明诚撰,金文明校证《金石录校证》,第532—534页。
② 千唐志斋藏石以唐志为主,其整理本见河南省文物研究所、洛阳地区文管处编《千唐志斋藏志》,文物出版社,1983年。鸳鸯七志斋所收为七对北魏时期元氏家族夫妻墓志,后捐赠西安碑林博物馆。吴湖帆收藏有唐初欧阳询所书《化度寺》《九成宫》《虞恭公》《皇甫君》四碑之宋拓本,因号其所居曰"四欧堂"。
③ 转引自孟悦、罗钢主编《物质文化读本》,第112页。
④ 邓之诚《骨董琐记》卷六"滇中名迹"条,《骨董琐记全编》,第196页。

著名的如黄易和吴大澂等人，[①]他们都是痴迷石刻收藏，并于此道钻研甚深的学者。透过访碑道途和石刻拓本的寻访过程，可以看到一个物的流通网络，也能看到支撑这一流通的社会关系网络和学术交流网络。不管是作为礼物，还是作为商品，石刻及其拓本都是构成这些网络的核心网格点。石刻的物流，或者说石刻流通之路，对于物质文化史与文献文化史研究来说，都是题中应有之义。

石刻跋尾也是恋物的副产品。读欧阳修、赵明诚、洪适等人的石刻题跋，读元明清各代直至近现代学者的题跋，最明显的感觉是，题跋与其人生是联在一起的，其中有很多独特的阅历与个性化体验。集古收藏、考据学问、优游人生，这是宋代金石学成立的三个基石。金石学成立的宋代，也正是重新发现物，并且对物有了更深刻认知的时代。宋代士人普遍对物有浓厚的兴趣，欧阳修撰有《砚谱》《洛阳牡丹记》，[②]足见其对砚与牡丹的耽爱。宋人文集中连篇累牍的题跋，很多是针对碑帖古物而发。宋词对物的精细描写与深刻体味，非前此的辞赋或咏物诗所能比拟。宋人对于物实在是太迷恋、太投入了，以至可以说，宋代金石学是宋代恋物文化的结晶之一，而宋以后的金石学则是对宋代恋物文化的传承与弘扬。

五、余论

研究古代文献，包括书画、信札、石刻、拓本等，以往大概比较重视文本内容，而不太重视其形式，更忽视物质层面。本书所要强调的是，物是文献的重要属性之一，文献既有作为文本的文化性，也有作为物的文化性。对于物的理解要放大，不能只局限于文献的外部形态。

[①] 参看故宫博物院编《黄易与金石学论集》，故宫出版社，2012年；白谦慎《吴大澂和他的拓工》，海豚出版社，2013年。

[②] 谱、记二文，见［宋］欧阳修著，洪本健校笺《欧阳修诗文集校笺》，第1887—1890、1891—1903页。

第一章 绪论：从物质文化角度看中国古代石刻

中国传统学术对于物是非常重视的。先秦时代就有《考工记》，讲的是各种物的制作规范及其工艺。中国传统学问中有博物学，又有名物学。两者与物质文化研究都有相通之处，但重点各殊：博物学着重在博闻广见，集纳奇珍异物；名物学侧重在讲求物之名实体用。这一类的著作，有宋代周密的《云烟过眼录》，明代曹昭的《格古要论》、文震亨的《长物志》、屠隆的《考槃馀事》、高濂的《遵生八笺》、谷泰的《博物要览》等。在《四库全书》中，这些书大多列在子部杂家类，另外一些书则被置于子部谱录类，例如关于鼎、文房四宝、香等各种器用的著作，或者与草木虫鱼等各种杂物相关的著作。上述诸物，可以用邓之诚《骨董琐记》中的"骨董"二字以概称之。其实，明人对于物质文化的研究思路，与西方物质文化研究已有相通之处。但是，这些书在传统学术史上都没有占据主流地位，因而也没有受到应有的重视，其所积累的相当丰厚的学术资源长期束之高阁，投闲置散。此外，传统文献中还有很多有待激活的资源，例如，历代笔记中涉及石刻、笔墨纸砚以及其他文献的制作、收藏、流传的资料很多，看似零星，如果能够一以贯之，重新阐释，有可能变废为宝，化腐朽为神奇，凝结为文化研究的大题目。

从物质文化角度来研究古代石刻，可以推而广之，为整个古代文献的研究，特别是古代文献文化史的研究开启一个新的论述视角。石刻是物，书籍也是物，都可以使用物质文化研究的思路。作为物质，石刻有其特殊性，它游走于写本、刻本、拓本与辑本之间，是一种非常特殊的文献形态。这四种文献形态之间产生的复杂关系有待深入研讨。另一方面，把西方的物质文化研究理论引入中国传统石刻学研究，有助于我们沟通东西方学术，沟通古代学术资源与现代学术资源。如果我们把对石刻的研究，从文物、文本和文献的角度扩展到文化的角度，就不仅能够开阔我们的视野，加深对石刻文献的理解，也能够深化对中国古代文献文化的理解。

第二章
石刻文献之"四本论"

一、"四本论"

"四本论"一词出自《世说新语》。《世说新语·文学》载:"钟会撰《四本论》始毕,甚欲使嵇公一见。置怀中,既定,畏其难,怀不敢出,于户外遥掷,便回急走。"①这个故事中提到的《四本论》,指的是魏晋玄学中的一个重要话题,亦即"才性四本论"。据南朝梁刘孝标注引《魏志》:"(钟)会论才性同异,传于世。四本者:言才性同,才性异,才性合,才性离也。尚书傅嘏论同,中书令李丰论异,侍郎钟会论合,屯骑校尉王广论离。"②这就是所谓"才性四本论",简称"才性论",就是讨论才华和性情之间的关系。当时的玄学家们针对这个话题,有四种不同的看法:傅嘏认为才性是相同的,李丰认为才性是不同的,钟会认为才性是相合的,而王广认为才性是相离的。综合起来,有关才性关系的这四种观点,就是魏晋时代的"四本论"。

一般认为,石刻文献存在三种版本形态,简称为"三本"。第一种是"石本",也就是石刻实物本身。无论这石刻是碑刻,或是摩崖,或者墓

---

① [南朝宋]刘义庆撰,[南朝梁]刘孝标注,余嘉锡笺疏《世说新语笺疏》,上海古籍出版社,1993年,第195页。

② [南朝宋]刘义庆撰,[南朝梁]刘孝标注,余嘉锡笺疏《世说新语笺疏》,第195页。

志,或是其他类型的石刻,也无论石刻是在其使用现场(我称之为"第一现场"),还是在博物馆、展览馆(我称之为"第二现场")之中,①只要我们面对的是石刻实物本身,其文献存在形态就可以称之为"石本"。第二种是"拓本"。拓本来源于石本,是石刻实物与纸墨相互配合,经由人工椎拓而成的一种新的版本形态。拓本是石本的衍生物,也是石本的复制与再现。它不仅是一种文献形态,有时候,也是一种文物形态,具有珍贵的艺术价值和文物价值。第三种是"书本",指的是以书本形态出现的石刻文献,例如宋代洪适所编《隶释》和《隶续》。洪适特别重视汉魏时代隶书体石刻,用隶书摹写抄录了许多当时还存世的汉魏碑刻,并且刊刻成书。这是石刻文献一种新的存在形态,它虽然不是石刻实物,也不是拓本,却也在一定程度上保存了石刻的内容与形式,以书本的形态促进了石刻文献的保存与传播。总之,石本、拓本和书本,可以说是石刻文献研究最基本的三种文献形态。②

不过,如果换一个角度或者思考基点,就会有另一种不同的看法。例如,从文献材质构成来看,拓本主要包括纸、墨两端,从纸的一端来看,拓本与书本皆可以称为纸本,与石本正相对应。而从墨的一端来看,拓本亦可称为"墨本"。在很多北宋文人笔下,拓本都被称为"墨本",如苏颂《寄题吴兴墨妙亭》:"剔去藓文人乍识,传来墨本字犹完。"③又如黄庭坚《书磨崖碑后》:"春风吹船著浯溪,扶藜上读《中兴碑》。平生半世看墨本,摩挲石刻鬓成丝。"④再如,如果从文献生产方式的角度来观察,对石刻文献的版本形态也可以获得新的认识。上述石刻文献的"三本",基本

---

① 关于"第一现场"和"第二现场",参考程章灿《石刻的现场阅读及其诸种样态》,《文献》2021 年第 4 期。修订后收入本书第十六章第一节。

② 笔者以往讲授"石刻文献研究"课程时,也经常这样强调。参看程章灿撰《石刻研究的基本问题》,《湖南科技学院学报》,2015 年第 7 期。

③ [宋]苏颂《苏魏公文集》卷八,台湾商务印书馆影印文渊阁《四库全书》第 1092 册,第 179 页。

④ [宋]黄庭坚撰,[宋]任渊、史容、史季温注,刘尚荣校点《黄庭坚诗集注》卷二十,中华书局,2003 年,第 688—689 页。

上侧重的是石刻的刻印状态,只不过有刻于石上、印于纸上、刻于木石之上之别而已。实际上,如果从石刻文献生产的全过程及其方式来看,石刻文献可以说有四种版本形态:第一种是写本,第二种是刻本,第三种是拓本,第四种是辑本,合称为石刻"四本"。这四种版本形态之间也存在异同或离合的关系,因此,本文借用"四本论"的字面,来概括这四种版本形态及其相互关系。

二、石刻"四本":写、刻、拓、辑

(一)写本

这里的写本指的是石刻文献的底本。所谓底本,指的是刻石之时所依据的原本,它可能写在纸上,也可能写在绢帛之上,还可能直接写在山岩崖壁之上。其用以书写的工具,多数情况下是笔,也有可能是凿子,或者其他的工具。严格说来,石刻写本处于石刻生产流程的最上游,从某种程度上说,它属于石刻的前世或前身。当一件石刻尚未镌刻,其写本还能够看到,一旦刻竣,写本往往就难得看到,仍然流传于世的写本稀若星凤。

东汉的一些碑刻,包括熹平石经,有不少是蔡邕书写的,或者撰书皆出自蔡邕之手。当年蔡邕所书底本也就是写本是什么样子的,今天都看不到了,只有透过现存少量石刻和拓本,才可以想见其仿佛。在刻石之前,写在纸上或绢帛之上的字迹,需要经过勾勒或模勒的处理,实现文献媒介的转换。有的写本是直接用丹漆写在石面之上,通常称为"书丹",无须勾勒即可镌刻,但经过镌刻之后,这些丹漆书写的痕迹消失殆尽。某些石刻由于一些意外原因而未刻竣,从而留下某些书丹的痕迹,使后人窥见写本的样子,例如三国时代的《王基残碑》,因未刻全即被废入土,发掘出来时尚残留丹漆痕迹。此碑出土于洛阳,据本籍即属洛阳偃师的清代金石学家武亿言:"碑石出土,仅刻其半。土人传云,下截朱字隐然,惜无人辨识,付之镌工,遽磨拭以没,今存者凡得三百七十字,姓名俱不见。"①比对拓本,所谓"仅刻其半"似乎言过其实,但也可能出土之后,大多数未刻朱字已被镌工补刻,致使今见拓本上仅有行首行尾若干文字未刻。传世北宋黄庭坚书《王长者墓志铭》虽然只是初稿,而不是严格的石刻底本,但在相当大程度上仍然保留了这篇墓志的写本形态。②倘若此方《王长者墓志铭》的石刻有朝一日出土,持与此稿本相互对勘,当会发现不少文字内容与字体风格的出入。总之,不管从内容还是从形式上看,写本都是石刻的源头。单纯从文字内容来看,现存古人文集(包括别集和总集)之中的大量碑志文(所谓"集本"),与石本也是同源的,而所谓"集本"实际上有"别集本"和"总集本"之分别。

图4 黄庭坚《王长者墓志铭》稿本

汉碑、唐代碑志以及其他石刻上,往往可见整齐的界格。这些界格大多出自刻工之手,可以说是刻工留下的写本痕迹。这个细节提示我们,石刻写本中书手身份的多样性和复杂性。书手既可能是满腹经纶的

---

① [清]武亿撰,高敏、袁祖亮校点《授堂金石跋》,中州古籍出版社,1993年,第43页。袁维春《三国碑述》(北京工艺美术出版社,1993年,第32页)亦征引武说。此碑拓本见北京图书馆金石组编《北京图书馆藏中国历代石刻拓本汇编》,中州古籍出版社,1989年,第2册第18页。

② 孙宝文编著《黄庭坚墨迹选》,上海辞书出版社,2018年。

石刻文字的撰写者，也可能是在书写方面训练有素的专业书写者，还可能是对文字结构了解不多的刻工。他们的身份和文化素养，会影响石刻文献的最终呈现效果。如果将写本形态的石刻文献称为石刻的前世，将刻本和拓本形态的石刻文献称为石刻的今生，那么，辑本形态的石刻文献就是石刻的再生或复活。因此，石刻"四本"之间的关系，可以理解为一种类似生命体的关系，这种关系很好地展示了石刻文献的成长过程，展现了石刻文献的生产力和生命力。

石刻写本的写手有不同的背景，其书写情况也多种多样。同样一块碑石，可以写刻不同的碑文；同样一篇文稿，可以采取不同的书写形式，从而产生不同的写本。以《唐三藏圣教序》为例。根据赵明诚《金石录》著录，他所收藏的《唐三藏圣教序碑》共有五种，其作者有太宗、高宗之不同，其书体则有褚遂良正书、王行满正书和怀仁集王羲之行书之不同：

  第六百十八：《唐三藏圣教序》，太宗撰，褚遂良正书，永徽四年十月，在京兆府慈恩塔中。
  第六百十九：《唐述三藏圣教序记》，高宗撰，褚遂良正书，永徽四年十二月。
  第六百三十一：《唐三藏圣教序并记》，太宗、高宗撰，王行满正书，显庆二年十二月。
  第六百五十一：《唐三藏圣教序并记》，太宗、高宗撰，褚遂良正书，龙朔三年六月，同州重立。
  第六百九十八：《唐三藏圣教序并述圣记》，太宗、高宗撰，沙门怀仁集王书，咸亨三年十二月。[①]

这里最值得重视的是第六百九十八号。怀仁是长安弘福寺沙门，他从当

[①] 以上五本著录见[宋]赵明诚撰，金文明校证《金石录校证》卷四，广西师范大学出版社，2005年，第57、57、58、59、63页。按：针对第六百三十一号拓本，金文明有校证云："太宗高宗撰，日本无'太宗'二字。"见《金石录校证》，第71页。

时所见王羲之行书作品中集字,排纂编列,刻成碑文,创造了"晋人书唐碑"这样特殊的石刻写本状态。通过书体、字形的选择与排布,他不仅参预了书写的过程,而且在很大程度上决定了写本的书法样貌。从这个角度来看,怀仁就是这个唐碑的书写者之一。怀仁之所以选择集王羲之书,是因为唐太宗对王羲之书法情有独钟,以致亲自操笔,为《晋书·王羲之传》作赞,并对王书给予极高的评价。① 因此,怀仁的集字之举,不仅使书圣王羲之变身为唐太宗的写手,而且迎合了唐太宗的审美趣味,煞费苦心,②这不仅是艺术史的创举,也是政治史的别出心裁。从文献生产方式的角度来说,怀仁此举还开创了古圣今贤穿越时空进行书写合作的文化传统。

(二) 刻本

与写本形成鲜明对照的是,刻本形态的石刻随处可见。这里所谓"刻本",与书籍史或者古文献学史上通常所讲的"刻本"不太一样,这个"刻本"不是版刻,而是石刻,是刻在石头上的,两种媒介材质明显不同。石刻根据其形制与功能的不同,又细分出碑刻、墓志、题名、石经、摩崖等不同名目,虽然各家分合标准各异,所定名目不同,③但皆属于传统所谓"石本"。不管哪一种石刻,就其生产状态而言,都是工匠们用刀凿在石头上凿刻出来的,皆可称为"刻本"。石刻刻本与版刻刻本虽然材质不同,技术上却有相通之处,所以,有些能工巧匠就兼擅版刻和石刻。例如

---

① 《四库全书总目》卷四五《晋书》提要:"书中惟陆机、王羲之两传,其论皆称'制曰',盖出于太宗之御撰。"中华书局,1965年,第405页。《晋书》卷八〇《王羲之传》卷末史论称"制曰",其文有云:"所以详察古今,研精篆素,尽善尽美,其惟王逸少乎!观其点曳之工,裁成之妙,烟霏露结,状若断而还连;凤翥龙蟠,势如斜而反直,玩之不觉为倦,览之莫识其端,心慕手追,此人而已。其余区区之类,何足论哉!"中华书局,1974年,第2108页。

② 启功先生《论书绝句》第四十二首:"集书辛苦倍书丹,内学何如外学宽。多智怀仁寻护法,半求王字半求官。"生活·读书·新知三联书店,1990年,第86页。

③ 今人杨殿珣大分为七种,见杨殿珣编《石刻题跋索引》之《目录》及《凡例》,商务印书馆,1990年;而清人叶昌炽则细分至42种之多,见叶氏撰《语石》卷三至卷五,《语石 语石异同评》,中华书局,1994年,第182—380页。

南宋刻工王诗安就是二艺兼工,既刻有《薛叔似墓志》,又刻有薛师石《瓜庐诗》。① 这里之所以不称之为"石本",而称之为"刻本",是为了突出"刻"这个动作。这也是"四本"命名的一个原则,其首字皆为动词(写、刻、拓、辑),为的是突出这四种版本形态各自的生产制作特点。

　　刻本是工匠用刀写出来的,以刀代笔,尽可能逼真地再现写本的面貌,但仍然或多或少地带上工匠个人的书写习惯。从这个角度说,刻本甚至可以称为刻工的写本。当然,刻工的书写(镌刻)并不是完全自由的,一方面受到工具(刻刀)的限制,另一方面受到材质(写本是在纸上,刻本则是在石上)的限制,总是不能恣意发挥。② 这个过程类似于今天的临帖,再精确的临帖,也不免有细微的走样,甚者掺入临帖者的个人发挥。刻工由于一时疏忽,或者由于文化水准不够高,还难免产生讹脱衍倒,有可能把字画刻错,甚至把一个字刻成两个字。

图5　张迁碑(局部)

---

① 参看曾毅公辑《石刻考工录》,书目文献出版社,1987年,第74页;又参看程章灿《石刻刻工研究》,上海古籍出版社,2008年,第59—61页。

② 关于石刻材质对刻工的影响,参看彭砺志《好太王碑书体平议——兼论石材质地对古代碑刻书体的影响》,载丛文俊、刘成主编《好太王碑暨十六国北朝刻石书法研究》,吉林文史出版社,2006年,第114—138页。

《张迁碑》是非常有名的汉代碑刻,但其中有一个重要的纰漏,却较少为临书者注意。碑文中有如下文句:"张是辅汉,世载其德。爰既且于君,盖其缠绵。"①实际上,"爰既且于君"是"爰暨于君"之误刻,"爰暨"一词是汉朝人的常用词汇,意为"于是到了",当时受过教育的人对此语词都不陌生,此篇碑文的撰写者应该不会误书。而《张迁碑》的刻工未必读过什么书,由于不理解"爰暨"的词义,于是将"暨"误刻成"既且"二字。②总之,刻工在勾勒、临写、再现原来的写本时,不免带入自己的书写习惯与风格,也不免带入个人及时代对字形字义的理解,甚至是错误的理解,因此,石刻刻本不仅凸显了刻工的书写习惯与风格,而且体现了刻工的文化素养与时代背景。启功先生《论书绝句》第三十二首写道:"题记龙门字势雄,就中尤属始平公。学书别有观碑法,透过刀锋看笔锋。"③一方面,启功先生认为,学习碑刻书法,要善于体会,讲究方法,不能一味师法刻工的刀锋,而要细细观摩碑拓,透过刻字的刀锋去体会其背后隐藏的书法家的笔锋。另一方面,他在这首诗中使用的"刀锋"一词,正体现了他将镌刻视为书写、将刻本比为写本的理解。写本中看到的是书写者的笔锋,刻本中看到的是刻工的刀锋。对于刻工来说,刀锋也就是他的笔锋。刻工镌刻就是一种再书写,可以让写本的书法变得更好;如果刻工的理解和技术不到位,也可能使之相形见绌,弄巧成拙。④

　　总之,石刻的刻本可以理解为刻工的写本,这可以从两个方面举证。一方面,同一石刻底本,刻工不同,风格面貌也明显不同,犹如淳化阁帖的不同刻本。比如东魏的《间伯昇暨妻元仲英墓志》,前后是由两个刻工来完成的。如果把拓片放大来看,两个刻工所刻的刀锋精粗、笔画粗细,

---

① 高文《汉碑集释》(修订本),河南大学出版社,1997年,第490页。
② 参看高文《汉碑集释》(修订本)第495页注一五引翁方纲《两汉金石记》及王念孙《汉隶拾遗》之说。
③ 启功《论书绝句》,第66页。
④ 相关论述,参见程章灿《石刻刻工研究》,第32—46页。

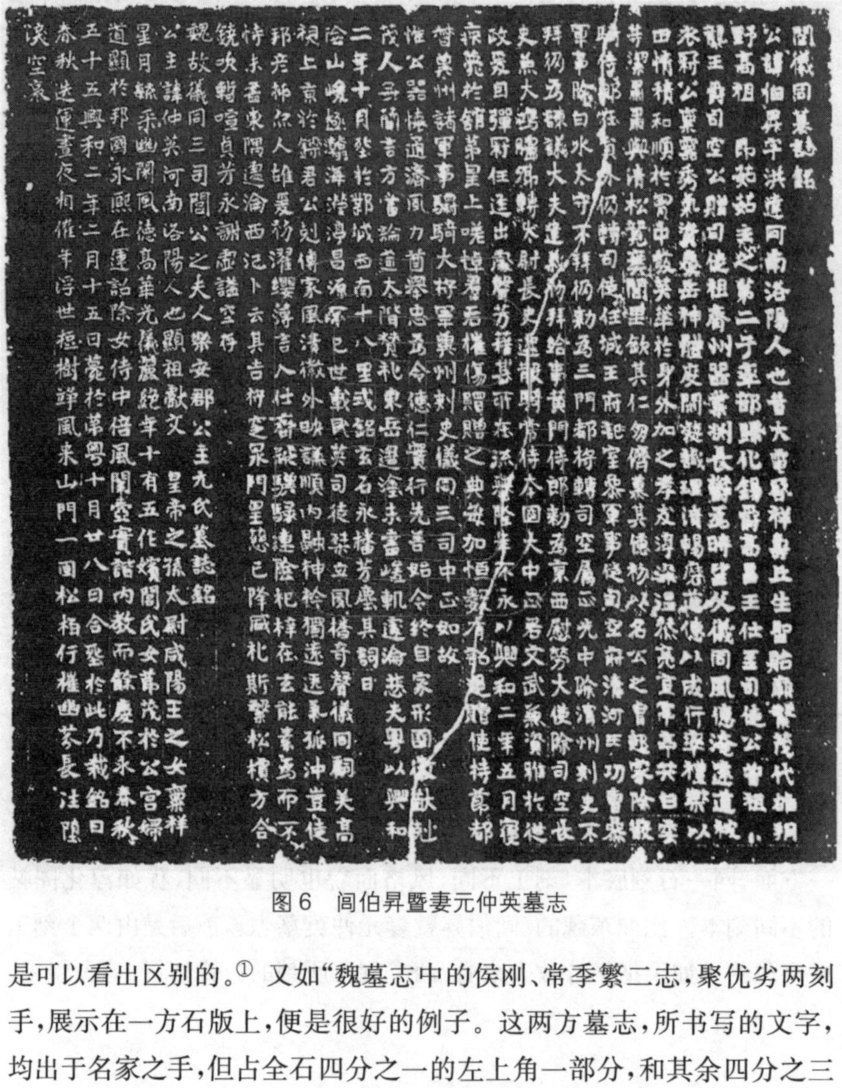

图 6 闾伯昇暨妻元仲英墓志

是可以看出区别的。① 又如"魏墓志中的侯刚、常季繁二志,聚优劣两刻手,展示在一方石版上,便是很好的例子。这两方墓志,所书写的文字,均出于名家之手,但占全石四分之一的左上角一部分,和其余四分之三部分,字迹的优劣,实有天壤之别。但这并不是两个人书丹,而是更换了

---

① 《闾伯昇暨到元仲英墓志》,见赵万里《汉魏南北朝墓志集释》卷一一,页 115 下,图版 591(叶 390 上),广西师范大学出版社,2008 年。

刻工。"①又如,北魏崔宣默、崔宣靖两方墓志,志文的书写者为同一人,而在石刻上呈现出的字迹风格差异却很明显,这也是因为刻工的水平和书写习惯有所不同。②同样一方墓志由两个刻工镌刻,正如两人抄写一篇文章,彼此的字迹自然会有差别。因此,一件石刻,从媒介材质上来说可以称为"石本",从制作方式的角度来说可以称为"刻本",从刻工的角度来看则可以称为刻工的写本。

在流传过程中,石刻还会出现翻刻与重刻的问题。翻刻有不同的目的,有的是为了推广与传播,如《淳化阁帖》一翻再翻,产生了多种版本;有的则是为了怀古与纪念,以重现被毁损的前代石刻。如果这些石刻有拓本留传,后人便可以据之翻刻;如果没有拓本留传,那就只能重刻。南京栖霞寺寺门之前,原来立有由南朝江总撰文、韦霈书写的六朝名碑《摄山栖霞寺碑》,其撰书皆出自名家之手,影响甚大,故唐人苗发《送司空曙之苏州》诗云:"若到栖霞寺,应看江总碑。"③可惜在唐武宗会昌(841—846)年间的那场灭佛运动中,此碑被毁,④北宋康定元年(1040)寺僧重刻此碑,至太平天国之乱,宋碑又被毁,2013年栖霞寺再次重刻此碑。⑤从南朝、北宋到当代,同样一篇碑文在不同的时代、由不同的刻工刻了三遍,形成了三种不同刻本,也就是三种不同的刻工写本。这里使用"刻本"而不是"石本"的概念,也是为了更好地区分石刻流传过程中由翻刻与重刻等造成的不同刻本的版本问题。

(三)拓本

石刻的第三种版本形态是拓本。如果把刻本理解为刻工的写本,那么拓本也可以理解为拓工的写本。不同的刻工,对于原来的写本和书写

---

① 曾毅公辑《石刻考工录》,《自序》第2页。
② 丛文俊《北魏崔宣默、崔宣靖墓志考》,《中国书法》2001年第11期。
③ 《全唐诗》卷二百九十五,上海古籍出版社缩印扬州诗局本,1986年,第742页。
④ 此碑简称《江总碑》,其部分残片今藏朝天宫南京市博物馆及栖霞寺内。
⑤ 参看吕佐兵主编《圣碑:南京栖霞山明征君碑瞻礼》,中国文史出版社,2015年,第212—220页。

的字迹会有不同的处理。有的刻工比较忠实于原稿,有的刻工则会出现较大的走样。拓工也是如此。同样一件石刻,不同的拓本有不同的呈现效果。这跟拓工的技术及其水平有很大的关系,也跟制作拓本所用的纸墨材料及周遭气候环境有一定关系。简而言之,拓本是对刻本的复制或还原,还原度的高低与拓本制作的主客观条件息息相关。

从凿刻到拓墨,由石而纸,拓本不仅代表了一种新的石刻文献再生技术与保存媒介,也代表了一种新的石刻阅读与传播形式。它打破了时空的限制,提供了更方便、更多元的阅读与欣赏石刻的方式,也极大地满足了人们对于古物手迹的迷恋心理。比起翻刻来说,拓印省时省力,可以大量复制再现石刻字迹,使古代石刻化身千百,广为流传。拓本不仅可以复制石刻的文字内容,还能复制石刻的图像书法字迹,全形拓甚至可以复制石刻的形制。面对拓本,可以阅读古人的文字,可以观摩古人的书法,可以欣赏古物的形貌,跨越时空,遥接古昔。这种体验非常难得,也非常容易。如果只是对石刻文本感兴趣,不用千里访碑,不必置身石刻现场,只要一纸拓本,就可以满足阅读需求。这种阅读不受时间和地点的限制,只要有拓本,随时随地皆可以阅读。从复制的角度来说,拓本可以看作是写本的影子或化身。印章刻竣,钤印于纸上,留下印迹,有人称此为"印蜕"。准此思路,拓本亦可称为"石刻之蜕",石刻如蝉,拓本如蜕。

拓本是拓工的写本。不同的拓工对同一个石刻使用不同的纸墨材料与工具手段,采取不同的拓印方式,获得不同的拓本。拓本的不同,既体现于纸墨上,也表现在拓印风格上。有的拓工使用乌金拓法,用浓重的黑墨拓印,黑底白字,黑白对照强烈,字划可以看得很清楚。有的拓工使用朱拓法,使用红色的朱砂来拓印,红底白字,别具一格。有的拓工使用蝉翼拓,拓印时用力较轻,墨色较浅,适宜椎拓精美的小楷与纹理细致的图画或器物。此外还有蜡拓、摩崖拓、套拓等诸种拓法。[①] 椎拓之时

---

① 参看李一、齐开义《拓片、拓本制作技法》第二章,《拓片的种类与拓印方法》,北京工艺美术出版社,1995年,第15—24页。

气候的阴晴冷热,拓工用纸的生熟厚薄,用墨的干湿浓淡,椎拓工具的精粗,都有可能影响拓本的效果与风格。但上述诸因素皆属于客观条件,其重要性不及人的主观因素。不同的拓工有不同的风格,从这个角度来说,石刻拓本即是拓工特殊形式的书写的成果。在拓本的制作生产乃至流传过程中,拓工是个非常值得重视的重要因素。

与石刻实物相比,拓本的最大优势是柔软轻便,便于阅读,便于携带,也便于跨地流通。今天使用照相机,也可以把石刻拍下来,尤其是针对荒郊野外沾满尘灰的碑刻,或者远在悬崖峭壁之上的摩崖,照相机的镜头可以推拉缩放,具有一定的优势,还可以减少人的攀爬之苦。用相机拍摄石刻照片,也是一种复制方式。数码相机所拍摄的石刻照片,阅读与使用之时可以聚焦、放大,其清晰度有时不逊拓本,电子本传递则更为方便。但是,总体来说,拓本尤其是高手精心拓印的拓本,其原大呈现之精确度以及双色对比之清晰度,仍有照片所不可比拟的优势。旧的拓本经过现代数字化技术处理,也可以聚焦放大,而具有数码相片的优势。因此,从便携实用的角度来看,拓本可以说就是前电子时代的 PDF 版本。正是由于看到了拓本的这些优势,很多传统金石学家才将拓本置于金石学的核心,例如缪荃孙就认为,"金石以拓本为主"。[①]

(四) 辑本

第四种形态是辑本。这里之所以不用"书本"这一名称,是要突出"辑"这一行为动作,强调这种石刻文献的形态是辑录编撰而成的;不用"印本"这一名称,是因为拓本中已包含"拓印"的动作,避免重叠交叉。石刻辑本主要有如下三种类型:

第一种是将石刻拓本影印汇编成册。与书籍相比,石刻拓本一般尺寸较大,何况每种石刻拓本尺寸不同,参差不齐,要编辑成册,就需要缩印成大致相同或相近的尺寸。例如,《北京图书馆藏中国历代石刻拓本

---

① 缪荃孙《江苏金石记·例言》,张廷银、朱玉麒主编《缪荃孙全集·金石》,凤凰出版社,2014年,第二册,卷前,第1页。

汇编》汇集了国家图书馆所藏历代石刻拓本一万多种,这些拓本经过缩印之后,装订成十六开本的 101 册。① 严格来说,这套书只能算是图片辑集,而非拓本汇集,因为其图片尺寸与原拓本已经显然不同。这种辑本中的拓本尽管缩小了尺寸,但仍然保持原本的字体及行款格式,放大来看,其效果略同于拓本。直至今天,缩印汇编至今仍是石刻拓本整理的主要方式,此类书籍的数量也与日俱增。

第二种则是石刻文献内容的汇编,即将石刻或拓本上的文字内容抄录下来,按一定主题或原则编辑,然后撰录成书,例如宋代洪适所编《隶释》《隶续》,清代王昶编撰的《金石萃编》,以及今人赵超编撰的《汉魏南北朝墓志汇编》等,或断代,或通代,或专辑特定字体石刻,都有特定的逻辑原则。此类辑本关注的重点大多不在于石刻上的字形或行款格式,而在于作为文献的石刻文本,亦即其文字内容。上举诸书中,《隶释》《隶续》二书稍微有些例外,因为其关注点为汉代隶书诸刻,不单纯关注其文字内容,也关注其字体形式。需要指出的是,此类石刻典籍辑本的数量相当之多,但这类书籍在释读、抄录、雕刻、排印的过程也会滋生错误,阅读与引用之时需要留神。

第三种是服务于书法练习与欣赏目的的碑帖,这类书籍大多数是近代以来编辑出版的。为了习书临帖之时便于摊放在书桌上进行对照、揣摩、体会,此类辑本的开本不宜太大,因此需将拓本剪裱重排,装订成册,字迹缩放至适当尺寸,甚至只取拓本中字迹清楚、结体优美的文字,而不强求文本的完整。严格来说,此类字帖是不能与同名拓本等量齐观的。一方面,它往往经过缩放,改变了原刻的大小,原碑字迹大小往往无由得窥。另一方面,此类碑帖辑本经过剪裁、重装,没有保存原拓本的行款格式。为了弥补此一缺憾,有些碑帖辑本会缩印拓本作为附录,并标注原碑尺寸及文字大小,以便读者了解其行款规格。

以上三种辑本,不管哪一种,都是石刻文献书籍化的成果。书籍化

---

① 北京图书馆金石组编《北京图书馆藏中国历代石刻拓本汇编》,中州古籍出版社,1989年。按:此书按年代先后编排,共 101 册,末一册为索引。

使辑本具有强大的复制能力与传播功能,是写本、刻本和拓本所不可同日而语的。另一方面,由于不同辑本所依据的刻本或拓本版本不同,各种辑本之间的歧异遂由之而生,优劣之分也在所难免。

在石刻"四本"中,第一种写本、第二种刻本与第四种辑本,其概念都是重新界定过的。四本彼此之间的关系环环相套,彼此相生,这一问题尚未引起学界足够的重视,进一步的研探必不可少。

三、"四本"之生产、阅读、流通与利用

石刻的四种版本形态构成了石刻文献生命循环的完整过程。从生产、阅读、流通与利用这四个角度来分析和解读这一过程,可以更深刻地认识"四本"彼此的异同和关系。

首先关注一下"四本"的生产者。写本的生产者是谁?可能是碑文的作者,也有可能是专门请来的书法家,还有可能就是操刀的刻工。想要确定书写者的身份,良非易事,对于汉魏六朝的石刻来说,此事尤为困难。汉魏六朝石刻上很少题署书写者的名字,当时的社会习俗对于书者和刻者都不太重视。唐代以后,石刻上题署书写者姓名的才逐渐变多,宋代以降,书写者不仅题署姓名,还更多地留下与自身籍贯身份相关的各种信息。由于汉碑上题署书写者姓名者寥若晨星,因此,汉代《西岳华山庙碑》上出现的"郭香察书"四字就引起了纷纭的争议。历代金石学家对于"郭香察书"有两种不同的理解:有人认为应该读作"郭香察/书",郭香察是书写者的名字;有人认为应该读作"郭香/察书",郭香是"察书"也就是校勘者的名字;各有证据,难下定论。[①] 我个人比较倾向后一种理解。东汉时代,社会上流行用单名,作为东汉人名,"郭香"比"郭香察"要合理得多。这位在《西岳华山庙碑》上留名的"新丰书佐"姓郭名香,其职责是"察书",亦即检查核对碑刻有无错漏。他虽然并不是碑刻的书写者,却在此碑的书刻过程中承担了一定的责任。

[①] 参看王敏辑注《北京图书馆藏善拓题跋辑录》,文物出版社,1990年,第89—133页。

作为物质文化的石刻文献

刻本的生产者,最主要的是刻工。自清代开始,金石学家开始关注刻工这一人群,近人曾毅公撰有《石刻考工录》,在前人辑录基础上增补较多,初具规模。拙著《石刻刻工研究》收集了四五千个刻工的资料,同时对官署与民间刻工的组织及社会地位,展开了较为全面的研究。① 此书于2008年出版,其后经眼石刻文献越来越多,续补辑录的刻工刻石资料又逾一千多条。作为刻本的主要生产者,刻工将石刻写本上的文字转换为刻本,在这一过程中展现了自己的技艺。有些刻工同时精于书法、篆刻和版刻,堪称多才多艺的艺术家。元明以降,很多著名的书法家(石刻书写者)都有专用的刻工,这些刻工大都在书法上有很深的造诣。②

拓本的生产者,最主要的是拓工。清代末年,一些重要的学者,特别是金石家(如吴大澂、缪荃孙等),往往专门雇用拓工为自己服务。金石学家与拓工之间,有时是委托者和生产者之间的关系,有时是顾客与供应商之间的关系。③ 总之,刻工和拓工对于石刻文献的生产和流通有很重要的作用,这两个群体都不应该忽视。

辑本的生产涉及书籍生产的全过程,包括搜集、编录、印刷、出版等环节,参与这一过程的编纂者、刻版者和印刷工人都是石刻辑本的生产者。从这个角度可以说,石刻辑本的生产过程,差不多涵盖了写本、刻本和拓本的全过程,就其涉及的生产者、生产技术和生产规模而言,是最为复杂的。

总而言之,以上强调石刻"四本"的生产者,有意淡化了文人士大夫的地位和作用,而强调了各种工匠的作用和贡献。强调各种工匠的作用和贡献,实际上是强调石刻文献的材质与形制特点,突出石刻的物质性。这并不是要否认士人对于石刻文献生产的重要性。相反,士人与工匠都是石刻文献的生产者,两相对比,士人的作用是比较明显的,而刻工与拓

---

① 详参程章灿《石刻刻工研究》第一章,第3—23页。
② 参看程章灿《石刻刻工研究》第七章,第140—162页。
③ 关于拓工,可以参看程章灿《捶石入纸:拓本生产与流通中的拓工——以晚清缪荃孙及其拓工为中心》,《上海师范大学学报(哲学社会科学版)》,2018年第5期。修改后收入本书第七章。

工的作用则是比较隐晦的，隐藏在历史的后台，不太为人注目。石刻文章绝大多数是由士人撰作书写，历代金石学家大多是士人出身，当然比较重视撰书者，而不那么重视刻拓者。可以说，传统金石学比较关注的是石刻文献的文本性，而不是石刻文献的物质性。

写本、刻本、拓本、辑本，既是石刻文献的四种存在形态，也是四种阅读对象。由于物质媒介的不同，人们对"四本"的阅读方式也各有不同。但不同的阅读媒介和阅读方式中也有一个共同点，那就是都有读后感。写本的读后感体现为对文本的修改润饰，刻本的读后感体现为各种形式的题刻、补刻、唱和，拓本的读后感体现在各种体式的跋尾，辑本的读后感体现为各种批注和题跋。这些读后感或写于纸上，或刻于石上，或题于书上，都是依附于石刻文献阅读而产生的衍生文本。从阅读角度来看，石刻的题跋或跋尾类似古书的批校，二者之间的异同如何，其中体现了怎样的阅读方式、阅读特色和阅读成果，都需要展开进一步的思考。

碑刻的流通，涉及访求、馈赠、交换、买卖等活动，流通的关键是拓本流通。拓本流通与其背后的文化动力有关。从欧阳修《集古录跋尾》和赵明诚《金石录》可以看出，随着北宋金石学兴起，一批士人癖好收集拓本，友朋之间拓本交流渐成风气，大相国寺的碑拓市场也逐步形成。此种风气，经元明清三代，至晚清之时，玩赏阅读金石碑帖成为士人的普遍风气，成为士人身份认同的一个标志。在这种文化风气的驱动下，拓本流通形成了一个巨大的市场，而拓工群体也有了广泛的施展空间。士人、拓工、碑贾、书商等都参与了这一流通过程。除了拓本的流通，还有辑本的流通，偶尔还有石刻文物的流通。不过，石刻实物交易不如拓本方便，一是笨重或体积大，二是价格昂贵，三是交易涉嫌违法，四是储藏不便。晚清官僚学者端方发挥自身的优势，克服了诸重困难，在拓本之外同时收集了许多石刻实物。他的意外而突然的死亡，使他费心搜集的拓本、石刻及其他古物在其身后很快流散了。①

---

① 参看[美]罗覃著，苗巍译《两位中国艺术品收藏家的交汇：端方与福开森》，山东画报出版社，2013 年。

石刻文献的"四本"概念，除了可以用来思考四种版本之间的异同关系之外，还可思考"四本"对于整个文献学尤其是目录学、版本学、校勘学的意义。

　　中国古典目录学与其他传统学问一样是不断发展的。在这个过程中，石刻文献尤其是石刻辑本发挥了重要作用。《集古录》和《金石录》是从目录学角度整理石刻文献著作，属于通代石刻文献目录。《隶释》《隶续》从断代分体的角度，对石刻文献进行辑录整理。① 《宝刻丛编》按照地域分类，是分地辑录，与《舆地碑记目》是同类。② 《宝刻类编》则按照石刻书者之身份类型，分为八类依次辑录。③ 从这些编纂体例及其中所体现的思路中，可以看到石刻文献目录学与集部总集类目录学之间的互动关系，而石刻辑本的编撰，就是具体而实在的石刻文献目录学实践。

　　《隋书·经籍志》收录了不少石刻文献，有些收在经部之中，有些则编入集部之中。《隋志》经部小学类著录《一字石经周易》《一字石经尚书》《一字石经鲁诗》《一字石经仪礼》《一字石经春秋》《一字石经公羊传》《一字石经论语》等七种，此即《熹平石经》，亦即东汉熹平年间所刻七经，只有隶书一体，故又称"一字石经"。《隋志》经部小学类又著录《三字石经尚书》《三字石经春秋》等，此即《正始石经》，刻于三国魏正始年间，有古文、篆、隶三种字体，故又称"三字石经"。值得注意的是，《隋志》著录《熹平石经》《正始石经》，只以《一字石经》《三字石经》标目，而不以时代

---

① 洪适对汉隶石刻的整理，有一个系统的规划。《四库全书总目》卷八六《隶释》提要："其弟（洪）迈序娄机《汉隶字原》云：'吾兄文惠公区别汉隶为五种书，曰释，曰缵，曰韵，曰图，曰续，四者备矣，惟韵书不成。"中华书局，1965年，第734页。

② 《四库全书总目》卷八六《宝刻丛编》提要云："是书搜录古碑，以《元丰九域志》京府州县为纲，其石刻地理之可考者，案各路编纂，未详所在者，附于卷末，兼采诸家辨证审定之语，具著于下。"又云："宋时因志地而兼志碑刻者，莫详于王象之《舆地碑目》，而河淮以北，概属阙如，惟是书于诸道郡邑，纲分厘然，沿革厘然，较象之特为赅备。"第737页。

③ 《四库全书总目》卷八六《宝刻类编》提要："其书为类者八，曰帝王，曰太子诸王，曰国主，曰名臣，曰释氏，曰道士，曰妇人，曰姓名残阙，每类以人名为纲，而载所书碑目其下，各系以年月地名，且于名臣类取历官先后之见于石刻者，胪载姓氏下方，以备参考，诠次具有条理。"第738页。

称名,其意在于突出其字体和小学之用。《隋志》经部小学类还著录《秦皇东巡会稽刻石文》。① 令人费解的是,秦始皇东巡齐楚故地,并在六地刻石立碑,②《隋书·经籍志》只著录东巡会稽的刻石文,值得注意。《隋志》经部小学类明言,汉魏石经"其相承传拓之本,犹在秘府,并秦帝刻石,附于此篇,以备小学"。③ 由此看来,当时秘府所藏"秦帝刻石"拓本,很可能只有会稽刻石文,其他已无踪影,故没有著录。

《隋志》经部小学类所著录的秦始皇东巡会稽刻石文及汉魏石经,皆为拓本,而集部总集类所著录的《碑集》《杂碑集》《荆州杂碑》《雍州杂碑》《羊祜堕泪碑》《桓宣武碑》《诸寺碑文》等,④ 则应当是"传录之本",而非"传拓之本"。东汉以来日益孳乳的石刻文献,对于中古目录学提出了挑战。《隋志》将一部分拓本形态的石刻文献置于经部小学类,突出其字体字形属性,将另一部分文本形态的石刻文献置于集部总集类,突出其文章属性。从《隋书》史臣的眼光来看,石刻至少有经学、小学和文章三种属性,《隋志》以其著录方式突显了这三种身份。

石刻的四种版本形态,严格来说并不是一个意义层面的。如庾信为他的同时人撰写的碑文墓志,就可能有写本、刻本、拓本和辑本四种形态。其写本与辑本被收入《庾信集》以及后人编辑的文章总集之中,而其刻本和拓本,则至今尚有被西安碑林博物馆收藏的。这既是同一篇文章,也不是同一篇文章,既属于同一个版本,又不属于同一版本。上述各种版本,就文献记录而言,可以视为同一版本;就文献媒介与生产方式而言,又可以视为不同版本。在进行文本校勘时,如何看待这些版本,是值得进一步思考的。总之,石刻文献的版本与书籍的版本略有不同,所以要慎重使用传统的书籍校勘学原则来处理石刻的"四本"。

---

① 《隋书》卷三二《经籍志》,中华书局点校本二十四史修订本,2019年,第1067—1068页。

② 参看程章灿《传统、礼仪与文本——秦始皇东巡石刻的文化史意义》,《文学遗产》,2014年第2期,修改后现已收入本书第八章。

③ 《隋书》卷三二《经籍志》,第1069页。

④ 《隋书》卷三五《经籍志》,第1233页。

石刻的写本、刻本、拓本、辑本,既有明显不同的媒介材质,又有界限分明的功能区隔。另一方面,"四本"之间又是彼此融通的,可以进行媒介转换,实现文化价值的再发掘、再利用。例如,剪裁拓本中的文字,将其重新拼合,与写本或刻本相结合,组合为新的字帖、对联、诗文。又如,将拓本中的文字勾摹缩放,将其作为笺纸的纹饰,进而创造出一种可供玩赏阅读的新的艺术品——集古笺。① 四种不同文献形式之间的融通与杂交,促使跨类别跨界限的文献更生,使石刻有机会在更为宽广的文化舞台上演绎自己的角色。

四、小结

综上所述,石刻文献蕴含了不同形式的文本形态。在石刻文献的四种形态背后,几乎都隐藏着写本的影子。对"写"字的含义,可以作更为广义、灵活的理解:刻工用刀镌刻是一种"写",拓工用墨包捶拓也是一种"写"。拓本是从刻本衍生出来的,其物质媒介由石变成了纸,与刻本的由纸到石,正好相反。拓本是中国古代了不起的发明,很多学者认为,中国雕版印刷术实际上是受到拓印技术的启发。② 拓印是一种文献传承的技术,它极大提高了文献保存的保真度,也提高了文献复制的效率。石刻的辑本需要根据前面的写本、刻本和拓本提供的内容,重新编排组合,较大规模地生产,其中既有刻本之刻,又有拓本之印。譬如作为辑本的石刻文字汇编(如《金石萃编》《唐代墓志汇编》),其文本内容既可能是根据拓本过录的,也可能是根据原石誊录的,还可能是根据文集抄录的,来源多种多样,而最终汇辑为一书。石刻文献"四本"的相互转换,为石刻文献的再生产提供了左右逢源、相成相生的方便。

石刻是一种独具特色的写本。首先,将石刻学和写本学结合起来,

---

① 集古笺的相关论述,可以参见程章灿《结古欢:晚清集古笺与石刻文献》,《中华文史论丛》,2016年第1期。修改后现已收入本书第十四章。

② 参看钱存训《书于竹帛:中国古代的文字记录》,上海书店出版社,2002年,第66—68页。

可以建立一门石刻写本学。其次,石刻的写本与文书等稿抄本不同,由此可见,在写本学内部,需要开辟一个比较写本学的分支。再次,石刻文献与书籍文献属于不同的文献类别,那么也可以融合其他文献类别,在文献学内部开辟比较文献学的分支学科。在比较文献学之中,还可以包含比较目录学、比较版本学、比较校勘学。总而言之,研究石刻文献,要重视其物质性,重视文献生产过程中版本形式和物质形式的联系,才能更好地认识石刻文献的写本性和特殊性,更全面地理解石刻文献的意义。

第三章[①]
宋前刻工的社会身份及其文化地位

任何一件石刻文献的生产与完成，都离不开刻工。刻工是石刻文献最为重要的生产者之一。从物质文化史视角研究石刻文献，刻工这个群体具有特殊的意义，不可忽视。一方面，从内容上说，刻工将文字或图像上载到石材，实现了文献载体的转移，这在相当大程度上促进甚至保证了文献的广泛传播和长远流传；另一方面，从形式上说，刻工利用自己的技艺，再现了笔划字形乃至图画形象，高者甚至巧妙传达了笔墨的神韵，达到逼真的效果。刻工不是简单的工匠，其中的佼佼者往往同时在书法篆刻乃至诗文创作方面具有良好的素养，有些人甚至堪称工艺美术大师。高超的专业技艺，既是刻工的谋生手段，甚至成为其进身之阶，使其享有一定的社会地位，又使这一群体为石刻文献的生产与传播作出了突出的贡献。

在其他器物或文献的制作生产中，也有与石刻刻工类似的铭刻工匠，有的时代还相当早。例如，殷商甲骨上的文字都是由刻工完成的，从其行款及其字划表现来看，这些刻工大多数受过严格训练，有着高超的契刻技艺。但是，无论就铭刻的规模、持续的时间，还是就其所完成的传世文物及文献的种类和数量来看，从事甲骨锲刻的工匠都不能与石刻刻工相比。就现存文献而言，有关石刻刻工的资料的数量仍然是相当稀缺

[①] 按：第三章至第六章，是在笔者旧著《石刻刻工研究》相关内容的基础上，吸收近年出土石刻新资料以及新的研究成果，改写而成。

的，也是极为零散的，除了少数刻工留下较为详细的个人传记资料之外，大多数刻工的名字仅见于其所镌石刻上的署名，但经过仔细的排比梳理，这些材料已足以支撑对石刻刻工的专题研究。本书对石刻刻工的研究，主要是将其作为一个社会群体来对待，重点关注这一群体的社会身份及其文化地位，在史料允许的前提下，进而对某些刻工或刻工家族进行个案研究。

一、唐前文献所见刻工的模糊身影

《礼记·月令》曰："物勒工名，以考其诚，功有不当，必行其罪，以穷其情。"疏云："每物之上，刻勒所造工匠之名于后，以考其诚信与不。若其用材精美，而器不坚固，则功有不当，必行其罪罚，以穷其诈伪之情。"[1]《礼记》原文中的"物"是指器物，尤其是有关礼仪的器物（所谓"礼器"），也包括日用器物，如后来马衡在一篇论文中具体谈到的铜钟铜镫等。[2] 这些器物的生产过程各不相同，但都有工匠参与其中，工匠对于器物制作之成败及其质量之高下，起着决定性的作用。"物勒工名"至少有两方面的目的：一是便于器物制作委托方追踪产品来源，监控生产过程，保证生产质量；二是便于器物制作方明确分工，各负其责。可见，从先秦时代开始，刻工就以文献生产者的角色登上历史舞台，崭露头角。

石刻成为一种重要的文献形式，也始于先秦时代。《墨子》一书中多次将"书于竹帛，镂于金石，琢于槃盂"三句并举，[3]其中意涵耐人寻味。

---

[1] 《礼记正义》，[清]阮元校刻《十三经注疏》，中华书局，1980年，第1381页下。

[2] 马衡《刻有工官之汉代铜钟铜镫等器表》，附载其《凡将斋金石丛稿》，中华书局，1977年，第380—383页。又，《金石录》卷一三《汉廪丘宫灯铭》条提到铭文中载工师姓名："甘露三年，工郭从、都吏李定造。"见[宋]赵明诚撰，金文明校证《金石录校证》，广西师范大学出版社，2005年，第223页。

[3] 分别见于《墨子》"兼爱"下第十六、"天志"中第二十七、"明鬼"下第三十一、"非命"中第三十六、"非命"下第三十七、"贵义"第四十七、"鲁问"第四十九；惟句中所用虚字小有区别，文意不变。详见[清]孙诒让撰，孙启治点校《墨子间诂》，中华书局，2001年。

作为物质文化的石刻文献

首先,"竹帛""金石""槃盂"三者并举,意味着这是当时文献的三种主要物质载体。有人质疑墨子何以能知先圣先王时之情形,墨子回答说:"吾非与之并世同时,亲闻其声,见其色也,以其所书于竹帛,镂于金石,琢于槃盂,传遗后世子孙者知之。"①墨子这段话,很容易让人联想到《论语·八佾》中孔子说的那段话:"夏礼吾能言之,杞不足征也;殷礼吾能言之,宋不足征也。文献不足故也。足则吾能征之矣。"②所不同的是,孔子是泛举文献,而墨子则将文献具体指实,并且将其分为三类,还特别点明三种文献各自有不同的物质载体。其次,三种文献不仅物质载体不同,而且其生产方式亦自不同,"书""镂""琢"是三种不同的技艺,需要三种具有不同写刻技能的专业人才。第三,墨子屡次提及石刻这种文献形态,也屡次提到镂刻这一文献生产的环节,但刻工这一负责文献生产的重要人群,却没有被明确提及,更不用说载录某个具体刻工的名字。

《墨子》所指三类文献及其三种生产方式,在传世文献及出土文献中都可以得到证实。以石刻文献而言,传世的秦石鼓文、诅楚文等,都属于"镂于金石"的石刻文献。这两次刻石在当时都具有极为重要的文献与文化意义,堪称是重要的历史事件。石鼓文和诅楚文皆用大篆,其书写及刻石都达到相当高的艺术水平,不仅单字结体工稳,字画匀称,而且行列之间整齐美观,允为上品,这说明从事镂刻的工匠确是高手,可惜这两次刻石都没有留下刻工的名字。从这一角度来说,先秦时代的刻工只是以集体身份在文献生产流程中隐约闪现身影,虽然不能说是完全的"隐身者",却没有明确的身份,是文化上的"匿名者"。余嘉锡曾经指出,古书多不题撰人,③先秦时代尤盛,这几乎可以说是先秦文献生产的一条通例。考虑到这一文献文化史的总体背景,先秦金石刻工不著其名的现象,就比较好理解了。

东汉时代,石刻繁兴,在越来越多的场合发挥礼仪之用。时人也越

---

① [清]孙诒让撰,孙启治点校《墨子间诂》,第120页。
② 《论语注疏》,[清]阮元校刻《十三经注疏》,中华书局,1980年,第2466页下。
③ 余嘉锡《古书通例》,载余嘉锡《目录学发微 古书通例》,中华书局,2007年,第200页。

来越重视此事，从雇请匠人到选择石材，都相当郑重。《礼记·月令》所谓"物勒工名，以考其诚"的文化传统，在东汉石刻中仍可见到其脉络之承传。例如《从事武梁碑》中就明确说到，武氏之孝子孝孙"躬修子道，竭家所有，选择名石，南山之阳，擢取妙好，色无斑黄。……良匠卫改，雕文刻画，罗列成行，摅骋技巧，委蛇有章，垂示后嗣，万世不亡。"①这段文字详细描述了从选石、采石到刻石的全过程，并且特别记录了"良匠卫改"的名字，以突出石匠的作用，值得重视。一方面，这是对古老传统的继承，另一方面，这也是因为东汉碑刻大多具有纪念性与礼仪性。由于与路桥工程、纪功颂德、丧葬祭礼等各种礼仪场合密切相关，东汉石刻在很大程度上也属于"礼器"，庄严郑重，意在传之久远。② 可惜汉碑距今太久，毁坏严重，佚失良多，就传世文献或现存石刻来看，"汉代诸碑多不著撰人书人，刻工尤不显名氏"。③ 现在可知的最早在刻石上署名的刻工，是东汉元和四年（117）《祀三公山碑》的刻工宋高。此碑在列举参与立石的长史、五官掾、户曹、将作掾、元氏令、丞、迁掾、户曹史等人之后，最后刻下了工匠的名字："工宋高"。工指工匠，宋高即工匠之姓名。从传世汉碑来看，似乎没有比此碑更早的了。

除了"良匠""工"之外，汉代对刻工还有另一个称呼——"师"。光和六年（183）刻《白石神君碑》的就是"石师"王明。④ 据传世汉碑来看，"师"之称在东汉时代颇为常见，今依时代年后，列举如下：

  1. 延熹七年（164）刻《封龙山颂》者自称石师；
  2. 建宁五年（172）刻《李翕郙阁颂》者自称石师；
  3. 熹平三年（174）刻《桂阳太守周府君碑》之王迁自称南阳宛

---

① ［宋］洪适《隶释》卷六，中华书局影印《隶释·隶续》合印本，1985年，第75页。
② 关于汉代石刻尤其是武梁祠石刻的纪念性，可参看 Wu Hung, Monumentality in Early Chinese Art and Architecture, Stanford University Press, 1995。
③ ［清］永瑢等《四库全书总目》卷八六，朱珪《名迹录》提要，中华书局，1965年。
④ 见曾毅公辑《石刻考工录》，书目文献出版社，1987年，第1—2页。此碑拓本常见。

工师；

  4. 光和四年(174)刻《三公山碑》者刘元存自称石师；

  5. 光和四年(174)刻《无极山碑》者自称石师；

  6. 中平三年(186)刻《张迁碑》者为石师孙兴；

  7. 建安二十一年(216)刻《汉绥民校尉熊君碑》者为春陵碑师程福。①

  以上诸例，或称"石师"，或称"工师"，或称"碑师"，"工""石""碑"指的是其工作对象，"师"指其专业水准。《汉绥民校尉熊君碑》原刻虽已不传，但根据宋代金石家著录，仍可得知此碑上有署名云："碑师春陵程福造"。此处所谓"造"碑，当然包括刻碑在内。在《桂阳太守周府君碑》中，王迁自称"南阳宛工师"，在"工师"这一自称之前加署其籍贯。这种题署自成一格，对后代刻工题署有明显的影响。北魏石刻中就有两例：其一是太延元年(435)刻《大代华岳庙碑》的刻工，自署"石师统宁戎荔非薄非"等，永平二年(509)刻《石门铭》的刻工自署"河南郡洛阳县石师武阿仁凿字"。②"统宁戎"和"河南郡洛阳县"都是刻工自著里籍，而"凿字"与"造"虽然用词不同，但皆指刻石而言，貌异心同。

  从出资者的视角来看，汉代石刻可以分为两大类，一类是官刻，一类是私刻。既有官刻，就有可能雇用一批专为官刻服务的工匠。汉代中央或地方政府中是否有专设机构负责雇用刻工，在汉碑及汉代正史中，似乎未见到明确记载，依据情理以及间接证据推论，应该是有的。间接证据之一见于《汉书》卷九九《王莽传》，王莽为了"起九庙"，曾"博征天下工

---

  ① 详参章灿《〈石刻考工录〉补编》，附见章灿撰《石刻刻工研究》，上海古籍出版社，2009年，第189—190页。按：洪适《隶续》卷七也注意到《周憬碑阴》"又空六行，刻工师姓名"，见[宋]洪适《隶续》，中华书局影印《隶释·隶续》合印本，1985年，第387页。

  ② 曾毅公辑《石刻考工录》，第3、4页。按："洛阳县"之"洛"，《石刻考工录》原空缺，据[清]严可均校辑《全上古三代秦汉三国六朝文·全后魏文》卷五六辑文补出，中华书局，1958年，第3796页。

匠诸图画"。① 有一次,王莽"梦长乐宫铜人五枚起立,莽恶之,念铜人铭有'皇帝初兼天下'之文,即使尚方工镌灭所梦铜人膺文"。② 这一类"工匠"或"尚方工"中,很有可能包括刻石工匠。这条材料反映的是西汉末年的情况。间接证据之二见于《后汉书志》第七《祭祀志》上:东汉光武帝建武三十二年(56)封禅泰山,是年正月,"遂使泰山郡及鲁趣石工,宜取完青石,无必五色。时以印工不能刻玉牒,欲用丹漆书之;会求得能刻玉者,遂书"。同年二月,光武帝又"遣侍御史与兰台令史,将工先上山刻石"。③ 第一次派的是地方上找来的刻工,而第二次则是从洛阳带去的刻工,很可能是中央政府有关官署长期雇用的。这条材料反映的是东汉初年的情况。间接证据之三是东汉灵帝熹平(172—178)年间刻石经,"使工镌刻立于太学门外"。④ 这条材料反映的是东汉末年的情况。刻立熹平石经是一项规模大、要求高的刻石工程,而且是政府行为,那么,为此工程而雇用一批刻工,甚至设立专门官署以安置或管理这批刻工,是完全有可能的。

据《晋书》卷五五《张载传》,张载撰《剑阁铭》,"武帝遣使镌之于剑阁山焉"。⑤ 晋武帝所派遣的这个使者,有可能是有关部门的官员,亦有可能是有关官署的刻石工匠。《隋书》卷三五《经籍志》四著录梁有"《杂碑》二十二卷,《碑文》十五卷,晋将作大匠陈勰撰"。⑥ 这说明当时刻碑之事,是由将作监负责的,此官署中亦应有专属刻工。《八琼室金石补正》卷一二北魏《中岳嵩高灵庙碑》:"台遣画匠高□","台遣石匠田平城","台遣材匠像万□",说明这些工匠都隶属于尚书大行台,也就是官署刻工。⑦ 碑中所见"遣"字,正与《晋书·张载传》"遣使"之"遣"相同。官署

---

① [汉]班固撰,[唐]颜师古注《汉书》卷九九下,中华书局,1962年,第4162、4161页。
② 《汉书》卷九九下,第4169页。
③ [晋]司马彪《后汉书志》,附校点本《后汉书》,中华书局,1965年,第3165页。
④ [南朝宋]范晔《后汉书》卷六下《蔡邕传》,中华书局,1965年,第1990页。
⑤ [唐]房玄龄等《晋书》,中华书局,1974年,第1517页。
⑥ [唐]魏徵等《隋书》,中华书局点校本二十四史修订本,2019年,第1233页。
⑦ [清]陆增祥《八琼室金石补正》,《石刻史料新编》,第一辑,第6册。

中蓄养刻工，可以视为重视刻工的一种表现。[1] 遗憾的是，唐以前这些官署刻工，基本上都没有留下姓名，因此，更进一步的研究也就无从展开了。

曾毅公在《石刻考工录·自序》中说："相传曹魏时大书法家钟繇，每有得意的作品，就亲手刊刻。"[2]这个"相传"的说法，有人怀疑，也有人相信，曾毅公似乎倾向于相信。他在《石刻考工录》中把钟繇著录为黄初二年(222)所立《受禅表》的刻工。他还援据黄锡蕃引《庚子消夏记》云："余按此碑昔人谓：王郎(朗)文，梁鹄书，钟繇刻石，为三绝。"[3]据宋人娄机言，所谓"三绝"之说始于唐人刘禹锡，具体出处是《刘宾客嘉话录》。[4]熟悉目录学的人皆知，《刘宾客嘉话录》是一部笔记小说，出自唐人韦绚之手。韦绚自序"称为江陵少尹时，追述长庆元年在白帝城所闻于刘禹锡者"，[5]可见其所记乃是刘禹锡的日常闲谈，并非严肃的学术论述。《通志·金石略》著录刘禹锡所书各类碑刻八种，[6]可见刘禹锡在书法上颇有造诣，从《刘宾客嘉话录》现存文本来看，刘禹锡也颇好谈论碑刻书法。在《庚子消夏记》所引文字之后，《刘宾客嘉话录》还有这样一段文字："镌字皆须妙于篆籀，故繇方得镌刻。"[7]刘禹锡的意思是说，要想镌刻高妙，先要精通书法，这当然颇有道理。钟繇无疑是精通书法的，但他是否真的会镌刻，再进一步说，是否真的就是魏《受禅表》的镌刻者，刘禹锡并没有提供证据。另一方面，宋代的几位金石学家，如欧阳修(《集古

---

[1] 关于魏晋南北朝官府作场及其对工匠的雇佣、使用，参看唐长孺《魏、晋至唐官府作场及官府工程的工匠》，载唐氏《魏晋南北朝史论丛续编》，《唐长孺文集》第二册，中华书局，2011年，第34—106页。

[2] 曾毅公辑《石刻考工录·自序》，第3页。

[3] 曾毅公辑《石刻考工录》，第2页。

[4] [宋]娄机《汉隶字原》卷一，台湾商务印书馆影印文渊阁《四库全书》本。

[5] [清]永瑢等《四库全书总目》卷一四〇，《刘宾客嘉话录》提要，第1184页。

[6] [宋]郑樵撰，王树民点校《通志二十略》，中华书局，1995年，第1885页。

[7] [唐]韦绚《刘宾客嘉话录》，载[唐]崔令钦等撰，曹中孚等校点《教坊记(外七种)》，上海古籍出版社，2012年。按：台湾商务印书馆影印文渊阁《四库全书》本《刘宾客嘉话录》无此条。

录》)、赵明诚(《金石录》)以及洪适(《隶释》《隶续》)在各自的金石学名著中,都没有采用刘禹锡这种说法。这表明所谓《受禅表》"三绝"之说是高度可疑的。与其说这一传说可信,不如说在其背后隐藏的,是后人对于名碑与名人附会的热切希望,同时也反映了后人对于先唐刻工中缺少名人支撑的焦虑。

总之,三国著名书法家钟繇是否兼长刻石,目下尚不能确定,只好阙疑,而东晋著名书画家戴逵亲自刻碑,则是见诸正史,确实可信的。戴逵多才多艺,《晋书》卷九四本传记其"少博学,好谈论,善属文,能鼓琴,工书画,其馀巧艺靡不毕综。总角时,以鸡卵汁溲白瓦屑作《郑玄碑》,又为文而自镌之,词丽器妙,时人莫不惊叹"。① 戴逵自撰自刻,"词丽器妙",总角之年,其文章与镌刻就已达到了很高水平。由此可见,戴逵是真正从事过镌碑实践的。照常理推断,成年之后,他也应该会从事镌碑之役。他撰刻《郑玄碑》的经历,证明了传记中"其馀巧艺靡不毕综"并不是一句空话,也使他成为先唐刻工中惟一可以确定文化身份与地位的名人。

二、唐代刻石官署及官署刻工

东汉碑碣繁兴,北朝墓志大盛,造像盛行,大量刻工应运而生。唐承东汉北朝石刻文化之馀绪,后来居上,刻石成为弥漫一时的社会风气,形式多样,数量繁多,传世及出土唐代石刻数量也极其可观,其中,仅近现代以来出土的唐代墓志就多达近万件,蔚为大观。② 唐朝官府对待选石刊刻非常重视,不仅朝廷设有专门官署,聘用刻工,对于一些重要石刻,皇帝甚至指定专人勒石。例如开元十一年(723)十月,唐玄宗到西岳华山,亲自撰写《西岳太华山碑序》,并指定吕向为镌勒使勒铭西岳,成为轰

---

① [唐]房玄龄等《晋书》卷九四《隐逸·戴逵传》,第2457页。
② 周绍良、赵超主编《唐代墓志汇编》(上海古籍出版社,1992年)及《唐代墓志汇编续集》(上海古籍出版社,2001年),就收录墓志3000多篇;日本学者气贺泽保规编《新版唐代墓志所在综合目录》(汲古书院,2004年)就收录墓志及墓志盖6800多篇,2009年补订又有所增加。

动一时的事件。① 唐代中央政府机构中设有负责碑志刊刻相关事务的官署(当然,其职责不限于刻石立碑),本章结合传世文献与考古资料,着重对唐代刻石官署设置及其所辖刻工进行考索。

(一) 将作监、少府监

据《旧唐书》卷四四《职官志三》,将作监之设置始于秦朝,"秦置将作,掌营缮宫室,历代不改。隋为将作寺,龙朔改为缮工监,光宅改为营缮监,神龙复为将作监也"。② 将作监改称营缮监的具体时间节点,传世文献记载说法不一。上引《旧唐书》卷四四《职官志三》记在光宅元年(684),卷四二《职官志一》称在垂拱元年(685)二月,③两者有一年的出入。而《新唐书》卷四八《百官志三》谓在咸亨元年(670),④则又早十余年。总之是在高宗武后之时。

将作监以将作大匠为首,"大匠掌供邦国修建土木工匠之政令,总四署三监百工之官属,以供其职事。凡两京宫殿宗庙城郭诸台省监寺廨宇楼台桥道,谓之内外作,皆委焉"。将作监下设四署:左校署、右校署、中校署、甄官署。其中,甄官署设"令一人,丞二人,府五人,史十人,监作四人,典事十八人。甄官令掌供琢石陶土之事。凡石磬碑碣、石人兽马、碾

---

① 吕向工书,见陶宗仪《书史会要》卷五,时任左补阙,见[宋]欧阳修、宋祁《新唐书》卷二○二《吕向传》。此事颇为时人所重,不仅见于正史记载,而且见于时人吟咏。《新唐书》本传:"帝自为文,勒石西岳,诏向为镌勒使。"见《新唐书》,中华书局,1975年,第5758页。《全唐诗》卷一一八有孙逖《春初送吕补阙往西岳勒碑得云字》,卷一二四有徐安贞《送吕向补阙西岳勒碑》,见上海古籍出版社缩印扬州诗局本,1986年,第275页上、282页下。孙诗见录于《文苑英华》卷一五九,徐诗被选入《国秀集》卷上,可见其影响。唐玄宗文见《全唐文》卷四一,题作《西岳太公山碑序》,见《全唐文》,[清]董诰等编,上海古籍出版社缩印扬州官刻本,1990年,第192页上中。此碑毁于唐末黄巢之乱,仅存残字拓本,参见王昶《金石萃编》卷七五,页五上,陕西人民美术出版社,1990年据民国十年扫叶山房石印本影印。

② [后晋]刘昫等《旧唐书》卷四四,中华书局,1975年,第1895页。

③ [后晋]《旧唐书》卷四二《职官志一》,第1788页。

④ [宋]欧阳修、宋祁《新唐书》卷四八,第1273页。

052

礎砖瓦、瓶缶之器、丧葬明器,皆供之"。① 唐代丧葬制度中十分重视碑志,碑碣墓志的使用相当普遍。近代以来,洛阳等地出土了许多亡宫墓志,证明唐代即使是普通宫女去世,墓志也是不可或缺的。② 从将作监机构职掌来看,这些墓志的刊刻也应当是由甄官署负责的。比较重要的官方碑刻,往往由将作监负责刊刻。例如,圣历二年(699)武后的《升仙太子碑》,就是"麟台楷书令史思□伯□刻字,直营缮监直司韩神感刻御字,洛州永昌县思朱罗门刻御字"。③ 这里的"思"即"臣",是武后新字之一。这个特定时代的特定字形,烘托出特定的文化氛围。

其他现存唐代碑志及其拓本中,也有具官署及刻工署名的,或署作"(直)营缮监",或作"(直)将作监",或作"将作直",未见作"(将作监)甄官署"者。署"(直)营缮监"的除了上举《升仙太子碑》中的韩神感外,还有杨惠庆(自署"永乐县营缮监长上")。④ 这类署名只见于初唐时期的碑刻,因为"营缮监"之名只在高宗武后间用过。杨惠庆自署"长上",即长上匠。唐代官府所用的手工匠人主要有三种:短蕃匠或称蕃匠、长上匠、明资匠。官府出资雇用的工匠称为明资匠;在官府中轮番短期服役者称为短蕃匠;短番匠服役期满后继续代人应役,则称为长上匠,由官府以不应役工匠所纳代役金给予报酬。这就是《新唐书》卷四八《百官志三》"将作监"下所谓:"长上匠,州率资钱以酬雇。"将作监有"短蕃匠一万二千七百四十四人,明资匠二百六十人",⑤数量颇为可观。其中自然包括刻工。长上匠之数不见于记载,似乎无从确定,但唐长孺先生推测长上与短番"可能是互称","可能长上即短番之留用,而明资则完全出于雇用,也可能明资是短期雇用,不是长上",那么,长上匠之数应即包括在短

---

① [后晋]刘昫等《旧唐书》卷四四《职官志三》,第 1896 页。
② 参看程章灿《"填写"写出来的人生——由亡宫墓志看唐代宫女的命运》,《中国典籍与文化》,1996 年第 1 期,收入程章灿《石学论丛》。
③ [清]王昶《金石萃编》卷六三。
④ 曾毅公辑《石刻考工录》,第 6 页。
⑤ [宋]欧阳修、宋祁《新唐书》卷四八,第 1273 页。

蕃匠之中。① 可以确定的是，杨惠庆即是一名来自永乐县，在营缮监服长役的刻石匠人。

刻工自署"（直）将作监"或"将作直"，其实没有多大区别。所谓"直"，当即"直司""直本司"之缩略。刻工自署"直将作监"的有朱暕、刘禄、徐思忠和栗仙鹤。朱暕与刘禄于开元三年（716）同刻《姚懿碑》，②徐思忠于开元九年（721）刻《吴文碑》，并见《石刻考工录》第 8 页。从具衔题款来看，这三个刻工都在将作监"直本司"。栗仙鹤的散官是文林郎。2000 年 11 月，在陕西户县大王镇兆伦村出土刻于开元十五年（727）的《萧寡尤墓志铭》，刻工署"文林郎直将作监长入内供奉颍川栗仙鹤"，③可见栗仙鹤的籍贯是颍川（今河南许昌），是一位"长入内供奉"的刻工，亦即长上匠。刻工自署"将作直"者如程进，大历三年（768）刻有《赵君夫人李氏墓志》。④《石刻考工录》第 11 页著录天宝七载（748）刻《金刚经石幢序》之刻工程进，自署里籍"广平"（治所在今河北永年县），当即此人。隶属于将作监的刻工还有马瞻、屈贲、范岌等人。贞元三年（787），马瞻刻《张延赏碑》，自署"内作将作官马瞻刻字并模勒"。⑤ 将作监之役作，"大明、兴庆、上阳宫，中书、门下、六军仗舍、闲厩，谓之内作；郊庙、城门、省、寺、台、监、十六卫、东宫、王府诸廨，谓之外作"。⑥ 马瞻就是掌管内作的将作监刻工兼官员。在贞元年间，马瞻先后刻过《嗣曹王妃墓志》《嗣曹王墓志》，前者署"镌字匠马瞻"，后者署"镌字人屈贲、马

---

① 参看唐长孺《魏、晋至唐官府作场及官府工程的工匠》，载唐氏《魏晋南北朝史论丛续编》，《唐长孺文集》第二册，第 83 页。
② 《姚懿碑》见《平津馆金石萃编》卷八，书碑者徐峤亦任职将作监，其署衔为"正议大夫行将作少匠上柱国"。
③ 刘兆鹤、吴敏霞编著《户县碑刻》，三秦出版社，2005 年，第 11 页。
④ 《隋唐五代墓志汇编·陕西卷》第 4 册，天津古籍出版社，1992 年，第 35 页。
⑤ ［清］王昶《金石萃编》卷一〇二。按：《石刻考工录》第 14 页记马瞻衔误作"内作将内官"。
⑥ ［宋］欧阳修、宋祁《新唐书》卷四八《百官志三》，第 1272 页。

瞻"。① 屈贲既与马瞻列名同刻，所刻又是嗣曹王李皋之墓志，则有充分理由认定他也是将作监之内作匠人。值得一提的是，屈贲还是一位书法家，他的名字见于《金石录》和《书史会要·补遗》。②

在目前已知的将作监刻工中，范炭似乎是官阶最高的。天宝六载(747)，范炭刻《窦天生墓碑》，自署"宣德郎、前行将作监右校丞"。③ 按将作监下设有右校署，其长官为"令二人（从八品下），丞三人（正九品下）"，"右校令掌供版筑、涂泥、丹艧之事"。④ 范炭的散官是宣德郎，正七品，阶高而职低，故称"行"。⑤ 他应该是从刻工中拔擢起来的。

据《旧唐书》卷四二《职官志》记载，贞观元年(627)，从将作监中分立少府监，垂拱元年(685)二月，改少府监为尚方监。⑥ 少府监设"监一员，少监二员。监之职掌，供百工伎巧之事，总中尚、左尚、右尚、织染、掌冶五署之官属，庀其工徒，谨其缮作。少监为之贰，凡天子之服御、百官之仪制展采备物，皆率其属而供之"。⑦ 可见，少府监与将作监不仅同源，彼此职掌也有相近之处。至少在武周时代，少府监（当时已经改称尚方监）亦有刻工。今存长安二年(702)陈怀义刻《李义琳及夫人魏氏合葬墓志》，即自署"尚方监直司镌字人"。⑧

---

① 周绍良主编《唐代墓志汇编》，第1841、1904页。后者拓本见河南省文物研究所、洛阳地区文管处编《千唐志斋藏志》，文物出版社，1983年，第971页。

② [宋]赵明诚撰，金文明校证《金石录校证》卷九，第158页，目录第一千六百二十四；[明]陶宗仪撰《书史会要》，上海书店1984年据1929年武进陶氏逸园景刊明洪武本影印，第450页。

③ 北京图书馆金石组编《北京图书馆藏中国历代石刻拓本汇编》，中州古籍出版社，1989年，第25册第119页。参看陆增祥《八琼室金石补正》卷五七。

④ [后晋]刘昫等《旧唐书》卷四四《职官志三》，第1896页。

⑤ 曾毅公辑《石刻考工录》第11页误"行"为"列"，遂致不可解。

⑥ [后晋]刘昫等《旧唐书》卷四二《职官志一》，第1785页，第1788页。

⑦ [后晋]刘昫等《旧唐书》卷四四《职官志三》，第1893页。

⑧ 见《隋唐五代墓志汇编·洛阳卷》，天津古籍出版社，1992年，第7册第205页。李献奇、郭引强编《洛阳新获墓志》，文物出版社，1996年，第46页。

(二) 中书省

据《旧唐书》卷四三《职官志二》载，唐代中书省掌王言之制，包括诏敕册书等，其下设有揭书、书直、装书直、造笔直、楷书手、典书、装潢直、熟纸匠等各种专业工匠，①而刻玉册官却不在其列。只有从传世和新出土的唐代石刻中才可以看到，唐代中书省还设有镌玉册官，或称刻玉册官、刻字官、玉册官。所谓玉册，指的是古代帝王在祭祀、封禅、册命之时所用的玉制简册。《旧五代史》卷一四三《礼志》下："郊庙祝文，……唐初悉用祝版，惟陵庙用玉册，玄宗亲祭郊庙，用玉为册。"②但实际上，中书省玉册官所刻不仅包括玉册，更多的是石刻。刻玉册官一职，不仅两《唐书》未见记载，而且传世唐代文献中，亦惟见《文苑英华》中载录的几篇敕文中提到"（镌）造玉册（官）"，③其中年代最早的是元和十四年(819)，年代最晚的是大中二年(848)。近现代出土石刻中，发现了不少中书省玉册官的资料，可以填补传世文献的空阙，拼合出一幅相对完整的历史图景。

根据笔者所搜集的材料，目前已知的唐代中书省镌玉册官有以下诸人（以刻石年代先后为序，每人仅举其年代最早之刻石一例）：

1. 强琼（天水，中书玉册京兆府廉平府果毅）
元和元年(806)四月十五日刻《唐故招圣寺大德慧坚禅师碑》
《北京图书馆藏中国历代石刻拓本汇编》第29册第16页
2. 李郢（文林郎试左金吾卫兵曹参军刻玉册官）
大和七年(833)十二月刻《寂照和尚碑》
《石刻考工录》，第18页
**3. 邵建和（中书省刻石官昭武校尉守京兆周城府折冲上柱国，刻玉

---

① ［后晋］刘昫等《旧唐书》卷四三《职官志二》，第1852—1853页。
② ［宋］薛居正等《旧五代史》，中华书局点校本二十四史修订本，2016年，第2224页。
③ 敕文分别见［宋］李昉等编《文苑英华》卷四二〇、卷四二二（两见）、卷四二三（两见）、卷四二九，中华书局影印本，1966年，第2127、2138、2140、2142、2145、2176页。

册官)①

开成元年(836)四月二十日刻《回元观钟楼铭》

1986年西安东郊出土

4. 强琮(天水,中书省刻字官)

会昌六年(846)二月十三日刻《赵文信墓志》

《隋唐五代墓志汇编·陕西卷》第4册第126页②

5. 邵建初(中书省镌玉册官)

大中六年(852)□月二十四日刻《杜顺和尚行记》

《石刻考工录》,第21页

6. 陈从谦(玉册官)

大中十三年(859)四月十四日刻《王公素墓志》

《北京图书馆藏中国历代石刻拓本汇编》第32册第161页③

7. 尹仲修(镌玉册官)

大中十四年(860)二月二十八日刻《李敬实墓志》

《新中国出土墓志·陕西卷》贰上第272页④

8. 强存章(中书玉册官)

咸通六年(865)十月二十二日刻《武周礼妻樊氏墓志》

《隋唐五代墓志汇编·陕西卷》第4册第149页

9. 强存(中书镌玉册官)

咸通十年(869)七月三十日刻《魏公妻韦氏墓志》

《隋唐五代墓志汇编·陕西卷》第2册第117页

10. 曲武(河南,玉册官)

咸通十二年(871)十月十二日刻《姚应之夫人杨氏墓志》

---

① 《邵建和墓志》近年已出土,详见下一节。

② 吴树平主编《隋唐五代墓志汇编·陕西卷》,天津古籍出版社,1992年。

③ 北京图书馆金石组编《北京图书馆藏中国历代石刻拓本汇编》,中州古籍出版社,1989年。

④ 中国文物研究所、陕西省古籍整理办公室编《新中国出土墓志·陕西卷》,文物出版社,2000年。

肖健一、程义《西安南郊新出唐〈姚应之夫人杨氏墓志〉考释》①

11. 刘瞻（玉册官将仕郎试太常寺协律郎）

乾符四年（877）十月六日刻《周孟瑶墓志》

《新中国出土墓志·陕西卷》贰上第 318 页

12. 尹鈢（玉册官）

广明元年（880）二月十二日刻《陈讽墓志》

《隋唐五代墓志汇编·陕西卷》第 4 册第 168 页

以上十二人，皆自署中书省镌字官、刻字官、镌（刻）玉册官。其年代无早于元和元年（806）者，据此推测，中书省玉册官可能始设于中唐时代。与将作监刻工相同的是，中书省玉册官也有职散勋衔，但其散阶或为武散（如昭武校尉），或为文散（如将仕郎）。同时，刻工在某些石刻上署明官衔身份，在另一些石刻上则只署姓名，这可能是公务场合与非公务场合的区别。如强琼所刻诸石中，刻公主、才人、贵妃等墓志，是奉命当直，皆署官衔，而刻赵文信墓志，则非公事，故只署名。②

唐代官署刻工出于天水强氏、长安邵氏者最多，这是引人注目的一点。刻工署名向来有将双名省略一字的习惯，强存、强存章二人同一时期任职中书省为玉册官，名字只相差一字，很有可能就是同一个人。强琼、强琮当是同辈兄弟。这两个家族皆以刻石技艺传家。强氏诸人所刻多为公主、贵妃等皇亲贵戚及内廷达官的墓志。关于强琼的事迹，我们还略知一二。《唐故琅琊王氏夫人墓铭》：“夫人即故玉册官内供奉赐绯鱼袋强琼之妻。公先殁已十五年，葬在醴泉本乡也。”③据此志，强琼家住长安群贤里，有四子二女，强琼卒于咸通元年（860），其妻王氏卒于乾符元年（874）。

中书省玉册官制度在五代沿续，并且保持到宋朝。目前已知的五代中书省玉册官有 9 人，涉及后梁、后唐、后蜀三代，以下每人各举其年代

---

① 西安碑林博物馆编《碑林集刊》第十二辑，陕西人民美术出版社，2006 年，第 75—78 页。
② 详参程章灿《石刻刻工研究》，第 79—80 页。
③ 周绍良主编《唐代墓志汇编》，第 2476 页。

最早之刻石一例：

后梁

1. 孙福（玉册官）

天祐十九年（922）二月二十六日刻《法门寺塔庙碑》

《北京图书馆藏中国历代石刻拓本汇编》第 34 册第 55—56 页

2. 李廷珪（玉册院）

开平三年（909）九月廿二日刻《高继蟾墓志》

《文物》1995 年第 8 期，洛阳市文物工作队《洛阳后梁高继蟾墓发掘简报》

3. 李延辉（镌玉册官）

开平四年（910）九月四日刻《石彦辞墓志》

《隋唐五代墓志汇编·北京大学卷》第 2 册第 173 页

后唐

4. 韩重（玉册院镌字官）

同光二年（924）十一月二十六日刻《左公墓志铭并序》

《河洛墓刻拾零》，第 658 页[①]

5. 宋□□（中书省玉册院镌字官）

天成二年（927）二月十五日刻《孔谦及妻刘氏合祔志》

《北京图书馆藏中国历代石刻拓本汇编》第 36 册第 32 页

6. 陈德超（节度随军）

长兴三年（932）十一月廿四日刻《大唐福庆长公主墓志铭》

《四川历代碑刻》第 139—141 页[②]

后蜀

7. 陈德谦（颍川）　**武令升**　**张延族**　**陈德超**等

广政元年（938）始刻《蜀石经》

《北京图书馆藏中国历代石刻拓本汇编》第 36 册第 185 页

[①] 赵君平、赵文成编《河洛墓刻拾零》，北京图书馆出版社，2007 年。
[②] 高文、高成刚编《四川历代碑刻》，四川大学出版社，1990 年。

值得注意的是，五代之时已经出现了"玉册院"，隶属于中书省，这是唐代所不曾有，而为宋代所沿袭的建制。节度随军陈德超当即后来刻《蜀石经》的陈德超，陈德谦盖即其兄弟行。清朱彝尊《经义考》卷二八九、倪涛《六义之一录》卷九一皆称陈德超为镌玉册官，[1]则刻《蜀石经》者皆当是官署刻工。1950年，南京博物院在江宁祖堂山发掘南唐二陵时，在南唐开国皇帝烈祖李昇的钦陵的后室棺床上下，发现玉质哀册二十余片，在中主李璟的顺陵之中发现石质哀册40片，正反两面都镌有文字。[2] 可见南唐亦设有玉册官。

（三）其他

唐人重书学，中书省集贤殿书院、秘书省及东宫官属崇文馆、司经局等官署都置有楷书手、书令史之员。[3]《升仙太子碑》的三个刻工中，有一个是"麟台楷书令史思□伯□"。麟台即秘书省，武后时改称麟台，其下属有楷书手、书令史、书吏等员数不等。[4] 秘书省下设著作局，有著作郎二人，佐郎四人，"著作郎、佐郎掌修撰碑志、祝文、祭文，与佐郎分判局事也"，[5]其下属有楷书手五人、书令史一人等。楷书令史"□伯□"当是"书令史"中的一员。"□伯□"兼通书法与镌刻，隶属于秘书省著作局，可见著作局亦有刻工。

杜甫《送翰林张司马南海勒碑》诗有句云："冠冕通南极，文章落上

---

[1] 二书皆为台湾商务印书馆影印文渊阁《四库全书》本。

[2] 玉哀册片今藏南京博物院。参看刘谨胜、刘诗编著《江苏碑刻》，中国世界语出版社，1994年，第113页。

[3] 详见[后晋]刘昫等《旧唐书》卷四三《职官志二》，第1850—1853、1855—1856页；卷四四《职官志三》，第1908页；[宋]欧阳修、宋祁《新唐书》卷四七《百官志二》，第1210—1213、1214—1215页。

[4] [后晋]刘昫等《旧唐书》卷四三《职官志二》，第1855页；[宋]欧阳修、宋祁《新唐书》卷四七《百官志二》，第1214页。按：秘书省改麟台在何年，两《唐书》及《唐六典》有武后光宅（684）、垂拱元年（685）、天授（690—692）三种不同说法。

[5] [后晋]刘昫等《旧唐书》卷四三《职官志二》，第1855页。按：[宋]欧阳修、宋祁《新唐书》卷四七《百官志二》第1215页谓著作佐郎二人，略有不同。

台。诏从三殿去,碑到百蛮开。"据此诗原注,所刻碑为"相国制文",第四句中的"开"是刊刻之意,可见张司马应是奉旨往南海勒碑,故黄鹤认为张司马"殆镌工之精者",①换句话说,他是一位官署刻工。司空曙亦有《送翰林张学士岭南勒圣碑》,诗题与杜诗大同。诗云:"汉恩天外洽,周颂日边称。文独司空羡,书兼太尉能。出关逢北雁,度岭逐南鹏。使者翰林客,余春归灞陵。"②细味此诗,与杜诗所写当是一人一事,在有些杜诗版本中,"司马"即作"学士",③可证即是一人。《隋唐五代墓志汇编·陕西卷》第 1 册第 150 页乾元三年(760)《康府君妻康氏墓志》,刻工李竮亦自署"翰林",其身份可与张翰林相互印证。可见,唐代翰林院亦有工于镌刻者。

唐代内侍省亦有刻工。近年于河南洛阳出土的《孙继和墓志》,虽然志文只有 191 字,却为我们提供了这一方面的材料。据墓志载,孙继和家住河南修善里,开成三年(838)十月廿七日卒,是年十一月十二日归窆于洛阳县三川乡密妃里。志文称孙继和"蕴乎聪敏,善勒碑铭,内侍省使钦其妙能,遂乃上闻,授本司局"。可见,晚唐时代,东都洛阳官署中亦有刻工,孙继和就是以刻石技艺而供职于内侍省的。④

此外,国子监、太常也有刻字工人。开成二年(837)刻《唐赠陇西郡夫人董氏墓志》的白仅,就自署"国子监刻字"。⑤ 神功元年(697)刻虞世南校写《老子道德经》的是太常工人安金藏。⑥ 两《唐书》有安金藏的传记,谓其"京兆长安人,初为太常工人"。⑦ 根据今人研究,安金藏实为粟

---

① [唐]杜甫撰,谢思炜校注《杜甫集校注》,上海古籍出版社,2015 年,第 1597—1599 页。
② [清]彭定求等《全唐诗》卷二九二,上海古籍出版社缩印康熙扬州诗局本,1986 年,第 736 页中。
③ [清]彭定求等《全唐诗》卷二二五,第 547 页下。
④ 关于此志的详细考证,参看王连龙《唐代刻工孙继和墓志》,载《文献》,2011 年第 3 期。
⑤ 中国科学院考古研究所编著《西安郊区隋唐墓》,科学出版社,1966 年。
⑥ 参看路工《虞世南校写〈老子〉石刻拓本》,载其《访书见闻录》,上海古籍出版社,1985 年。按:此拓娄师德跋文称"监刻地官侍郎鸾台平章事狄仁杰,刻字太常工人安金藏"。
⑦ [后晋]刘昫等《旧唐书》卷一八七上《安金藏传》,第 4885 页。参看[宋]欧阳修、宋祁《新唐书》卷一九一本传。

特后裔,其父为西域安国首领安菩,金藏随其父内迁长安,供职于太常寺,其墓葬在今陕西咸阳市永寿县监军镇永安村。安金藏为人能歌善舞,有人怀疑其身份是乐舞工人,实际上他有可能是太常寺的医匠,或称医工。① 唐制,"太常卿之职,掌邦国礼乐、郊庙、社稷之事,以八署分而理之:一曰郊社,二曰太庙,三曰诸陵,四曰太乐,五曰鼓吹,六曰太医,七曰太卜,八曰廪牺"。② 其中,太医署有医工一百人,安金藏很可能即是其中之一。

值得注意的是,使安金藏名列史册的并不是他的粟特人身份,也不是其医工技艺,而是这样一段富有传奇色彩的忠义故事:

> 载初年,则天称制,睿宗号为皇嗣。少府监裴匪躬、内侍范云仙并以私谒皇嗣腰斩。自此公卿已下,并不得见之,唯金藏等工人得在左右。或有诬告皇嗣潜有异谋者,则天令来俊臣穷鞫其状,左右不胜楚毒,皆欲自诬,唯金藏确然无辞,大呼谓俊臣曰:"公不信金藏之言,请剖心以明皇嗣不反。"即引佩刀自剖其胸,五藏并出,流血被地,因气绝而仆。则天闻之,令舆入宫中,遣医人却纳五藏,以桑白皮为线缝合,傅之药,经宿,金藏始苏。则天亲临视之,叹曰:"吾子不能自明,不如尔之忠也。"即令俊臣停推,睿宗由是免难。

睿宗即位之后,安金藏受到重用,"景云中,累迁右武卫中郎将。玄宗即位,追思金藏忠节,下制褒美,擢拜右骁卫将军,乃令史官编次其事。开元二十年,又特封代国公,仍于东岳等诸碑镌勒其名。竟以寿终,赠兵部尚书"。神龙初年,金藏丧母,"寓葬于都南阙口之北,庐于墓侧,躬造石坟石塔,昼夜不息"。③ 两《唐书》将安金藏列入《忠义传》,确立了安金藏的忠臣形象,又以这段庐墓故事,树立了安金藏的孝子形象。但是,人们

---

① 参看李锦绣《"乐工"还是"医匠"?——安金藏研究》,《晋阳学刊》,2015年第3期;么振华《安金藏事迹及其溯源——粟特人华化历程的个案考察》,《兰州学刊》,2018年第8期。
② [后晋]刘昫等《旧唐书》卷四四《职官志三》,第1872页。
③ [后晋]刘昫等《旧唐书》卷一八七上《安金藏传》,第4885—4886页。

从来没有注意到,安金藏还有一身石匠技艺,除了镌刻虞世南校写《老子道德经》外,从其"躬造石坟石塔"中,也可以看出他有精湛的石工技艺。总之,安金藏也有可能是太常寺的石工。作为一个粟特出身的太常工人,一个能工巧匠,安金藏为我们了解唐代官府机构中的匠作提供了别致而珍贵的视角。

与前代相比,唐人对刻工的重视程度显著提高。这体现在如下四个方面:第一,唐代刻工在刻石上署名的比例较汉魏晋南北朝显著提高,这反映了刻工群体形象的空前突显,以及个体身份认知自觉性的显著提高。第二,多个政府机构中置有刻工,这说明很多官方活动场合需要刻工,对刻工的需求量显著增大。第三,许多名家名墨都是由名匠高手刊刻,如"唐代大书法家欧阳询、褚遂良,他们的碑刻,一部分就出自镌刻名家万文韶之手;晚唐柳公权所写的碑铭,大多是邵建初、邵建和兄弟手刻",[1]刻石的艺术水准显著提升。第四,不少书家亲自执工镌刻,如"李邕所书碑文,《少林寺戒坛铭》的刻者为伏灵芝,《娑罗树碑》为元省己,《麓山寺碑》为黄仙鹤。他们都是北海自己的化名",[2]这体现了唐人在艺术和审美接受心理上革新了对"雕虫篆刻"的传统认识,社会对刻工的身份认同焕然一新。总之,上述四点奠定了宋以后碑帖刊刻的文化基础,也奠定了元以后篆刻艺术的文化基础,从而揭开了中国文献生产史和书法艺术史崭新的一页。

三、从新出《邵建和墓志》看唐代刻工的身份地位

总体来看,唐代刻工的形象,无论就总体形象还是就个体形象而言,较汉魏六朝要明晰得多,这主要归功于近现代以来大量唐代石刻的发现,尤其是大量唐代墓志的出土。迄今为止,出土唐代墓志中与刻工相关者,共有四方,其中一方墓主为刻工家属(强琼妻王氏,已见上文),另

---

[1] 曾毅公辑《石刻考工录·自序》,第3页。
[2] 曾毅公辑《石刻考工录·自序》,第3页。

外三方墓主为刻工本人，虽然数量不多，却弥足珍贵。这三方刻工墓志，分别是《周胡儿墓志》《孙继和墓志》以及《邵建和墓志》。

周、孙二人皆住在东都洛阳，一为内侍省刻工，一为民间刻工，前人考论已详，[1]本书不再赘述。而邵建和则是供奉于长安中书省的刻玉册官，与前二人所处地域、机构及其身份不同，恰好构成互补的关系。《邵建和墓志》近年才出土于陕西西安，志石状态良好，文字大体可辨，内容丰富，最为珍贵。关于此志，友人李浩教授已有颇为全面深入的考述，但仍有进一步研讨的空间。今先移录墓志铭全文如下（原志中的空格省略）：[2]

大唐故中书省镌□题玉简、都勾当刻玉册官、游击将军、右威卫左郎将、上柱国、高平郡邵府君墓志铭并序

乡贡进士王南薰述

翰林待诏、朝议郎、守率更寺丞、上柱国董景仁书

府君讳建和，周尚父奭之云孙，秦丞相平之远裔。洎脉分派别，今为醴泉县人。曾祖光，祖其，考俊。《易》曰："积善之家，必有馀庆。"爱而不见，贲于丘园。锡类府君，载光累叶。幼章令誉，凤蕴端良，冲敏之思且闲，[3]谨愿之风弥厚。艺高出众，生贵遇时。当敬、文之际，郊天祀地，旌善纪功，今少师河东柳公权，伟夫朝廷重德，文翰高名，凡景钟之铭，丰碑之烈，至于缁黄追述，中外奏记，但树金石者，悉俾刊刻，无处无之。由是声价弥高，劳绩兼著矣。自唐来，则有朱静藏、史华、徐思忠、卫灵鹤、郑振、陈英、常无怨、杨暄等，皆异代同妙也。大和五年，始授京兆宝安府果毅，累转至右威卫左郎将，以阶官齐，是有朱绂银印之盛。性惟宽恕，骨肉间孤孀不少，莫

---

[1] 关于周胡儿、孙继和墓志的详情及其相关考证，参看王连龙《唐代刻工孙继和墓志》，载《文献》，2011年第3期；赵振华《唐代石工墓志和石工生涯——以石工周胡儿、孙继和墓志为中心》，《唐史论丛》，2012年第1期。

[2] 根据家藏《邵建和墓志》拓本。拓本系李浩教授所赠，谨此志谢。录文参考李浩《新发现唐代刻石名家邵建和墓志整理研究》文中之录文。李文载《文献》，2018年第6期。

[3] "冲"，上引李浩文释录推测为"求"，今谛审拓本，应是"冲"字。

第三章 宋前刻工的社会身份及其文化地位

不分俸抚字,每患不均,仁人之心,有如此者。妻韩氏夫人,齐眉同德,生三子:宗简、宗立、宗厚等,一女,归王氏。婚嫁方毕,禄寿冀遥,奈何景命不融,冥数谁谴,噫!大中十二年五月十九日遘疾,终于金城里私第,春秋六十三。妻孥号恸,远近伤之。亲弟建初,能嗣其业,不殒其名,希恭友以同欢,痛手足之俱折,式遵先远,克叶称家,即以明年四月廿八日,袝于长安县承平乡杨刘村,礼也。建初伯仲以鄙薄有旧,托志元兄之事,将慰比母之情,言发涕零,讵爽其请?铭曰:

邵郎邵郎,朱绂银章。昭宣简册,发挥侯王。子弟无恙,闾里有光。其名虽著,其寿靡长。长安县,承平乡。前阿房,后未央。袝先代,临高岗。□白日,扃玄堂。阴风惨惨,寒柏苍苍。金鸡玉犬已鸣吠,万古千秋徒悲伤。

图7 邵建和墓志

作为物质文化的石刻文献

这篇墓志铭全篇五百多字，论其篇幅，在唐代墓志铭中算是不长不短的，但其提供的信息量却很大，填补了前此其他文献的空白，为考察唐代刻工的社会身份与文化地位提供了典型案例。下文从三个方面展开考论：

第一，从邵建和家族看刻工的世袭性。

据墓志，邵建和是长安醴泉县人，卒于大中十二年（858），得寿63岁，则其出生当在贞元十二年（796）。[①] 邵氏家族之"邵"，亦写作"召"，源自周代召公奭。唐林宝撰《元和姓纂》卷九"三十五笑"载邵姓之源起云："邵公奭，周同姓，受封于燕，传国四十余代。其支庶为卿士，邵穆公、武公、邵廖、邵昭公，并其后也。秦有邵不疑。"[②]宋邓名世撰《古今姓氏书辩证》卷三十三"三十五笑"亦谓："召出自姬姓，周同姓功臣曰太保奭，食王畿之召邑，为天子三公，谓之召公，分陕以主诸侯，谓之召伯。裔孙召穆公虎，至简公盈，皆袭爵土，为王卿士，其支庶仕诸侯，以国为氏者。齐有召忽，秦有东陵侯召平及召不疑。"[③]墓志云："府君讳建和，周尚父奭之云孙，秦丞相平之远裔。"这与《元和姓纂》以及《古今姓氏书辩证》的说法大同。李浩录文"周尚父"作"周尚书"，当是笔误。邵建和是否确为召公奭和召平之后，世代辽远，难以详考，但在墓志中突出这个世系脉络，表明邵氏家族颇为在意家族的历史地位与自身的社会身份。

墓志云："曾祖光，祖其，考俊。"邵建和之曾祖光、祖其、父俊，三人之名并载于墓志，但似乎皆未入仕，亦未以刻石技艺著称于世，故撰志者一笔带过。李浩录文作"祖其孝俊"，"孝"当是"考"字之误释。这一误释导致李文所附醴泉邵氏世系表中对邵建和父祖二代有误漏。

墓志题称邵建和为"大唐故中书省镌□题玉简、都勾当刻玉册官、游击将军、右威卫左郎将、上柱国、高平郡邵府君"，由此可以确定邵建和的身份是中书省玉册官。从拓本来看，"镌""题"之间有两个字的空格，字迹模糊难辨，李浩推测为"字官"二字，似嫌证据不足。细审拓本，下字实

---

① 李浩《新发现唐代刻石名家邵建和墓志整理研究》已考明此点。
② [唐]林宝撰，岑仲勉校，孙望、郁贤皓等整理《元和姓纂四校记》，中华书局，1994年，第1305页。
③ [宋]邓名世《古今姓氏书辩证》，台湾商务印书馆影印文渊阁《四库全书》本。

为"御"字,上字实为空格表敬,故墓志题应作"大唐故中书省镌御题玉简、都勾当"。作为官名的"都勾当"见于《旧唐书》,第五琦乾元二年"迁户部侍郎、兼御史中丞,专判度支,领河南等道支度都勾当转运租庸盐铁铸钱"。①"都勾当"即总管之意,可见邵建和在中书省玉册官中的地位,墓志称邵建和"艺高出众",当即此意。

墓志中虽言"锡类府君,载光累叶",恐怕只是虚谀,邵氏家族真正以刻石名世,应该始于邵建和,其弟邵建初亦为中书省镌玉册字,并以刻石名世,才真正做到了"能嗣其业,不殒其名"。据笔者统计,目前已知邵建和刻碑计有 5 件,邵建初刻碑计有 10 件。② 很显然,邵氏兄弟当日刻石数量绝不止于此数,有些已经毁佚,有些则尚待出土或发现。但在唐代刻工中,这两个数字已是相当可观的了。

刻工技艺往往世代相传,邵建和邵建初兄弟的下一代中,很可能也有以刻石为业者。据墓志记载,邵建和有子三人:邵宗简、邵宗立、邵宗厚。目前尚未有文献直接证明此三人从事刻石之业,但是,咸通八年(867)刻《郎宁公主墓志》的邵宗异,③很可能就是邵建初之子。理由有二:其一,此人姓名所用行辈字,与邵建和三子相同,应是堂兄弟一辈;其二,从刻石年代推算,他的年辈也正好是邵建初的下一代。此外,咸通十二年(871)刻《狄公妻骆氏墓志》的邵宗,④有可能是邵宗□的缩称,因此也有可能是邵氏兄弟的子侄一辈。

第二,邵建和的社会交往与身份地位。

---

① 《旧唐书》卷一二三《第五琦传》,第 3517 页。
② 《石刻考工录》著录邵建和刻石 2 件,邵建初刻石 5 件,见第 19、20、21 页;《〈石刻考工录〉补编》著录邵建和刻石 3 件,邵建初刻石 6 件(其中一件与《石刻考工录》重出),见《石刻刻工研究》第 201、202、207 页。
③ 此志拓本见吴树平主编《隋唐五代墓志汇编·陕西卷》,第 2 册,第 114 页,又见中国文物研究所、陕西省古籍整理办公室编《新中国出土墓志·陕西卷》,贰上册,第 293 页。按:已辑入《〈石刻考工录〉补编》,见《石刻刻工研究》第 209 页。
④ 此志拓本见《隋唐五代墓志汇编·陕西卷》,第 2 册,第 123 页,又见《新中国出土墓志·陕西卷》,贰上册,第 306 页。按:已辑入《〈石刻考工录〉补编》,见《石刻刻工研究》第 210 页。

作为物质文化的石刻文献

邵建和能够脱颖而出,入选中书省刻玉册官,成为官署刻工,一方面是因为他有高超的镌刻技艺,另一方面也是因为他生逢其时。墓志所谓"生贵遇时",不是文章修辞上的一句套话,而是有案可稽的。具体说来,就是墓志中所说的:"当敬、文之际,郊天祀地,旌善纪功,今少师河东柳公公权,伟夫朝廷重德,文翰高名,凡景钟之铭,丰碑之烈,至于缃黄追述,中外奏记,但树金石者,悉俾刊刻,无处无之。由是声价弥高,劳绩兼著矣。"在唐敬宗和唐文宗时代,也就是宝历(825—827)、太和(827—835)年间,有很多需要铭钟刻石的重要礼仪活动。例如,宝历元年(825)正月辛亥,唐敬宗"亲祀昊天上帝于南郊",又如,宝历二年四月丙寅,"先是王廷凑请于当道立圣德碑,是日,内出碑文赐廷凑"。① 前者属于"郊天祀地",后者属于"旌善纪功"。每逢这种场合,柳公权以"朝廷重德,文翰高名",往往受命负责书写钟铭碑文,并请邵建和刊刻,同时为邵建和延誉。此外,著名的开成石经(亦称"石壁九经"),也正是在唐文宗时代刊刻的。这是唐文宗时代最为浩大的一项石刻文化工程,始于太和七年(833),完成于开成二年(837)。邵建和是这一工程的见证者,作为官署刻工,很有可能也是参与者。②

欧阳修曾言,"唐世碑碣,颜、柳二家书最多"。③《通志·金石略》著录唐代名家所书石刻,也以颜、柳二家碑刻为最多,其中,颜真卿所书各类碑刻多达71种,而柳公权所书各类碑刻亦达54种。④ 目前可以确认,柳公权书写之《金刚经》《回元观钟楼铭》《玄秘塔碑》《唐故禅大德演公塔

---

① [后晋]刘昫等《旧唐书》卷一七上《敬宗文宗本纪》,第513、519页。
② [后晋]刘昫等《旧唐书》卷一七下《文宗本纪》记,开成二年十月"癸卯,宰臣判国子祭酒郑覃进石壁九经一百六十卷。时上好文,郑覃以经义启导,稍折文章之士,遂奏置五经博士,依后汉蔡伯喈刊碑列于太学,创立石壁九经,诸儒校正讹谬。上又令翰林勒字官唐玄度复校字体,又乖师法,故石经立后数十年,名儒皆不窥之,以为芜累甚矣"。见第571页。按:此处称唐玄度为翰林勒字官,其职责应是摩勒,而非刊刻。
③ [宋]欧阳修撰,邓宝剑、王怡琳笺注《集古录跋尾》卷九,人民美术出版社,2010年,第205页。
④ [宋]郑樵撰,王树民点校《通志二十略》,中华书局,1995年,第1880—1883页。

铭》《定慧禅师碑》等碑铭,皆由邵氏兄弟所刻。①《通志》所列54种石刻中,仍可能有出自邵氏兄弟刊刻者。邵氏兄弟所展示出的精湛刻石技艺,为他们赢得了广泛的社会声誉,也使他们官阶步步上升,从"京兆宝安府果毅,累转至左威卫左郎将",享受了"朱绂银印"之荣。墓志题中的"游击将军"是武散官,从五品,标志着邵建和的官阶。

邵建和的成名,与身为著名书法家的官员柳公权的揄扬大有关系。唐裴庭裕撰《东观奏记》卷下记,"(大中)十二年元日,含元受贺,太子少师柳公权年亦八十矣,时为百官首"。② 这与墓志中提到柳公权时,称之为"今少师河东柳公公权",也可以相互印证。墓主邵建和卒于大中十二年,葬于大和十三年,其时,柳公权仍在太子少师任上,年高德劭,柳公权对墓主的赏识,足以为墓主在士林赢得广泛声誉。

从这篇墓志文的撰者和书者来看,邵建和与当时的文士也颇有往来。撰者"乡贡进士王南薰",曾于咸通三年(862)撰《罗州玠墓志》。③ 咸通十一年(870)撰《荆从皋墓铭》时,他自署"将仕郎、前守泾州平凉县令王南薰述并书兼篆盖文"。④ 可见王南薰不仅能文,并且擅长书法,这八年间,他的身份发生了变化,社会地位显著提升。墓志的书者是"翰林待诏、朝议郎、守率更寺丞、上柱国董景仁",是当时有名的职业书家。根据传世文献,大中六年(852)的《杜顺和尚碑》,⑤ 大中九年的《宣宗女齐国恭怀公主碑》,咸通十二年(871)的《内侍杨公碑》,⑥ 都是由董景仁书写的。此外,新出碑志中还发现一件董书碑铭,即《唐故庆王墓志铭并

---

① 参看程章灿《石刻刻工研究》,第201、202、207页。
② [唐]裴庭裕《东观奏记》,台湾商务印书馆影印文渊阁《四库全书》本。
③ 呼啸《新征集唐〈罗州玠墓志〉志主的胡人身份浅析》,《文博》,2010年第3期。
④ 《唐沧州节度荆公(从皋)墓铭》,载周绍良、赵超主编《唐代墓志汇编续集》,第1090—1091页。按:罗州玠、荆从皋二志线索来自上引李浩文。
⑤ [明]赵崡《石墨镌华》卷四,《石刻史料新编》第一辑第25册,台湾新文丰出版公司,1977年。
⑥ [宋]佚名编《宝刻类编》卷六,台湾商务印书馆影印文渊阁《四库全书》本。

序》,①值得注意的是,此志及传世《杜顺和尚碑》皆是由邵建初刊刻的。②从董景仁署衔及其所书碑石来看,他无疑是官署书家,董书邵刻,二人有过多次合作,彼此应该是熟悉的。《邵建和墓志》由王南薰撰写、董景仁书写,证实了邵氏兄弟与王、董二人的社会交往,也在一定程度上体现了邵建和的身份与地位。

第三,邵建和与其他刻工之交往与联系。

王南薰在墓志中一方面表彰邵建和高超的镌刻技艺,另一方面将其与唐代其他擅长镌刻的能工巧匠相提并论:"自唐来,则有朱静藏、史华、徐思忠、卫灵鹤、郑振、陈英、常无怨、杨暄等,皆异代同妙也。"这些人名或者已见于传世或出土石刻,留下稽考线索,或者从未出现过,无从考索,但无论如何,这是王南薰开列的一份唐代刻石高手名录,十分难得。今分别考述如下:

1. 朱静藏,已见于《石刻考工录》第6页,咸亨三年(672)刻《怀仁集王羲之书三藏圣教序记并心经》,署衔"武骑尉",可见他也是官署刻工。

2. 史华,已见于《石刻考工录》第12页,天宝十一载(752)刻《多宝塔感应碑》,是唐代有名的碑刻。

3. 徐思忠,已见于《石刻考工录》第8页至第9页,开元九年(721)刻《吴文碑》,署衔"羽林郎直将作监",可见徐氏属于官署刻工。

4. 卫灵鹤,已见于《石刻刻工研究》第194页,开元二十年刻《张说墓志》,开元二十四年刻《金仙长公主墓志》,署衔"鄜州三川县丞、梁州都督府户曹直集贤院",③很显然也是官署刻工。

5. 郑振,未见。

6. 陈英,已见于《石刻刻工研究》第194页,开元十五年与朱曜乘等刻《杨孝恭碑》。

---

① 李浩《新发现唐代刻石名家邵建和墓志整理研究》,《文献》,2018年第6期。《唐故庆王墓志铭并序》见赵力光《西安碑林新入藏墓志略论》,《碑林集刊》,2010年第1期。

② 参看程章灿《石刻刻工研究》,第207页。

③ 参看李献奇《唐张说墓志考释》,《文物》,2000年第10期。按:此志1999年出土于洛阳伊川县吕店乡万安山南麓袁庄村西北。

第三章 宋前刻工的社会身份及其文化地位

7. 常无怨,未见。
8. 杨暄,未见。①

以上八人,五人可考,三人暂不可考。八人中有三位可以确认为官署刻工。值得一提的是,《石刻考工录》第9页著录开元十三年刻工卫鹤等人刻《伯夷叔齐碑》,"卫鹤"很可能是"卫灵鹤"的省称,这一点程章灿《石刻刻工研究》已经指出。② 进而言之,卫鹤、卫灵鹤之类,很可能只是化名,也可能就是某个名人为了自隐身份而改易姓名。曾毅公在《石刻考工录·自序》中曾指出:

> 唐代颜真卿所书写的碑刻,则是出自他两个精于镌刻的侍从(也有传说是颜自刻的,但恐非事实,如《李玄靖碑》文中"真卿与先生门人中"句,因书丹时遗落一"生"字,他在已写的"门人中"三字上压写了"生门人"三字,结果刻成了"囲囚束"。如果是自刻,则决不会把压改的原形都刻了出来),所以颜碑没有刻碑人的名字。只有《千福寺多宝塔碑》署名史华刻。但也有可能,史华就是颜的侍从之一。李邕所书碑文,《少林寺戒坛铭》的刻者为伏灵芝,《娑罗树碑》为元省己,《麓山寺碑》为黄仙鹤。他们都是北海自己的化名。③

卫鹤、卫灵鹤、黄仙鹤、伏灵芝之类,尤其不类常名,很有可能是假托之名。如果他们果真是颜真卿、李邕等人的化名,那么,更能由此证明,古代书法家对镌刻是如何重视,以至于亲自动手,不愿委诸他人。

王南薰所列举的八人,可以视为一份唐代著名刻工的榜单,其将邵建和与此八人相提并论,可见他对邵建和作为刻石名工的技艺水准及其历史地位的充分肯定。目前看不到邵建和与此八人直接相关的材料,但是,长庆四年(824),邵建和曾与天水强演合作镌刻柳公权书《金刚

---

① 上引李浩文对此八人事迹已先有考证,本文考证侧重刻工之官署身份,略有不同。
② 程章灿《石刻刻工研究》,第194页。
③ 曾毅公辑《石刻考工录·自序》,第3页。

经》。① 《荆从皋墓铭》的撰者王南薰是邵氏兄弟的熟人,而其刻者则是同样出自天水的强颖。② 有理由推测,透过共同的朋友王南薰,邵建初甚或邵建和与强颖也是相识的。邵建和所居在长安金城里,即金城坊。考徐松《唐两京城坊考》,金城坊本汉代博望苑之地,在皇城以西,仅隔颁政一坊,其南隔醴泉坊与西市相邻。初唐刻工安金藏之宅亦在金城坊,不知是巧合,还是另有意味。更凑巧的是,同时代另一位著名刻工、同为中书省玉册官的强琼宅居群贤坊,与金城坊相近,邵建和与之应当相稔。③ 无论如何,王南薰列举初唐以来刻石名家八人,却对同一时代的著名刻工家族天水强氏不着一字,④这一点着实令人费解。

从总的趋势来看,宋代以前还时见书家亲任刻工,宋代以后则越来越少了,尤其是著名书法家一般不亲自动手,而是指定某一位或几位刻工担任镌刻之役,或者专门蓄养一些刻工为门客。元代著名书家赵孟𫖯和明代著名书家文徵明门下,均有此类刻工,详细论述参看本书第五章。

① 参看程章灿《石刻刻工研究》,第 201 页。
② 《唐沧州节度荆公(从皋)墓铭》,载周绍良、赵超主编《唐代墓志汇编续集》,第 1090—1091 页。
③ [清]徐松撰,李健超增订《增订唐两京城坊考》,三秦出版社,2019 年,第 292、320 页。
④ 李浩《新发现唐代刻石名家邵建和墓志整理研究》,《文献》,2018 年第 6 期。

第四章
宋代刻石文化与刻工

陈寅恪先生在《邓广铭宋史职官志考证序》中提出："华夏民族之文化，历数千载之演进，造极于赵宋之世。"[①]石刻文化在宋代空前发达，盛极一时，也是赵宋文化登峰造极的一种表现。石刻作为一种文献载体和文化形式，在宋代被赋予更多的文化意义和政治内涵。两宋三百余年，朝野君臣对于石刻广泛介入，对于石刻的生产与利用诸环节极为重视，使得刻石这一行为呈现前所未见的政治性、文化性和社会性。从严格而完整的意义上说，朝廷刻石制度是到了宋代才宣告正式成立的。宋代刻石官署及其员属的规模，也明显超越唐代，成为一个令人瞩目的现象。本章着重从传世文献与出土文献中勾稽相关资料，围绕宋代刻石文化与刻工，从如下三个方面展开探讨。

一、两宋诸帝对刻石的文化利用

南北两宋各历九朝，共十八位皇帝，除遭遇末世在位特短而未及有所作为的几位之外，几乎每一位宋朝君主都重视石刻文化，将石刻作为文献保存、文化传承和政治宣传的重要手段。《宋史》本纪称赞宋太宗"性嗜学"，"工文业，多艺能"，这或许有一些夸张，但他对于碑刻书法的

[①] 陈寅恪《邓广铭宋史职官志考证序》，载其《金明馆丛稿二编》，上海古籍出版社，1980年，第245页。

浓厚兴趣,则是可以确认的。虽然他在位的22年间,"干戈不息,天灾方行",他仍然有闲情逸致与侍臣一起读碑,欣赏并研究历代碑刻,"每御便殿观古碑刻,辄召(吕)文仲与舒雅、杜镐、吴淑读之"。① 宋太宗的书法造诣相当突出,《书史会要》卷六称其"垂意翰墨,直造八法,草入三昧,行书无对,飞白入神,评者又谓行草可逼盛唐,但短于风韵耳"。② 在各体书法中,宋太宗最擅长飞白书。淳化三年(992),宋太宗命其侍书王著以内廷所收历代著名法帖为主,编成一部《淳化阁帖》,并摹勒上石,为前代书迹的保存和传承作出了重要贡献。③ 这部丛帖不仅在书法史上具有重要地位并产生了深远影响,而且使石刻与法帖从此结下不解之缘。宋太宗对于书法与碑刻的个人喜好,是催生这部法帖的重要因素之一。这部法帖奉敕编刻,从选石、摹勒到刻石,得到了朝廷有关官署的配合,不少刻工参预其中。此后,宋人刻帖渐成风尚,刻石文化遂成为宋代书法史的一个突出背景,其影响深远,绵延至今。

至道三年(997)三月,宋太宗驾崩,宋真宗继位。宋太宗身后遗留下来的墨迹甚多,④当年六月,真宗即下诏"以太宗墨迹赐天下名山"。⑤ 颁赐君主墨迹,意味着将这些墨迹刻石而传之久远,也意味着宋代石刻的政治化应用更上一层楼。值得一提的是,宋真宗在书法上也颇有造诣,

---

① [元]脱脱等《宋史》卷二九六《吕文仲传》,中华书局,1977年,第9871页。按:《宋史》卷四四一《吴淑传》亦云:"一日,召对便殿,出古碑一编,令淑与吕文仲、杜镐读之。"第13040页。

② [明]陶宗仪《书史会要》卷六,上海书店1984年据1929年武进陶氏逸园景刊明洪武本影印本,第215页。

③ 《淳化阁帖》究竟是石刻还是木刻,从宋朝以来,两派意见争论不休。可参看容庚《淳化秘阁法帖考》,此文原载《岭南学报》第十二卷第一期(1952),后收入曾宪通编《容庚文集》,中山大学出版社,2004年,第320—386页。笔者采信石刻说,认为最不可否认的一个重要的依据是:按照曹士冕《法帖谱系》(台湾商务印书馆影印文渊阁《四库全书》本)记载,《淳化阁帖》每卷卷尾有篆书跋:"淳化三年壬辰岁十一月六日奉圣旨模勒上石。"

④ [宋]李焘《续资治通鉴长编》卷六五记:"太清楼藏太宗御制及墨迹石本九百三十四卷轴。"中华书局,1979年。

⑤ [元]脱脱等《宋史》卷六《真宗纪》一。

前人称其"善书,甚得晋人风度,评者以谓妙在全备八法"。①他对于书法与碑刻的兴趣较乃父有过之而无不及,群臣投其所好,常常将其所制文章刻石立碑。大中祥符四年(1011)、五年、八年,宋真宗御制的《大中祥符颂》《崇儒术论》《文武七条文》等文章,先后被刻石立碑。② 前两件石刻分别立于东京大承天祥符门和国子监,其位置经过精心选择,具有明确的针对性,而《文武七条文》则要求各州都要刻石立碑,无有例外,意在将这项政策昭告天下。从宋真宗朝开始,将皇帝文字或有关政令刻石立碑成为一种具有特殊意义的文化仪式:它一方面颁布了天子对臣工的诫谕,宣示天下,昭告永远;另一方面也表达了臣下对天子的尊崇,精工细作,无所不用其极。

大中祥符元年(1008)十一月一日,宋真宗驾幸曲阜,拜谒孔庙,下诏追封孔子为玄圣文宣王,并御制赞文,刻石庙中,后因国讳,改谥号为至圣文宣王。五年八月二十二日,"敕令诸道州府军监各于至圣文宣王庙刻御制赞并诏"。③ 这道敕令虽然不见于《宋史》记载,其真实性却是无可置疑的。总之,从宋代开始,石刻更多地与时政相结合,成为颁布政令的一种新方式,政治文化内涵更为突出。宋真宗对这种新方式情有独钟,他的态度与做法又明显影响了其后的几位皇帝,宋代特有的刻石文化于是形成。

宋真宗之后的北宋诸帝,从仁宗、英宗、神宗、哲宗直到徽、钦二帝,除了在位时间短暂而又遭遇靖康之乱的钦宗之外,都以善书而得以列名《书史会要》,其中,宋仁宗和宋徽宗的书学造诣最为突出。宋仁宗"平居时御翰墨,特喜飞白,体势遒劲,可入能品",④而宋徽宗的书画才艺则世所周知,毋庸赘言。二帝书法各有千秋,但对刻石的重视却一样无别。

---

① [明]陶宗仪《书史会要》卷六,第216页。
② 详见[元]脱脱等《宋史》卷八《真宗纪》三。
③ [清]沈涛《常山贞石志》卷一一正定府学《御制至圣文宣王赞并加号诏碑》,《石刻史料新编》本。沈涛按:"至于五年敕诸道州府军监各于至圣庙刻御制赞并诏,《本纪》及《礼志》均不载。"
④ [明]陶宗仪《书史会要》卷六。

北宋时代最大的一项刻石工程,包含九部儒学经典的《嘉祐石经》,就是在宋仁宗嘉祐六年(1061)以篆、隶两种书体刻就的。从东汉熹平石经、三国魏正始石经、唐代开成石经到五代广政石经(蜀石经),石刻已经多次作为确立经典定本同时促进经典传播的重要媒介而引人注目。熹平石经又称"一字石经",正始石经又称"三字石经",嘉祐石经又称"二字石经",大有比肩汉魏石经之意。

宋徽宗时代,石刻在政治上的运用,无论其方式还是规模,都达到了空前的程度,其中声势影响最大的有如下三次。

第一次是《元祐党籍碑》的刻立。北宋后期,新旧党争愈演愈烈。崇宁二年(1103),新党执政,令天下州郡刻立《元祐党籍碑》,上列旧党即元祐党人的名单,以道德贬损和公开羞辱的方式,给旧党一个政治上的沉重打击。这可能是精于书法而时常摩挲碑刻的新党执政大臣蔡京的一大"发明"。"时元祐群臣贬窜死徙略尽,(蔡)京犹未慊意,命等其罪状,首以司马光,目曰奸党,刻石文德殿门,又自书为大碑,遍班郡国。"[①]文德殿是皇帝处理政务的主要场所,朝会典礼等也在此举行,文武百官日常往来于此,[②]立碑此处,传播效果最好,也最能帮助新党形成对于旧党的心理优势与政治威慑力。《元祐党籍碑》始立于首都,然后"遍班郡国",从中央推向全国各地,这是借助石刻而展开的一场政治迫害运动。

第二次是大观元年(1107)九月十八日奉旨刻石的"八行诏旨",亦即《八行八刑条》,先立于学宫,次及太学、辟雍、天下郡邑。[③] 所谓《八行八刑条》,是宋徽宗大观年间御制的指导当时贡举取士的奖惩条例,亦称

---

① [元]脱脱等《宋史》卷四七二《蔡京传》,第13724页。一说此碑为蔡京、蔡卞倡立,宋徽宗亲书,[宋]邵伯温撰《邵氏闻见录》卷一六:"崇宁初,蔡京、蔡卞为元祐奸党籍,上皇(宋徽宗)亲书,刻石立于文德殿门,又立于天下州治厅事。"李剑雄、刘德权点校,中华书局,1983年,第176页。

② [元]脱脱等《宋史》卷一○六《礼志十九》:"皇帝日御垂拱殿,文武官日赴文德殿正衙曰常参,宰相一人押班。其朝朔望亦于此殿。"第2751页。

③ 《北京图书馆藏中国历代石刻拓本汇编》第41册陕西乾县《大观圣作碑》,中州古籍出版社,1989年,第167页。

《大观圣作碑》。此碑当时刻立于各地学宫，流传甚广，至今仍有数处碑刻拓本传世。[1] 刻碑以昭告天下，不仅对各地的学校教育和人才选拔有导向性作用，而且强化了专制政治的权威。

第三次是政和元年（1111）刊刻御制《五礼新仪序》。这一年三月，议礼局进奏云："比年以来所颁御制，皆勒金石，以垂永久。若崇宁学校之诏，载于辟雍；宾典八行之训，刻之太学；新学之记，立之大晟。所有今来颁降御制御书《政和新修五礼序》，欲望特许依上件体例，摹勒立于太常寺。"[2]由此可见，当时以御书御制之政令文告刻石已经成为惯例。有司心存阿谀皇帝之意，不免相互攀比，于是此类刻石越来越多，并且动辄下令天下州县刻石立碑，作为一项必须执行的政治任务来完成。

显然，为了完成这些政治任务，各地需要耗费大量石材，需要动用大批刻工。刻石政治化所造成的消极后果，首先是人力和物资的浪费，其次则是殃及前代碑刻。陆游《老学庵笔记》卷九载：

> 北都有《魏博节度使田绪遗爱碑》，张弘靖书；《何进滔德政碑》，柳公权书，皆石刻之杰也。政和中，梁左丞子美为尹，皆毁之，以其石刻新颁《五礼新仪》。[3]

由于政治的介入，不仅那些具有重要书法价值的宝贵古碑惨遭磨毁，而且一些当代名碑也难逃毁坏的厄运，尤其是与元祐党人相关的碑刻。在《元祐党籍碑》中名列"曾任宰臣执政官"第一名的是司马光，名列"曾任待制以上官"第一名的是苏轼。可想而知，苏轼为司马光撰写的《神道碑》，会是多么引人注目。据《春渚纪闻》卷五"张山人谑"条记："绍圣间，朝廷贬责元祐大臣及禁毁元祐学术文字。有言《司马温公神道碑》乃苏

---

① 《石刻考工录》第58、61页分别辑录河南荥阳县、高陵县、陕西蓝田县三处所刻立之《八行八刑碑》。同书第61页辑录张士亨、侍其理同刻济州《大观圣作碑》一种。

② ［宋］郑居中等《政和五礼新仪》卷首，台湾商务印书馆影印文渊阁《四库全书》本。

③ ［宋］陆游撰，李剑雄、刘德权点校《老学庵笔记》卷九，中华书局，1979年，第122页。按：此处引文标点与原书不同，小有调整。

轼撰述,合行除毁。于是州牒巡尉,毁拆碑楼及碎碑。张山人闻之曰:'不须如此行遣,只消令山人带一个玉册官,去碑额上添镌两个不合字,便了也。'碑额本云《忠清粹德之碑》云。"①由于碑额上的"忠清粹德"四字表达了对司马光的褒扬,因此,即使其人已死,其碑刻亦难逃党争的牵连。解铃还须系铃人,由张山人谑语看来,司马光碑的镌刻当亦出自玉册官之手。

南渡以后,宋朝国势日蹙,偏安政权始终面临着覆亡的威胁,但朝廷对于刻石仍然有很高的热情,因为刻石可以满足润色鸿业的政治需要。南宋诸帝多有书名,高宗书艺尤高,其手书墨迹曾被臣下刻石,立于国子监。② 宋高宗及其皇后吴氏亲自书写包括《周易》《诗经》《尚书》在内的七部儒家经典,并将其刻石立于临安国子监,这便是著名的南宋石经。总的来说,儒家石经、石刻法帖以及政令刻石,分别从经典、艺术与政治角度充实了宋代刻石文化的内涵,也代表了宋代刻石文化发展的三个方向。

二、宋代民间刻工

宋代刻石文化的蓬勃发展,不仅催生了一大批民间刻工,而且从中颖脱出一批技艺精湛的刻工。长安石工安民和九江琢玉坊刻工李仲宁,一南一北,恰好可以作为北宋刻工的代表。由于宋代刻石与政治的紧密联系,民间石工也身不由己地卷入当时的政治漩涡中去。《邵氏闻见录》卷一六载:

> 长安百姓常安民,以镌字为业,多收隋、唐铭志墨本,亦能篆。教其子以儒学。崇宁初,蔡京、蔡卞为元祐奸党籍,上皇亲书,刻石

---

① [宋]何薳撰,张明华点校《春渚纪闻》,中华书局,1983年,第78—79页。
② 据《宋史》卷一一四《礼志十七》,高宗先作"孔子及七十二子赞,冠以序文,亲洒翰墨","(绍兴)二十六年十二月,言者谓:'陛下崇儒重道,制为赞辞,刻宸翰于琬琰,光昭往古,寰宇儒绅,孰不顾瞻《云汉》之章?请奉石刻于国子监,以碑本遍赐郡学。'从之。"第2710—2711页。

立于文德殿门。又立于天下州治厅事。长安当立,召安民刻字,民辞曰:"民愚人,不知朝廷立碑之意。但元祐大臣如司马温公者,天下称其正直,今谓之奸邪,民不忍镌也。"府官怒,欲罪之。民曰:"被役不敢辞,乞不刻安民镌字于碑,恐后世并以为罪也。"呜呼! 安民者,一工匠耳,尚知邪正,畏过恶,贤于士大夫远矣。故余以表出之。①

《宋史·司马光传》亦载此事,但所记刻工名为安民,与《邵氏闻见录》不同。② 现存北宋石刻中仍有不少刻工题署作"安民"或"安民师"的,"师"当指石师,从年代来看,即是此长安刻工,可见《宋史》所记"安民"不误。③

《挥麈录》三录卷二载:

> 九江有碑工李仲宁,刻字甚工,黄太史题其居曰"琢玉坊"。崇宁初,诏郡国刊元祐党籍姓名,太守呼仲宁使刻之。仲宁曰:"小人家旧贫窭,止因开苏内翰、黄学士词翰,遂至饱暖。今日以奸人为名,诚不忍下手。"守义之曰:"贤哉! 士大夫之所不及也!"馈以酒而从其请。④

北到长安,南到九江,两个民间刻工的命运不约而同地与朝堂之上的新旧党争牢牢联系在一起。无论是《宋史》还是这两部宋人笔记,执笔者显然都是站在同情元祐党人的立场之上,对这两个刻工的行为大表赞赏。

---

① [宋]邵伯温撰,李剑雄、刘德权点校《邵氏闻见录》卷一六,第176页。
② [元]脱脱等《宋史》卷三三六,第10769页。
③ 参看《石刻考工录》,第50、53、56页,《石刻刻工研究》,第240、256页。按:[明]郎瑛《七修类稿》卷二六辨证类"九江碑工"条谓:"元祐党人之碑,碑工长安民不肯镌名于石,载于正史;九江碑工不肯刻碑者,往往于传记中见,人惜其不知名,何燕泉叙录亦然也。"见上海书店2001年排印本,第284页。郎氏以长安刻工姓名不详,其说不确。
④ [宋]王明清《挥麈录》三录卷二,中华书局,1961年,第239—240页。

作为物质文化的石刻文献

不过,他们的书写恐怕有些理想化,与事实稍有偏差。以《元祐党人碑》为例,"此碑自靖国五年毁碎,遂稀传本",明人倪元璐曾得到这个《元祐党人碑》的一份拓本,"披此籍,觉诸贤位中赫然有安民在。"①如果倪氏所见拓本真实可信,也没有后人的添刻或凿改,那就意味着长安当地官员最后并没有答应安民的请求,安民被迫在石刻上署刻了自己的姓名。既然刻立《元祐党籍碑》已经变成一种政治行为,刻工也不能不承受政治的压力。

据前引《挥麈录》三录卷二记载,琢玉坊李仲宁是以刊刻苏轼、黄庭坚等人的书迹谋生,并以精湛的技艺闻名于士大夫之间,琢玉坊之名就是黄庭坚为他题写的。②宋代以前常见多人同刻一石,也时见有刻工自称"石匠作头""都料匠""都勾当作头"者,③其时很有可能已经产生刻石作坊之类的技艺组织。宋代刻工中,也见有自称"都料""石匠作头"者。④北宋九江琢玉坊是现在已知的最早的刻石作坊。李仲宁不仅以其技艺扬名一时,而且以其道德形象而为当世及后代士大夫所铭记。这就难怪两百年之后,卢熊写诗题赠元明之际最著名的士大夫出身的刻工朱珪之时,仍然把"太史曾题琢玉坊"当作一个刻工能够拥有的最高荣誉。⑤

李仲宁之名见于《石刻考工录》第60页,编者曾毅公特加按语云:"李仲宁碑刻未见",言下颇有惋惜之意。1970年,江西南丰县出土《中书舍人曾巩墓志铭》,署浔阳李仲宁、仲宪刻,时在元丰七年(1084)六月;⑥1972

---

① [明]倪元璐《倪文贞集》卷一六《题元祐党碑》,台湾商务印书馆影印文渊阁《四库全书》本。参看曾毅公辑《石刻考工录》,第53页。
② 按《宋史》本传,黄庭坚曾任国史编修官,故宋人文献中常以"黄太史"相称。
③ 如唐大中十一年(857)《天宁寺经幢》为四人同刻,其中何亮、许从二人皆自称"都料匠",见《石刻考工录》第21页;唐中和二年(882)刻《乐邦穗墓志》之杨元会,自称"都勾当作头采石镌字",同上书,第24页。
④ 如《石刻考工录》第62页刻工卢整自署"石匠作头",第70页刻工游智文自署"隆兴府都料",第76页刻工许惠自署"石匠作头",第77页刻工鱼□自署"常熟石匠作头"。
⑤ [明]朱珪《名迹录》卷六载卢熊《寄朱伯盛》诗句,台湾商务印书馆影印文渊阁《四库全书》本。
⑥ 陈柏泉编《江西出土墓志选编》,江西教育出版社,1991年,第37—42页。

年,江西彭泽县出土《刘元周妻易氏墓志铭》,署浔阳李仲宁刻,时在元祐五年(1090)十二月。① 这不仅填补了李仲宁所刻碑石的文物空白,也充实了有关琢玉坊的历史文献资料。李仲宪当是李仲宁之兄弟,当同属琢玉坊刻工。两方墓志刊刻年代相去不远,而与《挥麈录》所记崇宁初年则有一定距离。

另一方面,从传世文献来看,琢玉坊也在历史上留有痕迹。宋孙绍远辑《声画集》卷一录有二诗:其一题为"李伯时作《渊明归去来图》,王性之刻于琢玉坊,病僧祖可见而赋诗",僧祖可作;其一题为"王性之得李伯时所作《归去来图》,并自书渊明词,刻石于琢玉坊,为赋长句",僧善权作。② 李公麟字伯时,以"善画"著称于时。③ 王铚字性之,生活在南北宋之交,有《补侍儿小名录》《默记》《雪溪集》等书传世。④ 王铚将李公麟的《渊明归去来图》和自己书写的《归去来兮辞》一起交付琢玉坊刊刻,表明时人对琢玉坊高超刻石技艺的认可。⑤ 根据王铚的生平推测,此刻大约完成于北宋末年至南宋绍兴年间,即12世纪20年代至50年代间。如果此刻完成于12世纪50年代,那么,其刻工就很可能不是李仲宁本人,而是琢玉坊中的其他刻工,而这些刻工极有可能是李仲宁的后裔、亲属或徒弟。绍兴六年(1136)刻《狄梁公碑》的蔡宏,自署"庐山琢玉坊"。⑥ 庐山在九江境内,称九江琢玉坊为庐山琢玉坊自无不可。可见从元丰七年到绍兴六年,琢玉坊至少存在了五十余年之久,除李仲宁兄弟外,琢玉坊还有其他刻工。

---

① 陈柏泉编《江西出土墓志选编》,第55—57页。
② [宋]孙绍远辑《声画集》,台湾商务印书馆影印文渊阁《四库全书》本。
③ [宋]蔡絛《铁围山丛谈》卷四:"元丰后,又有文士李公麟者出。公麟字伯时,实善画,性希古,则又取平生所得暨其闻睹者,作为图状,说其所以,而名之曰《考古图》,传流至元符间。"冯惠民、沈锡麟点校,中华书局,1983年,第79页。
④ [清]永瑢等《四库全书总目》卷一三七《补侍儿小名录》提要:"铚字性之,汝阴人,自称汝阴老民,绍兴初以荐,诏视秩,史官给札,奏御为枢密院编修官。"
⑤ 此二僧诗,清人厉鹗辑入其《宋诗纪事》卷九二,上海古籍出版社,2013年,第2211页、2213页。按:僧祖可诗题中之"琢玉坊",《宋诗纪事》作"琢玉墙"。
⑥ 见曾毅公辑《石刻考工录》第68页,原作"卢山琢玉坊","卢"当是"庐"之讹。

作为物质文化的石刻文献

　　刻石作为一门专业技艺，往往世代相传，这使刻石成为一种世袭技艺，也使刻工群体呈现家族化的特点。唐代中书省玉册官群体已明显表现出这一特点，①宋代各地民间刻工群体更有突出的家族化特色。除了九江李氏琢玉坊之外，比较值得注意的刻工家族有武威安氏、京兆安氏、金陵袁氏、建安翁氏、岳阳文氏、桂林龙氏等。武威安氏有安仁裕、安仁祚、安文璨、安文瑢、安文晟等刻工，②从名字中，可以明显看出有仁、文两辈。在某些石刻中，安仁祚、安文璨、安文晟等人省去名字中指示辈份的那个字，而自称安祚、安璨、安晟，③这是宋辽金时代刻工题署的一个习惯，不足为奇。金陵袁氏刻工则有袁仲亨、袁仲才、袁居中、袁文雅、袁成等人，④建安翁氏的翁镇与其子翁进文、翁博文于淳熙十五年（1188）同刻《黄中美神道碑》。⑤

　　群体规模比较大的是桂林龙氏和岳阳文氏。桂林龙氏刻工群体集中出现在南宋时代。《粤西金石略》卷七《尹穑仙迹记》："绍兴五年十一月冬至日鲁国尹穑述，吴郡李弥大书，醴陵张昱摹刻，唐全、龙跃镌。"同卷有龙跃、唐全题名："绍兴六年丙辰岁上元日，八桂龙跃并宛邱唐全同□仙李记到此，因而刻题。"原书按："右刻在栖霞洞。二人即刊《仙迹记》之镌工耳。碑刻中镌工著名者有龙抃、龙湜、龙渊、龙杓、龙云从、龙光等，盖桂林镌手龙氏，能世其家云。"⑥这里提到的桂林龙氏刻工，其所刻碑目详见《石刻考工录》，亦可参考《桂林石刻总集辑校》。⑦

----

① 参看本书第三章。
② 这些刻工所刻碑目详见《石刻考工录》第31—37页及《石刻刻工研究》下编。
③ 分别见《石刻考工录》第32、40、35、37页。
④ 袁仲亨、袁居中、袁文雅，见《石刻考工录》第42、54、64页；袁仲才，见《北京图书馆藏中国历代石刻拓本汇编》第42册第125页；袁成，见洪银兴、蒋赞初主编《南京大学文物珍品图录》，科学出版社，2002年，第67页。
⑤ 《石刻考工录》第70—71页。
⑥ ［清］谢启昆《粤西金石略》，卷七，《石刻史料新编》本。
⑦ 《石刻考工录》第58、59、64、69页。刘汉忠补辑得龙湜、龙抃所刻石二种，龙跃所刻石二种，龙光所刻石一种，见其《〈石刻考工录〉续补》，《文献》，1991年第3期，第248—280页。杜海军辑校《桂林石刻总集辑校》，中华书局，2013年，第93、94、117、137、147、148、156、160、184、185页。

在四川大足石刻中，岳阳文氏刻工扮演了极其重要的角色。这些刻工按年辈先后排列，有惟字辈（文惟一、文惟简）、居字辈（文居用、文居礼、文居道、文居安）、仲字辈（文仲璋）、玉旁字辈（文琇、文玠、文珠、文玠）、孟字辈（文孟周、文孟通）。文惟一、文惟简二人具名同镌的石刻始于皇祐四年（1052），年代最早。文艺自署"文惟简玄孙"，其所刻大足灵岩寺石窟第 2 龛边框题记在宋宁宗之世（1195—1224），时代最晚。据统计，岳阳文氏刻工共计 15 人，前后五世操执此艺，持续超过 150 年，不愧为刻石世家。①

京兆安氏也是值得注意的一个刻工家族。这个家族刻工人数虽然不及武威安氏和岳阳文氏等，但其中的安民、安敏二人却值得注意。安敏曾于元祐八年（1093）刻唐怀素帖，又于绍圣四年（1097）与安民、安延年等人同刻《游师雄墓志》。② 崇宁三年（1104），安民刻《元祐党籍碑》，元祐五年（1090）又刻《京兆府学移石经记》，这些都是金石学史上的重要石刻。③ 此外，《石刻考工录》第 50 页还辑录刻工安民师所刻碑目两种，分别在熙宁十年（1077）和元丰元年（1078），《北京图书馆藏中国历代石刻拓本汇编》第 39 册第 33 页收录陕西西安出土之《刘景墓志》，则为熙宁二年（1069）安民师所刻。"安民师"之"师"是自指其石师身份，所以，安民师应该就是安民，二人姓名相同，时代相同，所刻石都出土于西安，与其京兆安氏的籍贯也相一致。

三、宋代刻石官署

清叶封《嵩阳石刻集记》卷下录《中岳醮告文》碑末题署：

---

① 关于大足石刻及其刻工的详情，四川美术学院雕塑系编《大足石刻》一书之代序《大足石刻概述》（朝花美术出版社，1962 年）第 10 页曾列有一表。另参看黎方银《大足石窟艺术》（重庆出版社，1990 年），尤其第 283—286 页。

② 曾毅公辑《石刻考工录》，第 55、56 页。

③ 曾毅公辑《石刻考工录》，第 53 页。

天禧三年九月日建，翰林侍诏、朝奉郎、行少府监主簿、赐绯臣刘太初奉敕书并篆额，中书省玉册官、御书院祗候臣沈庆、臣晋文宝镌字。

叶氏跋云：

按宋诸奉敕书碑，皆御书院祗候刻字，设有专官以共其事，此他代所未及也。因备录其衔名云。①

叶氏所谓"设有专官以共其事，此他代所未及也"的说法，实际上是不准确的。如前所论，唐代早已设有专官负责刻石，官署刻工主要隶属于中书省和将作监，国子监、太常乃至秘书省亦置有刻工。有关宋代刻石专官设置的情况，虽然史传文献中罕见记载，但根据石刻文献尤其是近代以来出土的石刻文献则可知，宋代刻石官署之设置一方面沿用唐制，另一方面也在唐代的基础上有所变革。今以官署为次考述如下：

第一，中书省玉册官。

宋代前期沿袭唐制，在中书省设置玉册院负责镌刻之事。据《宋会要辑稿》职官三引《两朝国史志》，宋前期中书省所置员属包括"玉册院镌字官一人，玉册官一人，金官（字）官一人，彩画官一人"，"元丰改制，官名则因旧，而职守与旧不侔矣"。② 在元丰改制以前，中书省不参与执政，其主要职掌近于前代九卿中之太常，包括负责郊祀册文等事在内，故需置镌字官、玉册官、金字官等职，负责镌刻玉石之相关事宜。镌字官、玉

---

① ［清］叶封《嵩阳石刻集记》，卷下，台湾商务印书馆影印文渊阁《四库全书》本。
② ［清］徐松辑，刘琳、刁忠民、舒大刚、尹波等校点《宋会要辑稿》，上海古籍出版社，2014年，第5册，第3023页。参看龚延明编著《宋代官制辞典》，中华书局，1997年，第169—170页。［宋］赵升《朝野类要》（台湾商务印书馆影印文渊阁《四库全书》本）卷一"册宝"云："奉上尊号册宝，亦有奉上册宝，使用太常仪仗鼓吹也。凡玉册则金宝。所谓册者，条玉为之，红线相联，可以卷舒，字皆金填之，或谓玉以磋石代之。所谓宝者，印章也，并文思院供造。""金字"当即"字皆金填之"也。

册官、金字官等皆属玉册院，而玉册院则隶属中书省。

据现存文献材料来看，已知的宋代中书省玉册官，有王钦、王馀庆、潘进、张守节、沈庆、晋文宝、高恭、孙文吉、司马锐、张景隆、王克明、寒亿、陈永宣、陈永昌、李仲宣、王仲宣、郭中立、曾惟情、逯灵龟、彭馀庆等。① 其中年代最早的是宋真宗咸平四年（1001），中书省玉册官王钦与御书院王馀庆于是年同刻《大相寺碑》，②所有已见石刻年代都不晚于元丰四年（1081），即都在元丰五年（1082）改制之前。《宋故宜芳县君薛氏墓志》似乎是一个例外。此志为中书省玉册官逯灵龟、王克明、彭馀庆三人同刻，《洛阳新获墓志》系于元丰八年（1085），晚于元丰五年。细考志文，此志为王拱辰为其妻宜芳县君薛氏所撰，薛氏卒于景祐三年（1036），庆历四年（1044）九月葬于"开封府尉氏县柏子冈之原，祔于皇姑"，逯灵龟等人刻石即在此时。元丰八年七月，王拱辰去世，十二月"葬于河南府河南县教忠乡府下里之原，乃自尉氏奉夫人之柩，以合祔焉"。为了说明这一情况，王拱辰之子王晋明特意在志石末尾加刻了一段文字。这段文字刻在逯灵龟等人题署之后，字划风格明显不同，显然是后来另人所刻。③ 这样看来，元丰五年以后刻工或者自署"玉册官"，或者自署"少府监玉册官"，而无自署"中书省玉册官"者。这实际上意味着，元丰改制以后，原隶中书省的玉册官以及中书省的镌刻职责被撤并到少府监中去了。

第二，少府监玉册官。

唐代将作监置有刻工，宋代元丰改制后，在少府监置玉册官。《宋史》卷一六五《职官志五》云：

---

① 除陈永昌外，本节涉及刻工及所刻碑目，均见《石刻考工录》及《石刻刻工研究》下编、《石刻考工录补编》，不一一列其出处。陈永昌为皇祐元年（1049）刻《石从简墓志》，见何新所编著《新出宋代墓志碑刻辑录（北宋卷）》，文物出版社，2019年，第二册，第142页。

② 曾毅公辑《石刻考工录》，第35页。

③ 洛阳第二文物工作队李献奇、郭引强编著《洛阳新获墓志》，文物出版社，1996年，第143页。

少府监，旧制判监事一人，以朝官充。凡进御器玩、后妃服饰、雕文错彩、工巧之事，分隶文思院、后苑造作所。本监但掌造门戟、神衣、旌节、郊庙诸坛祭玉法物、铸牌印朱记、百官拜表、案褥之事。凡祭祀，则供祭器、爵、瓒、照烛。元丰官制行，始制监、少监、丞、主簿各一人，监掌百工伎巧之政令。少监为之贰，丞参领之，凡乘舆服御、宝册符印、旌节、度量权衡之制，与夫祭祀、朝会、展采备物，皆率其属以供焉。①

在宋代前期，少府监的职掌十分有限。元丰改制之后，其职掌更新扩大，涵括了原属中书省玉册院的所谓"宝册符印"之制。玉册官由隶属中书省改隶少府监，应即在此时。南宋建炎三年（1129），少府监撤并入工部。《宋史·职官志五》谈到少府监百工考课时，还特别强调"物勒工名，以法式察其良窳"，即要求刻工在石刻上署名，以示负责，同时也便于考察其技术高下及质量优劣。近现代以来河南出土的大批北宋宗室墓志，镌刻多出少府监玉册官之手，一般都有署名，证明"物勒工名"制度在当时确实得到较好的执行。

已知宋代刻工中自署为少府监玉册官者有赵隐、王磻、邢肃、卷思、张惟几五人，此外还有一个佚名。其中年代最早的是元丰八年（1085），赵隐于是年刻《赵仲轲墓志》，最晚的是政和三年（1113），佚名刻工于是年刻《宗室子袭长女墓记》。② 这与少府监及其职掌的沿革史完全符合。从出土石刻来看，少府监玉册官所刻绝大多数是宗室的墓志铭，刻石类型比较单纯，这正是对其职掌的准确反映。

第三，隶属御书院与翰林书艺局之刻工。

御书院即翰林御书院的简称，隶属翰林院。《宋会要辑稿》职官三十六载：

---

① 《宋史》卷一六五，第3917页。参看龚延明编著《宋代官制辞典》，第360页。
② 详参程章灿《石刻刻工研究》下编二。

翰林御书院，在崇政殿东北横门外，掌御制、御书及供奉笔札、图籍之事，以内侍三人勾当。御书待诏以同正官充，亦有正官在院祗候者，皆不常置。又有翰林书艺在院祗候，迁翰林待诏者，则隶学士院，后亦有依前祗候者。祗候十七人，笔匠十七人，装界匠九人，印碑匠六人，雕字匠五人。①

元丰五年改制后，翰林御书院改称翰林书艺局。南宋初复称御书院，建炎三年（1129）罢，绍兴十六年（1146）复置，设干办官一员，系差睿思殿祗候，押宿官二员，书待诏三人，书艺学七人，书学祗候十四人，书学生不限人数，此外还有各色祗应，包括"镌字三人""雕字二人"。绍兴三十年（1160）又罢。②

从勾当、待诏、艺学、祗候到各色工匠，可以看出御书院内等级分明，其中负责刻字的是御书院祗候和祗应。根据刻工自署，目前可以确定隶属于御书院的刻工有15人，其中潘进、谢望之、王钦、王馀庆、沈庆、王守清、沈政、高恭、孙文吉、陈永宣、李仲宣、王仲宣等人都自署"御书院祗候"，沈政、邹义自称"御书院祗应"，侯令钦、赵谦、郭中和自署"御书院"，③其年代都在元丰五年改制之前。这里值得特别提出讨论的是沈政，他在天禧五年（1021）刻石时自署"御书院祗候"，而乾兴元年（1022）刻石时则自署"御书院祗应"，好像祗应较祗候高一阶，因为一般来说官阶是与年俱进的，但是，按后来翰林书艺局的设员来看，各色祗应似乎又位在祗候之下。因此，北宋前期的祗候与祗应可能没有阶次之别，都是在内廷供奉之意。

---

① ［清］徐松辑，刘琳、刁忠民、舒大刚、尹波等校点《宋会要辑稿》，上海古籍出版社，2014年，第7册，第3939页。
② 《宋会要辑稿》职官三十六之九十五、九十六，第7册，第3938—3940页。参看龚延明编著《宋代官制辞典》，第70—71页。
③ 除郭中外，其他刻工及所刻碑目，均见《石刻考工录》及《石刻刻工研究》下编。郭中和自署"御书院玉册官"，于熙宁四年（1071）刻《赵从约夫人华氏墓志》，见于何新所编著《新出宋代墓志碑刻辑录（北宋卷）》，第二册，第195页。

在翰林书艺局时代，这个官署中的刻工已知有曹惠良、王震、□惠迪、张士亨、张士臣、陈谅等。根据刻工自署，可知诸人身份有所不同，等级有差。曹惠良原是翰林书艺局镌字祗应，后迁转翰林书艺局玉册官。□惠迪是翰林院书艺局玉册官。陈谅应是翰林书艺局待诏。张士臣是睿思殿上祗应，张士亨是翰林睿思殿祗候，祗候位在祗应之上。睿思殿始建于熙宁八年(1075)，是内廷供奉机构，以书画文字等伎艺为皇帝服务。睿思殿祗候多为宦者，如宋徽宗时的梁师成、宋理宗时的董宋臣。[1] 睿思殿刻工所刻基本上为御制书翰，如大观二年(1108)张士臣刻宋徽宗御制《大观圣作之碑》时自称"奉圣旨镌"，其地位亦应较高于一般翰林书艺局玉册官。与张士亨同刻《济州大观圣作碑》的侍其珵，也应该是睿思殿上祗应。王震则是翰林书艺局直长充待诏，《千唐志斋藏志》中收有两件他所刻的宋代宗室墓志。[2] 虽然王震在石刻上没有署衔，但是根据传世文献，可以推定他的身份。[3]

明叶盛《水东日记》卷二五录政和甲午(1114)六月朔日宋徽宗御书《太清楼特宴记》石刻，石在开封府学墙壁间，其文字已不完整。石末题署很有价值，今按其原格式(变竖排为横排)，迻录如下：

翰林书艺局镌字艺学臣严奇
睿思殿御前文字外库镌字艺学臣徐珣
　　　　　　　　臣张士亨
待诏臣朱章
　臣邢肃
　臣张仲文

---

[1] 详见《宋史》卷四六八《宦者传·梁师成》和卷四六九《宦者传·董宋臣》。《宋代官制辞典》第155页有"直睿思殿""睿思殿供奉"，皆是宦官所带贴职名。

[2] 河南省文物研究所、河南省洛阳地区文管处编《千唐志斋藏志》，文物出版社，1984年，第1297页、第1301页。

[3] 《王震转翰林书艺局直长充待诏制》，见［宋］邹浩《道乡集》卷一六，台湾商务印书馆影印文渊阁《四库全书》本。

书待诏臣王公琬
　　　待诏赐绯臣倪士宣
　　　　　臣封士宁
　　从义郎臣张士永模刊
　　睿思殿御前文字外库祗应武翼郎臣俞迈题写
　　通侍大夫臣梁师成
　　通侍大夫保康军节度观察留后臣贾管勾上石①

这个题署中共出现13个人名，前十个都参与"模刊"，包括模勒和镌刻两个主要工序。揆以常情，严奇、徐珦、张士亨三人为刻工应可无疑，邢肃前曾任"少府监玉册官"，亦极有可能参与镌刻。后三人中，俞迈负责题写，梁师成和贾某总体负责，分工很明确。由此可知，翰林书艺局不仅有书艺学，而且有镌字艺学，不仅翰林书艺局有镌字艺学，而且睿思殿也有镌字艺学，张士亨即是从睿思殿祗候升转为睿思殿镌字艺学的。这份名单为我们认识翰林书艺局镌字人员的编制构成提供了一份重要史料，很值得注意。总体而言，有关南宋官署刻工的材料比北宋官署刻工要少得多，因此，这份名单更显得重要。

绍兴二年(1132)，沈思通和刘崇证同刻《道隐园记》。沈思通自署下班祗应，下班祗应是武阶名，属无品八阶列，政和二年(1112)由殿侍改。② 刘崇证自署干办。这说明早在绍兴十六年复置翰林书艺局之前，翰林书艺局已经置有干办之员。自南宋绍兴三十年(1160)之后，翰林书艺局便不复存在，但仍设有专员在御前供奉，负责镌字等事宜。淳祐元年(1241)刻《金祝二太尉庙记》的应建辰是御前祗候。景定(1260—1264)年间，余栗留下三件石刻，两件自署"御前应奉玉册官"，另外一件是景定五年(1264)与吴显同刻的《城东慈云院部据府帖碑》，自署"玉册

---

① 此格式据台湾商务印书馆影印文渊阁《四库全书》本。中华书局1980年出版之魏中平点校本(第244页)未按此格式排版，且将"书待诏王公琬"行首"书"字属上，作"臣张仲文书"，则严奇至张仲文诸人皆为书碑者，而与镌字无关，疑非是。

② 参看《宋代官制辞典》，第402、596页。

官",这应当是"御前应奉玉册官"的省称。与余栗共同署名的吴显,身份应与余栗相同。此外,在南宋刻工中,开禧元年(1205)刻石的陈善和咸淳八年(1272)刻石的余升,都自署"玉册官",其身份亦当与余栗相同。①

上述各官署的刻工都属于伎术官(亦称技术官),与以医术、音乐、书法、图画等技艺侍奉皇上的伎术官相同。宋代在御书院及翰林书艺局设置镌字员属,充分彰显书法与刻石的密切关系,也体现了宋代镌刻官署的书法文化背景。自称御书院祗候或祗应的刻工,实际上就是御书院的镌字祗候,有时由中书省玉册官兼任,故亦可称为"御书院玉册官"。身兼中书省玉册官和御书院祗候的孙文吉,至和三年(1056)刻《郑州新郑县旌贤崇梵院三贤堂记》时,便自署"御书院玉册官"。② 至于御书院所置雕字匠以及翰林书艺局所置雕字祗应,估计主要负责雕版(木刻),与镌字匠、镌字祗应有不同。

从北宋前期御书院职掌情况来看,翰林书艺局玉册官亦即翰林书艺局祗候。艺学转待诏,祗候转待诏,是一般升转之序。刻工曹惠良今存刻石四件,从其自署来看,他在元祐九年(1094)和绍圣四年(1097)还是翰林书艺局镌字祗应,至大观元年(1107),就升转为翰林书艺局玉册官,也就是由镌字祗应(诸色祗应之一)迁转为翰林书艺局祗候。王震本来只是一个普通镌字祗候(玉册官),后来迁转为翰林书艺局直长充待诏。③ 元人袁桷曾说:"汉世以试籀书始得为吏,而唐宋制令,玉册官必通文词者始得为。"④从上文举例可以看出,宋代玉册官确实多工书法,兼有通文词者,如王震。尽管如此,由于翰林御书院所属的整个伎术官

---

① 在北宋刻工中,孙信、邵□、王文炳、孙舍、单□□、王永昌、武宗古等人都自署为"玉册官",未标明其所隶官署。除了王永昌刻石在绍圣元年(1094)、武宗古刻石在靖康二年(1127)外,其他诸人刻石皆在元丰五年(1082)之前。

② 参看《石刻刻工研究》第2094、2295页。

③ 王震有刻石,知先是翰林书艺局祗候(玉册官),又有《道乡集》卷一六所载《王震转翰林书艺局直长充待诏制》,可知其升转之序。制文中称"而命尔书之,尔亦不为无助。宠进尔秩,以示朕无劳而不录也",可知王震亦善书。

④ [元]袁桷著,杨亮校注《袁桷集校注》卷四九《书茅生家谱》,中华书局,2012年,第六册,第2170页。

体系属于杂流,迁转有很多限制,宋初限制尤其严苛。《宋史》卷一六九《职官志九》载:"御书院,待诏五年出左班殿直,书艺十年出右班殿直,御书祇候十五年出借职,并补正名后理。"①同书卷一五九《选举志五》载:"御书院、翰林待诏、书艺祇候,十年以上无犯者听出职。"宋太祖开宝(968—976)间甚至规定,伎术人"资考虽多,亦不注拟"。② 政和二年(1112)重新修订迁转规定,据《宋会要辑稿》职官三十六:

> 书学待诏等资级,依年限出职,补授合得官资。书学祇候满一十五年,补承信郎;书艺学满一十年,补保义郎;直长充书待诏满五年,补(保)成忠郎;诸色待诏、祇应转祇候,次转艺学,次转着绿待诏,次转赐绯待诏,次转赐紫待诏,到院十年,差充庙令差遣。③

承信郎、保义郎、成忠郎都属于武阶,这与唐制相同。这些阶官品级甚低,一般只授予三班小使臣。政和五年(1115)刻《建筑隆兑州记》的焦林阶次是保义郎,可见其为书艺学至少已满十年,还只是个正九品。即使这样,从已知宋代石刻来看,刻工获得这类阶官的也不多。

一般而言,宋代杂流与士流(士类、士大夫)之间不能混杂,界限严明。《宋史》卷一五三《礼志》:

> 真宗大中祥符六年,诏伎术官未升朝赐绯、紫者,不得佩鱼。仁宗天圣二年,翰林待诏、太子中舍同正王文度因勒碑赐紫章服,以旧佩银鱼,请佩金鱼。仁宗曰:"先朝不许伎术人辄佩鱼,以别士类,不令混淆,宜却其请。"④

后来,王文度再次"乞换正官出职",又被宋仁宗以"伎术人若除正官,则

---

① [元]脱脱等《宋史》卷一六九,第 4046 页。
② [元]脱脱等《宋史》卷一五九,第 3737 页。
③ 徐松辑,刘琳、刁忠民、舒大刚、尹波等校点《宋会要辑稿》,第 7 册,第 3939 页。
④ [元]脱脱等《宋史》卷一五三,第 3568 页。

渐乱流品矣"的理由拒绝。① 实际上，按照规定，当时亦有少数吏人可以出职补官，"凡吏职年满，依法补授将仕郎"，但最高只能升至从政郎（从八品），这还是有名额限制的。② 宋真宗时，中书省玉册官兼御书院祗候王钦即出职为"文林郎守高州司马"，文林郎是文散官从九品上；元丰二年（1079），玉册官郭翼出职为"将仕郎守新州新兴县主簿"，将仕郎是文散官从九品。两者都未超过从八品。

　　一般来说，官署刻工是专为皇帝或朝廷服务的，镌刻与皇帝、宗室及朝廷相关的石刻，但偶尔也有为臣下刻石之特例。这些臣子往往供职朝中，或者深受皇帝恩宠，或者地位不同寻常，因而在刻碑立石方面也享受了超规格的待遇。例如，中书省玉册官王克明和蹇亿曾于嘉祐八年（1063）刻《韩国华神道碑》，蹇亿又于治平二年（1065）刻《昼锦堂记》。这两件石刻皆与当时贵为宰执的韩琦有关：韩国华是韩琦之父，昼锦堂是韩琦荣归故里相州所筑，两刻都体现了朝廷给予韩琦的特殊荣遇。

---

① ［宋］罗从彦《豫章文集》卷五，台湾商务印书馆影印文渊阁《四库全书》本。
② ［宋］李心传撰，徐规点校《建炎以来朝野杂记》乙集卷一四"吏职补官至从政郎止"条，中华书局，2000年，第764页。参看《宋代官制辞典·宋代官制总论》，第27页。王著以善书侍宋太宗，《宋朝事实类苑》卷五二载其"官至殿中侍御史，赐金紫"（［宋］江少虞撰，上海古籍出版社，1981年）。这是极少有的例外，善书与镌字亦有所不同。

第五章
元明刻工世家及其文化交游

一、茅绍之与四明茅氏

唐宋时代的刻工,早就呈现出十分明显的家族化特点,已见前一章论述。辽金时代北京地区的刻工,以出身宫氏家族者最为引人注目。曾毅公先生仅据房山石经题记,就已辑得宫氏刻工 10 人。① 在房山石经之外,辽金宫氏家族刻工所刻碑志又有 11 种,涉及刻工 9 人。两者去除重复,共有刻工 15 人,分布在从十一世纪中到十三世纪初,前后长达 169 年,跨越约 7 个世代,相当可观。更值得注意的是,宫氏刻工所刻除石经外,还有很多是当时达官显宦的碑,其撰书多出自名流文士之手,包括蔡珪、周昂、党怀英等人在内,可见宫氏刻工在当时有较大的社会影响。②

与宫氏刻工相比,元明时代的四明茅氏、长洲章氏和昆山唐氏,不仅同样技艺精湛,家世相传,而且产生了更大的社会影响,可以称为元明刻工世家的翘楚。但以往学界对这些刻工家族的关注严重不足。以四明茅氏为例。近代著名篆刻家、西泠印社的创始人之一叶为铭(1867—

---

① 曾毅公辑《石刻考工录》,书目文献出版社,1987 年,第 80 页。
② 详参周峰《北京辽金石刻刻工宫氏家族考》,《北京文博》,2007 年第 3 期。另参王新英《金代石刻刻工考略》,《博物馆研究》,2010 年第 1 期。

1948)曾经编撰有《浙江石刻石师录》，辑录唐宋元明清五朝以杭州为主的浙江石刻240多种，以及相关刻工200多名。① 其所辑元朝刻工中，有茅茂祖、茅绍之、茅士元、茅亮四人，皆出自四明茅氏。其中，茅绍之尤以刻石技艺之高而闻名遐迩，但四明茅氏作为一个世代传承刻石技艺的家族，则尚未引起世人注意。因此，很有必要结合传世文献与出土文献，加以考索排比，理清这些刻工世家的传承序列，突显其在元明文化史中的地位与贡献。

在已知四明茅氏刻工中，茅文龙生活年代最早。至元二十九年（1292），茅文龙刻《重建慈湖书院记》，此刻在慈溪。② 慈溪在元代是庆元路属县之一，而庆元路唐代名明州，宋时名庆元府，即所谓四明之境。一般来说，碑刻大多数由本地刻工镌刻，那么，茅文龙应当就是出自四明的刻工。与茅文龙同时，还有茅化龙及其子茅□□，父子二人于至元三十年（1293）同刻《庆元路重建学记》，③此刻亦在四明境内，茅化龙父子当即本地石工，亦可无疑。遗憾的是，目前无法确定其与茅文龙的关系。从名字上推测，茅文龙、茅化龙二人有可能是同辈兄弟。稍晚于以上三人的茅仁卿，曾于大德四年（1300）刻《青林祠元宵忏会记》。④ 此刻既在慈溪，属庆元路，刻工本人又自署籍贯"四明"，则其属于四明茅氏亦可推定。

茅绍之当日所刻石甚多，今天尚能确定其名目者，据笔者所知见，还有如下九种：

大德十一年（1307）刻《加封孔子制》⑤

---

① 此书未刊，其手稿现藏浙江图书馆古籍部善本室。此稿原题《五朝镌刻墓志碑铭石师姓氏录》，所谓"五朝"，指唐宋元明清。其稿经陈锡钧整理，改题《浙江石刻石师录》。参看王巨安《叶为铭佚稿〈浙江石刻石师录〉与陈锡钧》，《杭州文博》，第7辑，第114—120页。
② 《慈溪金石志》卷上，《石刻史料新编》本，乃辑自《慈溪县志》者。
③ 《鄞县金石志》卷上，又见《两浙金石志》卷一四，并见《石刻史料新编》本。
④ 《慈溪金石志》卷上。
⑤ 徐自强主编《北京图书馆藏北京石刻拓本目录》，书目文献出版社，1994年，第502页。此条《石刻考工录》第109页已辑。

第五章 元明刻工世家及其文化交游

　　至大二年(1309)刻赵孟頫书并篆额《故中奉大夫江东宣慰使珊竹公神道碑铭》①

　　皇庆元年(1312)刻《浙江会稽南镇庙碑》②

　　延祐五年(1318)与吴世昌同刻《乐善堂帖》③

　　天历二年(1329)刻大都东岳庙赵孟頫书《张留孙碑》④

　　元统元年(1333)刻虞集奉敕撰书篆额《姚天福墓表》⑤

　　至元二年(1336)刻《元加封先师文宣王遣祀阙里碑》⑥

　　至元四年(1338)刻赵孟頫书并篆额《许公(熙载)神道碑》⑦

　　至正三年(1343)刻《吴山承天灵应观记》⑧

以上碑目,从立碑地点、所涉事件及其内容来看,都是比较重要的,其撰文书写也多出名家之手(如虞集撰文、赵孟頫书写等),茅绍之能够担任这些碑石的刻工,说明他的技艺得到社会的广泛认可。

　　与茅绍之同时,并且同样活跃于四明地区的刻工,还有一位茅茂祖。现在已知的茅茂祖刻石有三件:其一是大德三年(1299年)所刻《天兴庙记》,⑨其二是至大四年(1311)所刻《重建大成殿记》,其三是延祐三年(1316)所刻《庆元路鄞县学庙记》,以上三刻皆在今浙江宁波鄞州区。⑩

---

① [清]汪鋆《十二砚斋金石过眼录》卷一八,《石刻史料新编》本。
② 《两浙金石志》,卷一五,《石刻史料新编》本。此条《石刻考工录》第109页已辑。
③ 此条《石刻考工录》第114页已辑。
④ 《北京图书馆藏中国历代石刻拓本汇编》第49册第122—125页。《石刻考工录》第116页辑此条称"茅绍芝",应作"茅绍之"。
⑤ 《北京图书馆藏中国历代石刻拓本汇编》第49册第151—152页。又见《山右石刻丛编》卷三四。
⑥ [清]梁国治等撰《钦定国子监志》卷四七,台湾商务印书馆影印文渊阁《四库全书》本。
⑦ 《北京图书馆藏中国历代石刻拓本汇编》第49册第194页。《石刻考工录》第116页辑此条称"茅绍芝",应作"茅绍之"。
⑧ 陈垣编《道家金石略》,文物出版社,1988年,第960页。
⑨ 此碑2004年发现于宁波鄞州区洞桥镇洞桥头自然村天兴庙内,报道见当年3月15日浙江在线新闻网站。
⑩ 《鄞县金石志》卷上。

绍之、茂祖，二者词义相应，因此，我推测茅茂祖与茅绍之有可能是同一人，名绍之，字茂祖，或者名茂祖，字绍之。

茅士元刻石的年代最晚。已知他的刻石有如下四种，都在四明境内：

> 后至元五年（1339）刻《庆元路儒学新学庙学记》
> 至正三年（1343）刻《庆元路总管正议王侯去思碑》
> 至正八年（1348）刻《庆元路儒学重修灵星门记》
> 至正九年（1349）刻《重修鄞县学记》①

叶为铭所列的元代茅姓刻工，还有茅亮。茅亮于后至元五年（1339）刻《石鼓文音训》，其自署身份是"府学生茅亮"。《石刻考工录》第 100 页著录茅亮此刻，系于至元十六年（1279）五月，核对国家图书馆所藏拓本，《石刻考工录》系年误。

以上所列碑目容易给人一种错觉，似乎茅氏刻石仅限于四明境内，其影响没有超出四明范围。事实并非如此。元明作家多次提到，茅绍之是元代最著名书法家赵孟𫖯的专用刻工。元谢应芳《龟巢稿》卷五《赠刊字阚士渊》："忆昔赵文敏公之写天下碑，镌字独称茅绍之。绍之之妙在何许？八法靡有秋毫遗。"②明何良俊《四友斋丛说》卷二七也说："赵集贤与人写碑，若非茅绍之刻则不书，亦以此人稍能知其笔意耳。"③茅绍之刻石的过人之处，即在于他懂书法，知笔意，对赵孟𫖯书法的理解比较深刻，所以才能最好地体现赵书的风格。同样是赵孟𫖯书写的碑，别人镌刻起来，面貌便大相径庭。事实上，尽管有所谓赵孟𫖯非茅刻不书的说法，仍然有一些赵书碑刻可能并不出自茅氏之手。例如，《庚子销夏记》即已注意到，《裕公和尚道行碑》"为程钜夫文，赵孟𫖯书，稍不及他

---

① 以上诸刻见《鄞县金石志》卷下、《两浙金石志》卷一七。
② ［元］谢应芳《龟巢稿》，台湾商务印书馆影印文渊阁《四库全书》本。
③ ［明］何良俊《四友斋丛说》，中华书局，1959 年，第 254 页。［明］董斯张《吴兴备志》（台湾商务印书馆影印文渊阁《四库全书》本）卷二五亦引何说。

碑,或模刻者非茅绍之耳"。① 可以肯定,此碑不是茅绍之所刻,因为正如杨慎所说的,"元赵子昂书得茅绍之刻,手精毫发不失"。②

茅绍之刻石技艺在当时和后世都有很大影响。除依附赵孟頫之外,茅绍之也为其他人刻石刻帖,甚至有人说他"在江南以此技致富"。③ 从刻工题署中可知茅氏门人有吴世昌、郝永泰、郝恭三人。吴世昌曾与茅绍之同刻《乐善堂帖》,已见前文。郝永泰至元年间(1335—1340)刻《至元进士题名碑》。④ 郝恭则在至正十六年(1356)刻《加封先圣父母及圣配夫人颜曾思孟四子碑》,自称"茅绍之门人蒲水郝恭"。⑤ 由于茅绍之闻名遐迩,后起之秀甚至以他为靶子,向他发起挑战。"晚有会稽李璋者出,自云胜绍之。绍之试令刻之,于字下一磔一运而就,绍之乃服,绝艺信亦自有人哉。"⑥这既说明了茅绍之技艺的影响,也说明了他的服善和宽容。

按照明人王世贞的说法,茅绍之是赵孟頫的门客。⑦ 在此之前,元顾阿瑛《题〈名迹录〉》诗序中,已称茅绍之"从游松雪之门"。茅绍之还有一个鲜为人知的别号,曰"能静处士"⑧,在一定程度上反映了他的文士趣味。这种趣味,加上他与赵孟頫的关系,拓展了他与当时江南著名文士的往来交游。元许有壬《至正集》卷一三有《同茅绍之饮野人家蔬圃二首》,是两篇五言律诗。⑨ 从许氏诗题以及当时一般文人交往礼仪来看,茅绍之当日应同作五律二首,这表明茅绍之不仅精于书刻,而且兼能作诗。戴表元(1244—1310),字帅初,一字曾伯,庆元奉化人,宋元之际著

---

① [清]孙承泽《庚子销夏记》卷七,台湾商务印书馆影印文渊阁《四库全书》本。
② [明]杨慎《丹铅馀录》卷一六,台湾商务印书馆影印文渊阁《四库全书》本。
③ [明]杨慎《丹铅馀录》卷一六。
④ 曾毅公辑《石刻考工录》,第118页。
⑤ 《钦定国子监志》卷四七。
⑥ [明]杨慎《丹铅馀录》卷一六。
⑦ [明]王世贞《弇州四部稿》续稿卷九一《章赟谷墓志铭》,台湾商务印书馆影印文渊阁《四库全书》本。
⑧ 曾毅公辑《石刻考工录》,第109页。
⑨ [元]许有壬《至正集》,台湾商务印书馆影印文渊阁《四库全书》本。

名学者、作家，"至元、大德间，东南以文章大家名重一时者，唯表元而已"。①这位同乡前辈与茅氏刻工亦有文字往来。《剡源文集》卷一三有《题茅生刻字后》一篇，其辞曰："古之书家无不能刻，其谓之书刀，后乃用以书丹入石，则愈劳矣。余尝行金、焦间，见米南宫题诗厓壁间，锋势飞动，遗老云皆其所自凿。今人名能书，以刻字为耻，殆非通论。"揆以文意，戴氏所谓"刻字"就是碑石镌字，而非刻印。文中的"茅生"当是出自四明茅氏的刻工，根据年代推算，最有可能是指茅绍之。这篇题跋虽然文字简短，但戴表元却以自己的前辈身份和文坛声望，给予茅氏刻字事业以有力的支持。

元袁桷《书茅生家谱》云：

> 余待罪翰林，尝草《三茅君加封制书》，深以为神仙家功行累积，子孙必盛。茅为希姓，则今江南茅氏，岂其苗裔也与？或曰："三茅君既仙去，安得有后？"余应之曰："老子为道祖，老子之子宗，五传而为王太傅，今李姓皆祖。则茅氏之祖也，夫何疑？"
>
> 吾乡公相家受原伯鲁之诮，厚赀腴田，谈笑立弃，其困辱有下于皂隶，甚者发丘垄，恶言其家世之盛。靖观茅氏之自重，有泚其颡者多矣。汉世以试籀书始得为吏，而唐宋制令，玉册官必通文词者始得为。茅氏守艺，犹近于儒者之事矣。盛德若不足，老子之旨，尚勉哉！必有以兴复矣。②

按照《古今姓氏书辩证》中的说法，茅氏"出自姬姓，周文公第三子茅叔封于其地，高平昌邑县西茅乡是也，子孙以国为氏"，③是为茅氏得姓由来，但更广为人知的则是茅氏祖先一般可追溯至得道成仙的所谓三茅

---

① 《元史》卷一九〇《儒学·戴表元传》，中华书局，1976年，第4336—4337页。
② [元]袁桷著，杨亮校注《袁桷集校注》卷四九《书茅生家谱》，中华书局，2012年，第六册，第2169—2170页。
③ [宋]邓名世《古今姓氏书辩证》卷一一，台湾商务印书馆影印文渊阁《四库全书》本。

君,即大茅君茅盈、中茅君茅固和三茅君茅衷兄弟三人。袁桷文中所谓茅生,亦是出自四明茅氏的刻工,很可能就是茅绍之。首先,袁桷生活年代与茅绍之相近;其次,袁桷也是庆元路人,①与茅绍之是同乡;第三,据《元史·戴表元传》,"其门人最知名者曰袁桷,桷之文,其体裁议论,一取法乎表元者也"。② 既然乃师戴表元与茅氏已有交往,则袁桷为茅氏家谱作序亦不足奇。最重要的是,序文篇末提到"试籀书""玉册官""通文词",皆一一寓指茅绍之的身份与修养,而"茅氏守艺,犹近于儒者之事矣"一句,更是进一步肯定茅氏的刻字事业,将其朝着儒士行列又拉近了一步。总之,戴、袁两篇题跋中的茅生当是同一人,而袁氏对茅生的评价又高于戴氏。这不仅体现了个人观念的不同,也反映了时代观念的变迁与更新。随着文人对篆刻的重视,刻石之业及刻石者的地位显著提高,并奠定了这种新观念的社会文化基础。

二、长洲章氏家世考

长洲(今江苏苏州)章氏是明代重要的书刻世家,不仅精于刻石,而且多工书法,家族中章简甫、章藻等人与当世著名文士及书法家如文徵明、王世贞等人过从甚密,甚至与当时显宦权臣亦有往来,其书刻技艺引人注目,名震一时,所镌刻的法帖甚至被称为"有明一代刻帖第一"。然而,时间才过去六百年,这个书刻世家的家世来历以及其人之事迹,竟已湮没不显。今特勾稽有关传世文献与出土文献,略作考证阐发。

明代著名文人王世贞撰有《章赟谷墓志铭》,是研究章氏家族难得的一篇重要文献。为讨论方便,先抄录全文如下:

　　章叟讳文,字简甫,后以字行。其先自闽徙而为吾吴之长洲人。赵宋时,已负善书名,兼工镌刻,而叟之大父昶、父浩尤著,至叟则益

---

① 袁桷生平事迹,详见《元史》卷一七二《文学·袁桷传》。
② 《元史》卷一九〇,第4337页。

著。叟生而美须眉,善谈笑,动止标举,有儒者风。宁庶人国豫章,慕叟能,而罗致邸中,与故知名士唐伯虎、谢思忠偕。伯虎觉其意,阳清狂不慧以免,而庶人卒谋反,挟叟与思忠从行。谋脱身不得,至中道,乃尽出所赐金帛予守者,弛之,夜分偕跳,宵行乱军中,几死者数矣。裸袒二千里而归,谒其父,相抱哭,时叟年仅三十。自是,其艺益高,赀亦小裕。盖又十年,而复游豫章。时朱邸诸王孙故亡恙,素闻叟名,争延致为上客。叟饮醉,间游庶人故宫,徙倚叹息,歌黍离之章,作羊昙恸而后返。

吾郡文待诏徵仲,名书家也,而所书石非叟刻不快。待诏每曰:"吾不能如钟成侯、戴居士,手自登石,章生非吾茅绍之耶?"绍之者,赵文敏客也。而是时祝京兆希哲、王太学履吉、陈太学复甫、彭徵士孔嘉有所言,①亦必属之叟。叟他所摹刻,《华氏真赏斋帖》《陆氏怀素自叙》《孙氏太清楼右军十七帖》,其能夺古人精魄,如生动,即拓者赝古得善价,而其人莫辨也。

郡岁遭倭乱,修冢墓者多,叟日以困,而故分宜相欲登肃帝所赐制书札谕于石,而聘叟往,留相邸四岁而后归。分宜败,邸客无得免者,于叟略不濡。人谓叟善为客。往客宁庶人,不死,今客分宜相,复不濡。叟笑曰:"吾向者以智免,今者以廉免。"②叟性好客,虽一室亦必洁治,庋阁图籍彝鼎之属。客至,相与摩挲,盘礴叹赏,少时则呼茗,茗已呼酒,酒至命炙。诸贤士大夫如待诏辈,磬折而入委巷不避也。

叟好客,且时时从博徒游,所得赀随手散尽,至卒,而不能具丧礼。其明年,仲子藻为人佣书,强自力以倡其伯季,葬叟于武丘乡采字圩祖茔,盖万历甲戌之三月也。翁以弘治辛亥生,得寿八十又二,娶刘氏,侧室周氏。子三人:草,娶朱氏;藻,娶周氏;芝,娶沈氏。女

---

① "言",王世贞《弇州四部稿》续稿卷九一作"书"。
② 王世贞《弇州四部稿》续稿卷九一此处多出四句:"虽然,吾去吾待诏与孔嘉远矣。待诏故辞宁庶人聘者也,孔嘉则辞分宜相聘者也。"

三人:嫁吴铨、高某、孙枝。孙男女共若干人。叟不欲自名其书,而楷法绝类待诏,尝为待诏书三乞休草,家弟以为待诏也,示藻而后知之。三子皆能习叟业。藻于书尤精,客吾家久。盖葬之十年,而始谒余志且铭之。状草自钱处士元治。铭曰:

迹乎艺,心乎士,食乎徵仲氏。何以不朽惟藻意,元美为之铭且志。①

根据王世贞的叙述,长洲章氏是从福建迁徙而来的,其家族在宋代就以"善书"著名,至于其迁徙具体在何时、其在闽之具体籍贯为何地,则语焉未详。明人陶宗仪《书史会要》所记宋代善书人名,章姓且闽籍者有如下四人:

章得象,字希言,世居泉州,高祖仕闽,遂家浦城。官至镇安军节度使、同平章事,封郇国公,谥文简。善正、草、篆书,晚年逾妙,一以魏晋诸贤为则,楷法殊类王逸少,然篆则不若真、草也。

章友直,字伯益,文简公得象族子。公尝欲以郊恩奏补,辞不愿。嘉祐中,诏与杨南仲篆石经于太学,除将作主簿,亦固辞。友直既以此书名世,故家人女子亦莫不知笔法,咄咄逼真。

章惇,字子厚,建州浦城人。父俞,徙苏州,官至尚书左仆射,封申国公。作书意象高古,莫年一以魏晋诸贤为则,此其正书殊类王逸少。

章氏煎,友直之女,工篆书,传其家学。②

从里籍上看,章得象、章友直、章煎三人同族是显而易见的。章惇年

---

① [清]黄宗羲编《明文海》卷四六六,台湾商务印书馆影印文渊阁《四库全书》本。按:王世贞《弇州四部稿》续稿卷九一亦载此文,经比对,其版本不及《明文海》佳善,故此处据《明文海》版本引录。

② [明]陶宗仪《书史会要》卷六,上海书店1984年据1929年武进陶氏逸园景刊明洪武本影印本,第235、236、274页。

代稍晚,但籍贯上仍称建州浦城,应与前三人是同族,属于由泉州徙居浦城的同一支,只是章惇父章俞已徙居苏州。从书学渊源上看,这几个人与章简甫都有相当多的联系。一是章得象、章惇二人楷法"殊类王逸少",二是章友直、章煎父女二人并工篆书,并且,章友直因为以篆体书写嘉祐石经而除将作主簿,从而与石刻结下不解之缘。长洲章氏与书法及石刻结缘,可以追溯到宋代这几位重要书家,随父徙居苏州的章惇可能就是章简甫的祖先。在北宋后期党争中,章惇作为新党的重要人物,其为人颇为后世诟病,以致列名于《宋史》卷四七一《奸臣传》。最为讽刺的是,章惇虽然是新党要人,却被作为"为臣不忠曾任宰臣"(仅有两人)的代表,与300多位旧党成员一起列名于《元祐党籍碑》之中。在这篇墓志铭中,王世贞始终未点明章氏先人在赵宋时以"善书"著名者究竟为何人,我以为很可能是为友人避讳,含糊其辞,正是有意而为之的。换句话说,章惇可能是章简甫之祖先。

章简甫之祖父章昶,是明代成化(1465—1487)年间有名的刻工。在章昶之前,章氏家族已经以刻石为业,并有名于时。在《明清以来苏州社会史碑刻集》中,有自署里籍"吴郡""中吴"的刻工章敬,共刻石六种:

1. 永乐十四年(1416)刻《俞处士墓志铭》
2. 永乐十八年(1420)刻《顾伯成墓志铭》
3. 宣德元年(1426)刻《明故武略将军苏州卫千户唐贤墓志铭》
4. 宣德六年(1431)刻《处士章公叔华墓志铭》
5. 正统十年(1445)刻《故处士王敏中墓志铭》
6. 正统十年(1445)刻《苏郡虎丘寺塔重建记》[①]

在《上海碑刻资料选辑》中,又有其永乐二十一年所刻《嘉定县儒学重修

[①] 以上六刻分别见王国平、唐力行主编《明清以来苏州社会史碑刻集》,苏州大学出版社,1998年,第210—211、83—84、205—206、74—75、86—87、420—421页。

文庙记碑》。① 在苏州甪直保圣寺古物馆碑廊中,还有其正统十二年(1447)所刻《周孺人卢氏墓志铭》。要之,目前已知章敬刻石有八种,其时间从永乐十四年到正统十二年(1416—1447),前后跨越三十二年,可见其活跃年代主要在十五世纪前半叶,而章昶的活跃年代则主要在十五世后半叶。从年代来看,章敬应是章昶的先辈,或即章昶之父亦未可知。章昶所刻石,目前所知仅两种,一是成化十八年(1482)所刻《故尹惟敬妻于氏(淑真)墓志铭》,一是次年所刻《何叔器妻周硕人(妙清)墓志铭》,皆为苏州碑刻博物馆收藏。②

章简甫之父章浩,也精于刻石,按王世贞的说法,至章昶、章浩两代,章氏刻石声名"尤著"。章浩所刻石,目前已知有以下五种:③

1. 弘治六年(1493)刻《明故千户唐德广墓志铭》④
2. 弘治十六年(1503)刻《正觉寺记》⑤
3. 正德四年(1509)刻《故福州府经历刘公广扬妻张孺人墓志铭》⑥
4. 正德十三年(1518)刻《重建甫里先生祠堂记》⑦
5. 正德十四年(1519)刻《林瀚墓志》⑧

这些石刻的时间从弘治六年到正德十四年(1493—1519),说明章浩主要活动在十五世纪末到十六世纪头二十年。其刻石除在苏州一带之外,还有远至福州的,这表明他的刻石声名传播甚远。遗憾的是,我们对其生

---

① 上海博物馆图书资料室编《上海碑刻资料选辑》,上海人民出版社,1980年,第482页。
② 王国平、唐力行主编《明清以来苏州社会史碑刻集》,第34—35、30—31页。
③ 王国平、唐力行主编《明清以来苏州社会史碑刻集》第49页录弘治十一年(1498)《罗良臣妇魏氏(秀清)葬铭并序》,刻工"章□",后一字漶漫能辨,从年代上看,很可能即是章浩。
④ 王国平、唐力行主编《明清以来苏州社会史碑刻集》,第206—207页。
⑤ 《苏州金石志》卷二(《苏州府志》卷一四一)、《石刻史料新编》本。
⑥ 王国平、唐力行主编《明清以来苏州社会史碑刻集》,第37—38页。苏州碑刻博物馆藏石。
⑦ 按:此石现嵌于江苏苏州甪直保圣寺古物馆碑廊。
⑧ 据官桂铨《〈石刻考工录〉补正》,《文献》,1990年第1期。石藏福建福州市文管会。

平事迹别无所知。

这篇墓志铭的主人公章文,字简甫,号赟谷,生于弘治四年(1491),卒于隆庆六年(1572),享年八十二岁。从年辈上看,王世贞(1526—1590)小章简甫三十五岁。据王世贞自述,他与简甫子章藻交情甚契,墓志铭中称章简甫为"叟""翁",除了年辈的缘故外,也体现出基于这种特殊关系的亲近与尊敬之情。章文字简甫,亦作"简父",清王澍撰《淳化秘阁法帖考证》卷一一即写作"简父"。王世贞称其以字行,从现存文献来看,王氏所言不虚。《石刻考工录》第131页辑录"章简文"嘉靖元年(1522)刻《真赏斋法帖》,所谓"章简文"应是"章简父"之讹。据墓志叙述,章简甫曾依附于文徵明,又与宁王和严嵩有瓜葛,却能历经政治风雨而免祸全身,高寿以终其年,极为难得,其经历颇具传奇色彩。

章简甫有三子,长子章草,仲子章藻,季子章芝,皆习父业,而精于书刻之艺,其中章藻之名最著。章草所刻碑,今所知有万历十八年(1590)所刻《重立总河题名记碑》[①]和万历二十年(1592)刻曲阜孔庙圣迹殿内之《圣迹图》。[②]二刻皆在今山东境内,章草自署里籍为"吴郡""吴下"。章芝刻石未见。章藻书法功力深湛,所刻碑志法帖甚多。

章草兄弟之后,长洲章氏后人从事书刻之业的情况,由于没有直接材料,不可得而详。比较确定的长洲章氏刻工有章锷、章得第、章堪、章懋德、章臣等人。章锷于万历三十八年(1610)刻《重修陆鲁望先生祠小引》,此石现嵌于江苏苏州甪直保圣寺古物馆碑廊。章得第于天启四年(1624)刻《苏州府儒学碑》,其拓本见《北京图书馆藏中国历代石刻拓本汇编》第59册第150页。此二刻既在苏州,刻工当亦出自长洲章氏。章堪于崇祯七年(1634)刻《西方庵碑记》,[③]碑中章堪自称"长洲弟子",则其出于长洲章氏无疑。章懋德在刻石中亦自署籍贯长洲,今知其所刻碑有三:

---

① 《济州金石志》卷四,《石刻史料新编》第2辑第13册。

② 见骆承烈编《石头上的儒家经典——曲阜碑文录》(以下简称《曲阜碑文录》),齐鲁书社,2001年,第604—657页。

③ 王国平、唐力行主编《明清以来苏州社会史碑刻集》,第422—423页。石藏苏州碑刻博物馆。

崇祯七年(1634)刻《刘公遗爱口碑》①
崇祯九年(1636)刻《天童寺祖堂碑记》
崇祯十年(1637)刻《跋天童寺中峰庵佛果应庵两祖语偈碑》②

章臣于顺治四年(1647)刻《玄妙观奉宪永免亭字二图六甲排碑年记》,③石末题刻"章臣书镌",则其人不仅工于刻石,亦精于书法。以上五人,其年代由万历至顺治,从明末到清初,绵延数十年而不绝,可以看作是书刻世家长洲章氏直至十七世纪的延续。

三、章简甫父子之书法与刻石

《御定佩文斋书画谱》卷四三将章简甫、章藻父子列为有明一代书家,并为其立传。章简甫承其家学,书法造诣精深,其楷法逼肖当世名家文徵明,几可乱真。章简甫曾为文徵明抄录其致仕三疏,笔法结体极类文徵明,以致王世贞之弟王世懋误认作文徵明手书,弄假成真,不惜花大价钱买下,可见章简甫之书法功力。④ 嘉靖十三年(1534)十一月望日,吴郡黄省曾撰《重修东岳行宫记》,章简甫书碑并篆额。⑤ 由此可见,章简甫不仅工于正、行二体,也擅长篆书。

章简甫主要有两个身份,一个是技艺精湛的刻工,另一个是文徵明

---

① 《昆山见存石刻录》卷三,《石刻史料新编》本。
② 以上二刻见马兆祥主编《碑铭撷英——鄞州碑碣精品集》,人民美术出版社,2003年,第79、54—55页。
③ 王国平、唐力行主编《明清以来苏州社会史碑刻集》,第625—626页。石藏苏州碑刻博物馆藏。
④ [明]王世贞撰,《弇州四部稿》续稿卷一六四《墨迹跋·有明三吴楷法二十四册》详记此事经过云:"(文徵明)又有致仕三疏,中不无涂窜,而结法亦佳。家弟乍目,谓为公稿本,费十镮得之,以乞余偶。章简甫之子藻见而摩娑不已,曰:'吾父笔也。郡守欲梓之,付吾父,录以示公,故有涂窜。寻别录一本,留公处耳。'余遂作章简甫观。已而笑曰:'昨乃眼中耳,今乃耳中眼也。'漫附于此,俟家弟归,当诘之。"
⑤ [明]钱穀《吴都文粹续集》卷二八。

作为物质文化的石刻文献

的门客。他对文氏书法的熟悉与理解程度超乎常人之上,得心应手,才能以最高水平再现文徵明的书法风格,并成为文氏的专用刻工。文徵明将其比作专刻赵孟頫书法的元代刻石名工茅绍之。结合传世文献和出土文献来看,文徵明所书碑志的镌刻,确实大多出自章简甫之手。万历四十四年(1616)五月四日,在浙江嘉兴里居的书画鉴藏家李日华,"与客展玩国朝诸公手迹卷",其中包括卢雍书赠章文(简甫)的诗卷。其诗全文如下:

> 文子文章暇,兴至辄临池。俛仰千载间,二王真我师。行隶各臻妙,小楷尤绝奇。笺麻满几案,金壶墨淋漓。人子扬先德,争乞书铭碑。碑书非李邕,不孝相诋訾。当时李邕书,刻者伏灵芝。文子属何人,章文实多资。惟章世镌勒,铁笔当畬菑。我昔识厥祖,白发两肩垂。专工松雪体,书刻老不衰。而父名益张,旁郡咸相推。年方四十馀,有此宁馨儿。成童擅巧技,即受文子知。甫接乞书客,首问刻者谁。客曰将委文,握管乃不辞。文书亦文刻,姓名雅相宜。附丽用不朽,百世允为期。①

此诗篇末题款云:"正德戊辰十月十日,石湖卢雍书于杉渎寓舍。"正德戊辰即正德三年(1508),其时章简甫年方十八岁,正合诗中所谓"成童擅巧技,即受文子知"。在观赏并钞录卢雍诗卷文字之时,李日华还有一段议论:"文衡山小楷精妙,德、靖间士大夫阡表墓铭,必乞其手书,镌石以行。而石工有章文者,因藉衡老以售其技,至取润屋之赀,即章田、章藻之祖先也。"②所谓"德、靖间",指的是正德、嘉靖年间。将卢诗、李记相对照,不仅可以更清晰地看出章氏世工镌石的家学传统,而且可知章浩中年得子、章文早岁成名等史实。一方面,章简甫确实藉文徵明"以售其技,至

---

① [明]李日华著,叶子卿点校《味水轩日记》,浙江人民美术出版社,2018年,下册,第647—648页。

② [明]李日华著,叶子卿点校《味水轩日记》,下册,第647页。

取润屋之赀",但另一方面,文徵明也靠章文"以售其技",扩大了自己的声名与书法影响。二人相互依存,彼此成就。

王世贞所撰墓志铭已经载明,当世吴中著名文士书家,如祝允明(字希哲)、王宠(字履吉)、陈淳(字道复,后以字为名,而改字复甫)、彭年(字孔嘉)等人,也都相信唯有章简甫之铁笔能与自己的书迹相得益彰。由于这些文士书家的揄扬,章氏刻石声名远播,不仅吴郡官绅文士镌刻碑志、书迹上石,莫不以得章简甫奏刀而后快,而且远至浙江余姚等地的周边郡县人士,也竞相延请其镌石,致使其应接不暇。甚至远在江西豫章的宁王朱宸濠也钦慕其才艺,"罗致邸中",以附庸风雅;远在北方京城的权相严嵩,也风闻其名,征其入府,"欲登肃帝所赐制书札谕于石"。丰坊,字存礼,后更名道生,是当时著名书法家、篆刻家和藏书家,与文徵明交好。嘉靖四年(1525)十月十九日,文徵明从北京写信给其在苏州的两个儿子文彭、文嘉,告知他们丰坊正在前往苏州,要找章简甫刻帖,信中叮嘱二子予以关照:"近日丰存礼去,因忙不曾写书,想到吴必然相见。存礼在此与我颇厚,可特出城一望。渠若有文事相烦,须与拨忙干当干当。意欲章简夫刊帖,可与简夫说,须自宜张主,不可多取了价,他日受累也。"[①]可见章简甫镌石确实渊源有自,声名远扬,后出转精,技艺不凡,但其刻石价格可能也比较高。

众所周知,刻帖对刻工技艺的要求最高。章简甫刻石,最见功力的就是他所镌刻的《华氏真赏斋帖》《陆氏怀素自叙》《孙氏太清楼右军十七帖》《停云馆帖》等,这是在中国书法史上经常被人提及的几部法帖。王世贞称此诸刻帖"能夺古人精魄,如生动,即拓者赝古得善价,而其人莫辨也"。[②] 其中,最为世人称赏的是《真赏斋帖》,其"钩摹者为文待诏父子,刻石者为文氏客章简父。模勒既精,毡蜡尤妙,为有明一代刻帖第

---

① 见文徵明致文彭、文嘉书。按:章简夫即章简甫,详见陈名生《略附此心报平安——南京博物院藏文徵明〈付彭、嘉六书〉考释》,《中国书法》,2018年第10期。参考刘东芹《文彭年谱》(南京大学历史学院2019年博士后出站报告,未刊稿),第31—32页。

② 王世贞《章篑谷墓志铭》。

一,出停云馆上"。① 明人孙鑛《书画跋跋》卷二上引王世贞《真赏斋帖跋》,曾经谈到章简甫的刻石步骤:

> 章简甫乃迩来刻石第一手,尤精于摹拓。闻为华东沙刻此帖时,既填朱登石,乃更取原帖置面前,玩取形势,刻成后再较对,有毫发不似,必为正之。盖刻石而又兼手临者,以故备得笔意。②

由此可见,章简甫镌刻成功的关键,在于他不仅有高超的技术,而且有一丝不苟的认真态度。他有很高的书法造诣,因而能够精细入微地理解书法风格和字体之"形势",并将其准确地再现于石刻之中。当然,充裕的时间和物质条件,也使其能够从容地完成刻石任务。总体而言,这套法帖水平超群,"若《袁生》及唐摹王相家帖,笔势飞动,真所谓周昉貌赵郎,并得其情性者,止下唐时书丹刻一等,《淳化》《太清》俱不及也。右军《袁生》、大令《廿九日》,阁帖固俱有,何能及此?"虽然其中个别作品如《季直表》"尚未得逼真",但王世贞仍然认为,此帖是理解晋人书法的不二法门,"今人欲研精晋法,此帖须日置案上"。③

《停云馆帖》虽然不出于章简甫一人之手,但其集刻情形却与《真赏斋帖》相近。首先,它以文徵明父子所收藏及过目的丰富法帖资源为后盾。其次,它由文徵明父子主持,"乃文待诏先生为之冰鉴,国博、和州两先生为之手勒,温始、吴鼒、章简甫三名人为之手刻,镂不计工,惟期满志,完不论日,第较精粗"。④ 这样不惜工本的投入,不计时日的琢磨,多

---

① [清]王澍《淳化秘阁法帖考证》卷一一《真赏斋帖》,台湾商务印书馆影印文渊阁《四库全书》本。
②③ [明]孙鑛《书画跋跋》卷二上,台湾商务印书馆影印文渊阁《四库全书》本。
④ [清]倪涛《六艺之一录》卷一六六《书家藏法帖贞珉后》(引《寒山金石林》)。按:"国博",指文徵明长子国子博士文彭,"和州"指文徵明次子和州学正文嘉。温始,或作"温恕"。吴鼒亦是当时著名刻工,所刻石多文徵明书,《石刻考工录》第132页著录两件,笔者《石刻刻工研究》又补辑得五件。

第五章 元明刻工世家及其文化交游

位名手的合作,自然使所刻帖"居然为明兴第一流"。①

章简甫所刻石,目前已知的有:

  弘治十六年(1503)李东阳撰、文徵明书《白昂墓志》②

  弘治(1488—1505)间刻《孙氏太清楼帖》③

  正德十四年(1519)刻文徵明书《陈以弘墓志铭》④

  嘉靖元年(1522)刻《真赏斋法帖》⑤

  嘉靖二年(1523)刻文徵明书《明待选国子生华君时祯配张孺人墓志铭》⑥

  嘉靖五年(1526)刻文徵明书《吴愈墓志铭》⑦

  嘉靖十五年(1536)刻文徵明书《重修长洲学记》⑧

  嘉靖十七年(1538)刻祝允明撰、文徵明书《香山潘氏祠堂记》⑨

  嘉靖十九年(1540)刻文徵明书《辞金记》⑩

  嘉靖十九年(1540)刻文徵明书《两桥记》⑪

  嘉靖二十二年(1543)刻文徵明书《华都事碑铭》⑫

---

① [明]赵宧光《寒山帚谈·拾遗》,见[明]赵宧光著,林青华点校《寒山帚谈》,浙江人民美术出版社,2018年,第112页。
② 在今江苏武进马杭桥南白家村后白家坟。
③ [明]孙鑛《书画跋跋》卷二上引王世贞《大观太清楼帖跋》:"丹阳孙志新曾托文休承、章简甫辈摹刻第二卷,今石在昆山张银台家,虽不及伯玉原本,然比顾氏所摹阁帖,固远胜也。"
④ [清]汪琬《尧峰文钞》卷三六《记志铭石刻事》,台湾商务印书馆影印文渊阁《四库全书》本。
⑤ 《石刻考工录》第131页仅辑得此条。
⑥ 周道振编著《文徵明书画简表》,人民美术出版社,1985年,第35页。
⑦ 周道振编著《文徵明书画简表》,第39页。
⑧ 周道振编著《文徵明书画简表》,第74页。
⑨ 《苏州金石志》卷二,《石刻史料新编》本,此卷实辑自《苏州府志》卷一四一。
⑩ 《北京图书馆藏中国历代石刻拓本汇编》第55册第53页。
⑪ 周道振编著《文徵明书画简表》,第83页。
⑫ 周道振编著《文徵明书画简表》,第98页。

嘉靖二十二年(1543)刻文徵明书《乡饮酒碑》。①

嘉靖二十六年(1547)刻《庐州同知顾公墓表》②

嘉靖三十一年(1552)刻《丁之乔墓志》③

嘉靖三十一年(1552)刻文徵明书《赠太子少保何公(诏)神道碑》④

嘉靖三十二年(1553)刻文徵明书《于契玄先生祠堂记》⑤

年代不详刻文徵明书《明故资政大夫南京工部尚书赠太子少保石湖何公墓志铭》⑥

年代不详刻文徵明书《明太学生松坡丁公墓志铭》⑦

年代不详刻《陆氏怀素自叙帖》⑧

嘉靖十六年至三十九年(1537—1560)与温恕、吴鼒同刻《停云馆帖》⑨

从上列碑目可以看出，章简甫所刻石，至少就现存资料来看，主要是文徵明所书碑志，此外就是几部重要的法帖。这是与他作为文徵明门客的身份相符的。

---

① 《北京图书馆藏中国历代石刻拓本汇编》第55册第89页。
② 《余姚金石志》，《石刻史料新编》本，乃辑自《余姚县志》卷一六。
③ 《北京图书馆藏中国历代石刻拓本汇编》第55册第169页。另外，袁道俊主编《焦山石刻研究》(江苏美术出版社，1996年)66页录嘉靖六年(1527)《明故钱屋舟先生之配孺人费氏墓志铭》，刻工署吴门章甫。从年代上看，章甫有可能是章简甫之省称。此石今在江苏镇江焦山碑林第三室。
④ 周道振编著《文徵明书画简表》，第137页。
⑤ 周道振编著《文徵明书画简表》，第140页。
⑥ 周道振编著《文徵明书画简表》，第291页。
⑦ 周道振编著《文徵明书画简表》，第292页。
⑧ [清]蒋光煦撰《东湖丛记》卷六"章简甫刘雨若"条："章简甫名文，章藻之父也，所摹帖有华氏真赏斋、陆氏怀素自叙帖、孙氏太清楼右军十七帖，见王弇州《章叟墓志》。"台湾广文书局，1967年，第382页。
⑨ [明]赵宧光著，林青华点校《寒山帚谈》，第112页。又[清]倪涛撰《六艺之一录》卷一六六，并据台湾商务印书馆影印文渊阁《四库全书》本。

第五章　元明刻工世家及其文化交游

　　章简甫不仅能书，擅长刻石，而且善于拓石。《吴都文粹续集·补遗》卷上《吴越故东海徐太夫人墓志》编者按："右志乃香山潘氏锄头而得，章简甫拓得见惠"，①可见此志拓本是章简甫拓制的。《吴都文粹续集》的编者钱穀，字叔宝，长洲（今江苏苏州）人，与章简甫是同乡。由此条跋语中亦可看出，两人之间是有交游的。

　　章藻字仲玉，在章简甫三子中，他"于书尤精"，曾"为人佣书"，兼善正、行二体。他不仅摹写过二王法书，②书写过《老子要语》《楞严经》，还用赵孟頫体书写过《大洞玉经》。③ 他曾为人以小楷仿赵孟頫书体书写赵氏一手札，几乎以假乱真。④ 看来，他对赵书确实很有研究，体会甚深，这与乃父能仿文徵明书如出一辙。作为王世贞的门客，章藻曾不止一次为王世贞代笔，其中一次是用赵孟頫体书写王氏所作《游金陵诸园诗》。⑤ 他还帮助王世贞摹刻法书名帖，参与王家收购书画碑帖的鉴定。王世懋误将章简甫手书认作文徵明真迹，就是章藻辨明了真相。王世贞购入宋人王晋卿《烟江叠嶂图卷》，也请章藻题跋，今其卷末还有"万历壬辰孟冬望后一日，长洲章藻鉴记"的文字，可以为证。⑥

　　对于章藻的刻石技艺，王世贞最为信赖。他曾经对一个友人表示，如果将其书迹刻石，那就必须由章藻来镌刻。⑦ 这是一个很高的评价。

---

①　[明]钱穀《吴都文粹续集·补遗》卷上，台湾商务印书馆影印文渊阁《四库全书》本。
②　详见《弇州四部稿》续稿卷四四《琅琊法书摹迹集序》。
③　《弇州四部稿》续稿卷一五七《章藻书老子要语后》："书者谁？章藻仲玉也。"同卷《章仲玉书大洞玉经》："故特乞章藻仲玉作赵吴兴体，录其三十九章正文而已。"又同书续稿卷一五有《戏章仲玉写楞严经且用自解》。
④　《弇州四部稿》续稿卷一五六《赵吴兴手书圆觉经后》："后偶遇章仲玉，道其事，仲玉色沮，谓一飞凫偶得吴兴与中峰一札，言送经事，盖真迹也。因乞仲玉作此小楷腰本，而书木本之跋，质之吴氏子，得五十金而去。余因失笑。"
⑤　《弇州四部稿》续稿卷一八五《与汪司马书》："今托吴城工书者章藻，作正行二纸，先以奉览，其书或可留也。"又，卷一六〇《游金陵诸园诗后》："金陵之园，不减李文权所纪洛阳，次第游之，得十四首。适武林卓澄甫光禄以素卷索近诗，而冻笔不能应，吾乡人章藻工吴兴结法，令录以与之。"
⑥　[清]卞永誉《式古堂书画汇考》卷四二，台湾商务印书馆影印文渊阁《四库全书》本。
⑦　《弇州四部稿》续稿卷二〇〇《与屠长卿书》："苟必欲露丑于石，则章藻其人也。"

章藻所刻石，目前已知的有：

万历二十年(1592)刻《八大人觉经》①
万历二十二年(1592年)刻苏州虎丘白莲池《金刚经》石幢
万历三十一年(1603)刻《诏旌李孝子碑记》②
万历三十年至三十八年(1602—1610)刻《墨池堂选帖》
年代不详刻《陈氏紫芝楼记》③
年代不详书刻《梵网经》和《华严经》④

四、章简甫父子与吴中文士群体之交往

关于章简甫的形象，《章筼谷墓志铭》云："叟生而美须眉，善谈笑，动止标举，有儒者风。"这里的"儒者风"三字，不仅可以用来形容章简甫，也可以用来形容章藻。章简甫父子不仅外表形象上有"儒者风"，而且气质修养上也有"儒者风"。所谓气质修养，包括其洒脱不羁的个性及其擅长书法刻石拓墨，爱好"置图籍彝鼎之属"等。甚至连章简甫的号（"筼谷"），也似乎有一股林下风气扑面而来。事实上，从王世贞的字里行间可以体会到，他并没有将章简甫章藻父子视为普通的匠役而贱视之，相反，他将他们视为同道，当作儒士行列中的一员，所谓"迹乎艺，心乎士"，就是这个意思。

作为文徵明的门客，章简甫顺理成章地成为以文徵明为中心的吴中文士群体中的一员。这个群体的成员，主要包括文徵明、祝允明、唐寅、王宠、陈淳、彭年以及文徵明之子文彭、文嘉等。《明史》卷二八七《文苑·文徵明传》云：

---

① 《石刻考工录》第134页辑得此条。
② 《昆山见存石刻录》卷三。
③ 《海宁金石志稿》卷四，《石刻史料新编》本，辑自《海宁州志稿》。按：此刻年代未详，章藻前二刻皆在万历年间，此刻当亦在此期间。
④ 石嵌苏州开元寺藏经阁四壁。

吴中自吴宽、王鏊以文章领袖馆阁，一时名士沈周、祝允明辈与并驰骋，文风极盛。徵明及蔡羽、黄省曾、袁袠、皇甫冲兄弟稍后出，而徵明主风雅数十年。与之游者王宠、陆师道、陈道复、王穀祥、彭年、周天球、钱穀之属，亦皆以词翰名于世。①

由于这个文士圈子是以文徵明为核心，故而这些人物的传记也多附见于《明史·文苑·文徵明传》中。引人注目的是，这个文士圈子中人不仅长于文学，大多数亦精于书画。② 王世贞《文先生传》亦云：

先生门无杂宾客，故尝授陈道复书，而陆仪部师道归自仪部，委质为弟子，其最善后进者，王吏部穀祥、王太学宠、秀才彭年、周天球，而先生之二子彭、嘉，亦名能精其业，时时过从，谈榷艺文，品水石，记耆旧故事，焚香燕坐，萧然若世外。③

这个圈子中的人，唐寅、祝允明、王宠、彭年、陈淳诸人已经在《章簧谷墓志铭》中被提到。除了"谈榷艺文，品水石，记耆旧故事"之外，集法书，赏名帖，鉴古物，作书画，乃至吟诗作赋，都是他们的共同爱好。章简甫凭借自己的书刻技艺，参预这个圈子的艺术活动，而成为其中的一员。

由于书刻之间的相互需求，章简甫与吴中文士有相当广的交往，除了现存碑石之外，传世文献中也有不少材料可以印证。文徵明在83岁那一年，曾有书札致章简甫，谈到刻《赠太子少保何公(诏)神道碑》之事；今存文氏尺牍中，尚有"屡屡遣人"与"向期研匣"二帖，④颇能说明问题：

屡屡遣人，无处相觅，可恨可恨。所烦研匣，今四年矣。区区八

---

① [清]张廷玉等《明史》卷二八七《文苑·文徵明传》，中华书局，1974年。
② 关于当时吴中画坛情况，详参今人江兆申《文徵明与苏州画坛》，台北故宫博物院，1977年。
③ 《弇州四部稿》卷八三。
④ 周道振编著《文徵明书画简表》，第137、260页。

113

十三岁矣,安能久相待也。前番付银一钱五分,近又一钱,不审更要几何?写来补奉,不负不负。徵明白事章简甫足下。(《武进陈氏本文衡山帖拓本》)

向期研匣,初三准有,今又过一日矣。不审竟复何如。何家碑上数字,望那忙一完,渠家见有人在此,要载回也。墓表一通,亦要区区写,不审简甫有暇刻否?如不暇,却属他人也。徵明奉白简甫足下。(《武进陈氏本文衡山帖拓本》)①

从这两通尺牍的口吻中可以看出,文徵明与章简甫关系颇为亲近。他不仅委托章简甫刻制研匣,也请其镌刻自书何氏墓表。"那忙"当即"挪忙",亦即"拨冗"之意。从"那忙""不审简甫有暇否"等词句来看,章简甫的镌刻日程是相当繁忙的。

章简甫所居园庭,有其祖父所植竹,他请人为之图画,并"征蔡九逵、文徵仲、许伯诚、袁永之、黄勉之、王禄之,以文词纪其事,而王文恪太傅、胡孝思中丞为大书署,顾文休承复图之,置之三尺箧中"。②蔡羽,字九逵,吴县人,有《太薮外史》一卷,《明史》附《文苑传·文徵明》中;文徵明,字徵仲,长洲人,有《甫田集》;许宗鲁,字伯诚,陕西咸宁人,善书画,能诗文,《明史·艺文志四》著录有《许宗鲁全集》五十二卷;袁褒,字永之,吴县人,有《胥台集》二十卷,《明史》附《文苑·文徵明传》中;黄省曾,字勉之,吴县人,著述甚多;王榖祥,字禄之,长洲人,善文词,兼工书画,黄、王二人传记皆附《文徵明传》中;王鏊,吴县人,赠太傅,谥文恪,著述甚多,《明史》有传;胡缵宗,字孝思,山东泰安人,曾任苏州知府;文嘉,字休承,长洲人,文徵明之子,长于书画篆刻摹勒。这些人大多数为吴中人士,其中大多数又名登清代道光、同治间所刻《沧浪亭五百名贤像赞》之列;少数为外籍而仕宦于吴中,如许宗鲁、胡缵宗等。他们或长于诗文,或长于

---

① [明]文徵明著,周道振辑校《文徵明集·补辑》卷二七,上海古籍出版社,1987年,第1480—1481页。

② 《弇州四部稿》续稿卷一七〇《为章仲玉题保竹卷》。

书画,或二者兼擅,章简甫能请到这么一批名士为之作文作书作画,足见其交游文士圈之广,也可见这个圈子对他的认可。王世贞都不能不为此惊讶感佩。

王世贞较文徵明晚一辈,与文徵明及其子弟皆有交往。其《文先生传》云:"余向者东还,时一再侍文先生",复云:"与先生之子彭及孙元发撰次其遗事。"①章藻为王世贞门客,实际上,他们的圈子与文徵明所处的吴中文士圈子是一脉相承的。《弇州四部稿》续稿卷一五《戏章仲玉写楞严经且用自解》:"要君日日写楞严,昙礦村头损素缣。夜望神光生口角,朝疑舍利吐毫尖。行歌剑客緛将劖,调笑书生舌欲箝。真个法门无一字,五千函卷是谁添。"而《弇州四部稿》卷二三复有《为章仲玉题保竹卷》诗云:"龙钟数挺不辞残,把送奚囊耐岁寒。绝胜洛阳西邸内,劳人日日报平安。"二诗可见他与章藻的亲密关系。

明人谢肇淛在其所撰《五杂俎》卷七中也称章简甫为"吴中名手":

> 《魏受禅碑》,梁鹄书而钟繇镌之;李阳冰书自篆自刻,故知镌刻非粗工俗手可能也。赵文敏为人作碑,必挟善镌者与偕,不肯落它人之手。近时文长洲父子皆自摹勒上石,或托门客温恕、章简甫为之,二人皆吴中名手也。纵有名笔而不得妙工,本来面目十无一存矣,况欲得其神采哉。余在吴兴,得姑苏马生,取古帖双钩廓填上石而自镌之,毫厘不失笔意。闽莆中有曾生,次之。②

谢肇淛所谓莆中曾生,不详其所指;其所谓"姑苏马生",亦未出其名。根据笔者所辑录的历代刻工资料,再结合谢肇淛(1527—1624)的生活年代,"姑苏马生"当指自称"长洲县民"的刻工马士鲤。《(乾隆)江南通志》卷一七〇载:

---

① 《弇州四部稿》卷八三《文先生传》。
② [明]谢肇淛《五杂俎》,上海书店出版社,2001年,第132页。

马士鲤，字云逵，吴县人。精石刻，四方名公所书碑碣，必属士鲤刻之。天启中，为魏珰建祠立碑，敕士鲤镌刻，士鲤闻而宵遁。继而魏大中被逮，过吴门，周顺昌欲以女字其孙，仓卒无媒，士鲤遂通两姓之好。大中榜掠坐赃，士鲤四方奔募，归其子输官。①

由此可见，马士鲤不仅是个刻石高手，而且在明末苏州市民抗阉斗争中见义勇为，与士大夫同仇敌忾，堪称义士。其时，东林党人魏大中被逮，途经苏州，周顺昌不避株连，给予招待，后来周顺昌也被阉党逮捕并杀害，引发了著名的苏州抗阉斗争。崇祯二年（1629），由著名学者张溥撰写的、旨在悼念在这场抗阉斗争中英勇赴义的五名义士的《五人墓碑记》，就是由马士鲤亲自镌刻的，此碑至今还立在苏州市山塘街。②从谢肇淛用"姑苏马生"这个称谓来看，他是非常认可马生的刻石技艺的。从《江南通志》的记载来看，后人对马士鲤这位相当有文化素养、相当有正义感的士人也是非常敬重的，就像文徵明、王世贞敬重章简甫一样。

吴中文士对章简甫父子的接纳，是一个象征或标志，兆示了明代文学艺术史上的一个重要动向。由于诗文书画艺术广泛而大踏步地进入文士的社会生活和精神生活，刻工作为诗文和书画艺术传播的重要环节之一，与作为当时社会上诗文书画艺术之创作主体的文士进一步融为一体，在这一过程中，不仅刻石技术受到空前重视，而且刻工地位亦得到显著提升。如果关注一下元代刻工与文士的关系，则可以明白，这一动向在元代已经肇始。

五、刻工世家昆山唐氏

中国古典文献浩如烟海，然而，即使爬梳传世文献和出土文献两大

---

① ［清］赵弘恩等监修，程章灿主编校点《（乾隆）江南通志》卷一七〇，凤凰出版社，2019年。
② 拓本见《北京图书馆藏中国历代石刻拓本汇编》第60册第26页。按：此刻署"茂苑马士鲤镌字"。此处之"茂苑"又名长洲苑，故址在今苏州吴中区西南，后用为苏州的代称。

第五章　元明刻工世家及其文化交游

宝库,仍会遗憾地发现:关于石刻刻工的传记资料稀若星凤,出自同时代人之手的刻工传记资料少之又少。因此,当我在《石刻史料新编》第二辑第9册《昆山见存石刻录》卷三中发现与明代刻工世家昆山唐氏有关的三篇墓志文时,感到特别兴奋。鉴于这些文献的重要性和独特性,也为了便于下文展开叙述和讨论,先全文抄录这三篇墓志文。第一篇是《唐汝芳墓志铭》:

> 君姓唐,讳芸,字汝芳,昆山人也。予童年与之交。君业金石刻,予工古文辞,昆人征予文者,多就君刻。故予从校□而交益蛋焉。年五十九卒矣,其诸子拜予请铭,以予知君之为人。其于一切事本当置念虑,言则言,为则为,□□□□□□□,家务细琐,悉委于内人,惟一意镌刻,外客□□□□,酌辄醉,醉即卧,日以为常,但畏法甚,若望火然,故敛戢不为非分,以少干之,盖熙熙治世人也。大父□贤,父廷辉,母王氏,娶于氏,子男四,曰恭、曰宽、曰信、曰敏,孙、杨、吴、顾,其子之妇。曰宽先卒。孙男一,曰天祥。女三。正统四年九月十二日,弘治十年七月□日,其生卒也。葬□□之月十七日,墓在南溢渎。铭曰:
> 篆刻为事,馀不役志。遇酒则醉,慑不对吏。亦以□伪,子肖而器。铭曷不昇。
> 太学生黄云撰,王纶书。
> 孤子唐曰恭、曰信刻石。

第二篇是《唐母于氏墓志铭》:

> 母姓于氏,年二十有三,归唐君汝芳,尤勤妇事,约于用。汝芳业金石,日与公卿大夫文墨士周旋,每过从,母辄供果茗,具肴酒,佐汝芳延款,无遗失,以故与汝芳交者知其能干家,非庸懦妇比也。汝芳先数年卒,极力持家,家赖以不坠。子男四,必严训勤督,皆承父业而克有立。母于吾妻为兄弟,吾姨也,将葬,诸子拜吾征铭。吾适

117

膺疾，倦于修辞，吾妻代为之言，乃为之志，系之铭焉。母讳真，父宁，母薛氏，昆人也。生正统五年六月十三日，卒正德元年六月二十八日，以卒之二年正月初八日祔于夫兆，享年六十有七。子男曰恭、曰宽、曰信、曰敏，曰宽先卒，孙、杨、吴、顾，为男妇。孙男三：天祥、天祯、天祺。女七人。铭曰：

嫁不早兮，从夫老兮。家有造兮，孙多抱兮。业嗣好兮，后仍保兮。铭斯考兮。

奉议大夫工部郎中进阶朝列大夫同邑吴瑞撰。

王纶书篆。

第三篇是《明故唐处士伉俪墓志铭》：

太学生表弟吴荃撰文

太原王理之书并篆盖

处士讳曰恭，字子敬，姓唐氏，昆山厚俗里人。大父廷辉，父芸，母俞氏，世业刻金石。至处士，业益精，故文士之从校勘、就锓刻者益众。好谈论里间故事，举其始必及其终，端绪不紊，听者忘疲。性善饮，每日西下，辄引觞酣酌，陶然就卧，终其身，无讹误在官，君子与之。嘉靖丁亥正月十七日卒于家，享年六十五。配孙氏，讳棠，同邑昂之女，俭勤顺慈，克相厥配，处士卒后十有八日亦卒，享年六十四。男元祥，能世其业，犹善楷书；娶陆氏，近卒。祯赘王氏，祺娶丘氏。女亦三，陈尚志、金惠、李恩，其婿也。孙男一陆，女二。祥以卒之又明年己丑十二月二十二日葬处士伉俪于南溢渎之祖茔，先期衰绖，请予铭墓。呜呼！处士视予为两姨兄弟，谓亲知宜莫予若者，遂为铭之。铭曰：

其生同室，其死同穴。其行弗灭，同此贞碣。

孤哀子元祥泣血勒石。

三篇墓志铭指向同一个刻工世家，涉及两代刻工，两对刻工夫妇，而刻石的又都是他们的后人。由于墓志铭中明确交待他们的后人都世袭父祖之业,因此,这些墓志上的"孤子""孤哀子"的题署,应该可以看作是实际完成镌刻之事的刻工,而不是像明清时代某些地方的俗例一样,孝男孝女们在墓志上象征性题署"刻石",只是显扬他们的孝心,他们并不是真正的刻石人。①

根据这三篇墓志文,我们可以清楚地描绘出昆山唐氏这个明代刻石家族的前后五代的世系:

```
                                   ┌── 天祥(元祥?)
                         ┌─ 唐曰恭 ─┼── 天祯(元祯?)
                         │         └── 天祺(元祺?)
唐□贤 ── 唐廷辉 ── 唐芸(汝芳)┤
                         ├─ 唐曰宽
                         ├─ 唐曰信
                         └─ 唐曰敏
```

唐芸之祖唐□贤,父唐廷辉,从《唐汝芳墓志铭》来看,似乎都不以刻石为业。《石刻考工录》以及笔者所辑录的刻工资料中,都未见其父祖的名字。看来,唐家以刻石为业,可能是从唐芸一代开始的。唐芸生于正统四年(1439),卒于弘治十年(1497),享年59岁。他非常敬业,"一意镌刻",家务琐事等都交给妻子于氏处理,为人胆小怕事,生恐触犯官法,而独喜饮酒。其所镌碑石目前只辑到一条,即见于《昆山见存石刻录》卷三的《明故许汝霖墓志铭》,刻于天顺七年(1463)。

唐芸四子,依次为唐曰恭、唐曰宽、唐曰信、唐曰敏。四子皆继承父业,联姻之族,墓志中亦一一注明。四子之中,曰宽最早卒,曰恭刻石最多。除了与其弟唐曰信同刻《唐汝芳墓志铭》(弘治十年七月十七日,见《昆山见存石刻录》卷三),他还单独刻有以下诸石:

弘治三年(1490)刻《张敬庵先生墓志铭》
弘治十二年(1499)刻《明故蒙阴教谕节轩周先生(泰)墓志铭》

---

① 参看《石刻刻工研究》第三章《石刻刻工之题署及其身份之判定》。

作为物质文化的石刻文献

　　弘治十六年(1503)刻《钟冢妇陈氏墓志铭》[①]
　　正德二年(1507)刻《虞菊隐妻平氏墓志铭》[②]
　　正德九年(1514)刻《贞孝先生吴凯墓表》
　　正德十二年(1517)刻《故逸庵王君墓志铭》[③]

　　唐曰恭所刻石中,有出自当世名家所撰所书者,如《昆山见存石刻录》卷三所录《贞孝先生吴凯墓表》,即为王鏊撰文,文徵明书丹。这说明唐曰恭的刻石技艺也获得了王鏊、文徵明等吴中士人群体的信任,或可与长洲章氏一较高下。《昆山见存石刻录》卷三记此石刻于正统九年,因此石末有"正统九年　日立"一行。按正统九年为公元1444年,墓主卒于成化七年(1471)七月,葬于成化七年(1471)十月二十八日,墓表之立不应先于此二十余年。又据上文所录《明故唐处士伉俪墓志铭》,唐曰恭"嘉靖丁亥正月十七日卒于家,享年六十五",嘉靖丁亥当1527年,则唐曰恭生于1463年,成化七年年方9岁,操刀刻石颇为可疑。《昆山见存石刻录》所记"正统九年",恐怕是"正德九年"(1514)之讹。此书编者潘鸣凤在自序(撰于民国二十四年十二月)中称,"书将及半,不幸承印之家突遭回禄,故第三卷八十七页以上各页均复重排,略有错误,因附刊误表于卷末以更正之。至各碑中间有可疑之字,则原拓如是,未敢臆改,愿好学深思者再加考正焉"。刊印过程中遭遇火灾,重排过程中有可能产生鲁鱼亥豕,包括《贞孝先生吴凯墓表》中的系年讹误。

　　唐曰恭的个性与乃父极为相似,其好酒和守法怕事两点,尤肖其父。一个是"酌辄醉,醉即卧,日以为常,但畏法甚,若望火然,故敛戢不为非分,以少干之";一个是"性善饮,每日西下,辄引觞酣酌,陶然就卧,终其身,无诖误在官"。如出一辙。唐芸"遇酒则醉,惴不对吏",固然是一种

---

　　①　以上三刻并见《昆山见存石刻录》卷三。
　　②　王国平、唐力行主编《明清以来苏州社会史碑刻集》,第38—39页。石藏常熟碑刻博物馆。
　　③　以上二刻亦见《昆山见存石刻录》卷三。

第五章　元明刻工世家及其文化交游

顺民心态,但在一定程度上也可以说是游艺盛世、与世无争的隐逸品格的表现,甘愿以"熙熙治世人"终其一生。这一方面固然是唐氏父子的个性,另一方面也可能受到他所交游的吴中文士圈子的影响。据《唐母于氏墓志铭》称,唐芸"业金石,日与公卿大夫文墨士周旋",乐此不疲。这样的生活方式,不仅是确认其文士式游艺生活的仪式化行为,也使其在这种生活中耳濡目染,日趋文士化。唐芸是否能文能书,墓志铭中没有明言,但一般而言,一个优秀的刻工必须识文字,通书法,何况墓志铭作者、太学生黄云自称童年时即与其相交。① 到了唐曰恭这一代,不仅乡人以"处士"相看待,而且由于其"业益精","故文士之从校勘、就锓刻者益众"。此外,唐芸"好谈论里间故事,举其始必及其终,端绪不紊,听者忘疲",对地方历史掌故兴趣浓厚,颇能彰显其文士之趣尚。其子女中,"男元祥,能世其业,犹善楷书",则不仅精篆刻,而且善书法了。

唐曰恭三子都以刻石为业,至于其名字,则或作天祥、天祯、天祺,或作元祥、元祯、元祺,各有一字不同。《唐汝芳墓志铭》及《唐母于氏墓志铭》并作"天",《明故唐处士伉俪墓志铭》则作"元";在相关的具体刻石中,他们的署名则或作"天",或作"元",疑莫能定,或者先用"天"字,后改用"元"字,亦未可知。《昆山见存石刻录》卷三中录存唐元祥(唐天祥?)所刻石三种:

　　嘉靖五年(1526)刻《昆山县儒学重修记》
　　嘉靖八年(1529)刻《明故唐处士伉俪墓志铭》
　　嘉靖十一年(1532)刻《三贞赞》②

唐元祺(唐天祺?)的刻石,《昆山见存石刻录》卷三存有两种:

---

① 前引唐曰恭刻《故逸庵王君墓志铭》作者亦为黄云,正德十二年撰,署衔为"瑞州府儒学训导"。
② 《三贞赞》的刻工,《昆山见存石刻录》卷三作"万元祥刊","万(萬)"当是"唐"之讹。

嘉靖二十一年(1542)刻《卜将军灵异记》
嘉靖三十九年(1560)刻《昆山县儒学义田记》

此外,《昆山见存石刻录》卷三录有唐天毓崇祯五年(1632)刻《昆山县儒学堵先生生祠碑记》。其年代明显晚于唐天祥、唐天祺,但从名字上看,也有可能是唐芸诸孙。

本章考论了元明时代三个刻工家族:四明茅氏、长洲章氏以及昆山唐氏,其活动区域主要在今浙江宁波与江苏苏州一带,代表了元明时代江南刻石技术的精致化、家族化和士大夫化的发展趋向。

第六章
元明清刻石官署及民间刻字店之勃兴

一、元代刻工的社会组织与管理

元代的刻石制度及其官署设立,与唐宋两代既有继承性,又有所发展,尤其表现在中央及地方行政对于刻工的组织及管理方面。据《元史》卷八五,工部"掌天下营造百工之政令。凡城池之修浚,土木之缮茸,材物之给受,工匠之程式,铨注局院司匠之官,悉以任之"。其下设"诸色人匠总管府,秩正三品。掌百工之技艺。至元十二年始置,总管、同知、副总管各一员",下辖十一个部门,包括梵像提举司、出蜡局提举司、铸泻等铜局、银局、镔铁局、玛瑙玉局、石局、木局、油漆局、诸物库、管领随路人匠都提领所。其中石局管理石工,"秩从七品。大使一员,管勾一员。董攻石之工,至元十二年始置"。至于管领随路人匠都提领所,则有"提领一员,大使一员,俱受省檄。掌工匠词讼之事。至元十二年始置"。此外又有"诸司局人匠总管府","领两都金银器盒及符牌等一十四局事。至元十四年置,二十四年,以八局改隶工部及金玉府,止领五局一库,掌毡毯等事"。[①] 此处提到的"金玉府",全称"诸路金玉人匠总管府",隶属于将作院。据《元史》卷八八,将作院下设"诸路金玉人匠总管府,秩正三品,掌造宝贝金玉冠帽、系腰束带、金银器皿,并总诸司局事。中统二年,

---

① [明]宋濂等《元史》卷八五,中华书局,1976年,第2143、2144、2145页。

初立金玉局,秩正五品。至元三年,改总管府,置总管一员,经历、提控、案牍各一员。十二年,又置同知、副总管各一员。"①由上述记载可知,元代官署石匠曾经分隶工部诸色人匠总管府和将作院诸路金玉人匠总管府。从石刻题署来看,前者下有石局,有时称为"诸色府石局",②后者则有时简称为金玉府、金玉局。③

金玉府之位置,可据《日下旧闻考》卷五〇引《析津志》以考知:"石佛寺又西转北,则城隍庙,自庙前巷口转北,金城坊是此。街坊之内有杨国公寺,杨总统之父也。坊之东金玉府,内有琉璃碧瓦所。"④金玉府石局石匠的头领称为"提领""提控""头目""作头"等。今据《石刻考工录》和《石刻考工录补编》,将已知的元代金玉府石局所辖刻工列表如下,略依其刻石年代之最早者为序:

年份	刻工姓名	刻工自署	出处
1280	李福成	石局提领	《石刻考工录补编》
1291	李文秀	石局副使	《石刻考工录》第 104 页
1315	肖让	金玉局石匠提领	《石刻考工录补编》
1317	张子玉	金玉局	《石刻考工录》第 113 页
1318	纪庭秀	金玉局石匠提控	《石刻考工录补编》
1325	胡信	金玉府石匠	《石刻考工录补编》
1329	李伯温 李德全 李整	金玉府石匠头目	《石刻考工录补编》

---

① [明]宋濂等《元史》卷八八,第 2225 页。
② 曾毅公辑《石刻考工录》第 123 页著录刻工杨择,其自署为"诸色府提领"。《石刻考工录补编》《石刻刻工研究》下编自《新城金石志》卷一辑得杨择刻石一条,署"诸色府石局提领"。
③ 详见曾毅公辑《石刻考工录》,第 108、117 页。
④ [清]于敏中等编纂《日下旧闻考》卷五〇,北京古籍出版社,1985 年。又见[元]熊梦祥撰,北京图书馆善本组辑《析津志辑佚》,北京古籍出版社,1983 年。

续　表

年份	刻工姓名	刻工自署	出处
1330	□伯□	金玉府石局山场作头	《石刻考工录补编》
1339	尹德信	大都金玉府石局提领	《石刻考工录》第117页
1341	李得全	金玉局提领	《石刻考工录》第118页
1341	王德信	大都金玉局石匠提领	《石刻考工录》第118页
1347	魏钦 李智 高聚	金玉府石局副使 金玉府石局提控 金玉府石局工匠	《石刻考工录补编》
1347	刘□	石局直□	《石刻考工录补编》
1349	杨择	诸色府石匠提领	《石刻考工录补编》
1350	程居义	金玉局石局提领	《石刻考工录》第124页

至治二年(1322)刻《重修伏羲圣祖庙记》之马麟、马天瑞父子二人，其中，马麟自署"工部修内司石局提领"。① 可见，当时工部修内司亦有石局。此石局当即采石局，原属大都留守司，后改属少府监、工部修内司。据《元史》卷九〇，"采石局，秩从七品。大使、副使各一员。掌夫匠营造内府殿宇寺观桥闸石材之役。至元四年，置石局总管。十一年，拨采石之夫二千余户，常任工役，置大都等处采石提举司。二十六年罢，立采石局山场，提领一员，管勾五员，至元四年置"。② 延祐六年(1319)刻《重修灵贶王庙碑》的冯成，即是采石局提领。至治二年(1322)刻《重建修真观记》的王舜民，亦自署采石局管勾，③至元二十八年(1368)刻《重修隆阳宫碑》的吕政，则自署采石提举司管勾。④ 至顺二年(1331)十月刻《高昌王世勋碑》的杨秀，更明确自署是"大都留守司石局提举"。⑤ 可

---

① 见程章灿《石刻刻工研究》下编《石刻考工录补编》。
② 《元史》卷九〇，第2页。按：至元二十八年(1291)刻《山西汾阳什王堂记》的郭瑞，就是一位隶属少府监的刻工。见《石刻考工录》，第104页。
③ 陈垣《道家金石略》，文物出版社，1988年，第761页。
④ 陈垣《道家金石略》，第824页。
⑤ 二人皆见程章灿《石刻刻工研究》下编《石刻考工录补编》。

作为物质文化的石刻文献

见采石提举司既可简称"采石局",亦可简称"石局"。从冯成、王舜民、吕政、杨秀这四人的情况来看,一人为提领,一人为提举,两人为管勾,都擅长刻石。元人苏天爵《滋溪文稿》卷一九《房山贾君(和)墓碣铭》称贾和"别蕴采石提举司,当宫城肇建,栏槛陛础,舆梁池台,悉资玉石,供亿浩穰,主者莫能支,辟君掌其文书,事集而工不扰,至元十四年四月,君以疾卒,年二十八,识者哀之"。同卷《处士贾君(壤)墓表》又称贾壤"子男叔让,提领金玉府采石山场;季常,司石局库"。① 从这两篇墓志来看,贾和、贾壤是兄弟,同出涿州房山(今北京房山),贾和以及贾壤之子贾叔让、贾季常分别负责采石提举司采石山场的文书、山场及仓库管理,贾氏很有可能是当时的刻石世家,贾和等人很可能也是亲自从事镌刻的刻工。

秘书省当亦有刻工,新安詹献身为秘书郎而兼工刻字,可能并不是一个特例。詹献"字廷用,新安人,至正十九年十一月上由内史府照磨迁"秘书郎。②至正十九年当1359年。而据现有材料,詹献早在二十年前就已从事刻石了。明叶盛《水东日记》卷三七"虞台岭观音堂记"条,称此记"至元己卯五月建,新安詹献刻,今石尚存。是年十一月,曲阜所立宣圣庙碑,欧阳元功之文,康里子山书,亦献刻焉。献盖国朝名书孟举之先也"。③ 二刻皆完成于后至元五年(1339)。其中,《敕修曲阜宣圣庙碑》一条已见于《石刻考工录》第116页,其拓本今存,见《北京图书馆藏中国历代石刻拓本汇编》第49册第197页。《水东日记》中提到的詹孟举,是明初著名书法家,曾官中书舍人,亦曾书碑传世。对比詹献与詹孟举二人的职掌与经历,可以推知詹献亦当精于书法。自署"玉册提举"的汤泽,亦是属于中央有关官署的刻工。其所刻有至元二十六年(1289)的《大元凤翔府岐山县官村创建玄观记》、至大元年(1308)的《元吴岳鲦亭

---

① [元]苏天爵《滋溪文稿》卷一九,台湾商务印书馆影印文渊阁《四库全书》本。
② [元]王士点、商企翁《秘书监志》卷一〇"秘书郎",台湾商务印书馆影印文渊阁《四库全书》本。
③ [明]叶盛撰,魏中平点校《水东日记》,中华书局,1980年,第360页。

祠记》和至大二年(1309)的《周公庙残碑》。①

除了在大都中央政府中设立有关机构管领石工之外,元代还在地方设置相关机构,对社会上的刻工进行组织与管理。其中最值得一提的是设在杭州的行诸路金玉总管府。《始丰稿》卷九《元故将仕郎金玉府军器提举司同提举夏君墓志铭》：

> 元置行诸路金玉总管府于杭,治百工之事,其官属颇盛,君始用荐,为其府杂造局大使,改金玉局大使,稍升军器局提举司同提举,阶将仕郎,寻移疾去。……所督隶局工,类多单人细户。或内府需器用急,工集局昼夜并作,而有寒饿色,辄戒僮仆为饮食,饷之不吝。君平生切于济人利物,方其仕金玉府时,以日月积劳,得八品官,循资而上,纡金曳紫不难至。而胜国之制,士以杂流进者,终不畀以民社。君自度不足以达,故宁弃去。②

墓主夏应祥曾担任设在杭州的金玉府军器提举司同提举,官阶八品。夏应祥属于"以杂流进者",而按照元朝的官制,凡是出身"杂流"者,不可以改任地方行政官职,夏应祥因此辞官而去。据现有材料可知,在杭州行金玉府任职的还有罗国器其人。《日闻录》记："罗国器,杭州人,后至元丙子,为行金玉府总管,有一匠慢工,案具而恕之。同僚问其故,罗曰：'吾闻其新娶,若挞之,其舅姑必以妇为不利,口舌之余,则有不测之事存焉。'"③此事亦见载于《山居新话》卷三及《南村辍耕录》卷一二,二书并记罗世荣字国器,时任行金玉府副总管。④

在工部或大都留守司之外,地方各路府州县亦设有采石局,局下设石匠提领、提控等,以统领石工,并负责采石镌刻之事。此事亦见于《元

---

① 详参程灿《石刻刻工研究》下编《石刻考工录补编》。
② [明]徐一夔《始丰稿》卷九,台湾商务印书馆影印文渊阁《四库全书》本。
③ [元]李翀《日闻录》,台湾商务印书馆影印文渊阁《四库全书》本。
④ [元]杨瑀《山居新话》卷三,台湾商务印书馆影印文渊阁《四库全书》本。[明]陶宗仪《南村辍耕录》卷一二,中华书局,1959 年,第 149 页。

史》记载:"行诸路金玉人匠总管府。秩从三品。至大间,始置于杭州路。达鲁花赤、总管各一员,并从三品;同知一员,正五品;副总管一员,从五品;经历一员,从七品;知事一员,从八品;提控案牍一员。"① 如至元十七年(1280)汤洪自署"京兆路采石局提控",可见其时京兆路亦设有采石局。大德元年(1297)马通自署"西安府等处采石提领、天平奉先路石匠提领",大德六年(1302)赵琏自署"黄山采石提领"。② 实际上,各类石刻上保存的各地石局提控、提领题署的材料甚多,③有的标明其所在路府州县,太原路总管符劄付管领北五州石匠提控、南邢里石匠薛仲钦,有的甚至具体到村、里,如潞城县牛村石匠作头安庭玉。还有一些刻工题署只自称是作头、提领等,并不明确标明其所属行政区域,例如石匠作头卢旺、提领徐元、石匠提领李显、石匠提控张锐、权德用等。由于题署不够明确,我们甚至无法判断该石工是属于中央还是属于地方。如《石刻考工录补编》中辑录的刻工王思仁,自署"石局提控",如果不是结合《石刻考工录》第 111 页上的相关记载,我们就不知道他原来是"潞州石匠提控"。

从工部、诸色人匠总管府、金玉府石局、行金玉府到各路府州县的石匠提领、提控、作头,从上到下,元代的石匠被编织在一个有序的社会组织网络中,为中央及地方政府提供采石、刻石及其他相关服务。与此同时,刻工的家族血缘以及师徒同门等社会关系,又使这一网络形成了纵横交错的脉络。除了四明茅氏家族之外,邹县(亦称古邾)常氏、益都卢氏在元代刻工家族中是最为突出的。

二、明清两代的官署刻工

明代官家的刻石事宜,是由工部文思院管理的。据《明史》卷七二,工部下设文思院大使一人,正九品;副使二人,从九品。成化二十三年

---

① [明]宋濂等《元史》卷八八,第 2228 页。
② 曾毅公辑《石刻考工录》,第 100、106、107 页。
③ 关于以下刻工及其刻石,检《石刻考工录》及《石刻考工录补编》之索引,即可得其详情,为避烦琐,此不具列。

(1487),文思院大使顾真刻《辰保世墓志》,[1]这是目前仅见的文思院大使的材料。据《明史》卷七五,嘉靖三十七年(1558),革文思院大使。文思院副使是否亦同时革去,史无明言。仅就笔者所见石刻文献来看,似乎副使并未同时裁撤。《北京图书馆藏中国历代石刻拓本汇编》第58册第66—67页录有万历二十四年(1596)靳世魁所刻《药王庙碑》,在刻工署名之前,另有署题"工部文思院副使姑苏松麓甫王才寀薰沐谨识并书",则王才寀(字松麓)万历中任文思院副使。又据《明史》卷三〇七,文思院副使一职例由工人担任。阎杰、王用、顾聪等人都是由刻工出身而担任文思院副使的。而从王才寀的个案来看,任职文思院副使者可能还要求在镌刻之外,兼通文墨与书写等。

在明代官署刻工中,阎杰颇为著名,其名既见之于石刻题署,亦见于传世文献。《北京图书馆藏中国历代石刻拓本汇编》第52册第187页录有阎杰成化二十二年(1486)所刻《福寿禅师塔碑》。弘治十七年(1504),山东曲阜重修孔庙,大学士李东阳上疏请求刻立明孝宗御制孔庙碑文:"乞令制敕房中书舍人乔宗赍捧前项御制文字往彼书写上石,仍乞带领工部文思院副使阎杰就彼镌刻,事毕之日,即令回京。"[2]可见阎杰彼时任职工部文思院副使。李东阳对阎杰刻字技艺评价极高。出自李东阳门下的邵宝在其《书太原陈氏所藏西涯公字刻》中,曾引述李东阳之语,称阎杰之刻为京师第一:

> 西涯公德行文章重天下,其书在金石者,天下之人重之若珪璧琬琰,固无容赞矣,但刻工有高下,故其精神之妙,或不能无异。公尝谓近时京师,惟阎杰刻为第一,汴梁郝升篆文亦颇合古意。后寄示《扬州琼花诗》,不知何人刻,又极称许,余皆未满公意。刻工之难

---

[1] 张全礼《北京出土墓志刻工考录》,载《首都博物馆丛刊》,总第24期,北京燕山出版社,2010年,第16—25页。

[2] [明]李东阳《怀麓堂集》卷九六《请书刻御制碑题本》,台湾商务印书馆影印文渊阁《四库全书》本。

作为物质文化的石刻文献

有如是哉。①

李东阳和邵宝对刻工的重视,亦溢于言表。

文思院设副使二人。与阎杰差不多同时担任文思院副使的,可能是历阳王用。据《石刻考工录补编》及《北京出土墓志刻工考录》,②此人所刻石有成化八年(1472)之《葛妙聪墓志》《刘永诚墓志》,成化九年之《道孚大师行实碑》,成化十六年之《金公(谅)墓志》,弘治四年(1491)之《安昌伯(钱承宗)母孙氏墓志铭》,弘治七年之《兜率寺天梯路记》,正德元年(1506)之《明故封中宪大夫太常寺少卿前陕西按察司副使刘公墓志铭》,正德七年之《丁公(平)墓志铭》。特别值得注意的是,在《兜率寺天梯路记》中,刻工自署"工部副使历阳王用"。这件石刻时代与弘治十七年相近,阎杰与王用任职工部文思院副使的时间至少有一段是重叠的。

稍后于阎杰、王用二人担任工部文思院副使者,是东吴顾聪。目前已知顾聪于弘治十年(1497)刻《江公(德)墓志》,正德十一年(1516)刻《灵官寺碑》,又于正德十五年(1520)刻《清泰寺碑》。③ 此三刻皆在北京。另外,《北京图书馆藏中国历代石刻拓本汇编》第54册第78页录有刻于正德十六年(1521年)的《彭喜墓志》,顾聪篆盖,自署"将仕佐郎、工部文思院副使顾聪"。可见顾聪刻石之外,兼工篆书。

除了工部文思院,明代工部营缮所之下亦辖有刻工。据《明史》卷七二,洪武二十五年(1392),改将作司为营缮所,隶工部,"秩正七品,设所正、所副、所丞各二人,以诸匠之精艺者为之"。究竟哪些能工巧匠曾在营缮所任职,正史中未有记载。笔者从所搜集的刻工资料中,发现杨春、陆裕、陆祥等人曾分别担任过营缮所正、所副、所丞之职。其中,杨春的

---

① [明]邵宝《容春堂集》前集卷一〇,台湾商务印书馆影印文渊阁《四库全书》本。
② 张全礼《北京出土墓志刻工考录》,载《首都博物馆丛刊》,总第24期(2010),第16—25页。
③ 第一方墓志见中国文物研究所、北京石刻艺术博物馆编《新中国出土墓志·北京卷(壹)》上册,文物出版社,2003年,第135页。另外两方墓志见《石刻考工录补编》。

第六章　元明清刻石官署及民间刻字店之勃兴

资料最为完整，为我们考察营缮所内职务升迁提供了一个极佳的个案。宣德十年(1435)，杨春为《刘通墓志》篆盖，自署"将仕郎、工部营缮丞姑苏杨春"。①正统八年(1443)，杨春刻《法海寺碑》时，自署"修职郎、工部营缮所副吴郡杨春"。②景泰六年(1455)刻《明李祥故夫人柯氏墓志铭》时，他的身份已是"宣义郎、工部营缮所正"。③天顺五年(1461)，杨春刻《智光墓碑》时，已经升迁为光禄寺署正。④换句话说，在二十六年间，杨春历任营缮所丞、营缮所副、营缮所正、光禄寺署正，其散官亦由将仕郎、修职郎而至宣义郎，升擢之迹历历可寻。而从《刘通墓志》中亦可以看出，杨春还兼通书法。天顺三年(1459)刻《兴安墓碑》的陆裕，时任工部营缮所丞，⑤成化四年(1468)刻《正觉寺碑》的陆祥，时任登仕郎、工部营缮所副，⑥其年代皆在杨春之后。正统四年(1439)刻《宝藏寺碑》的惠文，也是营缮所的刻工，其年代则大致与杨春同时。⑦

关于清代官署刻工，目前能够找到的文献材料，无论是石刻文献还是传世文献，都相当有限。最近的研究显示，清代所设与刻石相关的官署，有鸿胪寺、内务府、御书处和武英殿修书处。⑧在传世文献中，最值得一提的《钦定国子监志》。此书卷四六至卷五〇为"金石"，著录了与国子监相关的若干金石刻，其中涉及几位清代官署刻工：鸿胪寺序班朱圭，初为鸿胪寺序班，后为内务府序班的梅裕凤，以及委署催总宋璋。⑨《北

---

① 《北京图书馆藏中国历代石刻拓本汇编》第51册，第75页。
② 《北京图书馆藏中国历代石刻拓本汇编》第51册，第112—113页。
③ 中国文物研究所编《新中国出土墓志·重庆卷》，文物出版社，2002年，第49页。
④ 《北京图书馆藏中国历代石刻拓本汇编》第52册，第31页。
⑤ 《北京图书馆藏中国历代石刻拓本汇编》第52册，第15页。
⑥ 《北京图书馆藏中国历代石刻拓本汇编》第52册，第63—64页。
⑦ 《北京图书馆藏中国历代石刻拓本汇编》第51册，第93页。
⑧ 张全礼《北京石刻刻字工匠研究》，载《首都博物馆论丛》，2017年总第31期，北京燕山出版社，2018年，第16—25页。
⑨ [清]梁国治等《钦定国子监志》卷四六至卷五〇，台湾商务印书馆影印文渊阁《四库全书》本。

131

京图书馆藏中国历代石刻拓本汇编》中亦有留下其署名的若干石刻,①但估计有更多的刻石,因为没有署名而不为我们所知。从时间上看,这几位官署刻工都活跃于康熙乾隆年间,也就是集中于清代初期。

实际上,由明入清的刘光扬,其年代比这几位清初官署刻工更早,遗憾的是,虽然其名字既见于传世文献载录,也有出土文献可以印证,但他的官署刻工身份知者甚少。《(乾隆)江南通志》卷一七一载:"刘光扬,宣城人,善镌碑碣。近《快雪堂》《琅华馆》诸帖,皆其所镂刻,宋荦尝作歌以赠之。"②这段传世文献中的传记资料虽然只有寥寥三十馀字,却提供了十分重要的信息,也为进一步考索其名字、刻石及其生活年代,提供了文献线索与基础。

刘光扬又名刘光旸,字雨若,安徽宣城人,是活跃于明末清初的著名刻工。宣城古称宛陵,故刘氏在刻石题署中常自称里籍为"宛陵"。从现存石刻资料来看,题名作"刘光旸"的多数为明代石刻。③ 这有可能意味着他入清之后改名为刘光扬,也可能刘光扬与刘光旸二名通用,并无时代先后之别。

《歙县金石志》卷六著录刘光旸所刻《太傅许文穆公墓祠记》,系于万历二十五年(1597)十二月。④ 这是已知刘光扬刻石中年代最早的,也是考订刘光扬生卒年的重要时间坐标之一。所谓"太傅许文穆公",指的是许国(1527—1596),字维桢,安徽歙县人,以礼部尚书兼东阁大学士入参机务,以功进太子太傅,卒谥文穆。⑤ 万历十七年(1589),董其昌中进士,许国是主考官,因此,董其昌尊许国为师,并终生执弟子礼。万历二十四年,许国卒。这篇《太傅许文穆公墓祠记》即出自董其昌亲撰手书,其时当在万历二十四年之后,刘光旸刻此石应更晚于此。但《歙县金石

---

① 参见程章灿《石刻刻工研究》下编《石刻考工录补编》中的相关条目。
② [清]赵弘恩等监修,程章灿主编校点《江南通志》校点本卷一七一,凤凰出版社,2019年。
③ 参看《石刻刻工研究》,第470、494—495页。
④ 叶为铭辑《歙县金石志》卷六,《石刻史料新编》第一辑第16册。参看《石刻刻工研究》,第470页。
⑤ 详情可以参考《明史》卷二一九《许国传》。

志》卷六将刘刻系于万历二十五年(1597)十二月,却是缺乏根据的,理由有三:

第一,董其昌在《太傅许文穆公墓祠记》中自云:"其昌年颇半百,谊激在三。"可见其时已经年过半百。考董其昌生于嘉靖三十四年(1555),①万历三十二年(1604),董氏才五十岁。则此文撰书必在万历三十二年之后。

第二,《太傅许文穆公墓祠记》篇末署:"赐进士出身,资政大夫、南京礼部尚书、前礼部左侍郎、兼翰林院侍读学士、实录副总裁、经筵讲官、门生董其昌撰并书。"考《明史》卷二八八《董其昌传》,董氏出任南京礼部尚书,始于天启五年(1625),②则此文撰书,最早应在天启五年。《明史·董其昌传》又载:"四方金石之刻,得其制作手书,以为二绝。造请无虚日,尺素短札,流布人间,争购宝之。"③董氏所撰书的《太傅许文穆公墓祠记》纸本,今仍存世,书法高妙,确为珍宝,但其书刻均不应早于天启五年。

第三,程章灿《石刻考工录补编》辑录刘氏所刻碑石六种,其中年代最早为万历二十五年(1597),最晚为康熙六年(1667),前后时间跨度长达七十年。④假设万历二十五年刘光扬15岁,则其康熙六年已是85岁的耄耋之年。从理论上说,15岁的少年和85岁的老者,固然都有可能具备刻石的能力,但是,这个可能性毕竟比较小。总之,万历二十五年不宜作为刘光扬刻石的时代上限。

张全礼先生根据万历二十五年和康熙六年这两个时间坐标,来推定刘氏所刻无年月《关帝庙碑》的立碑年代应在"明末清初","最晚应在康

---

① 详见郑威编著《董其昌年谱》,上海书画出版社,1989年,第1页。
② 《明史》卷二八八《董其昌传》:"(天启)五年正月,拜南京礼部尚书。时政在奄竖,党祸酷烈。其昌深自引远,逾年请告归。崇祯四年,起故官,掌詹事府事。居三年,屡疏乞休,诏加太子太保致仕。又二年卒,年八十有三。"中华书局,1974年,第7396页。
③ 《明史》卷二八八《董其昌传》,第7396页。
④ 《石刻刻工研究》,第470、494、495页。

熙初年",①这个思路大体不错,但在具体操作上颇有问题。一是其所谓"明末"的时间上限应从万历二十五年下移至天启五年,二是其所谓"康熙初年"的时间下限也不是康熙六年,而应该下移。张全礼先生此前发表过另一篇文章,在《石刻考工录补编》之外,另外辑得刘光扬刻石三种:康熙二年(1663)刻《胡公(来相)墓志铭》,康熙十四年刻《胡(来相)门李氏附葬墓志铭》,康熙二十二年(1683)刻《清完颜阿什坦墓志并盖》。②可见,刘光扬生活的时代下限至少应该下移至康熙二十二年。由此可以推断,万历二十五年刘氏刻《太傅许文穆公墓祠记》的可能性是不存在的,正确的系年应不早于天启五年。

那么,刘光扬是何时任职鸿胪寺的呢?张全礼根据康熙二年刘刻《胡公(来相)墓志铭》题署为"宛陵刘光扬镌",而康熙十四年所刻《胡(来相)门李氏附葬墓志铭》则题署为"鸿胪寺序班刘光扬镌",而得出如下判断:"刘氏最晚于康熙十四年升为鸿胪寺序班"。③ 此说乍一看信而有据,实际上则恐怕未得其实。清初诗人宋荦《西陂类稿》卷一有《刘鸿胪歌》云:

宣城刘公名光扬,年过六十鬓发苍。一身落拓仅三尺,双瞳如水分毫芒。十年海内盛翰墨,短碣丰碑尽镌刻。《琅华馆》与《快雪堂》,至今处处生颜色。忆昔先皇天纵才,临池学书何勤哉。宸翰精妙古无比,上与云汉同昭回。犹云绝技必古人,穷搜墨宝前具陈。真迹双钩上文石,扬也奉诏无逡巡。《玄秘塔》《九成宫》,经年摹勒何其工。纵横波磔无遗憾,本来面目将无同。揭成匍匐瀛台奏,至尊含笑当清昼。赐金赐绢皆固辞,赐官拜受诚希觏。官列鸿胪承帝眷,从兹出入文华殿。退朝常得奉宸游,日下人争识君面。无何龙

---

① 张全礼《北京石刻刻字工匠研究》,载《首都博物馆论丛》,总第 31 期(2017),第 16—25 页。按:此段引文在第 21 页。
② 张全礼《北京出土墓志刻工考录》,载《首都博物馆丛刊》,总第 24 期(2010),第 16—25 页。按:此段引文在第 23 页。
③ 张全礼《北京出土墓志刻工考录》。

驭忽升迁,薄俸虽存罢晓衙。疲驴漫走长安道,手持御墨卖谁家。岁云暮矣卧茅庐,车马萧条故旧疏。无限伤心堪洒泪,柴门犹自署鸿胪。

这首诗可以证明,宋荦与刘光扬是认识的。宋荦卒于康熙五十二年(1713)九月,①其诗中所谓"先皇",指的是顺治。顺治爱好书法,刘光扬因缘际会,得以"官列鸿胪承帝眷",就是在顺治时代。顺治驾崩后,刘光扬虽然保留了"薄俸",但再没有昔日"出入文华殿""退朝常得奉宸游"的待遇。不久,他就归卧茅庐,门庭冷落,车马稀少,但是,即使如此,他"柴门犹自署鸿胪"。换句话说,康熙十四年《胡(来相)门李氏附葬墓志铭》上的"鸿胪寺序班刘光扬镌"的题署,反映的是他以前的身份,而不是他当下的身份。据考证,宋荦《刘鸿胪歌》作于康熙二年(1683),是"感刘光扬之境遇"而作,②那么,至少从康熙二年起,刘光扬就不是现职的"鸿胪寺序班"了。

现在可以确认,朱圭任鸿胪寺序班,在刘光扬之后。朱圭"于康熙四十一年(1702年)正月刻《训饬士子文》,石署'鸿胪寺序班朱圭镌字';康熙四十九年(1710年)五月一日刻《广仁宫碑》,石署'鸿胪寺序班加一级朱圭镌'。朱氏在这八年中的升迁情况,由此可见一斑"。③

目前,关于清代后期的官署刻工,尚未发现相关的文献记载。而清代民间刻字店的勃兴差不多就在同一个时期,两个现象相映成趣,殊堪研寻。民间刻字店在很大程度上已经承担并取代了刻石官署的职责,有时候,其光芒甚至超过了官署刻工。

---

① 刘万华《宋荦年谱》(广西师范大学 2008 年硕士论文)第 128 页引《宋荦墓志铭》。按:刘万华并有案语云:"《清史稿》《清史列传》《清代七百名人传》《汉名臣传》《历代名人生卒录》俱载荦卒于康熙五十三年九月,误。"

② 刘万华《宋荦年谱》(广西师范大学 2008 年硕士论文),第 18 页。

③ 张全礼《北京石刻刻字工匠研究》,载《首都博物馆论丛》,总第 31 期(2017),第 16—25 页。按:此段引文在第 22 页。

作为物质文化的石刻文献

三、集书法篆刻雕板刻石于一体的刻字店

《四库全书总目》卷八六《金石经眼录》提要云：

> 国朝褚峻摹图,牛运震补说。……峻字千峰,邰阳人,工于镌字,以贩鬻碑刻为业,每裹粮走深山穷谷败墟废址之间,搜求金石之文。凡前人所未及录,与虽录而非所目击,未能详悉言之者,皆据所亲见,绘其形状,摹其字画,并其剥蚀刓阙之处,一一手自钩勒,作为缩本。镌于枣板,纤悉逼真,自太学石鼓以下,迄于曲阜颜氏所藏汉无名碑阴,为数四十有七。①

清王应奎《柳南随笔》卷二云：

> 吾邑冯补之(行贤)善书,得鲁公筋力,而徐南徐(州)善镌刻,刀法亦仿佛伏灵芝。补之尝书《金刚经》全部,而南徐镌诸石,一时推为二绝。今石藏城西梵寿庵,庵僧素风禅师(律然)于丁未岁取石陷方丈壁间。而诗老王话山(誉昌)题其额曰"石经室"。②

从以上二例中可以看出,清人对石刻的重视及其刻工的重视,往往与书法艺术有关。除了法帖之外,碑志也突出其书法艺术之表现。许多清人所刻的碑志,往往采用帖式镌刻,在形式上有意与法帖靠拢,在具体操作中,更重视其书法艺术价值的展示、保存、流传与欣赏。碑志刻成之后,往往即请名工拓印,制成拓本,最后交由碑志主家保存。这种传统习惯一直延续并保留到民国时代。③这类追求书法艺术水准的碑志,往往是

---

① [清]永瑢等《四库全书总目》,中华书局,1965年,第743页。
② [清]王应奎撰,王彬、严英俊点校《柳南随笔》,中华书局,1983年,第37页。
③ 参看段志凌《民国著名刻工郭希安及其所镌石刻辑录》,《碑林集刊》,第十二辑。

由专业刻字店镌刊并拓印的。

自宋代以来,民间就有刻字店,这些刻字店往往具体标明其所在地,如北宋九江琢玉坊,又如明代刻工顾兰台自署属于"江宁贡院前黄起文刻字店"。① 这种做法与南宋书坊标注自身地址"临安府棚北睦亲坊南陈宅书籍铺印"的做法如出一辙。研究刻书业及其生产组织方式的学者指出,"很多仅标一两名刻工姓名的明清刻本,实际是由这一两名工头或刻字店主的刻工队伍刻制的"。② 至晚清,各地刻字店益多,其所承揽的业务,往往兼及刻书与刻石。例如位于福州南后街宫巷口的著名的"吴玉田刻坊",始创于道光末年,兼营刻书刻石,名扬遐迩,延续近百年之久。官桂铨曾辑录此店所刻石 36 件,年代上起 1863 年,下迄 1935 年,其时间跨度已长达 72 年。③

北京、西安、苏州、无锡、泉州等地都有此类刻字店,名工竞出,其声闻影响,甚至远及外省。山西、陕西的顾客,远道来北京访求名工刻石者,不乏其例。台湾的碑石,也渡海委托福建泉郡观东石室居镌刻。甚至僻在云南的一些碑石,也有出自江南苏州刻工之手的。北京作为首都,人文荟萃,传世与出土之石刻文献数量较多,保存有关刻字店的材料亦相当可观。清代北京大多数刻字店集中在琉璃厂一带。刻于光绪二十四年(1898)的《文昌祠碑》,末署"京都刻字行等公立",④ 可见当时北京刻字行业已经有了某种形式的组织。这些民间刻字店,有的绵延数代,持续长达近百年时间,甚至更为长久。例如位于北京琉璃厂的著名刻字店翰茂斋,从十九世纪初延续到二十世纪中叶,长达一百多年,并且出现了张锡龄、吕春林、刘锡臣、李月庭(李月亭)等镌石高手,堪称行业之盛事、艺林之佳话。

自元明以来,苏州刻工即在全国开始享有盛名。清初苏州的穆大展

---

① 曾毅公辑《石刻考工录》,第 133 页。
② 石祥《"出字":刻书业的生产速度及其生产组织形式》,《中国出版史研究》,2021 年第 3 期。
③ 官桂铨《石刻考工录补正》,《文献》,1990 年第 1 期。
④ 《北京图书馆藏中国历代石刻拓本汇编》第 88 册,第 25 页。

作为物质文化的石刻文献

局,亦称"近文斋刻字局",甚至在南京设有分店,从乾隆初年至少延续到嘉庆二十四年(1819),前后八十年,足见影响之广远。乾隆二十四年,著名院画家、苏州府吴县人徐扬创作《盛世滋生图》,俗称《姑苏繁华图》。"清前期的苏州,是少数几个云集全国乃至外洋货物的商品中心,全国著名的丝绸生产、加工和销售中心,全国最大和最为集中的棉布加工和批销中心,江南地区最大的粮食消费和转输中心,全国少见的金融流通中心、刻书印书中心,颇为发达的金银首饰、铜铁器以及玉器漆器加工中心,开风气之先和领导潮流的服饰鞋帽中心,独步全国的美味美食饮食中心,设施齐备、服务周到的生活中心,交通便利的运输中心。徐扬以写实的手法,在《姑苏繁华图》中绘录了当时苏州实际存在的260余家店铺的招子,将苏州这一当时全国最为著名的都会之地、工商中心的繁盛市容全方位、直观式地展示了出来,为后人留下了极为难得的文献以外的实景式的形象记录。"其中包括"刻字处、写刻匾对、胭脂宫粉、灯草老行、神相、命馆"等各种行业,还特别画到了"穆大展刻字"和"谭松坡镌石"两个店招。①

穆大展刻字店不仅刻碑,也刻书,其所刻《昭代词选》和《两汉策要》,每卷后有"金陵穆大展刻字"一行,刻写极精美。此外还有《参读礼志疑》二卷、《葆璞堂诗集》四卷、《葆璞堂文集》四集、《双荫轩诗钞》六卷、《李童蒙观鉴》六卷、《培远堂偶存稿》十卷、《手札节要》三卷、《三江水利纪略》四卷、《长洲县志》三十四卷、《玉芝堂文集》六卷、《玉芝堂诗集》三卷等。"事实上,穆氏不仅刻字技艺精湛,而且利用刻书之便广交乾嘉名流,留下了极其丰富的文献与实物材料。其中最称典型的,是由名画家陆灿为其所作之肖像画《摄山玩松图》,上有沈德潜、袁枚、王昶、钱大昕、王鸣盛等八十馀位乾嘉名流的亲笔题跋,……通过这一典型个案,也可

---

① 范金民《清代苏州城市工商繁荣的写照——〈姑苏繁华图〉》,载《江南社会经济研究·明清卷》,中国农业出版社,2006年。按:穆大展已见程章灿《石刻刻工研究》所附《石刻考工录补编》,谭松坡则见《石刻考工录》第144页及《苏州碑刻》第174页。

以审视刻工群体与上流文人阶层之间的微妙互动。"①著名版本学者黄裳先生也对穆大展刻书给予很高的评价,将其列为乾嘉时代著名刻工之一。②

晚清到民国,苏州的刻字业更是盛极一时。有学者指出,"清代晚期,苏州民间开始出现碑刻作坊,这一时期称得上高手的当属无锡人钱泳,他精通书法,善于刻帖,作品有《经训堂帖》《学古斋四体书刻》等,广为流传。当时,苏州护龙街(今人民路)上,约有几十家碑帖铺,其中较出名的有'汉贞阁'的唐仁斋,'尊汉阁'的周梅谷等人,他们的碑帖数量很多,直到今天还看到有些碑刻上印有他们的名姓"。③ 除了"清代晚期,苏州民间开始出现碑刻作坊"一点,这一段的其他描述都是准确的。实际上,钱泳(1759—1844)就属于清代前期,其所刻《汉碑大观》至今仍有影响。④ 一方面,苏州刻工技艺精湛,甚至有顾客远道从云南慕名来到苏州,以刻石业务相委托,至民国时代犹然如此。《大理丛书·金石篇》第 6 册第 83 页所录民国十二年(1923)《故滇西都督大理提督总兵官陆军中将张君绍三墓志铭》,即是由苏州刻工孙仲渊镌刻而成。另一方面,刻字店师徒相承,徒弟学成之后,往往自立门户,开设新的刻字店,将传统刻字工艺发扬光大。周梅谷先在"尊汉阁",后来自己开了"寿石斋"。钱荣初本是"寿石斋"的学徒,后来开了"贞石斋"。唐仁斋创立"汉贞阁",后来由其子唐伯谦、唐仲芳继承。汉贞阁不仅以技艺精湛而享誉士林,而且培养出包括钱瘦铁、陶寿伯、王开霖等杰出的徒弟。这些徒弟的艺术造诣很高,后来大都自立门户。1949 年以后,苏州、北京等地的刻字店大多经历了公私合营、重新组合的过程。苏州刻工大多并入合作联

---

① 郑幸《苏州刻工穆大展之生平与交游考述——以〈摄山玩松图〉为中心》,《文献》,2018年第 6 期。

② 黄裳《清代版刻风尚的变迁》:"乾嘉以还,在金陵、苏州、杭州出现了不少著名的刻工,如金陵的顾晴崖(曾刻《餐花吟馆词钞》)、穆大展;苏州有许翰屏,……江宁刘文奎,曾刻汪中的《述学》。"见黄裳《清代版刻一隅(增订本)》,复旦大学出版社,2005 年,第 427—428 页。

③ 文森特《古韵今风,名家传承——苏州碑刻艺术小记》,《苏州杂志》,2001 年第 2 期。

④ [清]钱泳编《汉碑大观》,中国书店,1993 年。

社,后来成立"艺石斋",一直坚持到"文革"中,才在新的时代潮流中逐渐消隐了自身的存在。①

现代著名篆刻家兼石刻家王开霖(1907—1986),是江苏无锡北乡杨墅园匡村人。13岁时,他由胞兄陶寿伯(陶寿伯过继给陶姓)带到苏州汉贞阁,拜唐伯谦、唐仲芳为师,学习刻碑和刻印。1928年,其师父唐仲芳应国民政府之聘,率领王开霖及众师兄弟同赴南京中山陵,镌刻《建国大纲》及《总理遗嘱》等,产生了良好的社会影响。② 1930年冬,王开霖与胞兄陶寿伯在上海小西门蓬莱市场内开设冷香阁印社,以刻印为主,兼营刻碑、装裱等。现存《冷香阁碑帖刻印社营业册》所开列的冷香阁营业科目,计有碑帖部、印刷部、刻印部和文具部,皆可顾名而思义。碑帖部之下有具体说明:"钩刻传志、碑铭、名人手札,拓表碑版法帖金石文字,发售古今法帖、学校习字范本"。《营业册》中载有《王开霖篆刻镌碑润例》,其文云:

> 汉人立石,首重摹勒,撰文书丹,罕具姓氏,而赁师市石,必郑重题名,良以刻画金石,非精良无以垂久远也。吴门唐氏昆仲,夙以刻石闻海内,从游甚众,而梁溪王君开霖,实为得髓。益之以多见古人名迹,潜心冥索,艺乃猛进,运斤成风,棘端竞巧,名下无虚,言之非愧。并世有褚、柳之巨笔,欲求万文韶、邵建初其人者,非王君莫属也。比来海上,以应世求,为订润例,用质大雅。③

此一润例由陈蒙厂、陈韦宽、钱瘦铁、王西神(王蕴章)、赵叔孺等人代为重订,时间在1935年春。文中"吴氏唐氏昆仲"即指唐伯谦、唐仲芳。这段文字十分强调刻工的重要性,并且将王开霖比做唐代最负盛名的两位

---

① 参看前引文森特文。

② 据中华古玩网介绍,http://www.gucn.com/Service_CurioStall_Show.asp?Id=14080573

③ 此书为冷香阁碑帖刻印社印,民国二十年(1931)初版,民国廿四年(1935)十一月再版。此册为叶康宁君收藏,并承叶君惠示,谨此致谢。

刻工万文韶、邵建初。王开霖的时代毕竟与唐代不同,他不仅刻碑,而且刻印,故润例也分篆刻、镌碑两项。"镌碑"下分四类:"墓志家传,八分格以内,每字一角四分";"神道碑碣,寸格以内,每字一角六分";"名人手札,八分格以内,每字一角";"研铭,每方五元,以三十字为限,每多一字,加洋一角"。此外,"凡刻银杏板斋额屏联或山水花鸟以及覆镌古碑,均面议"。为了吸引顾客,王开霖还撰写一篇启事广而告之:

> 最高贵、最古雅之永久纪念方法
> 　　凡欲追念建国元勋之丰功伟烈,地方耆绅家庭父祖之道德、学问、事实者,最好镌刻各种传志碑铭,以志纪念,而垂永久。本社对于此道研究有素,各种刻件均可承办,并可代求海内名家代撰文字事略,代书碑文。如建立于公墓内者,碑石式样可以定制。如欲大理石者,亦可代办。倘承赐教,无任欢迎。
> 　　冷香阁碑帖刻印社王开霖启

一言以蔽之,冷香阁可以包办一切,提供一条龙服务。为了展示篆刻和镌碑水平,《营业册》中还附有王开霖秦汉篆刻样品、王开霖刻碑样品以及陶寿伯篆刻近作,以加强招徕效果。王开霖秦汉篆刻样品中,包括他为丁福保、王蕴章(西神)等海上名人所刻印章。刻碑样品中,则有王开霖所刻《清封宜人高母马宜人墓表》(郑沅撰,1930 年)、《葛母邓太夫人墓表》(章太炎撰,1931 年)、《清封一品夫人袁母陆太夫人墓志铭》(程颂万撰,1931 年)、《盛君仰瞻墓志铭》(1933 年)、《南洋中学王引才君纪念碑》(1934 年)等,多为名家撰文。这五件碑石《石刻考工录》和《石刻考工录补编》皆未及,可以补其遗漏。[①] 遗憾的是,冷香阁印社开办不久,就遭遇火灾而被烧毁,好在一年后又在汉口路复业。1956 年公私合营,冷香阁刻印社归并入朵云轩。

[①] 程章灿《石刻刻工研究》第 626 页仅据《北京图书馆藏中国历代石刻拓本汇编》第 96 册第 74 页,辑录王开霖刻石一件,即民国十九年(1930)五月所刻《蔡莹妻周静墓碣》。

王開霖篆刻鑴碑潤例

漢人立石首重摹勒譯文書丹穿具姓氏而貨師市石必鄭重題名良以刻畫金石非精良無以垂久遠也吳門唐氏昆仲夙以刻石聞海內從游甚眾而梁溪王君開霖實爲得髓益之以多見古人名跡潛心冥索藝迺猛進運斤成風棘端竸巧名下無虛言之非娓竝世有褚柳之巨筆欲求萬文韶邵建者非王君莫屬也比來海上以應世求爲訂潤例用實大雅初其人

篆刻

石章　　朱文每字三角
牙章　　朱文每字半元 白文每字一元
銀銅金　朱文每字一元 白文每字二元
晶章　　朱文每字半　 白文每字三元
玉章　　朱文每字二元 白文每字四元
翡翠　　朱文每字三元 白文每字五元

以上刻件極大極小另議潤資先惠約日取件隨封加一成

鑴碑

墓志家傳　　八分每字一格以內四分
神道碑碣　　八分每寸格一角以內六分
名人手札　　每字一格一角以上三十字爲限每多一字加洋一角
研銘
凡刻銀杏板齋額屏聯或山水花鳥以及覆鑴古碑均面議方每五元

乙亥小春　　　陳蒙盦　陳韋寬　錢瘦鐵　王西神　趙叔孺　仝代重訂

图8　王开霖篆刻鑴碑润例　叶康宁收藏

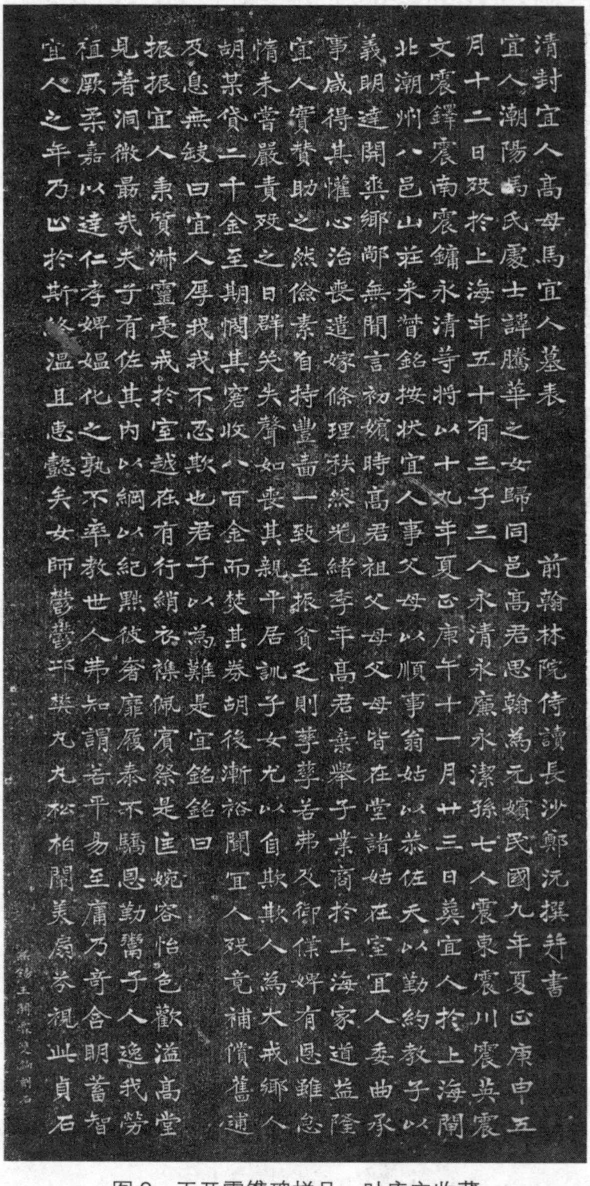

第六章　元明清刻石官署及民间刻字店之勃兴

图9　王开霖镌碑样品　叶康宁收藏

从今存刻石中,还可以寻觅到不少刻字店存在的痕迹。现将石刻所见之清代至民国刻字店及其刻工材料,略依所见刻石年代最早者为序(括号内为已知其最早刻石之年代),胪列如下:

吴郡穆大展局(1740)

纯和堂(1765)

文萃斋(1782):刘□

泉郡观东石室居(1808)

泉城敬文堂(1816)

北京琉璃厂翰茂斋(1818):支云从、张锡龄、吕春林、刘锡臣、李月庭

近文斋(1817)

京都富文斋(1860)

福州吴玉田刻坊(1863)

方乙照斋(1863):似在安徽歙县

鹭江宝华斋(1866)

京都篆云斋刻字铺(1876):范□□

文馨斋(1877):杨艾

炳文斋(1883):武春山

文采斋(1896):陈□□

江宁文翰斋:黄瘦竹

北京文楷斋(1896):宋德玉、宋常舜、刘明堂

苏州尊汉阁(1898):周梅谷

苏州汉贞阁:唐仁斋

北京龙光斋(1917):宋德裕、胡清

北京龙云斋(1907):陈云亭、吕庭珍

兰石斋(1909)

京都翰英斋(1911)

艺古斋(1917):赵小铁

鄞城文光斋(1918):项崇圣

甬江耕玉斋:汪松溪

苏州寿石斋(1920)：周梅谷、钱荣初

北京琉璃厂文德斋(1928)

贞石斋(1920年代末)：钱荣初

琉璃厂精华刻碑处(1930)

冷香阁碑帖刻印社(1930)：王开霖、陶寿伯

开封义盛隆(1933)

苏州集宝斋(1935)：孙伯渊

苏州文宝斋(1941)

此外，晚清与民国的著名刻工，如古吴黄慰萱，吴县孙伯渊、仲渊、季渊兄弟，吴中杨鉴庭，吴县周梅谷以及关中郭希安等，或者自己主持一家刻字店，或者隶属于某家刻字店。他们的精湛技艺，不仅获得了各方书家的认可，而且赢得了文人学者的好评。例如，关中名工郭希安，不仅深受著名书家冯恕、于右任、张伯英等人的信赖，而且与现代著名碑帖学家马子云交谊甚厚。[1] 另一方面，晚清民国的刻字店与刻工多能与时俱进，多方面发展。例如，孙伯渊(1898—1984)继承其父孙念乔之家业，开设"集宝斋"，经营刻石、拓碑、装裱、碑帖书画的收藏与鉴定等，与庞莱臣、顾麟士、李根源、吴湖帆等名家交往甚密。孙伯渊移居沪上之后，与吴湖帆等海上收藏名家比邻而居，来往更多。[2] 1950年代，孙伯渊将其珍藏多年的碑帖名拓捐献给故宫博物院、上海博物院、南京博物院等公家收藏单位，为石刻文献的传承做出了突出的贡献。

---

[1] 段志凌《民国著名刻工郭希安及其所镌石刻辑录》，《碑林集刊》，第十二辑。
[2] 参看孙怡祖《孙伯渊与吴湖帆书画鉴藏的几件轶事》，《世纪》，2017年第1期。

第七章
拓本生产与流通中的拓工
——以缪荃孙及其拓工为中心

一、拓本学与拓工的隐显

拓本与石本、书本相对,是中国古代石刻文献的三种主要物质形态和存在形式之一。① 就物质形态链而言,拓本处于石本与书本之间,既能保存与再现石本的物质与文本形貌,又具有与书本类似的易读、便携、利于流传等特点,可以说兼具石本和书本二者之优长。晚清金石家缪荃孙在编撰《江苏金石记》时,确立了这样一条体例:"金石以拓本为主。明知此碑尚在而未拓到,即编入'待访',不列正编。如此碑已佚而拓本存者,亦据本收入。"② 在他看来,拓本乃是金石的核心。从这个角度甚至可以说,他心目中的金石学就是拓本学。正是基于这样一种认识,缪荃孙对拓工的作用及其地位极其重视。

拓工是拓本生产环节至为关键的人物,也是拓本流通环节不可忽略的一个重要因素。就石刻文献文化史研究而言,缺少了作为拓本生产者的拓工,正如缺少了作为石刻生产者的刻工一样,是不可思议的。然而,

---

① 详参程章灿《石刻研究的基本问题》,《湖南科技学院学报》,2015 年第 7 期。
② 缪荃孙《江苏金石记·例言》,《缪荃孙全集·金石》,凤凰出版社,2014 年,第二册,卷前,第 1 页。

第七章 拓本生产与流通中的拓工——以缪荃孙及其拓工为中心

无论是金石考古研究界,还是书画文物收藏界,对于拓工的关注依旧十分寥落。古代金石家外出访碑,时常携拓工以从,然而,他们留下的金石学著作中,罕见载录拓工姓名者。明代金石学者赵崡曾记其所携长安拓工李守才之名,不隐没拓工的贡献,今日看来,此举犹如空谷足音。[①] 晚清以前,拓工姓名见于文献记录者,寥若晨星,其受人关注的程度,甚至远远不及刻工。被文献冷落,被历史遗忘,拓工这个群体基本上成了石刻文化史的缺席者。

迟至晚清时代,这一状况才有所改观。晚清金石学家热衷于收集、玩赏并研究金石拓本,此风盛极一时,成为彼时文人学士的群体时尚。[②] 拓工作为拓本生产制作的承担者和买卖流通的参与者,其身影经常出入于这些文人学士圈子,其姓名也时常出现于金石学人的笔下。因此,拓工的形象才渐渐由模糊而清晰,他们在文化学术史上的地位,也逐渐引起了文人学士尤其是金石学家的注意。[③] 晚清著名金石学家叶昌炽在其名著《语石》中,曾提到几位拓工,并且着重肯定了他们对于拓本流通的贡献:

> 书估如宋睦亲坊陈氏,金平水刘氏,皆千古矣。即石工安民,亦与《党人碑》不朽。惟碑估传者绝少。毕秋帆抚陕时,有郃阳车某,以精拓擅场,至今关中犹重车拓本。赵㧑叔《补寰宇访碑录》搜访石本,皆得之江阴拓工方可中。㧑叔之识可中也,因山阴布衣沈霞西,

---

[①] [明]赵崡《石墨镌华》卷七《访古游记·游终南》,《石刻史料新编》第一辑第 25 册,台湾新文丰出版公司,1982 年,第 18646 页。

[②] 参看程章灿《玩物:晚清士风与碑帖流通》,《学术研究》,2015 年第 12 期,现收入本书第十五章。

[③] 近年来,随着金石书画研究的深入拓展,学者们对拓工的关注有所增强,其代表性成果首推徐建新《高句丽好大王碑早期拓本制作者李云从考》(《中国学术》,第十九、二十合辑,商务印书馆,2005 年)、郭玉海《晚清民国间的"名家传拓"与"传拓名家"》(载《故宫学刊》,第五辑,紫禁城出版社,2010 年)、白谦慎《吴大澂和他的拓工》(海豚出版社,2013 年)。郭文篇末附有二种拓工名录,虽多遗漏,仍然很值得注意。按:王家葵《由〈冯承素墓志〉推考初唐弘文馆搨书人问题》(载《文汇报》2015 年 9 月 18 日),其中所谓"搨书人",乃是负责摹写的书手,非拓工。

147

作为物质文化的石刻文献

> 犹牛空山之于褚千峰也。千峰与聂剑光虽文士,亦以毡椎镌刻,糊口四方。余在京十年,识冀州李云从,其人少不羁,喜声色,所得打碑钱,皆以付夜合资。黄子寿师辑《畿辅通志》,缪筱珊前辈修《顺天府志》,所得打本皆出其手。荒岩断涧,古刹幽宫,裹粮遐访,无所不至,夜无投宿处,拾土块为枕,饥寒风雪,甘之如饴,亦一奇人也。郃阳碑估多党姓,前十年厂肆有老党者,亦陕产。其肆中时有异本,余及见时已老矣。沈子培比部尝称之。筱珊在南中,得江宁聂某,善搜访,耐劳苦,不减李云从。余所得江上皖南诸碑,皆其所拓,戏呼为"南聂北李"云。①

叶昌炽能够在《语石》中为拓工碑估专立条目,将拓工与碑估、书估相提并论,意在强调晚清拓工也是碑帖交易的重要推手,可知其见识出类拔萃。虽然这一条目被列于《语石》最后一卷的最末几条,而且从《语石》的誊清稿本来看,这一条目是后来才补上的,②但也算难能可贵了。

这段文字中提到的几个拓工,大多数与叶昌炽有所往来。对于这些拓工,他是极为熟悉的。其中,李云从、聂某(聂明山)二人,与同时的另一位金石家缪荃孙关系更为密切。③ 缪荃孙晚年曾作书致其同道顾鼎梅(燮光),自叙从事金石目录之经过,特别提到自己与李、聂二位拓工的渊源:

> 荃孙自廿一岁,有志金石之学,身自搜访,手自捶拓,所历之境,见《艺风金石目》自序,亦时见诸《语石》。常访襄城之石门玉盆,山深月黑,夜不能归,蜷缩岩下,与丐为伍,明日出险,与友朋言,无不大笑。尔时不以为苦,反以为乐。迨处境稍裕,必携拓工自随,否则

---

① [清]叶昌炽《语石》卷一〇"碑估",《语石·语石异同评》(合订本),中华书局,1994年,第565页。

② [清]叶昌炽《稿本语石》,浙江古籍出版社,2022年,第32页。

③ 按:民国金石学者陆和九在其《中国金石学讲义》(北京图书馆出版社,2003年)中列举七位拓工姓名,即包括李云从、聂明山二人。

第七章 拓本生产与流通中的拓工——以缪荃孙及其拓工为中心

翻书开目，令工往拓。在京师得李云从，在金陵得聂明山。云从以往拓《好大王碑》出名，明山亦在安徽得石牛洞、浮山、齐山诸石刻。《语石》推为"北李南聂"，皆荃孙所蓄之工人也。现无其人，荃孙亦无此豪兴矣。①

缪荃孙早年有过"身自搜访，手自捶拓"的访碑经历，熟谙个中甘苦，因此，"处境稍裕"之后，他对拓工格外理解和关怀。实际上，缪荃孙一生雇用过的拓工，并不止李云从、聂明山二人，仅《缪荃孙全集》所记，至少还有黄士林、张天翔、沙士瓒、田福、贾升、老孟、富华阁碑贾小王、文林堂碑估老王等人。本章即以缪荃孙及其拓工为中心，重点关注晚清拓工的身份地位、拓碑活动及其与金石学家的互动。

二、缪荃孙与北京拓工李云从

李云从是晚清活跃于以北京为中心的京津冀地区的著名拓工。他与晚清京师金石学者潘祖荫、盛昱、端方、叶昌炽、刘鹗等人的关系相当密切，其拓本制作技艺也深受京城金石学家圈子的认可。他们经常委托李云从去往指定地方，拓取指定的碑刻，比如前往今吉林集安市（旧名辑安县）拓取《好大王碑》。徐建新撰有《高句丽好大王碑早期拓本制作者李云从考》一文，对李云从的生平及其所拓《高句丽好大王碑》，作了专题探讨。② 徐文的重心在《高句丽好大王碑》，其他方面的探讨仍有未尽。例如，关于李云从的家世，徐文虽然考察了李云从的里籍，却从未涉及其父李宝台。日本学者吉川幸次郎汉译内藤湖南《意园怀旧录》，其中提到李云从小名李龙儿，是北京拓工李宝台之子，曾为盛昱拓《好大王碑》，并

---

① 缪荃孙《与顾鼎梅（燮光）书》，载《缪荃孙全集·诗文》，第一册，第 658 页。按：此书末尾称"昔年同志……今只存一鞠常"，又自称"今年逾七十"。叶昌炽字鞠裳（常），卒于 1917 年，可知此书作于 1917 年前；缪荃孙 1913 年七十岁，则此书作于 1914 至 1917 年之间。

② 徐建新《高句丽好大王碑早期拓本制作者李云从考》，《中国学术》，第十九、二十合辑。

作《访碑图》以纪其行云云。① 上引徐建新文虽然提到内藤此文,但系转引而得,未能通读其全文,故未提及李宝台子一事。今考李宝台生于清道光年间,居北京,善伪造古泉,人称"小钱李"。李宝台亦善拓,《古泉薮》一书是其手拓。② 由此可见,李云从拓碑技术出自家世传承。

在考察李云从生卒年时,上引徐建新文主要根据叶昌炽的日记。徐文推考的结论是:李云从生年约在 1850 年,卒年不应早于 1897 年。如果参据同时代其他金石家的日记,则推考可更进一步。例如,《缪荃孙全集》的"日记"和"诗文"卷中,就有很多与李云从往来的记载,特别是日记中的记载,都有明确的时间坐标。其中年代最晚的三条,都在戊戌年(1898)九月。一条是九月七日丁巳:"李云从自京师来。"另一条是九月十四日甲子:"约李云从、汤、王二估坐船到仁(竹)桥,诣蒯礼卿谈。回至问柳小酌。"③还有一条是九月十九日己巳:"寄吴、刘两集,李云从带。"④ 这一年,缪荃孙在南京,李云从自北京南下来见缪荃孙,至少停留了十二天。十九日北返时,缪荃孙还托李云从顺路带两部书到北京。日记中虽然没有明确李云从此行所为何来,但从缪氏约李云从及汤、王二估的情况来看,应该与碑帖买卖有关。换算成公历,戊戌年九月十九日是 1898 年 11 月 2 日,已接近这一年的年底。那么,照常情推测,李云从的卒年不应早于 1899 年。

晚清金石学家刘鹗与李云从亦有往来,其《壬寅日记》也曾多次提到李云从,并对其专精金石之学给予高度评价。《壬寅日记》正月二十八日(1902 年 3 月 7 日)记:"申刻,赴刘竹溪之约。座中有丁苇臣叔侄,又有

---

① [日]吉川幸次郎《吉川幸次郎全集》第十六卷《清·现代篇》,筑摩书房,1970 年,第 627 页。

② [清]杨守敬撰,[清]李宝台手拓《古泉薮》,《中国钱币文献丛书》(第十九辑),上海古籍出版社,1992 年。

③ 按:南京地名似无仁桥,只有竹桥(亦作竺桥)。《缪荃孙全集·日记》第二册第 66 页:"至竹桥蒯礼卿处便饭。"今检缪荃孙《艺风老人日记》北京大学出版社 1986 年影印本,此处"仁桥"果是"竹桥"之讹。

④ 《缪荃孙全集·日记》,第一册,第 535、536、537 页。

第七章 拓本生产与流通中的拓工——以缪荃孙及其拓工为中心

李姓号云从。闻其金石之学甚精,盖久与潘、王、盛诸君相周旋者。"又二月初九日(3月18日)日记:"李云从送元拓本《孔羡碑》来,又道光拓本《张迁表》。"又二月二十日(3月29日)日记:"买得《白石神君》一轴,似甚旧,而李云从亦定其为乾隆拓本。"又三月初三日(4月10日):"李云从送丁芾臣之六爵杯来。"① 由此可见,李云从直到1902年4月还相当活跃。一般来说,他的卒年不应早于1903年。至于叶昌炽、缪荃孙二人日记中未见1902年前后的记载,显然与叶、缪二人当时已离开北京有直接关系。

现存缪荃孙日记,始于戊子(光绪十四年,1888)三月,终于丙辰年(民国五年,1916)。从日记来看,缪荃孙与李云从相识,至迟在戊子(1888)三月九日。缪氏在当日的日记中有如下记录:"给打碑人廿金,令其赴唐县一带访碑。"② 我认为,这个打碑人就是李云从,有两条根据。第一条,自本年三月开始,缪荃孙初步形成了"分地录金石,名之曰《云自在龛金石分地编》"③ 的编纂设想,为此,他需要大量搜集各地的金石拓本,雇人往唐县拓碑,就是实现此计划的一个重要步骤。第二条,本年四月十二日日记明确记载:"李云从来,拓得曲阳碑廿馀种。"④ 曲阳、唐县其地相近,都在今河北保定,显然属于同一条拓碑路线。从三月九日到四月十二日,拓得碑刻二十馀种,从时间节奏来看,也是合情合理的。可见,至迟在1888年,李云从就已经成为缪荃孙雇约的拓工。换句话说,缪、李二人在金石拓本方面的合作,至迟始于1888年,早于李云从与叶昌炽的合作。⑤

---

① 刘德隆、朱禧、刘德平编《刘鹗及老残游记资料》,四川人民出版社,1985年,第148、150、152、156页。
② 《缪荃孙全集·日记》,第一册,第7页。
③ 《缪荃孙全集·日记》,第一册,第5页。
④ 《缪荃孙全集·日记》,第一册,第13页。按:今本缪荃孙《金石分地编目》卷四录曲阳县石刻一百馀种,其中当包括李云从此次所拓得者。
⑤ 据上引徐建新文所制表格,叶昌炽与李云从的往来始于1890年。

作为物质文化的石刻文献

　　李云从与缪荃孙相识，可能早至光绪初年。叶昌炽在《语石》中曾说："光绪四、五年间，重修《顺天府志》。碑估李云从承当事之命，裹粮襆被，狂走京畿诸邑。荒村古刹，足迹殆遍。所得辽碑，视孙、赵倍蓰过之。余著录辽幢五十馀通，皆其时拓本也。"①而缪荃孙就是《光绪顺天府志》的实际主持者。据缪氏自述，此志初由张之洞"拟定义例"，缪氏"照例编辑"，光绪辛巳（1881），张之洞出任山西巡抚，乃"令荃孙专任其事"，"始于辛巳，讫于乙酉"。②缪荃孙说《光绪顺天府志》修撰，起于光绪七年辛巳，讫于光绪十一年乙酉，即1881—1885年，与叶昌炽所谓光绪四、五年（1878—1879）略有出入。叶氏所言指《顺天府志》重修开局，而缪氏所言指其正式介入其事。由此推算，缪荃孙与李云从相识，应在光绪四年到七年（1878—1881）之间。

　　李云从是一个敬业的拓工。他"每拓一碑，必于纸背书在某村、某寺或某冢，距某县城若干里，可谓有心人也已"。这种敬业精神，获得叶昌炽的高度评价："若依此著录，后人按籍而稽，何至迷其处所？"③在长期从事金石拓本制作与买卖过程中，李云从积累了深厚的专业素养。叶昌炽曾举一例："曩时黄仲弢学士收得一大安碑，以为金刻。碑估李云从折之云：'金大安只有三年，即改元崇庆。此碑立于大安六年，乃辽刻耳。'仲弢不觉愧服。"④黄绍箕（1854—1908），字仲弢，浙江瑞安人，光绪六年（1880）进士，授翰林院编修，官侍讲，是晚清有名的金石家和藏书家，其学问自非等闲。李云从谙熟金代纪年，考证信而有据，连专家也不能不佩服。

　　李云从的拓碑区域，主要在京冀一带。他不惮辛苦，风餐露宿，时有发现。如果主顾有需求，他也会专程到其他区域拓取碑刻，例如《高句丽好大王碑》，原来"在吉林省辑安县"，"清光绪六年边民刊木发现，多煤烟

---

① 《语石·语石异同评》，第50页。
② 缪荃孙《光绪顺天府志序录》，《缪荃孙全集·诗文》，第一册，第139页。
③ 《语石·语石异同评》，第65页。
④ 《语石·语石异同评》，第50页。

拓，不精。王懿荣、潘祖荫、叶昌炽等，派李云从携纸去拓"，乃得善本。①他也曾往山西拓碑，"道出井陉，访得韩吏部题壁，与裴晋公一刻同时同地，又为之一喜"。②

像李云从这样的拓工，其生意主顾或者服务对象，绝不是某一位特定金石家，而是一个金石家群体。他了解这些金石学家各自的所需，也利用这一有利条件，在这些学者间建立起一个碑拓销售与流通的网络。所以，缪荃孙不仅委托他打碑，从他手中购买拓本，也透过他的帮助，卖出自己手头的拓本复本。光绪十六年（1890）六月十二日，李云从专程送来三监本《皇甫碑》。此碑在缪荃孙手中只停留了两天时间，他在次日的日记中曾记"读碑"一事，很可能就是细读此碑。第三天，他决定以"廿四金"的价格购进这一拓本。③七月十三日，李云从又送来《元公姬夫氏人志》旧拓本，索价甚昂，从此后日记记载来看，缪荃孙未予购入。④八月三日，李云从自缪荃孙手里取走《关胜诵德碑》《杨君铭》，缪荃孙"并给八金，清帐"。⑤"八金"显然不足以购入《元公姬夫氏人志》，而只是付给李云从送来的其他拓本的价钱。八月二十二日，李云从又自缪荃孙手里取走了九十种碑拓，⑥这批碑拓是缪荃孙托其代售的。从这个角度来说，李云从这样的拓工，是联系拓本生产、流通和消费诸环节的重要中介。

现据《缪荃孙全集·日记》所载，将缪荃孙与李云从之间的碑拓往来，编年整理如下：

---

① 张彦生《善本碑帖录》，中华书局，1984年，第55页。
② 《语石·语石异同评》，第484页。
③ 《缪荃孙全集·日记》，第一册，第128页。
④ 《缪荃孙全集·日记》，第一册，第133页。
⑤ 按：七月廿八日日记记："释《关胜诵德碑》。"（同上，第135页）显然，缪氏有意通过考释此碑，以抬高其拓本的身价。
⑥ 《缪荃孙全集·日记》，第一册，第138页。

表1　缪荃孙与李云从碑拓往来年表

年份	月日	记事	《日记》册数、页码
戊子(1888)	三月九日	给打碑人廿金,令其赴唐县一带访碑。	1—7
	四月十二日	李云从来,拓得曲阳碑廿馀种。	1—13
庚寅(1890)	六月十三日	李云从送三监本《皇甫碑》来。	1—128
	七月十三日	李云从送《元公姬夫氏人志》旧拓来,值甚昂。	1—133
	八月三日	李云从取《关胜诵德碑》《杨君铭》去,并给八金,清帐。	1—135
	八月廿二日	李云从取碑九十种去。	1—138
辛卯(1891)	正月二日	李云从来。	1—151
	二月十五日	李云从送元拓《家庙碑》,议价六十金。次日,屺怀来,持《家庙碑》去。	1—155
	二月十八日	购李云从旧拓《李思训碑》。	1—156
	八月四日	老李售《开元廿七年投龙璧记》,去银廿八两。①	1—178
	八月十一日	李云从送碑来。	1—179
	九月三日	李云从取十金去。	1—182
壬辰(1892)	七月二日	李云从取宋拓《圣教序》去。	1—221
	七月八日	李云从送《圣教序》回。	1—222
	七月十七日	李云从送方兰坻临《寇白门小象》来,出卅五金购之。	1—223
	九月五日	李云从送金石来。	1—230
	十二月廿六日	严隽云、李□□来。取李云从画两张,送隽云处。	1—243

---

① 按:此"老李"当即李云从。所售者是以往寄售之拓本。

第七章 拓本生产与流通中的拓工——以缪荃孙及其拓工为中心

续 表

年份	月日	记事	《日记》册数、页码
癸巳(1893)	六月廿八日	李云从取二金去。	1—267
甲午(1894)	二月廿七日	老李来讲明字画碑板价,共五十九两五钱,折冲去岁四两,取五两五钱去。①	1—300
丙辰(1896)	九月十一日	永贤自京回,带回……李云从信……	1—432
戊戌(1898)	九月七日	李云从自京师来。	1—535
	九月十四日	约李云从、汤、王二估坐船到仁(竹)桥,诣蒯礼卿谈,回至问柳小酌。	1—536
	九月十九日	寄吴、刘两集,李云从带。	1—537

从上表可以看出,缪荃孙与李云从的金石往来,至少持续了十一年,从1888年到1898年。对于金石家缪荃孙来说,离开北京,也就意味着离开了全国最重要的金石收藏圈,离开了全国最大的拓本集散中心。在这种情况下,往来于南北二京之间的李云从,扮演了缪荃孙的代理人、中介和掮客的角色。

三、缪荃孙与江宁拓工聂明山

光绪二十一年(1895),缪荃孙应时任两江总督张之洞的邀请,主讲南京钟山书院。此后一段时间,他所雇用的拓工是聂明山。聂明山主要活动在江南,其主顾主要是在南方的金石收藏家们,特别是缪荃孙;②而李云从主要活动于北方,其主顾也以京城金石收藏家为主。叶昌炽《语

---

① 按:此处"老李",当亦指李云从。
② 叶昌炽《缘督庐日记》己亥(1899)二月十四日记:"得艺风书,云金陵聂估在通州拓得石刻二十通,中有杨吴天祚一刻,各书皆未著录。"([清]叶昌炽撰,王季烈编《缘督庐日记钞》,北京图书馆出版社,2007年,第一册,第448页。)按:此通州指今江苏南通,可见经由缪荃孙的中介,聂明山声名亦为北方金石界所知。

155

石》中以"南聂(明山)北李(云从)"并称,可见两人在晚清金石收藏圈内影响之大。特别值得一提的是,"南聂北李"虽然有各自的活动空间,但却有一个共同的服务对象,那就是缪荃孙。

《缪荃孙全集·日记》中,涉及聂明山的记录将近六十条,今依照编年顺序整理如下①:

表2 缪荃孙与聂明山碑拓往来年表

年份	日月	记事	《日记》册数、页码
丙辰(1896)	二月廿三日	夔生约至静海寺,访三宿岩。乘马车,拉打碑人聂姓往于函岩灰洞,剥藓剔苔,得题字六段。	1—402
	二月廿八日	况夔生送三宿岩题名来,代打碑人支三元另六百文而去。	1—402
	三月十七日	打碑人取五元去。	1—405
	四月十六日	打碑人送钟山石刻未印,撰《陆务观题名跋》。	1—410
	四月廿五日	老聂自茅山回,拓得题名,有唐咸通、元至正各种,极佳。	1—411
	五月廿八日	老聂自溧水来,得碑四种。	1—417
	五月三十日	老聂以《孔襄》《孔衷碑》来售,以三元留之,又借一元。	1—417
	六月四日	老聂取《刁遵志》《龙多山记》《普照寺碑》去。	1—418
	七月七日	老聂送端平两桥记、方山两碑来。	1—422
	七月十日	老聂送《好大王碑》卅二番来。	1—423
	九月三日	老聂送《狄知懘碑》来。	1—431
	九月四日	老聂取句容邓沄渠信去。	1—431

---

① 按:《缪荃孙全集·日记》第四册附有《〈艺风老人日记〉人名索引》,其中,老聂(见聂明山)、聂估(见聂明山)、聂姓打碑人(见聂明山)分列为四条,但所录仅第1册第536页、第2册第57页两处,缺漏甚为严重,难以信据。

第七章 拓本生产与流通中的拓工——以缪荃孙及其拓工为中心

续　表

年份	日月	记事	《日记》册数、页码
	九月七日	老聂借八元去。	1—431
	九月廿八日	老聂自太平回,所得碑甚夥。	1—435
	十月一日	老聂来拓墓志。	1—435
	十月四日	老聂送江宁、溧水、句容拓本一百零一种来,共三分。交古井寄京,附闰枝信。……读碑。	1—435
	十月十日	老聂又得一元井阑。	1—436
	十月十三日	老聂来取《郭聿修志》去。……定明日游栖霞。	1—437
	十月十四日	己刻,挈打碑人老聂、贾升出太平门,五里蒋王庙,循钟山之北,连过小山,三四十里汊道口,五里瑶华,十里华林村,访《吴平阙》。五里访《萧儋碑》。三里甘家巷,访萧秀东西碑并西阙。十里过玉龙桥至栖霞镇,入栖霞寺,主僧荆树(大竹人)。入寺小憩,偕老聂遍访佛龛。晚,访矿务委员丁幼云(乃文)。宿栖霞禅室。①	1—437
	十月十五日	早,游天开岩,险峭侧劣,生平游山所未见。宋人题名均在石棱缝中,拓亦不易。饭后,由旧路回书院。入院已戌刻。老聂借六元,连前十元,共十六元(又八日借八元)。	1—437
	十一月一日	老聂送句容碑。	1—440
	十一月五日	老聂往拓太平碑,支卅五元去。	1—440
	十二月廿九日	老聂索贰拾元去。	1—448
丁酉(1897)	二月六日	老聂支五十元去,又与之《曹真碑》一纸(足二元)。	1—457

---

① 此段引文,"汊"原作"汉","儋"原作"澹",据北京大学出版社1986年影印《艺风老人日记》改。

157

续　表

年份	日月	记事	《日记》册数、页码
	五月廿九日	老聂自皖回,得贵池、桐城、潜山金石多种。	1—469
	六月二日	又发叶鞠裳信,寄贵池、桐城、潜山各题名,又《李含光碑》两套,与前徐梧生信,均交薛斋带。……老聂来取卅元去。	1—469
	六月十一日	老聂又取廿元去。	1—471
	八月十四日	老聂取廿元去。	1—478
	九月五日	老聂来算帐,给卅一元,清安徽金石帐。	1—481
	十月七日	老聂取五十元去。	1—486
	十月八日	又给老聂十元,托带袁碌秋地图一分。	1—486
	十二月廿六日	老聂自太平归,得碑二十一种。	1—497
戊戌(1898)	一月四日	老聂来。	1—498
	一月廿日	老聂自南京来(江阴)。	1—500
	二月二日	王升自苏州回,取到子异回片、老聂回付,去洋百元。	1—502
	三月三日	老聂起程。	1—506
	六月一日	老聂自淞太拓金石回。	1—522
	六月四日	老聂取五十元去。	1—523
	六月十七日	老聂送大瓶来。	1—525
	七月一日	发苏州费屺怀信,并祭幛乙轴,交老聂带。	1—526
	八月廿三日	交老聂叶鞠裳信。回苏州取天宝幢,运送德丰典。	1—533
	九月十三日	又接聂明山信,言天宝幢取回。	1—536
	十二月廿七日	老聂来,接费屺怀并石印《春在堂全集》。	1—550
	十二月廿八日	老聂来,借廿元去。	1—550
己亥(1899)	一月四日	老聂来。	2—5

第七章 拓本生产与流通中的拓工——以缪荃孙及其拓工为中心

续 表

年份	日月	记事	《日记》册数、页码
	一月六日	交乾隆本《李元靖碑》并乾隆重摹碑与老聂。	2—5
	一月廿九日	老聂送帐(账?)来。	2—9
	五月廿五日	老聂信……老聂送通州拓本来。	2—25
	七月一日	老聂来。	2—30
	七月四日	老聂送新裱《李元靖碑》,还安徽石牛洞等拓片三分。	2—30
	七月廿四日	发从太仓缪衡甫信,送《留溪外传》《旧德集》,还《据梧集》《蕴愫阁文集》《愿学斋文集》,交老聂带。	2—33
庚子(1900)	一月二日	聂明三来。	2—57
	二月廿四日	接……通州徐积馀信并寄十元,随复一信,寄老聂拓片又《湖海草堂词》。	2—64
	二月廿五日	老聂自镇江回。	2—65
	六月十七日	老聂来。	2—80
甲辰(1904)	四月廿八日	李贻和、老聂来。	2—286
	四月卅日	老聂来,给钱七元。	2—286

缪荃孙对这个拓工的称呼,有打碑人、老聂、聂明山、聂明三以及聂估、聂姓打碑人等多种。[①] 郭玉海先生认为,聂明山又名聂剑光,[②]缺乏证据。考聂剑光名钦,字剑光,是乾隆时期山东泰安人,著有《泰山道里记》,[③]与聂明山毫无关系。缪荃孙与聂明山相识,似始于光绪二十二年(1896)二月廿三日。那一天,刚到任南京钟山书院不久的缪荃孙,应况周颐(夔生)之约,出游静海寺,寻访三宿岩。同行的聂明山,应该是况周

---

① 按:聂估见《〈艺风老人日记〉人名索引》,见《缪荃孙全集·日记》,第四册,第508页。
② 郭玉海《晚清民国间的"名家传拓"与"传拓名家"》,载《故宫学刊》,第五辑。
③ 参看[清]永瑢等《四库全书总目》卷七六《泰山道里记》提要,中华书局,1965年,第667页。

159

颐邀约的，因为聂明山所拓的三宿岩题名，是五天后经由况周颐送到缪氏府上的。也就是说，况周颐是缪荃孙与聂明山相识的中介。①《艺风老人年谱》记其于光绪二十二年"夏间访得江宁聂名山，善访碑，叶鞠裳《语石》与李云从并称'南聂北李'者也"。②聂名山即聂明山，而是年夏间则是缪荃孙正式雇请聂明山的开始。

南京是聂明山的活动中心。缪荃孙在南京本地访碑，会约上聂明山。例如，本年十月中旬，缪荃孙出太平门，循着钟山北麓，寻访南朝陵墓石刻和栖霞山佛龛石刻。他事先已与聂明山约好，带他随行拓碑。由上表也可以看出，聂明山的拓碑活动，先是以南京以及周边的江宁、溧水、句容等地为中心，其后才逐渐扩展到安徽太平、贵池、桐城、潜山等地，继而又扩大到苏南淞太镇江以及江北的通州。

缪荃孙对聂明山的拓碑技艺是颇为赞赏的。他在致金石同道王懿荣的信中，叙述自己在南京钟山书院悠闲度日，"暇则温理旧书，间或出游，城南诸山，蜡屐殆遍。萧秀东西碑，均有数十百字，精拓之，尚可读。唐人题名，宋之各碑，于严子进《记》外，约得七八十种"，特别提到："打碑人聂姓，精细不亚李云从，并由安徽太平，走池州齐山、安庆潜山、桐城，拓得百五十馀种，皆昔人未著录者。"③聂明山的访拓，显著丰富了缪荃孙的江南碑拓收藏，以其南京碑刻拓本收藏为例，他在严观《江宁金石记》之外又多出七八十种，增长数量相当可观。这不能不归功于聂明山。

聂明山既是拓工，也是碑估。缪荃孙与其交往中，也不乏金石拓本的交换与买卖。有时候，聂明山还兼任缪荃孙的使者，替他带些书籍和书信，往来于各地。这些从上表都可以看出来，不再赘述。

---

① 况周颐似乎与南京本地拓工也有相当密切的关系。本年四月九日，他曾向缪荃孙推荐了拓工老荀，次日，老荀就为缪荃孙拓来了《涌金闸》。见《缪荃孙全集·日记》，第一册，第409页。

② 参看张廷银《缪荃孙致凌霞函札释读》，《文献》，2010年第2期。

③ 《缪荃孙全集·诗文》，第二册，第328页。

四、缪荃孙与泰安黄士林及其他刻工

光绪十七年(1891),缪荃孙受山东巡抚张曜聘请,出任济南泺源书院山长。虽然此次他在济南停留只有短短四个多月,他仍然利用这一机缘,大力搜访山东各地的金石拓本。经由其门人尹彭寿介绍,他找到原籍山东泰安的著名拓工黄士林,并派黄士林四出拓碑,"尽拓泰安、肥城、汶上、东阿、济宁、兰山、沂水、蒙阴十馀县"。[①] 尹彭寿也耽好金石碑拓,故与黄士林相熟。

《艺风堂金石文字目·前言》没有明确说缪荃孙雇请黄士林始于何时,翻检《艺风老人日记》,光绪十七年三月二十二日,有"尹祝年(彭寿)来,甚为淹雅"的记载,[②]可知尹彭寿推荐黄士林应在此日或之后。三月二十九日又有"黄姓打碑人送碑十七种来"的记载。[③] 这个"黄姓打碑人"应即是黄士林。如果这一推测不错,那么,缪荃孙雇用黄氏,当在三月二十二日至二十九日之间。两天之后,缪荃孙又"为黄姓开西路金石单",[④]益可证"黄姓(打碑人)"即是黄士林,因为上文所列黄士林拓碑区域(泰安、肥城、汶上、东阿、济宁、兰山、沂水、蒙阴等),恰是属于山东之西路。

四月十九日以后,黄士林的名字正式出现在缪荃孙的日记中。十九日,"黄士林打碑来算帐",二十日,"黄士林结帐,付彼□□千,又借彼十金"。[⑤] 六月十四日,黄士林送其所拓泰山碑送来,二十一日,缪荃孙读好了这批碑拓,认为应给黄士林"四十金"。[⑥] 从这一价钱来看,黄士林送来的这批碑拓数量颇为可观。七月六日,在缪荃孙即将离开济南前

---

① 缪荃孙《艺风堂金石文字目·前言》,《缪荃孙全集·金石》,第一册,第 7 页。参看杨洪升《缪荃孙与泺源书院》,载《山东图书馆学刊》,2006 年第 3 期。
② 《缪荃孙全集·日记》,第一册,第 160 页。
③ 《缪荃孙全集·日记》,第一册,第 161 页。
④ 《缪荃孙全集·日记》,第一册,第 162 页。
⑤ 《缪荃孙全集·日记》,第一册,第 164 页。
⑥ 《缪荃孙全集·日记》,第一册,第 171、173 页。

夕，黄士林又一次送来一批肥城、泰安的碑刻拓本。① 馀下的拓本，第二年五月十一日寄过一次，但直到是年六七月间，缪荃孙还在不停地催促黄士林寄山东碑刻，可见黄士林手里还有拓本未曾寄来。②

《艺风老人日记》是年三月二十九日记："张姓打碑人自长清来，交宋元碑二十分，支四两去。"四月十二日又记："检长清新拓金石，与张打碑结帐。"③这位"张姓打碑人"当即张天翔，因为四月二十五日日记即有"张天翔送长清拓本来"的记录，而二十六日日记又有"专张天翔拓青州金石"的记录，④皆可以为证。这也说明，在黄士林之外，缪荃孙在泺源书院时期还雇用了其他拓工。从现有文献资料来看，缪荃孙对黄、张二人作了大致分工，黄士林集中拓西路碑刻，而张天翔负责拓东路碑刻。

江阴是缪荃孙的原籍。缪荃孙曾主讲南菁书院，对家乡石刻特别注意访求。其间，江阴拓工给了他很大帮助。江阴有丰厚的金石学术传统，曾出过著名的拓工方可中。如前文所引《语石》第565页所言，赵之谦撰《补寰宇访碑录》时，搜访拓本，多得江阴拓工方可中之助。缪荃孙所依赖的江阴刻工，主要是沙士瓒。

沙士瓒出自江阴暨阳沙氏。据《暨阳沙氏宗谱》，沙士瓒一名镇藩，是沙秀岩第六子，道光十七年（1837）生，光绪十七年（1891）卒，年五十五。聘沈氏，未娶而卒于母家，终未再娶，以胞兄士璋子文龙双祧。⑤江阴市暨阳名贤研究院网站上有该研究院院长薛仲良撰《暨阳沙氏源流考略》："十六世沙士瓒，于同治年间，曾会同大学者缪荃孙将《乾明寺五百罗汉名号残碑》制成拓片，遂使佛教界之五百罗汉名号赖以传世，功盖佛界。"⑥《乾明寺五百罗汉名号残碑》是江阴重要的南宋碑刻。所谓乾明寺，亦称广福寺，全名乾明广福禅寺，规制宏敞，殿阁庄严，为邑中诸刹之

---

① 《缪荃孙全集·日记》，第一册，第175页。
② 《缪荃孙全集·日记》，第一册，第211、213、222页。
③ 《缪荃孙全集·日记》，第一册，第163页。
④ 《缪荃孙全集·日记》，第一册，第164页。
⑤ 暨阳沙氏宗谱编修委员会《暨阳沙氏宗谱（诒福堂）》，卷三，2010年，江阴市图书馆藏。
⑥ http://www.jymxyjy.com.cn/news/list.asp? unid=771

第七章 拓本生产与流通中的拓工——以缪荃孙及其拓工为中心

冠。光绪十五年(1889)十月二十日,正在南菁书院任职的缪荃孙与友人"偕至广福寺,观《政和庄田记》《延祐修寺碑》。出寺,草间得绍兴罗汉名号碑阴檀越名残石一块,约百许字,奉之而归,汲水涤清,立拓数纸,江阴人无不以为颠也"。①

虽然此处没有明言拓碑者是谁,但结合下文记载来看,拓工当可确定为沙士瓒。光绪十五年十二月二十日日记又记:"打碑人送建炎牒来,云又得绍兴碑一,急遣之往拓。打碑人沙士瓒甚韵致,广福寺《元符碑》在彼处,愿送书院,其方可中之流亚与!"②由此可见,缪荃孙对沙士瓒评价很高,甚至将其比做当年的方可中。同月二十六日日记又记:"打碑人送绍兴牒来,撰建炎、绍兴两牒跋尾。"③此打碑人当亦指沙士瓒。次年(1890)四月十五日,缪荃孙听人说城东有一古碑,即前去查看,"系前湖何烈女诗,王逢撰,非元刻即明初也",随即派沙士瓒往拓。④ 结合上文对沙士瓒生卒年的考证,可知这几种拓本都是沙士瓒生命的最后几年所制作的。

缪荃孙所撰"建炎、绍兴两牒跋尾",今存《艺风堂文集》卷六,可与《日记》相互印证。《宋建炎复江阴军牒跋》:"《江阴志》亦载,从父老胡崇之请,复为军,而不录此碑,金石各家亦未著录。己丑冬,犹子志名搜得之,手拓以归。江阴古碑日少,得此如获一真珠船矣。因遣工打十数本,分饷海内同志。"⑤"犹子志名"指缪荃孙的侄子缪永禄,他是此碑最早的拓工,而此跋中"遣工"所指则是沙士瓒。《宋绍兴复江阴军牒跋》云:"《宋绍兴三十一年江阴复军牒》,在《建炎牒》碑阴。余拓《建炎牒》,打碑人沙君士瓒,为言碑阴亦有文字,因薙榛莽,发瓦石,出而视之,则《绍兴

---

① 见《缪荃孙全集·日记》,第一册,第 92 页。
② 《缪荃孙全集·日记》,第一册,第 101 页。
③ 《缪荃孙全集·日记》,第一册,第 102 页。按:同书第 99 页十二月九日日记:"上惠山啜茗,观打碑人拓乾符幢",从前后文来看,此打碑人应亦指沙士瓒。
④ 《缪荃孙全集·日记》,第一册,第 121 页。
⑤ 《缪荃孙全集·诗文》,第一册,第 196 页。

牒》也。"①可见《建炎牒》真正的拓工是沙士缵,《绍兴牒》的发现者和拓制者也是沙士缵。

赵阿二,亦称"赵二""打碑人赵姓"。缪荃孙初见打碑人赵阿二,是在庚寅年(1890)正月二十三日。② 二十六日,友人请客,缪荃孙与赵阿二同席,"赵拓到《南唐井阑》《元城隍庙》二碑,天宁寺旛竿石题字一,皆昔人未著录者"。③ 赵阿二此次所拓为江阴本地的碑刻。1892年,赵阿二受命远赴河北正定拓碑,九月廿五日从正定回来,十月八日,他送来了"唐山造象全分"。缪荃孙旋即展读这些碑拓,并于十月十八日与赵阿二议定价格,买下了这批造像拓本。④ 值得注意的是,十月十八日日记中称赵阿二为"赵估",可见赵二亦是碑贾。

在北京时,缪荃孙还雇用过一位姓孟的拓工,日记中称为"老孟"。光绪十六年(1890)六月二十九日,缪荃孙"专老孟赴赵州一带拓碑",十月十一日,"老孟打碑旋京,送碑六十馀种来"。十三日,缪荃孙"读老孟新得碑"。十八年八月三日,他"嘱老孟持函觅梁杭雪开单",五日,"老孟送石幢一双来",十日,"老孟持十金去"。⑤ 由此可见,老孟当是京城拓工。梁于渭字杭雪、杭叔,番禺人,光绪十五年(1889)进士,当时与缪荃孙同在京,有交游。梁杭雪对金石亦有浓厚兴趣,有《龙门山碑目》,⑥他给老孟开列的当亦是访碑目录。

被缪荃孙称为"小王"的拓工,相对于老孟而言,可能比较年轻一些。缪荃孙与小王的联系更早,往来也更多。日记中所见最早记载,是光绪十四年(1888)四月二十五日,"小王自河南来,拓得磁州、安阳多种,均购之"。由此可见,小王是拓工,此次专从河南拓碑归来。此后数日,小王连续上门,二十七日,"小王送湖南题名来,选得卅种",二十八日,"小王

---

① 《缪荃孙全集·诗文》,第一册,第196页。
② 《缪荃孙全集·日记》,第一册,第105页。
③ 《缪荃孙全集·日记》,第一册,第106页。
④ 《缪荃孙全集·日记》,第一册,第232—234页。
⑤ 《缪荃孙全集·日记》,第一册,第130页,第144、145、226页。
⑥ 《缪荃孙全集·日记》,第一册,第301页。

送湖南金石来,挑得六十馀种",二十九日,"小王送九龙岩石刻来,挑得卅种"。① 小王当是京城碑估,手上有相当多拓本资源。他了解缪荃孙收藏金石拓本的兴趣,经常送货上门,供缪荃孙挑选,推销成效可观。五月六日,缪荃孙"开赵州石刻交小王",次日,又"发邢台丁听鹭表叔信、汤縠原信,交小王自投。给小王十金,作拓碑费"。② 虽然小王前赴河南拓碑是否受缪荃孙雇请尚不能确定,但此次赴河北拓碑,显然受缪荃孙所雇,至少缪荃孙是主要委托人之一。缪氏不仅预支拓碑费,而且为他写信给亲友,拜托关照。此后,小王与缪荃孙还维持了多年的碑拓往来。光绪十六年(1890)十二月十八日,"小王送《麓山寺碑》来"。③ 次年二月十七日,"小王来拓《甘泉大师塔铭》",十八日,缪氏"购小王《卫景武公碑》《许熙载碑》"。④ 光绪十八年(1892)六月十七日,"小王送《关宝颙诵德碑》来",七月十二日,"小王取《尹宙碑》去"。⑤ 直到光绪二十年(1894)正月二十二日,缪荃孙还从小王手中购得"乾陵无字碑拓本"。⑥ 这是日记中缪、王交往最晚的一条记载。

遗憾的是,缪荃孙日记从未提到小王的名字。据日记,光绪十九年(1893)二月七日,缪荃孙"录朝鲜碑目与小王",⑦ 此是为小王往朝鲜拓碑作先期准备。十一月十五日,"小王送高丽碑至",次日,"小王来支钱拾八千去"。这说明,在十一月十五日之前,小王已自朝鲜拓碑回来。这是金石学历史上已知的第一次赴海外拓碑。清代嘉庆以来,金石学人开始注意海东石刻,其时海东石刻拓本,多源自来京的朝鲜使臣,相当稀罕。⑧ 小王专程赴朝鲜拓回的碑拓,质量好,种类多,倍加珍贵。缪荃孙

---

① 《缪荃孙全集·日记》,第一册,第15、16页。
② 《缪荃孙全集·日记》,第一册,第17页。
③ 《缪荃孙全集·日记》,第一册,第149页。
④ 《缪荃孙全集·日记》,第一册,第156页。
⑤ 《缪荃孙全集·日记》,第一册,第216、223页。
⑥ 《缪荃孙全集·日记》,第一册,第295页。
⑦ 《缪荃孙全集·日记》,第一册,第248页。
⑧ 参看叶昌炽《语石》,《语石·语石异同评》,第140—141页。

看到这批碑拓之后,马上写定碑目。十二月廿七日,小王"来定高丽碑值,口议给十六两,小王亦允"。① 仅从这个价格也可以看出,当时的高丽碑拓堪称奇货可居。小王这次海东拓碑,应该属于"众筹",但缪荃孙负责开列碑目,在其中发挥了主导的作用。从《语石》中的相关记载来看,叶昌炽似乎也参预此事,并且得到了《平百济碑》和《刘仁愿纪功碑》等拓本,"《平百济碑》,显庆五年贺遂亮文,权怀素书。其书重规叠矩。鸿朗庄严,……厂估王某渡海精拓,余得一本。……同时并拓得《刘仁愿纪功碑》,安雅宽博,亦初唐之佳构"。② 这个"厂估王某",即是《艺风老人日记》中所记之"小王"。可惜叶昌炽亦未记其名。

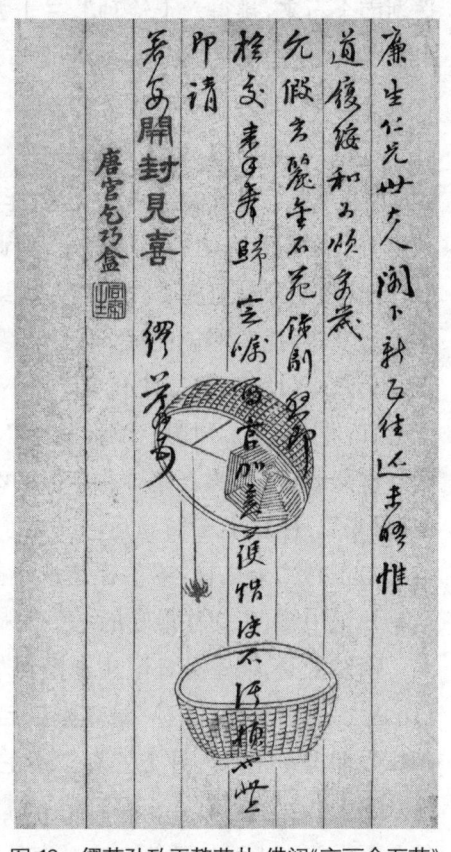

图 10　缪荃孙致王懿荣札 借阅《高丽金石苑》

今检《张佩纶日记》光绪十九年癸巳(1893)三月初九日载:"富华阁碑贾王春山,欲赴朝鲜拓碑,乃廉生所荐,此君古兴可谓豪矣。"③张佩纶日记所记时间与缪氏所记相合,缪氏所谓"小王"盖即富华阁碑贾王春山。④

---

① 《缪荃孙全集·日记》,第一册,第285、291页。
② 叶昌炽《语石》,《语石·语石异同评》,第141页。
③ [清]张佩纶撰,谢海林整理《张佩纶日记》,凤凰出版社,2015年,第531页。
④ 参看程章灿《玩物:晚清士风与碑帖流通》,《学术研究》,2015年第12期,收入本书第十五章。

五、雇约拓工的运作方式及其影响

缪荃孙雇约拓工数量之多,频率之密,时间之久,堪称一时之冠。以缪荃孙为典型案例,可以窥探晚清金石家雇约拓工的运作方式。概括而言,其运作方式有如下五个显著特点:

第一,"众筹"方式。

晚清金石收藏家雇用拓工制作拓本,经常采取"众筹"的方式。对拓工来说,这种方式可以为他们提供更大的市场需求,能够刺激他们制作拓本的积极性;对收藏家来说,这种方式可以使拓工薄利多销,有利于降低拓本价格,减少经济支出。缪荃孙在所撰《艺风堂金石文字目》的《前言》中,回忆自己在供职京师岁月里出入厂肆,典衣质物,购藏拓本,"又得打碑人故城李云从,善于搜访,约潘文勤师(祖荫)、王甹卿户部(颂蔚)、梁杭叔礼部(于渭)、叶鞠裳编修(昌炽)纠资往拓。顺天、易州、宣化、定州、真定碑刻,大半前人所未见。即辽刻得一百十六种,其他可知"。[①] 叶昌炽于其晚年所撰《语石》中,对"众筹"拓碑所涉及人员及地理范围,讲得更为具体:"二十年前,京都士大夫以金石相赏析。江阴缪筱珊、瑞安黄仲弢、嘉兴沈子培、番禺梁杭叔皆为欧赵之学,捐俸醵资,命工访拓。顺天二十四州县以逮完唐诸邑,西至蔚州,东至遵化,北至深定,足迹殆遍。所得诸碑,视前贤倍蓰过之。今厂肆尚有当时拓本。"[②] 从两人所列参与"众筹"的名单来看,缪荃孙无疑是核心中的核心。参与"众筹"的士大夫汇集京都,刺激了京都的碑拓市场,使之成为名符其实的碑拓集散中心,这正如稍后的柯昌泗所言:"士大夫既屡有集赀拓碑之举,碑贩亦往来奔走,每遇新品,必致都下。"[③]

第二,假借官势。

---

① 缪荃孙《艺风堂金石目》,《缪荃孙全集·金石》,第一册,第 7 页。
② 《语石·语石异同评》,第 71 页。
③ 《语石·语石异同评》,第 73 页。

作为物质文化的石刻文献

　　这种"众筹"拓碑，一方面固然是参与诸人有共同的拓本收藏兴趣，另一方面，也往往与某部官书的修撰有关。例如，雇请李云从往顺天等地拓碑，就跟当时正在设局修撰《顺天府志》有关，缪荃孙曾参预其事。多年以后，到了宣统二年（1910），他又主持修撰《江苏通志》。《江苏通志》局刚刚成立，缪荃孙就将需要访求的金石目录发给琉璃厂碑估袁回子，[1]请其代为寻访，同时又专门雇请拓工袁伯成及其徒弟四人外出，在江苏全境搜访石刻拓本。从六月到八月，短短两个月里，袁氏师徒的足迹已遍及江宁、镇江、常州等地，[2]其收获亦相当可观。例如，六月二日，"袁伯成新[自]栖霞回，得造象题名五十馀种"。[3] 这一访碑计划相当宏大，可惜，由于《江苏通志》局半途而废，访碑未能全面展开。值得庆幸的是，袁伯成师徒在宁镇常锡等地访碑的成果，后来被缪荃孙吸收，编入他的个人著作《江苏金石记》之中。

　　参预"众筹"者多半是官僚或者与官僚有往来的文士学者，有时还有官书修撰的堂皇理由，因此，这种"众筹"方式，往往可以假借官势，假公济私，以得其便。李云从在河北一带拓碑，就得到了潘祖荫等京官的支持，因此，他才能够拓到一般人拓不到的石刻。例如，河北定兴标义乡石柱颂，自唐以来，从未见于著录，李云从访碑时发现了此刻，"一字不损，新出于硎"，但当地人认为"此石为一方之镇，风水攸关，封禁甚严"，不许

---

① 《缪荃孙全集·日记》，第三册，第 87 页。按：《清稗类钞·鉴赏类》"袁回子辨碑字"条："江宁有回人袁某者，佚其名，光绪初，设肆于京师琉璃厂，人呼之曰袁回子。精于鉴别碑帖，某本多字，某本少字，历历言之，不稍爽。"见徐珂编《清稗类钞》第九册，中华书局，2010 年，第 4448 页。缪荃孙亦称其为袁回回，光绪十九年十一月一日日记："袁回回送志铭来，挑十七种，以三两四钱酬之。"《缪荃孙全集·日记》，第一册，第 283 页。参看同册第 284 页，第二册第 502 页，第三册第 58 页。

② 缪荃孙《江苏金石记·例言》（《缪荃孙全集·金石》，第二册，第 1 页）："宣统开志局时，雇拓工袁姓带徒四人到处搜访。庚戌五月开局，六月出外，辛亥八月停办，止访及江宁七县，镇江四县，常州三县，至无锡而止，所得不少，惜宜兴未到。今日续办，只凭艺风堂所藏旧本搀入，共得五百种，不过十之五。它日俟有心人续之。"按《艺风老人日记》（《缪荃孙全集·日记》，第三册，第 81 页），记载，庚戌三月廿二日"已刻到志局，行开局礼"，则庚戌三月已开局。

③ 《缪荃孙全集·日记》，第三册，第 92 页。

第七章　拓本生产与流通中的拓工——以缪荃孙及其拓工为中心

棰拓，后来潘祖荫兼任顺天府尹，才命令属下网开一面。① 又如，聂明山被缪荃孙派往安徽拓碑时，缪荃孙也打算透过旧日相识的关系，为他牵线搭桥，提供方便。他在致友人凌霞的信中谈到：

> 打碑人聂姓，甚可爱，南中之李云从也。茅峰回，拟由铜井到太平府，游采石，不知礼房先生准他人拓否？闻方堃吾太守连轸已到任，此京中旧游，或借官势以行之。游山访碑，均极雅事，然不借官势，往往有不能畅者，殊属可哂。②

所谓"方堃吾太守连轸"，指的是安庆知府方连轸，字堃吾，缪荃孙在京时即与相识。拓碑玩石原是风雅之事，却不得不假借公权才能畅行无阻，这让缪荃孙也感到无可奈何。这种无奈并非他一个人所有。在他之前，1873—1876 年，吴大澂任职陕甘学政，陈介祺请其协助派工拓取仓颉庙、石门、敦煌等地石刻，而吴大澂本人为了获取远在新疆的《裴岑纪功碑》等拓本，也曾请求左宗棠帮忙。③ 显然，这也是假借官势的表现。

第三，定向寻访。

缪荃孙和叶昌炽同是晚清金石大家，同样富于金石拓本收藏，但二人的收藏范围不同，收集方法亦各具特色。叶昌炽曾自言"曩年访拓本不可得，乃募工专往拓之"，并且承认"缪艺风诸公访拓畿辅之碑，致力极勤"。④ 相对而言，缪荃孙特别自觉地通过金石目录的调查，主动雇约拓工到指定的地方拓碑。所谓"访拓畿辅之碑"，指的是缪荃孙在京主持《顺天府志》编撰的时候。到南京之后，他的寻访重点则是安徽、江苏两省的碑刻。在他眼里，拓工不仅是拓本的生产者和供货来源，而且弥补了金石学家的体力与时间的不足，是金石学家访碑的手足和耳目的延

---

① 《语石·语石异同评》，第 558 页。
② 《缪荃孙全集·诗文》，第二册，第 338 页。
③ 白谦慎《吴大澂和他的拓工》，第 31—39 页。
④ 《语石·语石异同评》，第 57 页。

伸。缪荃孙搜集金石拓本和研治金石学的每一阶段，都有拓工相伴，目的性相当明确。他不仅为修官书而雇请拓工，也出于自己访碑集拓的需要而雇用拓工。即使在旅行途中，遇到新的碑刻，他也会雇请拓工拓取。① 特别值得一提的是，他发挥自身的金石目录学专长，为拓工指引方向。小王赴朝鲜拓碑，就是根据缪荃孙所提供的碑目，有方向、有重点地搜寻碑石。

第四，亲友支持。

正因为缪荃孙重视拓工，对拓工的需求量大，因此，他的日记中时常可见有同道朋友向其推荐拓工。这种推荐的背景，要么基于缪荃孙的需要，要么出于拓工的请求，要么是二者兼而有之。缪荃孙初到南京不久，况周颐就向他推荐了聂明山，还推荐了另一位拓工老苟。② 他的另外两位朋友蒯礼卿、徐珹宝则分别向他推荐过赵姓拓工和打碑人张瑞卿。③ 显然，这些拓工是以拓碑为生的，不但为人拓碑，而且买卖拓本，是联系拓本生产和流通两个环节的重要人物。例如，况周颐所推荐的老苟，就是专业碑估，缪荃孙也称他为"打碑人山东苟估"，他曾为缪荃孙带来"久已湮没"的《宋陆游钟山定林寺题名》拓本，让缪荃孙欣喜不已。④

如上文所言，缪荃孙年轻时就曾"身自搜访，手自捶拓"，他对拓碑之道有深切的体会。他不仅尊重拓工，也培养家人和仆从学习拓碑技艺，并为他制作石刻拓本。缪荃孙的侄子缪志名，就是他培养出来的拓工。徐乃昌是晚清一大文献学家和收藏家，他曾答应赠予缪荃孙《崇川金石志》，缪荃孙十分高兴，因为根据《崇川金石志》中的金石目录，他就可以按"目"索"石"了。他对徐乃昌说："舍侄能打碑，或令其来拓，可不致漏泄。"⑤ 这

---

① 《缪荃孙全集·日记》第三册第77页记其在杭州，发见新碑刻，即"与（丁）善之约雇人拓金石"。
② 《缪荃孙全集·日记》，第一册，第409页："夔生荐老苟来。""老苟拓《涌金闸》来。"
③ 《缪荃孙全集·日记》，第二册，第233页、第510页。
④ 缪荃孙《宋陆游钟山题名跋》，《缪荃孙全集·诗文》，第一册，第198页。
⑤ 《缪荃孙全集·诗文》，第二册，第385页。

个"舍侄"就是缪志名,①曾参与《宋建炎复江阴军牒》的访拓。② 培养家人和仆从拓碑的一大好处是,可以保证珍贵的碑拓信息不致泄漏,保证同一石刻不因流传拓本过多而降低其市场价值。实际上,徐乃昌与缪荃孙之间,时常交换各自所有的金石目录。徐乃昌此次赠予的《崇川金石志》,后来交给了聂明山,由其赴南通拓取,而缪志名则负责将缪荃孙手上的金石目抄录一份寄赠徐乃昌,显示了缪、徐二人对于碑拓信息的交换与共享。

相传唐代著名书法家颜真卿不仅本人精于镌刻,还有两个精于镌刻的侍从,③此说迄今无法得到确证。清代咸丰年间,书法家何绍基据宋拓本橅刻《秦望山法华寺碑》,由其仆人陈芝负责奏刀重刻,④这是有案可稽的。缪荃孙可能受到前贤的启发,有意培养他的仆从从事拓碑之役。他的仆从拓工中,以北京时期的田福和南京时期的贾升二人最值得注意。壬辰(1892)八月廿五日,缪荃孙曾派田福"上真定打碑,给盘费廿金",十月三十日回来。⑤ 次年四月七日,他"命田福售象及正定、定州二碑与陆纯伯"。⑥ 到了光绪二十年(1894)十月,他发现田福手脚不干净,"盗物甚多,洋锁、席票,并有开考篮偷去银两之弊",立即将田福逐走。⑦ 贾升是在田福被逐走之后来的,那时,缪荃孙已经到了南京。光绪二十二年(1896)三月廿六日,缪荃孙"专贾升上句容拓新出绍圣经,三十日,贾升自句容回,拓来经幢一、经两分、造经记一分"。但不知具体什么原因,第二天,缪荃孙就以"贾升可恶"的理由,要将其"立即逐出"。⑧ 不

---

① 《缪荃孙全集·诗文》,第二册,第 390 页缪荃孙致徐乃昌另一信中言:"石件有舍侄志名料理,无论何时,专价来取,不敢克期",可以为证。
② 《缪荃孙全集·诗文》,第一册,第 196 页。
③ 曾毅公《石刻考工录·自序》,卷前第 3 页。
④ 参看程章灿《石刻刻工研究》,第 6 页。
⑤ 《缪荃孙全集·日记》,第一册,第 228、236 页。
⑥ 《缪荃孙全集·日记》,第一册,第 256 页。
⑦ 《缪荃孙全集·日记》,第一册,第 330 页。
⑧ 《缪荃孙全集·日记》,第一册,第 407 页。按:所谓"绍圣经",是指"新在句容塔上得《金刚经》《千佛名经》三种(另有造经记两石),绍圣三年写"(缪荃孙致凌霞信,《缪荃孙全集·诗文》,第二册,第 338 页)。

过,这似乎只是一时气话,贾升并没有真的被赶走,因为这一年十月十四日缪荃孙还带着贾升和聂明山,一起到栖霞山拓碑。①

第五,慎择拓工。

郭玉海曾将晚清拓工分为两类,一类是文人士大夫从事传拓者,亦称"名家传拓",一类是职业传拓者,亦称"传拓名家"。② 后者也就是所谓职业拓工。从《艺风老人日记》中可以看出,晚清职业拓工数量甚多,不说京城琉璃厂职业碑贾丛集,京城以外,也不难觅得好的拓工,如泰安黄士林和江宁聂明山。因此,缪荃孙对拓工不必"从一而终",而是根据时空环境的方便和需要,慎择拓工。③

拓工的专业水平及其工作态度,决定拓本的质量,也影响拓本的流通。李云从所拓《高丽好大王碑》远胜他本,所拓《定兴标义乡石柱颂》也"一字不损",若"新出于硎"。④ 与敬业的李云从相反,亦有一些拓工草率从事。例如,对于昭陵诸碑,叶昌炽就曾批评"近时拓工惜纸,其磨泐处皆不拓,岁久尘埋,下半截深入土中,亦未尝举而出之,故精本整本极为希觏"。⑤ 又如《张弘范墓碑》,由于碑身高大,缪荃孙等人雇约的拓工"惮梯架之费,因而置之",⑥留下了遗憾。另一方面,这些拓工一次出行,往往制作若干份拓本,除了如约交还雇主,以备留存或交流之需,也会自留一些,作为买卖的商品,扩大拓本的流通面。作为拓本市场的主顾和金石学史的记录者,金石学家往往更关注拓工在拓本流通中所扮演的角色,较少关注拓工在拓本生产过程中的艰辛,这在一定程度上影响他们对拓工的历史贡献作出足够高的评价。

---

① 《缪荃孙全集·日记》,第一册,第 437 页。
② 郭玉海《晚清民国间的"名家传拓"与"传拓名家"》,《故宫学刊》,第五辑。
③ 叶昌炽曾专论"拓手之不可不慎择",见《语石·语石异同评》,第 552 页。
④ 《语石·语石异同评》,第 558 页。
⑤ 《语石·语石异同评》,第 27 页。
⑥ 《语石·语石异同评》,第 57 页。

第八章
秦始皇东巡刻石的传统、礼仪与文本文化

一、秦始皇东巡刻石与秦文化传统

中国刻石始于何时,因为文献不可征,一时难以确定,但始于公元前219年的秦始皇东巡刻石,其与秦国文化传统有直接联系,则是可以确认的。

在传世文献记载和近代以来考古发掘成果中,虽然偶尔可以见到先秦石刻的身影,但其中大多数或不可信,或没有产生重大的文化影响。相传为三皇五帝时代的祝融峰铭,其实只是"道家之秘文"。①《吕氏春秋·求人》称夏禹"功绩铭乎金石,著于盘盂"。按高诱的解释:"金,钟鼎也;石,丰碑也。"②但是,传世文献中并无夏禹立碑的纪录,迄今为止,亦未发现任何夏禹时代的碑刻。旧传夏禹治水时所刻的《岣嵝铭》,"虽见于唐宋人纪载,不过传闻之辞",③出于后人的伪托,也不可信。因此,《吕氏春秋·求人》中的这个说法可能只是当时人以今例古的推论,不太可能找到文物或文献的证据。相传商代鬼方纪功石刻,箕子就封碑文,

---

① [清]叶昌炽《语石》卷一"三代古刻一则",《语石·语石异同评》合刊本,中华书局,1994年,第1页。
② 许维遹撰,梁运华整理《吕氏春秋集释》卷二二,中华书局,2009年,第615页。
③ 马衡《中国金石学概要》,载其《凡将斋金石丛稿》卷二,中华书局,1977年,第66页。

作为物质文化的石刻文献

也都"半由附会,于古无征"。① 还有所谓比干墓上以及季札墓上的孔子题字,虽然流传已久,但可信度更低。②《穆天子传》卷三还记周穆王曾"铭迹于县圃之上",后人附会为刻石纪功,欧阳修早就提出质疑,③历来学者大多不信以为真。因此,传世夏商二代及西周的石刻实际上皆不可信。近代以来,在江西清江吴城商代遗址考古中,曾发掘出大批石刻符号,在殷墟大墓中,也曾出土有12字纪事刻辞的石簋,此外还有战国时代中山国的石刻。这些石刻虽然可信,但对后代的文献文化史并未产生显著影响。

比较可信的传世石刻基本上都是东周以后的,其中影响最大的是石鼓。大约在初唐贞观时代,在天兴县(今陕西凤翔)南二十里许,出土了十块鼓形石,④四面环刻籀文四言诗,旧时或称"陈仓石鼓",⑤或称"陈仓十碣"。⑥ 实际上,根据马衡先生考证,其正确的称法应该是秦刻石,具体来说,这是秦国早期的石刻,断在献公之前,襄公之后(前777—前384),也就是在东周时代。旧说"有以为周宣王时者,唐张怀瓘、窦臮、韩愈也;有以为周文王之鼓,至宣王时刻诗者,唐韦应物也;有以为周成王时者,宋董逌、程大昌也;有以为秦者,宋郑樵也;有以为宇文周者,金马定国也",⑦皆不可据。这是现存年代最早的传世石刻文献,今藏北京故宫博物院。其外形及四面环刻的文字布局,对后来秦始皇刻石产生了

---

① 《语石·语石异同评》合订本,第1页。
② [清]叶昌炽《语石》卷一"三代古刻一则"明言:"比干墓字,岂宜圣之遗迹。"《语石·语石异同评》合刊本,第1页。[明]赵崡《石墨镌华》卷一"周仲尼季札墓题字":"欧阳公疑仲尼未尝至吴,且其字大非古简牍所宜,……即黄长睿、董广川皆以为疑,卒未有敢定其伪者。"《石刻史料新编》第一辑第25册。
③ [宋]欧阳修《集古录跋尾》卷一:"据《穆天子传》,但云登山,不言刻石,然字画亦奇怪。"邓宝剑、王怡琳笺注,人民美术出版社,2010年,第10页。
④ [唐]李吉甫撰,贺次君点校《元和郡县图志》卷二,中华书局,1983年,第41页。
⑤ [唐]杜甫《李潮八分小篆歌》,[清]仇兆鳌撰《杜诗详注》卷一八,中华书局,1979年,第1550—1554页。
⑥ [清]叶昌炽《语石》卷一,《语石·语石异同评》合刊本,第1页。
⑦ 马衡《石鼓为秦刻石考》,载其《凡将斋金石丛稿》卷五,第166页。

影响。

饶有意味的是,传世文献记载的东周石刻多与秦国有关。其中最为可信者,是秦惠文王(前337—前309)时的诅楚文。此刻宋时出土,《集古录》《金石录》诸书都有著录,可惜原石早佚,其详细形制如何,已不得而知。另外还有三种,其年代都在秦昭王之时,也即在秦惠文王至秦始皇之间。其一是所谓华山勒石。韩非《韩非子·外储说左上》:"秦昭王令工施钩梯而上华山,以松柏之心为博,箭长八尺,棋长八寸,而勒之曰:'昭王尝与天神博于此矣。'"①此段叙事颇为具体,但很有可能仍是韩非子的寓言。当然,即使是寓言,其背后也有现实的基础,如下文所引《华阳国志》两条所示。其二是秦与夷人刻石为盟。据晋常璩《华阳国志》卷一《巴志》记,"秦昭襄王时,白虎为害,自秦、蜀、巴、汉患之。秦王乃重募国中'有能杀虎者,邑万家,金帛称之'"。于是夷人杀虎,"欲如要,王嫌其夷人;乃刻石为盟,……盟曰:'秦犯夷,输黄龙一双;夷犯秦,输清酒一钟。'夷人安之"。②此事亦见《后汉书·南蛮西南夷传》,③比较可信。其三是白沙邮石刻。《华阳国志》卷三《蜀志》记李冰事秦昭王为蜀守,于玉女房下白沙邮"作三石人,立三水中,与江神要:'水竭不至足,盛不没肩。'"④后两种石刻都是盟约。总之,这几种石刻都是对重要时刻的铭记,都有礼仪的背景。

以上五件石刻都跟秦有关,而且从秦石鼓、秦惠文王到秦昭王,数百年一脉相延,这决非偶然。它正好说明秦地早有刻石纪事的传统。饶宗颐先生早已指出:"石刻的发展,与秦地文化似乎很有密切的关系。""刻石的风气是秦人加以发展的。""刻石文学,是秦文化中一种重要表现,有

---

① [清]王先慎《韩非子集解》卷一一,中华书局,1998年,第276页。按:同书同页又载:"赵主父令工施钩梯而缘播吾,刻疋(疏)人迹其上,广三尺,长五尺,而勒之曰:'主父常游于此。'"如果此事不是韩非子的寓言,那就应该说是迄今已知最早的摩崖石刻。
② [晋]常璩撰,刘琳校注《华阳国志校注》,巴蜀书社,1984年,第34—35页。
③ 《后汉书》卷八六《南蛮西南夷传》,中华书局,1965年,第2842页。
④ [晋]常璩撰,刘琳校注《华阳国志校注》,第202页。

它的很长远之渊源的。"① 至于何以形成这种文化传统,与秦地的青铜铸造技术是否有关系,还有待于深入研究。

这里想论证的是,秦始皇东巡刻石,正是在这种文化传统的基础上发展起来的,秦石鼓对秦始皇刻石的影响最为明显。首先,从石刻形制来看,"方者谓之碑,员者谓之碣"。② 秦始皇东巡诸刻石即属于碣,"综合诸石观之,其形当在方圆之间,上小下大。石鼓十石并与此同,不过略小,前人无以名之,以其形类鼓,遂谓之石鼓"。③ 显然,秦始皇东巡刻石在形制上直承石鼓,二者皆四面环刻,故石鼓称之为秦刻石乃名正言顺。其次,石鼓与东巡刻石所用文字,虽有秦统一中国前与统一后之别,但体势结构相同者甚多,亦可见其一脉相承。第三,从文本来看,石鼓文为四言诗体,内容上"则以田渔之所获,归而献诸宗庙",故有"祝颂之词",④ 秦始皇东巡刻石亦与之相类。总之,秦始皇东巡刻石根源于秦国石刻传统的文化土壤,同时受当时文化语境影响,有所创新,从而对中国古代文献文化史产生了深远影响。

二、秦始皇东巡刻石与礼仪及齐鲁文化

《史记·秦始皇本纪》对秦始皇东巡刻石有较详细的记载,今按其时代先后,移录如下:

> (秦始皇)二十八年,始皇东行郡县,上邹峄山。立石,与鲁诸儒生议,刻石颂秦德,议封禅望祭山川之事。
>
> 乃遂上泰山,立石,封,祠祀。……禅梁父,刻所立石,其辞

---

① 饶宗颐《论战国文学》,载其《文辙(文学史论集)》,台湾学生书局,1991年,第197—232页。参看程章灿《从金到石,从廊庙到民间——石刻的兴起及其文化背景》,载《中国典籍与文化》,1995年第4期。
② 《后汉书》卷二三,《窦宪传》李贤注,第817页。
③ 马衡《中国金石学概要》,载其《凡将斋金石丛稿》,第67页。
④ 马衡《石鼓为秦刻石考》,载其《凡将斋金石丛稿》,第171页。

第八章　秦始皇东巡刻石的传统、礼仪与文本文化

曰……
于是乃并勃海以东，过黄、腄，穷成山，登之罘，立石颂秦德焉而去。

南登琅邪，大乐之，留三月，……作琅邪台，立石刻，颂秦德，明得意。

（二十九年）登之罘，刻石。其辞曰……，其东观曰……

三十二年，始皇之碣石，使燕人卢生求羡门、高誓。刻碣石门。坏城郭，决通隄防。其辞曰……

（三十七年）上会稽，祭大禹，望于南海，而立石刻，颂秦德。其文曰……①

秦始皇东巡刻石共几次，历来说法不同，一说六次，一说七次。② 近现代学者多持七次说。马衡认为："《史记·秦始皇本纪》言刻石颂德者凡七（邹峄山、泰山、琅邪、碣石、会稽各一，之罘二刻）。"③叶昌炽认为："秦始皇帝东巡，刻石凡六：始于邹峄，次泰山，次琅邪，次之罘，由碣石而会稽。"④叶昌炽将之罘与东观两次刻石合并为一次，他所谓六次实际上即七次，与马衡说法并无本质不同。

欧阳修认为，"秦始皇帝行幸天下，凡六刻石"。⑤ 由于他没有一一列举，故无法确认其所谓"六刻石"的具体所指。不过我们注意到，欧阳修曾经认定，峄山碑所刻虽然是"始皇帝东巡群臣颂德之辞"，但是"至二世时，丞相李斯始以刻石"，因此，他很可能不把峄山刻石计算在内。⑥

---

① 以上七段引文，并见《史记》卷六《秦始皇本纪》，中华书局，1959 年，分见第 242、242、244、244、249—250、251、260 页。
② 金其桢《秦始皇刻石探疑》(《北京大学学报》，2001 年第 6 期)提到有人认为 8 次，其本人又提出 9 次说，窃以为皆源于对文献史料的误解，并不可信。
③ 马衡《中国金石学概要》，载其《凡将斋金石丛稿》，第 67 页。
④ [清]叶昌炽《语石》卷一，《语石·语石异同评》合刊本，第 2 页。
⑤ [宋]欧阳修《集古录跋尾》卷一"秦泰山刻石"条。
⑥ 《集古录跋尾》卷一"峄山刻石"条。按：峄山即邹峄山之简称，此种简略称法并不始于欧阳修，唐人已如此，如杜甫《李潮八分小篆歌》："峄山之刻野火焚。"

那么，欧阳修这一认定的根据何在？其视峄山碑为另类甚至将其排除于秦始皇东巡刻石之外的说法是否有道理呢？复检《史记·秦始皇本纪》，其中并无秦二世始刻峄山碑的直接记载。惟一有些间接关系的材料，是如下一段：

> （二世元年）春，二世东行郡县，李斯从。到碣石，并海，南至会稽，而尽刻始皇所立刻石，石旁著大臣从者名，以章先帝成功盛德焉。
>
> 皇帝曰："金石刻尽始皇帝所为也。今袭号而金石刻辞不称始皇帝，其于久远也如后嗣为之者，不称成功盛德。"丞相臣斯、臣去疾、御史大夫臣德昧死言："臣请具刻诏书刻石，因明白矣。臣昧死请。"制曰："可。"

秦始皇刻石中，只称"皇帝"而不称"始皇帝"，年代久远，很可能会被人误会为后嗣所刻。秦二世就有这样的担心，因此，他下令在秦始皇刻石石旁补刻二世诏书，附列从臣姓名，"以章先帝成功盛德焉"。所以，颜师古说："今此诸山皆有始皇所刻石及胡亥重刻，其文并具存焉。"[①]这自然包括峄山刻石。既然峄山刻石上有二世诏书，欧阳修或许就以此为据，认定峄山刻石上的"始皇帝东巡群臣颂德之辞"是秦二世时所刻。但实际上，《史记》中并没有这方面的证据。相反，《史记》卷二八《封禅书》"祠驺峄山"句下司马贞《索隐》引《从征记》就说："北岩有秦始皇所勒铭。"[②]其观点恰好与欧阳修针锋相对。

不过，峄山刻石确实与其他六刻有所不同。早在北宋末年，赵明诚就已经注意到这一点。"其他始皇登名山凡六刻石，《史记》皆具载其词，

---

① 《汉书》卷二五《郊祀志》对此事的记载可以参照："二世元年，东巡碣石，并海，南历泰山，至会稽，皆礼祠之，而刻勒始皇所立石书旁，以章始皇之功德。"此处引颜说出《汉书》本卷上颜师古注，中华书局，1962年，第1205页。其中，峄山、泰山、之罘三处所刻二世诏书，《集古录跋尾》卷一已予证实。

② 《史记》卷二八《封禅书》，第1366页。

而独遗此文,何哉?"①为什么惟独不载峄山刻石之辞,确是值得探究的。《史记·秦始皇本纪》对六次(或七次)刻石的记述,措辞有所不同,析而言之,可以分为四类:第一类称"立石",如峄山、之罘;第二类先称"立石",再称"刻所立石",如泰山;第三类称"刻石",如之罘东观、碣石;②第四类称"立石刻",如琅邪台、会稽。综合来看,"立石"意味着当时并未刻上文字。秦始皇在泰山先"立石",再"刻所立石",时间相距不远。秦始皇二十八年登之罘,司马迁只说"立石颂秦德焉而去",则当时也并未刻石,直到二十九年再次"登之罘"时才刻石,同时又在东观刻石,前后虽然相距一年,但仍是在秦始皇时代。峄山立石之后,何时再"刻所立石",《史记》没有交代。即使刻于秦二世之时,《史记》也完全可以载录于秦二世纪年之下,或附录于秦始皇二十八年文下。但事实上,《史记》却阙而不载,这是偶尔疏忽,还是有意删略,一时难以解释,暂且阙疑。

自秦始皇二十八年到三十七年,七次刻石前后相隔正好十年,这说明刻石不是秦始皇一时心血来潮,而是自觉的行为。其选择立石刻之地既是名山胜迹之所在,又大体皆在当年的齐楚两国境内。齐楚是秦始皇最后攻灭的两个国家,人心扰攘,亟需安抚,故东巡刻石显然有其现实政治目的。另一方面,更为重要的是,秦始皇东巡立石或刻石,还是其统一中国之后实行的一系列文化整合(cultural integration)措施的一部分,其文化意义不可小觑。

从《史记·秦始皇本纪》的上下文来看,秦始皇二十八年上邹峄山,最初只是立石,后来决定"刻石颂秦德",是在"与鲁诸儒生议"之后,也就是说,"刻石颂秦德"是出自鲁地儒生的建议。峄山和泰山皆在鲁地,秦始皇召集鲁诸儒生商议诸事,是合情合理的。这段文字中所透露的这一重要信息,以往似乎未曾引起学者的注意。关于此事,《史记·封禅书》

---

① [宋]赵明诚撰,金文明校证《金石录校证》卷一三,广西师范大学出版社,2005年,第227页。

② 按:《史记》原文为"刻碣石门",其语词结构与"刻石"相同,故这里视为同类。马衡认为:"秦刻石中惟碣石一刻曰刻碣石门,不云立石,疑即摩厓。"见《凡将斋金石丛稿》,第68页。

提供了更多的背景资料：

> 即帝位三年，东巡郡县，祠驺峄山，颂秦功业。于是征从齐鲁之儒生博士七十人，至乎泰山下。诸儒生或议曰："古者封禅为蒲车，恶伤山之土石草木，扫地而祭，席用苴稭，言其易遵也。"始皇闻此议各乖异，难施用，由此绌儒生。而遂除车道，上自泰山阳至巅，立石颂秦始皇帝德，明其得封也。①

结合前引《秦始皇本纪》中的记叙，我们可以确定两点：第一，鲁地儒生是应召而来；②第二，立石刻颂，是泰山封禅礼的一部分。由于《封禅书》的核心主题是封禅，故司马迁略去"刻石颂秦德"的碑文的具体内容不提。要之，《封禅书》的记载与《秦始皇本纪》并不矛盾。

根据《史记·儒林列传》，孔子卒后，门生散游诸侯，或仕或教，或隐或显，"后陵迟以至于始皇，天下并争于战国，儒术既绌焉。然齐鲁之间，学者独不废也"。③齐鲁之间，儒术存续不绝。在秦汉之际，"鲁诸儒"一直被认为是孔子儒家学术的传承人，他们一贯重视礼仪，重视文献的传承。"及至秦之季世，焚诗书，阬术士，六艺从此缺焉。陈涉之王也，而鲁诸儒持孔氏之礼器往归陈王。"④但是，在秦始皇统一之初，确切地说，在秦始皇二十八年召见鲁地儒生之时，"鲁诸儒"与秦朝的关系并不像后来那么紧张，他们主动提出"刻石颂秦德"的建议，表明了对秦始皇支持的态度与合作的意愿。秦国本身早就有重视石刻的传统，石鼓与秦始皇刻石堪称一脉相承，此其一。石刻所具有的牢固、长久等象征意义，也正是秦帝国所需要的，此其二。刻石为颂，还从一个特定的角度，彰显了儒学重视礼仪和重视文本的传统，此其三。因此，从文化角

---

① 《史记》卷二八《封禅书》，第1366页。
② 《史记》卷二八《封禅书》与《汉书》卷二五《郊祀志》皆称齐鲁之儒生博士，《史记》卷六《秦始皇本纪》及《资治通鉴》则只称鲁诸儒生。
③ 《史记》卷一二一《儒林列传》，第3116页。
④ 《史记》卷一二一《儒林列传》，第3116页。

度来说,"刻石颂秦德",可以说是西方秦文化与东方鲁文化的整合;而从文献文化史的角度来说,与石鼓文长久湮没不彰相反,秦始皇东巡刻石著称于史册,在确立石刻作为中国古代重要文献形式的过程中,发挥了关键的作用。

从礼仪文化的角度来看,立石和刻石都属于祭祀礼仪的重要组成部分。七刻选址,大多与封禅祭祀有关。封泰山、禅梁父,自不待言;登之罘是为了祠阳主,①登琅邪台是为了祠四时主;②到碣石与求仙之礼相关;上会稽则是为了"祭大禹,望于南海"。秦二世继位之后,刻意追随秦始皇的足迹,效法其行为,于是"东巡碣石,并海南,历泰山,至会稽,皆礼祠之"。③ 其实,早在秦二世之前,民间就有从秦始皇刻石中得到启发,利用刻石在政治上反对秦始皇者,此亦可谓"以其人之道,还治其人之身"。秦始皇"三十六年,荧惑守心。有坠星下东郡,至地为石,黔首或刻其石曰:'始皇帝死而地分。'始皇闻之,遣御史逐问,莫服,尽取石旁居人诛之,因燔销其石。始皇不乐,使博士为《仙真人诗》,及行所游天下,传令乐人歌弦之"。④ 在秦人的观念中,石,至少是神山之石,具有与神灵沟通的魔力。而秦始皇东巡刻石,正是自觉将石刻作为一种礼仪和权力宣示的形式,来扩大其政治和宗教两方面的文化影响。

三、秦始皇东巡刻石文本与水德终数

对秦始皇东巡刻石的文本的认识,可以有不同的角度。从媒介形式来看,《史记》称之为立石、刻石、石刻,而宋人多从俗而称之为碑,如欧阳

---

① 《史记》卷六《秦始皇本纪》"穷成山,登之罘"句下唐张守节《正义》引《封禅书》云:"八神,五曰阳主,祠之罘;七曰日主,祠成山,成山斗入海。"第244页。

② 《史记》卷二八《封禅书》记其时所祀八神,"八曰四时主,祠琅邪。琅邪,在齐东方"。第1367页。

③ 《史记》卷二八《封禅书》,第1370页。

④ 《史记》卷六《秦始皇本纪》,第259页。

作为物质文化的石刻文献

修《集古录》和赵明诚《金石录》。① 从文体的角度，也可以有不同的认识。唐人司马贞称之为铭，②张守节则称之为颂，③宋人既然俗称之为碑，那么，其文体自然可以称为碑文，而赵明诚则称其为颂诗。④ 碑、铭、颂、诗，诸名并用，见仁见智，可见其文体身份的复杂性。这种复杂性涉及人们对文体认定的标准以及文体辨析的角度，不是本章要探讨的重点，暂置不论。

　　本章拟从文献文化史的角度，将秦始皇东巡七刻的文本置于文化视野中进行考察，并析论其形式结构的内涵及其意义。抄录各篇颂诗时，大致按照其韵式结构排列，以求眉目清楚。

　　秦峄山刻石早已不存，其文《史记》亦不载。明代金石学者都穆据宋初徐铉重摹峄山碑拓本录文，其辞云：

　　　　皇帝立国，维初在昔，嗣世称王。
　　　　讨伐乱逆，威动四极，武义直方。
　　　　戎臣奉诏，经时不久，灭六暴强。
　　　　廿有六年，上荐高庙，孝道显明。
　　　　既献泰成，乃降专惠，亲輶远方。
　　　　登于峄山，群臣从者，咸思攸长。
　　　　追念乱世，分土建邦，以开争理。
　　　　功战日作，流血于野，自泰古始。
　　　　世无万数，陁及五帝，莫能禁止。
　　　　乃今皇帝，壹家天下，兵不复起。
　　　　烖害灭除，黔首康定，利泽长久。

---

① 如《集古录跋尾》卷一"秦泰山刻石"条称为"峄山碑"，《金石录》卷一三"秦之罘山刻石"云："右秦之罘山刻石，按《史记》本纪，始皇二十九年登之罘山，凡刻两碑。"
② 《史记》卷六《秦始皇本纪》司马贞《索隐》称"之罘、碣石、会稽三铭"，第242页。
③ 《史记》卷六《秦始皇本纪》张守节《正义》，第247、252、261页。
④ 《金石录》卷一二"鼎铭"、卷一三"秦琅邪台刻石""秦峄山刻石"，见《金石录校证》，第211、225、227页。

第八章 秦始皇东巡刻石的传统、礼仪与文本文化

群臣诵□,刻此乐石,以著经纪。①

清代学者严可均校辑此篇,据以编入《全秦文》卷一李斯卷,并有案语云:"秦刻石三句为韵,唯琅邪台二句为韵,皆李斯之辞。张守节言:会稽碑文及书皆李斯。斯狱中上书言:'更刻画,平斗斛度量,文章布之天下。'其显据也。此文《史记》不载。"②严氏所引张守节言,见《正义》。③ 除了"三句为韵"之外,这篇颂诗形式上还有一个特点:全篇共36句,正好是6的6倍,前18句押一韵,共押6韵(王、方、强、明、方、长),后18句押另一韵,共押6韵(理、始、止、起、久、纪)。36、18、6,都正好是6的倍数,这是特别值得注意的。

泰山刻石颂诗云:

皇帝临位,作制明法,臣下修饬。
二十有六年,初并天下,罔不宾服。
亲巡远方黎民,登兹泰山,周览东极。
从臣思迹,本原事业,祇诵功德。
治道运行,诸产得宜,皆有法式。
大义休明,垂于后世,顺承勿革。
皇帝躬圣,既平天下,不懈于治。
夙兴夜寐,建设长利,专隆教诲。
训经宣达,远近毕理,咸承圣志。
贵贱分明,男女礼顺,慎遵职事。
昭隔内外,靡不清净,施于后嗣。

---

① 此处录文据[明]都穆《金薤琳琅》卷二。按:[清]严可均校辑《全上古三代秦汉三国六朝文》据徐铉重摹峄山碑拓本录文,与此小异,如"峄"字,严作"绎",又如末行阙字,严作"略",似误。见《全上古三代秦汉三国六朝文·全秦文》卷一,中华书局,1958年,第121页。
② 见《全上古三代秦汉三国六朝文·全秦文》卷一,第122页。
③ 《史记》卷六《秦始皇本纪》,第261页。

183

作为物质文化的石刻文献

化及无穷,遵奉遗诏,永承重戒。①

从表面来看,泰山刻石颂诗与峄山刻石颂诗大同小异。其共同点很明显:"三句为韵",全篇共 36 句,也是 6 的 6 倍,前 18 句一韵,共押 6 韵(饬、服、极、德、式、革),后 18 句一韵,共押 6 韵(治、海、志、事、嗣、戒)。而其不同点更为明显,峄石刻石颂诗每句皆为四言,而泰山刻石颂诗有两句,即"二十有六年"和"亲巡远方黎民",不是四言。但是,实际上,在石刻上,这两句原文皆是四言,其中"二十有六年",原石作"廿有六年",②"亲巡远方黎民",原石作"亲轮远黎",③司马迁为了便于读者理解,引录之时有意对某些难字难句作了改写。总之,从文本结构形式来看,泰山刻石颂诗与峄山刻石颂诗是完全相同的。

司马贞曾经观察到,泰山刻石"其词每三句为韵,凡十二韵。下之罘、碣石、会稽三铭皆然"。④ 他的观察是敏锐的,不过,还有一点他没有注意到:即全部十二韵其实还可以划分为两个单元,每六韵为一个单元。下面依次来看之罘(包括东观)、碣石、会稽刻石中的四篇铭文(颂诗)。

之罘刻石颂诗云:

维二十九年,时在中春,阳和方起。

---

① 《史记》卷六《秦始皇本纪》,第 243 页。
② 实际上,《容斋随笔》卷五"廿卅卌字"条已探讨并解决了这一问题:"今人书二十字为廿,三十字为卅,四十字为卌,皆《说文》本字也。……案:秦始皇凡刻石颂德之辞,皆四字一句。《泰山辞》曰:'皇帝临位,二十有六年。'《琅邪台颂》曰:'维二十六年,皇帝作始。'《之罘颂》曰:'维二十九年,时在中春。'《东观颂》曰:'维二十九年,皇帝春游。'《会稽颂》曰:'德惠修长,三十有七年。'此《史记》所载,每称年者,辄五字一句,尝得《泰山辞》石本,乃书为'廿有六年',想其馀皆如是,而太史公误易之,或后人传写之讹耳,其实四字句也。"[宋]洪迈撰,孔凡礼点校《容斋随笔》,中华书局,2005 年,第 70 页。
③ 《金石录》卷一三"秦泰山刻石"(第 225 页)已指出,刻石"以《史记》本纪考之,颇多异同",例如"史云'亲巡远方黎民',而碑作'亲轮远黎'。然赵氏谓石刻'皆足以正史氏之误',则未必是。又,《峄山刻石颂诗》中有类似'亲轮远黎'之诗句,可以佐证泰山刻石原为四言。
④ 《史记》卷六《秦始皇本纪》司马贞《索隐》,第 243 页。参看第 249、261 页《索隐》。

第八章 秦始皇东巡刻石的传统、礼仪与文本文化

> 皇帝东游,巡登之罘,临照于海。
> 从臣嘉观,原念休烈,追诵本始。
> 大圣作治,建定法度,显著纲纪。
> 外教诸侯,光施文惠,明以义理。
> 六国回辟,贪戾无厌,虐杀不已。
> 皇帝哀众,遂发讨师,奋扬武德。
> 义诛信行,威燀旁达,莫不宾服。
> 烹灭强暴,振救黔首,周定四极。
> 普施明法,经纬天下,永为仪则。
> 大矣哉!宇县之中,承顺圣意。
> 群臣诵功,请刻于石,表垂于常式。①

严可均据《史记·秦始皇本纪》校录此文,"维二十九年"作"维廿九年","大矣哉"作"大矣□哉","表垂于常式"作"表垂常式"。此外,严氏又加按语予以说明:"'大矣'下脱一字;'表垂'下衍'于'字,今校正。"②严氏作这三处校正,其前提是认定这篇颂诗每句皆为四言,这是正确的。但要说明的,今本《史记》所见的非三言句,未必是传抄过程中的衍脱,而应当是司马迁有意的改写。

东观刻石颂诗云:

> 维二十九年,皇帝春游,览省远方。
> 逮于海隅,遂登之罘,昭临朝阳。
> 观望广丽,从臣咸念,原道至明。
> 圣法初兴,清理疆内,外诛暴强。
> 武威旁畅,振动四极,禽灭六王。
> 阐并天下,灾害绝息,永偃戎兵。

---

① 《史记》卷六《秦始皇本纪》,第 249 页。
② 《全上古三代秦汉三国六朝文·全秦文》卷一,第 122 页。

皇帝明德，经理宇内，视听不怠。
作立大义，昭设备器，咸有章旗。
职臣遵分，各知所行，事无嫌疑。
黔首改化，远迩同度，临古绝尤。
常职既定，后嗣循业，长承圣治。
群臣嘉德，祗诵圣烈，请刻之罘。①

严可均据《史记·秦始皇本纪》校录此文，惟改"维二十九年"作"维廿九年"，如此则全篇皆为四言。总之，之罘、东观两篇颂诗的文本结构，也是每句四言，三句为韵，每6韵一换，共36句，是与峄山与泰山两篇颂诗的格式完全一致的。

碣石刻石颂诗云：

遂兴师旅，诛戮无道，为逆灭息。
武殄暴逆，文复无罪，庶心咸服。
惠论功劳，赏及牛马，恩肥土域。
皇帝奋威，德并诸侯，初一泰宇。②
堕坏城郭，决通川防，夷去险阻。
地势既定，黎庶无繇，天下咸抚。
男乐其畴，女修其业，事各有序。
惠被诸产，久并来田，莫不安所。
群臣诵烈，请刻此石，垂著仪矩。③

张守节《正义》云："此一颂三句为韵。"④此颂前9句押一韵（息、服、域），

---

① 《史记》卷六《秦始皇本纪》，第250页。
② "宇"，原作"平"，据《史记评林》本改。严可均亦谓"泰平"当作"泰宇"，见其校辑《全上古三代秦汉三国六朝文·全秦文》卷一，第122页。
③ 《史记》卷六《秦始皇本纪》，第252页。
④ 《史记》卷六《秦始皇本纪》，第252页。

后18句换押一韵(宇、阻、抚、序、所、矩)。严可均据《史记·秦始皇本纪》校录此文,并认为开头"上脱九句",①虽未明言所据,但其推断是可信的。首先,按前此各篇铭诗的篇章结构,开头总是先交代始皇帝出行,到达某地,然后叙述六国扰乱,赖始皇平定,而本篇开头正缺这一部分;另外从韵句结构来看,也正好缺三韵九句,后人甚至有为其补亡者。②换言之,此诗共有36句,共押12韵,前6韵与后6韵各为一单元。

会稽刻石颂诗云:

> 皇帝休烈,平一宇内,德惠修长。
> 三十有七年,亲巡天下,周览远方。
> 遂登会稽,宣省习俗,黔首斋庄。
> 群臣诵功,本原事迹,追首高明。
> 秦圣临国,始定刑名,显陈旧章。
> 初平法式,审别职任,以立恒常。
> 六王专倍,贪戾慠猛,率众自强。
> 暴虐恣行,负力而骄,数动甲兵。
> 阴通间使,以事合从,行为辟方。
> 内饰诈谋,外来侵边,遂起祸殃。
> 义威诛之,殄熄暴悖,乱贼灭亡。
> 圣德广密,六合之中,被泽无疆。
> 皇帝并宇,兼听万事,远近毕清。
> 运理群物,考验事实,各载其名。
> 贵贱并通,善否陈前,靡有隐情。
> 饰省宣义,有子而嫁,倍死不贞。
> 防隔内外,禁止淫佚,男女絜诚。

---

① 《全上古三代秦汉三国六朝文·全秦文》卷一,第122页。
② 容庚亦认为此处有脱简,并据文意补出9句3韵,见其《秦始皇刻石考》,载曾宪通编《容庚文集》,中山大学出版社,2004年,第198页。

>夫为寄豭,杀之无罪,男秉义程。
>妻为逃嫁,子不得母,咸化廉清。
>大治濯俗,天下承风,蒙被休经。
>皆遵度轨,安和敦勉,莫不顺令。
>黔首修絜,人乐同则,嘉保太平。
>后敬奉法,常治无极,舆舟不倾。
>从臣诵烈,请刻此石,光垂休铭。①

这实际上是两篇颂诗。司马贞《索隐》云:"三句为韵,凡二十四韵。"张守节《正义》云:"此二颂三句为韵。"②综合二注之说,此二颂每篇36句,十二韵,三句为韵,亦与前诸篇颂诗相同。惟一不同的是,这两篇颂诗都是十二韵一韵到底,中间不换韵。不过,第一首第6韵(常)与第7韵(强)之间,还可以看出层次转进,可视为两个单元,而第二首则第6韵(程)与第7韵(清)浑然一体,不可分割。至于"三十有七年"一句,严可均据申屠駉重刻会稽碑拓本录文,即作"卅有七年",③证明这两篇颂诗用四言句式也是一言贯之的。

琅邪台刻石颂诗的情况有点特殊,所以放在最后讨论。此诗前面一段"二句为韵",④共72句,每12句换韵,共换6次韵,可据以分作6章,每章6韵,共36韵。现按照这一分析,分章排列如下:

>维二十八年,皇帝作始。端平法度,万物之纪。以明人事,合同父子。圣智仁义,显白道理。东抚东土,以省卒士。事已大毕,乃临于海。
>
>皇帝之功,勤劳本事。上农除末,黔首是富。普天之下,抟心揖志。器械一量,同书文字。日月所照,舟舆所载。皆终其命,莫不

---

① 《史记》卷六《秦始皇本纪》,第261—262页。
② 《索隐》《正义》并见《史记》卷六《秦始皇本纪》,第261页。
③ 《全上古三代秦汉三国六朝文·全秦文》卷一,第123页。
④ 《史记》卷六《秦始皇本纪》,第245页。

第八章 秦始皇东巡刻石的传统、礼仪与文本文化

得意。

应时动事,是维皇帝。匡饬异俗,陵水经地。忧恤黔首,朝夕不懈。除疑定法,咸知所辟。方伯分职,诸治经易。举错必当,莫不如画。

皇帝之明,临察四方。尊卑贵贱,不踰次行。奸邪不容,皆务贞良。细大尽力,莫敢怠荒。远迩辟隐,专务肃庄。端直敦忠,事业有常。

皇帝之德,存定四极。诛乱除害,兴利致福。节事以时,诸产繁殖。黔首安宁,不用兵革。六亲相保,终无寇贼。欢欣奉教,尽知法式。

六合之内,皇帝之土。西涉流沙,南尽北户。东有东海,北过大夏。人迹所至,无不臣者。功盖五帝,泽及牛马。莫不受德,各安其宇。①

第一句"维二十八年",石刻原本应作"维廿八年"。② 这篇颂诗在形式上是相当工整的,除了"二句为韵",换韵较多之外,与前诸篇颂诗并无不同。最值得注意的是,其韵数、章数及总句数,全都是6的倍数。结合会稽颂诗的体制来看,这72句亦可分为两篇,每篇各36句。

张守节《正义》认为,琅邪台颂诗有前后两序,皆"二句为韵",颂诗才"三句为韵"。③ 张守节所谓前后两序指的是什么,不易确定,根据"二句为韵"的标准来判断,前序有可能是指上文所引这一段,共72句,则后序即指《史记·秦始皇本纪》所引如下文字:

维秦王兼有天下,立名为皇帝,乃抚东土,至于琅邪。列侯武城侯王离、列侯通武侯王贲、伦侯建成侯赵亥、伦侯昌武侯成、伦侯武

---

① 《史记》卷六《秦始皇本纪》,第245页。
② 严可均录文,即作"维廿八年",见《全上古三代秦汉三国六朝文·全秦文》卷一,第122页。
③ 《史记》卷六《秦始皇本纪》,第247页。

信侯冯毋择、丞相隗林、丞相王绾、卿李斯、卿王戊、五大夫赵婴、五大夫杨樛从，与议于海上。曰：

古之帝者，地不过千里。诸侯各守其封域，或朝或否。相侵暴乱，残伐不止。犹刻金石，以自为纪。①

其中，前半段列举从行诸臣 11 人的身份与名字，后半段才是二句一韵的韵文。严可均参考琅邪碑拓本，认为这 11 个人名之下，"文多，不得与颂同石。今颂碑见存，五夫二杨樛后便刻二世诏书，知始皇时所刻止此耳"。② 在严氏看来，始皇所刻琅邪台颂诗，只有 72 句外加从臣 11 人题名，后面的文字是秦二世所刻。但司马迁将二者并列，并未作何分别，因此难以遽下判断。这个文本是秦始皇所刻还是秦二世所刻，其实并不特别重要。重要的是《史记》所录还有"三句为韵"的一段，我根据其押韵重新排列，试图恢复这段文字的 6 韵结构：

古之五帝三王，知教不同，法度不明。
假威鬼神以欺远方，实不称名，故不久长。
其身未殁，诸侯倍叛，法令不行。
今皇帝并一海内，以为郡县，天下和平。
昭明宗庙，体道行德，尊号大成。
群臣相与诵皇帝功德，刻于金石，以为表经。③

我将"假威鬼神"与"以欺远方"并为一句，以确立每韵三句的结构形式。这段文字句式较多参差，非四言句估计皆出自司马迁之改写。从总句数来看，这篇颂诗不足 36 句，应当是不完整的。④

---

① 《史记》卷六《秦始皇本纪》，第 246 页。我根据用韵，对原书的标点符号作了调整。
② 《全上古三代秦汉三国六朝文·全秦文》卷一，第 122 页。容庚亦持此说，见其《秦始皇刻石考》，《容庚文集》，第 192—196 页。
③ 《史记》卷六《秦始皇本纪》，第 246—247 页。
④ 《史记》录碣石及琅邪台刻石颂诗不完整，可能是因为司马迁所见原石刻辞已有阙损。

第八章 秦始皇东巡刻石的传统、礼仪与文本文化

综上所述,秦始皇东巡七刻的文本,是有严格的结构模式的。这种结构模式可以简单归纳为如下几点:第一,通篇诗体采用四言;第二,句数每篇36句,无论是以二句为韵的琅邪台刻石,还是以三句为韵的其他各刻,其最终句数都是36(6×6)句;第三,分章、押韵,也都以6或6的倍数为度;第四,既然句数、韵数都是6的倍数,全篇字数自然也是。这里最突出也最值得探究的现象,就是对数字6尤其是36(6×6)的迷执。①《史记·秦始皇本纪》云:

> 始皇推终始五德之传,以为周得火德,秦代周德,从所不胜。方今水德之始,改年始,朝贺皆自十月朔。衣服旄旌节旗皆上黑,数以六为纪,符、法冠皆六寸,而舆六尺,六尺为步,乘六马。更名河曰德水,以为水德之始。②

刘宋裴骃《集解》引张晏云:"水,北方,黑。终数六,故以六寸为符,六尺为步。"《史记·封禅书》亦云:

> 秦始皇既并天下而帝,或曰:"黄帝得土德,黄龙地螾见。夏得木德,青龙止于郊,草木畅茂。殷得金德,银自山溢。周得火德,有赤乌之符。今秦变周,水德之时。昔秦文公出猎,获黑龙,此其水德之瑞。"于是秦更命河曰"德水",以冬十月为年首,色上黑,度以六为名,音上大吕,事统上法。③

司马贞《索隐》:"传,次也,谓五行之德始终相次也。《汉书·郊祀志》曰:齐人邹子之徒论著终始五德之运,始皇采用。"④所谓"推终始五德之

---

① 蒋经魁《秦始皇东巡刻石考述》(《驻马店师专学报》,1989年第3期)已论及秦始皇七刻之字数韵数皆是六的倍数,与秦崇信水德相关,本章在此基础上作更详细深入的分析。
② 《史记》卷六《秦始皇本纪》,第237—238页。
③ 《史记》卷二八《封禅书》,第1366页。
④ 《史记》卷六《秦始皇本纪》,第238页。

传",即根据五德终始之说来推算。秦始皇采取齐人邹衍五德终始之说,以六为水德终数,将其作为秦朝的"吉祥数字"。秦始皇统一天下之后,"分天下以为三十六郡",①"三十六"正好是六的六倍,当是有意为之的。对水德终数六的说法,齐鲁儒生应是熟悉的,甚至如数家珍。在刻石颂诗中采用以 6 这个数字为中心的结构模式,每篇 36 句,以此比附水德及天下三十六郡,很可能即出自齐鲁儒生的建议,这也为齐鲁儒生建议刻石颂秦德提供了一个旁证。司马迁和叶昌炽等人皆合之罘与之罘东观为一次,从秦帝国对六的迷执来看,似乎应当说,秦始皇东巡刻石共计六次。

秦始皇东巡刻石采用长篇四言诗体,奠定了石刻铭文体式,并对后代碑志铭文产生了影响。汉碑(如《乙瑛碑》)中载录三公奏事文书,其体制也来自秦刻石。总之,秦始皇在新的政治文化背景之下,发掘了石刻的纪念与记忆的文化功能,在中国文化史上做出了重要的贡献。而李斯配合秦朝水德终数的意识形态而创作的秦始皇东巡颂诗,则为秦朝文化史和石刻文献史添加了创新的篇章。

---

① 《史记》卷六《秦始皇本纪》,第 239 页。

第九章
礼物：汉碑与社会网络

石刻是汉代社会网络中一种特殊的礼物。这里的"石刻"不仅包括各种汉碑,也包括汉代的画像石、墓阙题刻、墓室题记、摩崖题刻等诸种石刻。这里的"礼物",不仅指古代礼仪场合(包括祭祀、丧葬以及工程典礼等纪念性场合)所用的物品(ritual material),而且,更重要的,它是指现代人类学或者社会学意义上的礼物(gift)。前一种意义上的礼物,几乎可以不证自明,因为汉代石刻绝大多数都与礼仪场合分不开;而后一种意义上的礼物,作为编织和展现汉代社会网络的重要媒介之一,为我们理解石刻之生产制作、形制特色及其文本内容提供了一个新视角。将石刻作为汉代社会网络中的礼物来研究,不仅可以使我们从发生学的角度理解石刻生产与社会网络的密切关系,而且可以深入探究汉代社会网络的丰富性、复杂性以及石刻在其中所发挥的特殊作用,并进而讨论石刻文献的社会文化意义。同时,这样的研究不仅借鉴了当代西方文化人类学的理论和物质文化研究的视角,也糅合了传统学术中对于礼仪制度以及社会风俗的关注和重视,在方法论上突显融汇中西的特色。

一、礼物制作与石刻礼物之双重性

人类学家早已指出,"礼物馈赠是人类社会中最为重要的社会交换方式之一。义务性的礼物往来维持、强化并创造了各种——合作性的、竞争性的抑或是敌对性的——社会联结。因此,研究礼物交换为我们提

作为物质文化的石刻文献

供了一条理解和诠释既定社会中不同文化规则及社会关系结构的途径"。① 石刻是汉代社会网络中的礼物,就其所发挥的维持、强化并创造各种社会联结的功能而言,它与通常的礼物并无不同。当然,这里必须指出,它所创造的社会联结基本上都是合作性的,而不是竞争性的,更不是敌对性的。同时,在其他方面,汉代石刻作为礼物也自有其特殊性。

从形态来看,汉代石刻既有其作为物质的自然属性,又有其作为文章的文本属性。一方面,这两种属性是有分别的,汉人对此已有自觉意识。比较突出的例子是《先生郭辅碑》:"其季女明文,颍川之夫人也,感惟考妣克昌之德,登山采石,致于墓道。邑人缙绅,刻石作歌,昭示来嗣。"②"登山采石"者是郭辅的季女,对应的是石刻的物质属性,而"刻石作歌"者是"邑人缙绅",对应的是石刻的文本属性。"致于墓道"表达的是女儿向父亲丧葬献礼之意,而"昭示来嗣"则展示了邑人缙绅献礼的公开姿态。另一方面,物质与文本二者又相辅相成,构成了汉代石刻独特的礼物内涵,促进了其功能的发挥与意义的传播,甚至成为物质形态长久存在的保证。用人类学家的话来说,"礼物的物质内容和它的文化意义及仪式情境是浑然一体的"。③

物料是否讲究,工艺是否精良,是衡量礼物精粗及其价值高下的重要依据。石料粗劣,近则直接影响文字或者画像镌刻的表现水平与效果,远则影响石刻之耐久程度,进而影响石刻在长时段内发挥其作为礼物的功能。文本传播之效果,在一定程度上取决于物料之质地。某些汉代石刻能够传留至今,字划依然清晰可辨,端赖石质之坚贞。所以,汉人造作石刻尤其是碑刻,首先要选择优质的石料。"名山""嘉石"是汉代石刻中时常提到的词语,例如《卫尉衡方碑》中标举"采嘉石,树灵碑",④

---

① 阎云翔著,李放春、刘瑜译《礼物的流动——一个中国村庄中的互惠原则与社会网络》,上海人民出版社,2000年,第1页。
② [宋]洪适《隶释》卷一二,中华书局1985年影印洪氏晦木斋刻本《隶释隶续》合刊本,第142页。
③ 阎云翔著,李放春、刘瑜译《礼物的流动——一个中国村庄中的互惠原则与社会网络》,第43页。
④ 《卫尉衡方碑》,见[宋]洪适《隶释》卷八,《隶释隶续》合刊本,第90页。

"嘉石"与"灵碑"相对,相互证明。《大尉桥公碑》亦声称"乃共勒嘉石,昭明芳烈",①意在强调只有质量不凡的石料,才能与"昭明芳烈"相匹配。而《泰山都尉孔宙碑》中更突出"共陟名山,采嘉石"。②"嘉石"出自"名山",有品牌效应,亦有质量保障,更能突显其不同寻常的经济价值。要之,所谓"陟名山,采嘉石",一方面强调了送礼行为的庄严谨重,另一方面宣扬了礼物本身的精美独特,无形之中抬升了这一礼物的价值和身份。

此外,"名山"还可能具有某种文化传统方面的内涵,嘉石也因此而具有与众不同的文化身份。从这一个意义上说,"南山"与"名山"差不多是同义词。《芗他君石祠堂题记》特别声明:"堂虽小,径(经)日甚久,取石南山,更逾二年。"③采石南山,煞费苦心,历时两年,实属不易。《从事掾武梁碑》更是骄傲地声称,其孝子孝孙等"躬修子道,竭家所有,选择名石,南山之阳,攉取妙好,色无斑黄,前设坛墠,后建祠堂"。④ 只有"南山之阳"才出产"色无斑黄"的"妙好"名石,这里说得很明确,但是,"南山"是否具体指当地城南某座名山,则有很大疑问。我以为"南山"更可能是虚指,因为"南山"是汉代人的套语,出于汉人伪托的宁戚《饭牛歌》中就有所谓"南山矸,白石烂"。⑤ 东汉以降,在众多诗人笔下,南山与名石之间的联系被进一步强化,并逐渐进入汉语文学词语宝库,成为后代诗文作家的牢固记忆。⑥

汉代碑刻有多种不同的物质形态。从所处位置来看,有立于地面上

---

① 《太尉桥公碑》,见[汉]蔡邕著,邓安生编《蔡邕集编年校注》,河北教育出版社,1999年,第357页。
② 《泰山都尉孔宙碑》,见[宋]洪适《隶释》卷七,《隶释隶续》合刊本,第82页。
③ [日]永田英正编《汉代石刻集成·图版释文篇》,东京同朋舍,1994年,第118—119页。
④ [宋]洪适《隶释》卷六,《隶释隶续》合刊本,第75页。
⑤ 逯钦立辑校《先秦汉魏晋南北朝诗》,中华书局,1983年,第317页。逯钦立按语认为此歌出于汉人伪托。
⑥ 例如,[唐]方干《玄英集》卷五《与桐庐郑明府》:"却恐南山尽无石,南山有石合为铭。"又如[元]谢应芳《龟巢稿》卷五《张知府命子送祖考墓碑还乡》:"潜德幽光恐磨灭,伐石南山镌墓碣。"再如[元]周霆震《石初集》卷三《石言》:"南山白石坚不朽,镌磨誓入良工手。"以上三书,并见台湾商务印书馆影印文渊阁《四库全书》本。

作为物质文化的石刻文献

的石刻,一般称之为汉碑,其具体位置又有山川、神庙、都邑、墓道之不同;有的是利用山岩崖壁,依山而刻,与大自然融为一体;还有的则是埋于墓穴之中,包括类似雏形墓志的墓记以及画像石。从形制来看,各种石刻虽有长短大小之不同,但都要对石料进行加工,因而与自然状态的石料已经截然不同,即使是摩崖石刻,也必须对自然崖壁作人工整治,芟除杂草,砻平石面,才能刻字。在加工过程中所耗费的人力物力,构成了石刻物质价值的一部分。不同类型的石刻,所需要的加工难度不同,所耗费的人工多少各异,成品之精粗程度也不等,这些都决定了石刻的工价,也是决定石刻作为物的价值的重要因素之一。不少汉代石刻上题刻工价,买山记、画像记、石阙题记以及祠堂题记中尤其常见。例如《昆弟六人买山地记摩崖》记兄弟六人买山地为冢地,值三万钱。① 冢地是献给去世的亲属的礼物,三万钱可以说是这个礼物的价值。这当然是指地价,而不是指造此摩崖石刻的工钱。《肥城县栾镇画像石题记》则专门指明"石直":"建初八年八月成,孝子张文思哭父而礼,石直三千。"② 这是孝子张文思献给其父亲的礼物,"石直三千"应该包含石料价钱与画像镌刻的工钱在内。《莒南孙氏石阙题记》:"元和二年正月六日,孙仲阳□升父物故,行□□礼□作石阙,贾直万五千。"③ 建初八年(83)与元和二年(85)相隔只有两年,肥城与莒南两地相去不远,而后一件石刻的价值却是前一件的五倍,或许是因为前者只是单纯的画像石,而后者则是石阙,工程更大,故耗费较巨。建立石祠堂,工程无疑比石阙更大,故耗资亦更巨。如永兴二年(154)的《芗他君石祠堂题记》,虽然芗氏兄弟一再声言祠堂甚小,但仍然"叚(假)钱二万五千"。他们"不避晨夏,负土成墓,列种松柏,起立石祠堂"的目的,就是为了让去世的双亲"魂零(灵)有所依

---

① [日]永田英正编《汉代石刻集成·图版释文篇》,第 23—24 页。按:《开通褒斜通摩崖》中也详细载录工程所费工、料、钱数,但其性质与《昆弟六人买山地记摩崖》不同。
② [日]永田英正编《汉代石刻集成·图版释文篇》,第 26—27 页。
③ [日]永田英正编《汉代石刻集成·图版释文篇》,第 28—29 页。

第九章 礼物:汉碑与社会网络

止",①其献礼之意甚为明显。

来自大自然的山岩石料,经过人工开凿、砻平,进行文字或者图案的雕刻,从顽石逐步转变成一个可用的、有意义的礼物。造作礼物是一个复杂的过程,要经过多道工序,需要不同人员的协作配合。例如,在《西岳华山庙碑》中,就有负责"市石"的霸陵杜迁,负责"察书"的书佐新丰郭香以及刻工颍川邯郸公修、苏张等。② 石匠无疑是其中最为关键的角色之一。汉代石刻中,石匠一般称为"石师",偶或称为"工人"或者"碑师"。《封龙山颂》《无极山碑》和《李翕郙阁颂》上皆有石师的署名,③熹平三年(174)刻《桂阳太守周憬功勋铭》者自称"工师南阳宛王迁字子强",④光和四年(181)刻《三公山碑》的石师是刘元存,⑤而永建三年(128)刻《王孝渊残碑》的张伯严自称"工人",⑥建安二十一年(216)刻《绥民校尉熊君碑》的工人则自署"碑师舂陵程福"。⑦ 整体来看,石匠署名见于汉代石刻之比例,明显高于撰文者与书写者署名的比例,这从一个侧面突显了汉代石刻的物质性。这一点值得我们注意。

除了石师之外,画师也非常重要。从理论上说,画师可能只负责绘画而不管雕刻,但有时候,画师与石师是一身二任的。例如《从事武梁碑》称:"前设坛墠,后建祠堂,良匠卫改,雕文刻画,罗列成行,摅骋技巧,委蛇有章。垂示后嗣,万世不亡。"⑧卫改兼任文字和画像的雕刻,不愧为"良匠"。这几句话的重点不是表彰卫改,而是夸耀此画像石从材料质量到工艺水平都高人一等。类似的例子是《安国祠堂题记》,建祠堂者夸

---

① [日]永田英正编《汉代石刻集成·图版释文篇》,第 118—119 页。另外一个祠堂即安国祠堂则费钱二万七千,亦可作为参证,见同书第 128—129 页。
② [宋]洪适《隶释》卷二,《隶释隶续》合刊本,第 26 页。
③ 分别见高文《汉碑集释》(修订本),河南大学出版社,1997 年,第 252 页;[宋]洪适《隶释》卷三、卷四,《隶释隶续》合刊本,第 46、54 页。
④ [宋]洪适《隶释》卷四,《隶释隶续》合刊本,第 56 页。
⑤ [宋]洪适《隶释》卷三,《隶释隶续》合刊本,第 44 页。
⑥ 高文、高成刚编《四川历代碑刻》,四川大学出版社,1990 年,第 8 页。
⑦ [宋]洪适《隶释》,卷一一,《隶释隶续》合刊本,第 132 页。
⑧ [宋]洪适《隶释》,卷六,《隶释隶续》合订本,第 75 页。

作为物质文化的石刻文献

称他们"募使名工高平王叔、王坚、江胡、栾石,连车采石县西南小山阳山",①其夸耀姿态与《从事武梁碑》一样明显。这再次说明,就制作石刻礼物这一过程而言,石匠的重要性甚至高于撰文者与书写者。从这个角度来看,石匠的署名,既是其荣誉感的呈现,也是其责任性的保证。

碑刻作为礼物的价值,也体现在其所刻的文字与图案上。碑刻上的文字与图案,既是这种礼物所特有的形式之一,也承载着其所特有的文化内涵,使碑刻具有更直接、更多样、更深刻的情感表达功能。对画像石、石阙以及祠堂来说,画像的重要性明显高于文字;对其他碑刻来说,文字反而显得更重要一些。有意思的是,在不少画像石、石阙以及祠堂刻石中,可以看到对画像内容的描述,有的比较简单,寥寥几笔,有的详细缕述,不厌其烦。这些描述并不是附图配文式的说明,而是以说明石刻价值为宗旨。换句话说,这种说明是将画像作为石刻的组成部分之一,描述石刻的内涵,同时彰显其价值。例如,《安国祠堂题记》的建造者是死者的父母兄弟,他们从多方面突出这份礼物的非同寻常:首先是他们的齐心和诚意:"并力奉遗","以其余财,造为此堂"。其次是礼物的贵重,"买钱二万七千"。再者是礼物的精美,这里有一段细致的描绘:"雕文刻画,交龙委蛇,猛虎延视,玄猨登高,师熊啐戏,众禽群聚……。"②在这类情境中,不应该将画像及其题记与石刻的其他部分割裂开来,而应该将其看作石阙或者祠堂的一部分。无论如何,它都是生者献给死者的礼物,凝聚了生者(亦即送礼者)对死者(亦即接受者)的深切情感。

画像石题记中列举画像石的内容,还有类似缕列礼单、昭告幽明两界之意。最为典型的例子是《元嘉元年画像石题记》:

> 元嘉元年八月廿四日,立郭毕成,以送贵亲。魂零(灵)有知,柃(怜)哀子孙,治生兴政,寿皆万年。簿疏郭中画,观后当,朱爵对游夬仙人,中行白虎后凤皇。中直柱,只结龙,主守中[罍]辟邪,夹室

---

① [日]永田英正编《汉代石刻集成·图版释文篇》,第128—129页。
② [日]永田英正编《汉代石刻集成·图版释文篇》,第128—129页。

第九章 礼物：汉碑与社会网络

上硚五子舉，僮女随后驾鲤鱼，前有白虎青龙车，后[即]被轮雷公君，从者推车平桿冤，厨上卫桥尉车马。前者功曹后主簿，亭长骑佐胡便弩。下有深水多鱼者，从儿刺舟渡诸母，便坐上，小车軿，驱驰相随到都亭，游徼候见谢自便，后有羊车橡其轙，上即圣鸟乘浮云。其中画，橡家亲，玉女执尊杯桉桦，局狀稳杭好弱儿，堂硚外，君出游，车马道从骑吏留，都督在前后贼曹，上有虎龙衔利来，百鸟共□至钱财。其硚内，有倡家，生□相和咊吹庐，龙爵除央輶鳔鱼，堂三柱，中□□，龙□非详，左有玉女与仙人，右柱□□。请丞卿，新妇主待给水将，堂盖荪，好中□，枼上□色末有盱，其当饮食就天仓饮江海，学者高迁宜印绶，治生日进钱万倍，长就幽冥则决绝，闭圹之后不复发。①

从礼物交换的角度分析，这一段文字有两方面的意义：一方面，它对画像内容有详细描述，如同汉赋中的铺叙，这些画像为死者描绘了在另一个世界生活的理想图景，增加了这份石刻礼物的情感分量，完成了这份礼物"以送贵亲"的目的；另一方面，送礼者在这段文字的头尾，两次表达了殷切的期望，即期望死者能够"枔(怜)哀子孙，治生兴政，寿皆万年"，"学者高迁宜印绶，治生日进钱万倍"。显然，这就是送礼者所期望得到的回报，与一般礼物交换主要是物与物的交换不同的是，这种礼物交换对回报有着更高的期待。

汉末《古诗十九首》有云："人生非金石，岂能长寿考。奄忽随物化，荣名以为宝。"②谥号就是身后确认的"荣名"，也是一种献给逝者的礼物。在汉碑中，不少人在身后获得私谥，这种私谥以显著的形式，附载于石刻之上，从另一个角度彰显了石刻的礼物属性。"盖有爵者行事著于朝廷，其谥赐之于上，无爵者行事见于闾里，其谥定之于下。""载私谥必

---

① [日]永田英正编《汉代石刻集成·图版释文篇》，第110—111页。
② [南朝梁]萧统编，[唐]李善注《文选》卷二九，中华书局影印胡刻本，1977年，第411页。

载作谥之人,此定例也。……鲁峻以门生议谥,贤而尊之,是以称父('忠惠父')。"①此处以《鲁峻碑》为例。鲁峻卒后,其门生汝南王商、沛国丁直、魏群马萌等三百廿人,"追惟在昔,游夏之徒,作谥宣尼,君事帝则忠,临民则惠,乃昭告神明,谥君曰'忠惠父'"。②《隶释》卷九《玄儒先生娄寿碑》洪适按语云:"娄君名寿,以灵帝熹平三年卒,国人相与论德处词,谥之曰玄儒先生,犹陈寔之文范,法真之元(玄)德也。《隶释》又有《忠惠父鲁峻碑》,亦非谥于朝者。群下私相谥,非古也。"③虽然私谥不合古礼,也没有得到朝廷的正式核准,但它毕竟不是由某一个人而是由某一社会群体制作的礼物,它也如同一个标签,代表了民间的评价和认定,具有特殊的文化价值与社会意义。

二、不同类型的赠礼

一般而言,礼物交换的社会功能可以分为工具性和表达性两大类,二者都具有双向性和互惠的特征,这也就是《礼记·曲礼上》所谓"礼尚往来。往而不来,非礼也;来而不往,亦非礼也"。④ 然而,由于社会等级划分以及由此造成的地位、权力与声望等差别,礼物交换过程中也会出现不均衡以及单向馈赠的现象。⑤ 汉代石刻所联结的社会网络中的双方,不少存在社会等级与地位差别,甚至有相当大的等级地位落差,因此,礼物交换关系中的不均衡以及单向馈赠现象相当突出,以致使人怀疑这种礼物交换是否还具有双向往来以及彼此互惠的特征。实际上,汉

---

① [清]刘宝楠《汉石例》卷一"碑文载私谥例",载[清]朱记荣辑《金石全例》,北京图书馆出版社,2008年,上册,第771—776页。两段引文分别见第775—776、772—773页。
② [日]永田英正编《汉代石刻集成·图版释文篇》,第202—203页。
③ [宋]洪适《隶释》卷九,《隶释隶续》合刊本,第103页。
④ [汉]郑玄注,[唐]孔颖达正义,吕友仁整理《礼记正义》卷二,上海古籍出版社,2008年,第22页。
⑤ 参看前引阎云翔书第三章《礼物世界:初步的分类》、第六章《互惠原则与人情伦理》以及第七章《礼物交换关系中的权力与声望》。

第九章 礼物：汉碑与社会网络

碑作为礼物有一套独特的社会交换运作体系，支撑这一体系正是汉代的"文化规则及社会关系结构"。由于这套体系的运作，表面上不均衡的汉代石刻礼物交换实质上达到了动态均衡，其单向性之不足亦相应得到了弥补。汉代石刻中的纪功颂德碑，最集中体现了这一方面的特点。

同处于汉代社会之中，不同碑刻所呈现出的礼物交换关系和社会网络却是不同的。纪功颂德碑所呈现的门生故吏与府主之间的礼物交换关系，其单向性与不平衡性最为突出。所谓单向性，是就表面现象而言，只看到下属对长官的献礼，而没有看到长官对下属的回报。实际上，这种回报是隐而不彰的。现代西方社会学研究中，有学者特别强调礼物的自发性和感情性，大卫·契尔（David Cheal）甚至提出，礼物经济实际是西方社会中的"爱文化"的一部分。[①] 也就是说，礼物的交换本质上是情感的表达与交流，也就是广义的爱的表达与交流，而这种表达不一定要求双方都要通过实物交换才能实现交流。所谓不平衡性，一方面是说收送双方主体关系中所存在的一对多的现象，另一方面是说送礼与回礼关系中所存在的不等价现象。阎云翔在其研究中提出"收礼荣誉与送礼竞争"的问题，揭示了权力和声望在礼物馈赠关系中的作用，[②]对我们理解汉代石刻尤其是纪功颂德碑中的礼物交换关系很有启发。从当下来看，除了实物金钱之外，位高者的权力和声望实际上也参与了交换。而从长远来看，人们"并不追求礼物本身，而是追求礼物能凝聚或创造的关系，即关系网络的培养"，[③]这一点无疑是更重要的。

此类例子甚多，限于篇幅，这里仅举两个例子。《曹全碑》是由门下掾王敞、录事掾王毕、主簿王历、户曹掾秦尚、功曹掾王颛等人所立，刊石纪功，献给曹全。碑阴题名五列，凡58人，[④]大致按照身份类别排列，可谓"人以类聚"。《桂阳太守周憬功勋铭》碑阴题名亦多达31人，列名最前的三位，分别为曲红、舍洭、浈阳三县之长，再列行事、从事，再列故吏，

[①] 转引自阎云翔《礼物的流动——一个中国村庄中的互惠原则与社会网络》，第214页。
[②] 阎云翔《礼物的流动——一个中国村庄中的互惠原则与社会网络》，第163—169页。
[③] 阎云翔《礼物的流动——一个中国村庄中的互惠原则与社会网络》，第169页。
[④] ［日］永田英正编《汉代石刻集成·图版释文篇》，第248—249页。

作为物质文化的石刻文献

故吏人数较多,又以曲红、耒阳、浈阳、舍洭之邑里为序,条理井然,每人的名字、邑里、身份标列齐全,整齐划一。① 显然,在受礼者与送礼者之间,存在着一对多的关系。透过列名碑阴这一行为,众多门生故吏既确认了自己与府主的社会关系,也确认了其与同列同侪的社会关系。碑阴题名(代表列名群体及其中的每一个体)不仅是对碑阳正文(代表与府主相关的其人其事)的"背书",也是一种自我认同的方式,社会联结感和群体归属感即隐含其中。实质上,这种归属感为礼物交换关系提供了一种精神意义上的回报方式。另一方面,碑阴题名还呈现了这样一幅社会网络图像:一个被颂扬的长官作为中心,周围环绕着众多门生故吏,一圈又一圈,有如众星拱月。这些门生故吏又根据邑里、职务乃至宗族,而凝聚成更多较小的圈子。

工程碑与纪功颂德碑有些类似,通过某一工程歌颂某一主事官员,参与工程的其他官员之名亦往往见于石刻。此类石刻比较集中见于《隶释》卷四,②年代较早者为《蜀郡太守何君阁道碑》,当东汉光武帝中元二年(57)。稍后的《石门颂》《西狭颂》《郙阁颂》等也都属于工程碑,后二刻皆为歌颂李翕而刻,殊途而同归。《石门颂》则是汉中太守王升为表彰杨孟文等开凿石门通道的摩崖石刻,同时也是献给参预这一工程所有人员的纪念碑。参预此事的官员包括行丞事韩朗、都督掾魏整、五官掾赵邵、书佐王戒等人,其名字皆登刻于摩崖之上,包括其官职身份、里籍、表字,如"都督掾南郑魏整字伯玉"之类,这是一种特殊形式的题名。③ 尤其值得注意的是,《石门颂》最后特别提到"伯玉即日徙署行丞事、守安阳长",这使此一摩崖石刻无形中成为祝贺魏整(伯玉)履新的纪念礼品。与《石门颂》相比,《西狭颂》的叙述简直可以说"本末倒置"。它虽然旨在铭记武都太守李翕开通西狭之功德,但更着意赞颂其"牧守三国"之功绩,仿佛颂文核心主题不是开通西狭其事,而是李翕其人。为此,文章前半部

---

① [宋]洪适《隶释》卷四,《隶释隶续》合刊本,第56页。
② [宋]洪适《隶释》卷四,《隶释隶续》合刊本,第48—56页。
③ [日]永田英正编《汉代石刻集成·图版释文篇》,第104—105页。

分完全是对李翕其人的颂扬,后半才转到开通西狭之役。从这个意义上说,《西狭颂》其实就是一篇《李翕颂》,几乎可以视作《曹全碑》的同类。此外,石刻末尾刻武都府故吏十二人之名,以"(武都)府丞右扶风陈仓吕国字文宝"为首,[①]也使此刻从文章体制上看更近于故吏向长官奉献的功德碑。

墓碑以及与丧葬相关的石刻,包括画像石、石阙、石祠堂等,在汉代石刻中所占比例甚大。由此可见,"送死"一事在汉代社会中占有多么重要的地位。画像石、石阙、石祠堂等上文已经涉及,这里着重讨论墓碑。

墓碑作为礼物,反映的是墓主与立碑人之间的社会关系。立碑人在这里是一个比较宽泛的概念,它有点类似图书编目学中的"责任者",包括出资、组织甚至参与碑文撰写以及碑石刻立这一完整过程的各类人等。墓主生前与立碑人之间有某种社会关系,这种关系并没有因为墓主的死亡而中止,相反,墓主的死亡为立碑人确认乃至巩固其与墓主的关系提供了一个机会,并使他们之间的关系跨越了生死的界限,延伸到墓主身后,从而发展为与墓主家族的社会联系。阎云翔在研究中国乡村礼物流动与社会交换时指出:"死亡并没有中断中国人的互惠联系,而只是改造了这些纽带,并且经常是使它们更加强劲。""丧礼中赠送的特殊礼物是仪式供品,生者通过它与死者沟通,并且期待死者将来的回报。"[②]墓碑作为生者与死者之间沟通的一种礼物,也可以看作是一种"仪式供品"。这种赠礼行为,不仅期待死者对生者的保佑,也希望死者家族及其所从属的那个社会网络未来对赠礼者提供可能的支援和帮助——实质上,后者也可以视为"死者将来的回报"的一种特殊形式,是这种回报在另一时空中的延伸。

---

① [日]永田英正编《汉代石刻集成·图版释文篇》,第186—187页。
② 阎云翔著,李放春、刘瑜译《礼物的流动——一个中国村庄中的互惠原则与社会网络》,第56页。按:前一段引文原出华生(James L. Watson)所撰 *The Structure of Chinese Funerary Rites: Elementary Forms, Ritual Sequence and the Primacy of Performance*, In James L. Watson and Evelyn S. Rawski, eds., *Death Ritual in Late Imperial and Modern China*, p.8, Berkeley: University of California Press, 1988)今据阎书转引。

社会网络中人在丧葬场合进行礼物交换,是社交礼仪的规范。以陈寔为例。他卒于中平三年(186)八月,"大将军三公使御属往吊祠会葬,谏行告谥,曰文范先生。刺史太守树碑颂德,许令以下至于国人立庙旧邑"。① 赐谥、树碑、立庙,这是三个不同的赠礼行为,都发生在丧葬前后,其共同点是向死者陈寔致敬。三者的行为主体之地位身份不同,赠礼也有物质与非物质之别,只是物质性的赠礼由于其具体可触,而看上去更像礼物而已。中平五年(188)三月癸未,新到任的豫州刺史桓典又在陈寔庙前立了一块碑。② 其时距陈寔去世已有两年,新到任的地方官仍然要通过树碑这一赠礼行为,建立他与陈寔所代表的那个社会网络的关系。

碑刻这种礼物所创造的社会联结,不仅存在于汉代现实社会的人际关系之间,也存在于超现实的人神关系之间。墓碑所致献的对象,既是去世之人,也即是新生之鬼神,甚至有可能成为后世人心目中的圣贤。浑言之,祭献一般死者的碑刻与祭祀古圣先贤与山川神灵的碑刻,并没有本质区别;析言之,前者所建立和联接的人神(鬼)关系是崭新的、短暂的,而后者所维持并拓展的人神关系则往往跨越时代,在更长的时间范围内延续展开。《祀三公山碑》就是常山相等官员敬献给三公山神之礼物,刻石立碑是包括"荐牲纳礼"在内的整个祭礼过程的有机组成部分。从礼物角度来看,祭祀山川神灵或者古圣先贤的碑刻大多数具有二重性,既是主管长官献给山川神灵或圣贤的礼物,也可以看作是下属官员献给主管官员的礼物。③ 由于这种二重性,其文本往往也可以分作两个部分:前一半以主管长官的口吻,代表其向神灵圣贤敬献此碑;后一半则是下属官吏借此事称颂主管长官。《桐柏淮源庙碑》《西岳华山庙碑》《封龙山颂》等皆可为例。《桐柏淮源庙碑》既是南阳太守卢奴□君献给淮源

---

① 蔡邕《文范先生陈仲弓铭》,载《蔡邕集编年校注》,第370页。
② 蔡邕《陈太丘碑(二)》,载《蔡邕集编年校注》,第389页。按此文《汉魏六朝百三家集》题作"陈太丘庙碑",他本同,可从。
③ [宋]洪适《隶释》卷一至卷三集中收录圣贤神灵之碑,见《隶释隶续》合刊本,第11—48页。

的礼物,又是包括五官掾、功曹史、主簿等在内的侍祠官员敬献给卢太守的礼物,他们称颂卢太守"烈烈明府,好古之则"。①《西岳华山庙碑》在这一方面表现得最为明显。此碑之刻立,始于弘农太守袁逢,时在延熹四年(161),而成于继任太守孙璆,时在延熹八年(165),这是先后两任太守献祭华山庙的礼物。碑文前段主要交代此意,后段则先称颂"袁明府肃恭明神,易碑饰阙",继而称颂孙府君"钦若嘉业,遵而成之",②这些赞颂出自县令、县丞、左尉、主事掾等下属官员之口,可以看作是他们献给袁、孙两任太守,特别是已升任京兆尹的袁逢的礼物。

《隶释》卷一所录,大体皆祭祀古代圣贤之碑刻,涉及帝尧、尧母庆都、周公、孔子等。首列《孟郁修尧庙碑》,有洪适跋云:"是岁春阳为沴,孟府君行县谒庙,即获膏雨,以圣尧灵与天通,遂缮治大殿,成阳令吕亮、丞王袤,率掾史佐之仲氏宗家共作殿前石礓阶陛栏楯,九月之间,诏书三祠,作文者既褒扬守令丞尉治效,继叙仲氏得姓业儒之美也。"③可见此碑功能与《桐柏淮源庙碑》及《西岳华山庙碑》一样具有二重性,即一方面是赞颂帝尧,另一方面是称颂以济阴太守孟郁为首的祠庙立碑者。孟郁修庙立碑,是对帝尧灵通遭降膏雨的报答,人神之间的礼物交换关系在此展现无遗。《帝尧碑》先云:"熹平四年冬十二月,济阴太守河南张宠、丞颍川李政、成阳令陈国郑真、故巨鹿太守仲祈、故广宗长仲选、故吕长仲球……等咸各有惟,追慕圣烈,乃共立坛埠,刊碑纪石,已章圣德。"又云:"后太守河南张宠继拟前绪,到官始初,出钱二千,敬致礼祠,临立坛碑。"④由此可见,此碑为张宠等人向帝尧共同致献的礼物,张宠以出资最多,碑中"遂夸而书之"。⑤ 此外,传世《苍颉庙碑》是为纪念造字圣人仓颉而刻立,"立祠刊石,表章大圣之遗灵,以示来世之未生",

---

① [日]永田英正编《汉代石刻集成·图版释文篇》,第142—143页。
② [日]永田英正编《汉代石刻集成·图版释文篇》,第154—155页。
③ [宋]洪适《隶释》卷一,见《隶释隶续》合刊本,第12页。
④ [宋]洪适《隶释》卷一,见《隶释隶续》合刊本,第13页。
⑤ 洪适跋《帝尧碑》,[宋]洪适《隶释》卷一,见《隶释隶续》合刊本,第14页。

作为物质文化的石刻文献

其主事者为刘府君,集资共襄盛举者皆列名碑阴及碑之左右两侧,共四列,长短不等,大致以官秩高低为序,① 可以觇见这一献礼背后的社会网络。

按照人类学家的研究,礼物与礼物交换,是人类物质性存在和社会性存在的必要条件,是"历史中社会和个人身份确定的必要支点"。② 不但社会网络中的人际关系需要通过礼物来维持和巩固,甚至神灵之间也需要通过礼物赠遗来维持和谐的关系。在人神关系中,神被看作是与现实社会紧密相联,能够影响人间祸福的某种人格化存在。它不仅可以收受人间的赠礼,并且能够给予赠礼人以其所期待的回报,而且还可以作为赠礼的主体,向其他神灵馈赠礼物,由此强化其超自然人格在现实社会中的存在感。实际上,这是人们将自身对人际关系网络的认知,推广到神际关系,或者说,神际关系就是人际关系的投射。这一方面特别有趣的一个例子是《白石神君碑》,其出钱人除了常山元氏县的人间官员之外,还有周边的神灵:"务城神君钱二万,李女神义钱三万,礵石神君义钱二万,壁神君义钱一万。"其题名列于碑阴题名第一列,位置至为尊显。③ 这三位神君和一位神女,都与白石神君毗邻,其所称"义钱"当然要由各神所在之庙代出,这一赠礼名目耐人寻味。清人朱彝尊以为,务城神君、李女神、砖石神君、壁神君等名号"殆因白石而充类名之者",并且联系到此碑建立于张角起事的光和六年(183),遂斥为荒唐不经之事。④ 对我们来说,这不仅反映了当时的民间信仰,而且可以管窥汉代人神往来的礼俗,简单地斥之为荒诞不经,显然是不够的。

---

① [日]永田英正编《汉代石刻集成·图版释文篇》,第138—141页。
② 参看[法]莫里斯·古德利尔著,王毅译《礼物之谜》,上海人民出版社,2007年,第245页。
③ [日]永田英正编《汉代石刻集成·图版释文篇》,第240—241页。按:《隶释》卷三录《白石神君碑》,未载其碑阴,盖洪适所未见。
④ [清]朱彝尊《汉白石神君碑跋》,载其《曝书亭集》卷四七,台湾商务印书馆影印文渊阁《四库全书》本。按:朱氏所列诸神名目与《汉代石刻集成·图版释文篇》有所不同,如"礵"作"砖","壁"作"壁",盖释文有异。

三、从石刻题名看社会网络

汉代石刻中的礼物往来,固然有一对一的馈赠与交换关系,但更多情况之下,这是某一人群(也可以说是社群)共同向某一对象所致献的礼物,也就是说,这种礼物馈赠是为某一人群(社群)维持、强化或创造其与某一对象之间的社会联结,并将这种联结扩展到对象背后的社会群体。因此,一件碑刻往往凝聚了一个相当广泛的社会网络。汉代石刻题名就是这类社会网络生动而细致的再现。

汉代石刻题名有多种不同的表现方式。就位置来看,可以分为如下三种:

第一种题名随文出现,并没有固定的位置,这可以称为"潜在题名"。"潜在题名"有时是个人,有具体的人名与身份;有时是某个社会群体,只列这个群体的身份总称,而不出现具体人名,即使出现某个或某些人名,也只是作为这一群体的代表,总之是隐而不显。例如,在丧礼这样的场合,不同地位和身份的人,上至皇帝、公卿群后,中到郡县官员,下到门生故吏亲友等,都对死者或丧家提供各种形式的赠礼,表示自己的哀悼,以此确认与碑主或丧家的社会关系。从实物层面的赐赙,到非实物层面的赐谥,以及仪式层面的出席会葬,都可以看作是表达性的礼物。他们的名字与身份经过一定的组织安排,而依次出现于碑文之中。实际上,很多汉碑在叙述碑主卒葬之后,都要缕述各类各层次人等的赠礼行为。例如《隶释》卷一一《刘宽碑》:

> 天子闵悼,恻怛内发,手笔为策,□涕咨嗟,使右中郎将张良持节临吊,赠车骑将军印绶,位特进,赐玲赠襚,有加典礼,复使五官中郎将何夔持节,谥曰昭烈侯。夏四月庚戌葬。公卿百寮缙绅之徒,其会如云,可谓其存也荣,其亡也哀者焉。于是故吏李谦等有感殷鲁述德之颂,以为洪懿休策,宜著无穷,故杂论攸行,纪其大

作为物质文化的石刻文献

略,镌石立碑。①

这里涉及天子、天子派遣的使者、公卿百僚、故吏等各种不同人等的赠遗行为,有偏重于情感表达的典礼,有侧重于语言或文字的褒奖,有侧重于实物的赠遗,镌石立碑涵盖上述三种,以一总三,所以格外受人重视。显然,"公卿百寮缙绅之徒"是群体名称,而李谦只是故吏的代表,其他人的具体名字在这里都略而不表,隐而不显。

第二种题名列在石刻末尾,通常人数不太多,可以称为小规模题名,因其自成一区,故亦可以与第三种一起,合称为独立题名。

第三种题名则布列于石刻背面,亦即所谓碑阴,甚至延及碑的两侧,通常人数比较多,所占碑石版面较大,这一部分可以统称为碑阴题名,也包括碑侧题名在内。其题名规模动辄逾二三百人,蔚为壮观。例如《王纯碑阴》首行刻"诸门生人名","凡九横,横二十三人,自东平冯定伯至东郡卫君高,凡百九十三人,漫灭者四人,姓字不具者六十二人",②多达二百余人。又如刘宽有前后二碑,一为门生所建,一为故吏所建,二碑皆有碑阴题名。其中,《刘宽碑阴门生名》"自王曜至于李廉,守相台郎令长九十七人,三河九十一人,与其后八郡皆无爵秩者,三辅六十五人,漫灭之字什五六,五郡国百余人,可辨财什二三",③仅门生就多达三百余人,其所涉地域范围之广,足见其门生遍布天下,更令人赞叹。

就题刻内容来看,一个格式齐备、信息完整的题名应该包括姓、名、字、邑里、身份、出钱数等项,但由于各种条件限制,或者受各种因素影响,有的题名并不完整,短长不等。有的题名只称字不称名,有的只称名不称字,皆与常例不合,从中可以考见汉代社会关系网络之运作。洪适曾对此作过细致的考察:

---

① [宋]洪适《隶释》卷一一,《隶释隶续》合刊本,第 124—125 页。
② [宋]洪适《隶续》卷一二,《隶释隶续》合刊本,第 409 页。
③ [宋]洪适《隶续》卷一二,《隶释隶续》合刊本,第 406 页。

第九章 礼物:汉碑与社会网络

　　汉人题名必书名字,否则各有说也。《杨震碑阴》孙定博诸人不名者,非其门生也。《逄盛碑阴》崔孟祖数人不名者,乃其父党也。题名于《韩敕碑》左凡八人,鲁之二廰一傅不名者,别守相之尊也。《张纳碑阴》主簿白文已下不称字者,示其卑于从事季元也。《史晨后碑》五官掾孔畅六人不称字者,亦示其卑于长史李谦也。《孔僖传》云:永元四年,徙封孔损为褒亭侯,损卒,子曜嗣,曜卒,子完嗣。此碑有孔曜仲雅,则永寿时曜尚未袭封所谓褒成侯。建寿当是孔损之字(传作褒亭,其说在《孔龢碑》),自永元四年至永寿二年,亦六十五年矣。(《韩敕碑》)题名中,孔族凡十四人,有谱可考者,曜及郎中宙、御史翊、侍郎彪,皆孔子十九世孙也。建寿爵齿俱尊,而在子姓之间,宜其不名,余人虽不见爵秩,当亦是一时耆老。独曲成侯王暠一人不称字,岂爵虽袭而年尚稚者乎?①

　　所谓"汉人题名必书名字",是汉碑的常例,如果只称名或者只称字,那就是变例,变例都另有缘故,"各有说也"。《隶释》卷一一《杨著碑阴》就是此类例子之一。此碑阴题名者"非皆著之门生也,故不名",②不名而称字,是为了表示礼敬。对这些参加赠礼者表示礼敬,是以特殊的、含蓄的形式,体现礼物交换中礼尚往来、双向互惠的原则。

　　绝大多数题名有行有列,基本上每个人名单独排列,只求大致整齐,而不强求划一。当然,也有个别例外,例如《殽坑碑阴》。此碑阴题名排列很有条理,而且极其讲究整齐划一,为此不惜强加"阿"字,近于削足适履,"其间四十人皆字其名而系以阿字,如刘兴阿兴、潘京阿京之类,必编户民未尝表其德,书石者欲其整齐而强加之,犹今闾巷之妇,以阿挈其姓也。又有复姓数人,但云北宫世平、夏侯阿升,可见其不欲参差也。《灵台碑阴》载诸仲名字,有仲东阿东及仲阿同、仲阿先数人,与此正相

---

① [宋]洪适《隶释》卷一,《隶释隶续》合刊本,第21页。
② [宋]洪适《隶释》卷一一,《隶释隶续》合刊本,第134页。

类"。① 洪适推断此举殆出书石者所为,是有道理的。加字可以使石刻版面更加整齐美观,使之成为完美的礼品,这是显而易见的事实,所以,建议并且赞同此类"削足适履"作法的,应该不限于书石者和刻石者。

就题名位置来看,一般而言,其排列顺序是先碑阴,再碑侧,书刻之前都有布局安排,倘有意外情况发生,就可见机行事,权变处置。例如《韩敕碑(礼器碑)》,其题名分见碑阴和碑的左右两侧。一般来说,题名总是先从碑阴刻起,一开始以为碑阴能够容纳全部题名,后来发现出钱人太多,只好利用两侧题刻,所以,相对而言,两侧题名布局要比碑阴更为拥挤。碑阴第一行第一列后半的"辽西阳乐张普阡坚□百"明显字体较小,当是后来补刻;另外"故薛令河内温朱熊伯珍五百""故豫州刺史蕃加进子高千"两行,字体也明显较小,也当是后来补刻。② 之所以补在这个地方而不是其他地方,当是由于原来此行文字较少、空白较多之故。③ 比较整齐者,如《孔宙碑》碑阴是按照门生、门童、故吏三类排列,而《鲁峻碑》碑阴则是按照故吏、门生、义士三大类排列,每一类之中,同一里籍者基本上集中排列,偶有例外,则当是后来补入者。规模宏大的《刘宽碑阴门生名》的排列也很有条理。

总体来看,汉代石刻中有很多碑阴题名规模可观,信息量大,文化内涵颇为丰富,很有深入挖掘的价值。下面以《泰山都尉孔宙碑》和《韩敕碑》的碑阴题名为例,作重点分析。

孔宙是孔子十九世孙,又是汉末名士孔融的父亲,理当另眼相待。《泰山都尉孔宙碑》正文多有残阙,碑阴题名亦有残阙,"其姓名邑里仅可见者才六十二人",考虑到"汉世公卿多自教授,聚徒常数百人",④ 这个数字并不让人感到意外。此碑题名有两个特点引人注目:第一个特点是

---

① [宋]洪适《隶释》卷二,《隶释隶续》合刊本,第35页。
② [日]永田英正编《汉代石刻集成·图版释文篇》,第124—125页。
③ [宋]洪适《隶释》卷一《韩敕碑阴》洪适跋已指出其镌刻有先后:"苏汉明者已镌而续书,故以'其人处士'识于下。张普、朱熊五人书体不同,盖后人所增者。"《隶释隶续》合刊本,第21页。
④ [宋]欧阳修著,邓宝剑、王怡琳笺注《集古录跋尾》卷一,人民美术出版社,2010年,第30页。

第九章　礼物：汉碑与社会网络

碑阴题名有篆额，题"门生故吏名"五个大字。"汉碑多有阴，然稀少有额，独此刻以五大篆表其上。"①此例自我作古，独一无二。篆额通常只用于汉碑正面（碑阳），其作用相当于碑文的标题，故一碑只需一个篆额，碑阴题名既是碑阳正文的附属品，自不必画蛇添足，多此一举。《孔宙碑》却别出心裁，篆此五大字于上，不仅强化了题名的独立性，而且突出了门生故吏的地位。第二个特点是62个人名中，涉及门生、门童、故吏、故民、弟子五类人，类别井然，每一类中，又大致按郡县邑里排列，"凡门生四十二人，门童一人，弟子十人，故吏八人，故民一人，都昌者四，泰山者五。汉儒开门受徒，著录有盈万人者，其亲受业则曰弟子，以久次相传授则曰门生，未冠则曰门童，总而称之亦曰门生。旧所治官府，其掾属则曰故吏，占籍者则曰故民，非吏非民则曰处士，素非所莅则曰义士、义民，亦有称议民、贱民者"。②简言之，这五类人实际上分属门生和故吏两大类，前者代表的是以师徒关系而缔结起来的社会网络，后者代表的是以长官与吏属关系而缔结起来的社会网络。

　　这两种关系都有主从、上下与尊卑之别，从对主、下对上、卑对尊，是类似于臣对君那样的依附关系，所以，某些汉代石刻中颂扬尊长，往往大言不惭，将其比拟为古代圣君，并不以为不伦。例如《孔宙碑》中就有："躬忠恕以及人，兼禹汤之罪己。"即将孔宙比为夏禹、商汤。欧阳修评论这种做法"在今人于文为不类"，但同时认为："盖汉世近古，简质犹如此也。"③从文章学角度来看，固然可以这样解释，但如果从社会关系网络的角度来看，这其实是下属对尊上的敬重和怀念之情的体现，是以强烈情感表达的方式，再次确认双方之间所存在的社会联结。与此类似的例子还有《先生郭辅碑》。郭辅有四子三女，碑文既称其"咸高贤姣姻，富贵显荣，可谓子孙繁者已"，又在铭文中称其四子"堂堂四俊，硕大婉敏"，更称其三女"娥娥三妃，行追大姒"。众所周知，大姒即太姒，是周文王之

---

① ［宋］洪适《隶释》卷七，《隶释隶续》合刊本，第82页。
② ［宋］洪适《隶释》卷七，《隶释隶续》合刊本，第82页。
③ ［宋］欧阳修《集古录跋尾》卷二，第48页。

妻,周武王之母,故洪适批评"此以大姒比郭氏诸女,拟人不以其伦如此"。① 但是,如果考虑到此碑"刻石作歌"的"邑人缙绅"与郭家的社会关系,考虑此碑的礼物性,这种比拟其实是可以理解的。

再来看《韩敕碑》(又题《韩府君孔子庙碑阴》)的碑阴题名。

馈送礼物者亦有机会收到礼物,这体现了礼物有来有往的双向性。不过,要在汉代石刻中落实这种往来,不能囿于当时当地,而往往需要一个较为广远的时空背景。易言之,从汉代石刻看汉代社会网络之运作,需要放眼于一个较为广远的时空背景。将《韩敕碑》与另外三块碑刻相对照,就可以看出礼物往来的双向性。例如传世有《汉博陵太守孔彪碑》。"此碑虽残缺,而名字尚完可识,云:'君讳彪,字符上。'又韩府君《孔子庙碑阴》载当时出钱人名,亦有尚书侍郎孔彪元上,与此书正同。"② 又如《泰山都尉孔宙碑》云:"君讳宙,字季将,孔子十九世之孙也。"其碑阴列门生故吏62名,"凡门生四十二人,门童一人,弟子十人,故吏八人,故民一人,都昌者四,泰山者五",③ 而当年孔宙亦曾列名《韩敕碑阴》:"郎中鲁孔宙季将千"。④ 再如《隶释》卷二七,据《天下碑录》录有"《汉御史孔翊碑》,在仙源县墓前",⑤ 而《韩敕碑阴》已有其人题名云:"御史鲁孔翊元世千"。⑥ 今天的收礼者就是昨天的送礼者,今天的送礼者就是明天的收礼者,社会关系网络由此构成并延伸。在这样的社会关系网络中,礼物收受关系是相对稳定的,是可以预期的,因而也就是可以维持长久的,上述碑刻就是例证。

---

① [宋]洪适《隶释》卷一二,《隶释隶续》合刊本,第142页。按:此页下有洪适按语云:"碑无岁月时代,欧阳以为汉碑,赵以为魏晋字画。今碑有两昭字,晋人所讳,疑此是魏刻。"《隶释》卷二七引《天下碑录》,称其"不知时代",见《隶释隶续》合刊本,第287页。今按:建安以后禁碑,此碑用字行文全同汉碑,仍以作汉碑为是。

② 《金石录校证》卷一六《汉博陵太守孔彪碑》,第274页。此碑及碑阴之拓本与释文,见《汉代石刻集成·图版释文篇》,第192—195页。

③ [宋]洪适《隶释》卷七,《隶释隶续》合刊本,第81页、83页。

④ [宋]洪适《隶释》卷一,《隶释隶续》合刊本,第21页。

⑤ [宋]洪适《隶释》卷二七,《隶释隶续》合刊本,第286页。

⑥ [宋]洪适《隶释》卷一,《隶释隶续》合刊本,第21页。

第九章 礼物:汉碑与社会网络

韩敕重修孔庙,孔彪是孔府后人,处于这一社会网络之核心,理应出钱襄助。后来,孔彪出任博陵太守,积有功德,故在其碑阴题名的十三名故吏,"皆博陵之人也,盖其函甘棠之惠,痛夏屋之倾,相与刊立碑表,故以本郡题其首也"。① 如果说《博陵太守孔彪碑阴》所凝聚的是一个以地域为中心的、空间较为狭窄、较为有限的社会网络,那么,《韩敕碑阴》则反映的是一个更广泛、更多层面、也更复杂的社会网络。毫无疑问,孔氏家族是构建这个社会网络的核心,洪适早已注意到这样一个事实:"题名中孔族凡十四人,有谱可考者,曜及郎中宙、御史翊、侍郎彪,皆孔子十九世孙也。"②而笔者愿意在此指出另一个事实,即:同为孔子十九世孙,同样一个场合,尚书侍郎孔彪出钱三千,与"故兖州从事任城吕育季华"并列第一;而郎中孔宙、御史孔翊各出钱一千,孔曜才出钱二百。这个差异背后隐含的社会意义值得探究。

为了便于分析这个问题,我将《韩敕碑阴》所刻全部出钱人名字、身份及其出钱数额列表如下(按碑阴原顺序):

序号	身份	名	字	邑里	出钱数
1	曲成侯	王暠			二百
2	处士		苏汉明	河南成皋	二百
3		种亮	奉高	河南雒阳	五百
4	故兖州从事	吕育	季华	任城	三千
5	故下邳令	王褒	文博	东平陆	千
6	故颍阳令	鲍宫	元威	文阳	千
7			李申伯	河南雒阳	百
8		宋琕	元世	赵国邯郸	二百
9		姜寻	子长	彭城广武	二百
10		朱恭	敬公	平原乐陵	二百

---

① [宋]洪适《隶释》卷八,《隶释隶续》合刊本,第98页。
② [宋]洪适《隶释》卷一,《隶释隶续》合刊本,第21页。

213

作为物质文化的石刻文献

续 表

序号	身份	名	字	邑里	出钱数
11		马瑶	元冀	平原湿阴	二百
12		龚治	世平	彭城	二百
13		鲍丹	汉公	泰山	二百
14			刘安初	京兆	二百
15			周宣光	下邳	二百
16			齐伯宣	河间束州	二百
17		虞崇	伯宗	陈国苦	二百
18			王季孟	颍川长社	三百
19		公国陈	汉方	汝南宋	二百
20		阳陈	汉甫	山阳南平	二百
21			番君举	任城	二百
22			王子松	任城	二百
23			谢伯威	任城	二百
24			高伯世	任城	二百
25	相主簿	曹访	济兴	薛	三百
26	相中贼史	虞韶	兴公	薛	二百
27			弓奉高	薛	二百
28	相史	卞吕	松远①		百
29		百驺	韦仲卿		二百
30	处士	刘静	子著	鲁	千
31	故从事	王陵	少初	鲁	二百
32	故督邮	开辉	景高	鲁	二百
33		曹悝	初孙	鲁	二百
34			刘元达	鲁	二百

① 《隶释》第21页"卞吕松"后注一"阙"字,则"松远"可能不是卞吕之字。

续 表

序号	身份	名	字	邑里	出钱数
35	故督邮	赵辉	彦台	鲁	二百
36	郎中	孔宙	季将	鲁	千
37	御史	孔翊	元世	鲁	千
38	大尉掾	孔凯	仲弟	鲁	千
39		孔曜	仲睢	鲁	二百
40	处士	孔方	广率	鲁	千
41		孔巡	伯男	鲁	二百
42		孔宪	仲则	鲁	百
43	尚书侍郎	孔彪	元上	鲁	三千
44		孔汎	汉光	鲁	二百
45	守庙百石	孔恢	圣文	鲁	千
46	褒成侯		孔建寿		千
47	故从事	孔树	君德	鲁	千
48		孔朝	升高	鲁	二百
49	行义掾	弓如	叔都		二百
50			刘仲俊	鲁	二百
51			夏侯庐头	鲁	二百
52			孔仪甫	鲁	二百
53			蒋元道	文阳	二百
54		王逸	文豫	文阳	二百
55			石子重	鲁	二百
56		袁隆	展世	北海剧	百
57		周房	伯台	鲁	百
58		张普	阵坚	辽西阳乐	二百
59	故薛令	朱熊	伯珍	河内温	五百
60	故豫州从事	加进	子高	蕃	千

续　表

序号	身份	名	字	邑里	出钱数
61		张光	仲孝	南阳宛	二百
62		王敬	子慎	河南雒阳	二百

从这一表格中，可以看出如下三点：

第一，有官职身份的人出钱较多，几乎所有出钱过千的人都是官吏。名单中共有三位处士，除苏汉明出钱二百以外，刘静和孔方这两位处士都出钱一千，处士的社会地位值得注意。四位孔子十九世孙，孔曜未仕，故出钱最少，郎中孔宙与御史孔翊品秩相当，出钱数也一样，而尚书侍郎孔彪地位最高，其出钱数亦最多。① 由此看来，送礼的轻重与社会地位的高下、亲族关系的远近有较为明显的关系。但这是就一般情况而言的，例外总是存在的，而且可能有某种特殊的原因。例如在这个名单中，兖州从事任城吕育地位并非最高，亦非孔氏族人，却出钱三千，并列第一，其具体原因何在，可惜现在已不能详。

第二，这一题名涉及的空间范围相当广。洪适曾经指出，在《平原东郡门生苏衡等题名》中，三十余人的题名却包括"东郡、平原、北海、陈留、汝南、颍川、梁国、下邳、南阳、东平十郡之士"，②颇为引人注目，但是，若与《韩敕碑阴》相比，便是小巫见大巫了。《韩敕碑阴》62个题名，涉及22个郡国，北至辽西，西到京兆，其地域空间之广，足以验证孔府所联结的社会网络之大。

---

① 据《后汉书·百官志二》，郎中比三百石，尚书侍郎比四百石。按：《隶释》卷一《韩敕碑阴》及卷二七引《天下碑录》，皆称孔翊为御史。东汉官名有御史大夫、御史中丞、侍御史、治书御史等，其中秩最低者为侍御史和治书御史（六百石），其秩皆高于尚书侍郎（四百石）。博陵太守孔彪"历郎中、博昌长、京府丞、尚书侍郎、治书御史、博陵守、下邳相、河东守"（《隶释》卷八《博陵太守孔彪碑》），即可为证。《后汉书·边让传》李贤注引《续汉志》曰："大将军下有令史及御史属三十一人。"御史属亦省称"御属"，三公府下亦设，其秩较低，孔翊所任或为此类御史。又据《后汉书·百官志一》李贤注引《汉旧注》："东西曹掾比四百石，余掾比三百石。"则名列孔宙、孔翊之后的大尉掾孔凯，或即"余掾"之一。

② [宋]洪适《隶释》卷二七，《隶释隶续》合刊本，第176页。

第三,《韩敕碑阴》题名中,孔氏族人占 14 人,是少数,而外姓则占 48 人,占多数,这说明这一社会网络不只是凭借家族关系联结而成的。与此相反,《灵台碑阴》题名则主要出自仲氏家族,所谓"仲氏宗门","凡诸仲三十一人,异姓者四人,其间称美仲阿东代群从出钱数十言"。① 这个社会网络更多地以仲氏家族为核心,与《韩敕碑阴》有所不同。

此外,要单独提出讨论的是《孙叔敖碑阴》题刻。《孙叔敖碑》是固始县令段光等所立。据说段光曾梦见孙叔敖,领受神谕,于是"就其故祠,为架庙屋,立石铭碑,春秋烝尝,明神报祚",②又"博求遗苗,曾玄孙子,……招请诸孙,都会国右,郭西道北,处所显好,兴上牢祭,倡优皷儛"。事后,他"又以其云来长幼之序,仕学生产之实,刻于碑之阴,虽自谱其家者,亦不如是之详也"。③ 也就是说,碑阴所刻为孙叔敖后裔世系,相当于孙氏族谱。从另外一个角度来看,这也是一种题名,见证这一碑刻与孙氏宗族的密切关系,作为献给孙叔敖的礼物。这个碑阴题名以特殊的方式彰显孙叔敖后裔的瓜瓞绵延,其取悦孙叔敖之意非常明显。

清人王芑孙《碑版文广例》云:"汉碑阴类皆题名,其题名有书率钱之数者,有不书钱数者,有题门生故吏者,其门生故吏有分标者,有错列者,有杂以书撰人名者,有杂以石工石师者,有并纪续事者,有并纪他人者,随事各殊,了无义例,悉数不能终其物也。"④其实,这些题名并非没有义例。表面上看,有些碑阴题名似乎比较随意,既不严格按身份分类,也不严格依里籍排列,但前后仍然可以看出大致归类,有的甚至经过精心安排。《溧阳长潘乾校官碑》简称《校官碑》,其题名见于碑阳,紧随正文之后,分为三列。潘乾为溧阳长,第一列列丞、左尉、右尉等三人,第二列列

---

① [宋]洪适《隶释》卷一,《隶释隶续》合刊本,第 17 页。按:灵台是尧母庆都之陵,仲氏为周仲山甫之后,仲山甫及其后裔墓与尧、尧母、尧妃墓相近,故称"宗门"或"宗家",犹今南京民俗所谓"坟亲家"。
② [宋]洪适《隶释》卷三,《楚相孙叔敖碑》,《隶释隶续》合刊本,第 38 页。
③ [宋]洪适《隶释》卷三,《楚相孙叔敖碑》,《隶释隶续》合刊本,第 39、40 页。
④ [清]王芑孙《碑版文广例》,卷六,载[清]朱记荣辑《金石全例》,北京图书馆出版社,2008 年,下册,第 335 页。

时将作吏、户曹掾、议曹掾、户曹史等五人，第三列列从掾位、主计史、门下史等五人，三列由上而下，大体上按由尊而卑的顺序，又隐含人以类聚的社会原则。① 《白石神君碑》的题名，则分见碑阳、碑阴二处，碑阳题名两行，依次为常山相、元氏令、长史、丞、左尉、掾、史、石师等，看得出是以尊卑为序。而碑阴题名三列，第一列为与白石神君毗邻的神君、女神，第

图 11　汉《景君碑》碑阴题名

① 《汉碑集释》（修订本），第 446—447 页。

二三列则是主簿、祭酒，也很明显是分类排列，且有尊卑之次。①《北海相景君碑》正文中，叙及景君去世后，"孝子""州里乡党""故吏""四海冠盖"对景君的怀念，而碑阴皆为故吏之题名，又再细分为故中部督邮、故门下、故骑吏、故书佐、故修行、故干、故小吏等若干类。②再如《孔彪碑》云："于是故吏翟烈、崔恢、王沛等，……，乃刊斯石，钦铭洪基"，翟、崔、王三人或许可以称为刊石立碑的倡仪者，至少可以看作是立碑故吏的代表，而在碑阴的十三人题名中，此三人亦列名最前，③顺序与文中所列全同，当是有意安排，而绝非偶然。与此形成对照的是，在《鲁峻碑》正文中，作为立碑作谥的"三百廿人"门生代表的干商、丁直、马萌等人，并没有列在碑阴题名最前头，而是散见于各处。④

门生故吏在碑阴题名，往往附注某人出钱多少。从这个角度来看，碑阴题名实为一册"人情簿"，从中可以看出以碑主为中心而编织的这张社会关系网中的经济关系。有碑阴题名的汉碑主要是两类，一类是用于丧葬场合的墓碑，一类是在更具社交意义的礼仪场合所用的功德碑，无论哪一类，其实都可以看作是门生故吏送给碑主的一个礼物。碑主作为长官或者老师、前辈，当其离世或者离职之时，其门生故吏共同出资，树立碑刻，并以碑阴题名的方式，确认出钱者与碑主以及出钱者彼此之间的社会关系，碑阴详列门生故吏之名字、邑里、身份以及出资数额，正是这一社会关系网络运作及展示的表现。《后汉书·郭太（泰）传》记郭泰去世，"四方之士千余人，皆来会葬。同志者乃共刻石立碑，蔡邕为其文。"⑤"会葬"也好，"共刻石立碑"也好，都是靠社会关系网络运作而实施的群体行为。

总之，东汉时代以家族血亲关系为中心的宗族社会网络，以师生、主仆、主属、同乡、同僚等其他关系构成的社会关系网络，在石刻碑阳、碑阴

---

① 《汉碑集释》（修订本），第459—460页。
② 《汉代石刻集成·图版释文篇》，第88—92页。
③ 《汉碑集释》（增订本），第367—368页。参看第374页注64。
④ 《汉碑集释》（增订本），第339—394页。参看第397页注31。
⑤ 《后汉书》卷六八，第2227页。

及碑侧题名中都有所反映。

四、一人数碑与不同社会网络的独立运作

阎云翔通过研究中国乡村礼单发现,在仪式场合,"同一类的亲戚通常送类似的礼物。而且,他们的名字在礼单上通常聚集在一起,这表明他们可能在同一时间来送礼"。① 换句话说,地位悬殊或者身份不同的人,在礼仪场合往往采取不同的送礼方式;而地位相近或者身份相同的人,则往往采取相同的送礼方式,或者在送礼中采取联合一致的行动。在汉代石刻中十分突出的一人多碑现象,就是因为立碑主体出自不同群体,代表不同的社会网络而各自运作的结果。虽然是为同一人立碑,但是,不同人群却透过各自不同的组织联合,作各自不同的情感表达。蔡邕现存作品中常见其为同一人撰写多篇碑文,成为其文集中碑文类作品的一个显著特点,即是因此之故。前人早已指出,"《蔡中郎集》胡广、陈寔各三碑,桥玄、杨赐、胡硕各二碑"。② 实际上,从《蔡邕集编年校注》来看,一人多碑者并不限于这五个人,而且胡广、杨赐碑文各有四篇。今据《蔡邕集编年校注》整理其相关篇目如下:③

桥玄二碑:《太尉桥公庙碑》《太尉桥公碑》
胡硕二碑:《陈留太守胡公碑》《太守胡公碑》
陈寔三碑:《陈太丘碑》《陈太丘庙碑》《文范先生陈仲弓碑》
胡广四碑:《太傅安乐乡文恭侯胡公碑》《胡公碑》《胡太傅碑》
《胡太傅祠前铭》④
杨赐四碑:《司空文烈侯杨公碑》《汉太尉杨公碑》《文烈侯杨公碑》
《司空临晋侯杨公碑》

---

① 阎云翔《礼物的流动——一个中国村庄中的互惠原则与社会网络》,第122页。
② [清]刘宝楠《汉石例》,卷一,载朱记荣辑《金石全例》,上册,第510页。
③ 本章引用蔡邕作品,并据[汉]蔡邕著,邓安生编《蔡邕集编年校注》。
④ 按:刘宝楠称胡广三碑,当是未将《太傅祠前铭》计入。又蔡邕另有《太傅胡公夫人灵表》,是为胡广夫人而作。

第九章　礼物：汉碑与社会网络

这里的统计数字，有些与前人不同，这是因为前人所据蔡集收录不及《蔡邕集编年校注》全备。例如，明人张溥所辑《汉魏六朝百三家集》中亦有《汉蔡邕集》二卷，录杨赐三碑，依次为《司空文烈侯杨公碑》《汉太尉杨公碑》《文烈侯杨公碑》。[1] 其中，《司空文烈侯杨公碑》有云："其孤彪敢仪古式，昭铭景烈"，可知是其子杨彪所立；《汉太尉杨公碑》则有："惟我下流二三小臣，……乃纠合同寮，各述所审，纪公勋绩，刊石立铭，以慰永怀"，可知是其故吏所立；《文烈侯杨公碑》亦有："于是门生大将军何进等，瞻仰洙泗公丧之礼，纠合朋徒，稽诸典制，……敢竭不才，撰录所审言于碑"，可知是其门生所立。故吏和门生是围绕杨赐而形成的两个主要的社会圈子。从理论上说，这两个圈子固然有相互交叉的可能，亦即某一个人有可能同时属于两个圈子，但从总体来看，这两个圈子又是彼此独立的。所以，在杨赐的葬礼上，故吏和门生分别立碑，以此确认其与杨赐以及杨氏家族之间的社会联结。从汉碑常例来看，此二碑碑阴应分别有众故吏、门生之题名，只是由于题名之类不出自蔡邕之手，故不附于蔡集碑文之后。而在邓安生的《蔡邕集编年校注》中，除了这三篇碑文，还多出《司空临晋侯杨公碑》，盖"前三碑为墓碑，此则杨彪所立祠堂碑。当是杨赐卒后二年，其祠堂落成，（蔡）邕复为之碑文"。[2] 碑文云："孤彪衔恤永思，缀辑所履，以铭赞之"，[3]可见此碑亦为其子杨彪所立。杨彪先立墓碑，再立祠堂碑，适用于两个完全不同的礼仪场合，绝不重叠、多余。同理，杨赐四碑也没有一个是重叠、多余的。

再举桥玄碑为例。《蔡邕集编年校注》录有二碑，而《水经注》所录则有三碑。《水经注》卷二四"睢水"条"东过睢阳县南"下记述太尉桥玄墓："冢列数碑：一是汉朝群儒、英才、哲士感桥氏德行之美，乃共刊石立碑，以示后世。一碑是故吏司徒博陵崔烈、廷尉河南吴整等，以为至德在己，扬之由人，苟不旌述，夫何考焉。乃共勒嘉石，昭明芳烈。一碑是陇西枹

---

[1] ［明］张溥辑《汉魏六朝百三家集》卷一九，台湾商务印书馆影印文渊阁《四库全书》本。
[2] 《蔡邕集编年校注》，第382页。
[3] 《蔡邕集编年校注》，第382页。

罕北次陌砀守长陇为、左尉汉阳獂道赵冯孝高,以桥公尝牧凉州,感三纲之义,慕将顺之节,以为公之勋美,宜宣旧邦,乃树碑颂,以昭令德。光和七年,主记掾李友字仲僚作碑文。"①显然,《水经注》所录第一碑是"汉朝群儒英才哲士"所立,不见于《蔡邕集编年校注》,盖非蔡氏所撰。此碑当是桥玄门生等所立。第二碑即蔡邕《太尉乔(桥)公碑》,②是其故吏崔烈等所立。值得一提的是,崔烈之名又见于《孔彪碑阴》。③ 这表明他不仅与桥玄家族有密切关系,与孔彪家族也有密切关系,而且,在两次立碑过程中,崔烈列名都在最前。一方面说明他地位最高,另一方面也表明他在社交活动中相当活跃,是核心人物。第三碑当是蔡邕《太尉桥公庙碑》,但《水经注》所指示的立碑主体更为具体。蔡邕碑文中出现的"三孤、故臣、门人相与述公言行,咨度礼制,文德铭于三鼎,武功勒于钲钺,官簿次第,事之实录,书于碑阴,以昭光懿"一段,④据《水经注》引录,则为"鼎铭文"。⑤ 三碑同样树立于桥玄墓前,它们代表不同的人群,守望着桥玄的墓域,也代表桥玄所缔结的不同的社会关系网络永久屹立于这个人间。

胡广四碑,比桥玄还要多,但各有不同的礼仪情境。除了《胡太傅祠前铭》是祠堂碑之外,另外三碑都是墓碑,而且同是故吏所立,但又各有

---

① 陈桥驿《水经注校证》,中华书局,2007年,第569页。陈氏《校证》又引《注疏》本熊会贞《疏》云:"会贞按:此碑是梁州人官梁国者所立。而二语多误。砀、隔并梁国县,'隔'误'鹭',又衍'为'字,'砀长'当在'陇西枹罕'上,与'左尉'对,'北次陌守'当是人姓名及字,与'赵冯孝高'对,而文有误也。"见第586—587页。今按:陈引"梁州"当作"凉州",陇西枹罕、汉阳獂道皆凉州所属郡县名。若依熊说,则"北次陌"缺字,不足与"赵冯孝高"相对。此处文字似当作"砀守长陇西枹罕北次陌鹭为","砀守长"即守砀县长,陇西枹罕人,姓北次,名陌,字鹭为,如此乃可与"左尉汉阳獂道赵冯孝高"相对。左尉,即砀县左尉,汉阳獂道人,姓赵,名冯,字孝高。
② 《蔡邕集编年校注》,第365页。
③ 《隶释》卷八《博陵太守孔彪碑阴》:"故吏司徒掾博陵安平崔烈字威考"。《隶释隶续》合刊本,第98页。洪适《隶续》卷一二录"刘宽碑阴故吏名"有"故吏廷尉河南(阙三字)整公脩",见《隶释隶续》合刊本,第406页。其人当即桥公墓碑上具名之"廷尉河南吴整",由此可知吴整字公脩。
④ 《蔡邕集编年校注》,第315页。
⑤ 《水经注校证》卷二四"睢水"条"东过睢阳县南",第569页。

不同。《太傅文恭侯胡公碑》云："故吏济阴池喜感公之义,率慕黄鸟之哀,推寻雅意,彷徨旧土,休绩丕烈,宜宣于此,乃树石作颂,用扬德音。"①可见此碑为故吏济阴池喜所立,很可能树于济阴。胡广曾任济阴太守,此碑表明济阴人士与胡广之间有特殊的社会联结。《胡公碑》则是以"司徒许诩"为代表的另一批故吏所立,他们"相与钦慕《崧高》《烝民》之作,取言时计功之则,论集行迹,铭诸琬琰"。②《太傅胡公碑》又是以"掾太原王允、雁门毕整、属扶风曾宙、颍川殷历等"为代表的一批掾属所立,他们"相与累次德行,撰举功勋,刊之于碑,用慰哀思"。③掾属也属于故吏范畴之内,王允等人何以不与许诩等人共立一碑,恐怕是因为二者无多交集,故而分别行事。《太傅胡公碑》中特别提到胡广对故吏的提携,"凡所辟用,遂至大位者,故司徒中山祝恬,其余登堂据阁,赋政策勋,树功流化者,盖不可胜载。唯我末臣,顽蔽无闻,仰慕群贤,恶乎可及?"④这里非但没有提到时任司徒的许诩,而且言下之意,颇有自居"末臣"而与"遂至大贤"的"群贤"自觉区隔之意。耐人寻味的是,这四碑都由蔡邕撰作,蔡邕不仅在各碑内容详略、重点选择上有所区别,对铭文形式也精心拣择,各有短长。例如,《太傅文恭侯胡公碑》记载胡广的谥谥葬期等,而《胡公碑》只提到胡广的谥谥,《太傅胡公碑》只提到胡广的葬日,另外,前两篇铭文是四言,后一篇是三言,也有意求异。总之,无论是作为文本,还是作为礼物,这四篇碑文都各有特色。

  碑主是同一人,而在不同的碑额中,却有不同的题署。胡广诸碑和前述杨赐诸碑,都有不同的题额,但还不够典型。汉碑碑额题署以

---

① 《蔡邕集编年校注》,第153—154页。按:胡广葬于洛阳原陵,碑文中有"彷徨旧土"之句,邓安生注:"旧土,疑指济阴,非故乡江陵。胡广尝为济阴太守,故池喜于济阴为之立碑。"见第157页。其说可从。济阴故吏与胡广家关系甚深,胡广母黄夫人去世时,"济阴故吏旧民中常侍勾阳、于肃等二十三人思应慕化,推本议铭,著斯碑石,俾诸昆裔瞻仰以知礼之用,是为神诰"。见《汉交趾都尉胡公夫人黄氏神诰》,《蔡邕集编年校注》,第127页。
② 《蔡邕集编年校注》,第161页。
③ 《蔡邕集编年校注》,第167—168页。
④ 《蔡邕集编年校注》,第168页。

书尊为例,没有例外。① 如果碑主历任职务中有两个或多个职务品秩相同,那么,题额时如何择而用之,就取决于立碑人的立场及其与碑主的社会关系。当年,赵明诚不理解为什么孔彪已经"自博陵再迁为河东太守,而碑额仍题《故博陵太守孔府君碑》"。② 实际上,这是因为博陵太守之官位并不低于其后转任的河东太守或下邳相,此碑又为博陵故吏所立,他们在题额中强调孔彪的博陵太守身份,既不违背碑额题职之常例,又强化了孔彪与立碑人之间的社会联系。③ 同样,在杨统历任诸职中,金城太守与沛相同为二千石,由于立碑者皆沛人,故碑额题署为《沛相杨统碑》。④ 如果立碑者是金城故吏,那么,其碑额就应该是《金城太守杨统碑》。

除了《蔡中郎集》所见一人多碑诸例之外,《水经注》《集古录》《金石录》以及《隶释》等书中,还著录有"张平子、陈球各三碑,祝睦、郭禧、刘宽、秦颉、赵越、樊重各二碑,魏黄权四碑",可见,东汉以来,一人而有三碑乃至四碑者并不罕见。⑤ 一人数碑,一般并立于其人墓前,如前述桥玄碑。又如陈球三碑,皆树于下相城西北陈球墓前。《水经注》卷二五载:"泗水东南径下相县故城东,王莽之从德也。城之西北有汉太尉陈球墓,墓前有三碑,是弟子管宁、华歆等所造。"⑥ 再如刘宽有前后二碑,一为故吏李谦等立,一为门生郭异、殷苞等所立,"皆在洛阳上东门外"。⑦

---

① 叶国良《东汉官宦冢墓碑额题职例及其相关问题》,载《石学蠡探》,台湾大安出版社,1989年,第1—46页。

② [宋]赵明诚撰,金文明校证《金石录校证》卷一六《汉博陵太守孔彪碑》,第274页。

③ 按:[清]刘宝楠《汉石例》卷一有"碑额书前官例",指出汉碑有"以前官尊显题其额"之例,并称"故博陵太守孔府君碑"乃"故吏为前官立碑",故"得书前官",见《金石全例》,上册,第734—736页。叶国良先生进一步指出,此仍是前官尊显之故,"如孔彪在博陵之官位居河东太守或下邳相之下,则博陵故吏是否仍以之题额,殊有可疑"。见前揭叶文,第13页。

④ [宋]洪适《隶释》卷七《杨统碑阴》洪适跋:"右杨统碑阴凡十五人,不称郡,皆沛人也。"《隶释隶续》合刊本,第88页。

⑤ 参看[清]梁玉绳《志石广例》卷一"一人两志铭"条,载《金石全例》,上册,第509—510页。又参看[清]刘宝楠《汉石例》卷二"一人立二碑皆说名字邑里世系例"及以下诸例,载《金石全例》,中册,第16—22页。

⑥ [北魏]郦道元著,陈桥驿校证《水经注校证》卷二五,第603页。

⑦ [宋]洪适《隶释》卷一一,《隶释隶续》合刊本,第125页。

"渗透在礼物当中的精神,同时含有道德意味和情感意味","是发展感情联系和培养私人关系两方面的因素赋予了礼物交换实践以意义"。① 诸碑并立,既代表不同社会网络对碑主功业的赞颂,也是对其与碑主生前关系的确认与延续,同时构成了汉代墓域一道独特的文化景观。

数碑并建现象在汉代表现特别突出,这正是汉代石刻与社会网络联系特别密切的表现。这种现象在后代虽然并未绝迹,但毕竟相当罕见,可见时移世异,立碑的社会环境已经非同昔时。值得一提的是,南朝梁安成康王萧秀在身后仍然享受了"四碑并建"的宠荣,"佐史夏侯亶等表立墓碑志,诏许焉。当世高才游王门者,东海王僧孺、吴郡陆倕、彭城刘孝绰、河东裴子野,各制其文,欲择用之,而咸称实录,遂四碑并建"。② 这同时并建的四碑是否真的"咸称实录",实在难以考实,但萧秀有藩王的特殊身份,立碑之议出自其佐史夏侯亶,王、陆、刘、裴四人都是萧秀故吏,都有制碑送礼的情义动力与社会压力。"各制其文"体现的是各人情义的驱动,"欲择用之"则隐现着共同面对的竞争压力。从社交礼仪来说,择一而用,难免在四人间制造紧张气氛;"四碑并建"才是完美的共赢结局。

五、汉碑之作者问题:委托制作与代言体

自唐宋以迄今日,历代学者所发现、所亲见的各种汉碑原石,以及传世的诸多汉碑拓本或拓本录文,大都没有留下作者署名。洪适《隶释序》称其所录诸石,"唯《老子》《张公神》《费凤》三数碑有撰人名氏,若《华山亭》为卫觊之文,见于它说者,财一二尔"。③ 我在2007年的一篇论文中曾经谈到:

---

① 阎云翔《礼物的流动——一个中国村庄中的互惠原则与社会网络》,第141页。
② [唐]李延寿《南史》卷五二《梁安成康王秀传》,中华书局,1983年,第1290页。按:南齐豫章王嶷薨,其子托沈约及孔稚圭为文,当是两碑。南朝时代一人两碑志之例,并不罕见,参看梁玉绳撰《志石广例》,卷一"一人两志铭"条,载《金石全例》,上册,第509—510页。
③ [宋]洪适《隶释》卷一,《隶释隶续》合刊本,第1页。

作为物质文化的石刻文献

　　一些汉碑上甚至留下了倡议者、捐资者、主事者、察书者、书者乃至石师的名字,却没有碑文作者的署名,例如《西岳华山庙碑》篇末,有主事者、市石、察书、刻者、工师之名,却无撰文者之署名。[①]换句话说,大多数汉碑文本的作者是无名氏,即使我们知道其作者,这个作者实质上也是"代人立言","人"往往并不是碑主家属,而是指涉范围更广的某一群体,例如《陈仲弓碑》虽然出于蔡邕之手,实际上他代表的是一个大群体,包括碑文中提到的三公、刺史、官属掾吏、府丞与比县会葬者一千余人,[②]因此,这篇碑文实质上可以看作是群体意愿的表达,在这个意义上,它是一篇集体创作。总之,汉碑文本作者实际上只是一个执笔者,因此是否署名并不重要。[③]

从这个角度来说,最著名的汉碑作家蔡邕实际上也只是被委托者,其碑文"代人立言",属于代言体。对于汉碑作者及其署名问题,要从礼物与社会网络的角度来作新的理解。

　　主观上对礼物质量的要求,以及客观上礼物制作专业化的趋势,使汉碑从物质制作到文字撰作都出现了"委托加工"现象,于是,一种特殊形式的"代言体"碑文应运而生。可以说,代言是汉碑最重要的写作特点之一,很多汉碑文本通篇都是代言的语气。其所代言的对象,有时候是一个人,更多的时候则往往是一个群体。

　　蔡邕是汉碑撰作的一代名家,但我们今天之所以知道他写过哪些碑文作品,并不是依据汉碑(石本),而是依据其别集(集本)。《后汉书·文苑传》中,常常提到传主撰作碑文若干篇,其根据并不是碑刻上有撰者之署名,而是其他一些传世文献材料,例如石刻录文集之类。此类录文集早已有之,如《汉书·艺文志》已著录《奏事》二十篇,其中所录,即"秦时

---

① 高文《汉碑集释》(修订本),第271页。
② 碑文见《文选》卷五八,中华书局1977年影印胡刻本,第802—803页。
③ 程章灿《从碑石、碑颂、碑传到碑文——论汉唐之间碑文体演变之大趋势》,《唐研究》,第13辑,北京大学出版社,2007年。

大臣奏事,及刻石名山文也"。①《隋书·经籍志》亦著录谢庄撰《碑集》十卷、梁元帝撰《释氏碑文》三十卷、晋将作大匠陈勰撰《杂碑》二十二卷及《碑文》十卷等,②其中应有撰者之名。另一方面,后代图经地志中亦可见对碑文及其撰者的著录,但未尽可信。例如唐代诗人王建有《题酸枣县蔡中郎碑》诗云:"苍苔满字土埋龟,风雨销磨绝妙词。不向图经中旧见,无人知是蔡邕碑。"③可惜,他所依据的图经中的这个说法也是源于推测,并无实据,因为刘熊碑上并无蔡邕的署名。洪适根据《刘熊碑》的"笔法"与"文律"来否定王建之说,但也缺少客观根据,可以说是以一种主观推测反驳另一种主观推测。④ 实际上,由于蔡邕名气太大,很多汉碑尽管缺乏根据,却被后人附会为蔡邕的作品,除了《刘熊碑》之外,洪适还举出了下列例子:"《老子》(周越《法书苑》)、《范式》(李嗣真《书品》)、《州辅》《汝帖》、《夏承》《临汝帖》)、《鲁峻》《谯敏》(并《碑录》)等碑,皆云蔡中郎所书。或字体之不类,或时代之辽绝,盖不辨而自决。"⑤除了好古和迷信名家之外,这一现象还反映了后人对汉碑作者问题的迷执。洪氏举证涉及书学、帖学以及金石学等不同领域的五种著作,足见此种迷执之普遍。

另一方面,代言体的写作特点,又使那些确实为蔡邕所撰的碑文,有可能被误认为其他人的作品。例如,蔡邕《司徒袁公夫人马氏碑铭》有云:"懿等追想定省,寻思仿佛,哀穷念极,不知所裁。乃申辞曰。"作者完全站在代言的立场。"懿等"指的是司徒袁隗之子袁懿达、袁仁达等。乍一看,这篇碑文很像是袁氏兄弟等人所撰。接下来的铭文,特别是"於穆

---

① [汉]班固《汉书》卷三〇,中华书局,1962年,第1714页。
② [唐]魏徵等《隋书》卷三五,中华书局,2019年,第1233页。
③ 《全唐诗》卷三〇一,上海古籍出版社缩印扬州诗局本,1986年,第760页。
④ [宋]洪适《隶释》卷五《酸枣令刘熊碑》,《隶释隶续》合刊本,第65页。关于《刘熊碑》不出蔡邕撰书的详细讨论,参看程章灿《读〈刘熊碑〉》,载《古刻新诠》,中华书局,2009年。
⑤ [宋]洪适《隶续》卷五,《隶释隶续》合刊本,第318页。按:明张萱《疑耀》卷五"汉刘熊碑"条亦云:"盖东汉诸碑,流俗多以为中郎笔,犹王子敬好书《洛神赋》,故世一有《洛神赋》,辄以为子敬书耳。"据台湾商务印书馆影印文渊阁《四库全书》本。

母氏,其德孔休。思齐先姑,百行聿修""俾我小子,蒙昧以彪。不享遐年,以永春秋""兄弟何依,姊妹何亲。号咷忉怛,曾不我闻"等句,更明显是子女的语气。幸而蔡邕碑文中另有明确交代:"维光和七年,司徒袁公夫人马氏薨,其十一月葬,哀子懿达、仁达衔恤哀痛,靡所写怀,乃撰录母氏之德履,示公之门人,睹文感义,采石于南山,谘之群儒,假贞石以书焉。"①据此,我们可以确知此碑是袁隗二子咨询袁隗门人之后,委托蔡邕所作。又如蔡邕所撰《彭城姜伯淮碑》明显是姜肱(字伯淮)弟子所立,因为碑文有云:"于是从游弟子陈留申屠蟠等,悲悼伤怀,惧微言之欲绝,感绝伦之盛事,乃建碑于墓,甄述景行。"其四言铭文亦完全是门生口吻:"邈矣先生,应天淑灵。孝友是备,上德是经。弘此文艺,耽怡是宁。恂恂善诱,童冠来诚。有烨其誉,有焕其声。……嗟乎殒没,搢绅永悼。依依我徒,靡则靡效。勒铭金石,弥远益曜。"②再如蔡邕所撰《司空临晋侯杨公碑》云:"孤彪衔恤永思,缀辑所履,以铭赞之。"③如果没有传世文献记载为据,单凭这两篇碑文的相关文句,很可能会将其著作权判给姜氏弟子申屠蟠与杨赐之子杨彪。其实,申、杨只是碑文的委托人而已,而真正的作者却隐身而不留名。要之,代言的语气越是到位,委托人的声音就越为突显,而真正的作者则隐藏在其所代言的人物背后,越难为人发现。蔡邕碑文中惟一一处明确标志自己身份者,是《处士圈叔则碑》。此碑文云:"临没顾命曰:'知我者,其蔡邕。'乃为铭,载书休美,俾来世昆裔,永有讽诵于先生之德。"④这里交代其受托撰文的缘由,虽然披露了作者的姓名,却还不是直接的署名。从这个角度来看,委托者又处于被动的地位,他(他们)面向社会陈词,扮演社会礼仪为其规定的角色;而为其撰写"脚本"的真正作者却藏在幕后,不以真面目示人。

  以上诸例提示我们,要确定碑文的真正作者,不能只看碑文表面字句,不能简单地把立碑人等同于碑文撰者。从立碑人来看,汉碑中有公

---

① 《蔡邕集编年校注》,第334页。
② 《蔡邕集编年校注》,第178—179页。
③ 《蔡邕集编年校注》,第382页。
④ 《蔡邕集编年校注》,第114页。

第九章 礼物:汉碑与社会网络

卿大夫为卑官处士立碑者,有邑长为邑人立碑者,有父母为子立碑者,有僚友立碑者,有姻戚立碑者,有子女为父母立碑者,有弟为兄立碑者,有孙为祖立碑者,有妻弟立碑者,有门生为师之子弟或祖父立碑者,有子弟门人同立碑者,①有故吏故民立碑者,②有舅之孙立碑者,有弟及子同立碑者,有同官作铭者,③等等,种类繁多,不一而足。总之,立碑过程中涉及各种各样的社会关系网络,情况相当复杂。不管立碑人是谁,碑文的撰作都有可能超越这一社会关系网络,而委托网络以外的人来制作。寻找委托对象的过程,同时也是社会网络运作的一个过程。从蔡邕为胡广、桥玄两家撰写多篇碑文来看,胡、桥两家是习惯于向蔡邕定制碑文的,可以说是定向定制。而蔡邕与胡、桥两家原来存在的关系,也由此而再次得到确认。④

受托撰文,有如制作一个礼物,不同委托者会提出不同的要求。易言之,这种碑文撰作是"委托项目",为人作嫁,而不是完全自主的创作,受委托者理应尽可能尊重委托者的要求,满足他们的愿望。从这一基点出发,有必要对蔡邕所谓"受赇谀墓"以及所谓"惭德"问题作重新思考。这两个问题向来联系在一起,其说由来已久,它不仅牵涉到对蔡邕个人文章品德的评价,也涉及对汉碑文本生产状态及其文本性质的认识。所谓蔡邕"惭德"之说,见于司马彪《续汉书》和范晔《后汉书》等,其记载大同而小异。《续汉书》云:"及(郭泰)卒,蔡伯喈为作碑,曰:'吾为人作铭,未尝不有惭容,唯为郭有道碑颂无愧耳。'"⑤《后汉书·郭太传》记郭太(泰)卒后,"同志者乃共刻石立碑,蔡邕为其文,既而谓涿郡卢植曰:'吾

---

① [清]刘宝楠《汉石例》卷二,《金石全例》,中册,第 57—69 页。
② [清]刘宝楠《汉石例》卷三,《金石全例》,中册,第 83 页。
③ [清]郭麐《金石例补》,卷二,《金石全例》上册,第 617—620 页。
④ 蔡邕少时曾师事胡广,建宁三年曾辟司空桥玄府,参看邓安生撰《蔡邕年谱》,附载《蔡邕集编年校注》后,第 591、598 页。
⑤ 《世说新语·德行》"郭林宗至汝南造袁奉高"条刘孝标注引,余嘉锡《世说新语笺疏》,上海古籍出版社,1993 年,第 4 页。

为碑铭多矣,皆有惭德,唯郭有道无愧色耳'"。① 蔡邕之所以有"惭容""愧色",是因为他受人所托,为人代言,不免屈己从人,言不由衷,但"标序盛德",本来是丧葬礼仪与碑文文体的要求,②不宜从道德上苛责撰文者。相反,蔡邕的惭愧倒是彰显了他的道德自省和自我戒惕。而《郭有道碑》尽管也是受托撰文,但郭泰道德高尚,无愧表颂,蔡邕创作之时坦然、自信,其心理状态自然不同。

至于"谀墓"之说,则古来评论家多有论及。顾炎武《日知录》卷一九"作文润笔"条云:

> 《蔡伯喈集》中,为时贵碑诔之作甚多,如胡广、陈寔各三碑,桥玄、杨赐、胡硕各二碑。至于袁满来年十五,胡根年七岁,皆为之作碑,自非利其润笔,不至为此。史传以其名重,隐而不言耳。文人受赇,岂独韩退之"谀碑金"哉!③

前文已经辨明,一人数碑,实是为了满足不同社会网络中人的礼仪表达需求;为袁、胡等童子立碑,则是因为蔡邕与袁、胡两家皆有私人关系。顾炎武指责蔡邕"自非利其润笔,不至为此",是缺乏证据的。实际上,前史并无蔡邕"受赇"的任何记载,顾氏只是依据韩愈的情况而逆推蔡邕亦然如此,并没有实在的史料根据。退一步说,为人撰文而收取润笔,有如为人制作礼物而收取工钱,名正言顺,无可非议。蔡邕确实曾经称美幼童胡根"幼而克才","好问早识",④称美袁满来"遇目能识","问一及三","情性周备,夙有奇节",⑤但是,这种赞美其实表达的是胡、袁二童家属对二童早逝的深切痛惜和怀念,故《童幼胡根碑》云:"慈母悼痛,昆

---

① 《后汉书》卷六八,第 2227 页。
② 参看邓安生《蔡邕集编年校注·前言》,第 9—10 页。
③ [清]顾炎武撰,黄汝成集释,栾保群、吕宗力点校《日知录集释》,上海古籍出版社,2006 年,中册,第 1108 页。
④ 《蔡邕集编年校注》,第 132 页。
⑤ 《蔡邕集编年校注》,第 176 页。

娣孔怀,感襁褓之亲爱,怜国城之乖离,乃权宜就封二祖墓侧。亲属李陶等相与追慕先君,悲悼遗嗣,树碑刊辞,以慰哀思。"①此是人情之常,即使称美夸张过当,亦不宜作道德苛责。②

此外,刘宝楠在《汉石例》序言中列举汉碑"祖考称皇""女子称妃""郡署称朝""官牒移敕""墓域称陵""以病疢为不豫""以终命为徂落""以遗言为顾命""以居丧为谅闇"等诸种称谓现象,认为"揆以今仪,皆宜讳避"。③ 从后人的观点来看,这种现象匪夷所思,但以当时的立场来看,这一方面说明汉人出语少有忌讳,另一方面,这些出于门生故吏亲属之美称或者谀称,实质上是社会网络中人的情感表达和礼仪表现方式,与其称之为"谀墓",不如说是当时社会礼俗的体现。这些文字虽然出自受委托者之手,却是代表委托者而表情达意,作为受委托者的蔡邕,不应代人受过。

六、结论

总之,从石刻来看,汉代社会网络中的礼物交换,主要围绕着家族、故吏和门生三个社会网络,并以这三个社会网络为核心,向外扩展为一个空间更大的有效区域。另一方面,从时间维度来看,这种礼物交换往往超越本人,跨越代际,在长久的时间内延续。也就是说,这种人际关系并非及身而止,而是扩展到双方的亲属,并延伸及于上一代或下一代,或者持续至数代之久,故汉人有所谓"奕世通好"之说。④ 汉碑中,有童子

---

① 《蔡邕集编年校注》,第132页。
② 参看王银忠《论蔡邕碑文的非"谀碑"》,载《文山师范高等高科学校学报》,2006年第1期。
③ 《汉石例序》,《金石全例》,上册,第658—673页。
④ 《世说新语·言语》"孔文举年十岁随父到洛"条,记孔融拜谒司隶校尉李膺(元礼),自称亲戚:"元礼问曰:'君与仆有何亲?'对曰:'昔先君仲尼,与君先人伯阳有师资之尊,是仆与君奕世为通好也。'元礼及宾客莫不奇之。"《世说新语笺疏》,第56页。

作为物质文化的石刻文献

去世而其父之门生为之立碑者,如《逄盛碑》;①有已去世的从兄之门生以及季父之门生为之立碑者,如《杨著碑》。《杨著碑》碑阴题名中,"有'沛君门生'者,沛相统也;'后公门生'者,太尉秉也。杨震拜于前,故以秉为后。沛君者,著之从兄。后公者,著之季父。后公之薨,其犹子繁阳君委荣而投绂,高阳君以沛相之丧,亦弃官而归;一门孝义如此,宜其门人事之如一,伐石立表,无彼此之分。"②又有门人为先生祖先立碑者。如《杨震碑》立于建宁元年(168),其时杨震(54—124)已去世44年。立碑者是杨震之孙杨统的门人,自称"统之门人汝南陈炽等",碑阴题名可识者犹有九十余人,皆杨统之门人。此举令宋人洪适不胜慨叹:"今之门下士,且握权则献谀饰诈,靡所不至,夕失势则相忘于江湖矣。沛君已死,而门人为其祢庙立碑,汉人风义,后世不可跂及。"③汉代石刻中的礼物交换关系,充分说明了汉代人际关系网络的特点,这种社会网络以宗族关系为基础,所以能够恒久维持。在这种网络关系中,孝义、风义之类既是礼仪原则,又是道德法则,倍受重视和强调,因为它着眼的是网络的长久性和可持续性。因此,它既有利于私人网络的培育,也有利于社会关系的巩固。

石刻是汉代社会网络运作中一种特殊而且重要的礼物。其礼物属性不仅表现为石刻有物质文化的属性,而且体现于石刻上的文本与图画。不同形式、不同类型的汉代石刻,也有各自不同的礼物制作和礼物交换方式。从礼物和社会网络角度出发,可以对汉碑中的碑阴题名、一人多碑以及作者的隐显问题,有新的认知与理解。其他时代的石刻中,虽然也有碑阴题名,但不及汉碑那么常见、突出。比较突出的东魏兴和二年(540)的《禅静寺刹前铭敬史君之碑》,其碑阴"题名共二百二十九人,其中具官者二十四人,多数是颍州所属军府及州府僚佐及守令等,而

---

① [宋]洪适《隶释》卷一〇,《逄盛碑阴》,《隶释隶续》合刊本,第114—115页。参看[清]朱记荣辑《金石全例》,上册,第632页。

② 《隶释》卷一一,《杨著碑阴》,《隶释隶续》合刊本,第134页。

③ 《隶释》卷一二,《杨震碑》,《杨震碑阴》,《隶释隶续》合刊本,第136—137页。

敬姓题名者十五人,除重复实十四人","从碑阴题名中我们可以知道敬显儁是带着他的一批宗族上任的"。① 因此,此碑既可看作是宗族故吏献给敬史君之礼物,也可以看作北朝碑刻对汉碑传统的继承。作为礼物,汉代石刻所体现的社会网络的复杂运作,在后代的寺庙碑以及其他公共工程碑刻中,得到了继承和延续,而在碑志中则显著削弱。在后代碑志文中,礼物交换的表现形式亦发生了变化。例如,王安石与曾巩是好友,曾互为对方亲族撰写碑志文。最明显,也最对等的例子,是王安石为曾母吴氏撰写墓志,而曾巩也为王母吴氏撰志。② 要之,时过境迁,后代的社会环境与东汉时代已经不同,石刻的文化功能也发生了相应的变化,其作为礼物的文化意义仍然存在,但需要从新的、更多的角度去进行理解。

---

① 参看唐长孺《跋敬史君碑》,载其《山居存稿》,《唐长孺文集》第三册,第 114—122 页。
② [宋]王安石《曾公夫人吴氏墓志铭》,《临川先生文集》卷一〇〇,《四部丛刊》本。[宋]曾巩《仁寿县太君吴氏墓志铭》,见[宋]曾巩撰,陈杏珍、晁继周点校《曾巩集》卷四五,中华书局,1998 年,第 610—611 页。

第十章
汉末三国石刻的政治神话

汉末三国时代，围绕着一批石刻，滋生了一系列政治神话。由于这些政治神话的渲染，这些石刻具有了某种"神物"的特性。

"神物"一词，始见于《周易·系辞上》："是故天生神物，圣人则之；天地变化，圣人效之。天垂象，见吉凶，圣人象之；河出图，洛出书，圣人则之。"①自是以降，人们常用这一词语来指称自然界以及人类社会中那些神奇的事物。在汉末三国的作家中，曹植最喜欢使用这个词语。他在《吹云赞》中写道："天地变化，是生神物。吹云吐润，浮气蓊郁。"②又在《承露盘铭》中写道："神物攸协，高而不倾。"③无论是大自然的风云变幻，还是人间制作的承露仙盘，在曹植眼中，都是"天地变化"所生的"神物"。相传西晋雷焕在豫章丰城狱中地下发掘出两柄宝剑，亦即后代所谓干将、莫邪，雷焕深知其为"灵异之物，终当化去"，故派人将其中一柄送予张华。张华在《报雷焕书》中写道："详观剑文，乃干将也，莫邪何复不至？虽然，天生神物，终当合耳。"这两柄宝剑身世神秘，上与斗牛之间的紫气相关，其出土经历亦相当曲折，后来还演绎了一段"延津剑合"的

---

① 《周易正义》，[清]阮元校刻《十三经注疏》，上海古籍出版社，1997年，第82页。
② [三国]曹植撰，赵幼文校注《曹植集校注》，人民文学出版社，1988年，第92页。
③ [三国]曹植撰，赵幼文校注《曹植集校注》，第477页。

神奇故事。① 可见，附着于"神物"一词字面意义之上，还有沟通天地、变化无常、预言未来、兆示吉凶等引申意义。在汉末三国时期，石刻也被视为这样一种"神物"，它不仅是时人历史记忆文化的主要载体之一，而且在彼时的观念世界中扮演重要的角色，不容忽视。

一、石刻与谶纬及神异

石刻被认为具有沟通人神的特殊功用，至迟始于秦始皇时代。先秦时代，这种观念或许已经产生，但较难找到坚实的文献佐证。

与此相关的文献记载，比较容易想到的，是《华阳国志》卷三《蜀志》记李冰事秦昭王为蜀守，兴修都江堰水利工程，在玉女房下白沙邮"作三石人，立三水中。与江神要：'水竭不至足，盛不没肩'"。② 此说历代相传，影响甚大。1974年，都江堰迁建安澜索桥，在鱼嘴附近发现李冰石像，次年又发现侍立石人像一枚。值得注意的是，李冰石人像上镌刻铭文三行，正中一行是"故蜀郡守李府君讳冰"，左右袍袖则刻着"建宁元年闰月戊申朔廿五日"，"都水掾尹龙、长陈壹，造三神石人，珍（镇）水万世焉。"建宁是汉灵帝的年号，建宁元年即公元168年，时当汉末。这三枚石人像，就是汉末本地治水官员雕造的，有刻辞为证。故当代学者多据此认为，《华阳国志》中所记的白沙邮三石人，其实就是这三枚石人像，"大抵湔堰虽岁修，从事之人未对石人作迫近之观察，故虽实物具在，竟谓三石人为冰所作，以要神之水则"。③《华阳国志》出自西晋常璩之手，其时距离李冰之世已有数百年之久。看来，常璩并未深入实地，依据实物进行调查，乃致以讹传讹，误信"三石人为冰所作"，又在此基础上衍生

---

① ［唐］房玄龄等《晋书》卷三六，中华书局，1974年，第1075—1076页。按：《晋书》此处又称二剑名为龙泉、太阿，当是史源不同所致。《报雷焕书》被辑入《全晋文》卷五八，见［清］严可均校辑《全上古三代秦汉三国六朝文》，中华书局，1958年，第二册，第1791页。
② ［晋］常璩撰，刘琳校注《华阳国志校注》卷三，巴蜀书社，1984年，第202页。
③ ［晋］常璩撰，任乃强校补《华阳国志校补图注》卷三，第136页。参看王家葵《玉叩读碑：碑帖故事与考证》，四川文艺出版社，2016年，第20—21页。

出与江神相约的刻辞文字。简言之,所谓李冰三石人,其实并非先秦时代的造作,而是汉末之物,其刻辞反映的与其说是先秦时代的观念,①不如说是汉末的观念。

这种汉末的观念,如果结合应劭《风俗通》中有关李冰的志异叙事,势必看得更加清楚。据《风俗通》记载,李冰化身黑牛,与年年作怪、为患百姓的江神大战,最终在主簿帮助下,刺死江神。为了打败江神,李冰甚至打算用自己的女儿,来引诱江神。② 显然,这是汉末人编造出来的志异故事,反映的是汉末人对于李冰与江神关系的理解。常璩在《华阳国志》中以后例前,以今例古,将汉末人的观念加之于先秦人,足见汉末人这种观念对西晋人仍有根深蒂固的影响。

从秦始皇二十七年到秦始皇三十六年,秦始皇先后在今山东、河北、浙江等地巡游,六次刻石立碑。这些石刻的选址,大多与封禅祭祀有关:封泰山禅梁父,登之罘祠阳主,登琅琊台祠四时主,碣石求仙,上会稽则是为了"祭大禹,望于南海"。③ 秦二世继位之后,步其故辙,"东巡碣石,并海南,历泰山,至会稽,皆礼祠之"。④ 笔者曾经撰文,论述秦始皇选用石刻这种物质形式与文献载体,进行这种礼仪和政治的展示,与秦国的文化传统有一定关系。⑤ 这种传统不仅对秦朝统治者有直接影响,也在民间形成了一种敬畏石刻的文化氛围。《史记·秦始皇本纪》载:

---

① 按:《华阳国志》卷一记秦昭襄王时,"白虎为害,自秦、蜀、巴、汉患之。秦王乃重募国中:'有能杀虎者,邑万家,金帛称之。'"结果夷人杀群虎,止虎患,要求秦王兑现承诺,秦王乃与夷人"刻石为盟","盟曰:'秦犯夷,输黄龙一双;夷犯秦,输清酒一钟。'夷人安之"。《华阳国志校注》,第34—35页。如果这条材料可信,便可以证明,先秦时代秦人已有与夷人刻石为盟的传统,那么,常璩有关三石人及其刻辞的误信误说,史料上虽不可信,但却可以说有一定的史学真实性。

② [汉]应劭撰,王利器校注《风俗通义校注》,中华书局,1981年,第583页。参看上引王家葵书,第20—21页。

③ 《史记》卷六《秦始皇本纪》,第260页。

④ 《史记》卷二八《封禅书》,第1370页。

⑤ 详参程章灿《传统、礼仪与文本——秦始皇东巡刻石的文化史意义》,《文学遗产》,2014年第2期。现收入本书,即第八章。

第十章 汉末三国石刻的政治神话

> 三十六年,荧惑守心。有坠星下东郡,至地为石,黔首或刻其石曰:"始皇帝死而地分。"始皇闻之,遣御史逐问,莫服,尽取石旁居人诛之,因燔销其石。始皇不乐,使博士为《仙真人诗》,及行所游天下,传令乐人歌弦之。①

这段史料值得注意的有三点。第一,此事的主角是一块陨石,来自天外,故被赋予沟通人天之背景。黔首正是看中其天外来物的特殊身份,才利用它来为达到自己的政治目的服务。易言之,此石不是一般的石头,而是一块通灵神石。第二,黔首在陨石上的刻辞"始皇帝死而地分",不仅是反秦的政治口号,表达了明确的政治诉求,而且是预言未来政治走向的谶纬之辞。这段谶纬文字因其刻在陨石之上,而具有特殊的神秘性与威慑力。第三,此事发生在秦始皇晚年,临近秦朝权力更替的历史关口,所以,对秦政权以及秦始皇本人心理上都造成了强大冲击。秦始皇穷究此案,燔销其石,并为此郁郁不乐,都表明这一石刻谶纬事件在政治与文化两方面都产生了很大影响。

历史总是不惮其烦地重复自己。秦末的石刻谶纬事件,在后代王朝气数将尽之际,往往以各种方式重复出现,虽然其具体形态不免多有歧异。最早的一次出现在西汉末年。《汉书·王莽传》记平帝元始五年(公元5年)十二月

> 前辉光谢嚣奏武功长孟通浚井得白石,上圆下方,有丹书著石,文曰:"告安汉公莽为皇帝。"符命之起,自此始矣。②

此石虽非从天而降,然而乃浚井所得,出自地底,蕴涵天造地设的宿命安排之意。至于"上圆下方"、"丹书著石",则是着意展示其形制之神圣性。此石被称为"丹石之符",不仅宣示了一个政治预言,而且帮助王莽实现

---

① 《史记》卷六《秦始皇本纪》,第259页。
② [汉]班固《汉书》卷九九,中华书局,1962年,第4078—4079页。

了居摄践阼称假皇帝的政治目的。自此之后,称说"丹石之符"者屡见不鲜,例如居摄三年(公元8年),大臣臧鸿上奏扶风雍县有石,上有文曰:"天告帝符,献者封侯。承天命,用神令。"始建国元年(公元9年),又有所谓"茂陵石书",亦是以石刻造作符命。总之,石刻成为当时符谶最重要的物质载体之一。①

作为谶纬表现形式之一的"丹石之符",为王莽逐步谋取其政治利益,虽然它没有能够巩固王莽的政权,但继起的有政治企图者纷纷效尤,使谶纬之术成为东汉政治文化中的重要特色。甚至下至一千馀年后,元末民间进行反元起义的酝酿与动员之时,犹然以石为符谶。《元史·河渠志》载:"先是,岁庚寅,河南北童谣云:'石人一只眼,挑动黄河天下反。'及鲁治河,果于黄陵冈得石人一眼,而汝、颍妖寇乘时而起。"②这当然是故伎重演,但令人惊讶的是,其政治动员能量丝毫不减当年。

东汉石刻繁兴,从思想内容到外在形制,都受到谶纬这一流行文化观念的影响。一方面,如近代学者皮锡瑞所指出的,汉碑多引纬书,谶纬印迹颇为明显。③另一方面,则如当代学者所指出的,汉代石刻形制每仿照玉圭,以突显其神秘意义。例如,圭首碑是仿照玄圭,圆首碑是仿照琬圭,乃至碑穿,亦是日晷形制之遗迹。④故汉代石刻内容虽多与社会现实人事相关,但从其形制来看,却都有不同程度的神秘意味。

东汉初年,祭祀发生了从庙祭到墓祭的转换,上冢与读碑成为祭祀中不可或缺的重要内容,墓所成为沟通人神、连接生死的重要甚至神圣的场所。《后汉书·陈蕃传》记陈蕃出任乐安太守,其民赵宣葬亲之后,"不闭埏隧,因居其中,行服二十馀年",乡邑将其作为尽孝的典型推荐给陈蕃。当陈蕃了解到赵宣五子皆服中所生,勃然大怒,斥责赵宣"寝宿冢

---

① 参看刘海宁《汉碑的制形与谶纬思想》,《齐鲁学刊》,2011年第2期。此文的内容,后来收入其《山东汉代碑刻研究》,齐鲁书社,2015年,主要见第188—190页。
② [明]宋濂等《元史》卷六六,中华书局,1976年,第1654页。
③ 参看皮锡瑞《汉碑引谶考》,见吴仰湘编《皮锡瑞全集》第七册,《国家清史编纂委员会·文献丛刊》,中华书局,2015年。
④ 参看前引刘海宁文及其《山东汉代碑刻研究》,第190—207页。

第十章 汉末三国石刻的政治神话

藏,而孕育其中,诳时惑众,诬污鬼神",亵渎墓地这一神圣场所,并将其治罪。① 不仅墓地是神圣场所,墓地石刻也因而具有了神秘的意义。② 《西京杂记》卷四记:

> 滕公(夏侯婴)驾至东都门,马鸣,踢不肯前,以足跑地久之。滕公使士卒掘马所跑地,入三尺所,得石椁。滕公以烛照之,有铭焉,乃以水洗写其文,文字皆古异,左右莫能知。以问叔孙通,通曰:"科斗书也。"以今文写之,曰:"佳城郁郁,三千年,见白日。吁嗟滕公居此室。"滕公曰:"嗟乎天也!吾死,其即安此乎!"死,遂葬焉。③

虽然这段文字的主角是西汉初年的功臣夏侯婴,《西京杂记》旧题亦称出自刘歆之手,但实际上,其书很可能是东晋葛洪编集而成,其中材料多出自汉末三国以来的百家短书。④ 石椁上不仅刻有"古异"的文字,还预言了夏侯婴的埋葬之地。总之,这是一件神异的石刻,尽管这段故事的原型貌似出自《庄子·则阳篇》的一段寓言,⑤它所反映的其实也是东汉以来人们的观念。

二、汉末记载神异事迹之石刻

汉末的神异石刻,主要是与神仙灵异故事有关的墓碑、祠庙碑和神

---

① [南朝宋]范晔《后汉书》卷六六《陈蕃传》,中华书局,1965年,第2160页。
② 关于从庙祭到墓祭的转变,参看[清]赵翼《陔馀丛考》卷三二"墓祭"条,中华书局,1963年。另参巫鸿《从"庙"至"墓"——中国古代宗教美术发展中的一个关键问题》,载[美]巫鸿著,郑岩、王睿编,郑岩等译《礼仪中的美术——巫鸿中国古代美术史文编》,生活·读书·新知三联书店,2005年;张力智《"从庙至墓"的背后——作为政治象征的祭祀制度》,《美术研究》,2008年第4期。
③ [东晋]葛洪集,程章灿、成林译注《西京杂记全译》,贵州人民出版社,1993年,第130页。
④ 程章灿《〈西京杂记〉的作者》,《中国文化》,第9辑,1994年。
⑤ 《庄子·则阳篇》:"夫灵公也死,卜葬于故墓,不吉,卜葬于沙丘而吉。掘之数仞,得石椁焉,洗而视之,有铭焉,曰:'不冯其子,灵公夺而里之。'"[清]郭庆藩集释《庄子集释》,中华书局,1961年,第908页。

仙碑,其中最值得特别关注的是《曹娥碑》《白石神君碑》《仙人唐公房碑》。三碑年代有先有后,但都处于汉末桓灵之世,各具代表性,也各有特点。

《曹娥碑》立于东汉桓帝元嘉元年(151),是为了纪念和赞颂当代孝女曹娥的碑刻。曹娥事迹颇涉神异,因而见载于同时代刘敬叔的志怪小说集《异苑》,不足为奇。但值得注意的是,此事亦被刘宋范晔写入《后汉书·列女传》之中。不同的是,后者所记只是曹娥寻父尸而死及县长度尚为之立碑的事迹,尚属雅驯,而前者则进而衍生出蔡邕题碑与魏武帝曹操解读的故事,其神异成分明显增加:

> 孝女曹娥者,会稽上虞人也。父盱,能弦歌为巫。汉安帝二年五月五日,于县江沂涛,迎婆娑神,溺死不得尸骸。娥年十四,乃缘江号哭,昼夜不绝声,七日遂投江而死。三日后与父尸俱出。至元嘉元年,县长度尚改葬娥于江南道傍,为立碑焉。陈留蔡邕,字伯喈,避难过吴,读《曹娥碑》文,以为诗人之作无诡妄也,因刻石旁作"黄绢幼妇,外孙齑臼"八字。魏武见而不能了,以问群僚,莫有解者。有妇人浣于江渚,曰:"第四车解。"既而祢正平也。衡即以离合义解之。或谓此妇人即娥灵也。①

关于曹操解读蔡邕题跋一事,《世说新语》和《语林》亦有记载,只是将祢衡换成杨修,情节与《异苑》略有不同。② 若据《后汉书》章怀太子李贤注引《会稽典录》,则有关《曹娥碑》碑文之撰作,又有魏朗与邯郸淳竞争的传说。③ 由此可见,自三国至晋宋,围绕《曹娥碑》,滋生了不少神异故事。《异苑》通过蔡邕之口,强调所谓"诗人之作无诡妄",这正表明当时

---

① [南朝宋]刘敬叔《异苑》卷一〇,中华书局,1996年,第 95 页。
② [南朝宋]刘义庆撰,[南朝梁]刘孝标注,余嘉锡笺疏《世说新语笺疏》(修订本),上海古籍出版社,1993年,第 579—580 页。按:《会稽典录》和《异苑》已见于刘孝标注,《语林》则见于《古文苑》卷一九章樵注引。
③ 《后汉书》卷八四,第 2795 页。

有人认为此碑"诡妄"。事实上,《异苑》下文紧接着叙述曹娥显灵之事,正是此碑"诡妄"的具体表现之一例。①

蔡邕题碑八字,采取隐语形式,故弄玄虚,体现了明显的谶纬风格,这未始不是有意迎合当时人对于此碑"诡妄"的认识。正因为它的这一特征,后人围绕蔡邕题跋,又造作了一系列志异故事。除了《世说新语》之外,《古文苑》卷一九《曹娥碑》后又载一段题跋,谓"汉议郎蔡邕闻之来观,夜暗,以手摸其文"。此跋具体出处不详,但其梗概与南宋施宿等撰《会稽志》卷一〇所记略同:

《世说》《晋阳秋》:曹娥父盱溺,不得尸,娥投衣于江,祝曰:"父在此,衣当沉。"旬有七日,衣偶沉,娥遂投江而死。县长度尚悲怜其义,为之葬,且命邯郸子礼作碑。蔡邕闻之来观,夜暗,以手摸其文而读之。题云:"黄绢幼妇,外孙齑臼。二百年后碑当堕,当堕不堕逢王叵。"②

实际上,此事既不见于《世说》,亦不见于《晋阳秋》,其原始出处暂不可考,但可以肯定的是,"二百年后碑当堕,当堕不堕逢王叵"二句被附益为蔡邕的题碑文字,应该是在汉末三国之后、南宋以前。③

有必要指出,曹娥故事还有一个蜀中版本。《华阳国志》卷三《蜀志》载:

----

① 按:上引刘孝标注称《曹娥碑》在会稽中,而魏武、杨修未尝过江,可见刘孝标已意识到此传说之"诡妄"。参看李珍《〈曹娥碑〉谜探微》,载《档案》,2015年第2期。
② [宋]施宿等《会稽志》卷一〇,台湾商务印书馆影印文渊阁《四库全书》本。
③ 按:《太平御览》卷五五九(中华书局1960年影印本)引《会稽郡十城地志》曰:"上虞县东南古冢二十馀坟,永嘉之初,潮水坏其大冢,所坏一冢砖题文曰:'居在本土厥姓黄,卜葬于此大富强。易卦吉,龟卦凶,四百年后堕江中。当堕不堕值王颢。'县令皮熙祖取数砖置县楼下池中,录之,怅然而已。"《会稽郡十城地志》撰者及时代不详,然此记砖刻文字,与《会稽志》所谓蔡邕跋碑语"二百年后碑当堕,当堕不堕逢王叵"相似,其年代下限在北宋初年。

241

作为物质文化的石刻文献

永建元年十二月,县长赵祉遣吏先尼和拜檄巴郡守,过成瑞滩,死。子贤求丧不得。女络年二十五,乃分金珠作二锦囊,系儿头下。至二年二月十五日,女络乃乘小船至父没所,哀哭自沉。见梦告贤曰:"至二十一日与父尸俱出。"至日,父子浮出。县言郡,太守萧登高之,上尚书,遣户曹掾为之立碑。人为语曰:"符有先络,僰道张帛,求其夫,天下无有其偶者矣。"①

永建是汉顺帝的年号,永建元年是公元126年。张帛即张贞之妻黄帛。贞死,贞弟求丧不得,帛乃投水而死,与其夫之尸俱出,其事见《华阳国志》卷一〇中。② 这段故事早于曹娥数十年,即已在蜀中流传。时人为先络立碑,意在使这一灵异故事广为流传,垂之久远。《先络碑》和《曹娥碑》一样成为神异故事的见证。可惜的是,《先络碑》实物与文本今皆不传。

曹娥虽是民间女子,但她为孝而死,故县长度尚为之立碑。《曹娥碑》属于墓碑一类,而《白石神君碑》则属于祠庙碑,意在祭祀白石山山神。此碑立于东汉灵帝光和六年(183),是河北元氏县所立汉代五碑之一,与《祀三公山碑》《三公山神碑》《封龙山颂》《无极山碑》并列齐名。

白石神君本来藉藉无名,是常山相南阳冯巡和元氏令新丰王翊等代为上奏,请立祠碑。碑中称白石神君"居九山之数,参三条之壹,兼将军之号,秉斧钺之威",③虽有浮夸之辞,尚非大悖常情。此碑之荒诞不经,更为突出的表现有两处:一处是其碑末刻有:"燕元玺三年正月十日,主簿程疵家门,传白石将军教,吾祠今日为火所烧。"④此刻字划粗劣,是否真的刻于十六国前燕慕容儁元玺三年(354),争论纷纭。从其预言神祠为火所烧一事来看,这当是好事者所刻,旨在强化此碑之神异色彩。另一处荒诞不经的表现在其碑阴,除了有当时当地官绅题名,碑阴还镌有

---

① [晋]常璩撰,刘琳校注《华阳国志校注》卷三,第293页。
② [晋]常璩撰,刘琳校注《华阳国志校注》卷一〇,第788页。
③ 高文《汉碑集释(修订本)》,河南大学出版社,1997年,第457页。
④ 高文《汉碑集释(修订本)》,第459页。

周边诸神各出义钱的详细记录:"务城神君钱二万,李女神义钱三万,礌石神君义钱二万,璧神君义钱一万。"①此举驱使神君,装神弄鬼,招摇神异之迹。

清初有一些金石学者,早就对《白石神君碑》的故弄神异颇不以为然。例如,刘青藜曾批评"白石神君事殊不经,而诣阙请祀,当时礼官亦不闻驳正,盖汉至灵帝,政衰国危,国将亡,听于神,无足怪也。"②朱彝尊也曾感慨道:"盖斯时巫风方炽,为民牧者,宜潜禁于将萌,乃巡、翊轻信巫言,辄代为之请,何与？非所云国将亡而听之神者与？碑阴有务城神君、李女神、砖石神君、璧神君名号,殆因白石而充类名之。碑建于光和六年,是岁妖人张角起矣。"③《左传》庄公三十二年云:"国将兴,听于民。将亡,听于神。"④显然,朱、刘二人异口同声所要表达的意思就是:《白石神君碑》是国将亡而听于神的实在例证。

与曹娥以及白石神君相比,《仙人唐公房碑》的主角唐公房,虽然原本是王莽时的一个下层官吏,但得道成仙,白日升天,有着非凡的经历。此碑刻立年代暂时不能确定,但从碑阴所刻立碑"群义"名字及其员职来看,应该是在东汉后期。⑤ 碑文通篇就是一段神异故事。实际上,这类故事在传播过程中,往往又有不少变形,碑文所记只是其中一种而已。洪适于《隶释》卷三《仙人唐君碑》下云:

> 右《仙人唐君碑》,篆额,汉中太守郭芝立,今在兴元。唐君字公房,王莽时人也。《博物志》云:"城固县壻乡,有唐公昉(房)得道,鸡

---

① 高文《汉碑集释(修订本)》,第460页。
② [清]刘青藜《汉白石山神碑跋》,《金石续录》卷一,页一三下,此据容媛辑录、胡海帆整理《秦汉石刻题跋辑录》(上海古籍出版社,2009年)下册第1221页转引。
③ [清]朱彝尊《金石文字跋尾》卷二,页一三上至下。此据容媛辑《秦汉石刻题跋辑录》下册第1215页转引。
④ 《春秋左传正义》,[清]阮元校刻:《十三经注疏》,中华书局影印,1980年,第3870页。
⑤ 参看[清]陆耀遹《金石续编》卷一,《石刻史料新编》第一辑第4册,台湾新文丰出版公司1982年影印。按:高文《汉碑集释》将此碑列于全书最后,杨殿珣编《石刻题跋索引》亦将此碑附列于汉末,参见《石刻题跋索引》,商务印书馆,1990年,第22页。

犬皆升仙，惟以鼠有恶不得去。鼠自悔，每月一吐其肠胃更生，谓之唐鼠。"《总仙录》所引《博物志》又云："鼠至空中，自堕肠出，一月三易，故山中有拖肠鼠。"《水经》云："智水川有唐公房祠。公房入云台山，合丹服之，白日升天，鸡鸣天上，狗吠云中。以鼠恶留之。鼠乃感激，以月晦日吐肠胃更生。公房升仙之日，婿行未还，不获同阶云路，约以此川为居，言无繁霜蛟虎之患，其俗因号为婿乡。"二说唯鼠事小异。《神仙录》则云："神仙李八百为公房家佣，伪作恶疮，使公房夫妇及三婢舐之，又索美酒三十斛浣疮，因以余酒浴公房夫妇，颜色更少，授以《丹经》一卷。公房入云台山作药，药成，服之仙去。"其说俱异，唯炼丹云台与《水经》同尔。①

从洪适引录来看，《博物志》《总仙录》《神仙录》三书所记故事，版本各有不同。这说明，在当时的神仙志怪故事中，唐公房故事是一个热门主题。《仙人唐公房碑》的刻立，又进一步促进了这一神异故事的传播。在郦道元看来，"百姓为之立庙于其处也，刊石立碑"，其主要目的就是"表述灵异"。②

值得注意的是，《曹娥碑》《白石神君碑》和《仙人唐公房碑》虽然分属墓碑、祠庙碑、神仙碑，类型不同，但都是由地方官员所立，表明其皆得到官方的认可。然而，在北宋欧阳修看来，这些在汉末三国人眼中见怪不怪的神异石刻，却是惑世愚民的怪象，不能不坚决排黜：

呜呼！自圣人殁而异端起，战国秦汉以来，奇辞怪说，纷然争出，不可胜数。久而佛之徒来自西夷，老之徒起于中国，而二患交攻，为吾儒者往往牵而从之，其卓然不惑者，仅能自守而已。欲排其说而黜之，常患乎力不足也。如公昉（房）之事，以语愚人竖子，皆知其妄矣，不待有力而后能破其惑也。然彼汉人乃刻之金石，以传后

---

① ［宋］洪适《隶释》卷三，《隶释隶续》合刊本，第41页。
② ［北魏］郦道元著，陈桥驿校证《水经注校证》卷二七，中华书局，2007年，第647页。

世,其意惟恐后世之不信。然后世之人未必不从而惑也。①

很容易看出来,在发表这一番言论的时候,欧阳修的身份与其说是金石学家,不如说是代表儒家正统思想的学者。

三、三国之神异石刻

三国鼎立的政治局势,使石刻神异现象中所蕴藏的政治文化意义被进一步突显,被多维度利用。魏明帝太和四年(230),诏令以文帝曹丕《典论》"刻石,立于庙门之外"。② 魏齐王曹芳正始二年(241),诏令以古文、小篆和汉隶三种字体刻石经,立于魏都洛阳南郊太学讲堂西侧。《典论》刻石和正始石经(亦称"三体石经"),可以视作曹魏时代两个神圣之物,其意义已远远超出物质的造作,也不仅限于学术文化建设方面,而是被赋予政治文化象征的意义。因此,直到继承曹魏政权的西晋初年,晋臣荀崧仍然以首都洛阳有正始石经而洋洋自得,顾盼自雄。③

在曹魏诸石刻中,立于黄初元年,象征魏受汉禅的《魏受禅碑》,无疑是最具政治象征意义的一种。因此,围绕此碑而滋生一系列传说与神异故事,也顺理成章。《水经注》卷二二载:

> (繁昌县)城内有三台,时人谓之繁昌台。坛前有二碑,昔魏文帝受禅于此。自坛而降曰:"舜、禹之事,吾知之矣。"故其石铭曰"遂于繁昌筑灵坛"也。于后其碑六字生金。论者以为司马金行,故曹氏六世迁魏而事晋也。④

---

① [宋]欧阳修著,邓宝剑、王怡琳笺注《集古录跋尾》卷二,人民美术出版社,2010年,第40页。
② 《三国志·魏志》卷三《魏明帝纪》,第97页。
③ 参看[唐]房玄龄等《晋书》卷七五《荀崧传》,中华书局,1996年,第1977页。
④ [北魏]郦道元著,陈桥驿校证《水经注校证》卷二二,第513—514页。

作为物质文化的石刻文献

如果说魏文帝降坛之语可以写入志人故事，那么，六字生金的传说就可以列为志异故事。既然在既往的历史中，《魏受禅碑》承担了汉魏改朝换代的礼仪象征，那么展望未来，此碑也应该能够预兆曹魏政权的命运。这是具体而微的一种循环历史观。《魏受禅碑》系曹魏一代兴亡于一身，责任重大，与凡石常碑不可同日而语。因此，碑石"六字生金"，本来只是石料的物理变化现象，却被解释成了对朝代更迭的历史隐喻和政治预言。隐含在这种隐喻和预言中的，是时人对石刻文化的神异理解观念。

与《魏受禅碑》"六字生金"相类似的，是《贾逵碑》"碑石生金"之事。贾逵(174—228)，字梁道，河东襄陵(今山西临汾东南)人，历仕魏武帝、魏文帝、魏明帝三世，功业昭彰。贾逵生前曾任豫州刺史，他死后，豫州吏民追思其功业，在陈国项县为其建祠立碑。青龙(233—237)中，魏明帝东征，经过贾逵祠，参拜贾逵碑及其像，怆然而悲曰："古人有言，患名之不立，不患年之不长。逵存有忠勋，没而见思，可谓死而不朽者矣。其布告天下，以劝将来。"[①]可见，贾逵无论是在曹魏政坛上，还是在民间，都有很高的声望。因此，曹魏末年，当王凌被司马懿设计陷害而百计莫辩，他不得已而求助于贾逵之神灵。《水经注》卷二二记：

> 谷水径小城北，又东径魏豫州刺史贾逵祠北。王隐言祠在城北，非也。庙在小城东。昔王凌为宣王司马懿所执，届庙而叹曰："贾梁道！王凌魏之忠臣，惟汝有灵知之。"遂仰鸩而死。庙前有碑，碑石金生。干宝曰："黄金可采，为晋中兴之瑞。"[②]

王凌之事在颜之推《还冤记》(原名《冤魂志》)中有更详细的记载，在王凌鸣冤之外，又增加了王凌复仇的情节：

---

① 《三国志》卷一五《贾逵传》，中华书局，2011年，第484页。
② [北魏]郦道元著，陈桥驿校证《水经注校证》卷二二，第515页。此处对原书标点符号有所调整。

第十章 汉末三国石刻的政治神话

陵至城,过贾逵庙侧。陵呼曰:"贾梁道!吾固尽心于魏之社稷,惟尔有神知之。"陵遂饮药死,三族皆诛。其年,宣王有疾,白日见陵来,并贾逵为祟,因呼字曰:"彦云(王凌字)缓我。"宣王身亦有打处,少日遂薨。①

这一志异故事,显然是斥责晋宣王司马懿,但"碑石金生"之事,却是预言司马晋将代曹魏而兴,立场正好相反。王隐《晋书》对"碑石生金"一事记录较详:"永嘉元年,陈国项县贾逵石碑中生金,人盗凿取卖,卖已复生。此江东中兴之瑞也。"②其言外之意,似谓晋室中兴势不可挡,即使司马宣王作恶在前,亦无改其运势。

如果说魏国石刻的神异,集中表现在对魏晋禅代的历史预言,那么,吴国石刻的神异,则主要体现在制作祥瑞、标榜正统的舆论宣传。东吴末代皇帝孙皓"在位一十六年,凡八改元,言符瑞者累累矣",③孙皓的最后两次改元,都与石刻祥瑞有关。《三国志·吴志》卷三所记石刻祥瑞,都发生在孙皓在位之时。一次是天玺元年(276)的临平湖石函天玺:

天玺元年,吴郡言临平湖自汉末草秽壅塞,今更开通。长老相传,此湖塞,天下乱,此湖开,天下平。又于湖边得石函,中有小石,青白色,长四寸,广二寸余,刻"上作皇帝"字。于是改年,大赦。④

此次"改年",新年号为"天玺"。关于改元"天玺",另有一种说法,认为其

---

① 颜之推撰,罗国威校注《冤魂志校注》,巴蜀书社,2001年。按:据《太平御览》卷九五,此事亦见于《异苑》,惟情节有小异,可见此事流传甚广。
② 《太平御览》卷八一〇引王隐《晋书》。同书卷五八九引王隐《晋书》,则谓此事出自《石瑞记》,按《石瑞记》未见于书目著录,据王隐行年推测,当是魏晋之际的作品。
③ [清]王澍撰,李文点校《竹云题跋》卷一,浙江人民美术出版社,2019年,第248页。
④ [晋]陈寿《三国志》卷四八,第1171页。

247

缘起海盐六里山石刻。① 考海盐六里山石刻未见载于《三国志·吴志》，其最早出处似是宋王象之《舆地碑记目》，其书卷一载其刻云："天册元年旃蒙协洽之岁，孟冬阳月，日惟壬寅朔，石箦神匮忽自开发，拾得青玉玺，篆文'吴即帝位'共三十八字。"至元以后，石刻篆文乃多出"吴真皇帝"等字。此石既然发现于天册元年乙未岁十月，则改元当自次年元日始，然而改元天玺实在天册二年（276）七月，《三国志·吴志》虽未明言，而《资治通鉴》已有明确记载，并确认其与临平湖石玺有关。② 当然，无论是临平湖石玺，还是六里山石玺，都是迎合当时政治需要的石刻造作。但六里山石刻虚诞不实之迹甚著，前人早已指出："按吴天册元年为晋武帝咸宁元年，是年七月甲申晦，日有食之，则孟冬朔非甲申则乙酉也，壬寅当在望后，安得有壬寅朔乎？此必里人伪为符瑞，漫不考其日月，以悦世主于一时耳。"③

孙皓时代另一次因祥瑞石刻出现而改元之事，发生在同年八月，此即所谓"历阳石"事件：

> 秋八月，京下督孙楷降晋。鄱阳言：历阳山石文理成字，凡二十，云："楚九州渚，吴九州都。扬州士，作天子。四世治，太平始。"④

于是改元"天纪"。联系这段引文之首"京下督孙楷降晋"一句，完全能够想象东吴末年国势之日衰，也可以更好地理解"历阳石"出笼的政治背景。此段文字下裴松之注引《江表传》曰：

---

① 《玉叩读碑：碑帖故事与考证》第 81 页谓海盐六里山发现石函玉玺，上刻"吴真皇帝"四字，乃改元为天玺。
② ［宋］司马光《资治通鉴》卷八〇，中华书局，1956 年，第 2542 页。
③ ［元］姚桐寿《乐郊私语》，台湾商务印书馆影印文渊阁《四库全书》本。按：今检陈垣《二十史朔闰表》（中华书局，1962 年，第 49 页），天册元年孟冬甲申朔，则壬寅是十月十九日。
④ ［晋］陈寿《三国志》卷四八，第 1171 页。

第十章　汉末三国石刻的政治神话

历阳县有石山,临水,高百丈,其三十丈所有七穿骈罗,穿中色黄赤,不与本体相似,俗相传谓之石印。又云:石印封发,天下当太平。下有祠屋。巫祝言:石印神有三郎。时历阳长表上,言石印发。皓遣使以太牢祭历山。巫言:石印三郎说,天下方太平。使者作高梯上看印文,诈以朱书石,作二十字,还以启皓。皓大喜,曰:"吴当为九州作都渚乎?从大皇帝及孤四世矣,太平之主,非孤复谁?"重遣使以印绶拜三郎为王,又刻石立铭,褒赞灵德,以答休祥。①

此事发生之地"历阳",实为"历陵"之讹,故其所指并非古历阳县(今安徽和县)之地,而是鄱阳郡历陵县。② 表面上看,临平湖石函与历阳石似乎没有联系,实质上,历阳石可以说是由临平湖石函召唤出来的。另一方面,神异的历阳石,又催生了一次"刻石立铭"。召唤与催生,可以说是神异石刻自我复制的两种方式。

较临平湖石函以及历阳石更广为人知的,是《天发神谶碑》和《禅国山碑》这两块三国奇碑。《天发神谶碑》又名《吴山纪功碑》或《吴天玺元年断碑》。宋代金石学家欧阳修认为,"天玺元年历阳山石成文,刻石作颂",刻的就是这个《天发神谶碑》,其文"大抵言天锡谶命之意"。③ 赵明诚同意欧阳修的判断,更例举其文,进一步批判其妖异:

---

① ［晋］陈寿撰,［南朝宋］裴松之注《三国志》卷四八,第1171—1172页。
② 《(乾隆)江南通志》卷二〇〇"历阳山辨"条:"《明一统志》:历阳山在和州西北四十里。《江表传》:历阳县有石山,谓之石印。又云:石印封发,天下当太平。吴孙皓尝遣使祭以太牢。盖今和州,古历阳县地,故所载如此。按《吴志·孙皓传》:天玺元年,鄱阳言历阳山石文理成字。与《江表传》之言合。但历阳之上冠以鄱阳,而吴之鄱阳郡由孙权分豫章地置,乃今江西饶州地,非和州也。又胡三省言:《晋志》鄱阳郡无历阳县,有历陵县,'阳'当作'陵',并引《饶州图经》所载鄱阳历陵县有石印山为证。则《吴志》及《江表传》之'历阳',已属'历陵'之讹,后代纂志者并不察鄱阳之文,直指为和州之山,斯尤误矣。旧志亦仍之而未削也。"程章灿主编《江南通志》,凤凰出版社,2019年,第12册,第9527页。按:历陵县治所在今江西德安县东。
③ ［宋］欧阳棐《集古录目》,《石刻史料新编》第一辑第24册,台湾新文丰出版公司1982年影印。

其前云"上天帝言",又云"帝曰大吴一万方",又云"天发神谶文,天玺元年七月己酉朔",又云"天讖广,多不解,解者十二字"。呜呼!其言可谓妖矣。……孙皓在位凡八改元,而六以符瑞,然竟不能保其国。盖人事不修,而假托神怪以矫诬天命,其不终宜矣!①

众所周知,《天发神谶碑》的字体古怪,或谓其"若篆若隶,字势雄伟",②或谓其"牛鬼蛇神",是"怪诞"的"牛腹书",③由于审美标准不同,故褒贬不一。实质上,这些古怪字形,"就是模拟上天帝所发的'神谶文'",因此,"《天发神谶碑》的书写者不论是皇象或是苏建,一定是将之作为崇高的政治任务来完成,没有丝毫苟且"。④

《禅国山碑》记录了孙皓搞封禅把戏的经过。《三国志》卷四八:

吴兴阳羡山有空石,长十余丈,名曰石室,在所表为大瑞。乃遣兼司徒董朝、兼太常周处至阳羡县,封禅国山。改明年元,大赦,以协石文。⑤

照理说,"以前的皇帝封泰山而禅梁父,可惜泰山、梁父都不在孙皓的管辖范围,只得选定阳羡(今江苏宜兴)的国山",⑥所以,在欧阳修《集古录跋尾》卷四中,《禅国山碑》又称为《吴国山碑》。碑文中"所述瑞应凡千有二百余事",⑦实在是"众瑞毕至,三表纳贡,九垓八埏,罔不被泽",因此

---

① [宋]赵明诚撰,金文明校证《金石录校证》卷二〇《吴天玺元年断碑》,广西师范大学出版社,2005年,第343页。
② [宋]黄伯思《东观馀论》,《法帖刊误》卷上,《石刻史料新编》第三辑第40册,台湾新文丰出版公司1986年影印。
③ [明]郭宗昌《金石史》卷上,《石刻史料新编》第三辑第39册,台湾新文丰出版公司1986年影印。
④ 王家葵《玉叩读碑:碑帖故事与考证》,第84页。
⑤ [晋]陈寿《三国志》卷四八,第1171页。
⑥ 王家葵《玉叩读碑:碑帖故事与考证》,第81页。
⑦ [宋]欧阳棐《集古录目》。

必须"率按典籙,宜先行禅礼,纪勒天命,遂于吴兴国山之阴,告祭刊石,以对扬乾命,广报坤德"。可笑的是,"(孙)皓淫虐无道,人神愤疾,而群臣方称述符瑞,赞颂功德",①距离这场盛大的封禅表演不过四年,东吴就被晋所灭,这场虚张声势、自欺欺人的封禅闹剧,徒然成为历史的笑柄。

四、六朝的石刻志异叙事

汉末三国人的石刻神物观念,渊源有自。在中国文化传统中,石刻本来就具有特殊的时间和空间意义。出现于某些特殊场合,配合某些特殊用途,处心积虑而制作的某些特殊造型,传说中的某些特殊现象,都可能使某些石刻成为神物。对各种奇石,包括由各种特殊材质或者花纹构成的奇石,人们往往给予特殊关注乃至崇拜。古蜀的石笋和广东韶关的韶石,犹保存着历史悠久的巨石崇拜的遗迹。宋以后人对石的玩赏,某种程度上即是将石视同于玉,津津乐道其中的各种神异。

石刻是人类的一种文化创造,人类将自身的文化注入自然之石,赋予其丰富的文化内涵。汉墓是一种信仰和仪式的架设,②石刻在墓葬中扮演着十分重要的角色。东汉以来繁兴的石刻,受新的墓祭礼仪制度的影响,又受新莽以来的谶纬时风的熏染,显示出各种神异性,这一点,在神仙碑和祠庙碑中表现最为突出。石刻成为凡人与神灵、已知与未知、人间与天上之间的重要媒介,在这个意义上,石刻作为汉末三国时代的"神物",名符其实,当之无愧。

石刻作为"神物"的另一种表现,是其敢于预言自己的命运,或者声称能够把握自己的命运。前文所举《白石神君碑》后的燕人题刻,就是一例。六朝唐人墓志中,时见其例。这类"碑铭上的预言",王家葵曾列举过多个例子。比如北齐天宝六年(555)《元子邃墓志铭》末刻:"今葬后九

---

① 《金石录》卷二〇《吴禅国山碑》,[宋]赵明诚撰,金文明校证《金石录校证》,第342页。
② 参看姜生《汉帝国的遗产:汉鬼考》,科学出版社,2016年,第5—9页。

作为物质文化的石刻文献

百年,必为张僧达所开,开者即好迁葬,必见大吉。"又如北齐《徐之范墓志》末刻:"公第四弟之权谯郡太守散骑常侍卜此葬地,得泰卦。后一千八百年为孙长寿所发,所发者灭门。"再如唐建中二年(781)《李府君夫人贾嫔墓志》末刻:"后一千三百年为刘黄头所发。"赵万里认为,此类"荒诞不经"之文,乃"术者厌胜之辞,古人墓志之文多有之"。① 严格说来,这些预言都并不准确,但是,作为"厌胜之辞",其目的主要是给可能的盗墓者或破坏者造成精神压力。仅就此点而论,它已经完成了将自己塑造为"神物"的使命。

当这种"神物"成为阅读对象,其读者也会遭逢各种不同的奇遇。最为常见的奇遇,是读碑成为展示读碑者超人的记忆力和非凡才华的一种方式。这是在特定时空环境之中,人与石刻的相互激发。于是,伴随着汉末三国时代的石刻阅读,神异色彩多少不等的诸多叙事应运而生。在《曹娥碑》碑阴题写隐语的蔡邕,既是碑文的读者和评论者,也是碑刻有灵的最佳代言人。祢衡读蔡邕所撰碑文,过目成诵,后援笔写之,"尺寸皆得,初无脱误",②记性堪称神异。王粲与人共行读道边碑,亦能过目成诵,"不失一字"。③ 非凡的人物与神异的石刻,相互定义,彼此见证。邓艾年十二,随母至颍川,读《故太丘长陈寔碑》,有感于碑文"文为世范,行为士则"之语,遂自名为范,字士则。④ 如果说此事还属于正常的行为,那么,另一段叙事称邓艾读此碑时,于碑下"掘得一刀,黑如漆,长三尺余,刀上常有气凄凄然,时人以为神物",⑤就是充满神异色彩的奇遇了。不知道应该说邓艾是为这一神物而出世,还是说这一神物是为邓艾而出土? 神物与神物的发现者之间,似乎存在着心灵感应,在这一过程

---

① 赵万里《汉魏南北朝墓志集释》,卷一一,又参见图版五七七,广西师范大学出版社,2008年。参看王家葵《玉叩读碑:碑帖故事与考证》,第9页。
② 《太平御览》卷五八九引《祢衡别传》。
③ [晋]陈寿《三国志》卷二一《王粲传》,第599页。
④ [晋]陈寿《三国志》卷二八《邓艾传》,第775页。按:传文又言:"后宗族有与同者,故改焉。"
⑤ [南朝梁]陶弘景《古今刀剑录》,台湾商务印书馆影印文渊阁《四库全书》本。

第十章 汉末三国石刻的政治神话

中,邓艾本身也似乎具有了某种神人的属性。

对诸如此类的石刻神异叙事,撰写《水经注》的郦道元情有独钟。纵观《水经注》一书,此类叙事屡见不鲜。例如卷八提到《鲁峻碑》,引戴延之《西征记》曰:"焦氏山北数里,汉司隶校尉鲁峻,穿山得白蛇白兔,不葬,更葬山南,凿而得金,故曰金乡山。"① 又如卷二八提到秦颉二碑,称秦颉生前曾途经宜城,"见一家东向,颉住车视之,曰:此居处可作冢。后卒于南阳,丧还,至昔住车处,车不肯进,故吏为市此宅葬之,孤坟尚整"。② 这与《西京杂记》所载夏侯婴择墓事大同小异。可见,六朝人对此类叙事有浓厚兴趣。洪适曾评论郦道元"罔罗四方异闻,所涉猎者广博,传疑书疑,宜有讹误",③ 不知道洪适字里行间所指,是否包括这类神异叙事。如果是,那么,我们也许可以为郦道元作这样的辩护:这只是在六朝人石刻文化信仰支配下的一种写作习惯而已。

汉末三国,是一个竞争正统、追逐权力的乱世。如前所述,魏、吴二国积极利用石刻,为宣传自己政权的天命神授,达到自己的政治目的服务。众所周知,自建安以来,曹操即下令禁碑。这一禁令颁布以后,至少在魏国应该是有效的,在吴蜀二国效果如何,难以详考。据《三国志》卷六四《诸葛恪传》注引《江表传》,当时有朝臣乞为诸葛恪立碑,以铭其勋绩,这一请求未得到吴景帝孙休的批准。④ 可见当时至少在吴国,亦是有立碑之禁的。物以稀为贵。相比于魏吴二国,蜀国石刻罕闻。见于《六艺之一录》著录的,只有《邓芝墓阙》《诸葛亮纪功碑》和《姜维碑》三种。⑤ 据说隋朝名将史万岁征讨南宁叛夷,"皆击破之。行数百里,见诸葛亮纪功碑,铭其背曰:'万岁后,胜我者过此。'万岁令左右倒其碑而进"。⑥ 显然,这一碑铭因其相当精确的预言性而具有了神异的色彩。

---

① [北魏]郦道元著,陈桥驿校证《水经注校证》卷八,第216页。
② [北魏]郦道元著,陈桥驿校证《水经注校证》卷二八,第668页。
③ [宋]洪适《隶释》卷二〇,《隶释隶续》合刊本,第210页。
④ [晋]陈寿《三国志》卷六四,第1442页。
⑤ [清]倪涛《六艺之一录》卷五六,台湾商务印书馆影印文渊阁《四库全书》本。
⑥ [唐]李延寿《北史》卷七三,中华书局,1974年,第2524页。

作为物质文化的石刻文献

　　汉末三国往矣，残存的石刻碑志乃至其拓本，仍然作为一种具体而可以感知的汉末三国之物，在我们眼前展示汉末三国形象，也以与其相关的种种志异故事，时时激发我们的想象，挑战我们的思考。

第十一章
景物：石刻作为空间景观与文本景观

一、引论

所谓景观,也可以称为风景,它是由景物构成的。在英文中,与景观、风景与景物相对应的,都是 landscape,所以,景观、风景、景物三者,实际上名异而实同。众所周知,景观可以分为两大部分,一是自然景观,一是人文景观。自然景观,乃是自然形成的,一般来说,没有掺加多少人力的、社会的因素。而人文景观则是非自然形成的,有明显的人力介入,因为人力的介入,适应同时表达人类的观念和意愿,空间环境在一定程度上被改变了,一些人文景观由此而诞生。人类所修筑的道路城墙,所建造的亭台楼阁,所刻立的碑碣以及摩崖石刻,都可以看作是人文景观。实际上,这里的碑碣以及摩崖是石刻的两大种类,可以作为石刻的代表,作为景物,它们所构成的景观,就其改变了自然界的空间环境而言,可以称为"空间景观"。这是从其存在方式而言的,强调的是景观的物质性。

另一方面,石刻作为景物而构成的景观,也可以称为"文本景观",或者倒过来,称之为"景观文本"。"文本景观"与"景观文本"之间,并不是简单的词序调整,更不是无谓的文字游戏,而是意义相近而偏重明显不同的两个概念。文本景观的重点是景观,强调这种由文本构成的景观与其他景观的不同,亦即强调其特殊性;景观文本的重点在文本,强调这种景观不仅是一种特别的视觉展示方式,是游历和观览的对象,而且是一种特殊的文本展示方式,是供人解读和诠释的对象。人工石刻(碑碣摩崖)与自然岩石最显著的不同之处,是碑碣摩崖上有人们撰作、书刻的文章或者图案。即使历史上曾经不止一次出现的那些"无字碑",也留下了人类开采、磨治、雕琢、树立的痕迹。作为一种文化文本或者景观文本,"无字碑"不仅也是一种书写,而且是一种特别耐人寻味的书写。对于这类文本,人们的解读不是要透过字里行间,而是要从无字中读出意味,"此处无字胜有字"。更何况,无字碑从择地、选石、造碑以及树立等各个环节来看,已经耗费很多人工物力,融入诸多文化因素,足以自证其作为人文景观的属性。

如果只着眼于石刻的文本内容,那么,石刻文献很容易被混同于其他文献,尤其是纸本文献,而失去其物质媒介、生产方式以及存在方式的独特性。实际上,石刻有其独特的物质形式,有其独特的视觉呈现方式,换句话说,其有着与众不同的"视觉文本性"(the visible textuality)以及"文本视觉性"(the textual visuality)。这两个概念分别对应前文论述所提到的文本景观和空间景观。"文本视觉性"所要突出的是,这种文本是一种可以作为视觉对象的空间景物,有一种空间景观的属性。在空间景观属性背后作为强有力支撑的,是石刻文献的物质性。这是从物质文化角度研究石刻的一个新发现。"视觉文本性"所要突出的则是,石刻作为文本景观的独特呈现方式与解读策略。在传统金石学研究中,石刻往往只是作为一种文献史料,学者们大多满足于以其内容为中心,展开文献学或者史料学的分析,诸多零星细碎的史料考证,甚至尚未探及史学研究的高度。[①] 在我看来,石刻文献的内容固然十分重要,石刻文献的形式也很值得关注。所谓文献形式,既包括文献书写的文体格式(例如诗文骈散等)、书写形式(例如行款书体等),也包括石刻作为建筑的一部分或者雕刻的产品,作为人工的艺术品,其存在方式及其意义表达方式。石刻竖立于野外,或嵌置于室内,其与周遭山河或者建筑如何互动,当其

---

① 参看陆扬《从墓志的史料分析走向墓志的史学分析——以〈新出魏晋南北朝墓志疏证〉为中心》,《中华文史论丛》第84辑,2006年,第95—127页。

进入人们的视野,成为人们观看和阅读的对象之时,文献形式如果不是比其内容更为重要,至少也是难以轩轾的。

显然,石刻的文本内容与文献形式,既赋予石刻景物以人文属性,也将其所处的空间改造成一个富有人文内涵的环境。曾有学者将西汉时代的人造环境,区分为"官僚空间"和"文人环境"两大类,并且指出:"文人的环境是精神与意识的景观,而非空间的排列。"[①]实质上,其所谓西汉"人造环境",就是西汉的"人文景观",无论是"官僚空间"还是"文人环境",其实都是人文环境,都是西汉时代精神与文化意识的体现,其空间排列也隐现着人文的蕴涵。石刻是造成这种人文环境的重要景物,并且贯穿整个中国历史,绝不仅限于西汉时代。

据说台北故宫博物院曾经用过这样一句推广词:"文化并不存在,除非你能看得见。"[②]石刻文献作为一种文化现象,或者作为一种文化产品,被看见是其非常重要的存在理由。如果不被看见,其意义将大打折扣。我之所以要提出景观这一视角,一方面是要强调景观的文本性、文献性及其文化性,另一方面,也试图赋予并确立石刻文献作为文本景观、文献景观以及文化景观的属性。

二、为了"被看见":石刻景观的生成

能够构成景观的石刻,最主要的是碑刻。广义的碑刻,是包括摩崖石刻在内的。墓志虽然是石刻文献中的大宗,但一般来说埋于墓穴之中,因而,在其埋入墓穴之后以及未被发掘展示之前,并不能构成景观。当然,我们不排除墓志在刻完之后、埋入墓穴之前,即曾作过公开展示。根据《唐会要》记载,唐代人出殡的队伍中就有"志石亭",亦即将刻好的

---

① Timothy Baker《西汉人造环境:官僚的空间与文人的环境》,台湾政治大学中国文学系编《第六届汉代文学与思想学术讨论会论文集》,台湾政治大学中国文学系出版,2008年,第311页。

② "世界四大博物院之台北故宫博物院",http://groups.tianya.cn/tribe/showArticle.jsp? groupId=80042&articleId=26995986316032739214

作为物质文化的石刻文献

墓志石放在一个彩扎的亭子里公开展示。① 这种场合中的墓志,可以说也是丧葬礼仪中特有的景观之一。清代亦见有部分墓志,并不埋入墓中,而是另嵌于墙壁中展示,或者被制作成拓本珍藏与传观,其书刻往往颇为精美,很有视觉欣赏的艺术审美价值。另一方面,少数古代墓志被挖掘出来之后,或者作为博物馆的展品,或者作为某一名胜的布置而被嵌置于墙壁之上,展示于碑廊之中,也就可能成为被人观览的景物,但这毕竟是少数例外。② 总而言之,与碑刻相比,墓志的景物性与景观性要薄弱得多。

碑刻的景观性,体现在其本来就有主动展示之动机,是为了"被看见"而专门树立的。汉碑是碑刻中的经典,很多后代碑刻体制皆源出于此。碑刻的景观性,无论在碑额题署中,还是在碑文中,都有所反映。汉碑中常见"碑表""表颂"的说法,所谓"表",就是通过展示以达到公开表彰之目的。例如,汉《张迁碑》的碑额全称是《汉故谷城长荡阴令张君表颂》,③又如汉《杨淮表纪》云:"追述勒铭,故财(裁)表纪。"④汉《郭有道碑文》说得更清楚:"于是树碑表墓,昭铭景行。"⑤"树碑"的目的,是为了标志墓之所在,是为了昭示大众,使之永远铭记郭林宗的美德。而《水经注》卷九亦有如下记述:"(李云冤死),后冀州刺史贾琮使行部,过祠云

---

① [宋]王溥《唐会要》卷三八《葬》,中华书局,1955年,第691—698页。参看施蛰存《金石丛话》,中华书局,1991年,第60页。

② 唐人已将拓本钉于壁上,以便玩赏。《唐语林》卷三"方正":"德宗在东宫,雅好杨崖州(炎)字。尝令打《李楷洛碑》,钉壁以玩。"见[宋]王谠撰,周勋初校证《唐语林校证》,中华书局,1987年,第233页。此处明言为碑之拓本。宋人更将石刻拓本装裱成轴,悬挂壁间,以便观赏。[宋]朱熹《晦庵集》卷七五《家藏石刻序》(台湾商务印书馆影印文渊阁《四库全书》本):"予少好古金石文字,……于是始胠其橐,得故先君子时所藏,与熹后所增益者,凡数十种,虽不多,要皆奇古可玩,悉加标饰,因其刻大小,施横轴悬之壁间,坐对循行卧起,恒不去目前,不待披筐箧卷书把玩而后为适也。"其所谓数十种中,当有墓志在内。

③ 高文《汉碑集释》(修订本),河南大学出版社,1997年,第489页。

④ 高文《汉碑集释》(修订本),第387页。

⑤ 《文选》卷五八,第801页。

第十一章　景物：石刻作为空间景观与文本景观

墓,刻石表之,今石柱尚存,俗犹谓之李氏石柱。"①这里的"表"字,无论是理解为"标志"还是"表彰",都有公开展示之意。由这个例子中还可以看出,表墓之人可能是墓主的当代人,也可能是后代人。这里还必须强调的一点是,《水经注》一书对于本题研究尤其重要,因为在很多时候,《水经注》就是将碑刻作为人文景观来揭示的,它充分认识到碑刻的景观意义,并为我们记录下了北朝人视野中的众多石刻景观。

碑刻树立的地点选择,也体现了石刻的景观性。功德碑往往树立于都邑中心的街衢,工程纪事碑则树立于工程或事件发生之地,容易引人注目。墓碑树立于墓葬之上,神道碑树立于神道之前,相对而言,这些置身野外的碑刻似乎较为偏僻,其实也不尽然。汉代树碑,总是尽可能选择在道陌之头、显见之处。东汉刘熙《释名·释典艺》云:"碑,被也。此本葬时所设也,施辘轳,以绳被其上,以引棺也。臣子追述君父之功美,以书其上,后人因焉。无故建于道陌之头,显见之处,名其文,就谓之碑也。"②刘熙生活的时代,正是汉碑腾踊的时代,他根据亲眼所见而总结的汉人树碑的地点选择,是值得我们重视的。"建于道陌之头,显见之处",都是为了便于观瞻。据《水经注》卷八"济水"记,《乐安任照先碑》位于平陵县故城东门外,即后来济南郡治之所在。这块碑刻位置显著,不仅在立碑之时引人注目,而且成为后人指认故城郡治的地标。③

与此同时,作为景物的石刻,还与其周遭的环境一起,构成景观。无疑,墓碑是墓地最为重要的景物,而且,它还与墓园周围的其他建筑物、与自然山水相配合,构成更全面更丰富、既自然又人文的景观。《水经注》中有很多这方面的例证,这里摘录两条,前一条侧重石刻与水的关系,后一条侧重石刻与山的关系:

---

① [北魏]郦道元著,陈桥驿校证《水经注校证》卷九,中华书局,2007年,第239页。
② [汉]刘熙《释名》卷六《释典艺》,中华书局,2020年,第92页。按:此处"无故"即"物故"之意。
③ [北魏]郦道元著,陈桥驿校证《水经注校证》卷八,第211页。

作为物质文化的石刻文献

> 黄水东南流，水南有汉荆州刺史李刚墓。刚字叔毅，山阳高平人，熹平元年卒。见其碑。有石阙、祠堂、石室三间，椽架高丈余，镂石作椽，瓦屋施平天造，方井侧荷梁柱。四壁隐起，雕刻为君臣、官属、龟龙、麟凤之文，飞禽走兽之像。作制工丽，不甚伤毁。①

> 焦氏山北数里，汉司隶校尉鲁峻，穿山得白蛇、白兔，不葬，更葬山南，凿而得金，故曰金乡山。山形峻峭，冢前有石祠、石庙，四壁皆青石隐起，自书契以来，忠臣、孝子、贞妇、孔子及弟子七十二人形像，像边皆刻石记之，文字分明。②

这两条例证皆出自《水经注》卷八，后一条是郦道元引述戴延之《西征记》中的文字。在戴延之和郦道元眼中，石刻不仅是墓地的标志，也是构成墓场景观的重要因素。实际上，石刻并不是墓地上孤立的景物，它与周围各种环境因素相配合，在景观塑造方面发挥了突出的作用。这些环境因素，大者如前述两个例子中的山水，小者如树木道路，皆与碑刻相互映带，构成引人注目的景观。《水经注》卷二四"瓠子河"云：

> 《地理志》曰：成阳有尧冢、灵台。……四周列水，潭而不流。水泽通泉，泉不耗竭，至丰鱼笋，不敢采捕。前并列数碑，栝柏数株，檀马成林。二陵南北，列驰道径通，皆以砖砌之，尚修整。③

在这个例子中，树林以及道路对于尧冢、灵台碑刻的衬托，是十分引人注目的。

此外，碑刻也与其他墓前石刻相配合，构成空间景观。所谓其他墓前石刻，包括石阙、石室、石祠、石庙等各种石质建筑，以及这些建筑中的

---

① ［北魏］郦道元著，陈桥驿校证《水经注校证》卷八，第216页。
② ［北魏］郦道元著，陈桥驿校证《水经注校证》卷八，第216页。
③ ［北魏］郦道元著，陈桥驿校证《水经注校证》卷二四，第574页。

第十一章 景物:石刻作为空间景观与文本景观

各种石刻文字与画像。这一方面的例子,在《水经注》中也屡见不鲜。例如,前述李刚墓前,不仅建有石阙、祠堂、石室三间,其椽架梁柱上还有精美的画像雕刻。前述鲁峻家前亦有石祠、石庙,以及以忠臣孝子贞妇、孔子及弟子七十二人为内容的石刻画像,可谓美轮美奂。显然,这种景观是公开展示的,其观众不限于一姓一族,也不局限于一时一地。异姓亲友、后代子孙以及他时游客,都可以观览这些景物。

碑刻是墓园最为重要的景物之一。一个墓园建造完成之后,往往成为墓主的亲友后裔、门生故吏会集的场所。在这一方面,汉代的情况尤为突出,墓园可以说是汉代重要的公共场所。从时间上来看,亲族友生的会集,延伸到墓主下葬之后,可以持续相当长的一段时间,直至数十年,乃至百余年之后。其具体场合则包括上坟、行县、行旅及春秋佳日会集。杨树达先生在其《汉代婚丧礼俗考》中,已经辑录了很多相关材料,足够说明问题,这里不再赘录。[①] 有些人行旅途中,得知名人墓园之所在,特地前来拜谒,发思古之幽情。《古诗十九首》中有云:"驱车上东门,遥望郭北墓。白杨何萧萧,松柏夹广路。……人生忽如寄,寿无金石固。"[②]诗人眼中所见的景物,除了萧萧的白杨树林、松柏夹侍的道路,就是墓园中的碑刻,而最让诗人触景生情感慨万千的也是墓园碑刻。古代文学中有许多题咏墓园的诗文作品,[③]而墓园石刻因其具有文字或图像内容,自然而然地成为最能感发文人诗家的景物。

除了墓园之外,在其他一些地方,比如神祠庙宇,也可以看到作为景物的石刻。《水经注》中记载了很多这一类石刻,除了常见的墓碑、颂德碑之外,还有其他类型,如太学碑刻和州郡界碑。这些碑刻因其特殊的位置,而具有不同寻常的景观意义。《水经注》卷一一"滱水"记:"其水东南流,山上有石铭,题言'冀州北界',故世谓之石铭陉也。"[④]诸如此类的

---

① 参看《杨树达文集·汉代婚丧礼俗考》第二章《丧葬》,上海古籍出版社,2013年。
② 《文选》卷二九,第411页。
③ 例如刘宋时代,冢墓就是彼时重要的文化场域。参看程章灿《冢墓:作为刘宋的文化场域》,《中国文化》,第53辑(2021年春季号)。
④ [北魏]郦道元著,陈桥驿校证《水经注校证》卷一一,第284页。

作为物质文化的石刻文献

界碑,不仅有标志性和象征性,也具有景观性,因而成为景物。汉代太学所立最重要的石刻,就是石经碑刻,因其立于汉灵帝熹平年间,通常称为"熹平石经"。石经之书写与雕刻出于名家之手,十分讲究,可以说是文字、书画、镌刻艺术相结合的精美艺术品。汉代朝廷通过石刻形式向全国颁布经典的定本,不仅洛阳的太学生,外地的学子也纷纷赶到洛阳来观读、抄录石经文本。《后汉书·蔡邕传》云:

> 邕以经籍去圣久远,文字多谬,俗儒穿凿,疑误后学,熹平四年,乃与五官中郎将堂谿典、光禄大夫杨赐、谏议大夫马日磾、议郎张驯、韩说、太史令单飏等,奏求正定《六经》文字。灵帝许之。邕乃自书丹于碑,使工镌刻立于太学门外。于是后儒晚学,咸取正焉。及碑始立,其观视及摹写者,车乘日千余两,填塞街陌。①

蜂拥而来的人群,主要是由两类人构成,一类是摹写者,一类是观视者。实际上,摹写者也不能不对这些碑石有所观视,毕竟,太学前所立这四十六枚碑石,一时蔚为壮观,②因此,在这些观视者眼中,石经是不折不扣的一道壮丽景观,是太学前最为亮眼的景物。

在石刻景观的生成过程中,石刻与特殊时空背景的配合,也很值得

---

① [南朝宋]范晔《后汉书》卷六〇,中华书局,第1990页。按:《水经注》中有类似记载,而文字稍简,盖本《后汉书》。参看《水经注校证》卷一六"穀水",第401页。据《影印文渊阁四库全书》本《后汉书·蔡邕传》后附清人杭世骏考证,蔡邕等人奏求正定六经在熹平四年,而书丹立石,则在光和六年,并且只有五经。杭氏又据李贤等注引《洛阳记》等文献,考光和六年所刻五经为《尚书》《周易》《公羊传》《礼记》《论语》,其说不确。马衡云:"《熹平石经》之经数,向无确实记载。《后汉书》于《灵帝纪》《儒林传序》及卢植、吕强等传称为五经;于蔡邕、张驯等传称为六经;《隋书·经籍志》则称为七经。宋洪适搜集拓本,著于《隶释》《隶续》者,有《尚书》《鲁诗》《仪礼》《公羊传》《论语》。近出残石,于上述诸经之外,有《易》及《春秋经》。合之得《易》《书》《诗》《仪礼》《春秋》五经,《公羊》《论语》二传。故知所谓五经者,不数二传;所谓六经者,合《公羊传》于《春秋经》;所谓七经者,指五经二传也。"(马衡《石经词解》,载其《凡将斋金石丛稿》,中华书局,1977年,第212—213页。)

② 据《后汉书·蔡邕传》李贤等注引《洛阳记》,《后汉书》卷六〇,第1990页。

第十一章 景物:石刻作为空间景观与文本景观

注意。在佛龛造像中,造像与洞龛位置及其题记,都是景观生成的因素。在园林碑刻中,常有描写园林风景的碑记,如樊宗师《绛守居园池记》之类。① 这些碑记与佛龛题记一样,从物质角度而言是景物,从文本角度而言,则为景物的描述与导览,为景观增光添彩。宋人刘克庄《哨遍》序云:"昔坡翁以《盘谷序》配《归去来词》,然陶诗既檃括入律,韩序则未也。暇日,游方氏龙山别墅,试效颦为之,俾主人刻之崖石云。"②《哨遍》本是吟咏方氏龙山别墅的词作,"刻之崖石"之后,其自身也即成为别墅景物之一。从本质上讲,这首刻石词与佛龛题记、园林碑记并无两样。

这些石刻可以统称之为景观题刻。景观题刻还有别的样式,"西湖八景""燕京十二景"之类的题刻最为常见,各地皆有,其例不胜枚举。前人吟赏风景的诗词歌赋,后人也往往刻石树碑。诗词歌赋的文本、碑石以及景观三者相互激发,构成富有特色的一种景观生成方式。换句话说,景观题刻既是景物,又题咏景物,既是观看者,又是被看者,宾主难分,物我交融,看与被看之间浑然莫辨。

显而易见,上文所论侧重于不同的空间场域对石刻景观生成的影响:墓园石刻(旷野石刻)与太学石经(城市石刻)不同,摩崖题名与园林题刻不同,甚至寺庙碑刻与佛龛题记也明显不同。不同场域的石刻,也有不同的制作者和生产者。对于景观生成来说,与空间环境同样值得关注的是:景物的制作者,或者说景观的生产者,究竟是一些什么人? 不同的制作者或生产者对于景物或景观的意义,究竟会产生怎样不同的影响?

众多周知,湖北襄阳岘山之上有所谓羊祜"堕泪碑",那是后人为了纪念西晋名臣羊祜而立的碑刻。据《晋书》卷三四载,性乐山水的羊祜,曾经登临襄阳岘山,"置酒言咏,终日不倦",有感于宇宙无穷、人生有限,

---

① 记文见[清]董诰等编《全唐文》卷七三〇,上海古籍出版社缩印扬州官刻本,1990年,第3334页。欧、赵曾收录此记拓本,见《集古录跋尾》卷九,第194页;[宋]赵明诚撰,金文明校证《金石录校证》卷九,第167页;卷二九,第505页。
② 唐圭璋编《全宋词》,第四册,中华书局,1965年,第2591页。

作为物质文化的石刻文献

不禁"慨然叹息"。① 羊祜去世后,"襄阳百姓于岘山祜平生游憩之所建碑立庙,岁时飨祭焉。望其碑者莫不流涕,杜预因名为堕泪碑"。② 在这一事例中,书碑者和立碑者可以说就是这一景观的生产者,甚至羊祜也可以说是使堕泪碑成为著名人文景观的幕后关键人物。杜预与羊祜同时,而"好为后世名,常言'高岸为谷,深谷为陵',刻石为二碑,纪其勋绩,一沉万山之下,一立岘山之上,曰:'焉知此后不为陵谷乎!'"③唐代著名赋家王棨所作《沉碑赋》,以"陵谷久迁名迹终在"为韵,所赋即杜预此事。④ 后人或批评杜预好名过甚,以致不达物理,如《遁斋闲览》称:"预但知陵谷有变迁,而不知石亦有磨灭。此一说也。然深谷为陵,必实以土,然后为陵。谷既为陵,则石亦埋没,岂复可见? 此又不达物理。"⑤其实,杜预这一充满个性化和戏剧性的举动,不仅使历史从此铭记他的名字,而且使岘山成为域中名迹,即使未来陵谷变迁,山巅水底的二碑皆不复可见,不能一一如其预期,但是,杜预沉碑之事也足以使岘山"名迹终在"。也就是说,即使山巅碑刻沉埋入于谷底,而水中碑刻终未浮出沉渊,二碑依然在现场,是不存在的存在,在人们心目中,它们仍然是此地分量最重的景物。从这个意义上应该说,杜预已经实现了他所预期的目标,堪称最"达物理"。显然,作为岘山碑这一景物的生产者,杜预对其景观意义生成的作用是决定性的。

除了墓园碑刻以及园林碑刻之外,摩崖石刻也是景观石刻中十分重要的一种。摩崖石刻利用天然崖壁,而加以人工磨治雕刻,既是人文景观,同时也有自然景观的一面。借助天然崖壁,有利于表现一般碑刻所

---

① [唐]房玄龄等《晋书》卷三四,第1020页。
② [唐]房玄龄等《晋书》卷三四,第1022页。
③ [唐]房玄龄等《晋书》卷三四,第1031页。
④ [清]陈元龙《历代赋汇》卷一一一,凤凰出版社,2004年,第459页。按:所谓杜预沉碑之事,最早见于东晋习凿齿《襄阳耆旧记》,北魏郦道元作《水经注》卷二八(《水经注校证》,第662页)以及初唐房玄龄等撰《晋书·杜预传》等文献,都有大同小异的记载。参看邵继云《也说"杜预沉碑"》,《襄阳日报》2011年9月28日。
⑤ [宋]陈正敏《遁斋闲览》,见[宋]曾慥辑《类说》卷四七引,文学古籍刊行社影印,1955年。

难以达到的那种宏伟壮观的效果,节省人工,事半功倍,这是摩崖石刻的借景优势。另一方面,日久年深,风吹雨打日曝,山崖石壁容易崩裂,或者杂草丛生,影响后人对石刻文字的观览,甚至埋没石刻文字,不利于流传,这是摩崖石刻的劣势。秦始皇巡游天下所刻六石中,只有碣石山不是刻石立碑,而是摩崖刻石,至西汉司马迁撰《史记·秦始皇本纪》,已无法全录此刻的完整文本。① 元人杨维桢有一篇《磨崖碑赋》,题咏位于今湖南永州市祁阳县浯溪镇的《大唐中兴颂》。其词云:"招猗玗之聱叟兮,访古迹于岐阳。瞻穹崖之桀立兮,磨万仞之青苍。俨鬼灵其呵护兮,曰颂中兴于大唐。"②宋王象之《舆地碑记目》卷二"永州碑记"载:"《大唐中兴颂》,在祁阳浯溪石崖上,元结文,颜真卿书,大历六年刻,俗谓之《磨崖碑》。"③则杨维桢赋中所谓"岐阳"应是"祁阳"之讹。这一磨崖碑不仅是祁阳最为著名的"古迹",更因其出自名家撰文、书写,又刻于濒临湘江的崖壁之上,风景秀丽,石奇、文奇、书奇,三种奇观融于一体,故历来被称为"三绝"。④ 由此可见,石刻作为景物,构成其景观内涵的,除了其物理的方位因素之外,也有文字、书法以及雕刻、绘画等文本的因素。正是这诸种因素的完美配合,才产生了金石学史上"三绝碑"甚至"四绝碑"那样的经典作品,产生了这些让人叹为观止的文化景物。而在这些因素背后,亦可见景观生产者隐现的背影。

竖立的大型石刻,就是大地之上的景观。神道碑装饰了旷野山川的面貌,修饰了原野景观的轮廓线,石阙立于通衢之上,则改变了城市的天

---

① [汉]司马迁《史记》卷六,中华书局,2013年,第308页。
② [清]陈元龙《历代赋汇》,卷一一一,第459页。按:赋中又有句云:"臣结作颂兮,佐唐光明。"则此磨崖碑指元结《大唐中兴颂》无疑。
③ [宋]王象之《舆地碑记目》卷二,台湾商务印书馆影印文渊阁《四库全书》本。
④ "三绝"之称,至迟北宋皇祐五年(1053)已经流行于世。[明]程敏政撰《新安文献志》卷一一载北宋孙适所作《浯溪三绝堂记》,篇首即云:"永州祁阳县南,浯溪之北,有奇石焉。元次山颂唐中兴,颜鲁公书,世名'三绝'。次山去道州,即家溪上,作亭二峰,垂三百年,碑缺亭圮,吏于县者莫能兴。皇祐五年,平乐齐君术始来为令,期月称治。行视其亭,闵然惜之,乃作堂以护其文。又复东西峰、唐亭,二公之迹,江山之观,洗然复新,觞寮寀以落之,而属予为记。"台湾商务印书馆影印文渊阁《四库全书》本。

际线。例如,南朝萧梁政权在其首都建康(今江苏南京)南门外修建石阙,石阙上刻有著名文学家陆倕精心构撰的铭文和出于艺术家之手的精美浮雕,壮丽宏伟,是当时建康城当之无愧的重要地标,也是梁朝政权宣示文化正统的重要象征。① 在梁朝作家王巾笔下,鄂州头陀寺"倚据崇岩,临睨通壑,沟池湘汉,堆阜衡霍","南则大川浩汗,云霞之所沃荡,北则层峰削成,日月之所回薄,西眺城邑,百雉纡余,东望平皋,千里超忽,信楚都之胜地也",显著地改变了当地的景观。② 而碑刻作为这些景观的品题之文、点睛之物,同样参与了景观的塑造和生发。

依据前文所引述的"官僚空间"与"文人环境"的概念而略作引申,景观似乎也可以分为官僚景观和文人景观两大类。③ 如果说上林苑、首都长安宫殿等都属于官僚景观,那么,门生故吏为官僚所建的功德碑,还有,汉代达官贵人例如胡广、桥玄等人墓前所立碑刻,应该算是官僚景观,还是文人景观呢? 这个问题颇费斟酌。它促使我们思考:景观的性质,不仅取决于其展示的方式,也取决于其被观看的方式。

三、拿什么给人看:石刻景观之展示

很多石刻在肇建之时,往往与某一事件甚至重大事件相联系,往往出现于某种礼仪的场景,因而难以摆脱礼仪的背景。无论是秦始皇东巡刻石,还是班固勒石燕然之类的纪功石刻,或是封禅祭祀一类的石刻,抑或道路开通、桥梁落成等重大工程的纪念碑刻,都有特定的礼仪场景,发挥了纪念或者记忆的文化功能。这些石刻展示了景观,也展示了政治权

---

① 参看陆倕《石阙铭》,载《文选》卷五六,第771—775页。关于梁武帝建造石阙的具体形制及其政治文化意义,参看程章灿《象阙与萧梁政权始建期的正统焦虑——读陆倕〈石阙铭〉》,《文史》,2013年第2辑。

② 参看王巾《头陀寺碑文》,载《文选》卷五九,第810—816页。

③ Timothy Baker《西汉人造环境:官僚的空间与文人的环境》,台湾政治大学中国文学系编《第六届汉代文学与思想学术讨论会论文集》,第311页。

第十一章 景物：石刻作为空间景观与文本景观

力和文化意义。[1]

有时候,景观展示是有政治性的,这一方面最突出的例子是北宋的《元祐党籍碑》。北宋徽宗朝,新旧党争激烈。新党蔡京执政,把元祐、元符年间掌权的旧党人物司马光、文彦博、苏轼、黄庭坚、秦观等三百零九人列为奸党,将其姓名刻石,颁布天下,称为《元祐党籍碑》。宋人朱弁《曲洧旧闻》卷二载:

> 元祐奸党置籍,用蔡京之请也。始刻石禁中,而尚书省、国子监亦皆有之。禁中石刻,崇宁四年冬,因星变,上命碎之。时国子监无名子以朱大题其碑上,曰"千佛名经"。[2]

可见,《元祐党籍碑》不仅立于各地,而且禁中以及尚书省、国子监等地亦皆有之。新党大张旗鼓地刻石立碑,公开展示,意在打击、羞辱对手,其政治目的至为昭彰。在造成视觉冲击、心理压迫的同时,这些碑刻也制造了政治压力和肃杀气氛,使其自身成为一道政治风景。不用说,不同政治立场的人,面对这一风景的心境感受是迥然不同的。至南宋庆元、嘉定年间,广西桂林龙隐岩以及融水真仙岩等地重刻《元祐党籍碑》之时,时过境迁,昔日的"奸党"早已变为一时英雄,刻石树碑之意也由羞辱打击变为表彰荣宠。随着时间的流逝,这些碑刻日益成为古迹,其景物性或景观性亦越来越突出。

纵观有宋一代,诸如此类展示政治权力的石刻,层出不穷,屡见不鲜。石刻确实是宋人最为喜欢的一种文化工具与传播媒介,说宋代有其独特的刻石文化,是一点也不为过的。宋真宗、宋徽宗等皇帝,尤其热衷此道。宋徽宗曾颁布选拔士子的八条原则,即所谓《八条校士碑》,与《元

---

[1] 参看程章灿《汉唐石刻——中国式的纪念与记忆》,《图书馆杂志》,2012年第2期。
[2] [宋]朱弁撰,孔凡礼点校《曲洧旧闻》卷二,《师友谈记·曲洧旧闻·西塘集耆旧续闻》合订本,中华书局,2002年,第106页。

267

作为物质文化的石刻文献

祐党籍碑》可谓异曲同工。[1]

　　石刻景观展示中的权力,也体现在以班固《燕然山铭》为代表的那一类石刻中。在旷野蛮荒之地树立碑铭,标志帝国新开拓的边疆,有如马援南征所刻的铜柱。这种石刻既是军功的记录,又是国力之炫耀,更是一种文本景观,象征着汉帝国的军事力量及其文化影响的无远弗届。时移世异,这些石刻原有的由特定场合所规定的礼仪功能和实用目的越来越淡化,其作为古迹名胜的文化象征意义越来越彰显。后人来观古刻,以吟诗作赋、纪游作记、题名刻石等方式,记录观览心得,复述并且再次确认景观背后所隐藏的历史场景以及政治权力。

　　有些石刻景观展示的是学术文化方面的权力,例如石经。中国经学史上,曾经有过七次大规模的刻经,包括东汉熹平石经、三国魏正始石经、唐代开成石经、后蜀广政石经、北宋嘉祐石经、南宋绍兴石经以及乾隆时代所刻清石经。这七次刻经中存留至今仍然称得上景观的,是存于西安碑林的唐代开成石经、部分存于杭州孔庙的南宋绍兴石经以及存于北京国子监库房之内的清石经。如果将这三处室内的石经移置户外,像当年熹平石经那样陈列,定是一道恢弘壮大的景观。中国佛教史上,也有许多石刻佛经,其中,规模最大的是北京房山区云居寺石经。一万四千余块从隋代至明末刊刻的佛经石版,如今被集中收藏于九个藏经洞之中,构成云居寺石经陈列馆最为壮丽的景观。如此大量的经版如果在户外布列成阵,或者在室内嵌壁展示,无疑会有更加令人震撼的效果。这就是石刻景观展示中的规模效应。

　　石刻景观展示中的规模效应,也有不同的表现方式。古代皇帝陵墓或者达官贵人的墓葬,往往有长长的神道,神道两侧布置着各种石刻。例如,《水经注》中记录的很多汉代墓葬,墓园前都有石祠、石阙、石庙与神道石碑。南京明孝陵悠长曲折的神道两侧,有文武官员下马碑、神功圣德碑、石刻翁仲(包括文武官员石像与各种瑞兽的雕刻)以及华表石

---

[1] 参看程章灿《宋代刻石文化与民间及官署刻工考》,香港浸会大学中文系编《人文中国》,第12辑,上海古籍出版社,2006年。修改后收入本书第四章。

第十一章 景物:石刻作为空间景观与文本景观

柱,组成有规模的陵园石刻。这些石刻的分布虽然不够集中,却也有一种规模效应。相对而言,一个墓园之前多碑并立,集中呈现,其规模效应愈加突出。东汉大臣桥玄、陈球、胡广等人墓前,都有多碑并立的景观。立碑人出自不同群体,身份不同。在这种场合,诸碑之间既分又合,既以墓主为中心构成向心凝聚的格局,又各自确认彼此与墓主的关系,形成分庭抗礼相互竞争的分立态势。① 这种分立竞争的态势,在位于今南京栖霞区甘家巷小学的南朝梁萧秀墓园的四碑并立事例之中,可以观察得更为清楚。萧秀墓上所立四碑,碑文分别出自当世名家王僧孺、陆倕、刘孝绰、裴子野等四人之手。《南史》卷五二《梁宗室·安成康王秀传》记萧秀既薨,"佐史夏侯亶等表立墓碑志,诏许焉。当世高才游王门者,东海王僧孺、吴郡陆倕、彭城刘孝绰、河东裴子野,各制其文,欲择用之,而咸称实录,遂四碑并建"。② 四大名家同场竞技,各不相让,最后结果则是难分伯仲,仅此一点就足够引人瞩目。将萧秀墓四碑并立一事,置于禁止立碑的魏晋南朝时代来考察,更能理解其卓然特异之处,理解《梁书》将其称为"古未之有也"的历史意义。四碑两两相对,相向而立于原野之上,成为萧秀墓园最为亮眼的一道景观。虽然今天四碑仅存二碑,周遭的学校建筑,以及为了保护碑刻免受风雨侵蚀而加盖的大棚,已经使原来的墓园景观大为改变,但其规模效应岿然独在。

古人早就认识到石刻展示中的规模效应原理,并利用这一原理,进行石刻的搜集、保护与利用。宋神宗时的湖州太守孙觉便是最早有此自觉意识的一位学者。据他的好友苏轼云:

---

① 参看程章灿《礼物:汉代石刻与社会网络》,2013 年 11 月 23—24 日台湾政治大学中文系主办"第九届汉代文学与思想国际学术研究会"宣读论文,后刊于《中国学术》第十三卷第一辑(总第三十七辑),商务印书馆,2016 年。今改写为本书第九章。

② [唐]李延寿《南史》卷五二,中华书局,1975 年,第 1290 页。按:[唐]姚思廉撰《梁书》卷二二《太祖五王·安成康王秀传》记此事略同,惟不言择用一节:"故吏夏侯亶等表立墓碑,诏许焉。当世高才游王门者,东海王僧孺、吴郡陆倕、彭城刘孝绰、河东裴子野,各制其文,古未之有也。"中华书局,1973 年,第 345 页。

作为物质文化的石刻文献

> 熙宁四年十一月,高邮孙莘老自广德移守吴兴。其明年二月,作墨妙亭于府第之北,逍遥堂之东,取凡境内自汉以来古文遗刻以实之。……其刻画尚存,而僵仆断缺于荒陂野草之间者,又皆集于此亭。是岁十二月,余以事至湖,周览叹息,而莘老求文为记。①

可见墨妙亭建于熙宁五年(1072)二月,其地位于"府第之北,逍遥堂之东"。亭中收聚散落于吴兴境内各处的历代石刻,予以集中展示,既存留了当地的"古文遗刻",也保留了极具观赏性的石刻书迹,在视觉上别开生面,在规模上蔚为大观。与同时的金石学者欧阳修,乃至与后来的金石学者赵明诚、洪适相比,孙觉对石刻的景物属性与景观功能的认识,显然要深刻得多。众所周知,宋代很多文人热衷于收集石刻拓本,欧、赵、洪等人对石刻的观赏,不是以实物而是以再生性的拓本为中心的。自北宋以迄南宋,此种集古风气方兴未艾,而像孙觉这样热心于收集古刻,同时并不以占为己有为目的,而是致力于保存、传承以及公之于众者,凤毛麟角。修筑墨妙亭之举,体现了孙觉与众不同的独特眼光,使其在宋代金石学者中脱颖而出。

与今天的西安碑林或者千唐志斋所收藏的石刻数量相比,墨妙亭所蓄三十二通石刻是微不足道的,但是,这一规模在当时已经相当可观。作为孙觉的友人,同时也是石刻的欣赏者,苏轼充分认识到孙觉此举不同寻常的意义。他不仅应约撰写了《墨妙亭记》,更特地题诗吟咏,这两篇诗文又分别刻碑立石,与墨妙亭中的历代石刻比肩并列,进一步强化了这一视觉景观的规模效应。与上述诸种成规模的石刻相比,墨妙亭石刻的规模效应不完全是原生性的,而是掺入了某些再生性。在这种再生过程中,发生了空间环境的改变,掺杂了后代人力的因素,渗透着后代文化的影响。

从艺术史的角度来看,墨妙亭收集自汉以来不同时代、不同体制的

---

① 苏轼《墨妙亭记》,载[宋]苏轼撰,孔凡礼点校《苏轼文集》卷一一,中华书局,1986年,第354页。

石刻,并将其集中展示,是一种书法艺术史的展览。墨妙亭所蓄三十二通石刻,既有年代较早的东汉"三费碑"(《汉故梁相费君碑》《汉堂邑令费君碑》《汉堂邑令费凤别碑》),又有六朝隋唐各代名碑,也包括《沈府君墓铭》《胡夫人墓铭》《金氏墓铭》《吴氏墓铭》等唐代墓志铭。① 墓铭原来埋藏地下,出土之后,陈列于墨妙亭中进行展示,新的环境赋予其新的意义。换句话说,墨妙亭作为展示方式,不仅改变了石刻原来的空间环境,而且赋予石刻新的属性,由单纯的礼仪用品一变而为古代书迹载体,变为引人瞩目的古迹文物。"墨妙"二字,准确地体现了古刻在孙觉眼中的形象。

从建筑史的角度来看,墨妙亭可以说是最早的、最成规模的碑亭、碑林、碑廊类建筑之一,已具后代石刻博物馆的雏形。与孙觉同时的金石家曾巩有诗咏墨妙亭云:"隆名盛位知难久,壮字碑丰亦易亡。枣木已非真篆刻,色丝空喜好文章。岘山汉水成虚掷,大厦深檐且秘藏。好事今推霅溪守,故开新馆集琳琅。"②在曾巩眼中,墨妙亭不是一座简单的碑亭,而是一座琳琅满目的古碑陈列馆。用今天的术语来说,墨妙亭就是一座小型的专题(以吴兴为中心)石刻博物馆。《四库全书总目》卷七〇清郑元庆《石柱记笺释》提要云:

> 吴兴山水清佳,自六朝以来,称东南名郡。自唐时刻有《石柱记》,树之杼山,载其山川陵墓古迹古器甚详。迨传世既久,岁月名字遂漫漶不可考,欧阳修作《集古录》,以为笔画奇伟,非颜真卿不能书。孙觉知湖州,聚境内碑碣,筑墨妙亭贮之,凡三十二通,《石柱记》亦居其一。③

---

① [明]徐献忠《吴兴掌故集》卷一〇,《墨妙亭碑目》(《四库存目丛书》)列举其目甚详,可参看。另请参看苏轼《孙莘老求墨妙亭诗》注,见[清]王文诰辑注,孔凡礼点校《苏轼诗集》,第二册,卷八,中华书局,1982年,第371—373页。
② 曾巩《寄孙莘老湖州墨妙亭》,载[宋]曾巩撰,陈杏珍、晁继周点校《曾巩集》卷七,中华书局,1984年,第114页。
③ [清]永瑢等《四库全书总目》,中华书局,1965年,第622页。

作为物质文化的石刻文献

《石柱记》是否出于颜真卿书写，暂不可考，而孙觉筑墨妙亭，则有可能受到《石柱记》之启发。据上引《墨妙亭记》，孙觉在吴兴期间，除了收集古刻残碑建墨妙亭之外，还"益喜宾客，赋诗饮酒为乐，又以其余暇网罗遗逸，得前人赋咏数百篇，以为《吴兴新集》"。[①] 而《石柱记》"载其（吴兴）山川陵墓古迹古器甚详"，意在存留古迹，保存文献，孙觉建亭编集之举，与此如出一辙。而创始于北宋哲宗元祐二年（1078）的西安碑林，其初始目的亦是为了将《石台孝经》《开成石经》等大量石刻集中收藏，以利保存。从时序及其集藏方式来看，西安碑林有可能受到孙觉墨妙亭的影响，至于后代各地层出不穷屡见不鲜的碑廊，其为墨妙亭之苗裔就更不言而喻了。

从字面意义来看，"亭""廊"都是建筑景观，往往附属于某一更大的建筑群体，或者作为某一园林的一部分；而"林"则是自然景观，是以大自然中的丛林比喻林林总总的碑刻之丛聚。表面上看，碑亭、碑廊、碑林三者都有规模效应，只是由小到大，呈现出规模层级之等差，但实际上，其景观展示方式也有所不同，量变可能导致质变。碑亭、碑廊至今仍是园林寺庙景观的组成部分，其所立碑亭碑廊，或是采集当地（偶尔亦扩至外地）碑石，或是将邀约而得的当代名家书迹刻石，自我作古，或古今兼收并蓄，大多采取嵌壁展示的方式，少数丰碑大碣单独树立，专门建亭以展示之。而碑林之类则发展为自足自立的石刻陈列馆或博物馆，仍然以搜集与保存古代石刻为宗旨，不收新书新刻。总之，二者选择了不同的环境，并以不同的方式，展示了以石刻为中心的空间景观，并在中国历史上形成了一条纵贯千年的脉络。

园林寺庙中的碑廊，有些属于专题碑廊。名人墓园作为一种特殊的名胜园林，往往围绕该名人生平事迹，而建造专题碑廊，使之成为主题集中之文本景观。海瑞是中国历史上有名的清官，其位于海南省海口市的墓园中有一今人所建碑廊，便是以廉政为主题的。明清私人园林中，也往往刻碑建廊，作为景观的装饰，其中所集石刻，或为当代文士墨迹，或

---

① ［宋］苏轼撰，孔凡礼点校《苏轼文集》卷一一，第354页。

为古代名家法帖,或者干脆翻刻某一丛帖。例如,浙江湖州南浔刘氏的小莲庄,就建有碑刻长廊,嵌有《紫藤花馆藏帖》和《梅花仙馆藏真》刻石四十五方,真、草、隶、篆各体皆备,书刻精妙,并与东侧的荷池相映生辉,至今仍是小莲庄的重点景观。诸如此类的专题碑廊很多,风景名胜地的题目之碑,亦是其中一类。请名人名家题咏胜迹,或者书写有关这些胜迹的诗词歌赋对联等,刻石并建为碑廊,就成为题咏这一名胜的专题碑廊。名人题目之碑,对于名胜景观的宣传,有非同一般的广告效应。这些名人包括名作家、名诗人、名书家以及其他名贤,当然也包括皇帝和达官贵人。清代康熙和乾隆二帝多次南巡,所到之处,留下了众多御碑,其中不少属于名胜题目之碑。为了追求名人效应,某些石刻被附会为名人手迹。西湖湖心亭有名的"虫二"(隐藏拆字格谜底"风月无边")碑,即相传出于乾隆手题,是否属实其实有待考证。借助诗文、书法以及名人的魅力,这些碑刻往往成为名胜景观的吸睛之点。刻于冲要之处或者风景胜地的摩崖榜书,也往往借助名人而形成号召力,其中有些题刻的内容即是对当地景观的题目。这些品题景观的石刻文字,同时也是景观本身。

由于孔孟在中国历史上的崇高地位,孔林和孟林中所积累的历代碑刻,规模也相当可观。除了历代孔孟后裔的墓碑之外,还有很多历代祭祀题咏的碑刻。其中的碑志类石刻,有的原本立于户外,或者原本埋在地下,今日则被出土,转移而嵌置廊下,总之,其景观今非昔比。[1] 例如汉代的《孔彪碑》,原树于孔林孔彪墓前,清康熙年间就被移入孔庙,今日则列于孔庙的汉魏碑刻博物馆中,已经成为集中展示的文物。[2]

在散布各地的大型综合性石刻博物馆中,河南新安县铁门镇的千唐志斋博物馆和西安的碑林博物馆,以规模大和收藏多而备受瞩目。千唐志斋博物馆是一个园林式博物馆,馆中汇集了一千多方唐代墓志,并将

---

[1] 详参骆承烈汇编《石头上的儒家文献——曲阜碑文录》,齐鲁书社,2001年。刘培桂编《孟子林庙历代题咏集》,齐鲁书社,2001年。

[2] 参看孔毓圻等撰《幸鲁盛典》卷九,《影印文渊阁四库全书》本;另外参看骆承烈汇编《石头上的儒家文献——曲阜碑文录》,第39—42页。

其镶嵌于墙壁之上,作集中展示,发挥了良好的规模景观效应。与千唐志斋专收唐代墓志(其他类石刻只是极少数)不同,西安碑林博物馆收藏历代各类石刻,规模更为宏大。碑林博物馆按一定专题,组织陈列石刻,是更自觉、更有规划的视觉景观展示。从石刻景物的采集(征集、捐赠、积累),到景物布置安排、排列组合、相互映衬,都渗透了展出方的观念与理解。物以类聚,博物馆通过分类汇集以放大展示效果,达到视觉整理和文化积累的目的。博物馆景观展示中的石刻,通过其被重置的空间环境展示时间的意义,观看主体亦在被限定的对象中完成感知和理解。[①]很显然,在这种情境中,博物馆的观赏者处于被动接受者的地位。

四、谁在看? 怎么看? 空间景观之欣赏

石刻作为空间景观,究竟哪些人在观看,又是如何观看,这是研究石刻景观必须要关注的一个重要问题。

自东汉开始,汉碑就受到道路行旅者的关注。著名文人蔡邕曾因避难南下,寄居会稽(治所在今浙江绍兴)一带,故有机会亲到上虞访求《曹娥碑》,拜读之后,对其文辞大为佩服,因于碑阴题刻"黄绢幼妇外孙齑臼"八字,称赞碑文为"绝妙好辞"。[②] 蔡邕擅长碑文写作,这篇出自才子邯郸淳之手的《曹娥碑》当然对他有吸引力,但是,从另一方面来看,孝女曹娥的传奇故事、上虞县长度尚的立碑壮举,早已传闻遐迩,遂使碑刻和立碑之地成为当地的名胜,成为游子蔡邕不能不到之地。值得注意的是,蔡邕不是在碑石上直接题刻通俗易懂的四字成语"绝妙好辞",而是留下了费人猜详的"黄绢幼妇外孙齑臼"。这八个字无疑会凝聚看碑者的目光,使其面对碑刻凝神思索,在碑下停留更长时间,抚摸古迹,缅怀古人,发思古之幽情。若干年后,行军路出《曹娥碑》之下的曹操、杨修等人,

---

[①] 参看杨政贤《空间里的时间:试论台湾原住民祭仪乐舞的"体现"及其博物馆"展示"的演绎》,载王嵩山主编《博物馆展示的景观》,台湾博物馆编,2011年。

[②] 《世说新语·捷悟》,见余嘉锡《世说新语笺疏》(修订本),上海古籍出版社,1993年,第579—580页。

第十一章 景物:石刻作为空间景观与文本景观

果然入蔡邕之彀中。通过这一碑阴题刻,蔡邕不仅顺利地使自己由观看者变成被观看者,也成功地为旧碑刻添加了新看点。实际上,刻有蔡邕文章的碑刻,在汉代就已然是人们观读的对象。《后汉书》卷八〇下《祢衡传》记黄祖长子黄射与祢衡相善,"尝与衡俱游,共读蔡邕所作碑文。射爱其辞,还,恨不缮写"。① 在诸如此类的情境中,抄录碑文是与读碑相伴随的行为,正如碑刻的读者与观者这两种身份亦是须臾不可分离的。

碑刻的观看者,很多来自外乡异地,相当于英文中的 visitor。他们的具体身份,有蔡邕那样避难异乡的游子,也有行军将士、行役官吏。东晋义熙十三年(417)春夏间,戴延之跟随刘裕西征,入函谷关。他根据行军经历写成的《西征记》,记录了途中所见所闻的许多碑刻,其中很多段落被《水经注》等书引录。② 杨衒之《洛阳伽蓝记》记录引证石刻近 20 种,包括各色碑铭、石经等,涉及洛阳佛寺历史风俗、地理传说等。例如卷二城东明悬尼寺记桥头石柱铭文:

> 桥有四石柱,在道南,铭云:"汉阳嘉四年将作大匠马宪造。"逮我孝昌三年,大雨颓桥,南柱始埋没,道北二柱,至今犹存。衒之按:刘澄之《山川古今记》、戴延之《西征记》并云晋太康元年造,此则失之远矣。按澄之等生在江表,未游中土,假因征役,暂来经过,至于旧事,多非亲览,闻诸道路,便为穿凿,误我后学,日月已甚。③

杨衒之对刘澄之及戴延之的批评,实则反映了行役行军的匆匆过客与认真踏实的实地调查者的差距。这差距主要表现在事实考据,在景观欣赏方面,其实并没有太大差别。

杨衒之的批评言辞中,透露出本土地志作者对于外来游客的不屑。

---

① [南朝宋]范晔《后汉书》卷八〇下,中华书局,1965 年,第 2657 页。
② 戴延之《西征记》之辑本,详参李德辉辑校《晋唐两宋行记辑校》,辽海出版社,2009 年,第 34—42 页。
③ [北魏]杨衒之撰,周祖谟校释《洛阳伽蓝记校释》,上海书店出版社,2000 年,第 70—71 页。

在这一方面,本土地志作者确实拥有地利,不仅北朝如此,南朝亦然。南朝出现过不止一种《荆州志》,其中一种是由宋临川王侍郎盛弘之所撰,按照《隋书·经籍志》的著录,此书有三卷。① 据晚清曹元忠考证,其成书当在刘宋元嘉十四年(437),南北朝著述及唐宋地理书颇多称引。② 此书详于山川景物、风俗掌故之描述,文字优美。另一种由刘宋郭仲产所撰,二卷,见于《新唐书·艺文志》著录。③ 据唐余知古《渚宫旧事》载,郭仲产可能是荆州本地人,曾任刘宋南郡王义宣从事,元嘉末起宅屋于江陵枇杷寺南,孝武帝孝建元年(454),因参预义宣之叛被诛。④ 这两种《荆州记》,都把碑刻作为当地古迹加以记载。后代方志中的金石志、古迹志,其实多与名胜志、景观志关涉,就是从这一源头肇始的。

郦道元《水经注》采录戴延之、盛弘之、郭仲产等人书中有关山川景观的描叙,包括对碑刻的记叙。他不仅关注碑刻景观环境(山水石刻),关注碑刻的存毁,还特别关注围绕石刻产生的神迹佚事传说等。从这一方面来讲,与其说郦道元是一位严谨的地理科学家,不如说是一位关注地理的人文学者。他不像后来的欧阳修、赵明诚、洪适等金石学家,热衷于考证碑刻的人物年代与史事细节,他更关心碑刻的环境、景观及其佚事。他的这种做法,被宋代的方志《太平寰宇记》《方舆胜览》等继承下来。

纵观南北朝文献,似乎北朝人在著作中更关注碑刻。⑤ 这些北朝人,包括史官,也包括地理学家。除了上面提到的《水经注》《洛阳伽蓝记》二书,还要提到《魏书》。《魏书》中有《地形志》,"地形"与"地理"虽然只有一字之别,其意味却大不相同。显然,"地形"与"景观"的关系更为切近一些。仅此一点,就是耐人寻味的。《魏书·地形志》记录赵郡高邑

---

① [唐]魏徵等《隋书》卷三三《经籍志》,中华书局,2019年,第1111页。

② 此书后人辑本甚多,有曹元忠辑本,清光绪十九年(1893)刊,收入曹氏《笺经室丛书》;亦有今人刘纬毅辑本,见《汉唐方志辑佚》(北京图书馆出版社,1997年,第208—223页);此不一一列举。后人称引之情形,观辑本条目来源即可知大概。

③ [宋]欧阳修、宋祁《新唐书》卷五八,中华书局,1975年,第1503页。

④ [唐]余知古《渚宫旧事》,中华书局,1985年。

⑤ 这可能与汉碑多在北方,亦即处于北朝境内有关。

第十一章　景物：石刻作为空间景观与文本景观

县有"埤亭祠、汉光武即位碑";泰山郡梁父县有"梁父城、龟山、羊续碑、贞女山祠、云母山",高平郡金乡县有"金乡山、范巨卿冢碑"等;南阳郡西鄂县"有棘山、华城、张衡碑"。① 更为典型的是书中记鲁郡鲁县"有牛首亭、五父衢、尼丘山、房山、鲁城、叔梁纥庙、孔子墓、庙、沂水、泗水、季武子台、颜母祠、鲁昭公台、伯禽冢、鲁文公冢、鲁恭王陵、宰我冢、兒宽碑"。② 显而易见,在史官魏收眼中,碑刻与祠庙、山水、冢墓等相提并论,是最应铭记、最应关注的名胜古迹。明代孙应岳撰《金陵选胜》十二卷,"碑碣"赫然独占一卷。③ 追溯源头,可谓滥觞有自。

编成于初唐时代的《隋书》,其《地理志》不像《魏书》那样关注各地的冢墓碑刻古迹,却在《经籍志》中著录了魏晋以来出现的诸种碑文集。例如:

　　《碑集》十卷,谢庄撰。

　　《释氏碑文》三十卷,梁元帝撰。

　　《杂碑》二十二卷、《碑文》十五卷,晋将作大匠陈勰撰。

　　《羊祜堕泪碑》一卷。

　　《荆州杂碑》三卷。

　　《雍州杂碑》四卷。

　　《广州刺史碑》十二卷。

　　《太原王氏家碑诔颂赞铭集》二十六卷。

　　《诸寺碑文》四十六卷,释僧祐撰。④

这些碑文集或为有司收集(如将作大匠陈勰收集碑刻,应属其职务行为),或为好事者所纂集,或为某一家族保存本姓文献,其所着重的是文

---

① 分别见[北齐]魏收《魏书》卷一〇六上、中、下,中华书局,1974年,第2471、2519、2520、2634页。
② [北齐]魏收《魏书》卷一〇六中,第2520页。
③ 成林点校《金陵世纪·金陵选胜·金陵览古》,南京出版社,2009年。
④ [唐]魏徵等《隋书》卷三五,第1233页。按:此处举例引文有删略。

本。但是，为州郡以及寺庙编集碑刻，亦当有寻访古刻、存录古迹及展现景观的意义。

史官和地理家对于石刻景观的观察，是以调查记录为主，这种调查记录，与金石学者的访碑求古又有所不同。访碑不仅是为了寻求拓本，也为了观览石刻景观。明代金石学者赵崡《石墨镌华》卷七有《访古游记》三篇，分别题为《游终南》《游九嵕》《游城南》。① 所谓"访古"，即为访碑。这三篇游记叙述其访碑行程，以方位、距离为标志，笔法上略同于柳宗元《永州八记》。但是，与柳宗元显然不同的是，在赵崡笔下，碑刻取代了柳宗元文中的山岩水鱼，成为他眼中的首要景物。《石墨镌华》卷八则是赵氏此次访碑行程中所作诗。从《由南时村之重阳宫观元朝诸碑》《南上官村观隋李使君碑》《吊昭陵陪葬诸臣碑》诸篇直接以碑入题来看，碑是诗人目光凝注的焦点，是整个景观的核心。可见他的访碑既是学术之旅，又是风光游赏之旅，访碑对他不仅是金石学的学术体验，也是面对文化景物而富有感发的感性行程。到了清代，金石学者们的访碑之旅更多。嘉庆元年（1796），著名金石学者黄易前往河南嵩洛一带访碑，留下了《嵩洛访碑日记》和《嵩洛访碑图》，②不仅以文字方式，而且以图像的方式，记录并再现了此次行程中的视觉经历。足够戏剧性的是，他的行程由此成为后人关注、描摹和评说的对象。③

自宋代以来，金石学著作中就很重视对石刻所在之地的著录，陈思的《宝刻丛编》和王象之的《舆地碑记目》都是以京府州县为纲著录碑刻。④《墨池编》中对碑刻分门别类加以著录，特别着重其所在之地，仿佛是一座纸

---

① ［明］赵崡《石墨镌华》，《石刻史料新编》第一辑第25册。
② 参看秦明《黄易的访碑图与碑刻鉴藏——嵩山汉刻》，《紫禁城》，2010年第12期。
③ 参看故宫博物院编《黄易与金石学论集》，故宫出版社，2012年；朱琪撰《蓬莱松风：黄易与乾嘉金石学》，上海古籍出版社，2020年。
④ 《四库全书总目》卷八六《宝刻丛编》提要："是书搜录古碑，以《元丰九域志》京府州县为纲，其石刻地理之可考者，案各路编纂，未详所在者，附于卷末。"同卷《舆地碑记目》提要："以天下碑刻地志之目，分郡编次，而各注其年月姓氏大略于下，起临安，讫龙州，皆南渡后疆域。"并见第737页。

第十一章 景物：石刻作为空间景观与文本景观

上的碑廊或者书本上的碑林乃至碑刻博物馆。最值得一提的是，《墨池编》卷六《碑刻二》设有"山水"一类，所录皆是有关山水景观的碑刻，亭台楼堂，井栏岩穴，山水溪桥，应有尽有，其中有些碑刻是纪念相关名胜的修建，有些碑刻则是题咏这些名胜。例如《唐温泉碑》《唐禹穴碑》《唐九成宫醴泉铭》等，多有对具体山水景观的描述。同书同卷所录"艺文"类题刻，亦多为题咏山水者，如《唐平泉山居诗》（开成五年李德裕撰）。[①] 总之，这些碑刻本身也构成景观的一部分。

诗文作家和画家也是石刻景观的重要观赏者。古代画家、诗人常以访碑或读碑为题。黄易作《嵩洛访碑图》，在这一画作主题背后，其实有着悠久的美术史传统。《林泉高致集》附录《山水赋》，曾列举各种山水画题材，"古冢断碑"即是其中重要一项，[②] 可见这一题材当时常见。《宣和画谱》卷一一著录有李成（李营丘）《读碑窠石图》，[③]《清河书画舫》卷六下则著录有崔白《读碑窠石图》，[④] 皆是其例。李成"图绘荒野寒林，窠石错叠，枯枝槎桠，林中昂首龟趺上驮着一块碑，碑前有主仆两人，主人骑骡，正神情专注地俯身仰首细读碑文。仆人则拄杖站立，目顾他处，心不在焉"。[⑤] 南宋诗人刘克庄也写过一首《题读碑图》，其中有句云："二人共读道傍碑，一敏一钝天赋之。敏者过目跃骑去，钝者停鞭方凝思。哀哉德祖丹颈祸，伏于伯嗜黄绢辞。"[⑥] 可见此诗所咏是《世说新语·捷悟》"魏武尝过曹娥碑"条故事。米芾说，苏之纯家曾收藏有一幅《魏武读碑图》，当时人有认为王维所画者。[⑦] 刘克庄所咏，有可能就是这一幅

---

① ［宋］朱长文《墨池编》，台湾商务印书馆影印文渊阁《四库全书》本。
② 旧题［宋］郭思《林泉高致集》，台湾商务印书馆影印文渊阁《四库全书》本。
③ 俞剑华注译《宣和画谱》，江苏美术出版社，2007年。
④ ［明］张丑撰，徐德明校点《清河书画舫》，上海古籍出版社，2011年。
⑤ 张德宁《宋·李成〈读碑窠石图〉》，《新民晚报》2009年5月2日。
⑥ ［宋］刘克庄著，辛更儒笺校《刘克庄集笺校》，中华书局，2011年，卷二九，第1559页。按：原书首句作"二人共读道碑傍"，今检《四部丛刊》本《后村先生大全集》，应作"二人共读道傍碑"。
⑦ ［宋］米芾《画史》，见［宋］米芾著，韩雅慧点校《宝章待访录（外五种）》，浙江人民美术出版社，2018年，第68页。

图画。

诗人们访古寻碑的雅兴，往往发为吟咏，于是就有了苏轼《凤翔八观》以及曾极《金陵百咏》之类的诗篇。《凤翔八观》包括《石鼓歌》和《诅楚文》两篇，题咏的是两件先秦时代的石刻。显然，在苏轼眼中，这两件石刻是凤翔当地最引人注目的两个景观。①《金陵百咏》中所咏南京地方名胜，有《没字碑》和《校官碑》。② 这是曾极眼中的古迹。孟浩然登临岘山，因见到羊岵堕泪碑而生出如下的感叹：

  人事有代谢，往来成古今。
  江山留胜迹，我辈复登临。
  水落鱼梁浅，天寒梦泽深。
  羊公碑字在，读罢泪沾襟。③

在徐霞客的旅行经历中，石刻是他经常关注的景观。《徐霞客游记》卷二记其游嵩阳宫，几乎是一路看石刻：

  二十二日出山东行五里，抵嵩阳宫废址，惟三将军柏郁然如山，汉所封也。大者围七人，中者五，小者三。柏之北有室三楹，祠二程先生。柏之西，有旧殿石柱一，大半没于土，上多宋人题名，可辨者为范阳祖无择、上谷寇武仲及苏才翁数人而已。柏之西南，雄碑杰然，四面刻蛟螭甚精。右则为唐碑，裴迥撰文，徐浩八分书也。又东二里，过崇福宫故址，又名万寿官，为宋宰相提点处。又东为启母石，大如数间屋，侧有一平石如砥。又东八里，还饭岳庙，看宋

---

① ［清］王文诰辑注，孔凡礼点校《苏轼诗集》，第一册，第 99—108 页。
② 成林、程章灿点校《金陵百咏·金陵杂兴·金陵杂咏·金陵百咏（外一种）》，南京出版社，2012 年。
③ 孟浩然《与诸子登岘山》，《全唐诗》卷一六〇，上海古籍出版社影印，1986 年，第 375 页中。

第十一章　景物：石刻作为空间景观与文本景观

元碑。①

又同书卷四记其游湖南祁阳,也很重视碑刻:

> 二十七日,祁阳县。予乃同静闻出祁阳,东北一里憩甘泉寺。泉一方,当寺前坡下,味极淡冽,似惠泉。殿前有吾郡宋邹浩《甘泉铭碑》,张南轩从郡中蒋氏得之,跋而镌此。邹大书,张小楷,可称二绝。②

此外,书中其他地方记其到各地的看碑经历,皆历历如可见。有时候,石刻会成为他了解景观来历的重要依据,这是因为石刻中有对环境景观的自述,也承载着对昔日景观的记忆。

盛筵不常,梓泽丘墟,树立或倾坏的石刻,往往唤醒人们对于昔日景观的记忆。南宋著名词家张炎有一篇《高阳台》,乃题咏"庆乐园即韩平原南园"。其小序中提到:"戊寅岁过之,仅存丹桂百余株,有碑记在荆榛中,故末有亦犹今之视昔之感,复叹葛岭贾相之故庐也。"荆榛中的碑石,作为废园的象征,最为动人心目。其词云:

> 古木迷鸦,虚堂起燕,欢游转眼惊心。南圃东窗,酸风扫尽芳尘。鬈貂飞入平原草,最可怜、浑是秋阴。夜沉沉,不信归魂,不到花深。　　吹箫踏叶寻幽去,任船依断石,袖裹寒云。老桂悬香,珊瑚碎击无声。故园已是愁如许,抚残碑、却又伤今。更关情,秋水人家,斜照西泠。③

"抚残碑",表明词人是置身于现场,故抚今追昔,触景伤情。在某种

---

① [明]徐弘祖《徐霞客游记》,商务印书馆,1986年,第36页。
② [明]徐弘祖《徐霞客游记》,第151页。
③ 唐圭璋编《全宋词》(第五册),中华书局,1965年,第3463页。

程度上可以说,采取什么样的观赏立场,取决于是否置身于石刻现场。简而言之,野外观碑与壁上读石不同,与案头读拓(帖)更不相同。除了石刻的位置及其与周边环境景物的关系之外,身处野外,五官所感知的空气花草风物亦不同,有一种实地感与现场感,更容易激发思古之幽情。这也就是为什么直至今天,大多数人仍然坚持对石刻要原地保护、实地观赏的原因。

五、文本景观的阅读、诠释与传播

石刻景物的形成有其人文性,石刻景观的观赏有其主观性,二者是密切联系在一起的。概而言之,石刻景物与景观都是可供人们阅读、阐释与传播的文本,仁者见仁,智者见智。景观是景物与人心的结合。对景观的阅读,取决于读者的心境与态度。英国学者伊恩·D·怀特(Ian D. Whyte)指出:"景观不仅仅是一种自然和人造景物的特定组合,任何一个景观,不仅包括我们眼前见到的物体,而且包括那些我们心中的想法。""对景观的解释,取决于个人的价值观和态度。"[1]另一个英国学者克利斯·菲特(Chris Fitter)则指出:"我们可以有效地强调景观感知的历史主观性。……景观,就像一个文本,被不同的'诠释社群'各自以它清晰的'预期的视野(他们所期望了解的方式)'所阅读。"[2]实际上,影响甚至决定不同"诠释社群"的"预期视野"的,就是与景观相关的历史文化语境。

以景观叙事为特点的语境化阅读,是《水经注》景观文本阅读最为突出的特色。书中有很多这一方面的例子,例如卷二二"颍水"这一段:

---

[1] [英]伊恩·D·怀特(Ian D. Whyte)著,王思思译《16世纪以来的景观与历史》,中国建筑工业出版社,2011年,第3页。

[2] Chris Fitter, *Poetry*, *Space*, *Landscape*: *Toward a theory of landscape*. Cambridge University Press, 1995, pp.8-9.

第十一章 景物:石刻作为空间景观与文本景观

> 城内有三台,时人谓之繁昌台。坛前有二碑,昔魏文帝受禅于此,自坛而降曰:"舜禹之事,吾知之矣。"故其石铭曰:"遂于繁昌筑灵坛也。"于后其碑六字生金,论者以为司马金行,故曹氏六世迁魏而事晋也。①

围绕繁昌台坛碑刻,编织了两段有关汉魏以及魏晋易代的历史故事,这就是建立于景观叙事基础之上的语境化阅读。这些历史故事、传说轶闻,是真是假并不重要,重要的是它们都能成为景观叙事的资源。《水经注》卷二三"汳水"有一条可能更为典型的例子:

> 世谓之王子乔冢。冢侧有碑,题云"仙人王子乔碑",曰:王子乔者,盖上世之真人。……暨于永和之元年冬十二月,……时天鸿雪,下无人径,有大鸟迹,在祭祀处,左右咸以为神,其后有人着大冠,绛单衣,杖竹立冢前,呼采薪孺子伊永昌曰:我王子乔也,勿得取吾坟上树也。忽然不见。时令泰山万熹,稽故老之言,感精瑞之应,乃造灵庙,以休厥神。于是好道之俦,自远方集,或弦琴以歌太一,或覃思以历丹丘,……延熹八年秋八月,皇帝遣使者奉牺牲致礼,祠濯之敬,肃如也。国相东莱王璋字伯仪,以为神圣所兴,必有铭表,乃与长史边乾遂树之玄石,纪颂遗烈。观其碑文,意似非远,既在径见,不能不书存耳。②

王子乔成仙的故事,构成欣赏《仙人王子乔碑》的背景,提供了理解这一碑刻意义的语境框架。与此类同的是《仙人唐公房碑》,《水经注》卷二七"沔水"记唐公房得道成仙的故事:

> 穴水东南流,历平川,中谓之婿乡,水曰婿水。川有唐公祠。唐

---

① [北魏]郦道元著,陈桥驿校证《水经注校证》,第513—514页。
② [北魏]郦道元著,陈桥驿校证《水经注校证》,第558—559页。

作为物质文化的石刻文献

> 君字公房,成固人也,学道得仙,入云台山,合丹服之,白日升天,鸡鸣天上,狗吠云中,惟以鼠恶留之,鼠乃感激,以月晦日,吐肠胃更生,故时人谓之唐鼠也。公房升仙之日,婿行未还,不获同阶云路,约以此川为居,言无繁霜蛟虎之患,其俗以为信然,因号为婿乡,故水亦即名焉。百姓为之立庙于其处也,刊石立碑,表述灵异。①

诸如此类与碑刻相关的灵异故事,《水经注》所载甚多,几至不胜枚举,例如"秦颉二碑""冠盖里碑""王子香庙颂"等。② 这些故事或直接见之于碑文,或辗转得之于传闻。③ 虽然从发生学上看,它们是口耳相传的集体创作,承载了某一社会群体的情感与记忆,但经过郦道元的传述,变成带有其个人主观色彩的景观叙事,遂对景观阅读产生了影响。当然,从发生学的角度,也可以说这是某种社会群体的集体阅读。

当人们将石刻景观作为文本来阅读,景观已经成为文本存在的方式,也就是文献存在的形式。它也是石刻文献/文本传播的一种手段,还是其文化意义呈现的一种形态。石刻的物质形态,尤其是其景观属性,有助于石刻文献/文本的传播。不言而喻,树立于荒山野岭的石刻,不如立于都邑街衢的石刻更引人注目,其传播效力也自然相形见绌。举宋人的杜诗刻石为例。北宋元祐年间担任成都知府的胡宗愈,十分景仰杜甫,曾"录先生诗,刻石置于草堂之壁间。先生虽去此,而其诗之意有在于是者,亦附于后,庶几好事者得以考当时去来之迹云"。④ 这些嵌壁石刻,遂成为杜甫草堂的风景之一。无独有偶,元符三年(1100),黄庭坚所书杜甫诗,亦刻石立于蜀中。黄庭坚《大雅堂记》云:

---

① [北魏]郦道元著,陈桥驿校证《水经注校证》,第646—647页。
② 分别见[北魏]郦道元著,陈桥驿校证《水经注校经》卷二八,第668页;卷二八,第668页;卷三四,第796页。
③ 按:《水经注》卷二八([北魏]郦道元著,陈桥驿校证《水经注校证》,第664页)所记羊祜堕泪碑以及杜预碑的故事,即得之传闻,而传播效应甚大。
④ [宋]胡宗愈《成都新刻草堂先生诗碑序》,据[清]仇兆鳌《杜诗详注》第2242页引。

第十一章 景物：石刻作为空间景观与文本景观

丹稜杨素翁，英伟人也，其在州闾乡党有侠气，不少假借人，然以礼义不以财力称长雄也，闻余欲尽书杜子美两川夔峡诸诗，刻石藏蜀中好文喜事之家。素翁粲然，向余请从事焉，又欲作高屋广楹庥此石，因请名焉。余名之曰"大雅堂"而告之。①

黄庭坚明知杜甫夔峡诸诗当时已有纸本流传于世，仍然坚持将自己抄录的这些杜诗刻石，以助其流传。纸本的杜诗变成了石刻的杜诗，这不仅是文献媒介的转换，而且使杜诗文本/文献具备了景物的形态，具有了景观的属性。从此，杜诗珍藏于高屋广楹之中，人们不仅在景观的环境中阅读杜诗，而且以景观的方式来欣赏杜诗。在这一方面，黄庭坚的"大雅堂"与孙觉的"墨妙亭"，正可谓异曲同工，殊途同归。

综上所述，石刻是一种文献，而且是一种特殊形式的文献。它不仅为文献提供了物质媒介，它本身还是一种重要的、特殊的景观。这种景观有其空间属性，空间属性一方面与石刻不同类型（例如摩崖、石经与题名等）密切关联，另一方面也与石刻的书写、镌刻乃至绘画等因素密切关联，因而呈现空间之美、文学之美、艺术之美、人文之美。与此同时，石刻景观归根到底是文本的景观，这景观本身就是一种文本，吸引不同读者的围观阅读，凝聚不同的诠释体验。石刻景观增加了古代旅行的文化内涵，提供了旅人历史沉思的背景，构建了文艺创作的情境，促成了众多题咏的产生。自宋代以后，读碑访碑成为新的文人趣味，甚至凝固成为很多文人的生活方式，成为他们越来越自觉的自我认同的标志。

景观既可以说是石刻文献的存在方式之一，也可以说是石刻文献的传播方式之一，还可以说是石刻文献的阅读方式之一。阅读者只有直面石刻，置身实地或现场，才能真正完整地接收石刻中所涵藏的多方面、多层次的文化信息。石刻是最富有中国文化特色的文献之一，只有从文献文化史的视角进入石刻，才能更好、更深刻地理解这种文献。

---

① ［宋］黄庭坚《山谷集》卷一七。又［清］仇兆鳌《杜诗详注》（中华书局，1979年，第2243页）录此文，题作《大雅堂石刻杜诗记》，文字与《山谷集》有异，今引据《山谷集》。

285

第十二章
方物：从永州摩崖石刻看文献生产的地方性

"方物"一词，本来是指某个地方的特产，其意略近于土产、特产之类。从物质生产的角度来说，无论是中心之地，还是偏远之区，每个地方都有自己的特产。"方物"一词有着悠久的传统，不过，在古代东亚政治话语体系中，"方物"又是与"贡献"这一古代东亚朝贡制度密切相联的。《尚书·旅獒》："无有远迩，毕献方物。"传曰："天下万国，无有远近，尽贡其方土所生之物。"[①]一般情况下，都是遥远、偏僻之地向中心之区贡献方物，通过这样一种形式，确认中心对于地方的权力，以及地方趋向中心的认同。这些来自远方的"方物"，亦可称为"贡物"，地理位置越是偏僻，相隔越是遥远，道路越是艰险，进贡越不容易，那么，贡献到京城的"方物"的地方性往往越是突出，其政治文化意义也就越为强烈。当然，也有许多方物的获得，不是通过进贡，而是经由商品贸易等经济交流方式，虽然没有政治意义，但却同样具有"地方性"。这种地方性不仅表现在其原材料来源，也表现在其制作方式，还表现在其使用方式。正是这些内容与形式配合，造就了方物的地理识别度及其文化政治的象征意义。

与普通的物质生产一样，古代文献生产中也存在着地方性。这种具有地方性的文献，就是中国古代文献文化史上的"方物"。从内容上说，历史悠久、丰富多彩的各色地方志（简称"方志"），其中就包含对于本地各种"方物"（人、事、物）的记载。从形式上说，则有例如版本学上经常提

[①] 《尚书·旅獒》，杜泽逊主编《尚书注疏汇校》，中华书局，2018年，第1846页。

第十二章　方物：从永州摩崖石刻看文献生产的地方性

到的，也已经得到学术界较多研究的"建本""杭本""蜀本"等。这些地方性文献的生产，一方面利用了本地特有的物质资源和文化资源，另一方面也引入或融合外来的物质资源和文化资源。在石刻文献生产中，也有许多具有强烈地方性的石刻生产与拓本制作方式，例如，昭陵碑刻、泰山石刻、北京房山云居寺刻经、永州及桂林等地摩崖石刻等，就是地方性十分突出的文献"方物"。本章以永州摩崖石刻为例，考察中国古代石刻文献生产的地方性问题。

一、摩崖刻石的文化传统与时空交叉点

永州的摩崖石刻文献资源十分丰富，其中，阳华岩、朝阳岩、浯溪、玉琯岩、月岩、澹岩、月陂岩等七处，都是国家重点文物保护单位。永州摩崖石刻经历"唐代创始，宋代流衍，明代追摹，清代考据"的漫长过程，数量繁多，形式多样，"呈现着清晰的阶段性和连续性"，[1]文化意义也特别丰富。这主要表现在两个方面：一方面，摩崖就是永州石刻的代表，当之无愧；另一方面，永州摩崖极大地丰富了中国摩崖石刻的内涵，将其称为中国摩崖石刻的典型代表也不过分。

中国古代石刻类型繁多，仅清人叶昌炽《语石》之中所列举的就多达42种，其中第26种为摩厓（即摩崖）。[2] 杨殿珣《石刻题跋索引》将石刻大致分为七种，而将摩崖附列于"杂刻"类中。[3] 石刻文献分类，大多根据石刻的文献形式，有时候也兼顾其内容特点，难免有所交叉。无论从什么角度来看，摩崖石刻都有明显的特征，不容易与他者相混。

首先，从物质媒介来看，摩崖石刻是一种"天然之石"，"其先盖就其

---

[1] 潇湘意摩崖石刻拓片博物馆、张京华、杨宗君、敖炼《永州摩崖石刻精选》，湖南美术出版社，2019年，《前言》，第1页。
[2] 详见叶昌炽撰，柯昌泗评，陈公柔、张明善点校《语石　语石异同评》，中华书局，1994年，第182—383页。
[3] 杨殿珣编《石刻题跋索引·目录》，商务印书馆，1990年。

287

地以刻石纪事,省伐山采石之劳"。① 虽然崖石在刊刻前也要进行整治,除去表面杂草土块,求其平整,但与碑志等需要经过开采、磨砻乃至运输等程序相比,摩崖节约了很多人力物力成本。就这一方面而言,摩崖显然具有明显的媒介资源优势。

其次,从视觉效果上说,摩崖依托山崖的高大雄伟之势,容易突显宏大雄浑的效应,借助山崖水滨的自然地势,容易产生景观审美的效果。例如,永州浯溪摩崖《大唐中兴颂》,规格为 310×320 cm,字径四寸五分,非一般碑石可比。一般来说,摩崖是不可移动的,②与大自然浑然一体,借用陶渊明的诗句来说,就是"托体同山阿",③寓有与天地共长久之意。值得一提的是,在永州摩崖以及其他各地摩崖中,也可以看到崖壁上的一些"嵌入式碑刻"。这些"嵌入式碑刻"的出现,是因为日积月累,前人题刻遍布山崖,后人很难找到适合刻石的摩崖空间,只好以一种小碑(竖式,或帖式横碑)嵌入作为替代品。这是摩崖刻石的变通方式,也可以视为摩崖石刻的衍生形态。摩崖刻石是天然山崖的一部分,是不可移动的文物,而这种"嵌入式碑刻"则是经由人工移植、装嵌,与不可移动的山崖融为一体,其性质介于移动与不可移动之间。如果需要命名,那么,前一种可以称为"原生型摩崖石刻",后一种可以称为"再生型摩崖石刻"。"再生型摩崖石刻"既是永州摩崖石刻的特色,也是其重要组成部分。

第三,从文化意义上说,摩崖刻石融山川自然与人工镌刻于一体,通过这样一种特殊的石刻形式,表达一种恢弘、庄严的政治或文化主题,不仅能够体现内容与形式的和谐,而且具有某种得天独厚、天人合一的象征意义。《大唐中兴颂》结尾诸句:"湘江东西,中直浯溪,石崖天齐。可磨可镌,刊此颂焉,何千万年。"即有这种"天人合一"的意涵。

从摩崖石刻产生的历史来看,它也具有独特的文化渊源。摩崖刻石

---

① 马衡《中国金石学概要》,载《凡将斋金石丛稿》,中华书局,1977年,第68页。

② 近代以来,在道路开凿和水利工程兴建过程中,曾对一些摩崖石刻进行切割、迁移,此乃出于保护摩崖石刻之目的,非摩崖石刻当时之本意。

③ 陶渊明《拟挽歌辞》三首之三,见袁行霈撰《陶渊明集笺注》,中华书局,2011年,第293页。

第十二章 方物：从永州摩崖石刻看文献生产的地方性

起源甚早。据《韩非子》记载，秦昭王曾与天神赌博于华山之上，并刻石于华山崖壁之上，①此事虽然未必可信，却可以说明摩崖这种石刻形式很早就引起人们的注意，而且很早就被用来处理人神交往、天人之际的事务。石刻包括摩崖石刻，可能是秦文化传统中的一部分。这一传统可以上溯到秦石鼓和秦昭王刻石，下接秦始皇东巡刻石。秦始皇东巡六刻中，五刻皆为石碣，可谓上承秦石鼓，惟有河北秦皇岛碣石山摩崖石刻，可谓上承秦昭王华山崖壁刻字。②所谓碣石山，顾名思义，就是以山为碣。与石碣相比，碣石山借助山势，托体自然，较少人工痕迹，在形制上也更加宏伟。值得注意的是，此次刻石是在秦始皇三十二年，其背景是："始皇之碣石，使燕人卢生求羡门、高誓。刻碣石门。"③羡门、高誓，皆是古之仙人。可见此次刻石与秦始皇求仙有关，亦即与天人之际相关。换句话说，这次摩崖石刻的产生，正处在一个重要的时间和空间的交叉点上，与此同时，摩崖石刻制造了一个不可移易的历史现场。

汉代石刻中还有几件摩崖，其所处的时间和空间的交叉点也有明显的意味。例如《鄐君开褒斜道记》《石门颂》《西狭颂》《郙阁颂》等，其地多处于秦蜀交通道路的险要之地，因为有了摩崖刻石，有了记录历史性事件的文字，这些偏远之地从而有了文化的标记，并且因此而引人注目。南北朝特别是北朝，造像石窟甚多，叶昌炽所谓"晋豫齐鲁间，佛经造象，亦往往刻于摩崖"，④主要就是指这一时期。此类摩崖石刻比较著名的是泰山经石峪的《金刚经》，经文刻在约三千平方米的大石坪上，隶书，原有2500多字，现尚存1067字。二者同样反映了佛教信仰在北朝社会的流行。

初盛唐摩崖石刻，最重要的是开元十四年（726）九月所刻《纪泰山

---

① 《韩非子·外储说左上》。《文心雕龙·铭箴》所谓"秦昭刻博于华山，夸诞示后，吁可笑也"，即指此事。[南朝梁]刘勰撰，范文澜注《文心雕龙注》，人民文学出版社，1958年，第193—194页。

② 参看本书第八章的相关论述。

③ 《史记》卷六《秦始皇本纪》，第318页。

④ 叶昌炽《语石》，第357页。

铭》，亦称《东岳封禅碑》或《泰山唐摩崖》，这是上一年十一月唐玄宗封禅泰山留下的历史记录。① 此篇铭文为唐玄宗亲撰并书，刻于岱顶大观峰石壁之上，高1320厘米，宽530厘米，正文隶书24行，满行51字，现存1008字，字大16×25厘米，形制雄伟，非寻常碑刻所能比拟。泰山地位崇高，从秦始皇刻立石碣到唐太宗刻摩崖铭文，后代继起刻石者不胜枚举。泰山之所以成为石刻文献生产的重要场所，与历代帝王的政治文化需要是分不开的。泰山石刻现存1800余处，摩崖石刻多达1000余处，超过碑碣。总体来看，泰山石刻大部分是自然石刻，也就是摩崖石刻。

二、从元柳对照看元结与永州水石的因缘

永州摩崖的出现背景，与上述各种摩崖皆有不同。永州摩崖石刻的大量出现，与元结个人的关系特别密切。在元结之前，永州水石籍籍无名，非但不能与历史悠久的北方名山华山、泰山相提并论，在南中国也未能出类拔萃。元结是永州水石的发现者、欣赏者和开发者。

元结(719—772)于广德元年(763)敕授道州(治今永州道县)刺史，至大历七年(772)朝京师而离开永州，前后留居此地十年。他对永州有深厚的感情，刻石，特别是摩崖刻石，是元结表达这种感情的最主要的方式。永州本地学者已经指出："元结在永州，时间久，创作多。其诗文开拓景地及命名景地最多，其文体以铭最多，其书体以篆最多，其新造景地名义最多，其作品刻石最多。其影响于后世，形成摩崖石刻景区最多。至于近代，其惨遭毁坏亦最多。"②这八个方面的"多"可以概括为"八多"。"八多"的核心就是元结在永州留下的石刻，亦即永州摩崖石刻。

元结在永州留下的石刻，最有政治意义、最名闻遐迩的，是《大唐中兴颂》。其序云："天宝十四载，安禄山陷洛阳。明年，陷长安，天子幸蜀，太子

---

① [宋]欧阳修、宋祁《新唐书》卷五《玄宗本纪》，中华书局，1975年，第131页。
② 李花蕾、张京华《湖南地方文献与摩崖石刻研究》，华东师范大学出版社，2011年，第240页。

第十二章 方物：从永州摩崖石刻看文献生产的地方性

即位于灵武。明年，皇帝移军凤翔，其年复两京，上皇还京师。於戏！前代帝王有盛德大业者，必见于歌颂。若今歌颂大业，刻之金石，非老于文学，其谁宜？为颂曰。"[1]显然，这是一篇歌唱大唐中兴的颂歌，具有强烈的政治色彩。全篇正文45句，句句用韵，每三句一换韵，皆为平声韵：

> 噫嘻前朝，孽臣奸骄，为昏为妖。
> 边将骋兵，毒乱国经，群生失宁。
> 大驾南巡，百寮窜身，奉贼称臣。
> 天将昌唐，繄晓我皇，匹马北方。
> 独立一呼，千麾万旟，我卒前驱。
> 我师其东，储皇抚戎，荡攘群凶。
> 复服指期，曾不踰时，有国无之。
> 事有至难，宗庙再安，二圣重欢。
> 地辟天开，蠲除祅灾，瑞庆大来。
> 凶徒逆俦，涵濡天休，死生堪羞。
> 功劳位尊，忠烈名存，泽流子孙。
> 盛德之兴，山高日升，万福是膺。
> 能令大君，声容沄沄，不在斯文。
> 湘江东西，中直浯溪，石崖天齐。
> 可磨可镌，刊此颂焉，何千万年。

黄侃曾说："秦刻石文多三句用韵，其后唐元结作《大唐中兴颂》，而三句辄易，清音渊渊，如出金石，说者以为创体，而不知远效秦文也。"[2]他指出了《大唐中兴颂》与秦始皇东巡刻石文之间的渊源关系，这是一个相当敏锐的观察。但是，也必须指出，《大唐中兴颂》与诸篇秦始皇刻石文之间也有不同之处。首先，《大唐中兴颂》是元结自发的创作，是个人行为；

---

[1] [唐]元结《元次山集》，中华书局，1960年，第106页。
[2] 黄侃撰，周勋初导读《文心雕龙札记》，上海古籍出版社，2000年，第73页。

作为物质文化的石刻文献

而秦始皇刻石文则是李斯奉命而作,是李斯的职务身份所决定的,是官方行为。其次,从形式上讲,元结之颂虽然"远效秦文",但与秦刻石文又有明显不同。秦刻石文大多是"三句用韵",①即每隔三句一用韵,构成一个单元的三句之间彼此并不谐韵。而《大唐中兴颂》则是"三句辄易",也就是每三句一换韵,构成一个单元的三句之间句句谐韵。总之,《大唐中兴颂》与秦始皇刻石文在形式上的共同点可以这样总结:二者同为四言颂体,同样以三句为一单元,同样风格古雅。简言之,为一个王朝写作颂歌是元结和李斯的共同点。

图 12　摩崖《大唐中兴颂》元结撰文　颜真卿书

---

①　"三句用韵",如泰山、之罘山、之罘东观、碣石山、会稽山刻石文。

第十二章 方物:从永州摩崖石刻看文献生产的地方性

《大唐中兴颂》作于上元二年(761),其时元结在江陵,任荆南节度判官。两年后,他才出任道州刺史,此颂在浯溪刻石则迟至大历六年(771),撰刻二事相距十年。这一点摩崖石刻上写得清清楚楚。清代金石家王昶曾有一个疑惑:"其刻《峿台铭》在大历二年,《浯溪铭》《唐亭铭》俱在大历三年,不知何以刻此颂独迟至大历六年也?"[1]实际上,元结初作此颂之时并无刻石动机,或者说,他没有在江陵找到适合摩崖刻石的地理条件。直到他来到浯溪,才发现了这里的崖壁,继而命名了三吾胜迹,最后才有了《大唐中兴颂》的摩崖刻石。换言之,《大唐中兴颂》之撰作虽在《浯溪》诸铭之前,其刻石却在诸铭之后,并且受到后者的启发和影响。

元结对永州文化的最大贡献之一,就是以摩崖的方式,命名了永州水石胜迹,留下了多处摩崖铭刻。他是永州摩崖石刻的创辟者。现存最早的是永泰二年(766)所刻《阳华岩铭并序》,瞿令问所书,序文隶书,铭文则大篆、小篆、隶书三体并用,模仿曹魏正始石经(所谓"三体石经"),大有自我作古之意。元结自称"漫叟""漫郎""浪士",足见他是一个浪漫之人。浪漫,从一个方面来说,意味着对历史传统和社会陈规的不以为然,从另一个方面来说,则意味着他对自然山水的认同。元结热爱永州山川,对这里的山水极有感情。他所命名的"三吾",亦即浯溪、峿台、唐廎,不仅明确了他对山水亭台的享有,[2]而且表达了他与永州山水亭台相亲相同、融合无间的态度。"峿字、唐字,不见《说文》,次山出新意为之",[3]颇具创意。要之,在对待山川命名的时候,元结是敢于创新,敢于自我作古的。

元结对永州山水的认同,根底在于他对永州"水石文化"的认同。"水石文化"的概念,最早是李花蕾和张京华所撰《元结与永州水石文化》

---

[1] [清]王昶《金石萃编》卷九六,陕西人民美术出版社影印民国十年扫叶山房石印本,1990年。按:王说不确,据《永州摩崖石刻精选》第76—77页,《浯溪铭》刻于大历二年。

[2] 元结《浯溪铭》:"溪古地荒,芜没已久。命曰浯溪,旌吾独有。"

[3] 叶昌炽《语石》,《语石·语石异同评》,第122页。

提出的,①很有启发性。据笔者统计,在《次山集》中,"水石"一词一共出现了十五次:

1. 丛石横大江,人言是钓台。水石相冲激,此中为小回。(《漫歌八曲·小回中》)

2. 小溪在城下,形胜堪赏爱。尤宜春水满,水石更殊怪。(《游右溪劝学者》)

3. 广亭盖小湖,湖亭实清旷。轩窗幽水石,怪异尤难状。(《宴湖上亭作》)

4. 水石为娱安可羡,长歌一曲留相劝。(《朝阳岩下歌》)

5. 沟塍松竹,辉映水石。尤宜逸民,亦宜退士。(《阳华岩铭》)

6. 丹崖,湘中水石之异者。翁,湘中得道之逸者。(《丹崖翁宅铭序》)

7. 爱其水石,为之作铭。(《丹崖翁宅铭序》)

8. 至零陵,爱其郭中有水石之异,泊舟寻之,得岩与洞。(《朝阳岩铭序》)

9. 于是,朝阳水石,始有胜绝之名。(《朝阳岩铭序》)

10. 於戏朝阳,怪异难状。苍苍半山,如在水上。朝阳水石,可谓幽奇。(《朝阳岩铭》)

11. 刻石岩下,问我何为?欲零陵水石,世人有知。(《朝阳岩铭》)

12. 吾于九疑之下,赏爱泉石,今几三年……松竹满庭,水石满堂。(《送谭山人归云阳序》)

13. 县南水石相映,望之可爱。(《寒亭记》)

14. 闻元子亦浪然在山谷,病中能记水石草木虫豸之化。(《浪翁观化序》)

---

① 参看李花蕾、张京华《元结与永州水石文化》,载《湖南地方文献与摩崖石刻研究》,第240—269页。

第十二章 方物：从永州摩崖石刻看文献生产的地方性

15. 林野之客，所耽水石。(《唐亭铭》)

以上15例之中，有6例，亦即第4、6、7、8、9、11诸例，《元结与永州水石文化》一文中已列举。值得注意的是，在通篇不足200字的《朝阳岩铭并序》中，"水石"一词出现了四次，频率之高，令人叹异。具体说来，"水石"中的"水"，包括江（如湘江、潇水）、溪、泉；而"石"则包括岩、洞以及更大的山体。实际上，"水石文化"与更有文学色彩、更有文化渊源的"泉石文化"或者"山水文化"一脉相承，貌异心同。元结《阳华岩铭》正文称此岩"辉映水石"，序中则以"泉石"相称："吾游处山林，几三十年，所见泉石如阳华殊异而可家者，未也，故作铭称之。"在元结眼中，这些山水泉石"堪赏""可爱""可赏"，而且"可耽""可家"，他为它们不为人知赏而叹惜不置。

在元结之后三十几年，柳宗元(773—819)被贬永州司马，也在永州生活了大约十年时间(805—815)。这两个中唐文学名家都是永州山水的知音，他们以永州山水摇荡性灵，写下了文学史上不朽的作品。伴随着他们的到来、逗留以及写作，永州山水的声名也远播海内外。遗憾的是，元、柳二人不曾交接。从现存作品来看，柳宗元在文章中很少提到元结，他与元结之间缺少直接的文字交流，只有少量间接的对话。柳宗元诗中仅一处提到浯溪，即《游黄溪记》："北之晋，西适豳，东极吴，南至楚越之交，其间名山水而州者以百数，永最善。环永之治百里，北至于浯溪，西至于湘之源，南至于泷泉，东至于黄溪东屯，其间名山水而村者以百数，黄溪最善。"[①]但并没有直接提及元结。

作为后来者，柳宗元在游历永州山水、交接当地士人的过程中，一定有机会接触到元结的遗迹，听到一些有关元结的遗闻佚事。比如，柳宗元到过朝阳岩，并有《游朝阳岩遂登西亭二十韵》之诗。朝阳岩在零陵，这是元结命名的名胜，元结在这里留下了《朝阳岩铭》《朝阳岩下

[①] [唐]柳宗元《柳河东集》卷二九，中华书局，1979年，第759—760页。

歌》等文字。① 实际上，柳宗元在永州的一些行为方式，也很可能受到了元结的影响。例如，他对永州山水的命名，就与元结殊途同归。愚溪就是柳宗元命名的，他为此作有《愚溪对》《愚溪诗序》等。又比如他的某些刻石文字。柳宗元的碑文，包括墓碑文和祠庙碑文，也有不少与湖南特别是永州相关者。他在《零陵三亭记》中说："余爱其始，而欲久其道，乃撰其事，以书于石。薛拜手曰：'吾志也。'遂刻之。"②他的《永州法华寺新作西亭记》也说："或曰：'然则宜书之。'乃书于石。"③先撰记文，再将其刻石，这种做法也显然受到元结的影响。不过，这两篇记文所写都是人间建筑，而非自然景点，与元结之铭刻有所不同。

元、柳二人对于永州山水自然的态度不同，相当明显地体现在各自的文学作品中。柳宗元《游朝阳岩遂登西亭二十韵》诗云：

> 谪弃殊隐沦，登陟非远郊。所怀缓伊郁，岂欲肩夷巢。高岩瞰清江，幽窟潜神蛟。开旷延阳景，回薄攒林梢。西亭构其巅，反宇临呀庨。背瞻星辰兴，下见云雨交。惜非吾乡土，得以荫菁茆。羁贯去江介，世仕尚函崤。故墅即沣川，数亩均肥硗。台馆集荒丘，池塘疏沉坳。会有圭组恋，遂贻山林嘲。薄躯信无庸，琐屑剧斗筲。囚居固其宜，厚羞久已包。庭除植蓬艾，隟牖悬蟏蛸。所赖山水客，扁舟枉长梢。挹流敌清觞，掇野代嘉肴。适道有高言，取乐非弦匏。逍遥屏幽昧，澹薄辞喧呶。晨鸡不余欺，风雨闻嘐嘐。再期永日闲，提挈移中庖。④

---

① 孙望《元次山年谱》：永泰二年，"至零陵，游郭中，得岩与洞，命曰朝阳岩，作《朝阳岩铭》。"古典文学出版社，1957年，第79页。张京华、侯永慧、汤军著《湖南朝阳岩石刻考释》，中国社会科学出版社，2018年，第23页。

② ［唐］柳宗元《柳河东集》卷二七，第737—738页。

③ ［唐］柳宗元《柳河东集》卷二八，第749页。

④ ［唐］柳宗元《柳河东集》卷四三，第1189—1190页。按：明正德十六年(1521)，朱衮将柳宗元此诗书刻于朝阳岩崖壁之上，见《永州摩崖石刻精选》，第45—46页。

从这首诗中,可以看出柳宗元对自己的身份认同及其面对永州山水的心情。简单地说,柳宗元自居"谪弃"之身,与元结自居的"隐沦"之身截然不同。元结外表上虽为永州地方官员,内心里则全然是一副"逸民"的"隐沦"心态。《阳华岩铭》云:"尤宜逸民,亦宜退士。吾欲投节,穷老于此。"就是最好的证明。元结多次强调永州水石的可爱、可赏与宜居,而柳宗元则强调自己的"囚居""包羞""贻嘲",诗中充满了"惜非吾乡土"的疏离之感。二者构成了鲜明的对照。

面对永州山水,柳宗元与元结有着共同的寻奇、访幽乃至探险方面的浓厚兴趣,以《永州八记》为代表的一系列山水游记,就是柳宗元在永州寻奇访幽的结晶。这些游记文字每篇都对应一个景点,篇幅不大,并不难刻石。但是,柳宗元的目光所关注的,更多的是流动的水,例如黄溪、钴鉧潭、小石潭、袁家渴、石渠、石涧等,而较少关注山,①尤其较少关注岩穴。《柳河东集》中与岩穴相关的,只有《永州万石亭记》《零陵郡复乳穴记》两篇。② 可以说,同样面对永州的"水石文化",柳宗元更多关注的是"水",元结更多关注的是"石"。所以,元结"与柳宗元著永州八记而无一石刻,各有异同。柳文以抄本传世,文献远播东亚,元结所为乃是'不动产',皆留本土。其贡献于后世有此不同"。③

总之,面对永州的水石文化,元、柳二公采取了不同的观看方式、不同的记忆方式。柳宗元诉诸纸本的文字,元结采取摩崖的铭刻。由于摩崖文字"托体同山阿",不仅文字铭刻得以留存,其历史现场亦得以保存。两种文献的生产方式与物质载体不同,两者的传播方式和意义再生产也因之而不同。

---

① "永州八记"中,亦有写到西山、小丘、小石城山者。
② 二文分别载《柳河东集》卷二七,第734—736页,卷二八,第741—742页。
③ 李花蕾、张京华《元结与永州水石文化》,载《湖南地方文献与摩崖石刻研究》,第240页。按:原文"永州八记"后原衍"九记"二字,已删。此文后亦收入张京华、侯永慧、汤军著《湖南朝阳岩石刻考释》,改题《元结与湖南水石文化》,无"九记"二字。见《湖南朝阳岩石刻考释》,第3页。

三、永州摩崖石刻及其文化景观建构

永州摩崖的出现，与永州特殊的自然地理环境密切相连。所谓自然地理环境，首先指的是永州山水崖石。"唐代宗广德、永泰、大历间，元结两任道州刺史，辞官后寓居浯溪，在今永州境内活动前后十年，著述约70篇，其中最值得注意者有十九铭一颂。元结在道永二州所游历，则有三溪、三岩、二崖、一谷。元结大规模开辟了今永州境内的景地，开创了摩崖石刻的先河。由其诗文意象所描述而言，永州本土文化可以称之为'水石文化'。"①元结所开创的永州摩崖石刻，丰富了中国摩崖石刻的内涵，另一方面，摩崖石刻又以特殊的方式，开辟永州山水文化和地方文化的新境界。

元结不仅命名了三吾胜迹，而且命名了阳华岩、朝阳岩等。他命名的目的，一是为了自我享有，二是为了使胜迹"世人有知"，三是为了使胜迹传之后人。《朝阳岩铭》云："刻石岩下，问我何为？欲零陵水石，世人有知。"《阳华岩铭序》："道州江华县东南六七里有回山，南面峻秀，下有大岩。岩当阳端，故以阳华命之。吾游处山林，几三十年，所见泉石如阳华殊异而可家者，未也，故作铭称之。""铭"就是他命名的独特方式。"铭"原本就有"名"之义，《释名》亦云："铭，名也。述其功美，使可称名也。"②《文心雕龙·铭箴》："故铭者，名也，观器必也正名，审用贵乎盛德。"③元结为这些名胜命名的铭文，被铭刻于摩崖石壁之上，可以说是双重的"铭"，也可以说是双重的命名。在这一过程中，他的文字得到了铭文这一文体形式的赞助，得到了书法这一艺术形式的协助，得到了石刻这一文献形式的扶助，成就了所谓"三绝"。正如《大唐中兴颂》经由颜真卿的书写而名扬遐迩，《阳华岩铭》也因为有瞿令问的三体书写而引人

---

① 参看李花蕾、张京华《元结与永州水石文化》，载《湖南地方文献与摩崖石刻研究》，第240—269页。
② [汉]刘熙《释名》卷六《释典艺》，中华书局，2020年，第92页。
③ [南朝梁]刘勰著，范文澜注《文心雕龙注》，人民文学出版社，1958年，第193页。

第十二章 方物：从永州摩崖石刻看文献生产的地方性

注目。《阳华岩铭序》云："县大夫瞿令问，艺兼篆籀，俾依石经，刻之岩下。"其时瞿令问恰好任职于永州，可谓永州本地资源，故得以发挥其书艺之长，使阳华岩有了新的、属于永州本土的"三体石经"。从表面上看，似乎只是因为瞿令问书长众体，"艺兼篆籀"，所以他才选择以大篆、小篆、隶书三体书写《阳华岩铭》。实质上，阳华岩特有的"九疑万峰，不如阳华"的胜景，不仅点燃了元结的复古观念和文学创作激情，也点燃了瞿令问的书写激情。应该说，这是永州与石刻尤其是摩崖石刻的相互成就。

在永州摩崖石刻中，朝阳岩、澹岩二处早著令闻。明人黄焯曾说："两岩之观，最著者如元子，如周子，如山谷黄子，道德、文章、政事皆可师法。"①确实，唐代的元结、宋代的周敦颐和黄庭坚，是永州摩崖石刻中最为引人注目的三个人物。这三位一为永州地方官，一为永州本土人氏，一为永州之过客，身份各异，各结缘分不同。他们正好从道德（思想）、文章（文艺）、政事（事功）三个不同的维度，开启了永州石刻的文化意义，成为永州石刻的三个文化符号系列。我们可以这样理解：道德、文章和政事这三个维度，既分别对应周敦颐、黄庭坚和元结三位名贤，也分别对应铭颂、榜题和诗文三种文体，更分别对应中国传统士人立德、立言和立功之"三不朽"人生价值体系。当然，我们也可以不做这样呆板的对应排列，而是对三位名贤、三种文体和三个维度的关系作更加浑融、灵活的理解。

出于论述条理化的需要与方便，下文就以三种文体为中心，围绕三种文体与三位名贤及三个维度的关系，围绕其所构成的文化符号系列，来论述永州摩崖石刻对于永州文化景观的建构。

第一，铭颂系列，以元结《大唐中兴颂》和诸篇铭文为原创和代表。《大唐中兴颂》为永州摩崖石刻确立了一个宏大主题的基调。其后，永州摩崖石刻中相继产生了《大宋中兴颂》和《大明中兴颂》，一脉相承，自成

---

① 黄焯《朝阳岩集叙》，转引自李花蕾、张京华《明黄焯〈朝阳岩集〉校注》，载其《湖南地方文献与摩崖石刻研究》，华东师范大学出版社，2011年，第75—126页。此处引文见第81页。

系列。《大明中兴颂》作于万历三年(1575),作者丁鸿儒时任湖广永州府知府。其序云:"曰若稽古,帝王之兴,皆不繇楚,我世宗肃皇帝,始以兴国。入继大统,盛德大业,超越前代。"又云:"儒不敢妄拟颂磨崖,彼唐宋所称,视此万万不及也。"①可见《大明中兴颂》的产生,与湘楚文化与永州地缘皆有关系。铭亦是广义的颂的一种,铭体四言,即与颂体相同。元结之铭,专为永州山水而作,奠定了永州摩崖的主题基调。后来者围绕这一主题各有生发,文体不同,题旨多样,但都可以看作元结铭颂的文献衍生。

第二,榜题系列。榜题主要有三种内容:其一是题名,为前人交游和行踪留下印迹,如皇祐六年(1054)柳拱辰、周世南、齐术等人的浯溪题名;②其二是题写景名,如嘉祐五年(1060)张子谅书、卢臧题"朝阳岩"三大字;③其三是以道德箴言为内容的榜书,如明嘉靖二年(1523)黄焯榜书"雩风沂浴",④又如清乾隆二十八年(1763)王伟士榜书文天祥"忠孝廉节"。⑤"雩风沂浴"典出《论语·先进篇》:"莫春者,春服既成,冠者五六人,童子六七人,浴乎沂,风乎舞雩,咏而归。"以摩崖石刻的形式宣扬儒学,树立理学传统,这一传统是由朱熹在福建地区所开创的。⑥由于周敦颐是道州(今永州道县)人,这一传统又在明清时代的永州重新

---

① 潇湘意摩崖石刻拓片博物馆、张京华、杨宗君、敖炼《永州摩崖石刻精选》,湖南美术出版社,2019年,第152—153页。

② 潇湘意摩崖石刻拓片博物馆、张京华、杨宗君、敖炼《永州摩崖石刻精选》,第92—93页。

③ 潇湘意摩崖石刻拓片博物馆、张京华、杨宗君、敖炼《永州摩崖石刻精选》,第38—39页。

④ 潇湘意摩崖石刻拓片博物馆、张京华、杨宗君、敖炼《永州摩崖石刻精选》,第146—147页。

⑤ 潇湘意摩崖石刻拓片博物馆、张京华、杨宗君、敖炼《永州摩崖石刻精选》,第290—291页。月岩摩崖石刻也有不少格言榜书,见张京华、陈微主编《道州月岩摩崖石刻》,天津人民出版社,2017年,第50、76、78、90、92、96、98、126、128、132、134、136页。

⑥ 参看程章灿《文物:朱熹对石刻的文化利用》,《南京大学学报》,2018年第5期。现修订收入本书,即第十三章。

出现。

第三,诗文系列。永州摩崖石刻中的诗文作品,历唐宋元明清,延及民国,诗体有律有古,有五言有七言,篇幅有长有短。值得注意的是,"湖广湘漓一线,自古为荆楚至岭南的水路通道,加以水石清秀,流寓者多",①往来永州的文人墨客大多题咏赋诗,作为自己置身永州摩崖石刻历史现场的见证。后人赋咏,是对前人的凭吊、唱和、印证或者异议。仕宦迁谪之人往返经过楚南之地,先后两次赋诗,既是抚今怀旧,也是与山川之灵的再次对话。越南使臣经过此地,为表示对上国文化的理解与认同,也赋诗言志,使永州摩崖成为中外文学文化交流的重要平台,②并进一步确认了永州所处南北交通与中外交往之交通要道的重要地位。宋代及宋后的摩崖诗文,还可以看出版刻对于石刻的影响。对于他们来说,摩崖只是纸本之外的另一种形式的版面。

日积月累,摩崖题刻越来越多,崖壁上越来越密集,后人题刻有时不免覆盖前人的题刻。③为了避免地方文献佚失,避免历史记忆被覆盖,有好事者遂起而蒐集,并以纸本的方式促成文献传承。早在明代嘉靖初年,时任永州知府的福建南平人黄焯就编纂了《朝阳岩集》《澹岩集》,④这是较早的两种地方石刻文献集。个体的永州石刻早在北宋时代就已进入《集古录》《金石录》等金石著作,而以拓本和纸本方式传播;而整体

---

① 潇湘意摩崖石刻拓片博物馆、张京华、杨宗君、敖炼《永州摩崖石刻精选》,《前言》,第1页。

② 李花蕾、张京华《湖南浯溪所见越南朝贡使节诗刻》,载其《湖南地方文献与摩崖石刻研究》,第408—418页。参看张京华《"三'夷'相会——以越南汉文燕行文献为中心》,载《外国文学评论》,2012年第1期。

③ 清代金石学家瞿中溶在元结《右堂铭》旁边题刻,就不慎刻在前人题字之上。其《古泉山馆金石文编残稿》卷二(《四明丛书》本):"予细审并无文字,乃题名于上,募工刻之。及刻竣,揭视,微见楷书字迹,颇类《右堂铭》,字小不及半,而一字不可辨识为恨,且悔予之题刻卤莽也。"参看《永州摩崖石刻精选》,第177页。

④ 按:《四库全书总目》史部地理类存目著录清王士禛《浯溪考》,集部总集类存目著录明黄焯编《浯溪诗文集》二卷(两淮马裕家藏本)、明陈斗编《订补浯溪集》二卷。详见[清]永瑢等《四库全书目》,中华书局,1965年,第663、1748页。参见《永州摩崖石刻精选》,第145页。

的永州石刻,至少从嘉靖时代开始,也转换为典籍的形式,成为富有永州特色的文献景观。

建构地方文化景观包括两个方面:一方面是地方文献整理,另一方面是地方自然景观命名。永州摩崖石刻本来就是从元结对永州山水的发现与命名开始的,可以说,命名是永州摩崖石刻与生俱来的遗传基因。从"浯溪八景""浯溪十景""浯溪十二景"发展到"浯溪十六景",摩崖石刻功不可没。

石山保是永州摩崖石刻中特有的现象,集中出现在朝阳岩摩崖石刻中。当地人相信巨石有灵,故生下儿女之后,寄名作巨石之神(通称"石山保")的子女,以保平安,以求富贵。例如,嘉祐四年(1059)张子谅、陈起、麻延年、魏景、卢臧、夏钧等人题名石壁上,字里行间就有多处刻有"寄名石山保,长命富贵"之类的字样。又如"朝阳岩"榜书石刻旁边,也刻有"寄名石山保,长命富贵易养成"的字样。[1] 据研究,"石山保"题刻最早在明末天启三年(1623)已经出现,这是摩崖石刻这种文人文化与永州当地民俗信仰相结合的产物。[2]

"永"字之形,实与水相关。《说文解字》十一下:"永,水长也,象水坙理之长永也。《诗》曰:'江之永矣。'"[3]永州多巨石大崖,刻石其上,希冀垂之永远。"水石文化"确实是永州文化的特质。永州摩崖处于水之滨,石之崖,正是"水石文化"的典型代表,也是永州这片文化土壤的产物。作为中国古代文献中十分重要的物质形式,永州摩崖石刻的地方性是十分突出的。中国古代文献的生产与衍生,往往都有其地方性,这种地方性参预构筑其地方文化传统,并且最终成为这种文化传统的重要部分,永州摩崖石刻即是如此。

---

[1] 见《永州摩崖石刻精选》,第36、38页。
[2] 关于石山保,详参陈泳超《我们的干爹石山保》,《湖南科技学院学报》,第36卷第3期(2015年3月);又参汤军《零陵朝阳岩小史》,华东师范大学出版社,2011年。
[3] [汉]许慎著,[清]段玉裁注,许惟贤整理《说文解字注》,凤凰出版社,2015年,第990页。

四、《大唐中兴颂》与地方风景的经典化

在很长一段时间里,号称"摩崖三绝"的《大唐中兴颂》一直是浯溪景观的核心,令人赞叹。宋太祖乾德中,左补阙王伸知永州,舟经此地,有诗云:"湘川佳致有浯溪,元结雄文向此题。想得后人难以继,高名长与白云齐。"① 所谓"元结雄文",指的就是《大唐中兴颂》,而不是元结的其他题刻。无论从主题内容来看,还是从撰书刻的规模质量来看,这篇"雄文"都称得上一篇大制作,它很快使元结个人"独有"色彩极其浓厚的浯溪景观,改变或上升为人人关注的公共景观。其后,诗人墨客经过此地,无不看碑读颂,抚摩古刻,打取拓本,流连吟咏,络绎不绝,其题咏又往往刻于崖壁,连绵相生。② 这不仅有助于《大唐中兴颂》文本的传播,而且进一步推广浯溪石刻景观的声名,塑造其经典化的地位。

北宋初年,《大唐中兴颂》就被选入《唐文粹》,南宋末年,又被编入《文章轨范》,稳据彼时的文学经典地位。③ 石刻文献转变为纸本文献,集本与拓本一样,可以化身千百,继续扩散着浯溪石刻景观的影响。换句话说,这两种文献形式齐头并进,齐心协力,致力于文本与景观的经典化。乾道九年(1173)二月十九日,范成大自苏州赴桂林任职途中,来到祁阳,专程寻观浯溪石刻。《骖鸾录》有如下记载:

> 十九日,发祁阳里,渡浯溪。浯溪者,进山石磵也。喷薄有声,流出江中,上有浯溪桥。临江石崖数壁,才高寻丈,《中兴颂》在最大

---

① [宋]阮阅编《诗话总龟》前集卷一六"留题门"引《零陵总记》,周本淳校点《诗话总龟》,人民文学出版社,1998年,第189页引。

② 南宋时,当地即有人以拓碑牟利:"打碑卖者一民家,自言为次山后人,擅其利。"见[宋]范成大《骖鸾录》,载[宋]范成大撰,孔凡礼点校《范成大笔记六种》,中华书局,2002年,第57页。

③ [宋]姚铉《唐文粹》卷二〇,《四部丛刊》本;[宋]谢枋得编《文章轨范》卷六,《影印文渊阁四库全书》本。

作为物质文化的石刻文献

一壁。碑之上,余石无几,所谓"石崖天齐"者,说者谓或是天然整齐之义。碑傍岩石,皆唐以来名士题名,无间隙。外有小丘曰峿台,小亭曰㕡亭,与溪而三,是为"三吾",皆元子之撰也。别有一台,祠次山与颜鲁公。①

从范成大的游记中,可以看出浯溪石刻南宋之时已经颇具规模,而《大唐中兴颂》则是全部浯溪石刻景观的核心。南宋以降,后来者的题刻不断附益、衍生,层出不穷的题咏,几乎都是围绕元结《大唐中兴颂》而生发的感慨和议论。这些围观与议论,不断地推进这一名篇的经典化。与文本经典化同时,浯溪石刻也实现了景观的经典化。

围绕《大唐中兴颂》的措辞、立意乃至文体,后代读者、观者争论不休,众说纷纭。有一种意见认为元结此文与其说写的是大唐的光荣,不如说写的是大唐的悲哀,归根到底,不合颂之体制。较早提出这一观点的是黄庭坚。他在《书摩崖碑后》诗中写道:

春风吹船着浯溪,扶藜上读《中兴碑》。平生半世看墨本,摩挲石刻鬓成丝。明皇不作包桑计,颠倒四海由禄儿。九庙不守乘舆西,万官已作鸟择栖。抚军监国太子事,何乃趣取大物为?事有至难天幸尔,上皇蹢躅还京师。内间张后色可否,外间李父颐指挥。南内凄凉几苟活,高将军去事尤危。臣结舂陵二三策,臣甫杜鹃再拜诗。安知忠臣痛至骨,世上但赏琼琚词。同来野僧六七辈,亦有文士相追随。断崖苍藓对立久,冻雨为洗前朝悲。②

黄庭坚在实地看碑之前,早已观看、阅读过此碑的"墨本"亦即拓本。在他看来,安史之乱平定后所谓的大唐中兴,其实是肃宗趁乱夺权与玄宗

---

① [宋]范成大《骖鸾录》,载[宋]范成大撰,孔凡礼点校《范成大笔记六种》,第56—57页。

② [宋]黄庭坚撰,[宋]任渊、史容、史季温注,刘尚荣校点《黄庭坚诗集注》卷二〇,中华书局,2003年,第688—690页。

第十二章 方物：从永州摩崖石刻看文献生产的地方性

惨遭排挤的一段可悲的历史，可惜世人没有读出其中深意，所谓"安知忠臣痛至骨，世上但赏琼琚词"。元结是黄庭坚诗中特别提到的两位"忠臣"（另一位是杜甫）之一，黄庭坚读出了元结颂的言外之意，认为此颂其实寓有元结批评肃宗的"痛"和同情玄宗的"悲"。黄庭坚的诗作流传广泛，他的这一看法也深深影响了后来的读者，界入了后人对于浯溪景观的观赏理解。

后代附和黄说者甚多。张孝祥《读中兴碑》说得最为激切："朔方天子神为谋，三郎归来长庆楼。楼前拜舞作奇祟，中兴之功不赎罪。"①南宋范成大在《骖鸾录》中声明，时人多认为元结之颂含有《春秋》笔法，"微词见意"。② 其《书浯溪中兴碑后》诗序亦云：

> 乾道癸巳春三月，余自西掖出守桂林。九日，渡湘江，游浯溪，摩挲《中兴》石刻泊唐元和至今游客所题。窃谓四诗各有定体，颂者美盛德之形容，以其成功告于神明者也。商、周、鲁之遗篇，可以概见。今元子乃以鲁史笔法，婉辞含讥，盖之而章，后来词人，复发明呈露之，则夫摩崖之碑，乃一罪案，何颂之有？窃以为未安，题五十六字，刻之石傍，与来者共商略之。此诗之出，必有相诟病者，谓不合题破次山碑，此亦习俗固陋，不能越拘挛之见耳。余义正词直，不暇恤也。

其诗曰：

> 三颂遗音和者希，丰容宁有刺讥辞。绝怜元子春秋法，都寓唐家清庙诗。歌咏当谐琴搏拊，策书自管壁瑕疵。纷纷健笔刚题破，从此磨崖不是碑。③

---

① ［宋］张孝祥撰，辛更儒校注《张孝祥集编年校注》，中华书局，2016年，第58页。
② ［宋］范成大《骖鸾录》，《范成大笔记六种》，中华书局，2008年，第57页。
③ 范成大《书浯溪中兴碑后》并序，详见［宋］范成大《石湖诗集》卷一三。

范成大强调颂体当以颂德为主,元结"婉辞含讥",已经不合《诗经》三颂之体制,"后来词人"再以元说为基础强化扩充,更是有背为尊者讳、为前贤讳的原则。但吊诡的是,范成大手中之笔,也是一支"题破次山碑"的健笔。他的诗再次"道破"中兴磨崖碑这一"罪案",不仅"解构"了元结这篇颂体经典,也消解了这处石刻景观的神圣庄严。所以,在浯溪当地人士看来,范成大题诗刻石之举,公然"点破渠乡曲古迹",将会导致"从此磨崖不是碑"的严重后果,从而损坏这一石刻景观的声誉,此即流俗所谓"煞风景",难怪"零陵人大以为妄",产生了强烈的反弹。①

将《大唐中兴颂》作为文本景观来观看阅读,难免各持己见,见仁见智。与此不同的是,对摩崖石刻上的颜真卿书法,人们则是众口一词,给予崇高的评价。有人甚至将此刻能够流传千年单纯归功于颜真卿书法,例如清人李光暎《金石文考略》卷一一引《隅园集》云:

> 元次山有文名,唐人所推重,《中兴颂》又其得意之作,乃其韵俱用平声,弥见弱……此颂不无此疵焉。此颂大历六年镌于永州浯溪石崖,已八百几十年,不遽泯,徒以颜鲁公正书能使山灵呵护若此耳。李阳冰《琅邪庶子泉铭》亦磨崖,字已不可辨,余亲见之。②

李阳冰所书磨崖已不可辨,颜真卿所书磨崖则未遽泯灭,对比至为明显。其言外之意,颜书得到山灵呵护,而李书没有,这种说法不仅夸大事实,而且显得主观偏执。

其实,早在北宋时代,《大唐中兴颂》摩崖刻石就因为模拓太多,而有所损坏。欧阳修《集古录跋尾》卷七云:

> 《大唐中兴颂》,元结撰,颜真卿书,书字尤奇伟,而文辞古雅。

---

① 《骖鸾录》云:"诗既出,零陵人大以为妄,谓余不合点破渠乡曲古迹。有闽人施一灵者,通判州事,助之噪,独教授王阮南卿是余言,则并指南卿以为党云。"详见《骖鸾录》,第57—58页。
② [清]李光暎《金石文考略》卷一一,台湾商务印书馆影印文渊阁《四库全书》本。

第十二章　方物：从永州摩崖石刻看文献生产的地方性

世多模以黄绢为图障。碑在永州，磨崖石而刻之，模打既多，石亦残缺。今世人所传字画完好者，多是传模补足，非其真者。此本得自故西京留台御史李建中家，盖四十年前崖石真本也，尤为难得尔。①

"模打既多"，说明其备受关注，广为流传；而"以黄绢为图障"，则表明时人欣赏元颂颜书，故着意将其转换为另一种形态的视觉景观，亦即从户外山野景观转换为室内的"图障"景观，而景观的物质媒介，也从摩崖的石刻转变为黄绢图障与纸质拓本。

必须承认，无论是在户外观刻，还是室内看图障，"书字尤奇伟"的颜书与"文辞古雅"的元颂，都是构成景观内涵的要素。当然，户外远观，拥有室内所不可能有的开阔视野，再加上周边环境的配合，自然会产生不同的观感。宋人董逌曾言：

《中兴颂》刻永州浯溪上，斲其崖石书之，刺史元结撰。结以能文，卓然振起衰陋，自以老于文学，故颂国之中兴。颂成，乞书颜太师，太师以书名时，而此尤瑰玮，故世贵之。今数百年，薜封莓固，远望云烟外，至者仰而玩之，其亦天下之伟观者耶！②

由文章大制作与大书深刻所造成的"天下之伟观"的感觉，须置身现场，才能有所体会。正因为如此，没有到过现场、只看到别人提供的一份"亦不甚精"的拓本的董其昌，无法理解当地人何以称此刻为"三绝碑"，更无法理解"祁阳石"居然与"元漫郎颂""颜平原书"并列为三绝，他愤然地评论这种传统的三绝说"殊可嗤恨，石何足绝也"，并慨然提出对三绝的新解释："两公书与文与其人为三绝耳。"③看来，他是完全没有考虑石刻的物质媒介及其景观环境，也就不能正确理解这一经典化的石刻景观。

---

① [宋]欧阳修著，邓宝剑、王怡琳笺注《集古录跋尾》卷七，人民美术出版社，2010年，第161页。
② [宋]董逌《广川书跋》卷八，台湾商务印书馆影印文渊阁《四库全书》本。
③ [明]董其昌《画禅室随笔》卷四，人民美术出版社，1989年。

作为物质文化的石刻文献

与董其昌相比,另一位明代金石学者赵崡对石刻的景观环境要重视得多。赵氏甚至感叹,不亲临现场,实地观看,甚至连拓本出自原刻还是出自枣木传刻,都很难分清,更不用说体会原刻景观的那种宏伟之美了。[1] 由此可见,石刻之景观属性与文本属性之间是有互动关系的。实际上,在很多观赏题咏《大唐中兴颂》摩崖碑刻的诗篇中,石刻的景观属性与文本属性就是互动乃至互文的关系。例如明李昌祺撰《运甓漫稿》卷一《经浯溪读元结〈大唐中兴颂〉》:

> 平生念浯溪,镌镵有遗迹。扬舲泝湘水,登临辄来即。穹崖倚层云,奇险自天辟。漫叟词既严,颜公笔无敌。鬼神屡呵护,风雨长洗涤。忠慨俨尚存,冰衔犹可识。端容敛襟读,感慨重心戚。谁画灵武谋,大物取何亟。唏嗟中兴业,谅重君子惜。逡巡解舟去,回顾三叹息。[2]

---

[1] [明]赵崡《石墨镌华》卷三"《唐中兴颂碑》"条:"磨崖《中兴颂碑》,自欧阳公《集古录》已谓其岁久剥裂,字多缺残,好事者以墨增补之。王元美最博雅,乃云字画方正平稳,不露筋骨,当为鲁公法书第一,岂元美所见乃崖石真本耶?余获一纸,恐是枣刻,虽筋骨不露,而神气全亡,惜不得至永州崖下一证之。"台湾新文丰出版公司影印《石刻史料新编》本。

[2] [明]李昌祺《运甓漫稿》,卷一,台湾商务印书馆影印文渊阁《四库全书》本。按:此诗入选[清]朱彝尊编《明诗综》卷二〇。

第十三章
朱熹对石刻的文化利用与转化

金石学的兴起与繁荣，是赵宋王朝学术文化中非常值得关注的一点。两宋士人喜好并投入金石之学者甚多，据当代学者统计，其人数已超过三百，蔚为壮观。① 然而，伴随着金石学的兴起，讥议之声亦不绝于耳。欧阳修集古成癖，相信"物常聚于所好，而常得于有力之强"，但是，当时却有人讥评欧阳修曰："物多则其势难聚，聚久而无不散，何必区区于是哉？"欧阳修不得不从"可与史传正其阙谬，以传后学，庶益于多闻"等角度，从史学研究与知识传承的高度，为个人的这一嗜好辩护。② 赵明诚"自少小喜从当世学士大夫访问前代金石刻词"，"致力于斯，可谓勤且久矣"。在《〈金石录〉序》中，他也为自己的这一爱好辩护，一再强调"访求藏蓄"金石拓本，可以"广异闻""考其异同"，"非特区区为玩好之具而已也"。③ 其辩护理由与欧阳修大同而小异。

---

① 详参叶国良《宋代金石学研究》第二章《宋代金石学者与著述》第一节《宋代金石学人录》，第29—47页。台湾书房出版有限公司，2011年。按：叶氏所列名单，包括清李遇孙《金石学录》、陆心源《金石学录补》（二书皆见桑椹点校《金石学录三种》，浙江人民美术出版社，2017年）中所录宋代金石学人200名，又增补李、陆二氏未收之宋代金石学人事迹可考者93名，其传记待考者22人。以上共计315名。这还是一个不完整的统计，如下文提到的朱熹之父朱松，就未出现于这份名单之中。

② 欧阳修《集古录目序》，载[宋]欧阳修著，邓宝剑、王怡琳笺注，《集古录跋尾》，人民美术出版社，2010年，第1页。

③ 赵明诚《〈金石录〉序》，载[宋]赵明诚撰，金文明校证《金石录校证》，广西师范大学出版社，2005年，第1页。

作为物质文化的石刻文献

　　欧阳修、赵明诚等人的辩护，并没有完全消弭非议金石学的声音。"治宋学者，恒讥诽金石学为玩物丧志，而金石学家每不能与之辨，虽愤于心，终不克宣之于口"，"不知真正宋儒，亦曾研求金石"，近人鲍鼎有感于此，故以向称"宋儒之宗"的朱熹为例，搜聚朱熹论石刻之种种文献材料，撰成《朱子金石学》一书，竭力表彰朱子"于金石学上固大有发明，以之证经考古，靡不极其能事"，并证明金石学并非"无助于学术"，不可"等之玩好"。① 确实，在宋代理学诸儒中，周、张、程、陆诸子皆不治金石之学，更不收藏或玩赏石刻。他们往往对"玩物"抱着一种戒备的态度，程颢甚至当面批评记问赅博的谢良佐为"玩物丧志"。② 程氏门人李侗称引师说，亦云："读书者，知其所言莫非吾事，而即吾身以求之，则凡圣贤所至而吾所未至者，皆可勉而进矣。若直以文字求之，悦其词义，以资诵说，其不为玩物丧志者几希！"③作为个人爱好或特长的文字记诵，并不是一种具体的"物"，一旦沉迷其中，也会被理学家斥为"玩物丧志"，那么，沉迷于金石收藏，自然不可避免地得此恶谥。作为二十世纪的学者，鲍鼎还要不惮辞费地继续为金石学辩护，说明包括理学家在内的很多人对金石学的误解是多么根深蒂固。

　　确实，在宋代理学家群体中，只有朱熹对石刻表现出了一种与众不同的态度。但是，鲍鼎对朱子金石之学的阐释犹未达一间。朱熹不仅喜爱金石收藏，精于金石之学，"证经考古"，"极其能事"，而且拓宽了石刻的文化用途，提升了石刻的文化意义，成功实现了石刻文化角色的转化。那么，他是如何做到这一点的呢？他的这种学术取向和文化自觉来自何处，又有怎样的文化史意义呢？

---

　　① 鲍鼎《朱子金石学》，台湾新文丰出版公司《石刻史料新编》第三辑第39册，第3页。按：鲍氏接着说："盖嗜金石者大率只攻金石一门，其他学术俱未研讨，至多兼及文字学而已，况宋学乎？"则似乎有以偏概全之嫌。

　　② [宋]李幼武纂集《宋名臣言行录》外集卷七，台湾商务印书馆影印文渊阁《四库全书》本。

　　③ [宋]李幼武纂集《宋名臣言行录》外集卷一一。[元]脱脱等撰《宋史》卷四二八《道学·程氏门人传》亦有相同记载。

310

第十三章　朱熹对石刻的文化利用与转化

一、朱熹家世与石刻

石刻可以说是朱熹的家学。朱熹之父朱松喜欢收藏石刻拓本，这对朱熹产生了直接的影响，使他从少年时代开始就养成了对"古金石文字"的爱好。

《晦庵集》卷七五载朱熹撰《家藏石刻序》，自述其与石刻的家学渊源。其开篇即云：

> 予少好古金石文字，家贫，不能有其书，独时时取欧阳子所集录，观其序跋辨证之辞以为乐，遇适意时，恍然若手摩挲其金石，而目了其文字也。既又怅然自恨身贫贱，苦处屏远，弗能尽致所欲得如公之为者，或寝食不怡竟日。来泉南，又得东武赵氏《金石录》观之，大略如欧阳子书，然铨序益条理，考证益精博，予心亦益好之。①

欧阳修致力于收集古金石拓本，积至千卷，又将其为拓本所作题跋汇集，编为《集古录》（亦称《集古录跋尾》）一书，其子欧阳棐又编次其目，成《集古录目》。从内容上讲，这两本书显然各有不同，一则近于文章评论与史学考证，一则为专门目录，但从文献形态而言，二者皆以书籍的面目出现并传世。对朱熹来说，这些"古金石"的吸引力不仅来自其作为古物的一面，更是来自其作为文本或文献的一面，他更看重的是其"古金石文字"的属性。他将欧、赵二书进行比较，指出《金石录》"铨序益条理，考证益精博"，也着眼于其书籍与文献的属性，而无关于古物的收藏。从这一段话中也可以看出，在朱子看来，金石学与书籍及文献都有密切的关系，而欧阳修、赵明诚二家著作对其产生了最早的影响。

接下来，这篇序文才谈到朱家收藏石刻的具体情况：

---

① ［宋］朱熹《晦庵集》卷七五《家藏石刻序》，台湾商务印书馆影印文渊阁《四库全书》本。

311

作为物质文化的石刻文献

于是始胠其橐,得故先君子时所藏,与熹后所增益者,凡数十种,虽不多,要皆奇古可玩,悉加标饰,因其刻石大小,施横轴,悬之壁间,坐对,循行卧起,恒不去目前,不待披筐箧卷书把玩而后为适也。盖汉魏以前刻石制度简朴,或出奇诡,皆有可观,存之足以佐嗜古之癖,良非小助。其近世刻石本制小者,或为横卷若书帙,亦以意所便也。盖欧阳子书一千卷,赵氏书多倍之,而予欲以此数十种者追而与之并,则诚若不可冀,然安知积之久,则不若是其富也耶!姑首是书以俟。

据作者篇末自署,这篇序文撰于绍兴二十六年(1156),其时朱熹(1130—1200)才27岁。值得注意的是,在这一段文字中,朱熹两次提到了"玩":"奇古可玩""披筐箧卷书把玩"。他的玩法自有特点,就是将石刻拓本视同书卷,"卷书把玩"。其后文提到的"其近世刻石本制小者,或为横卷若书帙",也是着重从形制角度,将刻石拓本视同书帙。总之,朱熹受其父癖爱金石收藏的影响,很早就养成了对于金石学的兴趣,但他对金石拓本的玩赏和理解,着重于文献与文本,显然与欧阳修、赵明诚等前贤不同。

另一方面,朱熹对"金石文字"的兴趣,又使我们联想到与他差不多同时代的另一位金石学人洪适(1117—1184)。洪适编纂《隶释》《隶续》二书,也着眼于文本,尤其看重刻石文本中的字体。《隶释》一书即"为考隶而作,故每篇皆依其文字写之,其以某字为某字,则具疏其下,兼核其关切史事者,为之论证"。[1] 晚清著名金石家缪荃孙曾经强调指出:"金石以拓本为主",[2] 换句话说,拓本是金石学的核心。所以,欧、赵二公基于对古物的浓厚兴趣,投入毕业精力,搜聚汇集前代金石拓本,开创了拓本集成这样一种新的文献形式。《集古》《金石》二录的物质形态特征是

---

[1] [清]永瑢等撰《四库全书总目》卷八六《隶释》提要,中华书局,1965年,第735页。
[2] 缪荃孙《江苏金石记·例言》,《缪荃孙全集·金石》,凤凰出版社,2014年,第二册,卷前,第1页。

第十三章 朱熹对石刻的文化利用与转化

非常突出的,这一点,从《集古》《金石》二录的书名中,便可以顾名而思义。而洪适《隶释》一书的宗旨与欧赵截然不同,也同样可以顾名而思义。《隶释》一书,实际上包含两种文献形式的转换:考释隶书文字,将其转换为楷体,此为字体之转换;①将刻石或拓本上的文字,转换为书本上的文字,此为文本形式之转换。石刻从拓本形态向书本形态转换,使石刻与刻本时代的书籍文化更加融合无间,这是《隶释》对于中国文献文化史的重要贡献。这与洪适所处的书籍刻印技术日益成熟的南宋时代是密不可分的。

《四库全书总目》卷八六《隶释》提要又云:

> 其弟迈序娄机《汉隶字原》云:"吾兄文惠公区别汉隶为五种书,曰释,曰纉,曰韵,曰图,曰续,四者备矣,惟韵书不成。"又适自跋《隶续》云:"《隶释》有续,凡汉隶碑碣二百八十有五。"又跋淳熙《隶释》后云:"淳熙《隶释》目录五十卷,乾道中书始萌芽,十余年间拾遗补阙,一再添刻,凡碑版二百五十有八。"然乾道三年洪迈跋云:"所藏碑一百八十九,译其文,又述其所以然,为二十七卷。"又淳熙六年喻良能跋云:"公顷帅越,尝荟粹汉隶一百八十九为二十七卷。"是二跋皆与是书符合,则其自题曰淳熙《隶释》者,乃兼后所续得合为一编。今其本不传,传者仍《隶释》《隶续》各自为书。②

由此可见,《隶释》《隶续》乃一脉相承,《隶释》于淳熙年间已经成书,不久,朱熹即看到了此书。淳熙十二年(1185)四月既望,朱熹在其《书欧阳文忠公集古录跋尾后》篇末写有这样一段:"《华山碑》仲宗字,洪丞相

---

① 《隋书》卷三五著录《碑集》二十九卷、《杂碑集》二十九卷、《杂碑集》二十二卷等诸种,列于集部,今诸书皆不传,难窥其详。此诸书很可能只录碑文文章,而不重其书体及物质形态。[唐]魏徵等《隋书》,中华书局,2019年,第1233页。

② 《四库全书总目》卷八六《隶释》提要,第734—735页。

《隶释》辨之,乃石刻本之假借用字,非欧公笔误也。"①此时离《隶释》一书面世未久,可见朱熹十分关注金石学方面的新著。此外,《朱子语类》中也至少两次提到《隶释》,其中一次见卷八一:"'昭兹来许',汉碑作'昭哉',洪氏《隶释》'兹''哉'叶韵,《柏梁台诗》末句韵亦同。"②另一次见卷一四〇:"'壹、贰、叁、肆'皆是借同声字,'柒'字本无此字,唯有'漆、沮'之'漆','漆'字草书颇似'柒',遂误以为真。洪氏《隶释》辨不及此。"③可见,朱熹曾细读《隶释》,他对此书是相当熟悉而且重视的。

要之,在对待石刻文献方面,朱熹不仅像欧阳修那样将金石碑拓视为古物,而且像洪适那样,将其视为一种特殊媒介形式的文本/文献。在此基础上,他深入挖掘石刻文字的文本价值,并为石刻文字开拓了广阔的文献文化空间。

二、《韩集考异》中的石本运用

在朱熹学术中,石刻文献发挥了重要的作用,这不是简单的"证经考古"四字就可以概括的。比"证经考古"更为重要的,是朱熹对韩愈文集的校理以及在这一过程中体现的他对石刻文献的运用及其特殊理解。

"北宋中期以后,韩文风行天下,'学者非韩不学'。(欧阳修《书旧本韩文后》)韩文的校订整理成为学术界的热潮。到南宋初年,仅方崧卿《韩集举正》所引用的各种参校版本即达七十家之多,可见一时盛况。"④庆元三年(1197),68岁的朱熹撰成《韩集考异》,此书不仅是韩愈文集流传史上的一个重要版本,也是宋代金石学史上别开生面的一部著作。众所周知,朱熹《韩集考异》与方崧卿《韩集举正》关系最为密切。如果说

---

① [宋]朱熹《晦庵集》卷八二《跋·书欧阳文忠公集古录跋尾后》。按:此跋尾及朱熹书后真迹均传承至今,原件藏台北故宫博物院,上海书画出版社2002年曾影印出版,题为《欧阳修集古录跋》,引文见第23页。
② [宋]黎靖德编《朱子语类》卷八一,中华书局,1986年,第2129页。
③ [宋]黎靖德编《朱子语类》卷一四〇,第3335页。
④ 刘真伦《韩愈集宋元传本研究》,中国社会科学出版社,2004年,第87—88页。

第十三章 朱熹对石刻的文化利用与转化

"对于韩集的流传,方崧卿具有开辟之功",那么,"朱熹在方本的基础上整理韩集,通过王伯大、廖莹中的采用,成为韩集流传的通行版本,韩集文字由此才趋于一统",①可谓后来居上。因此,朱熹的校理本成为"宋元以后韩集传本的祖本",奠定其权威地位。② 这正如钱穆所指出的:"自有韩文,历四百年,《考异》出而始勒成为定本;自有《考异》,迄今又近八百年,诵习韩文者莫不遵用,更少重定。"③

《韩集考异》的具体操觚者是朱熹弟子方士繇,但此书的体例是由朱熹亲自确定的,成稿以后,朱熹细阅一过,提出修改意见,令方士繇改订。④ 因此,此书完全可以代表朱熹的学术观点。朱熹《书〈韩文考异〉前》云:

> 此集今世本多不同,惟近岁南安军所刊方氏校定本号为精善,别有《举正》十卷,论其所以去取之意,又他本之所无也。然其去取,多以祥符杭本、嘉祐蜀本及李谢所据馆阁本为定,而尤尊馆阁本,虽有谬误,往往曲从,他本虽善,亦弃不录。至于《举正》,则又例多而词寡,览者或颇不能晓知。故今辄因其书更为校定,悉考众本之同异,而一以文势义理及他书之可证验者决之。苟是矣,则虽民间近出小本,不敢违;有所未安,则虽官本、古本、石本,不敢信。又各详著其所以然者,以为《考异》十卷,庶几去取之未善者,览者得以参伍而笔削焉。⑤

这里,朱熹对方崧卿《韩集举正》曲从馆阁本提出了批评。在朱熹看来,不仅馆阁本不可曲从,官本、古本、石本都不可迷信。具体的文本校

---

① 刘真伦《韩愈集宋元传本研究》,第88页。
② 刘真伦《韩愈集宋元传本研究》,第141页。
③ 钱穆《朱子新学案》,巴蜀书社,1986年,第1750页。
④ 参看刘真伦《韩愈集宋元传本研究》,第142页。
⑤ [宋]朱熹《原本韩集考异》卷一,台湾商务印书馆影印文渊阁《四库全书》本。又见《晦庵集》卷七六。

315

勘实践，使朱熹确立了实事求是的校勘原则："苟是矣，则虽民间近出小本，不敢违；有所未安，则虽官本、古本、石本，不敢信。"应该说，以石本校集本，欧阳修、赵明诚诸家已导夫先路，而方崧卿《韩集举正》更是自觉以石本校韩集，从而形成其学术特色之一。朱熹在处理韩集异文之时，既不迷信方崧卿的《韩集举正》，也不惟石本是从。在他眼中，石本只是韩集众多版本中的一个，应与其他集本（书籍）等量齐观，不能盲目信从，而要审慎去取。

同样引证石本，朱、方二家颇有异同。据刘真伦研究，"《考异》直接引校石本4种36条，其中《薛公达志》6条，均自方本转引。《南海神庙碑》7条，方本未出者3条。《柳州罗池庙碑》3条，方本未出者1条。《与大颠师书》20条，方本未出者4条。总计石本3种8条，可以判定为直接采用。"[①] 所谓"直接采用"，当是指亲见石本，引以校集本，其中与方本没有不同意见者，就径自转引方本；而所谓"方本未出者"，则是亲核石本之后，补充方本未出的异文，并且提出与方氏不同的看法。[②] 例如，《韩集考异》卷七《国子助教河东薛君志》："石本有'河东'字，方本无。"[③] 此篇墓志文标题中的"河东"二字，应当见于墓志篇首，或者见于墓志盖，无论如何，都是不应忽视的异文。前人整理典籍，有时不够重视诗文标题的校勘，方崧卿此事即是一例。刘真伦以为朱熹"以碑本首题校集本篇题，并不恰当"，[④] 也是不够重视篇题异文的例证。

朱熹在方本的基础上整理韩集，实际上是再度校理，推陈出新。在这一过程中，他既重视石刻，又不迷信石刻，敢于对石刻提出质疑，此类例子屡见不鲜。例如韩愈《柳州罗池庙》有一句，集本多作"春与猿吟兮

---

① 刘真伦《韩愈集宋元传本研究》，第159页。
② 鲍鼎《朱子金石学》已经指出："或谓公校韩文，多从方氏所引石本，而非公之所为。今按不然。公虽据方氏之语，而对于方氏颇多怀疑，且尝觅原石而校之，亦见《韩文考异》中。"《石刻史料新编》第三辑第39册，第14—15页。
③ 按：《国子助教河东薛君志》即《薛公达志》。墓志铭开篇云："君讳公达，字大顺，薛姓。"
④ 刘真伦《韩愈集宋元传本研究》，第160页。

秋与鹤飞"，而石本则作"春与猿吟兮秋鹤与飞"。集本与石本孰是孰非，自宋代以降，学界聚讼纷纭。朱熹认为："今按欧公以此句为石本之误，沈存中云：非也，倒用鹤、与两字，则语势愈健，如《楚词》云'吉日辰良'也。但此石本'团团'字，初误刻作'团圆'，后镌改之，今尚可见，则亦石本不能无误之一证也。"①关于"春与猿吟兮秋与鹤飞"与"春与猿吟兮秋鹤与飞"二本是非优劣的争论，涉及到对韩文笔法、文章风格等的审美判定，由于牵涉主观判断，恐怕难衷一是，②但是朱熹在这里提出的"石本不能无误"的看法，显然值得重视，对于专门从事金石学研究的学者来说，这种"不惟石"的态度尤其难得。

朱熹提出这种看法是有针对性的。事实上，方崧卿《韩集举正》在一定程度上就存在"惟石"甚至"佞石"之病。韩愈《郓州溪堂诗并序》有句云："惟郓也，截然中居，四邻望之，若防之制水，恃以无恐。"《韩集考异》卷五《郓州溪堂诗并序》于"四邻望之"下有校记云：

> 阁、杭、蜀及诸本"中居"之下皆有此四字，方从石本删去。今按文势及当时事实，皆当有此句。若其无之，则下文所谓"恃以无恐"者为谁恃之邪？大凡为人作文，而身或在远，无由亲视摹刻，既有脱误，又以毁之重劳，遂不能改。若此者，盖亲见之，亦非独古为然也。方氏最信阁、杭、蜀本，虽有谬误，往往曲从。今此三本幸皆不误，而反为石本脱句所夺，甚可笑也。

阁本、杭本、蜀本都有"四邻望之"一句，独石本脱漏此句，方崧卿却迷信石本，删去此句，以致文势不能完整。朱熹批评方氏迷信石本，并结合石本的特点，分析了石本致误的可能原因。其中涉及对石本生产与传播特点的看法，也是相当有见识的。

以实事求是"不佞石"的学术态度为基础，朱熹又提出了校勘各本同

---

① [宋]朱熹《原本韩集考异》卷八。
② 参看程章灿《石刻文献与古代文学研究刍论》，载《古刻新诠》，中华书局，2008年。

异时,"一以文势义理及他书之可证验者决之",这实际上包含了"理校"的思想,虽然他还没有使用"理校"这一概念,但后人的理校思想可以说孕育于此。清儒段玉裁曾说:"校书之难,非照本改字不讹不漏之难也,定其是非之难。"[①]陈垣认为,欲"定其是非",就需要理校,"遇无古本可据,或数本互异,而无所适从之时,则须用此法。此法须通识为之,否则卤莽灭裂,以不误为误,而纠纷愈甚矣。故最高妙者此法,最危险者亦此法。"[②]朱熹就是陈垣所谓"通识"之人。

在朱熹的文献校勘学中,"理"占有十分重要的地位。当诸本有异文,尤其是两种石本有出入时,"以理推之"是朱熹经常使用的一个原则。例如《韩集考异》卷六《送李愿归盘谷》"惟适之安"一句,一本作"惟适所安":

> 蜀本及洪氏石本"之"作"所",方从《苑》《粹》、樊氏石本作"之"。今按:此二石本不同,又足以见所谓石本者之难信矣。然以理推之,作"之"为是,诸旧本亦多同者。

朱熹就根据文理,推断"作'之'为是"。不仅同一文的两种石本自相矛盾,而且,同一作者撰写同一墓主的碑文与墓志,亦有自相矛盾者。例如,韩愈既为刘昌裔撰写过《刘统军碑》,又为其撰写《刘统军墓志》。两文皆有石本,而叙述刘氏先世,却有不同。碑文中有"三世晋人"句,《考异》云:

> 赵德父(明诚)云:"石本'三世'作'再世',上文'祖令太原',作'考令太原',然其篇首既言阳曲之别由公祖迁,则为晋人非再世矣。碑当时所立,不应差其世次,莫可晓也。"今按:刘志在后卷,所述世

---

① [清]段玉裁《与诸同志书论校书之难》,载徐世昌等编纂《清儒学案》卷九一,中华书局,2008年,第3661页。

② 陈垣《校勘学释例》,中华书局,1959年,第148页。

次尤详,与"再世"之云皆不合,亦石本不足信之一验也。①

再次为"石本不能无误""石本不足信"之说提供了有力佐证。

值得注意的是,在朱熹之前,欧阳修早已注意到石本有误的现象。不过,二人对此现象的看法似同实异,其中微意,殊堪玩味。《韩集考异》卷六《送李愿归盘谷》:

> 按欧公《集古跋尾》云:"《盘谷序》石本贞元中所刻,以集本校之,或小不同,疑刻石误。然以其当时之物,姑存之以为佳玩,其小失不足校也。"详公此言,最为通论。近世论者专以石本为正,如《水门记》《溪堂诗》,予已论之,《南海庙》《刘统军碑》之类亦然,其谬可考而知也。②

很显然,欧阳修主要将石刻看作是一种"佳玩",其着眼点是石刻的物质文化属性,即使有"小失",也"不足校";而朱熹则一一详细考校其中的谬误,其着重点是石刻的文献/文本属性。欧阳修不以为意,而朱熹郑重对待,这就是二人貌同心异之处。

朱熹一生花费许多精力于古典文献的整理与研究,涉及多种不同形态的经典文献,也涉及不同方式的整理。其中,《四书集注》《诗集传》《楚辞集注》主要采用对经典文献的集注方式,表达自己对经典的诠释,而《韩集考异》则着眼于对经典作家文集的校勘整理。其校勘方法及特点,与朱熹的实事求是之学密切相关。钱穆曾经论证,朱熹校勘的特点是旁稽博证、沉邃细密、遐然远趣,非清儒可比。③ 当然,也有学者认为,朱熹

---

① [宋]朱熹《原本韩集考异》卷七。
② [宋]朱熹《原本韩集考异》卷四《汴州东西水门记》:"'文',方从石、阁、蜀本作'醇'。今按:此记方氏多从石本,石本固当据信,但上条用字大误,而此'醇'字亦未安耳。"此处所谓"石本固当据信",乃就通例而言,而就此文此句而言,则石本不可据信,只不过朱子表达比较委婉而已。
③ 钱穆《朱子之校勘学》,载其《朱子新学案》。

的校勘既有征引富博、处置精审之处,又不免有其疏误。① 总的来说,朱熹不落俗套,既没有"规规于金石而不顾义之所安",也不迷执于"以别字诘经,以异闻改史",②其学术境界实在"今世金石家"之上。这种境界,一言以蔽之,那就是:重视文本考证,不迷信刻石文本(石本也是书本的一种)。从精神上说,这种境界远绍孟子的"尽信书不如无书",近承宋儒的疑经辨古学风。③

三、朱熹撰书的石刻文字

碑志是中国古代最为常见常用的石刻文字。朱熹所撰书的石刻文字,主要有两类:碑志文和摩崖题刻。这些石刻文字不仅丰富了石刻的斯文内涵,也提升了石刻的文化境界。

朱熹平生为人撰作石刻文字颇多。在总数一百卷的《晦庵集》中,石刻文占七卷(卷八八至卷九四)。就文体形式而言,这些石刻文包括碑文、墓表、墓志铭、墓记、圹志等。碑文之中,又包括祠庙碑与神道碑两种。神道碑较多,而祠庙碑亦有《静江府虞帝庙碑》《旌忠愍节庙碑》《义灵庙碑》等数种。《静江府虞帝庙碑》实为摩崖刻石,在今桂林虞山,刻于宋孝宗淳熙三年(1176)。值得注意的是,朱熹平生"未曾入桂",此碑是他"应时任靖江府张栻约而撰"。④ 换句话说,这篇碑文可以看作是朱、张两位理学家的一次互动,甚至看作是一次对话。《旌忠愍节庙碑》撰成于"绍熙四年五月戊寅",正文之后,附有一段朱熹本人的题记:

熹既铭此碑,明年祗召造朝,道出祠下,将往拜焉,则貌象未设,而他役亦未讫功。问其故,则曰王侯既去,而岁恶民饥,两令寻亦终

---

① 赵灿鹏《朱熹校书考》,《安徽史学》,2000年第1期。
② 鲍鼎《朱子金石学》,《石刻史料新编》第三辑第39册,第14—15页。
③ 参看孙钦善《中国古文献学史》,中华书局,1994年,第486—490页。
④ 杜海军辑校《桂林石刻总集辑校》,中华书局,2013年,第221页。

第十三章 朱熹对石刻的文化利用与转化

更,而今玉山宰温国司马君迈始将终之也。君文正公诸孙,其大父忠洁公亦以扈从北狩,守节不污,没其身,宜其有感于二公之事,不待州家之命,而卒有以成王侯之志也。十月壬子,以讫事来告,熹以为是亦宜得附书,因纪其事,使写刻于碑之左方。①

既撰碑文,又关心庙碑建设的过程;庙碑建成之后,更在附记中表彰其主事者,可见朱熹对其碑文的重视。在朱熹看来,这次立碑刻石是值得铭记的文化事件,因此,他的态度是十分郑重的。

朱熹撰写各体石刻文,尊重并且突出各体的体制特点。同为碑文,祠庙碑与神道碑风格不同。墓表、墓志铭、墓记、圹志等,名目不同,体制亦异。从文体格式来看,碑志文末尾皆有一段铭文,与前面的散体叙述相互配合,抒发情感,提升主题。但铭文一般以四言韵文为主,容易给人以程式化的感觉。韩愈号称一代文宗,又擅长碑志文写作,他煞费苦心,对程式化的铭文进行改造,使之灵活多样,变化多端。朱熹作为韩集的整理者,对韩愈亦步亦趋,其碑志铭文不拘一格,形式常新。如《朝奉刘公墓表》铭文是柏梁体的七言诗:

吁嗟刘公笃世休。道虽晚闻德蚤修。长途方骋岁不留。志业有嗣无余忧。清江之曲全塘幽。方趺圭首干千秋。过者视此式其丘。②

这种七言体在朱熹所撰碑志铭文中较为常见。《迪功郎致仕王君墓碣铭》的铭文,也是这种柏梁诗体:

鹿鸣先生诗礼传。荒此柘溪祀邈绵。逮君教子子能贤。千里丐我铭君阡。至哉我友授子言。皇皇业业无穷年。眇思所属非华

---

① [宋]朱熹《晦庵集》卷八九。
② [宋]朱熹《晦庵集》卷九〇。

轩。有能力此荣其先。①

值得注意的是，朱熹在此段铭文前明确声明，他的这段铭文是诗："因辑其事而诗之""其诗曰"。换句话说，在朱熹心目中，铭文其实是一种诗体。他对铭文形式的重视，与他对铭文的文体性质认定，是密切相连的。

三言铭文较为罕见，但朱熹似乎对三言体情有独钟。他为爱女撰写的墓志，通篇是三言体，颇为独特：

> 朱氏女，生癸巳。因以名，叔其字。父晦翁，母刘氏。生四年，呱失恃。十有五，适黄珥。赵聘入，奄然逝。哀汝生，婉而慧。虽未学，得翁意。临绝言，孝友悌。从母葬，亦其志。父汝铭，母汝视。汝有知，尚无畏。宋淳熙，岁丁未。月终辜，壬寅识。②

其《邵武县丞谢君墓碣铭》的铭文，使用的亦是三言体：

> 惟君家，世隐沦。载其德，之后人。君承之，势欲振。涂未半，陨厥身。藏于斯，从隐君。陵为谷，订此文。③

在《武经大夫赵公墓志铭》的铭文中，四言与五言各占一半：

> 唯纾人之劳，宁邻己之进。岂曰己之廉，而速人以病。
> 仁夫赵公，有罩其宫。我铭斯石，以诏其终。④

《国录魏公墓志铭》铭文则是四言、五言、六言与七言等的混合：

---

① [宋]朱熹《晦庵集》卷九二。
② 朱熹《女巳志铭》,《晦庵集》卷九三。
③ [宋]朱熹《晦庵集》卷九一。
④ [宋]朱熹《晦庵集》卷九一。

第十三章　朱熹对石刻的文化利用与转化

谓天啬之,则曷其材且志也? 曰其德之,则又不年以位也! 竟使抱其余,以没于地也。我铭以哀之,又以掩其隧也。①

以多种句式混合,造成参差错落的节奏变化,既体现了朱熹碑志铭文的特点,也体现了朱熹对不同诗歌体式的理解与掌握。无独有偶,《知南康军石君墓志铭》的铭文可为例证:

予悲斯人之病而莫与瘳也,悼斯学之孤而莫与俦也。又哀君之有志而久不酬也,时若可俟而君不留也。龙谷之城,云溪之宅。诏彼茫茫,不在斯刻。②

《江君清卿墓志铭》的铭文亦可为例:

不同乎今人者君之乐,不及乎古人者君之忧。盖其所乐者人以为戚,而其所忧者我以为休。铭焉不惭,子孙是收。③

朱熹对铭文语言形式的重视,一方面固然是受韩愈的影响,另一方面也体现了他对石刻文字的文本属性的重视。

作为一种文献形式,石刻在昭告公众、传世久远方面具有得天独厚的优势。周敦颐曾作《拙赋》一篇,标举"天下拙,刑政彻。上安下顺,风清弊绝",言简意赅,给朱熹留下深刻的印象。朱熹曾亲自书写周敦颐《拙赋》,并"辟江东道院之东室,榜以拙斋,而刻置焉",其目的既是为了"自警",也是为了"以告后之君子,俾无蹈先生之所耻者以病其民云"。④这是利用刻石宣传推广《拙赋》,拓展了石刻的文化宣传功能。

在各种石刻中,摩崖石刻以大字深刻、位置显要而格外引人注目。

---

① [宋]朱熹《晦庵集》卷九一。
② [宋]朱熹《晦庵集》卷九二。
③ [宋]朱熹《晦庵集》卷九三。
④ [宋]朱熹《晦庵集》卷八一。

作为物质文化的石刻文献

朱熹自觉地将摩崖石刻作为自我宣传与推广的重要媒介。有学者对朱熹在福建各地留下的摩崖石刻做过调查研究，得到这样的结论："朱熹的足迹几乎踏遍福建各地，他的摩崖题刻也遍布全省各地。据民国《福建通志》(1938年版，下同)载，朱熹撰题的碑铭摩崖共70余处，分布于建宁、崇安(武夷山)、尤溪、侯官、莆田、光泽、闽清、永泰、晋江、同安、安溪、延平、顺昌、建安、建阳、松溪、浦城等20多个县，尤以崇安和同安为多。实际上还远不止这些，如加上漏载和外省的题刻，……大概不下百处。像朱熹这样的一代名家，留下如此众多的摩崖题刻，笔者孤陋寡闻，不敢妄断是不是古今第一人，但至少也是屈指可数的了。"[①] 朱熹在崇安(武夷山)留下的摩崖石刻最多，据分析，这些石刻可以分为武夷棹歌、哲理题刻、纪游题刻和景名题刻四类，并具有年代较早、相对集中、形式多样等特点。[②]《武夷棹歌》共十首，"是最早赞美武夷山九曲溪两岸风光的棹歌"。纪游题刻记录了朱熹与友人弟子等在武夷山一带的足迹。景名题刻是对山水风光的题目。哲理题刻表达了朱熹的理学思想，尤其是"逝者如斯""天心明月""忠孝"等题刻。"逝者如斯"出自《论语·子罕》："子在川上曰：'逝者如斯夫，不舍昼夜。'"朱熹阐释此句之意："天地之化，往者过，来者续，无一息之停，乃道体之本然也。然其可指而易见者，莫如川流。故于此发以示人，欲学者时时省察，而无毫发之间断也。"[③] 显然，在理学家朱熹看来，这句是十分重要的。"逝者如斯"四字镌于六曲响声岩，竖书2行，幅面130×120厘米，每字规格50×45厘米，离地高度350厘米，十分醒目。[④]"天心明月"刻于二曲溪南楼阁岩，竖书1行，幅面230×50厘米，每字规格50×42厘米，距地高度540厘米。[⑤]这四字昭示的正是朱熹经常讲论的"理一分殊"的哲理：天心明月只是一

---

① 黄胜科《朱熹与武夷山摩崖石刻》，《福建史志》，2005年第4期，第47—50页。参看朱平安《从武夷山摩崖石刻看朱熹的生态思想》，《合肥学院学报(社会科学版)》，2008，25(4)：第51—56页。

② 黄胜科《朱熹与武夷山摩崖石刻》。

③ 朱熹《论语集注》卷五，见其《四书章句集注》，中华书局，1983年，第113页。

④⑤ 黄胜科《朱熹与武夷山摩崖石刻》。

第十三章 朱熹对石刻的文化利用与转化

轮,此是"理一";明月又普照大地万物,此乃"分殊"。"忠孝"两字镌于二曲溪南的勒马岩、二曲棹歌东侧,横书,幅面60×100厘米,每字规格50×40厘米,距地高度180厘米。"忠孝"是朱熹极其重要的伦理原则,与他在岳麓书院和白鹿洞书院题写的"忠孝廉节"相互辉映。① 总之,这些石刻既展示了一个流连山水、吟赏风光、品评名胜的文人朱熹的形象,又展示了一个寄情山水、阐扬哲理的理学家朱熹的形象。

除了武夷山摩崖石刻之外,朱熹在镇海、龙溪、福州(乌石山、鼓山)、泉州、漳州等处,也留下了多处摩崖榜书。例如他在镇海留下的正书题刻"静廉",在龙溪留下的正书题刻"与造物游",②在漳州云洞岩留下正书题刻"溪山第一""石室清隐",在南靖县留有正书题刻"源头活水来",在南安留下行书题刻"极高明",在泉州九日山等地留下诗刻,③在乌石山有榜书"石室清隐""光风霁月",在鼓山则有榜书"寿""天风海涛"等。众所周知,"源头活水"出自朱熹《观书有感》,"极高明"出自《中庸》,都是朱熹和后代理学家经常提起的话头。"光风霁月"是理学家们所崇尚的境界,据说其语原出黄庭坚称颂周敦颐之语:"舂陵周茂叔,人品甚高,胸中洒落,如光风霁月"。④ 后人乃建"光风霁月亭"以纪念之。朱熹亦作有《书濂溪光风霁月亭》。⑤ "天风海涛"则是在眼前所见景物之外,寓有开放胸襟之意。"与造物游"与"静廉",体现的也是理学家所提倡的修养境界。这些摩崖榜书,一方面展示了朱熹的书法艺术,另一方面则借由书迹展示了朱熹的文化学术形象,借用所书刻的词句传播了理学家的思想主张。

在朱熹身后,他题写的摩崖石刻,成为后人观赏、摹拓、题咏的对象。

---

① 以上论述,参考黄胜科《朱熹与武夷山摩崖石刻》。
② 此二刻见《钦定续通志》,卷一六八,台湾商务印书馆影印文渊阁《四库全书》本。
③ 以上诸刻分别见陈光田《闽南摩崖石刻研究》,商务印书馆,2018年,第174、205—206、305—306、320—321页。
④ 黄庭坚《濂溪诗并序》,载[宋]黄庭坚撰,[宋]任渊、史容、史季温注,刘尚荣校点《黄庭坚诗集注》,中华书局,2003年,第1411页。
⑤ [宋]朱熹《晦庵集》卷八四。

作为物质文化的石刻文献

"有人观看朱熹题刻,有感而发;有人瞻仰朱熹遗迹,勒石纪胜;有人仿效朱熹,寄情山水;有人题壁勒石,彰明理学。"仍以武夷山摩崖题刻为例。据统计,仅武夷山现存摩崖石刻中,就"有20余方与朱熹有着直接的联系,年代宋、元、明、清各朝都有,可见朱熹题刻、朱子思想影响深远,代代相传"。① 这些后人既包括朱熹的门人、后学,也包括观览这些石刻的朱熹的仰慕者们。例如,南宋嘉定九年(1216),留元纲"赓文公之棹歌",在四曲试剑石摩崖刻石纪胜;宝祐二年(1254),朱熹大弟子蔡元定之孙蔡公亮偕友游武夷山,诵读朱熹《九曲棹歌》,"慨然有感,援笔赋诗",并镌刻于溪南蓝岩。最引人注目的是,明万历十一年(1583)云窝隐士陈省在六曲响声岩的题刻:"览朱晦翁'逝者如斯'字,景贤讲德,徘徊石上,不徒爱其书也。"由此可见,最吸引陈省的不是朱熹的书法,而是前贤的学术道德风范。此外,清乾隆四十四年(1779),福建陆师提督马负书及马应壁父子在五曲晚对峰麓镌刻"道南理窟",赞扬朱熹使武夷山成为理学家荟萃之地;清光绪八年(1882),余宏亮摘朱熹《观书有感》诗意,在水帘洞镌刻"活源"两字,也明确表达了向朱熹学术致敬之意。②

光绪初年,"扬州土人掘地得石刻一,中为擘窠书,曰'容膝',末赘'晦翁',盖朱子笔也"。陈宝箴晚年得到这一刻石,适逢其所建崝庐落成,遂以此石嵌于壁中。"容膝"二字出自陶渊明《归去来辞》:"审容膝之易安。"陈宝箴认为"容膝"二字与"崝庐"之"庐"意味相近,都散发着浓厚的文人趣味,堪称天成偶合,有意撰文纪其缘起,并征求友朋题跋,不料未及如愿而辞世。后来,其子陈三立遂赋《题朱文公题字石刻》一诗,并在诗序中详记此事原委。③ 这件石刻似未见于近代以来的金石书著录,原石及其拓本是否存世亦不能知,但结合上文所论朱熹摩崖刻石的实践来看,此刻文字很有可能出于朱熹手书。

综上所述,围绕朱熹的题刻,后人的题咏形成了与朱熹之间的对话,

---

① 黄胜科《朱熹与武夷山摩崖石刻》。
② 以上诸刻,参考黄胜科《朱熹与武夷山摩崖石刻》。
③ [清]陈三立《题朱文公题字石刻并序》,《散原精舍诗》卷上,载陈三立著,李开军校点《散原精舍诗文集》,上海古籍出版社,2003年,第67—68页。

并且与朱熹的题刻共同构成了层累的文化景观。朱熹的题刻及其拓本、题咏共同参预了朱熹形象的传播和塑造，同时又开拓、丰富了石刻文献的文化蕴涵。

四、朱熹对石刻的文化利用

概括言之，朱熹与石刻的关系，可以从"朱熹的石刻"与"石刻的朱熹"这两个密切关联的视角来观察。所谓"朱熹的石刻"，指的是朱熹所撰书的石刻文、所收藏的石刻拓本以及所获得的石刻研究成果；所谓"石刻的朱熹"，指的是从石刻中体现出来的朱熹的学术、志趣及其文化形象。前者关注的是石刻如何从朱熹身上获益，或者说朱熹如何成就了石刻；而后者关注的是朱熹如何得益于石刻，或者说石刻如何成就了朱熹。

宋宁宗嘉定二年（1209），在朱熹去世之后九年，经过一番复议，朱熹谥号最终确定为"文"。这是采纳时任吏部员外郎兼考功右司刘弥正的建议。而刘弥正那篇著名的《侍讲朱公覆谥议》，实际上出自当时年仅23岁的其子刘克庄之手。① 最初，太常建议的谥号是"文忠"。刘克庄认为朱熹"在朝廷之日无几，正主庇民之学郁而不施，而著书立言之功大畅于后"，所以不合谥为"文忠"，而应该谥为"文"。他的主要理由有二：一是从文化贡献而言，朱熹"有功于斯文，而谓之文，简矣而实也"；二是从文脉传承而言，朱熹与被谥为韩文公的韩愈一脉相承。"世评韩愈为文人，非也。《原道》曰：'轲之死，不得其传。'斯言也，程子取之。公晚为韩文立《考异》一书，岂其心亦有合欤！请以韩子之谥谥公。"② 在刘克庄看来，"文"（"有功于斯文"）是朱熹与韩愈的共同点，也是这两位唐宋名贤的联结点。朱熹的《韩文考异》，就是这种联结最直观的体现。

朱熹与石刻的相互成全、相互造就，就是他"有功于斯文"的重要表

---

① 刘克庄《侍讲朱公覆谥议》，见[宋]刘克庄著，辛更儒笺校《刘克庄集笺校》，中华书局，2011年，卷一一二，第4652页。此事详参程章灿撰《刘克庄年谱》，贵州人民出版社，1993年，第24页。

② 刘克庄《侍讲朱公覆谥议》。

现之一。这当然与他所处的特殊时代学术氛围、特殊家学背景有关。从文献文化史角度来看,朱熹的时代,正处于从写本时代到刻本时代的演进过程中,文献校勘、整理、写定,是当时文献生产和传播的重要任务。文献的"考异""举正",既是文化传承过程中不可回避的任务,也是文化权力的展现。朱熹受家世金石学的影响,很早就关注石刻文献。在韩文校勘的过程中,他将石刻视为一种与书籍类同的文献,视为一种书写文本,既重视它,又不迷信它。他发挥了石刻在展示和传播方面的优势,通过摩崖题刻,展示自己的理学家形象,传播自己的理学主张。在他手里,石刻实现了一种功能转向,从一种文献载体转变为一种文化展示与传播的平台,石刻镌刻也从具体场合的纪念与记忆工程,[①]转变为跨越时空的思想文化传承的符号。欧阳修、赵明诚等人主要将石刻拓本作为古玩之物,故其为金石学的辩护,只能立足于史家的立场,虽有历史学的高度,却仍然有待提升。朱熹则将其作为斯文之物,视为文化传承的媒介,不局限于对古物的搜集玩赏,而是有意识地、创造性地发挥其文化功能,丰富其文化意义,突显其文化历史高度。从这个角度来说,朱熹不仅是金石学的传承者与研究者,更是石刻的文化弘扬者与转化者。

理学家朱熹对石刻的文化利用与转化,使石刻从文玩之物转化为文本之物、文化之物,在一定程度上摆脱了通常理学家对金石学"玩物丧志"之讥议。清代学者章学诚总结朱熹的学术特点为"服古通经,学求其是,而非专己守残,空言性命之流"。他甚至认为,朱熹之学"五传而为宁人(顾炎武)、百诗(阎若璩)",[②]可见宋学与清学自有文脉相连之处。朱熹研治与利用石刻,开掘新文本,传承旧文脉,弘扬斯文,展现出闳深开阔的视野,并为章学诚之说提供了佐证。

[①] 参看程章灿《汉唐石刻——中国式的纪念与记忆》,《图书馆杂志》,2012年第2期,今作为附录收入本书。

[②] [清]章学诚著,叶瑛校注《文史通义校注》卷三,中华书局,1985年,第264页。

第十四章
晚清笺纸与石刻文献的"结古欢"

乾隆五十九年(1794),62岁的金石学者翁方纲在北京收到同道钱梅溪(钱泳)从无锡寄来的汉《娄寿碑》双钩本,赋诗致谢,并亲笔抄录寄出。其书云:

> 梅溪寄惠双钩《娄寿碑》,赋此报谢
> 《夏承》《娄寿》配石经,丰人叔赋我凤聆。义门未见都穆本,何以甲乙能畦町?昔摹寒山赵氏卷,窃疑自运非模型。小宛堂开跋初夏,绿阴搁管余芳馨。时于瘦劲出新意,似趁草篆姿伶俜。迩来顾(霭吉)吴(玉搢)说旧拓,未审都本谁辨甄。独有义门斋语古,是有端绪非自荧。华家己酉顾戊子,百六十载踪合萍(丰道生为华东沙作赋在嘉靖己酉,顾憩闲以此本赠何义门在康熙戊子)。真赏斋头夜飞鹗,齐女门外秋扬舲。此时此侣那更得,济南前夏君车停。小楼四照初握手,诺我五齿图真形。君归割爱辄寄我,何啻诸老同窗棂。卷端数行佚奚害,珠圆磊磊垂日星。鄱阳阙处俨合璧,寒山陋矣斁挈缾。是间可以考隶势,岂委波画于奇零。后梁有人来吊古,岘首想近新茅亭(此碑后有"贞明四年十二月廿四日偶因行过"一十四字,甚古拙。按后梁贞明二年《新修岘山亭记》,见王象之《舆地碑目》,去此时地不远)。
> 阿弥小印宛手迹,南禺赋罢仍心铭。汉隶佐书体孰偶?《张迁》

作为物质文化的石刻文献

《韩仁》语漫听(丰跋比之《张迁碑》,王虚舟又比之《韩仁碑》)。况复嘉平《论语》字,君屡觑我丹凤翎。吴山越水合几席,锦睚玉轴交精灵。十年前摹《夏承》本,双眼正共东沙青。义门苦泥丰赋语,欲叩洪刻官曹厅。当时坛山比周篆,侈说大贝陈阶庭。何如今日子惠我,珩瑀佩叶锵珑玲。小蓬莱阁墨响戞,石帆亭子旧梦醒。笑凭黄九忆顾八,重须乐石磨济宁(予十年前所摹寒山赵氏双钩本,已倩吴门顾芦汀勒石于济上矣。今以此双钩本证之,乃知凡夫出于自运,而顾南原即据以入《隶辨》,皆未为得真耳)。

二诗脱稿后,适欲入缄,几上无佳纸,笔墨皆草草,即以寄呈定政。惭仄!惭仄!

方纲。九月廿日灯下。[①]

翁方纲签署之后,又钤朱文印三方,前两方是其室名别号印:"苏斋""覃溪",后一方则篆刻韩愈《杂说》全文,计115字。因此,此笺堪称"诗、书、印完美结合,不愧为书法佳作"。[②] 钱泳寄来的汉代石刻《娄寿碑》双钩本,是由石本转变而来的纸本,翁方纲又亲笔题诗,寄笺致谢,附以印章,于是,书札与诗文、印章与石刻、书写与双钩等多种文献形式融为一体,形成了这个多种文献集于一身的典型案例,从这一方面来看,此笺不仅是珍贵的文物,也是文献珍品。

在书札中谈论金石之学,或者以书札文体写作金石题跋,自然不始于翁方纲。但是,像翁方纲这样自觉而频繁地利用书札谈论石刻的,并不多见。在翁方纲的时代,对大多数人来说,书札只是谈论石刻的物质

[①] 陈烈主编《小莽苍苍斋藏清代学者书札》上册,人民文学出版社,2013年,第204—209页。按:沈津《翁方纲年谱》(台湾"中央研究院"中国文哲研究所,2002年,第332页)系此诗于乾隆五十九年。又按:翁方纲称"二诗",而原书札未有起讫分割,今据诗意,从"阿弥小印宛手迹"始断为第二首。

[②] 陈庆庆《翰札集萃——"小莽苍苍斋"藏清代学者书札评述》,载陈烈主编《小莽苍苍斋藏清代学者书札》卷前,第23页。

第十四章　晚清笺纸与石刻文献的"结古欢"

媒介之一,书札与石刻虽有结合,但不过浅尝辄止。翁方纲以其诗人的敏感、文士的风雅以及学者的博雅,强化了石刻与书札的结缘。遗憾的是,他还没有将石刻书迹直接引入笺纸设计之中。① 嘉道以降,碑学日兴,造成晚清时代石刻碑帖买卖、收藏与流通盛极一时的局面。笺纸设计中大量援引石刻书迹,成为彼时出现的各色集古笺中最引人注目的一道风景。文士借此以结古欢,石刻与书札这两种文献形式亦由此深度交融。仿照"以文为诗""以诗为词"等术语,我将这种现象称为"以石为笺",并从如下四方面试作论述。

一、笺中有石:晚清彩笺的新变

笺以区区微物,方寸之大,一纸之薄,却具有多重文化身份。尽管不同的笺纸材质或优或劣,制作或精或粗,但是,从物质文化角度来说,笺不仅是纸的一种,更重要的,它还是一种工艺作品。从书写文化角度说,笺是在特定场合、发挥特定表情达意功能的文献载体,形式多样,内容丰富,并由此发展成为写本时代十分重要的一种文献形态。从社会文化角度来说,笺是传统中国人际交往与情感交流的重要工具,是古代精英文化与雅文化的代表与象征之一。古代文士的文化品味与审美情趣,贯穿于笺的制作、选择、使用以及流通等各个环节之中。笺有各种别称雅号,不胜枚举,常见者如"尺牍""尺素""寸笺""手札""书札""书简""翰墨"等,意味不同,侧重点亦各异。

古代士人对制笺与用笺郑重其事,极为讲究,于是,各种富有艺术追求、彰显审美意趣的花笺、彩笺应运而生。唐代成都地区率先流行所谓

---

① 据沈津《翁方纲年谱》,乾隆三十三年(1768),翁方纲得苏轼书《天际乌云帖》,喜不自胜,遂自号"苏斋"。其后,他不断临摹、题咏此帖,还请人据此帖提到的"天际乌云含雨重,楼前红日照山明"二句绘诗意图,并以此图制成笺纸,世称"天际乌云笺"。清末民初,谭泽闿曾据此重新摹制"天际乌云笺"(见欧金林主编《湖南省博物馆藏近现代名人手札》第四册,岳麓书社,2012年,第 2391—2396 页)。此笺虽与名贤书迹有关,但并非石刻书迹,论其性质,应属画笺。

"薛涛笺",又名"浣花笺",其后成为当时西川地区流行文化的符号之一,①以致李商隐在其《送崔珏往西川》诗中写道:"浣花笺纸桃花色,好好题诗咏玉钩。"②唐代以后,彩笺与文士日常生活相互伴随更为紧密。北宋晏殊词中所表达的那种"欲寄彩笺兼尺素,山长水阔知何处?"③的情境,历代无数文人都有切身体会,倍感亲切。在唐代以降的漫长岁月中,彩笺得到充分发展,其中佳品更被文士追捧,被辑为笺谱而广为流传,例如明末出现的《萝轩变古笺》和《十竹斋笺谱》。④

清代彩笺式样更为繁多,梁颖将彩笺概括区分为色笺(经过染色,但没有花纹图案或图画的笺纸)、花笺(通过染色形成花纹,及刻印有花纹图案的笺纸)和画笺(刻印有图画的笺纸)三大类,⑤每一大类之下,又细分为若干种。例如,花笺又"大体上可以分成字样和花纹两大类别"。⑥"字样笺"以各种字体作为底纹,其中专门"临仿古名家墨迹或古金石铭文"者称为"集古笺"。这类笺以古人书迹为背景或底纹,借此突出制作者和使用者好古与玩古的趣味。仿古代名贤书家墨迹以作笺,时或可见。比如有人集取苏轼书"从者自爱"、韩琦书"丹墨不磨"、黄庭坚书"不以暄凉易节"等书迹,双钩作笺,诸句皆有自期自励之意。⑦ 此诸笺皆为梁鼎芬所用,当是套笺。亦有集蔡襄书"挥翰"、米芾书"时安",同样双钩

---

① 参看梁颖《说笺》(增订本),上海科学技术文献出版社,2012年。此书对笺之材料、形制、染色、印制以及彩笺的各种类型考论颇详,图文并茂,可以参看。黄濬《花随人圣庵摭忆》"东晋以来之笺纸"条叙笺纸之发展,亦可参,中华书局,2008年,第422—425页。

② 刘学锴、余恕诚《李商隐诗歌集解》,中华书局,2004年,第二册,第656页。

③ 晏殊《蝶恋花》(《鹊踏枝》),唐圭璋编《全宋词》,中华书局,1965年版,第一册,第103页。

④ [明]颜继祖辑,吴发祥刻印《萝轩变古笺》,凤凰出版社,2013年。[明]胡正言辑《十竹斋笺谱》,中国书店,2012年。

⑤ 梁颖《说笺》(增订本),第17页。

⑥ 梁颖《说笺》(增订本),第73页。

⑦ 王贵忱、于景祥、王大文编《晚清名人墨迹精华》,辽海出版社,2008年,第214—215、216、217页。

作笺,亦自成系列,其内容则主要是书仪习语。① 自北宋欧阳修撰《集古录》以来,"集古"二字成为收藏、玩赏以及研究金石碑版之学的代称之一,上述诸笺所见古名家书迹很可能出自碑帖,则将其视同古金石铭文,笼统划归"集古笺"亦无不可。不过,古金石铭文涵盖甚广,"包括瓦当、碑版、石刻、彝器等器物上的铭刻文字",②作为本章焦点的"以石为笺",是最严格意义上的集古笺,也是集古笺中数量最多、意义深厚的一宗。

古代石刻体制多样,各体书迹齐备,又出自历代名家之手,在中国书法史上占有重要地位。以石为笺,首先是重视石刻书迹,将这一宝贵的视觉艺术资源开掘出来,与古为新,开拓了石刻文献使用与艺术传播的新途径。造笺用石,所选皆为历代名石、名碑、名书、名刻,亦多出于名家之手。总体来看,从秦刻到汉碑,从摩崖到碑志,从造像到刻经,从汉隶到唐楷,不同时代、各种书体、诸类石刻,都可能成为造笺之时选用的石刻资源。但具体来讲,造笺用石又是有所侧重的。

就体制来看,摩崖碑刻用者较多,而墓志较为少见。东晋砖志"永和六年太岁庚戌莫龙编侯之墓"曾被双钩用于作笺。③ 北京国家图书馆藏有此志拓本,其最后一字"墓"清晰可辨。④ 清人用以造笺时,很有可能是因为对"墓"字有忌讳,而故意芟去此字,只双钩前面十三字。与北朝石刻相比,南朝石刻数量有限。北朝石刻中,北魏摩崖石刻以及造像用

---

① 本书编写组编《清代名人书札》,北京师范大学出版社,2009 年,第二册,第 267—269 页。

② 梁颖《说笺》(增订本),第 76 页。

③ 李鸿藻曾用此款笺,见梁颖编著《尺素风雅·明清彩笺图录》,山东美术出版社,2010 年,上册,第 196 页。

④ 见国家图书馆"碑帖菁华"电子数据库。此志录文见赵超《汉魏南北朝墓志汇编》,天津古籍出版社,1992 年,第 19 页。

作为物质文化的石刻文献

于造笺者较多,①而北魏墓志则几乎没有在笺纸上出现过。唐代石刻传世不少,墓志尤多,但摹以制笺者也只有少数摩崖(如清秘阁所造笺中,就有一款钩摹《开元王玄度造像》②)和一些名家碑刻(如颜真卿《郭家庙碑》③)等,唐代墓志仅见一例。④ 由此看来,大多数制笺者对于墓志类石刻应当是另眼相看,有所避忌的。

有两处摩崖石刻最受制笺者偏爱。一处是久负盛名的镇江焦山的《瘗鹤铭》,另一处是北魏郑道昭石刻。以《瘗鹤铭》造笺者甚多,可谓不胜枚举。⑤ 自嘉道之际碑学兴起,位于山东莱州云峰诸山的北朝摩崖刻石备受书家重视,甚至被推崇为北碑第一,书者郑道昭也因此成为书法史上赫赫有名的人物。而深藏山东益都之北峰山北驹谷的郑道昭《登百峰山诗刻》,却向来罕为人知,仅段松苓《益都金石记》有著录,至晚清才渐渐引人注目,而拓本流传仍少,故特为世所珍。⑥ 王贵忱收藏劳乃宣(1843—1921)书写诗笺四页,笺上皆有双钩"寄言"二大字,都是集自郑道昭《登百峰山诗刻》。但仔细对照,可知第一笺与后三笺不仅"寄言"二字字形钩摹小异,而且笺下方的附跋文字明显不同。第一笺附跋云:"魏

---

① 隋代造像亦偶有之。如陆润庠一笺,即双钩"大隋开皇十年李景崇造像"字,见王尔敏、陈善伟编《近代名人手札真迹:盛宣怀珍藏书牍初编》,香港中文大学出版社,1987年,第四册,第1858页。

② 欧金林主编《湖南省博物馆藏近现代名人手札》,第四册,第2472—2477页。

③ 欧金林主编《湖南省博物馆藏近现代名人手札》,第四册,第2167、2176—2177、2252页等。

④ 钱溯耆钩摹《唐右卫中郎将郑玄果志》以作笺,见王贵忱、于景祥、王大文编《晚清名人墨迹精华》,第233页。

⑤ 例如,有集钩《瘗鹤铭》"铭篆"二字为笺者,其所据为阮元所藏旧拓本,颇为珍贵,见本书编写组《清代名人书札》,第六册,第1257页;又如左宗棠摹《瘗鹤铭》中"甲午"二字作笺,见《清代名人书札》,第一册,第146页,等等。缪荃孙用笺,见王尔敏、陈善伟编《近代名人手札真迹:盛宣怀珍藏书牍初编》,第五册,第2370—2371页。其他例散见下文。

⑥ 关于云峰诸山北朝刻石的书法成就,可参看山东石刻艺术博物馆、中国书法家协会山东分会编《云峰诸山北朝刻石讨论会论文选集》,齐鲁书社,1985年。

334

登百峰山诗刻字,甲寅岁暮无功老人命子健摹",[1]而后三笺附跋云:"魏郑道昭登百峰山诗刻字,甲寅季冬遍竹山氓制"。[2] 按:"无功老人"与"遍竹山氓"都是劳乃宣的别号,可见二笺皆是其自作。至于"甲寅"则是制笺之年,理论上既有可能是咸丰四年(1854),也有可能是民国三年(1914),但结合劳氏生平来看,此"甲寅"当指1914年。入民国后,劳乃宣寓居山东青岛,由笺中所谓"自沪回桐乡小住,又赴杭一行,即至苏扫墓,由苏北上,于十一月西七日抵曲阜"云云,[3]推知其用此笺当在民国以后。登百峰山诗刻既在山东,劳氏民初亦生活于山东,时空坐标交叉,可证此笺当创制于民国初年的山东。

自南唐以降,将历代名家书迹刻石流传,渐成风气,于是,众多丛帖如雨后春笋,应运而生。这些刻石不仅是石刻史的奇观,也是书法史的宝藏。相传为李后主所刻的《澄清堂帖》,其原石早佚,传世宋拓本也稀如星凤,且都残阙不全。清末,此石宋拓残本归廉泉、吴芝瑛夫妇所收藏。为了纪念这一盛事,工于书法的吴芝瑛钩摹其字,制成廉家专用笺纸,并附题跋云:"李后主《澄清堂残刻》归我南湖,手橅此帖,以志欣赏。"[4]其喜悦与得意之情跃然纸上。上海有正斋曾以米芾著名的《丹阳帖》制笺,原帖文字为:"丹阳米甚贵,请一航载米百斛来,换玉笔架,如何早一报,恐他人先。芾顿首。"帖文分列四行,双钩移入笺纸时亦作四行。[5] 法帖兼具书法与石刻双重属性,与一般石刻相比,其书法属性更

---

[1] 王贵忱、于景祥、王大文编《晚清名人墨迹精华》,第133页。

[2] 王贵忱、于景祥、王大文编《晚清名人墨迹精华》,第134—136页。劳乃宣生平,参看其自撰《清劳韧叟先生乃宣自订年谱》,收入王云五主编《新编中国名人年谱集成》第五辑,台湾商务印书馆,1978年。

[3] 王贵忱、于景祥、王大文编《晚清名人墨迹精华》,第135页。

[4] 洪银兴主编《南京大学藏近现代名人手迹选》,南京大学出版社,2012年,上册,第72—75页。

[5] 《"南长街五十四号"藏梁氏重要档案·书信》,北京匡时国际拍卖有限公司,2012年,第129页。按:约在1915年,梁启超用此笺纸作书致其弟梁启勋,劝其父游港,语气中充满忧念与急切,似与当时袁世凯密谋称帝之时局有关。若果如此,则此书内容与笺纸底文恰成"互文"关系,此种底文类似"密写文字",殊堪重视。

加突出。以法帖入笺,视觉展示与艺术欣赏的目的也更为显著。

就时代来看,宋以前石刻在制笺中用得比较多,这当然与崇古风气有关。笺中所见石刻文字,年代最早的是石鼓文。郭庆藩(1844—1896)曾"集周宣王石鼓文字"以作笺,①古意盎然。秦始皇东巡六刻历来被推为秦篆的典范,其中的《绎山碑》与《泰山碑》备受关注。鼍道人曾钩摹《绎山碑》中字以作笺,②书法篆刻家而兼金石收藏家的张祖翼(1849—1917,字逖先)曾集钩《泰山碑》字作笺,③以笔意高古著称。选择石刻文字制笺时,崇古几乎是一条放之四海而皆准的原则。此外,它所表露的最重要的信息,就是个人的碑帖喜好与艺术趣味了。

笺中用石刻字体,汉代石刻占有相当大的比例。所谓汉代石刻,除了汉画像题字之外,主要是汉碑,尤其是指东汉石刻。"西汉石刻传者极少",又名《五凤二年刻石》的《鲁孝王石刻》是其中之一,弥足珍贵。其书隶体而夹带篆意,"简质古朴"。④ 翁方纲《两汉金石记》称其"浑沦朴古,隶法之未雕凿者也"。⑤ 缩摹此石入笺,⑥使这一珍贵而又独具韵味的西汉书迹再现于方寸笺纸之上,是会受人欢迎的。东汉石刻入笺者甚多,汉碑名品几无遗漏,举其要者,则有汉石经、⑦《石门颂》、⑧《张迁碑》、⑨《夏承碑》、⑩

---

① 湖南图书馆编《湖南图书馆藏近现代名人手札》,岳麓书社,2010年,第五册,第2826—2831页。

② 王贵忱、于景祥、王大文编《晚清名人墨迹精华》,第260—262页。

③ 欧金林主编《湖南省博物馆藏近现代名人手札》,第五册,第2966—2967页。

④ [明]赵崡《石墨镌华》卷一,《石刻史料新编》第一辑第25册。

⑤ [清]翁方纲《两汉金石记》卷七,《石刻史料新编》第一辑第10册。

⑥ 梁颖编著《尺素风雅·明清彩笺图录》,上册,第185页。

⑦ 详见下文。

⑧ 缀云阁曾集《石门颂》字作"平安书"笺,见王尔敏、陈善伟编《近代名人手札真迹:盛宣怀珍藏书牍初编》,第六册,第2587、2592、2596—2597页。另一例见欧金林主编《湖南省博物馆藏近现代名人手札》,第五册,第3031—3032页。

⑨ 湖南图书馆编《湖南图书馆藏近现代名人手札》,第五册,第3121页。又容闳致木斋(王德楷)笺有"高问"二字,集钩自《张迁碑》,见中国社会科学院近代史研究所编《近代名人书札》,社会科学文献出版社,2010年,第29—30页。

⑩ 王贵忱、于景祥、王大文编《晚清名人墨迹精华》,第159—160页。

第十四章 晚清笺纸与石刻文献的"结古欢"

《尹宙碑》、①《娄寿碑》、②《礼器碑》、③《谯敏碑》、④《史晨后碑》、⑤《西岳华山庙碑》等,⑥这些汉碑都是金石书法界耳熟能详的。

宋以后的石刻文字,入笺者较为少见。我所见者的,有一款笺自"涪翁西山摩厓"集钩"大喜"二字。⑦ 所谓"涪翁西山摩厓",即黄庭坚题写的摩崖石刻《西山南浦行记》,在今重庆市万州区,俗称《西山碑》。此碑作于黄庭坚晚年,是黄氏行书的代表作,曾被曾国藩誉为"海内存世黄书第一",⑧在晚清颇受重视。另有一款用石更为特别,即所谓"墨妙亭诗石"。北宋熙宁五年(1072),孙觉(莘老)在湖州建墨妙亭,并将友人苏轼所赋《孙莘老求墨妙亭诗》刻石。⑨ 后来,苏轼诗碑被毁,残余的几片断碑流落人间,其中一片存有苏诗原刻四行十六字,即"吴越胜事""书来乞诗""尾书溪藤""视昔过眼"。明清之际,此断碑残石为著名学者黄道周收藏,黄氏将其改造为一方石砚。至同光年间,这方断碑砚辗转为晚清金石家潘祖荫收藏。⑩ 他对此砚珍爱异常,曾钩摹此四行十六字作笺,在致书另一位晚清金石学家吴大澂(清卿)时,他特意选用了这款笺纸,大有向同道友人展示甚至炫耀之意。⑪

---

① 一例见本书编写组编《清代名人书札》,第二册,第 380 页。另一例见梁颖《说笺》(增订本),第 75 页。
② 陈烈主编《小莽苍苍斋藏清代学者书札》,中册,人民文学出版社,2013 年,第 656 页。
③ 本书编写组编《清代名人书札》,第一册,第 144 页。又,王尔敏、陈善伟编《近代名人手札真迹:盛宣怀珍藏书牍初编》,第二册,第 882—883 页。
④ 王尔敏、陈善伟编《近代名人手札真迹:盛宣怀珍藏书牍初编》,第四册,第 1649—1650 页。
⑤ 本书编写组编《清代名人书札》,第一册,第 145 页。
⑥ 湖南图书馆编《湖南图书馆藏近现代名人手札》,第五册,第 3077 页。
⑦ 本书编写组编《清代名人书札》,第五册,第 1256 页。
⑧ 参看陶梅岑《黄庭坚〈西山碑〉考释》,《中国书法》,2003 年第 4 期。
⑨ [清]王文诰辑注,孔凡礼点校《苏轼诗集》卷八,中华书局,1982 年,第 371—373 页。
⑩ 邓之诚著,邓瑞整理《骨董琐记全编·骨董琐记》卷二"断碑砚"条,中华书局,2008 年,第 66 页。参看程章灿《尤物:作为物质文化的中国古代石刻》,《学术研究》,2013 年第 10 期。改写后收入本书,即第一章。
⑪ 梁颖编著《尺素风雅·明清彩笺图录》,上册,第 192 页。

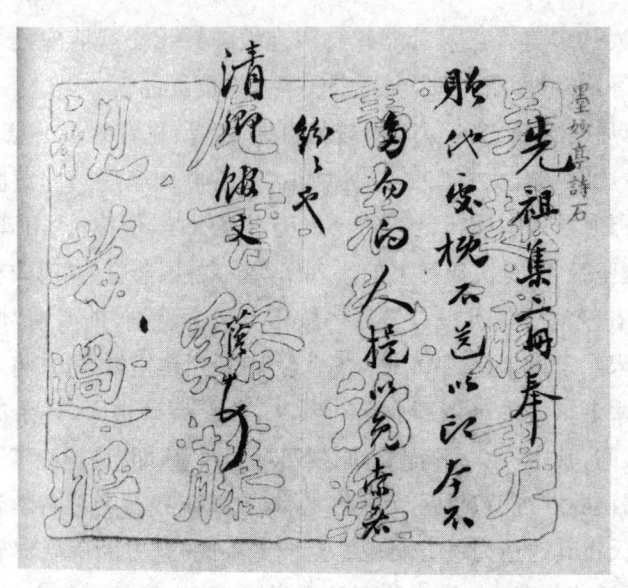

图 13　潘祖荫致吴大澂书札用苏轼《墨妙亭诗》石刻残字为笺

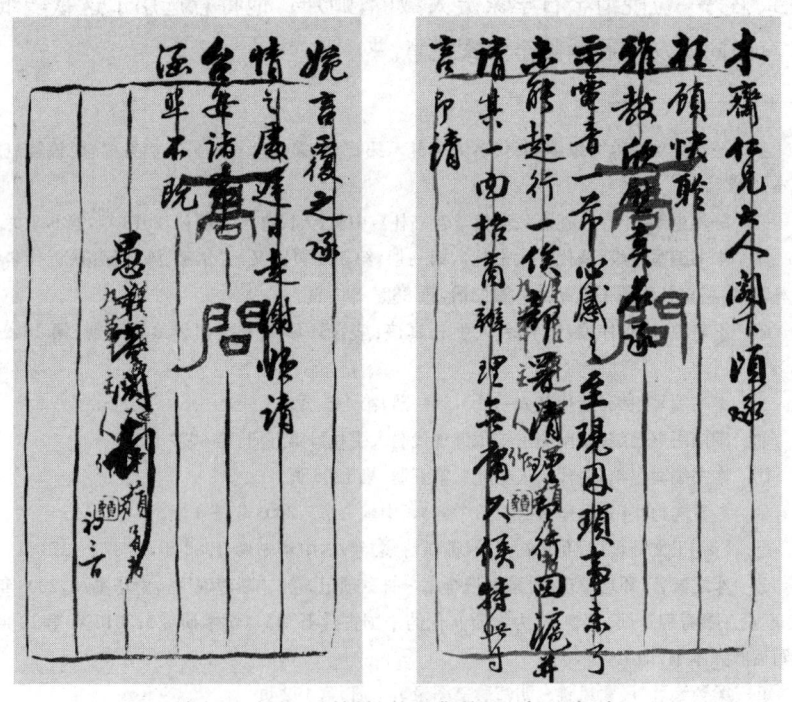

图 14　容闳致木斋（王德楷）札用集钩汉《张迁碑》字

从书体来看，篆、隶、楷、行诸体见于彩笺者较多，草书用者较少。一些较为怪异的字体，往往具有奇特的视觉效应，容易让人眼为之明。例如三国东吴的《天发神谶碑》，其字"以秦隶之方，参周籀之圆，势险而局宽，锋廉而韵厚，将陷复出，若郁还伸。此则东都诸石，犹当逊其瑰伟。即此偏师，足以陵轹上国，徒以壁垒太峻，攀者却步，故嗣音少耳"。[1] 磊翁（谢磊明）曾为九华堂厚记集《天发神谶记》中的"将命"二字，双钩作笺，既传情达意，又有很好的美术装饰效果。[2]

二、笺中看石：作为视觉对象的石刻文字

作为花笺底纹的石刻文字，首先是作为视觉的对象。在这个意义上，石刻文字就是一种特殊的图像。这种图像有色彩背景，有钩摹再现，有版面布局，有背景文字与书札文字的表里配合，能够吸引视觉注意力，并创造奇特多样的视觉效果。

与素笺相比，彩笺体现了更为自觉的色彩追求。笺本来是供书写所用，所谓"尺素"，就是要求笺面素洁留空，以便挥笔染翰。素笺墨笔，白纸黑字，相互衬托，足可悦目，再钤以朱印，更有突出的视觉效果。以石为笺，纸的背景大多为素色或浅色，以免色彩繁杂淆乱，反客为主，影响书写与观赏。为了突出背景文字，往往另外敷以彩色，如猗文阁主人陈承修所作笺，即是用"魏公孙猗志集字"双钩出"猗文阁致辞"五字，再将外廓字划敷成红色，与浓墨相映成趣。[3] 当然，也有采用比较浓艳的色笺，而将底纹文字作相应处理者。如樊增祥曾用一款笺，在紫红色的笺纸之上，集自北魏郑道昭碑的双钩大字敷以金色，显得富丽堂皇。[4] 梁启超有一款自制笺，"君其爱体素"大字一行，鹅黄色，题跋"饮冰集《张迁

---

[1] 马宗霍辑《书林藻鉴》卷五，文物出版社，1984年，第39页。
[2] 王贵忱、于景祥、王大文编《晚清名人墨迹精华》，第178页。
[3] 国家图书馆出版社编《笺素珍赏——国家图书馆藏近现代百位名人手札》，国家图书馆出版社，2011年，第48—50页。
[4] 陈善伟、王尔敏编《近代名人手札精选》，香港中文大学出版社，1992年，第40页。

碑》字写陶句自制笺"小字两行,朱墨,书札七行浓墨,[1]三色相互衬托,悦目赏心。同一套笺,即使摹写相同的石刻文字,只要配合不同色彩的笺纸,就会产生不同的视觉效果。晚清四川忠州(今忠县)李士棻曾用的一款集古笺,白翎雀馆制作,集"沂水县汉画题字"中的"凤皇"二字,而配以朱红、紫红、土黄等不同底色的笺纸,双钩轮廓线的颜色也相应变化,[2]深浅浓淡明显不同,视觉效果也有了变化。

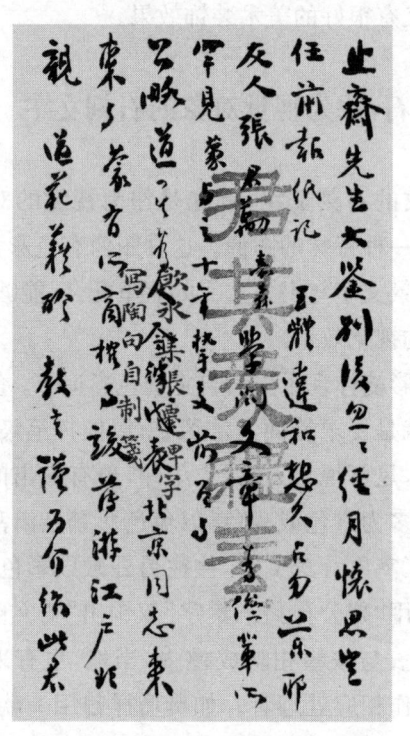

图15 梁启超用笺,底纹是集《张迁碑》字书写的陶诗"君其爱体素"

集古笺中用石刻文字作为底纹,一般采用双钩。究其原因,主要有如下三点:

---

[1] 陈善伟、王尔敏编《近代名人手札精选》,第81—82页。
[2] 本书编写组编《清代名人书札》,第二册,第347—353页。

第十四章 晚清笺纸与石刻文献的"结古欢"

第一,从实用技术上说,将碑帖字迹从石本或拓本转换到笺纸之上,双钩之法最为方便可行,缩扩随意,效果也最好。晚清民初,双钩尤其风行。叶昌炽曾说:"模勒古碑,古有响搨之法,今人辄喜用双钩。……吾友费屺怀同年,尝谓余曰:重刻石本,滞于迹象,不如双钩本之传神,洵为知言。"可见这是其时士人的共识。柯昌泗更进一步解释道:"石印、玻璃、金属版诸印刷法术未出之时,双钩刻本,号为极工。"特别是"残石片碣,纸墨模糊,点画缺泐,钩本转胜于影印矣"。[①] 虚白斋曾经双钩五凤残石之字以制笺,饶有神韵,就是因此之故。另一方面,断碑残石有其独特的残阙美。对于金石学家或者好古之士而言,集钩残石之字,能够在笺纸上重现石刻历经风霜的沧桑之美,体现制笺者或用笺者"抱残守阙"的情怀。盛昱集钩汉石经残字,排成四行,其中字划颇多断缺,有如断壁残垣,却不害其美。换句话说,这些石刻文字主要不是供阅读的文献文本,而是供艺术欣赏的视觉对象。

第二,从色彩处理上说,双钩而成的书迹是一种摹本,字画中空,界以轮廓线条,字迹清楚,但笔划较疏,颜色较淡,因而较为适合作底纹,不会给书写、阅读及观赏制造障碍。相反,一般的拓本,无论是墨拓(包括其中墨迹最淡的蝉翼拓)还是朱拓,其字迹过于突出,色彩对比过于鲜明,不适合作为笺纸底纹。因此,虽然从理论上讲,双钩字也可以填墨而变成实心字,但援引石刻字体入笺,基本上都是双钩而成的空心字。梁启超曾集《张迁碑》字以制笺,用实心字体,[②]则是不多见的一个例外。其风格与梁启超集自秦琅琊台刻石的双钩空心"书不尽言"四字,视觉效果截然不同。[③]

第三,从工艺性质上说,双钩其实是对石刻书迹的艺术再现,甚至

---

① 叶昌炽撰,柯昌泗评,陈公柔、张明善点校《语石·语石异同评》卷一〇,中华书局,1994年,第549页。

② 陈善伟、王尔敏编《近代名人手札精选》,第81页。

③ 《"南长街五十四号"藏梁氏重要档案·书信》,北京匡时国际拍卖有限公司,2012年,第46、124页。

可以说是书法再创作。集古笺中对这种工艺的称名,除了"双钩"(或省作"钩")之外,还有"摹""橅""钩摹"等,字面虽然有别,而内涵大致相同,都是"摹写"之意。通过"摹写""钩摹",在笺纸上再现石刻书迹,这一种崭新的书法展示形式,是石刻书迹的再现。其次,这种"再现"之中也掺有一定的"再创作"成分。"缩摹"或"扩临"都属于摹写,只是按比例缩小或放大,其中也带有若干"再创作"的色彩。《鲁孝王石刻》虽然只有三行十三字"五凤二年/鲁卅四年/六月四日成"。但原石却有38.4厘米长,73.6厘米宽,显然不宜原大摹写。陈介祺用过一笺,就是缩摹此石之字,故三行十三字得以完整再现。[①] 再次,集古笺中屡见不鲜的"集"字,表示以某些石刻为依据,从中撷取某一片断(某些字或词),重新排列组合,进行内容重组,形成新的书法艺术作品。这也是"再创作"的一种表现。

既然是书法艺术作品,就要讲究布局安排。一般来说,摹临石刻的双钩大字居于笺纸中央,另有题跋交代出处以及制作者。题跋或居于下方,或在左右两侧,或集中于一角,或分散于两处。例如张裕钊(1823—1894)所用"己卯"纪年笺,中间是双钩"己卯"两大字,布局疏朗,其右上方题跋"汉《尹宙碑》有此二字",左下方题跋"张裕钊属玉雪斋制笺"。[②]这种形式类似书法作品中的上下款。题跋之外,不少集古笺还有钤印。例如虚白斋钩摹汉五凤残石笺,题跋之后加钤"小桃花盦长"之章,[③]格式完备,宛如一幅书法作品。总之,诸如此类的笺纸,在未被使用之前,其自身已是一幅摹写仿古的书法作品。待书札完成之后,这一"摹古"文本遂退居"新文本"之后,潜伏于底层,作为其视觉背景,期待着在阅读者和观赏者的注视中,焕发新的生机。笺纸是宾,札文是主,不能喧宾夺主,但偶尔也有例外。前文提到廉泉自制《澄清堂残刻》笺,有双钩石刻

---

① 梁颖编著《尺素风雅·明清彩笺图录》,上册,第185页。
② 本书编写组编《清代名人手札》,第二册,第380页。
③ 本书编写组编《清代名人手札》,第四册,第758—760页。又见梁颖编著《尺素风雅·明清彩笺图录》,上册,第197页。二笺皆属沈景修(1835—1899)所用。

法帖三行与吴芝瑛题跋两行，书法遒美，令人爱赏。廉泉用此笺作书时，甚至舍不得破坏笺面之美，而有意将自己的书札文字缩小为五行，挤在空白之处。以石为笺，此笺可谓反客为主之例。

　　大多数情况下，笺面所集文字只有两三字或三五字，言简意赅，疏朗大方。偶尔亦见多至十余字者，如刘廷琛自作一笺，集唐李邕《麓山寺碑》多达十六字，整齐排列成四列："介石山房""主人拜手""上书足下""为道自重"，每列四字，皆为双钩空心字，附跋"集麓山碑字"五字另起一行，字体改为朱笔实心，其字略小，与双钩空心字虚实相生，再钤以白文方印"潜庵"，三者相互配合，加上书札墨字，全笺画面生动。[①]国家图书馆藏有张鹤龄所用之笺，其设计思路与此完全相同，而布局稍有变化。笺纸中心是双钩四大字"公宜长寿"，分为两列，"公宜长"三大字在第一列，"寿"在第二列，第二列下方空白处有制笺者朱笔跋文："强圉作噩嘉平集《汉尹宙碑》，挹素抚古"，下钤白文方印"长宜子孙"。[②]红白相间的双钩文字、朱笔跋语、朱底白文的印章，三者相互配合，构成笺面的红白色调，又与墨笔札文相映成趣。此外，还有专用印章文字为底纹的笺纸，整个笺面犹如一幅篆刻作品联展，布局更为讲究，艺术构思更为着意，视觉效果更加突出，又非一般集古笺可比。[③]如果将印章看作是微型石刻，这种印章底纹笺就完全可以纳入集古笺的范畴。

---

① 王贵忱、于景祥、王大文编《晚清名人墨迹精华》，第256页。

② 国家图书馆出版社编《笺素珍赏——国家图书馆藏近现代百位名人手札》，第179—185页。考"强圉作噩（䨻）"，则岁在丁酉，约当光绪二十三年(1897)，"嘉平"指其年十二月，"挹素"当是"挹素斋"之简称，亦即此笺之造作者。

③ 曾见李元度(1821—1887)所用笺，将《兰亭集序》和《陋室铭》中文句刻成大小不等的篆印，下附隶体释文，印章或扁方，或长方，或正方，或大或小，印文或朱或白，相互配合，构成笺纸底纹。见欧金林主编《湖南省博物馆藏近现代名人手札》，第一册，第570—573页。又有周至德致吴德襄书，笺纸二张，将明代湘人钟世贤《远浦归帆》《平沙雁》二词中的词句分句刻印，铺满全笺。见欧金林主编《湖南省博物馆藏近现代名人手札》，第五册，第2936—2937页。按：词作原录于清卞宝第、李瀚章、曾国荃等修纂《(光绪)湖南通志》卷三二，清光绪十一年(1885)刻本。周至德另有致吴德襄书，所用三笺则篆刻休宁海阳八景，一景一印，每笺四印。见欧金林主编《湖南省博物馆藏近现代名人手札》，第五册，第2948—2950页。

作为物质文化的石刻文献

唐司空图《二十四诗品·清奇》有云："可人如玉。"光绪庚寅（1890）四月，徐琪（字花农）拈出此句，为其族弟徐珂（徐乃昌）特制一笺。这四个字篆书双钩，自右至左排成两列，"如"字故意排成上下结构，其中"女"字符在上，伸长的横划覆盖其下的"王（玉）""可"二字。"此笺回环读之，成一珂字，而吾弟之名在中，亦一奇格也。"①通过特别的字形选择与位置安排，即突显其离合之巧、图案之美，又渲染"可人如玉"的诗境之美，这一布局可谓煞费苦心。

谢稚柳先生曾称古代笺谱是"结合绘、刻、印的综合艺术品"。② 准此思路，集古笺可以说是综合了绘画、镌刻、印章以及书法等多种艺术门类的文献形式与艺术作品。从生产制作的角度来看，以石为笺属于石刻的再生产、再利用。石刻作为再生资源，从贞石转换到笺纸，循环利用。尺幅寸笺，却为石刻提供了广阔的视觉表演舞台，开拓了广大的意义生成空间。

三、笺中读石：作为阅读文本的石刻文字

相对于书札正文，作为底纹的石刻文字可以说是一种"副文本/附文本/隐文本"。换言之，石刻文字不仅是底纹或图案，也是表情达意的文字；不仅是供人观赏的视觉图像，也是供人阅读的文本。它与书札正文相互依存，彼此补充，一正一副，一主一附，一隐一显，相互支持，构成生动活泼的文献形态。

---

① 洪银兴主编《南京大学藏近现代名人手迹选》，上册，第79—80页。按：晚清人以篆刻司空图《二十四诗品》诗句装点笺纸，不止此例，邓辅伦致郭嵩焘笺将《二十四诗品·典雅》中"白云初晴，幽鸟相逐。眠琴绿阴，上有飞瀑"四句刻于四古器之上，此可谓集古笺之新变，见欧金林主编《湖南省博物馆藏近现代名人手札》，第二册，第1056—1065页。

② 谢稚柳《〈萝轩变古笺谱〉跋》，载上海朵云轩出版《萝轩变古笺谱》，中国国际书店发行，1981年，跋第1页。

第十四章　晚清笺纸与石刻文献的"结古欢"

　　集石刻文字中的文句作为笺纸底纹，最常见的是书仪惯用语，如"上书"①"拜书"②"臣请"③"臣请言"④"平安书札""肃致"，等等。湖南省图书馆藏有黎承礼致欧阳述书，四张笺纸上皆有"平安书札"双钩字样，其中三纸分别出自汉《西岳华山庙碑》、唐《千福寺多宝佛塔感应碑》、《石淙诗序摩崖》，字体分别为隶书、楷书与行书，还有一纸为草书，惟所据石刻不详。⑤ 由此既可以看出"平安书札"笺适应面之广，亦可证此四字在石刻中颇为常见，乃能花样翻新，无一重复。浣花斋所制笺中，有一款是撷取汉《尹宙碑》中"肃""致"二字，双钩隶书作为底纹。⑥ 此二字在原碑中并不连属，制笺时通过拼接组成新词。"肃致"二字在这里不仅具有观赏效果，而且还具有书仪惯用语的表情达意功能。康有为兄弟所用笺，有一款上有双钩隶书"托微波以通辞"一句，署"枥园为素庵主人作"，⑦未说明其所摹何碑。按此句出自三国魏曹植《洛神赋》，其本意为男女之间互通衷情。笺纸用此句并无男欢女爱之意，而只是藉以表达通讯寄意之意。梁启超曾集《张迁碑》字"别来思君，惟曰有感"二句为笺之底纹，亦是此意。⑧

　　集古笺中钩临石刻文字，就其所表达的意义来分类，主要有纪年笺、签署笺、言志笺、祝嘏笺等四类。

---

　　① 王贵忱、于景祥、王大文编《晚清名人墨迹精华》，第260—262页。
　　② 《柯绍忞致张曾扬书》，陈烈主编《小莽苍苍斋藏清代学者书札》，下册，第1033页。
　　③ 《汪康年致杨守敬书》，双钩"泰山残石"字，《小莽苍苍斋藏清代学者书札》，下册，第1075页。按：晚清云蓝阁制笺中，有一款名为"方寸相思"的花笺，将"相思"二字美术字化，拆解为横竖交叉的笔画，兼具行格功能，则在书仪用语之上更进一步。见梁颖编著《尺素风雅·明清彩笺图录》，上册，第188—189页。
　　④ 欧金林主编《湖南省博物馆藏近现代名人手札》，第五册，第2966—2967页。
　　⑤ 湖南图书馆编《湖南图书馆藏近现代名人手札》，第五册，第3076—3077页。
　　⑥ 梁颖《说笺》（增订本），第75页。
　　⑦ 康有为所用笺，见录于王贵忱、于景祥、王大文编《晚清名人墨迹精华》，第197页；康广仁所用笺，录于欧金林主编《湖南省博物馆藏近现代名人手札》，第五册，第3069—3070页。
　　⑧ 王尔敏、陈善伟编《近代名人手札真迹：盛宣怀珍藏书牍初编》，第四册，第1628—1643页。

作为物质文化的石刻文献

　　纪年笺中所集文字为干支,可以发挥纪年的作用。使用这种笺,作书者不必签署年份,读者也可以据以考知其年份。荣宝斋曾集《魏上尊号奏》字制成"丁未"纪年笺,那桐曾用"时岁丁未"笺。[①] 李辅耀曾集郑文公上碑字而作"岁在辛卯"笺。[②] 左宗棠(1812—1885)所用笺中就有多款纪年笺,包括"岁在壬辰"、[③]摹《瘗鹤铭》字而作的"甲午笺"、[④]摹《汉圉令赵君碑》而作的"壬寅笺",[⑤]分别对应的是道光十二年(1832)、十四年(1834)和二十二年(1842)。这三款纪年笺出现于十九世纪三四十年代,在集古笺也算年代较早的。盛昱集钩汉《王纯碑》字制作的纪年笺"廿有二年丙申",明确这个"丙申"是光绪廿二年(1896),[⑥]指意较为明确具体。此外,刘炳照致张鸣珂笺,底纹是双钩篆书"光绪二十有七年岁次辛丑重光赤奋若"。[⑦] 松茂室是清末民初一家笺纸店,所制笺中有一款底纹是双钩"癸巳年"字样,题跋云:"集汉《高阳令杨著碑》字,光绪十有九年岁次癸巳,伯逵为松茂室制",[⑧]这是说明更为详细的纪年笺例子。

　　甲寅纪年笺似乎最为多见。清末民初有两个甲寅年,一个是咸丰四年(1854),一个是民国三年(1914)。甲寅纪年笺似乎都是1914年所制。前述劳乃宣所用笺两种,据其附跋,一为"甲寅岁暮无功老人命子健摹",[⑨]一为"甲寅季冬遍竹山氓制"。[⑩] 无独有偶,钱溯耆亦于此年作纪

---

① 王尔敏、陈善伟编《近代名人手札真迹:盛宣怀珍藏书牍初编》,第四册,第1549—1550页;第五册,第2403页。
② 湖南图书馆编《湖南图书馆藏近现代名人手札》,第四册,第2486页。
③ 本书编写组《清代名人书札》,第一册,第143、144、145页。
④ 本书编写组《清代名人书札》,第一册,第146页。
⑤ 本书编写组《清代名人书札》,第一册,第147页。
⑥ 本书编写组《清代名人书札》,第五册,第1202页。"廿有二年"四字为第一行,"丙申"二字为第二行,下方题:"汉王纯碑,榛林集钩"。按:榛林馆是盛昱所用室名之一。
⑦ 梁颖编著《尺素风雅·明清彩笺图录》,上册,第204页。
⑧ 王尔敏、陈善伟编《近代名人手札真迹:盛宣怀珍藏书牍初编》,第五册,第2329页。
⑨ 王贵忱、于景祥、王大文编《晚清名人墨迹精华》,第133页。
⑩ 王贵忱、于景祥、王大文编《晚清名人墨迹精华》,第134—136页。参看劳乃宣《韧叟自订年谱》(《续修四库全书》),《清史稿·劳乃宣传》。

第十四章　晚清笺纸与石刻文献的"结古欢"

年笺多种，我曾见者已有三款。按钱溯耆（1844—1917），晚号听邻老人，曾任深州知州六载。他生平酷嗜金石书画，著有《听邻馆杂文诗存》。1914年，他集《唐贾公祠碑》《唐右卫中郎将郑玄果墓志》、四川大足《宋北山赵伯义题名》等石刻文字，制作了三款甲寅纪年笺。第一款笺双钩楷书"大唐开元二年岁次甲寅"，第三款笺字样为双钩"绍兴甲寅"，皆是其亲手制作；第二款笺字样为双钩"开元二年岁次甲寅"，为其孙钱炜寰所摹。[①] 此外，钱溯耆还曾集《汉三公山神碑》字，双钩"甲年万寿"作笺，因《汉三公山神碑》中无"寅"字，"甲年"所指应当亦即此甲寅年。[②] 阅读这些文字，需要"断章取义""得意忘言"，取其"甲寅"二字足矣。联想1914年5月10日章士钊于日本东京创办政论月刊，亦撷本年之干支纪年而命名为《甲寅》，似乎当时人对这一干支年号情有独钟。

另有一种纪年笺作法与此稍有不同。例如曾广铨曾用一笺，笺纸中央以双钩隶书"无量寿"三字为底纹，右上方钤朱文长方印"聂母曾太夫人八十寿辰纪念"，左下方钤白文方印"辛未季春"。[③] 这两方印文相互配合，明确了"辛未季春"的具体所指，兼有纪年的作用。虽然笺末曾广铨只署"六月十一日"，我们却可以根据底纹文字与印文，推考此札作于作于辛未（1931）六月。

作为底纹的石刻文字，有时候扮演的是签署的作用。文人学士自制笺，有的明确标明所属，突出其个人性与专用性。郭庆藩字子瀞，其集周石鼓文而制成的集古笺，正中央是"子瀞具简"四大字，[④]他人显然不宜

[①] 第一款笺见王尔敏、陈善伟编《近代名人手札真迹：盛宣怀珍藏书牍初编》，第五册，第2383页。后两款笺皆为杨钟羲所用，见王贵忱、于景祥、王大文编《晚清名人墨迹精华》，第232—233页。按：同书第236页孙雄致子立书所用笺，乃集《兰亭集序》"己未之年暮春修禊"字样，虽是用帖，而非用碑，但用意相似，殊途同归。

[②] 见王尔敏、陈善伟编《近代名人手札真迹：盛宣怀珍藏书牍初编》，第八册，第3694—3695页。按同书第九册第4276—4277页袁树勋用笺亦以双钩"寅"字，亦有可能与此"甲寅"有关。

[③] 国家图书馆出版社编《笺素珍赏——国家图书馆藏近现代百位名人手札》，第207—208页。按：关于聂母曾太夫人及其与曾广铨之关系，详下文。

[④] 湖南图书馆编《湖南图书馆藏近现代名人手札》，第五册，第2826—2831页。

借用。徐乃昌专用笺上有双钩隶书"乃昌简"三大字,题跋云:"积馀集汉《孔宙碑》作笺。"①按徐乃昌(1866—1946),字积馀,号随庵,安徽南陵县人,是清末民初金石收藏家和书目文献学家,著有《积学斋藏书目》《积学斋藏书记》等。此笺是他自造,很符合他的身份,也能体现他的学术趣味。此笺末已有"徐乃昌敬上"的全名签署,"乃昌简"三字可以视为双重签署。谭泽闿(1889—1948)是清末民国著名书法家,字祖同,号瓶斋,自称瓶翁、观瓶翁。他曾双钩"观瓶翁集字"作笺,五字排列三行,分在两纸,其中"翁集"二字跨两纸之中缝,其下复有题跋云:"宣统弟(第)一己酉闰月制笺",钤"瓶翁"印。② 可见此笺作于宣统元年(1909),其形式又与前两款有所不同。

从书仪角度来看,书札作者在书信末尾的签署格式各有不同:或姓名齐具,甚至再钤以印章;或只有名字而不具姓;或只署别号而不著名字;更有只署"名正具""名另具""知名不具"者。文人学士自造集古笺,往往透过底纹文字,隐藏其斋名或别号,藉以暗示其姓名与身份。这种个性化的署名,可以与书札署名相辅相成,弥补某些署名不完整或者有歧义等不足。《笺素珍赏——国家图书馆藏近现代百位名人手札》收有一笺,末署"承修再拜,六月十八日",没有具体年份,也没有作者姓氏。③此书编者将作者确定为邓承修。邓承修(1841—1892),字铁香,号伯讷,广东惠阳人,历任刑部郎中、浙江道、江南道、云南道监察御史,鸿胪寺卿,总理各国事务衙门大臣,著有《语冰阁奏疏》。而根据此笺底纹石刻文字"猗文阁致辞",可知此笺真正作者为陈承修,字淮生,福建闽县人,号猗文阁主,光绪三十四年(1908)恩赏工科举人,曾任北洋政府农商部司长,精鉴赏,收藏金石碑版书帖甚富。即此例而言,这个石刻文字底纹

---

① 国家图书馆出版社编《笺素珍赏——国家图书馆藏近现代百位名人手札》,第195—196页。

② 欧金林主编《湖南省博物馆藏近现代名人手札》,第四册,第2151—2152、2221—2224、2285—2288页。

③ 国家图书馆出版社编《笺素珍赏——国家图书馆藏近现代百位名人手札》,第48—50页。

第十四章　晚清笺纸与石刻文献的"结古欢"

就是作者的另一次签署。有时候，这种签署相当重要，不可或缺。

很多时候，作为底纹、出现于手札字里行间的石刻文字，可以视为一种"潜文本"。谢灵运《登池上楼》诗云："潜虬媚幽姿，飞鸿响远音。"如果抽离原来的文本语境，脱胎换骨，赋予谢诗以新义，那么"飞鸿响远音"一句也可以理解为鸿雁传情，飞书寄远。樊增祥曾用笺，有一款是佛生集北魏郑道昭碑字，手摹双钩"飞鸿响远音"，①移诗入笺，成功实现了这种意义转换。《论语·公冶长》云："晏平仲善与人交，久而敬之。"汉《娄寿碑》亦称娄寿"温然而恭，慨然而义，善与人交，久而能敬"。② "久敬"原是传统儒家的交友之道。晚清人双钩《娄寿碑》中"久敬"二字以制笺，冯桂芬曾选用此笺，③显然有自叙友道之意。言志倾向更为直白的是行伍出身、官至中将师长的张辉瓒所用笺，笺面双钩四大字"决策千里"，"集自《张迁碑》字"。④ 考《张迁碑》中叙张迁先祖一节原文云："高帝龙兴，有张良，善用筹策，在帷幕之内，决胜负千里之外。"⑤张辉瓒与张迁同姓，笺中选用碑文中叙述张良的文字，犹如用典，大有自比张良之意。结合张辉瓒此笺抄录自作七绝一首"敬求荫老先生斧削"一事来看，显然，他有意通过此笺塑造自己能文能武、兼通谋略的将军形象。一旦加以阅读的目光扣击，这种"潜文本"就能发出悠远的回音。

梁启超自作笺不止一种，其中隐藏着其不同时期的人生旨趣。⑥ 光绪二十八（1902）至三十二年（1906）间，梁启超主编《新民丛报》时，曾以"中国之新民"为笔名，刊发了二十篇政论文章，后来辑为《新民说》。梁

---

① 陈善伟、王尔敏编《近代名人手札精选》，第40页。
② 高文《汉碑集释》，河南大学出版社，1997年，第412页。
③ 陈烈主编《小莽苍苍斋藏清代学者书札》，中册，第656页。
④ 湖南图书馆编《湖南图书馆藏近现代名人手札》，第五册，第3121页。
⑤ 高文《汉碑集释》，第490页。
⑥ 参看夏晓虹所撰《纸墨生辉：梁启超的书艺与彩笺——从梁启勋藏札谈起》，载《梁启超与现代中国："南长街五十四号"藏梁氏重要档案·论文集》，第54—59页。其中第一部分"习书留影"、第三部分"自制笺索隐"与本文所论关系尤大，特别中其梁氏自制笺，文献取材不局限于南长街五十四号梁启勋所藏札，可与本文相参照。北京匡时国际拍卖有限公司，2012年。

作为物质文化的石刻文献

启超自用笺,有一种底纹印有"新民移简",①从书体来看,当是摹自魏碑,很像郑道昭的字体。梁启超对陶渊明亦情有独钟,曾撰《陶渊明之文艺及其品格》,对陶诗推崇备至。陶渊明《答庞参军》诗云:"相知何必旧,倾盖定前言。有客赏我趣,每每顾林园。谈谐无俗调,所说圣人篇。或有数斗酒,闲饮自欢然。我实幽居士,无复东西缘。物新人惟旧,弱毫多所宣。情通万里外,形迹滞江山。君其爱体素,来会在何年?"②梁启超曾集《张迁碑》字体,写陶诗"君其爱体素"之句以自制笺。③ 以《张迁碑》为表,以《陶渊明集》为里,汉碑与晋诗相得益彰。晚清士人浸淫于中国文学传统之中,对陶渊明此诗定然烂熟于心,笺纸之上虽然只摹写一句,却足以让人油然联想起整首诗,尤其是自"物新人惟旧"以下诸句,一管弱毫,足以"情通万里外"。这样看来,作为底纹的石刻文字,相当于潜藏在手札字里行间的典故,其深长意味,有待细细体会。梁启超对《张迁碑》似乎情有独钟,除了此款笺纸中的"君其爱体素",上文提到的"别来思君,惟日有感"皆集此碑中字。④

作为社交工具,传统书札讲究礼仪周到,末尾总要善祷善颂。集古笺选用底纹文字之时,有意配合书仪,发挥礼仪表达功能。或为祝嘏之辞,寄托对收信者的良好祝愿。缀云阁制笺,有一款集摹汉甘泉宫瓦中的"大吉昌""宜子孙"等字样,侧题:"金石文,剡溪纸。现祥光,吉利字。甲戌春日缀云摹。"⑤这是当时人们普遍接受的一种心理。小沤舫主人曾摹汉《石门颂》字作笺,笺面上是双钩隶书"为君颂"三字,即是为对方

---

① 王贵忱、于景祥、王大文编《晚清名人墨迹精华》,第 275 页。
② [晋]陶渊明撰,逯钦立校注《陶渊明集》卷二,中华书局,1979 年,第 51—52 页。
③ 王贵忱、于景祥、王大文编《晚清名人墨迹精华》,第 274 页。另见王尔敏、陈善伟编《近代名人手札真迹:盛宣怀珍藏书牍初编》,第四册,第 1648、1651 页。
④ 按:"别来思君,惟曰有感"笺有两种,题跋不同,一作"沧江集《张迁碑》字",一作"饮冰室集《张公方碑》",见王尔敏、陈善伟编《近代名人手札真迹:盛宣怀珍藏书牍初编》,第四册,第 1628—1643 页。
⑤ 梁颖编著《尺素风雅·明清彩笺图录》,上册,第 200 页。

祷颂之意。① 谭泽闿所制笺,有一款集摹"如意"二字,②亦含此意,可谓言简而意赅。现代著名学者沈兼士(署话兰室主人)和著名画家张大千都曾双钩《瘗鹤铭》中的"鹤寿"二字作笺,显然,"鹤寿"含有希望收信者长寿的良好祝愿。③ 或为对收信者的勉励。清末民初,江西九江人刘廷琛(1867—1932),号潜楼,又号介石山房主人。他从唐李邕《麓山寺碑》中集得"介石山房主人拜手上书足下为道自重"。④ "为道自重"亦即"为道珍重",在传统书札中是屡见不鲜的。

四、造笺用石:文人雅玩与士大夫趣味

现存集古笺实物材料中,未见早于道光(1821—1850)时代者。这里有必要对两款彩笺略作辨证。一款是晚清杨翰(?—1882)所用笺,底纹是"鹤寿"二字,并附跋云:"乾隆辛亥秋八月六日响拓于石墨书楼,覃溪。"⑤乍一看,这很像是翁方纲所制集古笺,但联系其使用者的时代来看,此笺应出晚清人制作,只是利用了翁方纲当年的摹本书迹而已。另一款是清人沈景修(1835—1889)所用诗笺(录其所作《水调歌头·元夕大雪》词),其底纹为汉"公乘伯乔残题名"双钩隶书三行。左下方题跋云:"何梦华摹勒于南昌县学,公之束记。"又钤"公束"朱文方印。⑥ 按此残石宋人已有著录,⑦但此笺所据并非原石,而是何梦华在南昌的摹勒

---

① 欧金林主编《湖南省博物馆藏近现代名人手札》,第五册,第 3031—3032 页。
② 欧金林主编《湖南省博物馆藏近现代名人手札》,第四册,第 2259—2260 页。
③ 罗振玉曾用沈兼士作笺,见王贵忱、于景祥、王大文编《晚清名人墨迹精华》,第 249 页。张大千作笺自用,见欧金林主编《湖南省博物馆藏近现代名人手札》,第五册,第 3112 页。
④ 王贵忱、于景祥、王大文编《晚清名人墨迹精华》第 256 页收有刘廷琛致节庵(梁鼎芬)书,即用此笺。
⑤ 梁颖编著《尺素风雅·明清彩笺图录》,上册,第 203 页。
⑥ 此笺见梁颖《说笺》(增订本),第 75 页。又见梁颖编著《尺素风雅·明清彩笺图录》,上册,第 199 页。
⑦ "公乘伯乔残题名",[宋]洪适《隶续》卷二已著录,见中华书局影印洪氏晦木斋刻本《隶释·隶续》,1985 年,第 305 页。

本。何梦华即何元锡（1766—1829），字梦华，钱塘（今浙江杭州）人，清代藏书家、金石学者，曾助阮元编撰《两浙金石志》。此笺实际制作者是张鸣珂（1829—1908），原名国检，字公束，号玉珊，晚号寒松老人、窳翁，浙江嘉兴人，工词，藏书逾万卷。所著有《寒松阁谈艺琐录》《寒松阁诗集》《寒松阁词》等。① 此笺并非盛清古物，而是晚清的制作，沈景修用的是友人张鸣珂所制笺，而不是前贤传下的古笺。②

晚清集古笺盛行一时，在两个方面表现最为突出：一方面是笺纸店制作，说明此类笺纸当时已经形成市场；另一方面是文人学者纷纷动手制作，说明在市场化经营和规模化生产之外，还有一种个性化的追求。虚白斋是晚清最有名的笺纸店之一，其所造集古笺中，有一款双钩隶书"五凤"二字，题跋云："小桃花盦长钩摹五凤残石，虚白藏笺"，后钤朱文印"小桃花盦长"。③ 笺纸店既面向市场造作集古笺，也受文士之委托而制作其专用笺，如张裕钊所用"己卯"纪年笺，就是委托玉雪斋制作的。④ 就个人专用而言，这种情况与文士自造并无本质区别，只是文士不曾亲自动手而已。

还是一种情况既非文士自造，亦非委托笺纸店制作，而是朋友代为制作。例如黄遵宪所用笺，多为特制的集古笺，今所见者，至少有三种。第一种上有双钩隶书"宪所上书"四大字，附跋"宋拓《夏承碑》字，季清集，饷公度"，⑤ 表明这是友人的赠品，又是黄遵宪的专用笺。《夏承碑》是汉碑名品，附跋特别说明字样出自宋拓，更可见其稀罕珍贵。第二种

---

① 何元锡、张鸣珂二人事迹，参看李玉安、黄正雨编著《中国藏书家通典》，中国国际文化出版社，2005年。

② 顺带提及，沈景修对用笺颇为讲究，他曾致书友人，请其代购虚白斋诗笺，因为"甬上虚白斋诗笺极好"，"需用甚急"，"拜求照样每种代购二百张，即日寄下"。见梁颖编著《尺素风雅·明清彩笺图录》，上册，第202页。

③ 本书编写组编《清代名人书札》，第四册，第758—760页。

④ 本书编写组编《清代名人手札》，第二册，第380页。按：同书第412页录有张裕钊所用另一笺，朱墨"贵寿无亟（极）"四大字，另题"张氏作"，"《易林》语集古砖瓦字，光绪辛巳至日，沇志"，又钤"静庐"朱文长方印。则此笺为张裕钊子张沇（号静庐）所制，盖亦受其父之命。

⑤ 王贵忱、于景祥、王大文编《晚清名人墨迹精华》，第159—160页。

则以双钩楷书"公度上书""景慈恩本《圣教序》"字,造此楉(笺)寄公度"。① 第三种则是两页合体,联成"黄公度启事之书","启"字正好位于两页笺纸连接之处,诸字魏碑体双钩;前后页附跋合为"吴季清景《禅静寺刹前铭》"字,造楉寄黄君",②二跋句意亦是前后蝉联。因此,"黄公度启事之书"等可以说是一种特别的集古套笺。造笺者吴季清,名德潚,四川达县人。梁启超《饮冰室诗话》云:"达县吴季清先生德潚,作令西安,庚子义和之变,为乱民所戕。阖门及难。识与不识。莫不痛心。……先生至德纯孝,而学识魄力迥绝流俗,尤邃佛理,自号双遣居士。……在报中见黄公度有《庚子三哀诗》,其一即季清先生也。"梁启超与其子吴铁樵"约为兄弟交,而父事季清先生"。③ 所谓《庚子三哀诗》,即今存《人境庐诗草笺注》卷十之《三哀诗》,哀悼三位死于庚子义和团之乱的士人,吴德潚即其中之一。④ 吴德潚为黄遵宪造笺,既是二人交好之证,其选用《圣教序》与《禅静寺刹前铭》,亦可见"尤邃佛理"之旨趣。黄遵宪还有一款专用集古笺,前有双钩隶书"公度拜手上书"六字,分为三列,每列二字,后附说明:"集《史晨飨孔庙后碑》",也是友人为其特制的。⑤

郭则沄(1882—1946),字啸麓,号蛰云,侯官(今福建福州)人,郭曾炘长子,光绪二十九年(1903)进士,甫冠即入翰林,曾撰有《十朝诗乘》等。⑥ 他是黄遵宪的后辈,虽然出生于十九世纪,但主要生活在二十世纪前半叶,其制笺用笺,仍沿袭前辈的流风余韵。他曾请逊园专门制作集古笺,其笺集《张迁碑》中的"云白"二字,双钩置于笺纸中央,其下另有

---

① 王贵忱、于景祥、王大文编《晚清名人墨迹精华》,第 161—162 页。
② 王贵忱、于景祥、王大文编《晚清名人墨迹精华》,第 163—164、165—166 页。
③ 梁启超著,舒芜校点《饮冰室诗话》,第 17 条,人民文学出版社,1959 年,第 13—14 页。参看同书第 51 条,第 38—40 页。
④ [清]黄遵宪著,钱仲联笺注《人境庐诗草笺注》,上海古籍出版社,1981 年,第 1004—1013 页。
⑤ 黄遵宪致梁鼎芬札,见《黄遵宪请节庵同年撰书联》,载方继孝著《旧墨记——世纪学人的墨迹与往事》,国家图书馆出版社,2005 年,第 14—16 页。
⑥ 林公武主编《二十世纪福州名人墨迹》,福建美术出版社,2002 年,第 79 页。

作为物质文化的石刻文献

以《张迁碑》隶书风格书写的两行说明:"蛰云属逊园钩《张迁碑》字。"①按:"云白"二字显然是"蛰云白"之意,可见此为郭则沄个人专用笺,是郭则沄特地定制的。制笺者"逊园",很可能即是孙葆谦(1876—1953)。孙葆谦,字逊园,近代教育家、书法家,浙江海宁人,光绪二十一年(1895)秀才,废科举后,立志办学,在家乡从事教育事业多年。其年辈与郭则沄相若,其书法造诣颇深,故有可能为郭氏制笺。

晚清文士制笺成风,参与制作与使用集古笺的文士很多。其中既有梁启超这样的政坛风云人物,也有黄遵宪这样的著名诗人,更有金石学者如陈介祺、杨守敬、吴大澂、徐树钧、叶昌炽、盛昱、缪荃孙等。缪荃孙曾帮助缪朝荃"钩摹甲辰各石刻",以备制作"甲辰(光绪三十年,1904)笺"之用。② 此风延续到民国初年,以至二十世纪二三十年代,仍有不少文人学者作集古笺自用,如著名书法家谭泽闿。虽然亦有用鼎铭、铜盘、汉洗以及砖瓦文字制笺者,总体来看,其使用范围不及石刻广。③ 参与制造使用集古笺的,尽管其地位身份不尽相同,但大多数是对于金石之学怀有浓厚兴趣的文人学者,尤其是致力于收藏研究金石的学者。这个例子也可以证明,以石为笺的风气兴起于晚清,是与嘉道以还碑学日益兴盛的学术大势分不开的。

---

① 林公武主编《二十世纪福州名人墨迹》,第80页。按:此笺是郭则沄致遐庵(叶恭绰)手札,所言乃宣炉收藏、书籍(词集)寻访等事。

② 缪朝荃致缪荃孙第四札、第五札,见谢冬荣整理《艺风堂同人尺牍》,载《中国典籍与文化论丛》,第16辑,凤凰出版社,2014年,第365页。按:民国年间始出、近年又重新出版的《故宫日历》中,每日皆撷取各石刻墨迹,与缪氏"钩摹甲辰各石刻"的做法一脉相承。

③ 清秘阁曾双钩鼎彝文字为笺,见洪银兴主编《南京大学藏近现代名人手迹选》,下册,第166—167页。左宗棠与黄彭年曾用过一款底纹相同的笺,其底纹皆为唐代泥制浮雕佛像背后的砖刻文字:"大唐善业泥压得真如妙色身",楷书双钩。但左氏所用出自"味佛谛庵"(陶方琦?),字划线条皆为红色,见湖南图书馆编《湖南图书馆藏近现代名人手札》,第三册,第1432页;黄彭吾所用却是"吾好斋制笺",字划线条为浅黄色,见王贵忱、于景祥、王大文编《晚清名人墨迹精华》,第9页。亦偶见有混合两类古物为笺者,如缀云斋曾合摹墓砖与瓦当以制笺,见梁颖编著《尺素风雅·明清彩笺图录》,上册,第201页。

第十四章　晚清笺纸与石刻文献的"结古欢"

"尺牍书疏,千里面目也。"①其本意是说,从尺牍书迹中可以看到书者的个性面目。从文士自造集古笺中,也能觇见各自不同的书法宗尚及其学术趣味。谭泽闿的书法师法何绍基,上溯颜真卿,用功甚深,受益匪浅,他甚至因此而自号"宝颜堂"。其自作笺也好集颜字兼及何字。他有一款自制的集古笺,使用相当频繁。笺面有双钩"我余堂"三字,自右上向左下斜行,布局别出心裁,其题跋云"辛未六月,瓶翁钩《郭家庙碑》字"。②《郭家庙碑》全称《有唐故中大夫使持节寿州诸军事寿州刺史上柱国赠太保郭公庙碑铭》,颜真卿撰并书,立于广德二年(764)。碑中的"郭公"指的是郭子仪。此碑是颜真卿书法的代表作之一。谭泽闿与何绍基(1799—1873)虽然年代不相接,但终究相去不远,谭氏曾集何绍基隶书字,并且"过金作笺",③足见他对何绍基书法的喜爱与推崇。

前述黄遵宪专用笺涉及汉碑、魏碑以及唐碑三种,皆是在金石学和书法史上影响甚大的传世名碑。《夏承碑》《圣教序》早负盛名,惟《禅静寺刹前铭》较为晚出。所谓《禅静寺刹前铭》,全称《禅静寺刹前铭敬史君之碑》,亦称《禅静寺造像碑》或《敬史君碑》,建于东魏兴和二年(540),位于今河南省长葛市老城镇和平村第十四初级中学院内。晚清书法界对其评价极高,如康有为《广艺舟双楫》将其列为碑品中的"逸品上",称为"静密茂穆之宗",并称邓石如楷书即由此出。④沈曾植对《敬史君碑》也情有独钟,称"此碑不独可证《兰亭》,且可证《黄庭》","盖南北会通,隶楷裁制,古今嬗变,胥在于此"。⑤ 杨守敬则赞此碑"古厚精劲,不肯作一姿媚之笔,自是老成典型"。⑥

---

① 王利器《颜之家训集解》(增补本),卷七《杂艺篇》,中华书局,2002年,第567页。
② 欧金林主编《湖南省博物馆藏近现代名人手札》,第四册,第2167、2177、2252、2484—2491页。
③ 欧金林主编《湖南省博物馆藏近现代名人手札》,第四册,第2238页。
④ [清]康有为《广艺舟双楫》,中国书店,1983年,第44页。
⑤ [清]沈曾植《海日楼札丛·外一种》,中华书局,1962年,第51,52页。
⑥ [清]杨守敬著,陈上岷整理《激素飞清阁平碑记》卷二,谢承仁主编《杨守敬集》,第八册,湖北人民出版社,1997年,第559页。

作为物质文化的石刻文献

  杨守敬曾有致陶斋（端方）手札五纸，所用皆其个人专用笺，占据笺纸中央四分之三位置的是双钩"邻苏园"三大字，隶字而带有篆意。笺纸上虽然没有交代字样出自何种石刻，但至少可以确定，此笺亦是遵循集古笺的思路，而为杨守敬本人特制的。杨守敬与端方两人皆为晚清著名金石家，这封信中谈到金石考订及拓本传观之事，选用这一笺纸，不仅符合杨守敬金石学家的身份，也吻合他与端方交往这一社交情境。①

  集古笺的个性化设计之中，也包括限定其使用场合。纪年笺限定使用的时间，签署笺限定了使用者；还有一些笺则限定于某些特定场合，比如，有人"集汉《史晨后碑》字""歌吹余音"，作成"冰□山馆诗余笺"，本意是备诗余创作场合专用。相对于纪年笺和签署笺而言，这种笺似乎可以有所变通。左宗棠就曾用这种诗余笺来写作布置军事防务的书札。②

  自作花笺意在彰显个性，突出其独一无二、与众不同，但始终只用一种花笺，也不免单调。自作笺中的套笺于是应运而生。自作套笺既能保持个性风格，自成体系，又能同中求异，有所变化，适合调剂适用。晚清学者中，金石学家叶昌炽的自制套笺最具个性，也最有规模。

  在晚清金石学史上，叶昌炽（1849—1917）是最值得重视的人物之一。他对传统石学条分缕析，梳理成具有近代学术体系的论述，撰成《语石》一书，煞费苦心。他对石刻文字的专注与喜爱，也表现在各个方面，包括集古笺的制作。就目前所知，他自造的集古笺至少有三套。第一套是双钩汉碑文字而成，他自称为"鞠常集隶笺"。这个系列具体有多少品种，暂时无法确知，所可知者，其中有双钩"汉史晨飨孔庙后碑"中"治廥"

---

  ① 王贵忱、于景祥、王大文编《晚清名人墨迹精华》，第 120—124 页。按：手札中言："所嘱考证金石，不敢辞劳，但恳饬工人以拓本寄我，勿任翘企。"同书第 125—126 页录杨守敬致节庵（梁鼎芬），请其代撰缪荃孙七十寿联之事，即未用此笺，似可为旁证。

  ② 本书编写组编《清代名人书札》，第一册，第 145 页。"冰□山馆"第二字为墨迹所掩，未能辨识。

二字,为"鞠常集隶笺第一"。① 按"庿"通"墙","治庿"为叶昌炽曾用斋号之一,可见这属于其自造签署笺之一。第二套为"缘督庐自造笺"。叶昌炽曾双钩《杨孟文颂》(即《石门颂》)中的"南阳"二字为笺,并且列为"缘督庐自造笺之四",②可见此一套笺至少有四样。"南阳"是叶昌炽的郡望,其诗《清明后八日,偕十弟上冢,由紫石山赴楞伽舟中作,二十四叠前韵》自注云:"寒家郡望亦南阳,前年自陇归,植短碣,题曰南阳阡。"③则此笺底纹文字意在自表家世身份。第三套为"幢笺",即以陀罗尼经幢为底纹制笺,取其"陀罗尼"三字(双钩)为图,自成系列,今可见者,则有"幢笺二"。④ 由此看来,叶昌炽以石刻文字造笺不是一时心血来潮,而是有计划、有规模的行为。众所周知,陀罗尼经幢是叶昌炽金石收藏的重点,也是其突出特色之一,叶氏用"五百经幢馆"为其室名,即可见一斑。以石刻尤其是经幢制笺,这种行为与他的金石家身份相宜相成,也宣示了他的收藏特长。

自作套笺的风气一直延续到清末民初,梁启超、林葆恒等人皆有自作套笺。林葆恒(1881—1959),字子有,号讱庵,福建闽县(今福建福州)人,曾留学美国哥伦比亚大学,1910 年 9 月回国,被清廷认定为文科进士,并授翰林院编修。他一生爱好金石书画,精于词学。他曾自制套笺,以自号"有道"作为底纹。此套笺现在至少还能看到两款。一款是隶书双钩"有道"二字,题跋云:"丙辰七月三日集大山经石文字,有道";⑤另一款是朱笔行草书"有道"二字,题跋云:"壬申伏日讱盦制"。⑥ 据林氏

---

① 陈烈主编《小莽苍苍斋藏清代学者书札》,下册,第 1020—1023 页。
② 任晓炜《缘督庐的金石世界》,中国美术学院 2009 届硕士论文(范景中教授指导),前附图版 5—1、5—2。采自李性忠主编《浙江图书馆藏名人手札选》,浙江人民出版社,2000 年,第 296 页、第 297 页。
③ 叶昌炽撰,刘效礼点校《叶昌炽诗集》,华东师范大学出版社,2012 年,第 136 页。
④ 任晓炜《缘督庐的金石世界》,前附图版 9。采自《近代名家书法大成》编纂委员会编,《近代名家书法大成》,第一册,上海书画出版社,1998 年,第 62—63 页。
⑤ 国家图书馆出版社编《笺素珍赏——国家图书馆藏近现代百位名人手札》,第 213 页。
⑥ 柏江藏品,见浮生漫记新浪博客 http://blog.sina.com.cn/kingty2007

作为物质文化的石刻文献

行年考察,这两样花笺分别作于1916年、1932年。虽然相隔16年,这套集古笺的制作仍然秉承一以贯之的思路。

集古笺选用哪些石刻文字,从一个特定角度折射了晚清金石学的发展。对域外石刻尤其是海东石刻的特别关注,就是晚清金石学发展的最新热点之一。刻立于唐高宗显庆五年(660)八月的《大唐平百济国碑铭》,虽然已为《金石萃编》著录,但实际上罕为人知,其拓本流传相当稀罕。连见闻广博的王昶也承认,此碑"远在海东,无人传拓,诸金石家皆未著录",其门生常熟言朝标持此碑拓本相赠,"而未悉其拓从何处",最后,王昶甚至说,"此碑或摩崖,或碑石,皆不可知"。[1] 晚清以来,随着海东石刻日益引人注目,此碑也逐渐广为人知,倍受金石收藏家的青睐。[2] 琉璃厂碑估王某专程"渡海精拓",带回了很多拓本,叶昌炽得到其中一本,"以校《萃编》所录,溢出百余字",喜形于色。叶昌炽还称此碑权怀素书法"重规叠矩,鸿朗庄严,与河南三龛异曲同工"。[3] 晚年避居山东青岛的劳乃宣,曾双钩《大唐平百济国碑铭》中的"劳山"二字以作笺,[4]借此向亲友报告自己现在的寓居之地,同时也表达了自己对此碑书法的由衷喜爱。而《大唐平百济国碑铭》拓本的流传情况,也可以从这一集古笺中觇知一二。

清末民初,洛阳汉太学旧址出土了不少汉石经残石,当时的金石家们兴奋不已。[5] 顾肇新致盛宣怀(1844—1916)札,所用笺即以金石家吴大澂双钩本汉石经《尚书·般庚篇》残字。[6] 墨景斋主人、洛阳碑贾出身

---

[1] [清]王昶《金石萃编》卷五三,陕西人民美术出版社影印扫叶山房民国十年石印本,1990年。

[2] 据《石刻题跋索引》统计,晚清以前为此碑题跋者,除了海东洪良浩外,只有王昶一人,而晚清以来则有冯登府、刘喜海、郑业斅、徐树均、刘承干等人,这个统计还不包括《石刻题跋索引》未列入的晚清文献。详情参看杨殿珣编《石刻题跋索引》,商务印书馆,1995年,第518页。

[3] 叶昌炽撰,柯昌泗评,陈公柔、张明善点校《语石·语石异同评》,第141页。

[4] 陈烈主编《小莽苍苍斋藏清代学者书札》,下册,第946—948页。

[5] 参看叶昌炽撰,柯昌泗评,陈公柔、张明善点校《语石·语石异同评》,第185页。

[6] 王尔敏、陈善伟编《近代名人手札真迹:盛宣怀珍藏书牍初编》,第四册,第1484—1485页。

第十四章 晚清笺纸与石刻文献的"结古欢"

的近代金石收藏家郭玉堂(1888—1957),曾钩摹汉石经《论语·阳货篇》残文而作笺。他曾与时任金陵大学中国文化研究所主任的李小缘通信,介绍洛阳出土石刻情况,所用信笺即属于此一款式。① 造作并使用此笺,不仅是他的"当行本色",也使此信内容与形式完美契合。

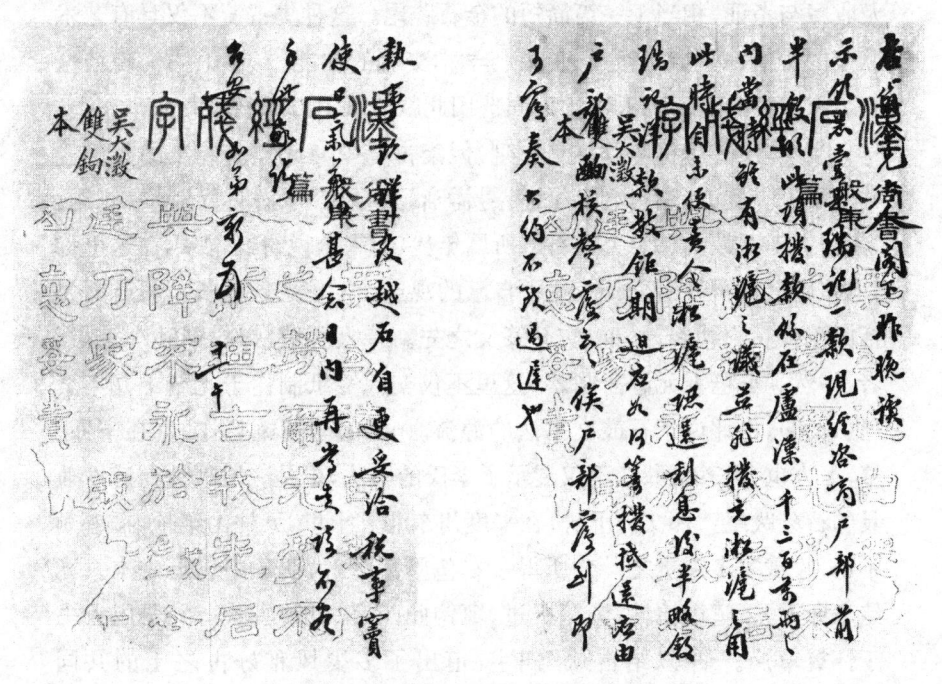

图 16　顾肇新所用汉石经残字笺纸

翁同龢所用笺,有一款是摹写(实心字)"太初二年三月造作则"砖文,并附长篇跋尾云:"《太初三年砖》字法遒古,在篆隶之间,无异曲阜《五凤二年石刻》也。欧阳公尚以西汉之物为不易得,可勿宝诸?吴门王寿生近赠本,云:'作则者,当以修浚宫室先进式样所用。'同治七年春正月,橅于有斐堂之镜舫。"② 这是一段不折不扣的石刻跋尾,与欧阳修《集

---

① 洪银兴主编《南京大学藏近现代名人手迹选》,上册,第 111 页。
② 梁颖编著《尺素风雅·明清彩笺图录》,上册,第 195 页。按:此段跋尾下钤朱文方印二:"臣敬""文星阁"。

古录跋尾》如出一辙。吴大澂、王懿荣曾用过一款集古笺,右上方题"金玉双鱼"四字,中心是金玉双鱼符,符上有"九仙门外右神策军""左武卫将军传佩"字样,下方有附跋云:"唐铜鱼符,即紫金鱼也。玉符则仅见,或将军之特制与? 愙斋藏。"①不仅有图有文,图文并茂,而且题跋中涉及收藏与考证,相当于一篇简短的金石跋尾。这种集古笺不仅具有艺术欣赏的价值,而且兼具金石传播与学术交流的功能。吴、王同为晚清金石名家,趣味相投,二人不约而同选用此款笺纸,自非偶然。

当然,汉砖唐符毕竟不是石刻,但集古笺中与此异曲同工的石刻笺并不罕见。例如,郭庆藩字子瀞,号瀞斋,其自作"子瀞具简"笺右侧题:"集周宣王石鼓文字。"关于石鼓所属年代,历来众说纷纭,郭氏在这里称其为"周宣王石鼓",公开表达了自己的观点。左侧题跋更长:"石鼓文肃括闳深,与《岣嵝碑》并重,实开篆文之先。昔人所谓'蝌蚪嗣孙小篆祖'者,诚然。癸巳上元瀞斋制。"②这里不仅交代笺纸制作于光绪十九年癸巳(1893),也评说了石鼓文书法的源流。又如,李辅耀自作"岁在辛卯"笺,下方也有长篇题跋,不仅展示了李氏的书法,更是一段理性与感性兼具的石刻跋尾:"郑文公上碑,在平度州东北五十里,天柱山绝顶,揭者颇不易,收藏家多宝贵之。余所得一本毡墨甚精,为朋辈中仅见之本。光绪辛卯上元,晴窗检帖,浏览一过,辄钩此四字,以结古欢。九子山人书于怀翼草庐。"③"以结古欢"四字,道出了多少风雅好古之士的共同心声。

此外,盛昱曾用汉石经残字造笺,所钩石经残字排为四行,末一行另有跋尾云:"宋拓汉石经残字,阮文达公藏本,愙斋所得。"④虽只寥寥数语,却交代了此本宋拓汉石经的来历和流传经过。盛昱、吴大澂、王懿荣

---

① 此笺见于王贵忱、于景祥、王大文编《晚清名人墨迹精华》,第 81、148—154 页。
② 湖南图书馆编《湖南图书馆藏近现代名人手札》,第五册,第 2826—2831 页。
③ 湖南图书馆编《湖南图书馆藏近现代名人手札》,第四册,第 2486—2488 页。
④ 本书编写组编《清代名人书札》,第五册,第 1201、1203、1204 页。按:此三页笺纸同款,但第 1201 页未见跋尾一行,当是影印时截削芟除。盛昱所撰金石学著作,有《郁华阁金文》《雪屐寻碑录》《阙特勤碑释文》《重摹阮氏覆宋本石鼓文刻石》等。

都是晚清著名的金石学家,诸人所用笺附有这种跋尾,可以说身份的烙印。需要强调的是,在这种情境下,笺不仅是一种书写载体,也不仅是金石学展开的一种文献形式,更是文化情感投射的方式之一。

在民国文士之间,集古笺依然流行。商务印书馆和涵芬楼曾特制集古笺,以石刻文字、苏轼碑帖墨迹以及涵芬楼藏宋元刻黄善夫本《史记》书影等为底纹,显然是为了满足当时文士在这一方面的特殊需求。[①] 有些款式的笺是为纪念某一庆典或某一历史时刻而制作的,因而具有特别的指示时间的意义,亦即具有纪念性。1916 年,上海犹太富商哈同在其私家花园爱俪园发起成立了广仓学会,纪念造字圣人仓颉,此会由冯煦、邹景叔等人主持,其下又有仓圣万年耆老会等。凡年满六十岁,有广仓学会会员一人介绍,就可以加入耆老会。耆老会每年春秋两次大会,分别在三月二十五至二十八日和九月十五至十八日举行。[②] 1919 年(岁次己未)三月,"爱俪园举行第五次耆老会纪念,集摹汉《仓圣庙碑》字制笺"。所谓《仓圣庙碑》,通常称为《苍颉庙碑》,此笺所集摹字为"奉持德教,永寿长生"。[③] 显然,此笺是为纪念第五次耆老会而制作发行的。左宗棠季子左孝同曾用此款笺纸致书梁鼎芬。是年,左孝同(1857—1924)63 岁,他很有可能参加了这次耆老会,因而分得此笺。据此笺下方题跋,制笺者是哈同的妻子罗迦陵。哈同夫妇热衷中国传统文化,曾在爱俪园内开办仓圣明智大学,聘请王国维、费恕皆、邹景叔等人讲授中国传统文化。他还出资收购河南安阳出土的甲骨,并委请罗振玉等人整理。据知情人言,"罗迦陵不认识字",[④]这款集古笺肯定是请他人(邹景叔等人皆有可能)设计,而让出资人罗迦陵挂名的。

再举年代更为晚近的一例。曾国藩的小女儿曾纪芬(1852—1942),

[①] 笺纸样品见《南长街五十四号》藏梁氏重要档案·书信》,第 174、176—177、196、198、206 页。

[②] 李恩绩《爱俪园梦影录》,生活·读书·新知三联书店,1984 年,第 55—58 页。

[③] 欧金林主编《湖南省博物馆藏近现代名人手札》,第四册,第 1914—1915 页。

[④] 李恩绩《爱俪园梦影录》,第 250 页。按:哈同夫妇对文物碑刻甚感兴趣,编印过《艺术丛编》《慈淑楼丛帖》等,参看李恩绩《爱俪园梦影录》,第 63—65、90—93 页。

嫁于衡山名门聂缉槼。1931年岁在辛未，适值曾纪芬八十大寿，曾家专门制作信笺作为庆寿的纪念。此笺中央有双钩隶书"无量寿"三字为底纹，右上方钤朱文长方印"聂母曾太夫人八十寿辰纪念"，左下方钤白文方印"辛未季春"。本年六月十一日，曾广铨自湘来沪随侍姑母曾纪芬，曾致书友人，即用此笺。笺中所叙"此次南来，因游西湖、普陀，兼随侍姑母，未能时常访知交"，"今日已奉姑母招去，不能作算，明日午前当走辞"云云，①不仅与底纹文字相互印证，而且通过这一底纹文字，向亲朋知交报告这一喜讯。从以上二例来看，为某一大事或庆典而专门设计制作石刻底纹的笺纸，似乎是入民国之后兴起的新风气。这种纪念笺可以视为现代纪念封的先导。

谭泽闿是民国书法家中最爱以石作笺的一位。他的自作笺款式多样，值得注意。他自号瓶翁、观瓶翁、观瓶居士，自作笺有"观瓶翁集字""观瓶居士奉笺"等。"观瓶居士奉笺"乃"民国一年三月制"。② 他的室名为"天随阁"，故又钩摹"天随"二字作笺。③ 此笺是"癸丑人日制"，当民国二年(1913)。与此笺同日制作的，还有一款"唐写经龛"笺。④ "唐写经龛"是谭泽闿另一室号，他常用的一款笺纸就是"天随阁橅唐写经卷子式"。⑤ 与此同类的还有一款"北齐写经阁制笺"。⑥ 此外，他还有一款"鸥笺"。⑦ 这些文字皆出双钩，但并未交代出自何处，有些可能不是钩摹自石刻，而是谭氏手书。能够确认其钩摹自石刻者，是谭氏自作的一款有双钩"大武造"字样的笺，其题跋自言摹自《等慈寺碑》，时在"丙午"

---

① 国家图书馆出版社编《笺素珍赏——国家图书馆藏近现代百位名人手札》，第207—208页。

② 欧金林主编《湖南省博物馆藏近现代名人手札》，第四册，第2285—2288、2298—2299、2307—2308、2313—2315、2335—2338、2352—2356、2377—2382、2523页。

③ 欧金林主编《湖南省博物馆藏近现代名人手札》，第四册，第2294—2297页。

④ 欧金林主编《湖南省博物馆藏近现代名人手札》，第四册，第2316—2317页。

⑤ 欧金林主编《湖南省博物馆藏近现代名人手札》，第四册，第2329—2334、2339—2350页。

⑥ 欧金林主编《湖南省博物馆藏近现代名人手札》，第四册，第2351—2352、2373—2376、2525—2527页。

⑦ 欧金林主编《湖南省博物馆藏近现代名人手札》，第四册，第2304—2306页。

即光绪三十二年(1906)。① 谭泽闿一字大武,说明此笺亦为谭氏自造,足见谭氏作笺的历史至少可以上溯到他18岁那一年。

自作笺往往留有个人印记,只合备以自用,分赠友朋固无不可,但是他人使用终有不便。徐崇立(1872—1951),字健石,号兼民,又号瓠园,室名盍簪馆(盍簪行馆),长沙人。清光绪二十九年(1903)举人,官内阁中书。徐氏精研金石文字,于碑版考证尤精。他曾于光绪丙午(1906)作"盍簪行馆论事笺",这属于私人专用笺。奇怪的是,谭泽闿作书与徐崇立时,用的恰是这款笺纸,而且不止一次。② 不知当作何解释?

以石入笺,离不开书法家与篆刻家的参与。前述文人学士尤其是金石学者,大多精于书法。篆刻家之中,最值得注意的是清末民初的谢光。谢光(1884—1963),字磊明,号磊庐、磊翁,浙江温州人,是西泠印社早期社员、著名篆刻家。他学养广博,精篆书,善治印,还有很高的缩临扩临的造诣。他曾参与戏鸿堂制笺,就现存笺札来看,他曾为之双钩节临《瘗鹤铭》中的"鹤寿"二字,③双钩扩临汉武梁祠画像中的"使者"二字,④双钩扩临汉华岳庙碑中的"功曹"二字,⑤等等。谢光作为集古笺制作者的形象跃然纸上。从这一角度来看,笺被称为石刻、书法与篆刻等艺术的综合结晶,是当之无愧的。

五、结语

兴起于嘉道之际的碑学,到晚清日益繁盛,人们对石刻这一文献资源越来越重视,并发掘出了更多推广利用这一资源的途径。剪裱拓本这

---

① 欧金林主编《湖南省博物馆藏近现代名人手札》,第四册,第2443—2446页。
② 欧金林主编《湖南省博物馆藏近现代名人手札》,第四册,第2253—2254、2257—2258页。
③ 欧金林主编《湖南省博物馆藏近现代名人手札》,第四册,第2501页。
④ 欧金林主编《湖南省博物馆藏近现代名人手札》,第四册,第2505页。
⑤ 欧金林主编《湖南省博物馆藏近现代名人手札》,第四册,第2506页。

作为物质文化的石刻文献

种整理碑帖的传统方式,在这一时期也有了新的发展,例如对残本碑帖进行重新拼接,集腋成裘,与古为新。管庭芬友人曾得董其昌"所书仲长统《乐志论》大幅四字(纸),已不全,残缺过半",嘱其"剪裁其字","集句成联"。管庭芬"因拈《论》残字,得联凡七"。[①] 即是其中一例。叶昌炽也经常利用一些零散的名家石墨作为"百衲料",集零为整,拼合成"百衲帖"。[②] 从石刻碑帖中集字作笺,其思路与此相近。从石刻碑帖中集字,首先要袭用石刻文字的字形,这是对石刻碑帖形式因素的利用;另一方面则是通过字与字之间的位置调整,组成含义一新的新句子。这是对原石内容因素的扩充与更新,用习见的词语来说,这是"旧瓶装新酒",用专业术语来说,这是不同文献形式的杂交、变种,是跨类别、跨界限的文献更生。

古代文士常将文献视为雅玩,沉迷其中,以石为笺,就是这种雅玩态度的表现。移石入笺,说明石本与纸本之间并没有不可跨越的界限。此类跨界的文献融合与衍生,构成中国文献文化史的特色之一。正是多种文本的重叠交叉,多种文献形式的重叠交叉,使得中国古代文献文化既错综复杂,又丰富多彩。

古代石刻文献有写本、刻本、拓本、辑本等四种不同形态,可以简称为"四本"。[③] "四本"之间既有明显不同的媒介材质,又有界限分明的功能区隔,更值得注意的是,"四本"还彼此交流融通,相互转换,构成错综复杂的关系网络。写本出现年代早,是最原始的文献形态。在龟甲兽骨、青铜彝器、竹简木牍之上的锲刻,就是当时流行的书写方式,甲骨文本、金文文本和简牍文书,离不开书写和镌刻,以其不可复制,故亦具有写本的特性。石刻文献的物质载体是石料,书写和镌刻是石刻成立不可

[①] 张廷银整理《管庭芬日记》道光二十一年辛丑(1841)四月廿五,第三册,中华书局,2013年,第1042页。原文"四字"之"字",似是"纸"之讹。

[②] 参看叶昌炽《缘督庐日记》(江苏古籍出版社,2002年),戊戌十月初七、十月十六、十月二十、十月廿五、十一月初四,己亥二月廿八等。

[③] 详参程章灿《石刻文献之"四本论"》,《四川大学学报》,2022年第5期,修订后收入本书第二章。

第十四章　晚清笺纸与石刻文献的"结古欢"

或缺的两道工序。极少数石本直接书丹上石,而大多数石本则是先有写本,再据写本模勒刻石。每个石刻背后,都隐藏着写本的身影。拓本自石刻衍生,其物质媒介由石而纸,其生产方式由书刻而拓印,容易复制,又与石刻迥然不同。刻本(石本)依据写本所提供的内容,以锲刻为生产手段,实现文图入石的媒介转换。辑本则以批量生产为目的,就刻而言近于刻本,就印而言近于拓本。中国文化史为这四种文献形态的因依转换,提供了左右逢源、相成相生的方便。以石为笺,既需写本的书写技巧,又要刻本的钩摹工夫,既有拓本的仿真追求,又有辑本的印刷方便,它将"四本"完美融合于一身,为我们研究这一问题提供了一个典型的案例。

第十五章
晚清士风与碑拓流通

晚清72年,经历了道光后期(1840—1850)、咸丰(1851—1861)、同治(1862—1874)、光绪(1875—1908)以及宣统(1909—1911)五朝。其中,光绪一朝长达34年,几乎占据晚清一半岁月,最为引人注目。晚清时局动荡,第一次鸦片战争、太平天国、第二次鸦片战争、洋务运动、中法战争、戊戌变法、庚子事变以至辛亥革命等历史事件纷至沓来,然而,士人集古玩碑的风气,不但未曾衰减,反而与日俱增,与时局形成了强烈的反差。此一局面的形成,既有士人逃避时世的因素,更是有清一代学风发展的必然之势。

肇始于北宋的士人集古之风,到乾嘉时代盛极一时。以王昶《金石萃编》、钱大昕《潜研堂金石跋尾》和翁方纲《两汉金石记》等书为代表的金石学,是乾嘉考据学中最为耀眼的领域之一。盛清士人雅好集古,疆臣大僚如毕沅、阮元等亦不例外。他们收藏碑拓,令属下官吏访碑,辇运藏石,还在幕府中养士,以编撰金石著作自娱。身历乾隆、嘉庆和道光三朝的阮元(1764—1849)和包世臣(1775—1855),是嘉道碑学兴起的两位关键人物。[①] 阮元的《南北书派论》《北碑南帖论》和包世臣的《艺舟双楫》,鼓吹北碑的艺术价值,激起了士人对于碑拓空前的收藏兴趣和研究热情,"迄于咸同,碑学大播,三尺之童,十室之社,莫不口北碑,写魏体,

---

① 叶鹏飞《碑学先声:阮元包世臣的生平及其艺术》,上海书画出版社,2005年。

盖俗尚成矣"。① 随着"碑学大播",咸同光宣四朝碑拓之玩赏、买卖与流播,成为其时士风与学风的重要内涵与突出特点,实在顺理成章,犹如水到渠成。

一、晚清士风、学风与碑拓流通

对于晚清的学风,清末民初学者早有敏锐的观察。震钧《天咫偶闻》云:"方光绪初元,京师士大夫以文史、书画、金石、古器相尚,竞扬榷翁大兴(方纲)、阮仪征(元)之馀绪。当时以潘文勤公(祖荫)、翁常熟(同龢)为一代龙门,而以盛(昱)、王(懿荣)二君为之厨顾。……厂肆所售金石、书画、古铜、瓷玉、古钱、古陶器,下至零星砖甓,无不腾价訾声。而士夫学业,亦不出考据、鉴赏二家外。"②胡思敬《国闻备乘》卷二"朝士嗜好"条亦有类似的概括:"光绪初年,学派最杂,潘祖荫好金石,翁同龢、汪鸣銮好碑版,洪钧、李文田好舆地,张之洞好目录,张之万好书画,薛福成、王先谦好掌故,虽不能自成一家,亦足觇其趋向。"③这种学风既然成为"朝士嗜好",也就可以称为士风。不管是震钧笔下"光绪初元"的"士夫学业",还是胡思敬所谓"光绪初年学派",其实皆可认为是晚清学术的代名词。

早在道同时代,这种学风即已兴起。例如,同治十一年(1872)夏,潘祖荫发起"消夏六咏"唱和,"六咏"的题目分别为揭铭、读碑、品泉(钱)、论印、还砚、检书。先后参与者有张之洞、王懿荣、严玉森、李慈铭、胡澍、陈乔森六人。七月五日,潘祖荫又组织郑康成(玄)生日雅集,参加者除上述六人外,又增加陈彝、谢维藩、许赓扬、吴大澂、顾肇熙五人。④ "消

---

① [清]康有为著,姜义华、张荣华编校《广艺舟双楫》卷一《尊碑第二》,中国人民大学出版社,2010年,第12页。
② [清]震钧《天咫偶闻》,北京古籍出版社,1982年,第71页。
③ 胡思敬《国闻备乘》,中华书局,2007年,第53页。
④ 预此雅集的张之洞有诗存世,题为《潘少司农嗜好郑学,名其读书之室曰郑盦,属张掇张君据高密汉人石刻画像模写为图,以同治十一年七月五日康成生日置酒展拜,会者十一人,因题小诗二首》,载赵德馨主编《张之洞全集》,第12册,武汉出版社,2008年,第10486页。参看陆胤《同光体与晚清士人群体》,《国学研究》,第22辑,北京大学出版社,2008年,第303—350页。

367

夏六咏"的前三题，皆与金石学相关，而且，参加这两场雅集的文士中，潘、王、吴、顾等人，都是晚清有名的金石学家。易言之，金石碑拓可以说是这一时期"士夫学业"的核心。值得注意的是，被《国闻备乘》列为金石碑版之学核心人物的潘祖荫和翁同龢二人，其实代表了这样一类人物：他们出身世家，科举高第，或贵为帝师，或位居清要。他们所组织的艺文雅集，以及以他们为中心的精英文士社交圈子，对引领一时士风产生了显著作用。光绪初年的这种学风，推演而为晚清一代士风，与这些核心人物的影响是分不开的。围绕这类核心人物，京城士大夫形成了金石碑版之学的第一层核心圈，而外省士大夫又通过种种人事流徙和碑拓传递，构成第二层核心圈。于是，这种学风和士风不仅覆盖了晚清时代从京城到地方、从上到下的广大空间，又因为声气相通、嘤鸣相求，而构成了细密的网状联结。

除了被当时京师士大夫尊为"一代龙门"的潘祖荫和翁同龢二人之外，在京城之外，一些晚清疆臣达官也组织幕僚进行艺文雅集，上继盛清毕沅、阮元二公之盛，并与京师潘、翁二人形成内外呼应之势。这里可以举张之洞武汉幕府（1889—1907）为例。彼时张氏幕府中，聚集了众多海内学者名士，举其要者，则有杨守敬、顾印愚、周家禄、辜鸿铭、吴保初等，他们相与讲求金石、舆地、书画、辞章之学，蔚为一时之盛。[①] 当然，即使武汉这样的地方中心，或者如苏州那样的文化古城，其所拥有的学者人脉与文物资源，与京师相比，无疑都是相形见绌的。

不过，京师及外省已经成名的金石学家，也可以通过言论及其著作，对外地有金石碑拓兴趣的年轻士子，产生积极的影响。光绪二十七年（1901）十一月，已经卓然成家的金石学者叶昌炽为其甫脱稿的《语石》撰写自序时，曾回忆自己从事金石之学的经过。他早岁在家乡苏州之时，就已经与王颂蔚、管礼耕等人"从事碑版之学"，"又习闻缪筱珊（荃孙）、魏稼孙（锡曾）两公之绪言"，但真正大开眼界，升堂入室，乃在"通籍居京师"之后。那时，他才有机会"与陆蔚庭（继辉）、王廉生（懿荣）两前辈、梁

[①] 陆胤《同光体与晚清士人群体》，第 303—350 页。

杭叔(于湄)同年、沈子培(曾植)比部游,上下其议论,益浩然有望羊之叹"。① 他在《语石》一书中,不止一次提到他得益于当时"京都士大夫以金石相赏析"的风气。沉浸于这种风气中的京师士大夫,往往"捐俸醵资,命工访拓"。②"士大夫既屡有集资拓碑之举,碑贩亦往来奔走,每遇新品,必致都下。"③于是,都下自然成为碑拓集散的中心,"欲网罗古刻,非至都门,终为坐井观天"。④

碑拓汇聚京师与京师士大夫金石相赏的风气之间,是彼此推进、互为因果的。京师士风的需求,吸引了碑拓的汇聚;而大量碑拓汇聚京城,更进一步推扇了士夫赏玩金石的风气,并由都中而遍及都外。古刻碑拓兼具文物与商品的双重身份。作为文物,它们便于观赏、携带、交换,为士人从事金石之学提供了极大的方便;作为商品,它们被迅速雅玩化、礼品化,成为京城社交圈中的宠物,其流通上及疆臣,下至举子:"疆臣述职而来者,举子之与计吏偕者,选人之赴部者,骚人墨客,游食于兹者,莫不携其乡之名迹,以当羔雁。故有穷荒绝徼、著名难得之碑,厂肆时或见之。"⑤这些赘礼又通过流通渠道进入厂肆,丰富了厂肆的货源。叶昌炽就曾从厂肆碑估手中,买到来自遥远的广东、广西、云南乃至西夏的碑拓,几有"踏破铁鞋无觅处,得来全不费工夫"之慨。京师成为名副其实的碑拓流通中心。

要之,晚清时代盛兴的碑学学风,为士大夫赏玩碑拓营造了大的时代氛围;而上至疆臣高官,下至举子选人,各阶层文士出于各自不同的需要,以不同的方式介入碑拓流通,碑拓的身影经常出现于当时士人的社

---

① [清]叶昌炽《〈语石〉序》,[清]叶昌炽撰,柯昌泗评《语石·语石异同评》,中华书局,1994年,第1页。
② 《语石》卷二,《语石·语石异同评》,第71页,
③ 柯昌泗《语石异同评》卷二,《语石·语石异同评》,第73页。
④ 《语石》卷二,《语石·语石异同评》,第71页。
⑤ 《语石》卷二,《语石·语石异同评》,第71页。此种风气一直延续到北洋时期,据柯昌泗言,最早的南朝墓志石之一刘宋《刘怀民墓志》甫出土,即被人收购,携以入京,献给曹锟,后收藏于天津曹氏别业。见《语石·语石异同评》,第245页。

会交往之中,成为不可或缺之物。无论是出于衷心喜爱的真正收藏,还是达官贵人的附庸风雅,或是作为变相利益交换方式的雅贿流通,受这种社会风气吹扇,碑拓买卖逐渐脱俗,日益雅化,玩赏碑拓成为彼时士人一项突出的身份标识。此风既开,不仅培育了晚清碑拓流通市场,而且刺激这一市场蓬勃发展。具体说来,士人之介入碑拓流通,既是广泛而深入的,又是复杂而多层次的。

二、晚清碑拓流通的特点

在石刻文献的三种形态,亦即石刻、碑拓和录文中,碑拓处于中间形态,它既具有录文所没有的文物属性,又比笨重的石刻易于携带、交换,便于收藏与玩赏。考察晚清碑拓流通,需要着重从以下三个方面入手:碑拓资源来自何处?哪些人参与了这一过程,各自发挥了怎样的作用?流通主要有哪几种方式?

碑拓资源的分布,可以从原生地和集散地两方面来看。所谓原生地,是指碑拓的原生之地,亦即拓本据以制作的原石刻所在之地,包括地面和地下。由于历史的原因,汉唐古都西安和洛阳这两座城市,拥有其他城市无法比拟的石刻和碑拓资源。山东嘉祥等地的汉代画像,曲阜孔林的历代碑刻,其他地方也有各自得天独厚的资源优势。以西安碑林为例,"开成石经在焉。其馀汉唐以下石刻林立。碑估资为衣食,朝夕椎拓。……碑林中当当拓石之声,终年不绝。《庙堂》《皇甫》《元(玄)秘塔》诸碑,旬月之间,化身千亿,以应四方之求"。[1] 西安碑林拥有的各类历代石刻不胜枚举,对碑估来说,是取之不尽、用之不绝的宝贵资源。再如曲阜孔林中的汉唐碑刻,也经常被人传拓,作为商品售卖,吸引了许多往来曲阜的过客。[2]

---

[1] 《语石》卷二,《语石·语石异同评》,第67页。
[2] 《管庭芬日记》:"高鲁桥,离曲阜仅六十里,其地多卖孔林汉唐碑帖。"见《管庭芬日记》第2册,中华书局,2013年,第652页。

所谓集散地，主要是分布于全国各地的碑估书肆，也包括某些碑拓收藏家手里。晚清苏州观前街一带、南京夫子庙状元境以及上海福州路等地，都有很多书肆及文玩商店，往往兼营碑拓，有许多碑估出入其间，藉此谋生。北京琉璃厂（海王村）更是全国碑拓的集散中心。琉璃厂兴起于康乾以来，晚清以降，人们习惯简称为厂肆。仅据叶昌炽《缘督庐日记》记载，晚清厂肆中经营碑拓的店肆（不包括只卖书者）就有数十家，包括稽古堂、文林阁、益文堂、鉴清阁、集古堂、佩珍斋、德古斋、含英阁、尊汉阁、集雅斋、翰墨林、庆云堂、修文斋、访古斋、文古斋、澄云阁、黼华阁、宜古斋、隶古斋、翰文斋、富华阁、肄雅堂、文昌馆等。这些散见于《缘督庐日记》的店肆，叶昌炽与之皆有直接与间接来往。而刘鹗日记中所见厂肆，则有宜古斋、翰文斋、茹古斋、大观斋、萃古斋、正文斋、永宝斋、存古斋、征赏斋、汲修斋、论古斋、寄观阁、得宝斋、文珍斋等，不一而足，皆是刘鹗曾经巡访过的店肆。这些店肆所售卖的碑拓，来源多样。有的是如前引叶昌炽文所言，由各种来京人士"携其乡之名迹，以当羔雁"的，后来因种种原因，流入厂肆。其中有些颇为稀罕，如《南诏德化碑》和《西夏感通塔碑》等，以稀为贵。有的则是碑估收购了某些金石大家的旧藏，然后集中转卖。对这些大家旧藏，厂肆碑贾向来最为关注，对有关动向也高度敏感，一旦藏家有意出让，他们往往可以在第一时间到场，出手收购，并积极主动地物色或接洽买家。当然，对于玩赏碑拓的士人而言，这也是绝佳的机会，无论如何不能放过。晚清金石学者缪荃孙曾自言，他的不少珍藏就是在这些场合收买的。光绪二年（1876），缪荃孙成了翰林，此后供职京师十馀年，"时韩小亭观察（泰华）、马砚孙封翁（书奎）、瑛兰坡（棨）、崇雨聆（恩）两中丞、樊文卿（彬）大令所藏悉归厂肆，典衣质物，而悉收之"。道咸间著名金石家刘喜海的拓本，在其死后多归上海金石家沈树镛所有，沈氏死后，其拓本三千多种流入吴门碑肆，亦被缪荃孙"以重值收之"。[①] 此等经历如此珍贵，缪氏自然念念不忘。

[①] 缪荃孙《艺风堂金石文字目·前言》，缪荃孙著，张廷银、朱玉麒主编《缪荃孙全集·金石》第一册，凤凰出版社，2013年，第7页。

作为物质文化的石刻文献

厂肆不仅是碑拓资源的集散中心,也是碑拓信息的集散中心。叶昌炽在苏州时,与汉贞阁碑贾唐仁斋多有来往,并从他那里获得不少碑拓信息。光绪十四年(1888),叶昌炽获得友人"以江阴吴冠英丈所藏心经幢拓本见赠,此幢造于开元廿八年四月,张晏撰序,书人名已泐。旧闻之唐仁斋,云六舟和尚旧物"。① 唐仁斋以前提供的一条信息,为叶昌炽准确判断此拓的来历提供了帮助。碑贾固然主要以牟利为目标,但他们长年接触碑拓,往来接触金石圈内人士甚多,经眼碑拓众多,千锤百炼,久而久之,此行业中也不乏精通金石目录版本之人。唐仁斋并不是仅有的一位。出身北京厂肆的张彦生以及洛阳碑贾郭玉堂,也都精擅此道。张彦生著有《善本碑帖录》,②郭玉堂撰有《洛阳石刻时地记》,③二书都是碑拓目录的专精之著,他们的学问主要来自在参与碑拓流通过程中积累的经验和真知。郭玉堂居号"十石经斋",铺号"墨景堂","以售碑帖为业,魏志为所访得、鬻出者十之八九。随手记出土时地,成《洛阳石刻时地记》。……所记至详,洛下魏志流传之绪,具在此书"。④ 即使纯粹从书名的字面意义上来理解,《洛阳石刻时地记》也可以说是有关洛阳石刻的信息集散中心。

碑拓与一般商品不同,它不是维持生存的生活必需品,但对保证文士的生活质量,维持他们的闲情逸致,又具有至关重要的意义。碑拓的价格首先取决于其供需关系。碑学兴起之后,云峰山郑文公碑倍受珍视,但此碑"巍然露处,非架木为台不能拓,故绝无传本","初架木时,吴退楼(云)观察得一本,至费五十金",可见其稀罕珍贵。"后来者因台旧

---

① [清]叶昌炽撰,王季烈编《缘督庐日记钞》第2册,北京图书馆出版社,2007年,第9页。
② 张彦生《善本碑帖录》,中华书局,1984年。
③ 郭玉堂《洛阳出土石刻时地记》,大象出版社,2005年。参看赵振华《郭玉堂与〈洛阳出土石刻时地记〉》,《洛阳师范学院学报》,2007年第3期。
④ 叶昌炽语,见《语石·语石异同评》,第243页。按:张彦生年辈比郭玉堂晚,其经历、背景、身份皆与郭玉堂相似。南京大学图书馆藏有郭玉堂致金陵大学中国文化研究所主任李小缘信,介绍洛阳出土石刻情况,见洪银兴主编《南京大学藏近现代名人手迹选》上册,南京大学出版社,2012年,第111页。

第十五章 晚清士风与碑拓流通

贯,役省功倍,其值递减至二十之一,好古者家置一编矣"。① 其次,供需关系又与文士生活状态及其所处的时局密切关联。承平时代,碑估会囤积居奇,投机炫售,哄抬物价,甚至翻刻作伪,以次充好,以假作真,谋取暴利。从前对碑拓有所谓"黑老虎"之说,指的是有些碑拓真伪难辨,害人匪浅;然则参与作伪的固然有金石学者,也有碑贾,或为二者合谋。② 而一旦遭逢战乱,文士颠沛流离,也就顾不上到厂肆赏玩购买碑拓了。晚清其他事变战乱,大抵对北京影响不大,惟有发生于北京的庚子(1900)事变,则对京城以致命打击,官绅流徙,百业萧条。当时恰好居留北京的叶昌炽,亲身体验了这一剧变对个人生活、社会秩序以及碑拓市场的沉重打击。从世家旧藏流散而出的碑拓甚多,有些碑拓的价格下跌到不及承平时的十分之一。③

承平时期,京师士人或进京文士巡游厂肆,是他们日常生活中极为常见,也十分重要的内容。巡游中倘有看中的碑拓,可以先看后买,可以讨价还价,可以先买后退,若有需要还可以进行调换。厂肆碑估经常根据自家所掌握的客源,送货上门,向主顾展示所收各种碑拓。碑估也允许熟客将碑拓暂留家中,以便其先行玩赏和研讨,再定去留。《张佩纶日记》中,就有因碑估索价太高而议价不谐,将暂时寄放家中的碑帖数种璧还隶古斋的记载。有一次,碑估送来一种米芾字碑帖,张佩纶虽然爱不释手,但毕竟价格太贵,其妻"暇中双钩之,惟妙惟肖,亦闲中一乐也"。④ 张佩纶并不以金石之学专长,亦不以收藏碑拓见称,其日记所载,正可代表晚清普通文士参与金石流通的情况。至于缪荃孙、刘鹗、叶昌炽等金石收藏家的日记中,有关此类巡览厂肆,暂借碑拓以及买卖议价的记载,就更数不胜数了。苏州汉贞阁碑估唐仁斋,还时常不远千里,将其所收

---

① 《语石》卷二,《语石·语石异同评》,第 78 页。

② 《天咫偶闻》卷七:"京师士夫好藏金石,旧本日贵。看法亦各有诀,如某碑以某字完为某时拓,某帖以某处不断为最初本,价之轩轾因之,然黠贾亦即因而作伪。"见《天咫偶闻》,第 171 页。

③ 《缘督庐日记钞》第 2 册,第 576—592 页。

④ [清]张佩纶著,谢海林整理《张佩纶日记》,凤凰出版社,2015 年,第 495—536 页。

作为物质文化的石刻文献

碑拓寄给北京的叶昌炽,供其拣择选购。北京碑估也曾携拓南下,向时已移居南京的缪荃孙等人推销。这种长途定向销售的模式,是晚清的新现象,当时并不罕见。

士人学者若有急需或难得的碑拓,可以留下名目,委托厂肆寻找,或者向碑估定购。所谓"捐俸醵资,命工访拓",实即集资定购,这也是晚清厂肆新兴的风气。金石学家而兼目录学家的缪荃孙,是最早也是最热衷于利用碑估拓工访碑拓碑的一位。光绪初年,他在京师任职时,就曾与潘祖荫、王颂蔚、梁于渭、叶昌炽等多人集资,委托琉璃厂碑估兼拓工出身的李云从,前往顺天、易州、宣化、真定等地拓碑,"大半前人所未见,即辽刻得一百六十种,其他可知"。光绪十七年(1891),他出掌山东济南泺源书院,又通过门生找到泰安拓工黄士林,"尽拓泰安、肥城、汶上、东阿、济宁、兰山、沂水、蒙阴十馀县"。光绪二十二年(1896),他出掌南京钟山书院,"又得江宁聂明山,为拓江宁、句容、溧水,上江之太平、当涂、潜山、桐城、贵池,下江之常熟、松江、太仓等处"。① 可以说,碑估和拓工既延伸了金石家的手和眼,又拓展了碑拓资源及其市场。

金石学家出资,碑估拓工出力,碑拓的生产者和销售者(流通者)与订购者和消费者(使用者)之间通力合作,这种现象在晚清碑拓市场上经常可以看到。其具体过程往往是这样的:出资方的金石学家事先调查好目录,开列访碑名目,而拓工则用金石家提供的资金购买纸墨及其他工具,外出访碑。在访碑过程中,他们往往风餐露宿,不辞辛劳,十分敬业。例如,受雇于潘伯荫、缪荃孙、叶昌炽等人的拓工李云从,外出拓碑时,"荒岩断涧,古刹幽宫,裹粮遐访,无所不至,夜无投宿处,拾土块为枕,饥寒风雪,甘之如饴"。② 李云从是晚清最为著名的拓工,其生平经历颇具传奇性。他一生拓碑,足迹遍及京畿、河北、山东、山西等地。缪荃孙重

---

① [清]缪荃孙《艺风堂金石文字目·前言》,缪荃孙著,张廷银、朱玉麒主编:《缪荃孙全集·金石》第一册,凤凰出版社,2013年,第7页。详细论述,参考本书第七章。
② 《语石》卷一〇,《语石·语石异同评》,第565页。

第十五章 晚清士风与碑拓流通

修《顺天府志》时,所用拓本几乎都出自李云从手拓。[①]光绪六年(1880),吉林省辑安县发现《晋好大王碑》,但最初流出的拓本多为煤烟拓,效果不佳,于是,王懿荣、潘祖荫、叶昌炽等人集资,"派李云从携纸去拓",[②]获得了较好的拓本。

在晚清碑拓流通中,拓工的作用空前突显。一方面,他们是拓本的制作与生产者,另一方面,他们又身兼碑估,奔波于石刻现场、碑肆与碑拓主顾之间,有力促进了碑拓流通。一份精致完整的拓本,要求拓工有责任心,具备职业精神,例如,椎拓前要先对石面细心洗剔,椎拓时,要不遗漏额阴侧顶以及题刻等。叶昌炽曾批评某些"近时拓工惜纸,其磨泐处皆不拓,岁久尘埋,下半截深入土中,亦未尝举而出之",这些拓工不够敬业,不能精益求精,当然不可能拓出"精本整本"。[③] 而被叶昌炽称为"北李南聂"的李云从和聂明山,是晚清拓工中的佼佼者。他们技术高超,吃苦耐劳,不仅搜访拓取了很多新碑拓,已有旧拓者亦能后出转精。[④] 李云从尤其敬业,他"每拓一碑,必于纸背书在某村、某寺或某冢,距某县城若干里"。叶昌炽对此赞不绝口,称许李云从为"有心人",因为这种做法体现了石刻文献的目录意识,后人"依此著录",即可按图索骥。[⑤] 李云从在京多年,"久与潘、王、盛诸君相周旋",与缪荃孙和叶昌炽往来亦多,可谓交游广泛,见多识广,积累了丰富的金石目录与碑拓赏

---

① 叶昌炽曾说:"光绪四五年间,重修《顺天府志》。碑估李云从承当事之命,裹粮襆被,狂走京畿诸邑。"(《语石·语石异同评》,第50页)又云:"碑估李云从往山西拓碑,道出井陉,访得韩吏部题壁。与裴晋公一刻同时同地,又为之一喜。"(同上,第484页)关于李云从的拓碑事迹,参考徐建新《高句丽好大王碑早期拓本制作者李云从考》,《中国学术》,第19、20辑(合辑)。
② 张彦生《善本碑帖录》,第55页。
③ 《语石》卷一,《语石·语石异同评》,第27页。
④ 叶昌炽曾说过:"筱珊(缪荃孙)在南中,得江南聂某(明山),善搜访,耐劳苦,不减李云从。余所得江上皖南诸碑,皆其所拓,戏呼为'南聂北李'云。"见《语石·语石异同评》,第565页。
⑤ 《语石》卷二,《语石·语石异同评》,第65页。

鉴知识，"其金石之学甚精"，①有时连专业的金石学家也自愧弗如。有一次，翰林学士黄绍箕（仲弢）收到一块大安纪年碑，认定是金代石刻。李云从纠正说："金大安只有三年，即改元崇庆。此碑立于大安六年，乃辽刻耳。"②李云从良好的石刻年代学修养，使黄绍箕也不能不佩服。

　　光绪十七年（1891）九月，并无金石学兴趣的袁世凯本人，从朝鲜携回《平百济碑》拓本。这不是出于玩赏的兴趣，亦非为了研讨的需要，而是出于实用的目的，以此充当谒见僚友或上司的"羔雁"。③ 一个对金石真正有兴趣的士人，如果有机会外任，通常会凭借地利之便，寻访当地的碑拓。王同愈出任湖北学政时，就利用观风之便，访拓湖北多地的碑拓。④ 光绪末年，叶昌炽出任甘肃学政，在其后的四年任期中，他巡行了甘肃省的各府州县，收集了很多陇右碑拓，包括敦煌莫高窟的碑拓。对某些珍贵的石刻，他们也会制作多份拓本，用于同道友好之间的相互交换。以河朔访碑著称于清末民初的顾燮光，"随时访获石刻，必广为拓传，与海内同好互相流通，邮筒投赠无虚日，老而不衰"。⑤ 这种交换既是道友之间的信息沟通与互通有无，也是赏鉴眼光与标准的交流甚至较量。缪荃孙、叶昌炽与王同愈三人的日记中，常见关于这种交换与交流的记述。光绪十七年（1891），王懿荣以刘燕庭旧藏精拓《雁塔圣教序》赠给张佩伦，张佩纶以新得珍品《平百济碑》拓本回赠，⑥则是投桃报李式的礼物交换。

　　士人学者不仅透过厂肆碑估，联系或安排拓工去定向寻访碑刻，还委托自己在异地任职的同道友人，请他们代为物色拓工，椎拓当地石刻。1873年到1876年，素好金石的吴大澂出任陕甘学政，有地利之便，陈介

---

① ［清］刘鹗《壬寅日记》，刘德隆等编《刘鹗及〈老残游记〉资料》，四川人民出版社，1985年，第148页。
② 《语石》卷一，《语石·语石异同评》，第50页。
③ 《张佩纶日记》，第4398—399页。
④ ［清］王同愈撰，顾廷龙编《王同愈集》，上海古籍出版社，1998年，第294—374页。
⑤ 《语石》卷二，《语石·语石异同评》，第66页。
⑥ 《张佩纶日记》，第403页。

祺遂托其拓取仓颉庙、石门以及敦煌等地的诸种石刻,吴氏遂委请石门拓工张茂功,工价预给。《裴岑碑》《沙南侯碑》二种刻石远在新疆,为了得到此二碑拓本,吴大澂动用了在当地任职的疆臣左宗棠的关系,请其帮助访拓。实际上,吴大澂的交往圈中,弥漫着浓厚的传拓风气,透露出对于集藏碑拓的强烈兴趣。在拓碑方面,他有时委托别人,有时则受人委托,亦即委托人与被委托人一身二任。他与三位擅长传拓的幕友陈佩纲、尹元鼐、黄士陵之间的密切互动,不仅体现了他与拓工的亲密关系,也是晚清时代拓工深度介入碑拓流通的生动例证。①

值得注意的是,晚清金石收藏家中,有一些人专门收藏石刻原物。相对于碑拓收藏,石刻收藏更具文物价值,还可以从源头上控制或垄断拓本制作,抬高拓本价值。但一般来说,石刻收藏对资金和储存空间有更高要求,保存传承也更不容易,故非力大金多者不能办。晚清致力于收藏石刻者,有潘祖荫、端方、丁树桢(幹圃)等人,皆是力大金多者。光绪十六年(1890),潘祖荫卒于北京,其"所藏古器物,举归苏州。家人以为砖石不便舟车,就京中斥卖之。……石刻大半为幹圃购得"。② 道光年间,山东掖县出土西晋《郛休碑》,光绪中,此碑为端方"购置京邸,建亭覆之",可惜"易世后,陶斋藏石尽散,此碑以巨重无过问者,尚屹立邸中",后来辗转仍归鲁人收藏。③ 此事可见藏石传承之艰难。晚清的藏石风气持续到1930年代,张钫、李根源等人受其影响,收藏唐代墓志石。好在他们的收藏最后都转化为公藏,张钫在其私人藏石的基础上,建立了洛阳千唐志斋博物馆。

总之,活跃在晚清碑拓市场的,除了碑贾拓工,还有专业金石学者和有玩赏碑帖爱好的士人,其身份或为学者,或为文士,或为官员,或兼而有之。他们玩赏碑拓,态度不同,侧重也不同,大体可以分为三种类别:以潘祖荫为代表的鉴赏家,以缪荃孙为代表的收藏家,以叶昌炽为代表

---

① 白谦慎《吴大澂和他的拓工》(海豚出版社,2013年)对此有详细论述,可以参看。
② 柯昌泗《语石异同评》卷二,《语石·语石异同评》,第88页。
③ 《语石异同评》卷二,《语石·语石异同评》,第80页。

的学问家。这当然是就各自的侧重点而言。实际上,潘祖荫收藏颇富,故精赏鉴;叶昌炽的经幢收藏既丰富又颇具特色,更有很好的赏鉴眼光;缪荃孙既富收藏,又有渊博的金石学问。吴大澂、端方二家,也以有钱、有闲、有力、有圈子,而成为晚清碑拓收藏流通的大家。

三、晚清碑拓流通的国际化

晚清碑拓流通的国际化,包括中国学者收藏国外碑拓和外国人收藏中国碑拓两个方向。中国学者收藏国外石刻碑拓,亦始于晚清时代。分析起来,这又包括三个方面:一是搜集外国石刻拓本,例如潘祖荫、黄绍箕等人收藏埃及石刻等,潘祖荫还将其"示门下士,各有考释";[1]二是搜集流落到域外的中国古刻拓本,主要是外流日本的旧拓本或翻刻本;三是搜集域外汉文石刻,尤其是唐代朝鲜半岛的汉文石刻。后两种都属于域外汉文石刻文献,促进了域外汉文献的搜集与流通。

清代金石家早就关注海东碑拓,故来京观光的海东人士投其所好,常"载古刻而来",大受翁方纲、阮元、刘喜海等收藏家欢迎。刘喜海编撰《海东金石苑》,就得到朝鲜友人赵寅永、金正喜、金命喜等人之襄助。正是凭借着他们从千里之外源源不断地提供的朝鲜古碑文拓本,刘喜海才得以编成此书。[2] 刘喜海自云:"爰有云石赵君,竹林继美;山泉金子,棠棣齐名。学富缥缃,谊敦缟纻。雅慕中华之教,欲观上国之光。鸭水春寒,凤城晓霁。邮程揽胜,历尽万二千峰;石墨凝香,携来百三十卷。相逢倾盖,文字结于奇缘;持赠探囊,金石投夫雅契。"[3]表达了对这些朝鲜友人的感谢之忱。咸丰初,潘祖荫、鲍康、杨继震等收藏家"于丽人之至京者,犹喜晋接之"。其后,越来越多的朝鲜人摸清了此中的门道,每以

---

[1] 《语石》卷二,《语石・语石异同评》,第147页。
[2] 温兆海《朝鲜诗人李尚迪与晚清学人刘喜海》,《延边大学学报(社会科学版)》,2008年第1期。关于刘氏此书的编刊与版本,另参柳向春《刘喜海〈海东金石苑〉刊行始末》,《传统中国研究集刊》,第7辑,2009年。
[3] [清]刘喜海《海东金石苑》,上海古籍书店,1964年,第15页。

第十五章　晚清士风与碑拓流通

海东石刻墨本为"望门投谒,藉通竿牍"之资,潘祖荫等人不胜其烦,"至戒阍人毋通谒","自是海东墨本稍难得矣"。① 物以稀为贵。在海东石刻中,出自权怀素之手的唐碑《平百济碑》,书法"重规叠矩,鸿朗庄严",②尤其引人注目。光绪十七年(1891)九月,从朝鲜"乞假回籍"的袁世凯,赠给张佩纶"权怀素《平百济碑》一通",一个多月后,张佩纶即以此拓本转赠王懿荣,以回报王氏前此寄赠的珍拓。经由王懿荣的绍介,《平百济碑》在金石学人圈内广为所知,身价渐高,从而激起了厂肆碑估的兴趣。光绪十九年(1893)三月,"富华阁碑贾王春山,欲赴朝鲜拓碑,乃廉生(王懿荣)所荐",③此时距离王懿荣获赠《平百济碑》还不到一年半时间。叶昌炽自言藏有《平百济碑》一本,乃"厂估王某渡海精拓"所得,其所谓"厂估王某",当即王春山其人。④ 王春山所拓《平百济碑》应有多本,主要当在富华阁售卖,但至迟光绪二十三年(1897),其他厂肆碑估亦有兜售此碑者,其货源如果不是来自富华阁,即可能另有人渡海拓取此碑。从一本五金的价格来看,此拓在当时还是相当稀罕,故奇货可居。⑤从携拓回国的袁世凯,到受赠拓本又转手赠人的张佩纶,再到相互交换珍拓的王懿荣,最后到跨海拓碑的碑贾王春山,地理空间从域外到中国,又从都中到域外,透过《平百济碑》拓本的串联,一幅晚清碑拓的国际流通图由此呈现出来。

自1840年中国被迫打开国门以来,越来越多的外国人,包括一些来华寻宝的学者、探险家或文化商人,纷至沓来,其中不乏对金石碑拓有兴趣者。这些外国人士的介入,使晚清的碑拓买卖初步形成国际市场。在这些外国人中,既有日本人,也有德国人、俄国人和美国人。他们不仅四处访古拓碑,更倚仗雄厚的经济实力,收购珍贵古刻,将其运至国外,甚

---

① 《语石·语石异同评》,第140页。
② 《语石》卷二,《语石·语石异同评》,第141页。
③ 《张佩纶日记》,第531页。
④ 《语石》卷二,《语石·语石异同评》,第141页。
⑤ 王同愈光绪二十三年(1897)元月十七日日记载:"文林阁宋估来,购得《平百济碑》(五金)。"见顾廷龙编《王同愈集》,第218页。

者使这些碑拓在国内销声匿迹,从而造成了中国石刻文献的流失。

石刻碑拓流入日本,自不始于晚清,但在晚清流出者数量特多,罗振玉《海外贞珉录》中已有记述。其中荦荦大者,则有"诸城王氏所得陶斋诸石,精品大半售于日本贾人江藤氏",又"有中村不折者,购致法帖碑本,兼及藏石"。① 1899 年和 1906 年,日本人大谷光瑞两次来中国游历考察,其行程包括到关中访古拓碑,拓取昭陵碑刻。② 宣统初元(1909),山东嘉祥、肥城等县新出一批汉画像石,共十石,都被日本人购买。运载出境之车经过济南,幸而当时的山东提学使罗正钧(字顺循)得悉,出面阻留,最后补偿了日本人的购石之资,将这批汉画像石收归济南金石保存所。③ 这类事件不止发生过一次,不见得每次都能追回原石。现在欧美日等地博物馆收藏的中国古代石刻,包括画像、造像、碑志等,大多是晚清以后逐渐从中国各地,经由各种渠道流出去的。有的通过厂肆碑估,有的通过其他民间私人买卖,有的则是内外勾结,通过当地文物贩子盗买盗运出境。曾任职佳士得拍卖公司中国书画部的书画碑帖鉴定专家马成名,在海外二十多年所见善本碑帖五十种,大多数是私人珍藏之物。④

在第二次鸦片战争(1860)中,俄国与清政府签订了不平等的《中俄北京条约》,割占乌苏里江以东包括库页岛在内的约 40 万平方千米的领土,其中包括海参崴。这片被割让的土地上的古代石刻,也随之被俄国占有。例如,"黑龙江口有永宁寺碑,今在俄国浦(盐)斯德大学"。⑤ 所谓浦盐斯德,即海参崴的日本译名,俄名称符拉迪沃斯托克。晚清中国的政治痛史,也是一段中国文物流散海外的痛史。

英国人斯坦因(Marc Aurel Stein,1862—1943)和法国人伯希和(Paul Pelliot,1878—1945),是晚清来华探险、掠买中国古文献数量最

---

① 《语石》卷二,《语石·语石异同评》,第 145 页。
② 《语石》卷一,《语石·语石异同评》,第 36 页。
③ 《语石异同评》卷二,《语石·语石异同评》,第 80 页。
④ 参看马成名编著《海外所见善本碑帖录》,上海书画出版社,2014 年。
⑤ 《语石异同评》卷八,《语石·语石异同评》,第 507 页。

多、影响也最大的两位。在斯、伯二人掠买的大量敦煌写本文献中,有几件唐代拓本十分珍贵。光绪末(1900),敦煌藏经洞发现唐太宗行书《温泉铭》、欧阳询《化度寺碑》和柳公权《金刚经》三件唐拓。《温泉铭》《金刚经》和《化度寺碑》前两页为伯希和所得,现藏法国,《化度寺碑》后十页则入斯坦因之手,现藏英国。人们往往将敦煌文物流散,说成是晚清中国文物流失的典型痛史,却很少注意这些流失的敦煌文物中,还有十分珍贵的古代碑拓。[①]

晚清来华的其他外国探险家和调查团,其名声虽然不及斯坦因和伯希和,在碑拓流通史上,却是不可忽视的。据柯昌泗回忆,宣统二年(1910),湖北襄阳出土了北魏《程虔墓志》,"石出未几,即为德国人购去"。[②] 这个德国人是谁,柯昌泗未载明,有待考索。晚清时代很多石刻或碑拓外流的过程,至今都无法追溯,皆是因为缺乏相关的文献记载。在近代来华的外国学人中,德裔美国汉学家、后来长期服务于芝加哥富地自然历史博物馆(Field Museum of Natural History)的劳费尔(Berthold Laufer,1874—1934,译名亦作罗佛、洛佛尔),[③]花费很多精力访碑寻拓,并带回了很多古代中国的石刻和碑拓。在1901年至1904年、1908年至1910年间,劳费尔多次来到中国探险,搜访各类文物。到中国之后,他才认识到中国古代石刻碑拓的特殊性及其对于研究中国历史文化的重要性,于是决定将石刻碑拓作为搜访的重点。他利用一切机会,广泛搜集各地的拓本,所获多达3336件。这些碑拓源自安徽、浙江、福建、河南、河北、北京、热河、甘肃、江西、江苏、广东、陕西、山东、云南、湖南、广西、四川等地,最初收藏在位于纽约的美国自然历史博物馆,后来移藏富地自然历史博物馆。在搜集碑拓的过程中,劳费尔认识到有必要组织一支国际学术团队对碑拓史料展开深入的研探。为此,他初步制订了一个雄心勃勃的研究计划,可惜由于他英年早逝,这个研究计划半

---

① 参看刘进宝编著《敦煌文物流散记》,甘肃人民出版社,2009年。
② 柯昌泗语,见《语石·语石异同评》,第14页。按:柯昌泗于同书页91又记丙寅(1926)年发现的一对汉石柱被"卖于美国,今在波士顿图书馆",则是人民国以后的事了。
③ 贺昌群《悼洛佛尔氏》,《贺昌群文集》第3卷,商务印书馆,2003年。

途而废,十分遗憾。①

劳费尔重视中国古代碑拓的学术研究思路,很可能受到沙畹的影响。法国汉学家沙畹(Edouard Chavannes,1865—1918)"是这一研究领域中真正的先锋和改革者,是第一位运用扎实的批判的方法钻研这一难题并获得无可非议成功的欧洲学者",②可以说是一位名符其实的碑铭学家。"沙畹经常向旅行者们征购碑拓,有时还写信请求传教士和驻华外交官为他搜集拓本,由此不断地获得各个地区的铭刻资料。"③1891年,沙畹就从山东泰安碑估手中买到武梁祠汉画像拓本。1900年代初,又通过一个神父帮助,"获得一套比较完整的西安碑林拓本"。1907年,他第二次前往中国,重点就是研究古代碑铭,为此他开始大规模访碑,"调查陕西的汉唐陵墓、四川汉阙、云冈石窟、龙门石窟以及济南石刻等古迹,采集了大量照片、拓片等原始资料。经过一年多的整理,最终于宣统元年(1909)归国后出版了《北中国考古图录》一书"。书名又译作《北中国考古旅行记》。④沙畹谢世后,他收集的这些碑铭分散在吉美博物馆、法国国家图书馆、亚细亚学会、塞尔努什基博物馆等几家法国机构。⑤

沙畹还十分关注其他欧洲人收集的拓本,并据以展开研究,如1898年至1900年沙勒埃德·邦尼(Charles-Eudes Bonin)出使东方带回的一批河西走廊以及西域的碑刻,1898年法国工程师莱普亨斯·赫格(Leprince-Ringuet)考察龙门石窟时拍摄的照片和购买的拓本,1906年由亨

---

① 详细可参看程章灿《拓本聚瑛——芝加哥富地博物馆藏中国石刻拓本述论》,《中国文化研究》,2012年秋之卷(总第77期)。
② [美]劳费尔《沙畹》,载[法]沙畹著,邢克超选编《沙畹汉学论著选译》,邢克超、杨金平、乔雪梅译,中华书局,2014年,第362—366页。
③ [法]戴仁《沙畹和法国的中国碑铭学》,《法国汉学》,第6辑,中华书局,2002年,第587—601页。
④ 2018年,此书被引进到中国出版,见[法]沙畹《北中国考古图录》,浙江人民美术出版社,2018年。书分上下两卷,"共含影像约545帧,收集大量石窟建筑、金石拓片以及民间风俗等图片"(此处引文见该书《出版说明》)。
⑤ [法]戴仁《爱德华·沙畹——同时代汉学研究第一人》,《沙畹汉学论著选译》,第1—14页。

利·奥龙（Henri d'Ollone）带领的使团在中国西部云、贵、川、青、甘、晋、蒙古诸地考察时所拓彝、苗、回等少数民族文字碑刻。① 他所关注的碑刻，涉及秦始皇刻石、汉画像、哈剌和林景教碑刻、佛教碑刻以及蒙古、南诏、西域等地的碑铭。他对四裔碑刻、少数民族碑刻以及宗教碑刻情有独钟。更难得的是，他在上述多个领域都留下了研究成果。1918年，沙畹去世，劳费尔曾专门撰文，重点表彰沙畹在古代中国碑铭学研究上的贡献，既表达了对这位前辈的深沉怀念，也含蓄地表明了自己与他的学术渊源。

总之，晚清时代碑拓流通的国际化，实际上是国门开启所带来的必然结果之一。中国碑拓进入国际文物市场，参与国际学术交流，从好的方面来说，可以使石刻碑拓这种极具中国文化特色的文献形式，为越来越多的外国学者甚至普通外国人所了解与喜爱，加深他们对中国历史文化的了解，促进中外文化和学术的交流。从不好的方面来说，这些外国人凭恃财力与强权，掠买中国古代石刻和碑拓，客观上造成了对中国古代石刻文物的破坏，导致珍贵碑拓流失境外，尽管我们也得承认，这些石刻碑拓在外国博物馆或图书馆中躲过了后来国内历次战乱和"革命"，大多得到了较好的保藏。②

四、晚清碑拓流通与学术文化

"当光宣之际，访碑盛极一时。"③访碑求拓，彼此交换，题品赏鉴，相互交流，成为晚清文人日常生活的重要内容。近年来大量影印或者整理

---

① ［法］戴仁《沙畹和法国的中国碑铭学》，《法国汉学》，第6辑，第587—601页。
② 亦有例外。如北凉《沮渠安周造寺碑》（亦称《沮渠安周造像记》），光绪八年（1882）出土于今新疆吐鲁番高昌故城，1902年被格伦威德尔率领的德国第一次吐鲁番探险队购取，运往柏林途中即断裂为二，"二战"后不知下落。幸而光绪三十二年（1906）赴欧考察宪政的端方，在柏林见到此碑，诧为瑰宝，曾设法拓得一本。参见卢芳玉《沮渠安周造寺碑》，《人民日报（海外版）》2010年12月13日第8版。
③ 《语石异同评》卷二，《语石·语石异同评》，第91页。

作为物质文化的石刻文献

出版的晚清日记,为我们了解晚清文士的日常生活提供了丰富的材料和生动的细节。缪荃孙的《艺风老人日记》、叶昌炽的《缘督庐日记》、王同愈的《栩缘日记》、刘鹗的《壬寅日记》等最为典型。如果说文士访碑求拓是赏鉴与治学的结合,是艺术欣赏与学术研究的融合,那么,厂肆的碑拓买卖也可以说兼有商业经营与文艺雅玩的属性,是雅文化与俗文化的融合,是俗的提升与雅的推广的交集点。

碑拓流通既是商品流通的一种,也是文化传播的途径。碑估促进故家收藏的散出和流通,其积极意义是促进了碑拓的传播。从信息汇聚角度来看,当时的厂肆相当于后来的博物馆、图书馆或文保所,而碑估相当于图书馆员乃至文物专家,前文所举郭玉堂、张彦生二人就是例证。晚清时代兼职访碑与稗贩的拓工,一改在此前文化史上模糊的身影,清晰地确立了自身的专业形象。在李文藻《琉璃厂书肆记》和叶昌炽《藏书纪事诗》中,我们可以看到,书估碑贾被他们视为同道。叶昌炽曾对苏州兼卖碑拓的老书估侯念椿表示佩服,因为他"见书籍装订,即知其从何地来。拓本亦然,收之既久,见之既多,何省拓本,不难一望而知"。[1]

碑拓的流通,是晚清书刻艺术传播的重要推动力。碑拓尤其魏碑成为晚清书法篆刻界的新宠,成为时尚书风的基础。晚清书法名家赵之谦、吴昌硕、张裕钊、沈曾植、孙诒经、李文田、陶濬宣、李瑞清等人,其书风皆与碑学有关。西泠印社更以"保存金石"为号,积极倡导碑学。而晚清碑学的核心人物康有为,其名著《广艺舟双楫》撰成于光绪十五年(1889)。其时,遭遇政治挫折的康有为以金石陶遣自我,尽观京师藏家之金石凡数千种,成书六卷,计27篇,其中尊碑、购碑、本汉、备魏、取隋、卑唐、碑品、碑评等篇,均可见其对碑拓的取资和推重。此书光绪十七年刻成之后,凡十八印,可见其影响之广。戊戌变法失败之后,此书于1898年和1900年两次奉旨毁板,但其流传之势仍不可阻遏。[2]

对一般文士而言,无论习字临帖,还是欣赏书法艺术,碑拓既经济实

---

[1] 《语石》卷一〇,《语石・语石异同评》,第555页。
[2] 详参[清]康有为著,姜义华、张荣华编校《广艺舟双楫》,中国人民大学出版社,2010年。

用,又方便流通。谭献亲手装裱碑帖之后,曾引昔人之语,表达自己的欣喜之情:"得古刻数行,终身临之不尽。"①碑拓的欣赏与传播,可以挂墙,可以嵌壁,可以装册,可以翻印流通,可以满足量大、地广的消费需求。晚清园墅中嵌刻法帖的风气亦应运而生,虽然这些法帖多为重刻、翻刻,碑拓市场的哄抬物价与作伪之风,也因兹而起。汉魏石经以奇货可居,多有伪石或伪拓。汉朱博残碑,罗振玉《石交录》已确认其出于尹祝年(彭寿)伪造。而围绕隋《苏慈墓志》碑拓的真伪,则聚讼纷纭,意见不一。王仁堪坚持此拓出于李文田伪造,而李文田坚决否认。②诸如此类的争论不一而足,证明了碑拓流通过程的复杂性。

晚清文士热衷收集碑拓,致力于古刻碑拓的发现与流通,有助于古刻文献的传承。前代文献所记古刻之存佚情况,有些不够准确。如陆游《老学庵笔记》卷二记宋乾道末年刻于瞿塘峡峭壁之上的《中兴颂》已破碎不存,③而缪荃孙于同治末年路经夔峡,却"搜得此刻",并请友人"募工拓传于世",可见陆游所言乃得之传闻,不足为据。④ 总之,晚清士人对于碑拓的搜罗更专业,调查更精确。当然,这是与晚清交通设施与物质条件的改善分不开的。

晚清士人对于碑拓的兴趣,也影响到地方政府与官员的态度。洛阳、安阳、邺下等地相继设立了古迹保存所,济南和南京等地也成立了金石保存所,古刻碑拓的调查与保护,开始有了制度和机构的保障。这些保存所是西安碑林博物馆和洛阳石刻艺术馆之类专题博物馆的前身。缪荃孙作为金石学家、目录学家和图书馆学家,致力于碑拓收集、金石目录编撰和图书馆建设,直接奠定了今日国家图书馆碑拓收藏的基础。大浪淘沙,沧海桑田,很多旧家大户的碑拓收藏,民国以后逐渐归入国家图书馆、上海图书馆以及南京图书馆等公藏机构。晚清以来在碑拓流通过

---

① [清]谭献撰,范旭仑、牟晓朋整理《谭献日记》,中华书局,2013年,第255页。
② 叶昌炽语,见《语石·语石异同评》,第227页。又见《缘督庐日记钞》,第2册,第82—83页。
③ [宋]陆游撰,李剑雄、刘德权点校《老学庵笔记》,中华书局,1979年,第21页。
④ 《语石异同评》卷四,《语石·语石异同评》,第226页。

作为物质文化的石刻文献

程中积累的丰富版本、完整目录和专家题跋,成为这些公藏机构宝贵的文物资源,为当代积累了文化资本。

晚清碑拓流通,促进了学术文化的深广进展。"广"表现在各种金石目录编纂和利用碑拓资料编撰方志,以缪荃孙为代表;"深"表现在传统金石学的学科体系化与现代化,以叶昌炽为代表。晚清碑拓流通,也促进了传统金石学的与时俱进,其中一点,是更加重视边疆史地和经世致用。咸丰九年(1859)进士出身、官至礼部侍郎的李文田,是晚清著名的蒙古学和碑学名家。他因收藏秦《泰山石刻》与汉《华岳庙碑》珍拓,特地在广州筑泰华楼以作纪念。他还结合自己的蒙古学特长,撰作《塞北路程考》和《和林金石录》,与关注四裔碑刻的沙畹和劳费尔等汉学家遥相呼应。要之,晚清碑拓流通的国际化,也使金石学加入世界汉学和东方学的发展潮流之中,中外金石学家之间也开始有所互动。

处晚清数千年未有之变局中,传统金石学亦随之近代化,产生了新的碑拓流通方式,创造了新的文化学术环境。碑拓资源由私藏向公藏汇聚,促进了新的学科形态的构成。伴随着以玩物为主旨的传统士大夫金石学的衰落,是现代专业考古学与面向大众的文博事业的兴起,石刻碑拓文献的保护、流通与应用也提升到了更高的层次。

第十六章
作为阅读对象的石刻

一、石刻的现场阅读及其三种样态

在阅读者面前,石刻文献不仅是源源不断的文字内容提供者,也是新颖多样的图像形式提供者。它弥补了其他文献形式之不足,提供了广阔的阅读空间。简而言之,石刻文献主要有石本、拓本、书本等三种存在形态。这三种形态以各自不同的物质存在形式,吸引不同的阅读主体,形成不同的阅读模式。不同的阅读模式,具体表现为不同的实物对象、场域空间和方式情境。阅读的实物对象,有石本、拓本和书本之别;阅读的场域空间,有实地访碑、户外展挂和室内摊卷之别;阅读的方式情境,则有摩挲、辨读、抄录、拓印、吟咏、考证、编纂等多种。石刻文献阅读所特有的实物对象、场域空间和方式情境,丰富了中国古典文献的生产、阅读和传播方式,也丰富了中国文化的传承方式和意义形态。在中国古代文士的成长历程中,石刻文献阅读占有相当重要的地位,在他们的人生中留下了不可磨灭的印记。阅读主体与阅读客体之间的互动及其相互成全,在石刻的现场和实物阅读中表现得尤其突出,格外引人注目。

(一)读碑与石刻的生长

石刻文献的阅读史,与石刻文献的生产、使用与传播都是密切关联的。从某种角度甚至可以说,石刻文献的阅读史,就是石刻文献生产史、

作为物质文化的石刻文献

使用史和传播史的重要组成部分。

秦始皇东巡刻石,是见载于典籍并且较早被人阅读的石刻。它在西汉的最重要的读者是司马迁。在《史记·秦始皇本纪》中,司马迁不仅详细地记录了秦始皇在泰山、峄山、琅琊台、之罘、东观、碣石、会稽等地刻碑立石的经过,而且抄录了除峄山刻石以外的六篇秦刻石文字。① 这六篇文字都属于四言诗体,皆出自李斯之手。秦始皇以及当年随从秦始皇东巡的李斯等从臣,是这些石刻的第一批现场读者。秦二世及其从臣是第二批来到现场的读者,他们还在原刻上留下了阅读的痕迹。秦二世元年春,"二世东行郡县,李斯从。到碣石,并海,南至会稽,而尽刻始皇所立刻石,石旁著大臣从者名,以章先帝成功盛德焉"。② 因为秦始皇在东巡诸刻中自称"皇帝",秦二世为了使后人能够清楚区别秦始皇旧刻与自己的新刻,下令在新刻诏书中称秦始皇为"始皇帝"。③ 在阅读秦始皇刻石之后,在原石之旁添刻一段文字,今昔两种不同的文本透过共同的石刻媒介联接起来,新的文本在旧的文本基础上衍生。在这个情境中,秦始皇石刻不仅吸引了后来人的阅读,而且催生了与其直接相关的衍生文本。

与此类似的文本衍生现象,后代屡见不鲜。那些最吸引读者阅读的石刻,往往也就是衍生力最强的石刻。从内容上说,这些衍生文本大多为读后感,这些读后感又大致可以分为两种类型。一种是以原石题字的

---

① [汉]司马迁撰,[南朝宋]裴骃集解,[唐]司马贞索隐,张守节正义《史记》,点校本二十四史修订本,卷六,中华书局,2013年,第308、310—312、315、316、318、328—329页。
② 《史记》,点校本二十四史修订本,卷六,第335页。
③ 《史记》卷六《秦始皇本纪》载二世诏书曰:"金石刻尽始皇帝所为也。今袭号而金石刻辞不称始皇帝,其于久远也如后嗣为之者,不称成功盛德。"又载:"丞相臣斯、臣去疾、御史大夫臣德昧死言:'臣请具刻诏书刻石,因明白矣。臣昧死请。'制曰:'可。'"见第335页。《汉书》卷二五《郊祀志》对此事的记载可以参照:"二世元年,东巡碣石,并海,历泰山,至会稽,皆礼祠之,而刻勒始皇所立石书旁,以章始皇之功德。"颜师古注曰:"今此诸山皆有始皇所刻石及胡亥重刻,其文并具存焉。"见《汉书》,中华书局,1962年,第1205页。其中,峄山、泰山、之罘三处所刻二世诏书,《集古录跋尾》卷一已予以证实。

388

形式出现,有些被叶昌炽称为"妄人题字",①有的则如同拓本题跋,例如云南"二爨碑"被发现之后,阮元、邓尔恒分别在碑石上加刻了一段题跋,②其形式内容与拓本题跋颇为类似。实质上,在这种情境中,题跋者是将石刻视同拓本的,将石面等同纸面。另一类是以诗赋的形式出现。比如,湖南永州浯溪摩崖石刻中,最早有中唐大历年间的元结诸铭以及元结撰、颜真卿书《大唐中兴颂》,继而衍生出宋景祐五年(1038)陈统《读元颜二公中兴颂碑》,宋崇宁三年(1104)黄庭坚《中兴颂诗引》,宣和间(1119—1125)张耒《读中兴碑》,元后至元二年(1336)姚绂《历九疑下泷江游澹岩寺读浯溪碑》,清嘉庆十九年(1814)王显文《游浯溪读元次山诸铭书后》,光绪十九年(1893)吴大澂《雨中游浯溪读〈中兴颂〉次山谷诗韵》,等等,不胜枚举。③ 上述诸刻石皆聚集于浯溪摩崖之上,由其题目可知,皆是后来者读元结铭刻有感而发的产物。在这种情境中,题跋者是将石刻文字视同纸本诗文的。由此可见,石刻的现场阅读,既是石刻的一种观赏方式,也是石刻文献的一种衍生方式。置身石刻现场,读者的情思受到感发,相应的文本因而衍生。

在秦始皇东巡刻石的阅读史上,司马迁不是最早的读者,却是最有创意、最为重要的读者,他留下的文化烙印也是最为深刻的。司马迁在《史记·秦始皇本纪》所抄录的,与其说是依据石刻原本而保存的文献,不如说是经过其阅读消化之后,根据自己的理解,按照《史记》整体文风融合统一的需求而加以修改的文本。司马迁对刻辞中一些较为古奥的字词所做的简易化处理,如改"巡"为"巡"、"陲"为"垂"、"卅"为"三十"

---

① [清]叶昌炽《语石》卷九有"妄人题字一则",又有"碑末题字变例一则",见叶昌炽撰,柯昌泗评、陈公柔、张明善点校《语石 语石异同评》,中华书局,1994年,第525—527页。
② 二爨碑,指的是《爨龙颜碑》《爨宝子碑》,清代发现于云南,云贵总督阮元、南宁知府邓尔恒分别在二石上留下题跋,阮跋见王敏辑注《北京图书馆藏善拓题跋辑录》(文物出版社,1990年),第209页。邓跋见[清]陆增祥《八琼室金石补正》卷九,《石刻史料新编》第一辑,第6册。《爨宝子碑》现存云南省曲靖市第一中学"爨碑亭"内,邓跋尚清晰可读。
③ 潇湘意摩崖石刻拓片博物馆、张京华、杨宗君、敖炼《永州摩崖石刻精选》,第76—85、90—91、112—113、134—135、182—183、210—211页。

等,不仅变难为易,而且使原刻整齐划一的四言句式有了参差和变形。①这是一种古为今用的阐释性阅读,从另一角度来说,司马迁对其阅读的石刻所作的改写,是以另一种形式写就的读后感。

(二) 访碑与读者的成长

《史记》所抄录的秦始皇刻石文字,是从何而来的呢?换句话说,司马迁是在何时何地读到、抄到这些石刻文字的呢?推断起来,无非如下两种可能:一种可能,他是从当时的国家图书馆或公文档案中读到这些文献的。从理论上说,西汉天禄、石渠之阁有可能藏有此类文献,可以为司马迁提供查阅的方便。但是,这一可能性缺乏相应的文献佐证,只是推测而已。另一种可能,司马迁在《史记·太史公自序》曾自言,"二十而南游江、淮,上会稽,探禹穴,窥九疑,浮于沅、湘,北涉汶、泗,讲业齐、鲁之都,观孔子之遗风,乡射邹、峄,戹困鄱、薛、彭城,过梁、楚以归"。② 也就是说,司马迁曾到访秦始皇刻石之地,实地考察这些石刻,他完全有可能现场阅读,并将其全文抄录使用。

细读《史记·秦始皇本纪》,可以发现有关司马迁阅读秦始皇刻石时所处空间环境的一条佐证材料。秦始皇东巡刻石文辞皆以 36 句成篇,惟《史记·秦始皇本纪》中所录碣石刻辞只有 27 句,因为"上脱九句",以致结构有脱落,文意不完整。③ 需要指出的是,在秦始皇东巡诸刻中,碣石山刻石比较特殊,它是摩崖刻石,而不是碑碣。司马迁没有抄录碣石山刻辞前九句,并不是有意删略这九句,而是因为在原摩崖刻石上这九

---

① 参看程章灿撰《传统、礼仪与文本——秦始皇东巡刻石的文化史意义》,《文学遗产》,2014 年第 2 期。修改后收入本书第八章。

② [汉] 司马迁撰,[南朝宋] 裴骃集解,[唐] 司马贞索隐,张守节正义《史记》,点校本二十四史修订本,卷一三〇,第 3970—3971 页。

③ 说见 [清] 严可均校辑《全上古三代秦汉三国六朝文·全秦文》卷一,中华书局,1958 年,第 122 页。严氏还认为,《史记》所录"初一泰平"应作"初一泰宇",全诗乃谐。容庚亦认为此处有脱简,并据文意补出 9 句 3 韵,见其《秦始皇刻石考》,载《容庚文集》,中山大学出版社,2004 年,第 198 页。

句已被杂草掩埋或为风雨侵蚀,无法辨识,不得不阙略。倘若是在天禄、石渠阁查阅简册,便不会出现这种情况。因此,被后人树立为"读万卷书,行万里路"榜样的司马迁,他的"万里路"之中其实包含有访碑之旅。如果我们称秦始皇刻石为秦碑,那么,司马迁就是秦碑最早的读者和访客之一。如果访碑被确认为最早的读碑方式之一,那么,司马迁就是最早的访碑者之一,他的访碑之旅的文化意义也应得到充分的肯定。

两汉时代,交通不便,千里访碑,道途艰难,考虑到这一点,司马迁访碑之不同寻常便可进一步突显。即使到了东汉时代,这样的访碑之旅也是相当稀罕的。晚司马迁近200年的东汉学者许慎,在其《说文解字叙》中写道:"郡国亦往往于山川得鼎彝,其铭即前代之古文,皆自相似。虽叵复见远流,其详可得略说也。"①《说文解字》三下"及""攸"二字、十二下"也"字,都引秦始皇刻石的小篆字形为证。② 由此可见,许慎不仅重视鼎彝上的铭文,也重视秦始皇刻石的文字。《说文解字》中征引的秦始皇刻石字形,极有可能源自许慎的访碑之旅。如果此说可以成立,那么,访碑既是许慎人生经历的重要组成部分,也是促进其学术成长的重要因素。

换个角度来看,对于司马迁(也许还有许慎)这样的学者而言,访碑丰富了他们的阅读经历,拓宽了他们的文献视野,促成了他们传奇般的学术成长。显然,这一现象对于后代学者颇有启示意义,因此,踵之而起的后代访碑/读碑者络绎不绝。东汉末年的蔡邕,三国时的曹操、杨修,都是青史留名的较早的访碑者。他们的访碑经历也各有特点。据《世说新语·捷悟》载:

> 魏武尝过曹娥碑下,杨修从,碑背上见题作"黄绢幼妇,外孙齑臼"八字。魏武谓修曰:"解不?"答曰:"解。"魏武曰:"卿未可言,待我思之。"行三十里,魏武乃曰:"吾已得。"令修别记所知。修曰:"黄

---

① [汉]许慎撰,[清]段玉裁注,许惟贤校点《说文解字注》,第1318页。
② 《说文解字注》,第207、222、1091页。

绢,色丝也,于字为绝。幼妇,少女也,于字为妙。外孙,女子也,于字为好。䪥臼,受辛也,于字为辞。所谓'绝妙好辞'也。"魏武亦记之,与修同,乃叹曰:"我才不及卿,乃觉三十里。"①

这是一段曹操与杨修二人读碑的故事,也是一段同碑共读的故事。这段故事看似情节曲折,娓娓动听,却是没有凭据的,它的目的只在于借用这一读碑故事,突出曹操与杨修的才智对比,塑造曹、杨二人的性格与形象。在经历这次阅读事件之后,曹操和杨修的形象更加丰满了。

这段读碑故事有一个细节值得关注,那就是曹、杨二人既读了《曹娥碑》,又读了碑上所题"黄绢幼妇,外孙䪥臼"八字,而后者才是整段故事的叙述重点。据《世说新语》此条刘孝标注云:

按曹娥碑在会稽中,而魏武、杨修未尝过江也。《异苑》曰:"陈留蔡邕避难过吴,读碑文,以为诗人之作,无诡妄也。因刻石旁作八字。魏武见而不能了,以问群僚,莫有解者。有妇人浣于汾渚,曰:'第四车解。'既而,祢正平也。衡即以离合义解之。或谓此妇人即娥灵也。"②

不仅南朝刘孝标认为"魏武、杨修未尝过江",今人余嘉锡也认为,"蔡邕题字,实有其事,见《后汉书》注引《会稽典录》。至于杨修、祢衡之事,则皆妄也"。③ 换句话说,曹杨或者曹祢读碑之事子虚乌有,而蔡邕读碑则是"实有其事"。蔡邕在碑上留下的八字题词,既记录了他的阅读感受,更通过刻石使他的读书笔记流传后代,进入后来读者的阅读视野。

---

① [南朝宋]刘义庆撰,[南朝梁]刘孝标注,余嘉锡笺疏《世说新语笺疏》(修订本),上海古籍出版社,1993年,第579页
② 《世说新语笺疏》(修订本),第579—580页。
③ 《世说新语笺疏》(修订本),第581页。

从某种角度来说,这八字题词已经成为《曹娥碑》的附文本或副文本。①值得注意的是,"黄绢幼妇,外孙齑臼"采取四言韵文的形式,"妇""臼"谐韵,与《曹娥碑》后半部分铭文所用的四言韵文形式如出一辙,正、副文本之间衔接自然而紧密。蔡邕通过题词的方式,使自己的阅读活动成为石刻文献文本的再生产活动。在这个意义上,蔡邕的题词与司马迁的改写是殊途同归的。此事也使蔡邕完成了从阅读者到被阅读者的身份转变。

自东汉以降,碑刻成为树立在中国原野之上的文化景观,②同时也是一种公开展示的文本。由于碑文撰书多出自蔡邕之类的一时名家之手,行经碑刻现场的即兴式阅读或专程前去访碑的目的性阅读,在史传记载中屡见不鲜。在《后汉书·祢衡传》中,黄祖长子黄射与祢衡二人交好,经常同游,曾"共读蔡邕所作碑文":

> 祖长子射为章陵太守,尤善于衡。尝与衡俱游,共读蔡邕所作碑文,射爱其辞,还恨不缮写。衡曰:"吾虽一览,犹能识之,唯其中石缺二字为不明耳。"因书出之,射驰使写碑还校,如衡所书,莫不叹伏。③

这同样是一段结伴读碑的故事。故事中的主角为谁,故事真假与否,并不是最重要的。事实上,在另外一段历史记载中,故事的主角变成了王粲,而故事的情节却大同小异:"初,粲与人共行,读道边碑,人问曰:

---

① 附文本也称副文本,是法国文论家杰拉德·热奈特(Genette)在1970年代提出的概念,指的是"在正文本和读者之间起着协调作用的、用于展示作品的一切言语和非言语材料,包括封面、标题、序言、前言、注释、后记等"。详参史忠义译《热奈特论文选》,河南大学出版社,2009年,第58页。

② 参看程章灿撰《景物:石刻作为空间景观与文本景观》,《古典文献研究》,第17辑下卷,凤凰出版社,2014年。修订后收入本书第十一章。

③ [南朝宋]范晔撰,[唐]李贤等注《后汉书》卷八〇下,中华书局,1965年,第2657页。

'卿能暗诵乎?'曰:'能。'因使背而诵之,不失一字。"[1]从这两段故事中可以看出:一方面,碑文是汉末人阅读生活中十分重要的一项内容,名家之作尤其受人珍爱,记诵乃至缮写,都是与阅读相伴而生的活动。上述祢衡和王粲的这两次读碑,可能是某次行程途中顺带而及,未必做过预先的谋划。而《隋书·经籍志》集部总集类著录的各种碑文集,尤其是《荆州杂碑》三卷、《雍州杂碑》四卷、《广州刺史碑》十二卷之类,[2]则很有可能是有计划地到各处寻访、缮录而得。从这个角度来说,《隋书·经籍志》中著录的这些著作,也可以说是访碑和读碑的成果。另一方面,那些成就突出的作家或者学者,往往具有与众不同的阅读才能,他们在读碑过程中展示的过目成诵的天赋异禀,既确立了自己的声名,也进一步播扬了碑刻的声名。这是石刻与其读者之间的相互确认。后代许多画家作《读碑图》,并进而衍生了许多题咏《读碑图》的诗作。[3] 一些金石学家甚至亲自动手绘制《读碑图》,"绘图记事,以留鸿爪",例如撰《常山贞石志》的沈涛画有《河朔访碑图》十二幅,黄易则绘有《嵩洛访碑图》二十四幅。[4] 这些诗画作品的目的,在于确认访碑之举或读碑行为对于读碑者人生的标志性意义。总之,访碑现象并不始于清朝,而是始于汉代,访碑读碑早就是文士学者成长过程中的重要环节。

  石刻文献阅读对读者成长过程的影响是多方面的。蔡邕称赞《曹娥碑》为"绝妙好辞",黄射爱赏蔡邕碑文之辞,这说明碑刻文本辞章给他们留下了深刻的印象。蔡邕后来成为名扬天下的碑文作家,与他长期以来

---

[1] [晋]陈寿撰,[南朝宋]裴松之注《三国志》卷二一《王粲传》,中华书局,1982年,第599页。

[2] 《隋书》卷三四,中华书局,2019年,点校本二十四史修订本,第1233页。

[3] 读碑图比较集中的主题,似乎是《魏武读碑图》和《曹娥江读碑图》。据《宣和画谱》卷五、卷一三记载,当时御府藏有隋郑法士所绘《读碑图》四幅,唐韦偃所绘《读碑图》二幅。读碑图之题咏,仅《御定历代题画诗类》卷三六(台湾商务印书馆影印文渊阁《四库全书》本)所录,即有元程钜夫《题龙眠曹杨读碑》、郑元祐《读碑图》、释大䜣《曹娥江读碑图》、明朱经《题读碑图》等多篇。

[4] 叶昌炽《语石》卷一〇"访碑图一则",见叶昌炽撰,柯昌泗评,陈公柔、张明善点校《语石·语石异同评》,第564页。

揣摩前人碑文名篇的阅读积累是分不开的。蔡邕《陈太丘碑》先诔后铭，与《曹娥庙》如出一辙，①恐怕不是偶然的。

对于汉末洛阳的太学生以及各地的"后儒晚学"来说，熹平石经对于他们的意义，不仅是官方确认的经典定本，是阅读、研讨和考试的依据，而且可以说是一座皇家设立的公共图书馆。换个角度来看，这部由蔡邕等人隶书、倡始于汉灵帝熹平四年(175)、刻成于光和六年(183)、树立于洛阳太学(今河南偃师县朱家圪垱村)的石经，②还是一种新时代、新形势下大胆创新的"书籍之版本"。③ 其前所未有的书、刻、立形式，毫不意外地吸引众人围观，而这种围观也顺理成章地成为东汉经典阅读史上的热点事件。《后汉书·蔡邕传》载：

> 邕以经籍去圣久远，文字多谬，俗儒穿凿，疑误后学。熹平四年，乃与五官中郎将堂谿典、光禄大夫杨赐，谏议大夫马日磾、议郎张驯、韩说、太史令单飏等，奏求正定六经文字。灵帝许之，邕乃自书册(丹)于碑，使工镌刻立于太学门外。于是后儒晚学，咸取正焉。及碑始立，其观视及摹写者，车乘日千余两，填塞街陌。④

从"车乘日千余两，填塞街陌"来看，很多读者是从全国各地长途跋涉而来的。不辞辛劳的读者们，不仅"观视""摹写"，而且"取正"，根据石经版本对自己手中原有的经典写本进行校勘改正。这场阅读活动包括

---

① 《陈太丘碑》先有"太守南阳曹府君命官作诔，曰：……"，后有"乃作铭曰……"，见[汉]蔡邕著，邓安生编《蔡邕集编年校注》，河北教育出版社，2002年，第375—376页。《曹娥碑》先有"度尚设祭诔之，词曰……"，后有铭文："词曰"。见《古文苑》卷一九，《四部丛刊初编》本。

② 参看马衡《石经词解》，载其《凡将斋金石丛稿》，中华书局，1977年，第211—219页。

③ 马衡《从实验上窥见汉石经之一斑》："书籍之版本，莫先于汉之《熹平石经》。"载其《凡将斋金石丛稿》，第199页。

④ [南朝宋]范晔撰，[唐]李贤等注《后汉书》卷六〇下，中华书局，1965年，第1990页。按：何焯《义门读书记》卷二三《后汉书·蔡邕传》以为"邕乃自书册于碑"一句有误，"'册'当从《水经注》作'丹'"。参见[清]何焯著，崔高维点校《义门读书记》，中华书局，1987年，第389页。按：由此可见，熹平石经由蔡邕书丹。

作为物质文化的石刻文献

阅读（默读或朗读）、抄录和校对，由于现场汇聚了众多的读者，这场阅读实际上变成了一种会读活动。洛阳太学石经前聚集的熙熙攘攘的太学生以及各地"晚儒后学"，使石经阅读成为经学界同仁之间切磋讨论的大聚会。在汉代经学史上，在汉代太学经生的成长历程中，这一事件都烙下了深刻的印记。

读碑或称读石，一方面是欣赏文章，另一方面也是欣赏书法。揣摩文辞内涵，涵泳文中深意，固然需要时间；欣赏翰墨之妙，体会笔法特点，学习名家的技巧，更需要慢慢品味。《唐语林》卷五记：

> 率更欧阳询，行见古碑，晋索靖所书，驻马观之，良久而去。数百步复还，下马伫立，疲倦则布裘坐观。因宿其旁，三日而去。[1]

从本质上说，这段佚事的意义指向与右军墨池、怀素笔冢之类的佚事殊途同归。具体而言，则欧阳询书法成就的取得，是以这段故事中所描述的痴迷式的读碑为基础的。对于热爱书法的人来说，能与名家书刻的碑石面对面，是难得的学习机会，也是难忘的审美体验。丰碑巨碣往往高过人身，仰而读之，仍有目不可及者；另一方面，许多名碑位于荒郊野外，风雨尘沙、寒冬酷暑等种种自然条件，也给读碑带来了各种限制甚至妨碍。因此，宋代以后所刻各种石刻丛帖，多立于通都大邑的廊庑之下，或嵌于园林宅第之中，高低合适，大小适中，为品读提供了极大方便。在古今书法家的成长过程中，石刻碑帖阅读发挥了重要的作用。

（三）现场阅读与情境的滋长

学问淹博、眼光宏通的南宋历史学家和文献学家郑樵，对石刻文献所具有的特殊文化意义有着深刻的体认。他在《通志》二十略中设立《金石略》，别出心裁地将《金石略》与《艺文略》《校雠略》《图谱略》齐肩并列。惟恐人们不能理解这一做法的创意与良苦用心，郑樵在《金石略》序言中

---

[1] [宋]王谠撰，周勋初校证《唐语林校证》卷五，中华书局，1987年，第432页。

特别作了一番解释：

> 方册者，古人之言语。款识者，古人之面貌。以后学跂慕古人之心，使得亲见其面而闻其言，何患不与之俱化乎。所以仲尼之徒三千皆为贤哲，而后世旷世不闻若人之一二者，何哉？良由不得亲见闻于仲尼耳。盖闲习礼度，不若式瞻容仪，讽诵遗言，不若亲承音旨。今之方册所传者，已经数千万传之后，其去亲承之道远矣。惟有金石所以垂不朽，今列而为略，庶几式瞻之道犹存焉。且观晋人字画，可见晋人之风猷，观唐人书踪，可见唐人之典则，此道后学安得而舍诸！三代而上，惟勒鼎彝。秦人始大其制而用石鼓，始皇欲详其文而用丰碑。自秦迄今，惟用石刻。散佚无纪，可为太息。故作《金石略》。①

这段文字充满感慨，其感慨的对象既面向当世读者，也面向后世读者。事实证明，郑樵这一段解释并不多余，因为直到清代，仍有人对他的这一做法不能理解。例如，四库馆臣就曾对他提出这样的批评："校雠、图谱、金石，乃艺文之子目，析为别类，不亦冗且碎乎？"②显然，这一批评没有理解郑樵四略分立的用意。校雠是治书之学，图谱是文献旁支，其与艺文的区别一目了然，毋庸赘论。在郑樵看来，金石与方册，二者固有相同之处，而相异之点更多。"同"表现在二者皆属于"古人之言语"，"异"表现在金石犹存"古人之面貌"，单独"列而为略，庶几式瞻之道犹存焉"。金石二者之形制、功用虽有不同，但在"式瞻之道犹存"这一点上却是相同的。其实，所谓"金石略"，从某种程度上也可以说就是"石刻略"。翻阅《金石略》之目录，益可知其大宗在于石刻，其重点亦在于石刻。传世之"石"不仅数量上比"金"更多，也为后人提供了更多、更为便捷的"式瞻容仪"的机会。石刻文献的"式瞻"之道，有多种表现方式，现场阅读是

---

① [宋]郑樵撰，王树民点校《通志二十略》，下册，中华书局，1995年，第1843页。
② [清]永瑢等《四库全书总目》卷五〇，中华书局，1965年，第448页。

其中最值得重视、也最值得探讨的一种。

不同类型的石刻文献,有着各种不同的现场因素。以碑刻而言,包括碑之形状、碑石现状、碑侧以及其他部位的纹饰雕刻,乃至包括碑亭、碑坐以及周边相连的其他雕刻建筑,碑刻位置及其周边环境,包括相邻碑刻之关系等,这些都属于现场因素。以墓志而言,除了墓志及墓盖的形制与纹饰,墓葬类型以及墓穴形制乃至墓地所在山川地理环境,都属于现场因素。对于摩崖石刻而言,山崖洞穴的形貌及其位置,都是现场因素。阅读石刻当下的自然气候(阴晴雨雪)和读者心境(喜怒哀乐),也应计入现场因素。这些是全形拓乃至摄影录像所无法完整反映的,但却构成了现场阅读的情境。情境是现场阅读必须面对的另外一种文本,也最能体现现场阅读的特点与优势。

清人叶昌炽说:"野寺寻碑,荒厓扪壁,既睹名迹,又践胜游,此宗少文、赵德甫所不能兼得也。"①作为一种阅读方式,现场阅读将访碑、阅读与旅行结合起来,不仅使读者置身实地,面对实物,直接接触,而且在特定的现场情境中,激发读者与古刻、古人乃至古迹遗址的情感联系,犹如"式瞻容仪""亲见其面",发思古之幽情,生"跂慕古人之心"。可以说,现场阅读较之书斋阅读更多了一种身临其境的情感体验。有不少历史文献记录了读者身临其境的反应,表达了他们各自不同的情感体验。

陈寔,字仲躬,颍川许县(今河南许昌长葛市)人,曾任太丘长,后世称为"陈太丘"。陈寔以清德高行闻名于世,是汉末士林领袖。他去世时,"海内赴者三万余人,制衰麻者以百数。共刊石立碑,谥为文范先生"。②蔡邕为他撰写《文范先生陈仲弓铭》《陈太丘碑》《陈太丘庙碑铭》三篇,③其中,《陈太丘碑》最为有名,此篇又被收入《文选》,因而传诵最广。蔡邕在《陈太丘碑》文中解释"文范"谥号之义一段尤其值得注意:"传曰:'郁郁乎文哉!'《书》曰:'洪范九畴,彝伦攸叙。'文为德表,范为士

---

① 叶昌炽《语石》卷一〇"访碑图一则",见叶昌炽撰、柯昌泗评,陈公柔、张明善点校《语石 语石异同评》,第564页。
② 《后汉书》卷六二《陈寔传》,第2067页。
③ [汉]蔡邕著,邓安生编《蔡邕集编年校注》,第369—370、375—376、389页。

则,存海没号,不亦宜乎!"①三国名将邓艾年少之时,曾行经颍川陈寔之墓地,在现场阅读这篇碑文,内心受到极大的触动。据《三国志·魏志·邓艾传》记,邓艾"年十二,随母至颍川,读《故太丘长陈寔碑文》,言'文为世范,行为士则',艾遂自名范,字士则。后宗族有与同者,故改焉"。②清代学者何焯、胡绍煐等人早已指出,《邓艾传》所引"文为世范,行为士则"是传本有讹,应作"文为德表,范为士则",邓艾改名范字士则可以为证。③ 由此可见,邓艾对《陈太丘碑》的现场阅读是认真而仔细的,置身现场为他的阅读增加了感动的情境,他决心以陈寔为自己的人生榜样和道德楷模,故改名范,字士则。虽然后来因故未使用这一名字,但是他对陈寔的景仰之情并没有改变。这段早年佚事之所以被写入史传,表明这次阅读影响了邓艾的人生观,是邓艾成长历程中具有标志性的事件。

　　石刻的现场阅读,还有第一现场和第二现场之别。所谓第一现场,是指石刻原初的树立之地,其后因各种原因而有迁移,其迁移之地统称为第二现场。例如,河北赞皇坛山有相传为周穆王所刻石,字画奇怪,引人注目。"庆历中,宋尚书祁在镇阳,遣人于坛山模此字。而赵州守将武臣也,遽命工凿山取其字,龛于州廨之壁,闻者为之嗟惜也。"④周穆王石刻从坛山的第一现场转移到州廨的第二现场,固然为阅读提供了交通便利,但其原始情境也因此发生了巨大的改变,阅读情境有了变异性拓展。

　　从东汉熹平石经开始,石刻就有了大规模集中展示的形式。大规模集中展示,一方面提供了大规模集中阅读的方便;另一方面,也潜伏着大

---

① [南朝梁]萧统编,[唐]李善注《文选》卷五八,中华书局影印胡刻本,1977年,第802页。

② 《三国志》卷二八《邓艾传》,第775页。

③ [清]胡绍煐《文选笺证》卷三二"陈太邱碑文":"何氏焯曰:《魏志·邓艾传》引作'言为世范,行为士则',非是。绍煐按:艾读《故太邱长陈寔碑文》,遂自名范,字士则,是艾所见碑文本作'范为士则',可知《魏志》误改。庾信《周太子太保步陆碑》'言为世范,行为士则'句,亦沿《魏志》而误。"见宋志英、南江涛选编《〈文选〉研究文献辑刊》,国家图书馆出版社,2013年,第57册,第155—156页。

④ [宋]欧阳修著,邓宝剑、王怡琳笺注《集古录跋尾》卷一,人民美术出版社,第11页。

作为物质文化的石刻文献

规模损毁的可能。地震、洪水等自然灾害，或者战乱及城镇发展等人事变迁，都有可能造成石刻实物损毁，或者被迫迁移。熹平石经、正始石经以及唐代开成石经，都经历过迁移，甚至是多次迁移，从原刻立之地的第一现场，到重新汇聚安置的第二现场乃至第三现场。汉魏石经经过多次迁移，至今已无有完石。对于汉魏石经来说，洛阳太学就是它们共同的第一现场。而开成石经原碑立于唐代长安城务本坊国子监，这是其第一现场。北宋时，开成石经迁移至西安府学北墉，即今西安碑林博物馆之所在，西安碑林博物馆就是开成石经的第二现场。

对这些大规模石刻来说，第二现场与第一现场不仅绝对空间地点不同，而且相对位置关系也发生了变化。北宋熙宁五年（1072），担任湖州太守的孙觉将散落湖州各地的"自汉以来古文遗刻"，汇集于州治之地，建成了一座石刻主题公园——墨妙亭。墨妙亭就是诸多湖州石刻的第二现场。苏轼应友人孙觉之请而题写的《墨妙亭诗》及《墨妙亭记》，[1]亦刻碑立于第二现场，这为现场阅读拓展了文本，增加了亮点。元兵南下，墨妙亭被毁，其后，邑人陆心源、俞宗濂等人又多次重建。伴随着历史沧桑，石刻第二现场也在历次重建之中不断调整变化。这是一种阅读情境的拓展，也是阅读文本的拓展。

与碑刻相比，墓志因为被埋于地下，其第一现场阅读就比较少见。除了盗墓者及现代考古工作者，一般人读到的墓志，大多是在第二现场。不过也有例外，比如在唐代，参加出殡仪式的人们就可以在第一现场之前读到公开展示的墓志。"当时社会风气，通行隆重出殡，《唐会要》记载唐代的丧事仪礼，出殡的队伍中有'志石亭'，可知墓志石应在出殡时装在一个彩扎的亭子里公开送到墓穴。"[2]近代以来，洛阳等地出土的唐代墓志及历代墓志层出不穷，其中的一千多件汇集于洛阳新安县千唐志

---

[1] 苏轼《孙莘老求墨妙亭诗》，见[宋]苏轼撰，[清]王文诰辑注，孔凡礼点校《苏轼诗集》卷八，中华书局，1982年，第371—373页。苏轼《墨妙亭记》，见[宋]苏轼撰，[明]茅维编，孔凡礼点校《苏轼文集》卷一一，中华书局，1986年，第354页。

[2] 施蛰存《金石丛话》之十三《唐墓志、塔铭、经幢》，中华书局，1991年，第60页，原载《文史知识》，1988年第7期。

斋,被嵌于墙壁之上集中展示,颇便阅读。① 不过,这一类的第二现场,毕竟掺入了太多后人营造加工的痕迹,一方面丧失了其原有空间位置的信息,另一方面也被赋予了现代展示情境的意义。这两方面的因素都会对阅读产生影响。

从北宋湖州的墨妙亭,到今天的西安碑林博物馆和河南新安千唐志斋博物馆,都是石刻的第二现场。此外,某些金石收藏家(如近代端方)热衷于收集金石古物,各地考古队、文物局、博物院、园林部门也收集珍藏了许多传世及出土石刻,造就许多石刻的第二现场。总之,与石刻的第一现场相比,第二现场的石刻场域空间的改变,拓展了石刻现场阅读的情境,赋予了石刻现场阅读以新的形式与意义。时移世异,传统访碑模式的第一现场阅读,逐渐转变为近代博物馆展览馆模式的第二现场阅读,石刻书迹也越来越成为观赏的重点。当阅读变成参观,文献史料变成文艺墨妙,人们面对石刻的距离、视角与方式,也都与前不同了。

二、"保残守缺"的艺术:欧阳修的拓本阅读

通常被写作"抱残守缺"的"保残守缺"一词,基本上被理解为一个贬义词,指的是一种因循守旧、墨守成规的人生态度或思想立场。这样理解是有道理的,也有其深厚的历史渊源。"保残守缺"一词最早见于汉代刘歆《移书让太常博士》,这是一篇经学史和文献学史上的重要文献。刘歆在这篇文章中批评当世一些没有见识的"缀学之士""犹欲保残守缺,挟恐见破之私意,而无从善服义之公心"。② 这篇文章不仅被作为重要历史文献而载入《汉书》,而且被作为经典文学作品被编入《文选》,成为

---

① 详参河南省文物研究所、河南省洛阳地区文管所编《千唐志斋藏志》,文物出版社,1984年。
② [汉]班固撰,[唐]颜师古注《汉书》卷三六《楚元王传》,中华书局,1978年,第1970页。

作为物质文化的石刻文献

历代传诵的名篇。① "保残守缺"一词也随之广为流传,脍炙人口,产生了很大的影响。清代学者江藩在《汉学师承记》中讲到顾炎武和黄宗羲两位学者时,称"二君以瑰异之质,负经世之才,……岂若抱残守缺之俗儒,寻章摘句之世士也哉"。②他没有承袭传统写作"保残守缺",而是写作"抱残守缺",可能只是一时误记,其意义内核并没有改变。如果非要分辨二词有什么不同,也许可以说,"保残守缺"可以重组为"保守残缺",而"抱残守缺"只能改写为"抱残残缺","保守"一词似乎比"抱守"一词更为通俗,也更好理解一些,但在通常使用语境中,二者的贬义色彩却是一致的。实际上,从语源学和训诂学的视角来看,"保"(袌,褓褓)与"抱"之间也有相当多联系,③都意味着对婴幼儿的保护、爱护和哺育,从这个意义上说,无论"保守"还是"抱守",其实都有相当多正面与褒义的内涵。

另一方面,从中国古代文献历史尤其是先秦两汉文献历史来看,"残缺"往往被用来描述当时文献流传中的客观状态,甚至可以说,"残缺"简直就是古代文献流传的常态。即使在最早创用"保残守缺"一词并率先使其"污名化"的刘歆《移书让太常博士》一文中,也曾引用汉武帝诏书中"礼坏乐崩,书缺简脱"一词,以描述当时经籍的残缺现象。更值得注意的是下面这一段:

> 及鲁恭王坏孔子宅,欲以为官,而得古文于坏壁之中。《逸礼》有三十九,《书》十六篇。天汉之后,孔安国献之,遭巫蛊仓卒之难,未及施行。及《春秋》左氏丘明所修,皆古文旧书,多者二十馀通,臧于秘府,伏而未发。孝成皇帝闵学残文缺,稍离其真,乃陈发秘臧,

---

① [南朝梁]萧统编,[唐]李善注《文选》卷四三,中华书局1977年影印胡刻本,第612页。直到现当代,很多选本也依然选录此文,如高步瀛选注、陈新点校《两汉文举要》,中华书局,1990年;又如李隆献编《先秦两汉文选》,台湾大学出版中心,2013年。
② [清]江藩撰,漆永祥笺释《汉学师承记笺释》,上海古籍出版社,2006年,第865—866页。
③ 详细论述请参看杨联陞《中国文化中"报""保""包"之意义》,贵州人民出版社,2009年。

校理旧文,得此三事,以考学官所传,经或脱简,传或间编。传问民间,则有鲁国桓公、赵国贯公、胶东庸生之遗学与此同,抑而未施。此乃有识者之所惜闵,士君子之所嗟痛也。①

这里所谓"学残文缺",其具体所指,就是"经或脱简,传或间编",既包括鲁国桓公、赵国贯公、胶东庸生等人的"遗学",也包括刘歆在这篇经学文献中所力争的"三事",亦即《逸礼》三十九篇、《书》十六篇和《左氏春秋》。由于此"三事"未列入学官,未得到当时官方经学体系的承认,因此,整个经学体系就不免停留在"学残文缺"的状态。在刘歆看来,当时经学格局中只有增添这些逸书遗学,才能摆脱"学残文缺"的局面。他与代表当时官方经学体制的太常博士力争之时,极力强调这些残缺文本、残缺之学的重要性。换句话说,刘歆并没有一概否认"残缺"的价值与意义。实质上,太常博士所保守的固然是一种"残缺",刘歆所维护的也是一种"残缺",双方固守自己的立场,互不承认。因此,刘歆抨击太常博士们"保残守缺",指责他们"挟私意""无公心",也不免带有意气情绪,立场不无偏激。

站在今天的立场来看,刘歆所谓"三事",都是当时新发现的文献,也可以说是广义的出土文献。从这个角度来看,欧阳修所收集的金石拓本,性质与之大同小异。欧阳修收集金石拓本的心路历程与阅读拓本的心得随想,都集中保存于其所撰《集古录跋尾》,其中,又以石刻拓本的收集与阅读为主。细读《集古录跋尾》,可以看出欧阳修对石刻阅读的方法态度及其心理审美体验。如果用一句话概括欧阳修的石刻阅读,那就是"保残守缺的艺术"。

(一)"保残守缺"以抗拒遗忘

古代石刻历经数百年或者上千年岁月,或者饱受风雨侵蚀,或者在幽暗的地下沉埋,及至被人重新发现或者重见天日之时,很多已是残缺

---

① 《汉书》卷三六《楚元王传》,中华书局,1978年,第1969—1970页。

之物。要么是断碑残碣,成为物质形态上的残缺之物;要么是字迹模糊,成为文本内容上的残缺之物;要么是时地不详,成为历史语境上的残缺之物;虽然残缺的表现各不相同,但终究皆为残缺之物。有着数十年集古经验的欧阳修,对于古金石刻的残缺有深刻的认知。"残缺"(少数写作"残阙")一词是《集古录跋尾》中出现频率最高的词语之一,据检索统计,共出现20处23次,其中涉及汉碑者8处9次,涉及魏碑1处1次,涉及唐石者11处13次。今依次胪列如下:

1. 卷一《后汉孔宙碑阴题名》:今宙碑残缺,其姓名邑里仅可见者才六十二人。(第30页)

2. 卷二《后汉武荣碑》:其余文字残缺,不见其卒葬年月,又不著氏族所出。(第36页)

3. 卷二《后汉杨震碑》:文字残缺,首尾不完。(第37页)

4. 卷二《后汉郎中郑固碑》:其余残缺不复成文。……汉隶刻石存于今者少,惟余以集录之勤,所得为独多。然类多残缺不完,盖其难得而可喜者,其零落之余,尤为可惜也。(第51页)

5. 卷三《后汉田君碑》:自此以后,残缺不可次第,而隐隐可见,盖无年寿、卒葬月日,而有"故吏薛咸等立石勒铭"之语。(第52页)

6. 卷三《后汉竹邑侯相张寿碑》:其大略可见者如此,其余残缺,或在或亡,亦班班可读尔。(第57页)

7. 卷三《后汉杨君碑阴题名一》:首尾不完,今可见者四十余人。杨震子孙葬阌乡者数世,碑多残缺,此不知为何人碑阴。(第63—64页)

8. 卷三《后汉杨公碑阴题名》:此碑阴者不知为何人碑,文字残缺。(第64页)

9. 卷四《魏刘熹学生冢碑》:今碑虽残缺,而熹与生徒名字往往尚可见。(第84页)

10. 卷五《隋尔朱敞碑》:碑文虽残阙,然班班尚可读。(第105页)

11. 卷五《唐孔子庙堂碑》:余为童儿时,尝得此碑以学书,当时刻画完好。后二十余年复得斯本,则残缺如此。(第114页)

12. 卷五《唐孔颖达碑》:碑字多残缺,惟其名字特完,可以正传之缪

第十六章 作为阅读对象的石刻

不疑。(第 122 页)

13. 卷七《唐中兴颂》:摩崖石而刻之,模打既多,石亦残缺。今世人所传字画完好者,多是传模补足,非其真者。(第 161 页)

14. 卷七《唐干禄字样》:此本刻石残缺处多,直以鲁公所书真本而录之尔。……而世俗多传摹本,此以残缺不传,独余家藏之。(第 165 页)

15. 卷七《唐杜济神道碑》:碑已残缺,铨次不能成文,第录其字法尔。(第 168 页)

16. 卷七《唐颜真卿射堂记》:如《干禄字书》之类,今已残阙,每为之叹惜。……惟《张敬因碑》与斯记为尤精劲,惜其皆残阙也。(第 169 页)

17. 卷七《唐张敬因碑》:碑在许州临颍县民田中。庆历初,有知此碑者稍稍往模之,民家患其践田稼,遂击碎之。余在滁阳,闻而遣人往求之,得其残阙者为七段矣。其文不可次第,独其名氏存焉。(第 170 页)

18. 卷七《唐颜勤礼神道碑》:唐去今未远,事载文字者未甚讹舛残缺,尚可考求,而纷乱如此。故余尝谓君子之学有所不知,虽圣人犹阙其疑以待来者,盖慎之至也。(第 171 页)

19. 卷八《唐颜鲁公书残碑二》:余谓颜公书如忠臣烈士、道德君子,其端严尊重,人初见而畏之,然愈久而愈可爱也。其见宝于世者不必多,然虽多而不厌也,故虽其残缺,不忍弃之。(第 176 页)

20. 卷七《唐湖州石记》:文字残缺,其存者仅可识读,考其所记,不可详也。(第 176 页)①

此外,《集古录跋尾》中所用与"残缺(残阙)"义同形异的词语,还有"残灭"(如卷一《后汉北岳碑》)、"残碑"(如卷三《后汉残碑》)、"讹缺"(如卷七《唐干禄字样模本》)、"残篇断稿"(如卷九《唐辨石钟山记》)等,其中,"残灭"一词出现多达 7 次,频率较高。由此可见,"残缺(残阙)"可以说是《集古录跋尾》一书的关键词之一,而"残缺"也可以说是长期从事石

---

① [宋]欧阳修著,邓宝剑、王怡琳笺注《集古录跋尾》。以上 20 条例证,皆出本书,其卷次及页码分别注于各条例证之首尾。

405

作为物质文化的石刻文献

刻拓本收集与阅读给欧阳修留下的最为深刻的印象之一。

欧阳修对于金石古物的收集兴趣,与其说在于金石古物本身,不如说在于金石古物上面的文字,其阅读金石古物的聚焦点,不在其物质形态,而在于其文本。面对"残缺"的石刻文本,他总是力图拼接零落分散的文字,尽量使其"成文",使其具有可读性,甚至一定程度上恢复其完整性。这种行为从字面上说就是"保残守缺"。例如《集古录跋尾》卷二《后汉杨震碑》云:"文字残缺,首尾不完,其可见而仅成文者云……其馀字存者多而不复成文矣。"①从文本来看,《后汉杨震碑》是残缺不全的,很多地方"不复成文"。对于这类石刻拓本,欧阳修在阅读时,一方面透过残文断句,尤其是透过其中"可见而仅成文者",来捕捉蕴藏的有效信息,例如卷一《后汉西岳华山庙碑》跋尾提到《华山庙碑》中出现了"集灵宫"之名:"所谓集灵宫者,他书皆不见,惟见此碑,则余之集录,不为无益矣。"②这就填补了既往历史文献的空白,指出了残缺文本的价值。即使"碑已残缺,铨次不能成文",也仍然可以"录其字法",③也就是说,即使文本残缺,不能提供有效的文献信息,仍然可以从其字法中挖掘出书法艺术的价值。

另一方面,则是通过一定的文献考索,尽可能重构文本的完整性。例如《集古录跋尾》卷三的《后汉武班碑》,这篇跋尾作于治平元年(1064)四月二十日,欧阳修当时所读到的《武班碑》拓本,"字画残灭,不复成文,其氏族、州里、官阀、卒葬皆不可见,其仅见者曰'君讳班'尔,其首书云'建□元年太岁在丁亥',而'建'下一字不可识",可以说,与《杨震碑》相比,《武班碑》残缺更为严重,碑主姓氏缺不可见,有关系年的年号下一字也不可辨。欧阳修根据《汉书》对其年代作一番推考,终于补出了年号的下一字:

---

① [宋]欧阳修著,邓宝剑、王怡琳笺注《集古录跋尾》,第37页。
② [宋]欧阳修著,邓宝剑、王怡琳笺注《集古录跋尾》,第49页。
③ [宋]欧阳修著,邓宝剑、王怡琳笺注《集古录跋尾》卷七《唐杜济神道碑》,第168页。

第十六章 作为阅读对象的石刻

以《汉书》考之，后汉自光武至献帝，以"建"名元者七，谓建武、建初、建光、建康、建和、建宁、建安也。以历推之，岁在丁亥，乃章帝章和元年后六十一年，桓帝即位之明年，改本初二年为建和元年，又岁在丁亥，则此碑所缺一字当为"和"字，乃建和元年也。①

五年以后，亦即熙宁二年（1069）九月朔日，欧阳修又获得一本《武班碑》拓本，"摹拓粗明，始辨其一二，云'武君讳班'，乃易去前本"。② 由于有了较好的拓本，碑主姓武一目了然。读书必求善本，读石必求善拓。对于同一件石刻，欧阳修总是精益求精，致力于收集更好的拓本，与此同时，面对同一石刻，尤其是同一件石刻的不同拓本，他总是反复阅读，若有新的心得，就会多次题写跋文。

欧阳修对这些残缺的石刻文本的感情，可以用爱之深而惜之切来形容。他不止一次表达这种爱惜之情，例如，在阅读《武班碑》拓本之时，他说："碑文缺灭者十八九，惟亡者多而存者少，尤为可惜也。故录之。"③ 又如，在阅读《后汉郎中郑固碑》时，他说："汉隶刻石存于今者少，惟余以集录之勤，所得为独多。然类多残缺不完，盖其难得而可喜者，其零落之余，尤为可惜也。"④《集古录跋尾》中的"录"字有两层含义，一层是编辑这些石刻的目录，一层是存录其文字，目的都是传承文献，使这些畸零残缺的文献孤岛不被汹涌而来的时间之潮席卷而去，跌入遗忘的黑洞之中。从这个角度来说，欧阳修对石刻的收集与阅读，不仅是一种通过文字记录以对抗遗忘的自觉行为，也是一种与永恒的时间拔河的壮举。

欧阳修癖好石刻，但他也清醒地认识到，石刻也不免"有时而磨灭"。⑤《集古录跋尾》卷五录有《唐孔子庙堂碑》，欧阳修自言："余为童

---

① ［宋］欧阳修著，邓宝剑、王怡琳笺注《集古录跋尾》，第41页。
② ［宋］欧阳修著，邓宝剑、王怡琳笺注《集古录跋尾》，第41页。
③ ［宋］欧阳修著，邓宝剑、王怡琳笺注《集古录跋尾》，第41页。
④ ［宋］欧阳修著，邓宝剑、王怡琳笺注《集古录跋尾》，第51页。
⑤ 欧阳修《岘山亭记》，载［宋］欧阳修撰，洪本健校笺《欧阳修诗文集校笺》卷四〇，上海古籍出版社，2009年，第1044页。

作为物质文化的石刻文献

儿时,尝得此碑以学书,当时刻画完好。后二十余年复得斯本,则残缺如此。因感夫物之终敝,虽金石之坚不能以自久,于是始欲集录前世之遗文而藏之,殆今盖十有八年,而得千卷,可谓富哉!"①他的亲身经历,加深了他对"虽金石之坚不能以自久"的认识。金石虽坚,毕竟只是"孤军奋战",制作石刻拓本,使其多有化身,固然有复制传承石刻文献之功,但棰拓同时也造成对石刻的破坏。因此,在收录、阅读拓本时,以纸张抄集文字、编成目录,使石本转换为另一种纸本,在此基础上再通过刊刻将其转换为刻本,化身千百,石刻文献遂得以永寿。在这一方面,欧阳修《集古录跋尾》开创了宋代金石学的新局面,对后学有垂范效应。其后,赵明诚《金石录》编制目录并撰写题跋,洪适《隶释》《隶续》不避残缺而过录汉碑原文,都是在欧阳修基础上精益求精,后来居上。名家的精心阅读、优美的文字书写、纸张的传播力量与雕版印刷的复制效率,使宋人在石刻文献保残守缺的成就上达到了前无古人。这固然归功于宋代文献文化史的特殊背景,也归功于欧阳修这样大家的突出贡献。

总之,欧阳修对石刻拓本的阅读,可以视为一种"残缺之学"。对残缺的石刻文本进行拾遗补残,填补阙失的语境,发掘文本价值,才能显示石刻文献研究者的学术功力。清代乾嘉考据学大师钱大昕的《潜研堂金石文跋尾》,往往短小精悍,鞭辟入里,最见考据功力。② 在二十世纪石刻文献研究名家中,马衡、鲁迅、余嘉锡、杨树达等人在这一方面也都有深湛的功力,不鸣则已,一鸣惊人。③ 相对而言,欧阳修《集古录跋尾》的考证比较粗糙,态度也较为随意。例如他在阅读《刘熊碑》残拓时,虽然知道碑主姓刘,却没有进一步搜集阅读相关文献(如唐人王建《题酸枣县蔡中郎碑》一诗,就匆忙地将此碑定名为《后汉俞乡侯季子碑》。④ 这一方面是欧阳修志不在此的个性所致,另一方面也是尚处于起步阶段的北宋金石学经验不足所致。

---

① [宋]欧阳修著,邓宝剑、王怡琳笺注《集古录跋尾》,第114页。
② [清]钱大昕《潜研堂金石文跋尾》,《嘉定钱大昕全集》,凤凰出版社,2016年。
③ 详细举例,参看本书第一章第13页脚注。
④ 参看程章灿《〈刘熊碑〉新考》,收载于其《古刻新诠》,中华书局,2009年。

408

（二）纪事怀人以重构情境

《集古录跋尾》中对石刻拓本的阅读，基本上是在室内进行的。室内的拓本阅读与石刻的现场阅读明显不同，主要体现在两个方面，一是阅读对象的物质媒介有石本与拓本之不同，一是阅读之时周遭空间环境有野外和室内之别。总体来看，室内拓本阅读缺少与石刻实物面对面的交流以及现场体验的那种生动复杂的情形。如果只是记录在室内尤其是书斋之内对石刻拓本的阅读体验，跋尾就难免比较单调、枯燥。因此，《集古录跋尾》时常穿插纪事怀人的叙述描写，不仅使记录阅读过程的文字更具可读性，而且在某种程度上起到了情境再造的作用。

每一份入藏欧阳修家中的金石拓本，都有各自不同的故事，只是有的被欧阳修讲述出来，被《集古录跋尾》记录下来，有的没有被讲述、记录。那些被欧阳修讲述、记录的故事，应该是对他而言更为印象深刻的。其中，有的是讲述拓本获得的故事。如《晋南乡太守颂》跋尾前面是一段关于南乡太守司马整其人及南乡其地的考述，结尾写道："余贬乾德县令时得此碑，今二纪矣。嘉祐八年九月二十六日书。"[1]这段叙述虽然只有短短两句，却交代了拓本获得的时间、地点与作者当时的身份，抒发了物是人非的慨叹。又如卷三《后汉樊常侍碑》条，则是回忆初次邂逅这一汉代石刻的情景："余少家汉东，天圣四年举进士，赴尚书礼部，道出湖阳，见此碑立道左，下马读之，徘徊碑下者久之。后三十年始得而入集录，盖初不见录于世，自予集录古文，时人稍稍知为可贵，自此古碑渐见收采也。"[2]欧阳修与《后汉樊常侍碑》初次相见，是在宋仁宗天圣四年（1026），那一年他年方 20 岁，在北上汴京参加进士考试的途中发现此碑，于是下马细读，并为之流连忘返。这大概不是有意的寻访，而是一次偶遇，但可以看出，欧阳修对于古石刻遗文的兴趣由来已久。30 年之后，大约在至和二年（1055）或至和三年（1056），欧阳修才获得此碑拓本，

---

[1] ［宋］欧阳修著，邓宝剑、王怡琳笺注《集古录跋尾》，第 87 页。
[2] ［宋］欧阳修著，邓宝剑、王怡琳笺注《集古录跋尾》，第 47 页。

作为物质文化的石刻文献

那时他已经开始有意识地收集拓本了。此条题跋写于嘉祐八年(1063)十月十四日,相隔37年,他仍然记得初见此碑的情景,足证印象深刻。这段题跋展示了欧阳修一边阅读拓本一边打开回忆的过程,后代读者可以跟随他的回忆,重返两个阅读现场,一个是他在1026年初次读碑的那个现场,一个是1063年他在书斋中展读拓本的那个现场。也可以说,通过文字,欧阳修在这里重构了两次石刻阅读和两种阅读现场相互叠加的情境。

题跋中讲述的故事,大多是与石刻直接或间接相关的故事。有的是关于石刻流传的故事,如《集古录跋尾》卷一《周穆王刻石》:"庆历中,宋尚书祁在镇阳,遣人于坛山模此字。而赵州守将武臣也,遽命工凿山取其字,龛于州廨之壁,闻者为之嗟惜也。"①由于相传为周穆王刻石,很多人对其十分重视,与欧阳修同有金石之好的宋祁就专门派人去模取拓本。也许是当时各方索取拓本的人比较多,地方官不堪其扰,于是,赵州守将才派人凿取这一刻石,移置州廨,便于就近制取拓本。尽管欧阳修本人对这一刻石的真伪仍存疑问,他对赵州守将破坏石刻现场的做法还是很不以为然的。这段掌故虽然不是欧阳修对个人石刻经历的回忆,而是有关此刻的联想,但是,在某种程度上,他的叙述是对已遭破坏的石刻现场的修补。《集古录跋尾》中的很多题跋,都有这类睹物怀人、因物记事的内容,这样的题跋不仅再现了欧阳修阅读石刻拓本之时的浮想联翩,也为他实现了一种石刻阅读情境的重构。

身处书斋,面对拓本阅读之时,欧阳修也情不自禁地回忆自己的访碑经历。特别是当他在拓本中遇见他所崇敬的前贤,如韩愈、颜真卿等,更是难以抑制心中的激动。韩愈是欧阳修终生推重的人物,欧阳修一生立言行事,也与韩愈接近,苏轼甚至说,"士无贤不肖,不谋而同曰:'欧阳子,今之韩愈也。'"又说:"欧阳子论大道似韩愈。"②某日,当欧阳修打开

---

① [宋]欧阳修著,邓宝剑、王怡琳笺注《集古录跋尾》,第11页。
② [宋]苏轼《六一居士集序》,载[宋]苏轼撰,孔凡礼点校《苏轼文集》,中华书局,1986年,第316页。

《唐韩退之题名》拓本时,他有这样一段亲切而充满风趣的回忆:"右韩退之题名二,皆在洛阳。其一在嵩山天封宫石柱上刻之,记龙潭遇雷事。天圣中,余为西京留守推官,与梅圣俞游嵩山,入天封宫,裴回柱下而去。遂登山顶,至武后封禅处,有石记,戒人游龙潭者,毋妄语笑以黩神龙,龙怒则有雷恐。因念退之记遇雷,意其有所试也。"①这段回忆文字写于治平元年(1064),距离天圣(1023—1032)已有三四十年。这段回忆中不仅有对青年时代与梅尧臣深厚友谊的怀想,也有两个年轻人对前贤毫无拘束的打趣。通过回忆,书斋拓本阅读与石刻现场阅读两种情境,一今一昔,便融合在一起了。

不管是实物还是拓本,石刻作为被时光侵蚀而留下的残缺文本,极易引起人们的今昔慨叹。《集古录跋尾》卷七《唐李阳冰庶子泉铭》写道:"庆历五年,余自河北都转运使贬滁阳,屡至阳冰刻石处,未尝不裴回其下。庶子泉昔为流谿,今为山僧填为平地,起屋于其上。问其泉,则指一大井示余,曰:'此庶子泉也。'可不惜哉!"②这段题跋与《后汉樊常侍碑》题跋同中有异,其今昔对比不是通过时间的跨度来呈现,而是通过沧海桑田式的地貌景观改变来体现。"昔""今"二字可以说是这段跋文的字眼。

人和事总是联系在一起的,因此,纪事与怀人二者总是难以截然分开。从本节的论述角度来说,与石刻直接相关的叙述就归为纪事一类,与石刻没有直接关系的叙述就归为怀人一类,但严格地说,《集古录跋尾》中怀念故人的描写,多多少少与石刻拓本阅读都有联系。例如卷五《唐薛稷书》:"昔梅圣俞作诗,独以吾为知音。吾亦自谓举世之人知梅诗者,莫吾若也。吾尝问渠最得意处,渠诵数句,皆非吾赏者,以此知披图所赏,未必得秉笔之人本意也。"③断章取义地来看,这更像是一段诗话,似乎与石刻阅读没有关系。实际上,这条跋尾从一件薛稷石刻书法的真

---

① [宋]欧阳修著,邓宝剑、王怡琳笺注《集古录跋尾》,第185页。
② [宋]欧阳修著,邓宝剑、王怡琳笺注《集古录跋尾》,第162页。
③ [宋]欧阳修著,邓宝剑、王怡琳笺注《集古录跋尾》,第123页。

作为物质文化的石刻文献

伪讲起，涉及文艺作品的鉴赏与理解，进而触及接受美学的问题。欧阳修与梅尧臣都是北宋著名诗人，欧阳修以自己对梅尧臣诗的理解为例，论证了"披图所赏，未必得秉笔之人本意"的道理，强调文艺知音之难。书画与诗学虽然一属于艺，一属于文，但美学原理是相通的。

集古访碑，离不开同道友朋的支持，欧阳修自不例外。读碑之时，他难免联想到朋友们提供的资源、传授的知识，以及当年与友朋一同登山临水的经历。这种回忆有的是对友情的温暖感念。例如，欧阳修喜欢颜真卿书法，认为颜书"端严尊重，人初见而畏之，然愈久而愈可爱"，其收藏颜书石刻拓本多多益善，"虽多而不厌"。① 其友人韩琦于书法亦"师颜鲁公，而颇露芒角"，②曾向欧阳修称道颜真卿所书《射堂记》最佳，并以家藏拓本奉赠。③ 北宋之时，秦泰山刻石真本已不易得，欧阳修拜友人江邻几之赐而得一珍本，江邻几当时恰好任职于泰山所在的奉符县，④乃有此地利之便，可谓机缘难得。欧阳修在《集古录跋尾》卷一《秦泰山刻石》中写道："余友江邻几谪官于奉符，尝自至泰山顶上，视秦所刻石处，云石顽不可镌凿，不知当时何以刻也。然而四面皆无草木，而野火不及，故能若此之久。然风雨所剥，其存者才此数十字而已。本邻几遗余也，比今俗传《峄山碑》本特为真者尔。"⑤欧阳修没有亲到泰山石刻现场，只好转述友人江邻几的现场经验，这是他人的石刻现场阅读体验与自己的书斋阅读体验的融合。

题跋中也有悲怆的回忆，《集古录跋尾》卷六《唐韩覃幽林思》就是一个典型的例子："余在洛阳，凡再登嵩岳。其始往也，与梅圣俞、杨子聪俱。其再往也，与谢希深、尹师鲁、王几道、杨子聪俱。当发箧见此诗以入集时，谢希深、杨子聪已死。其后，师鲁、几道、圣俞相继皆死。盖游嵩

---

① ［宋］欧阳修著，邓宝剑、王怡琳笺注《集古录跋尾》卷八《唐颜鲁公书残碑二》，第176页。
② ［明］陶宗仪《书史会要》，卷六，上海书店，1984年，第243页。
③ ［宋］欧阳修著，邓宝剑、王怡琳笺注《集古录跋尾》，卷七，第169页。
④ 据《宋史》卷七《真宗纪二》，大中祥符元年(1008)十月，宋真宗封禅泰山，改泰山所在之乾封县为奉符县。见［元］脱脱等《宋史》，中华书局，1985年，第138页。
⑤ ［宋］欧阳修著，邓宝剑、王怡琳笺注《集古录跋尾》，第23页。

在天圣十年,是岁改元明道,余时年二十六,距今嘉祐八年盖三十一年矣。游嵩六人,独余在尔,感物追往,不胜怆然。"①也可以说,这段回忆是从温暖始,而以悲怆终。此外,这段文字中还有这样一层内涵:访碑集古虽为小道,然而吾道不孤,当年的同道友朋虽已作古,但他们的陪伴不仅使欧阳修的人生更加丰富,更有意义,他们留下的温暖也将永远被后来者铭记。

（三）日常仪式与生活美学

从文献形态上来讲,《集古录跋尾》主要有三种存在形态:第一种是写本,也就是题跋真迹本,亦称《集古录跋》。历经千年,《集古录跋》仅有残本藏于台北故宫博物院,楷书,纸本,包含欧阳修手书跋尾真迹四种:《汉杨君碑跋》《唐陆文学传跋》《平泉山居草木记跋》和《汉西岳华山碑跋》。卷末附有宋代名贤赵明诚、米芾、韩元吉、朱熹、尤袤、洪迈等人题跋及明人题跋多种,弥足珍贵。② 第二种是刻本。南宋文献学家方崧卿"裒聚真迹,刻板庐陵,得二百四十余篇,以校集本,颇有异同。疑真迹一时所书,集本后或改定。今于逐篇各注何本。若异同不多,则以真迹为主,而以集本所改注其下。或繁简辽绝,则两存之"。③ 严格说来,这里包括三种刻本,一是欧阳修集本,一是方崧卿依据跋尾真迹的刻本,还有一种是糅合真迹本与集本的刻本,也就是现在通行本《集古录跋尾》的样貌。文渊阁《四库全书》中所收《集古录》就属于这种通行本。第三种是拓本之后附有跋尾,是拓本与写本的融合。南宋学者周必大曾经见过这种形态的《集古录跋尾》,"集古碑千卷,每卷碑在前,跋在后,衔幅用公名印,其外标以缃纸,束以缥带,题其签曰,某碑卷第几,皆公亲迹,至今犹

---

① [宋]欧阳修著,邓宝剑、王怡琳笺注《集古录跋尾》,第133页。
② 《〈欧阳修集古录跋〉简介》,《欧阳修集古录跋》卷首,上海书画出版社,2002年。
③ [宋]周必大《欧阳文忠公集古录后序》,载[宋]周必大撰,王瑞来校证《周必大集校证》卷五二,上海古籍出版社,2020年,第775页。

作为物质文化的石刻文献

有存者"。① 这三种不同的文献形态,显示了《集古录跋尾》产生、衍生、传播过程的复杂样态。可惜的是,第三种文献形态的《集古录跋尾》今已不可得见了。

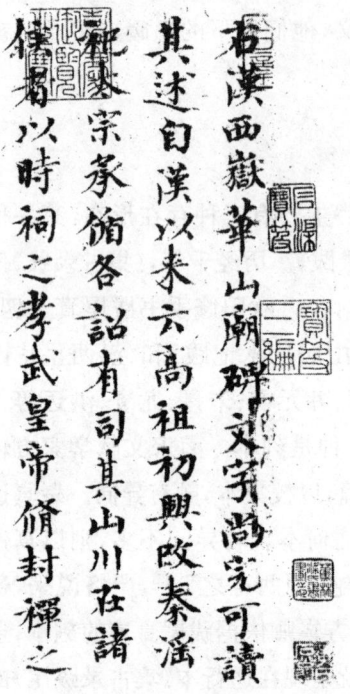

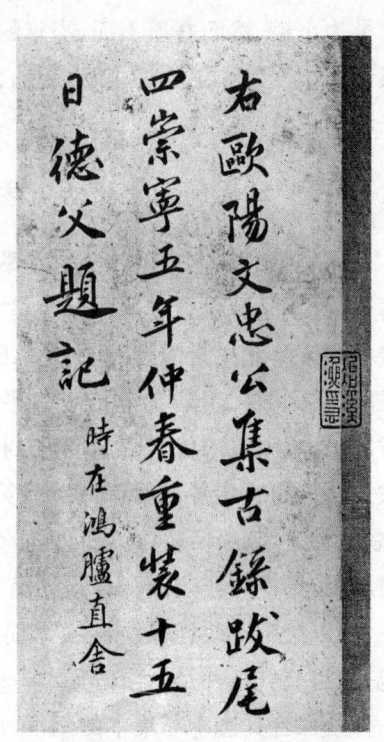

图 17 欧阳修跋《华山碑》手迹　　图 18 赵明诚读《集古录跋尾》题记

即使《集古录跋尾》真迹荡然无存,从现存题跋文本末尾所署时间地点中,我们依然可以看到一些日常书写的痕迹。从时间上看,很多题跋写于旬休日,例如卷六《唐韩覃幽林思》写于嘉祐八年(1063)六月旬休日。② 有的作于时令节日,如卷七《唐龙兴寺四绝碑首》写于嘉祐八年夏

---

① [宋]周必大《欧阳文忠公集古录后序》,载[宋]周必大撰,王瑞来校证《周必大集校证》卷五二,第775页。
② [宋]欧阳修著,邓宝剑、王怡琳笺注《集古录跋尾》,第133页。

第十六章　作为阅读对象的石刻

至日,同卷《唐杜济神道碑》写于嘉祐八年中元假日。① 还有一种题署的写法比较特别,例如卷五《唐智乘寺碑》写于"治平元年清明前一日",卷六《唐司刑寺大脚迹勅》写于"嘉祐八年重阳后一日",卷五《隋丁道护启法寺碑》署"治平元年立春后一日太庙斋宫书"。② 这几篇题跋作于某一节日或节气的前一天或后一天。节日或节气都是时间的坐标,意在赋予平凡的日子以特殊的意义。欧阳修在题跋中如此标注,就是为了突显节日或节气的坐标,使平凡的日子与有意味的时间坐标发生意义关联。旬休日也好,节假日也好,总能给欧阳修带来更多的悠闲感,他的题跋更多是写于这些日子里,是可以理解的。欧阳修的学生苏轼曾有诗曰:"因病得闲殊不恶,安心是药更无方。"③小病无碍,反而意外得闲,养病的日子于是有了一份悠闲的心境。卷八《唐汾阳王庙碑》末署:"治平甲辰七月十三日以服药家居书。"④就是这样的一个例子。

除了休息日和节假日,欧阳修在"了却公家事"之馀,也会偷闲阅读玩赏他所收藏的石刻拓本,作为日常生活的调剂。尤其是书法精美的拓本,更是消闲忘忧之佳品。欧阳修所集颜真卿书刻拓本甚多,其中包括《唐干禄字样摹本》,此虽为摹本,亦是时人习书识字之楷模。宋英宗生日在正月三日,朝廷定为寿圣节。治平元年(1064)正月五日,欧阳修在锡庆院受赐寿圣节宴,⑤归来把玩此拓,遂作题跋。值得注意的是,真迹本题跋末尾才有"治平元年正月五日锡庆院赐寿圣节宴归书"的题署,而集本中则没有。⑥ 对欧阳修来说,赏读这件拓本是他了却公事之馀的身

---

① [宋]欧阳修著,邓宝剑、王怡琳笺注《集古录跋尾》,第 165、168 页。
② [宋]欧阳修著,邓宝剑、王怡琳笺注《集古录跋尾》,第 127、132、110 页。
③ [宋]苏轼《病中游祖塔院》,[清]王文诰辑注,孔凡礼点校《苏轼诗集》卷一〇,中华书局,1982 年,第 475 页。
④ [宋]欧阳修著,邓宝剑、王怡琳笺注《集古录跋尾》,第 180 页。
⑤ 按:寿圣节是宋英宗的寿诞。《宋史》卷一一二《礼志》第 2673 页:"英宗以正月三日为寿圣节,礼官奏:'故事,圣节上寿,亲王、枢密于长春殿,宰臣、百官于崇德殿,天圣谅闇皆于崇政殿。'于是紫宸上寿,群臣升殿间,饮献一觞而退,又一日,赐宴于锡庆院。"
⑥ 《集古录》卷七,文渊阁《四库全书》本。按:此条跋尾见邓宝剑等笺注《集古录跋尾》卷七,第 165—166 页,但无此句题署。

心放松。

　　李百药亦作李伯药,是隋唐之际的著名史家,欧阳修家藏李氏所书《隋泛爱寺碑》,他曾在公事之暇赏读此碑拓本:"'李伯药'字仅存,其下摩灭,而'书'字尤可辨,疑此碑伯药自书,字画老劲可喜。秋暑郁然,览之可以忘倦。治平丙午孟飨摄事斋宫书,南谯醉翁六一居士。"①这条题跋写于治平丙午(1066)孟飨之时,同一天,欧阳修还读了《唐明禅师碑》并为之写了一篇题跋:"秋暑困甚,览之醒然,治平丙午孟飨,致斋东阁书。"②这两篇跋文除了说明两次阅读时间、地点、气候环境等都一样之外,还表明欧阳修将不止一个拓本带到了孟飨斋宫的现场。这一天确实很热,这两个拓本给欧阳修带来"览之忘倦""览之醒然"的审美享受。这两条题跋篇末标注的时空信息,为两次日常阅读增添了具体的历史情境,为异日的回忆设置了一个时间和事件的参照坐标。从另外一个角度来看,这是在日常生活中发现诗意并表达诗意的行为。

　　前文提到的治平丙午的这次孟飨,由于遭遇"秋暑",可以确定就是秋飨。"秋暑"不仅令欧阳修特别难忘,也似乎使他兴致特别高昂。在《隋泛爱寺碑》《唐明禅师碑》题跋之外,他又拿出两年前曾经写过题跋的颜真卿《射堂记》,再次赏读,重新题写了一段题跋。这段题跋为他别号"六一居士"的由来作了权威的解释:"或问余曰:'何谓六一居士?'余曰:'吾家有书一万卷,集古录一千卷,棋一局,琴一张,常置酒一壶。'问者曰:'此五一也,奈何?'余曰:'以吾一翁,老于五物之间,岂非六一乎?'治平丙午秋飨,摄事斋于东阁书。"③一翁与五物相对,这固然是人与物的关系,也是一与多的关系,这两层关系构成了欧阳修的生活美学,容易被人们忽略的是,石刻收集与阅读是六一居士生活美学的重要组成部分。

　　总体来看,欧阳修诗作的题材范围甚广,类型甚多,但是,作为一个

---

① [宋]欧阳修著,邓宝剑、王怡琳笺注《集古录跋尾》卷五,第112页。
② [宋]欧阳修著,邓宝剑、王怡琳笺注《集古录跋尾》卷七,第150页。
③ 按:这段75字的跋文,不见于邓宝剑等笺注本《集古录跋尾》,而见于文渊阁《四库全书》本《集古录》卷七。

第十六章 作为阅读对象的石刻

金石古物的收藏家和阅读者,除了《葛氏鼎歌》和《石篆诗》之外,①他几乎不用诗体来题咏金石古物,既没有前代韦应物《石鼓歌》、韩愈《石鼓歌》或杜甫《李潮八分小篆歌》之类的名篇,也没有同时代人苏颂《寄题吴兴墨妙亭》和黄庭坚《书磨崖碑后》这样的诗作。②另一方面,在现存欧阳修诗集中,却有《夜宿中书东阁》《摄事斋宫偶书》《夏享太庙摄事斋宫闻莺寄原甫》(卷一三)之类的作品,其写作地点与上述两篇题跋相同。这表明,这些地点是有诗意的,写于这些地点的散体题跋也是有诗意的。

对于欧阳修来说,拓本的阅读与题跋的写作,是日常生活美学化、日常生活诗意化的方式。他曾不止一次表达过这样的想法。嘉祐壬寅(1062)大雩摄事致斋期间,欧阳修为手中的一份法帖题跋时,就再次明确表示:"吾有《集古录》一千卷,晚又得此法帖,归老之计足矣。寓心于此,其乐何涯。"③

总之,欧阳修《集古录跋尾》以执着的记录、温暖的回忆和悠闲的玩味,开启了中国文士的集古传统。《集古录跋尾》中纪事怀人的内容,与当时的诗话特别相似,从这个角度来看,这些跋尾文字也可以称为"金石话"。以"话"体讲故事,既弥补了石刻阅读的现场情境,也体现了当时文人生活的真实状态:快乐、拥有和命名。④ 题跋或题跋集,从此成为石刻阅读成果的主要呈现方式,并打上了北宋文化的深刻烙印。石刻收藏与

---

① 《葛氏鼎歌》一作《葛氏鼎》,见《欧阳修诗文集校笺》,第146—147页;《石篆诗》见《欧阳修诗文集校笺》,第1348—1349页。《石篆诗》序云:"某在馆阁时,方国家诏天下,求古碑石之文,集于阁下,因得见李阳冰篆《庶子泉铭》。学篆者云:'阳冰之迹多矣,无如此铭者。'尝欲求其本而不得,于今十年矣。及此来,已获焉。而铭石之侧,又李阳冰别篆十余字,尤奇于铭文,世罕传焉。……因为诗一首……"此序可与《集古录跋尾》卷七《唐李阳冰庶子泉铭》对读。

② 苏颂《苏魏公文集》卷八《寄题吴兴墨妙亭》:"汉唐遗刻在江干,右史殷勤辑坠残。剔去藓文人乍识,传来墨本字犹完。六书体法从兹辨,二费声光遂不刊。何必临池苦萦思,燕闲时得坐隅观。"黄庭坚《书磨崖碑后》,见[宋]黄庭坚撰,[宋]任渊、史容、史季温注,刘尚荣点校《黄庭坚诗集注》卷二〇,中华书局,2003年,第688—689页。

③ [宋]欧阳修著,邓宝剑、王怡琳笺注《集古录跋尾》卷一〇,第223页。

④ 这个提法来自宇文所安《快乐、拥有、命名:对北宋文化史的反思》,载[美]宇文所安撰,刘晨等译《华宴:宇文所安自选集》,南京大学出版社,2020年,第140—214页。

阅读不仅是古代中国的文献生产和知识生产方式，也是古代中国士人的日常生活方式。

启功先生为朱翼庵《欧斋石墨题跋》作序时，曾将乾嘉以来金石家分为如下三派：

> 金石之学，乾嘉以来弥盛。石之存佚，字之完损，察入毫厘，价腾金玉，此鉴藏家也，以翁覃溪为巨擘。博搜曲证，贯穿经史，论世知人，明如龟鉴，此考据家也，以钱竹汀为宗师。至于收集编订，广罗前人考证之说，以为学者检阅之助，此著录家也，以王兰泉为山斗。①

翁方纲撰有《两汉金石记》等，以他为代表的金石学家属于鉴藏一派；钱大昕撰有《潜研堂金石文跋尾》，以他为代表的金石学家属于考据一派；王昶撰有《金石萃编》，以他为代表的金石学家属于著录一派。欧阳修、赵明诚、洪适这三位宋代最重要的金石学家，也可以按照这样一种思路来分门别类：欧阳修近于鉴藏一派，他的学术根柢在于文学；赵明诚近于考据一派，他的学术根柢在于史学；洪适近于著录一派，他的学术根柢在于文献学。当然，这是就其主要倾向而言的，实际上，鉴藏、考据与著录三者往往是连在一起，就欧阳修来说也是这样。

三、作为阅读衍生文本的题跋

题跋既是一种文体（文类）形式，也是一种文献类型。无论从哪一个视角来看，题跋都是因阅读而衍生的文本。明代文体学家徐师曾对题跋的历史及其特性有过如下论述：

> 题跋者，简编之后语也。凡经传子史、诗文图书之类，前有序

---

① 朱翼庵《欧斋石墨题跋》，书目文献出版社，1990年，第1页。

引,后有后序,可谓尽矣。其后览者,或因人之请求,或因感而有得,则复撰词以缀于末简,而总谓之题跋。至综其实,则有四焉:一曰题,二曰跋,三曰书某,四曰读某。夫题者,缔也,审缔其义也。跋者,本也,因文而见本也。书者,书其语。读者,因于读也。题、读始于唐,跋、书起于宋。曰题跋者,举类以该之也。其词考古证今,释疑订谬,褒善贬恶,立法垂戒,各有所为,而专以简劲为主,故与序引不同。①

在概念界定的基础上,他进一步将题跋分成四类:题、跋、书、读。析言之,四类之名目及其侧重点各有不同,浑言之,则四类皆附于简编之后,皆因"览""读"而生,都是因阅读而衍生的作品。对于阅读史研究,题跋具有重要的意义。

关于题跋的起源,徐师曾提出,"题、读始于唐,跋、书起于宋。"②明代文体学家贺复徵继之而起,提出更为准确的说法:"题跋之体,始自欧、曾。"③这里所谓欧、曾,指的是北宋学者欧阳修、曾巩。欧阳修不仅为其所收藏的金石拓本撰写了许多跋尾,汇编为《集古录跋尾》一书,而且,其文集中还设有"杂题跋"一卷,所收皆其为书画作品所撰题跋,如《读裴寂传》《书梅圣俞河豚鱼诗后》《跋晏元献公书》《题薛公期画》等,④徐师曾所谓"题""跋""书""读"四类,欧集应有尽有。曾巩与欧阳修同有金石之好,其文集中也有"金石录跋尾"一卷,与欧阳修《集古录跋尾》恰成桴鼓相应之势。⑤ 此外,曾巩还撰有《书唐欧阳詹集》,亦属于题跋。⑥ 从欧、曾二集

---

① [明]徐师曾《文体明辨序说》,见[明]吴讷、徐师曾著,于北山、罗根泽校点《文章辨体序说·文体明辨序说》,人民文学出版社,1962年,第136—137页。

② 《文章辨体序说·文体明辨序说》,第136页。

③ [明]贺复徵编《文章辨体汇选》卷三六四,台湾商务印书馆影印文渊阁《四库全书》本,第1406册,第444页。

④ [宋]欧阳修《欧阳修全集》卷七三,中华书局,2001年,第1053—1054、1054、1055、1058页。

⑤ [宋]曾巩撰,陈杏珍、晁继周点校《曾巩集》卷五〇,中华书局,1984年,第680—688页。

⑥ 《曾巩集》,第735—736页。

作为物质文化的石刻文献

看来,题跋之体由附庸而为大国,是由北宋士大夫之金石书画收藏风气以及金石学之兴起直接促成的。题跋文字既可以施之金石,又可以施之书画,还可以施之典籍收藏,既可以为收藏金石法帖书物题写感言,又可以"或因人之请求","考古证今,释疑订谬",其用途越来越广,创作越来越繁盛,遂成为中国古代文献的一个重要类型。

石刻题跋是题跋之大宗,亦是正宗。在中国传统石刻研究中,题跋又称为跋尾。除了用"题跋"作为书名,很多金石家也习惯以"跋尾"冠其书名,如宋人欧阳修撰有《集古录跋尾》,清人钱大昕撰有《潜研堂金石文跋尾》。[1] 当然,还有一些金石学家在命名其题跋集之时,径将"题跋"或"跋尾"简称为"跋",如清人武亿有《授堂金石三跋》。[2] 题跋、跋尾与跋,名异而实同,皆是石刻文献的一种衍生形态,其存世数量极为可观,可谓汗牛充栋。

石刻题跋主要有三种产生方式,其存在形态也各有不同:少数题跋是直接书镌于石刻之上的,例如汉代《西岳华山庙碑》,其篆额处"左右有唐大和中李德裕诸人题,其旁其下有宋元丰中王子文题"。[3] 后代人将此类题跋连同原刻一起拓印下来,题跋也成为后代拓本的组成部分,前刻后跋融合为一,此其一。绝大多数题跋是题写于石刻拓本之上,先有拓本,再有题跋,此类例子甚多,不胜枚举。经过重新装裱,这种题跋文字也成为新的拓本的一部分,古刻新跋,图文并茂,此其二。还有一些题跋是在阅读石刻或拓本之后"因感而有得",落笔成文,写于另纸之上。这类题跋既可以独立存在,也便于被汇辑整合,再与拓本一起重新装裱,或另行出版。例如清人刘喜海(燕庭)向英和出示其珍藏之《西岳华山庙碑》善拓,并邀请其题跋,英和谦称"劣札恶诗,未敢书于册末,另纸报命

---

[1] 详参[宋]欧阳修著,邓宝剑、王怡琳笺注《集古录跋尾》;[清]钱大昕撰,祝竹点校《潜研堂金石文跋尾》,《嘉定钱大昕全集》第六册,江苏古籍出版社,1997年。

[2] [清]武亿《授堂金石三跋:附续跋》,上海古籍出版社,2020年。

[3] 高文《汉碑集释》,河南大学出版社,1985年,第275页。有关李德裕、王子文题跋的具体内容,参见王敏辑注《北京图书馆藏善拓题跋辑录》,文物出版社,1990年,第102—105页。

第十六章 作为阅读对象的石刻

而已"，①但此跋最终还是被裱入拓本册之中。至于这类题跋的文字，或被收入作者文集之中，或被辑入断代或通代金石集之中，更能体现其可散可整、灵活机动的特点，此其三。从表面来看，这三种题跋的生产方式与存在形态明显不同，但从本质上看，它们都是对石刻文献进行阅读的结果。而且，从阅读史的视角来看，这些题跋不仅可以说是阅读的结果，也可以说是阅读过程的生动记录。

好书不厌百回读，好的石刻亦不例外。欧阳修对其珍藏的石刻爱不释手，经常摩挲把玩，反复研读，留下不止一篇题跋。在《集古录跋尾》中，《后汉樊毅华岳庙碑》《北齐常山义七级碑》《隋龙藏寺碑》等碑刻，皆有两篇题跋。② 至于一件石刻，经由同一时代乃至不同时代的众多学者先后阅读，仁者见仁，智者见智，留下多篇题跋，更是司空见惯的事。因此，前人研治石刻之学，不仅重视访求遗刻，广收善拓，而且十分重视搜集和研读各家石刻题跋或跋尾。广泛搜集石刻及其诸家题跋，将其刊刻出版，从而为研读者提供方便，历来被视为学术史上功德无量的善举。清人王昶编撰《金石萃编》，既广录历代石刻文字，又汇集古今各家题跋，金石学者莫不称便，此书遂成为乾嘉时代金石学史上具有集大成贡献的名著。③ 在后来的金石学者中，重视汇辑一件石刻的各家题跋，并将其作为石刻文献重要研读方法者，亦不乏其人，其中较为突出者为容媛和杨殿珣。容媛撰有《汉故谷城长荡阴令张迁表颂集释》《汉郎中郑固碑集释》，又专门辑录秦汉石刻各家题跋，撰成《秦汉石刻题跋辑录》，影响颇大。④ 杨殿珣为元以前石刻编制题跋索引，分门别类，编年排列，撰成

---

① 王敏辑注《北京图书馆藏善拓题跋辑录》，第 106 页。
② 详参[宋]欧阳修著，邓宝剑、王怡琳笺注《集古录跋尾》，第 69—70、101—102、105—107 页。
③ 详参[清]王昶《金石萃编》，陕西人民美术出版社据民国十年扫叶山石印本影印，1990 年；赵成杰《〈金石萃编〉与清代金石学》，中国社会科学出版社，2019 年。
④ 详参容媛《汉故谷城长荡阴令张迁表颂集释》《汉郎中郑固碑集释》，见容媛著，罗志欢、李炳球主编，《容媛金石学文集》第二册，齐鲁书社，2020 年；又参容媛辑录，胡海帆整理《秦汉石刻题跋辑录》，上海古籍出版社，2009 年。

作为物质文化的石刻文献

《石刻题跋索引》,嘉惠学林,流传甚广。[①] 要之,石刻题跋虽然不是石刻研究的原始文献,却可以说是石刻研究的基础文献,是石刻研究中一份不可忽视的学术积累。

前贤致力于石刻题跋的搜集汇辑,功不可没,许多学者据此开展对题跋的比对阅读,订讹补阙,发掘题跋的文献价值,贡献之多,难以缕述。但是,石刻题跋作为石刻阅读史的生动记录,尚未引起学界的注视,遑论重视。这不仅辜负了一千年来积累的丰富的石刻题跋文献资源,也辜负了阅读史给我们提供的富有参照价值的理论视野。具体说来,石刻题跋中所体现的阅读者的身份、阅读特点与目的、不同阅读眼光的交互等议题,都有待进行深入的探讨。

四、刘体乾旧藏《宋拓蜀石经》及其题跋

刘体乾(1873—1940),[②]字健之,安徽庐江人,是淮军大将刘秉璋之子。父子两代先后督蜀。刘体乾收藏有《宋拓蜀石经》,因自号蜀石经斋。"丙寅(1926)四月,庐江刘健之以自藏本付印,发行处上海北河南路图南里本宅,定价银币陆拾元。"此书题为《蜀石经残本》,版权页上还钤有"蜀石经斋"之印,并标注"版权所有,不许复制"。[③] 本节选择以刘体乾旧藏宋拓《蜀石经》题跋为中心,从阅读史的视角展开研究,主要基于如下三个方面的原因。

第一,石经作为石刻文献的特殊性。

所谓石经,即石刻的经典。广义的石经,包括石刻的儒、道、释三教经典,而狭义的石经,则专指石刻的儒家经典。本节所谓石经,指的就是

---

① 杨殿珣编《石刻题跋索引》(增订本),商务印书馆,1990年。
② 刘体乾之生年,张鑫龙据《庐江刘氏宗谱(七修本)》考定为同治十二年(1873),见张鑫龙《〈清代人物生卒年表〉补正》,《经学文献研究集刊》第26辑,上海书店出版社,2021年,第296—298页。
③ 2020年,湖南美术出版社影印出版《蜀石经残本》,并将书名改为《宋拓蜀石经》,此文版权页引文见影印本第八册末。

狭义的石经。"儒家经典由春秋战国以至秦汉,言语南北,意义异辙,篆隶兴替,文字歧出,一源十流,天水违行。汉武帝儒术独尊、经典政治化之后,需要有统一文本,作为稳固政治的施政、教育和铨选之基础。经籍由书于竹帛到镌于碑石,多是基于文本歧异和政治需要两个要素,熹平石经如此,正始石经如此,开成和嘉祐石经亦是如此,而广政、绍兴、乾隆石经或多或少亦与此相关。"[1]纵观国史,儒家经典先后七次被刻石立碑,依次为东汉熹平石经、三国魏正始石经、唐代开成石经、后蜀广政石经、北宋嘉祐石经、南宋绍兴石经、清代乾隆石经,如果将北宋、南宋分别而论,亦不妨称之为"七朝石经"。[2]

上述七次石经刊刻耗费了大量人力物力,故皆须由政府组织投入,其属于官方行为,并为官方的政治目的服务,是显而易见的。至其所选经目与所据版本,更明确体现了官方意识形态与文化意图。另一方面,石经与其他类型的石刻又有明显的不同。杨殿珣《石刻题跋索引》将古代石刻分为墓碑、墓志、刻经、造像、题名题字、诗词、杂刻等七类,石经列于刻经一类,此类石刻与典籍关系最为密切而直接。其他诸类石刻所刻皆为单篇或断句,惟石经所刻是整部典籍,而且是对于中国传统思想学术文化具有特殊重要意义的儒家经典。作为官方认定的经典权威读本,石经在中国书史上占有重要地位,也丰富了中国文献文化史的内涵。

第二,《蜀石经》的特殊性。

卢芳玉曾将《蜀石经》的特色概括为如下五点:一是内容上"经注并刻",形式上"行款类宋版古书";二是规模上"字逾百万,石逾千数,宏工巨制,空前绝后";三是刊刻时间上"长达一百八十七年",历时最久;四是艺术上字迹"专精"、"书法精美";五是时空上"出自一个地方割据政

---

[1] 虞万里《石经研究与石经学之建立》,载其主编《七朝石经研究新论》,上海书店出版社,2019年,第1页。

[2] 参看虞万里主编《二十世纪七朝石经专论》,上海辞书出版社,2018年;虞万里主编《七朝石经研究新论》。按:严格说来,嘉祐石经和绍兴石经都属于宋朝,只能称"六朝石经"。

权，在我国历史上也是独一无二的"。① 除此之外，我还想补充一点：在七次石经刊刻序列中，蜀石经恰好居于中位。这个中位既是指时间序列上的，又是指书籍史序列上的。就时间序列而言，蜀石经与后蜀王朝之间的政治联系，最为引人注目。后蜀作为一个分裂割据时代里偏安西南一隅的政权，其君相却能尊经崇儒，致力于如此大规模的石经刊刻，尤其值得表彰。后蜀宰相毋昭裔作为蜀石经刊刻的主持人，对于"刊书刻经"有着非同寻常的热忱，与其为人好学而早年贫苦的经历有关。"毋昭裔少年家贫，向人借《文选》《初学记》，人家有难色，他发奋曰：'他年若能显达，愿刻版印此两书，以便学子。'毋昭裔做了蜀相后，不忘早年心愿，出资雇工匠刻印《文选》《初学记》两书，并主持了著名的孟蜀石经的镌刻，刻成，立于成都学宫"，②以便利天下士子抄录研读。

就书籍史序列而言，蜀石经正好处于从抄本时代向刻本时代过渡的时间点上。自晚唐五代下至两宋，成都一直是文献生产中心，这一地理背景也同样值得重视。早在晚唐时代，成都就在雕版印刷史上脱颖而出。宋人朱翌言"唐末益州始有墨板"，③叶梦得则引《柳玭训序》"言其在蜀时，尝阅书肆，云'字书、小学，率雕板印纸'"。④ 已知的唐代印刷品实物，绝大多数刊印于成都。⑤ 这为蜀石经刊刻奠定了文献和文化的基础。

蜀石经的刊刻大部分完成于后蜀广政（938—965）年间，故通常被称为"广政石经"。实际上，蜀石经中的《左传》《公羊传》《谷梁传》三经的刊

---

① 卢芳玉整理《国家图书馆未刊石刻题跋辑录》，凤凰出版社，2021年，第93页。按：卢芳玉书中或称《广政石经》，或称《蜀石经》，拙见以为刘体乾自印本既称为《蜀石经残本》，《左传》《谷梁传》《公羊传》又在其中占有相当比重，且此三传皆刻成于宋朝，故不宜称为《广政石经》，而宜称为《蜀石经》。

② 袁曙光《孟蜀石经残石》，原载《文物天地》1989年第5期，后收入《二十世纪七朝石经专论》，第1127—1130页。此处引文见1127页。

③ [宋]朱翌《猗觉寮杂记》卷下，大象出版社，2019年，第176页。

④ [宋]叶梦得《石林燕语》卷八，中华书局，1984年，第116页。

⑤ 宿白《唐宋时期的雕版印刷》，文物出版社，1999年，第3页。

刻完成于北宋皇祐元年(1049)，出于蜀帅田况之手，《孟子》刊刻完成于宣和五年(1123)，成于益州太守席贡之手，而最晚刻成的《石经考异》和古文《尚书》，则迟至南宋乾道六年(1170)，完成于著名学者和藏书家晁公武之手，由后蜀至南宋，前后持续230多年。如果考虑到蜀石经所据底本是毋昭裔校订过的唐代雍都旧本（大和本）九经，那么，它完全可以说是融合唐、后蜀、宋（包括北宋和南宋）三朝经学的文化成果。从这个视角来看，称其为"蜀石经"应该比"广政石经"更为准确，也更加合理。这是蜀石经与众不同、特别引人注目的一点。

宋人于蜀石经贡献之大是有目共睹的，因此，在宋代学者眼中，蜀石经几乎可以看作是一部本朝人完成的石经，有一种当代经典的亲切感。对于后人来说，蜀石经就更显珍贵，"得一部宋板书籍，即视为善本，珍若拱璧，蜀石经乃五代十国时所刊，比宋板书籍还早，就此一两片残石上的文字和宋板书籍比较，已经有好几处比宋板书籍好得多，可见蜀石经的价值"。[①]刘体乾旧藏宋拓《蜀石经》中的诸多题跋，都致力于爬梳宋人续刻、题咏和引用蜀石经的史实，以突显蜀石经在宋代文化史中的醒目存在。因此，将书籍史的视角扩展到文献史的视角，有助于论定《蜀石经》残本及其题跋的特殊文化价值。

第三，刘体乾旧藏《宋拓蜀石经》题跋的特殊性。

蜀石经"拓本宋以后流传甚少，虽至明内阁尚有全帙，然清乾隆之后唯《诗经》《周礼》《左传》《公羊传》《谷梁传》等残本流传于各家之手。民国初，刘体乾致力搜集，得《周礼》卷九、卷十、卷十二，《左传》卷十五、卷二十，《公羊传》卷二，《谷梁传》卷六、卷八、卷九等残卷，并于民国十五年(1926)影印出版，成《蜀石经残本》八册。后刘氏藏本于1965年由北京图书馆自香港辗转购回"。[②]自兹以后，刘体乾藏本一直弃于北京图书馆，北京图书馆后来改称国家图书馆，刘体乾藏本仍珍藏于该馆。2021

[①] 周尊生《近代出土的蜀石经残石》，原载《文物》1963年第7期，后收入《二十世纪七朝石经专论》，第1120—1126页。此处引文见第1125页。

[②] ［清］刘体乾辑《宋拓蜀石经》，湖南美术出版社，2020年，第一册，"出版说明"。

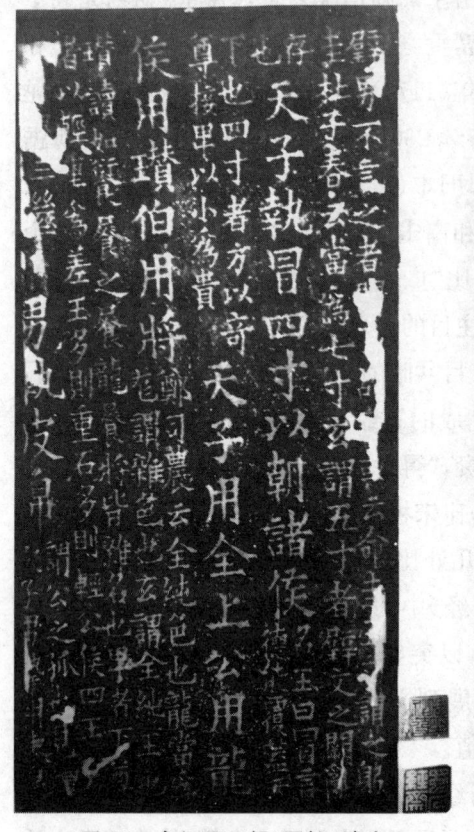

图 19　宋拓蜀石经《周礼》残本　　　　图 20　宋拓蜀石经《左传》残本

年,卢芳玉整理之《国家图书馆未刊石刻题跋辑录》在凤凰出版社出版,其中据刘体乾藏本辑录之"刘体乾旧藏宋拓《广政石经》",从第 92 页至第 221 页,首尾计 130 页,占据全书将近一半的篇幅,可谓蔚为大观矣。

据卢芳玉介绍,刘氏藏本《蜀石经》"共九册,包括宋拓《蜀石经》七册,《蜀石经题跋姓氏录》一册,陈氏木刻《蜀石经》一册。采访号为 225001,1970 年 8 月 10 日登记入藏"。[①] 这段介绍称《蜀石经》共九册,需要作一点辩证。民国十五年(1926),刘体乾将自藏《蜀石经残本》影

---

① 卢芳玉整理《国家图书馆未刊石刻题跋辑录》,第 94 页。

印出版，分装八册。2020年湖南美术出版社"据刘体乾辑民国本原大原色影印，分为四辑，精装八册。第一辑《周礼残本》上中下三册，第二辑《春秋左氏传残本》上中下三册，第三辑《春秋公羊传残本》一册，第四辑《春秋谷梁传残本》一册"。① 湖南美术出版社影印出版时，除了将原书名《蜀石经残本》改为《宋拓蜀石经》之外，其他"未做整理，一如其旧"。② 从其四辑八册的分册题名仍存"残本"二字之中，仍可看到民国十五年（1926）影印版的旧迹。1926年之后，刘体乾仍然不断玩赏、整理自藏《蜀石经残本》，编撰了《蜀石经题跋姓氏录》，而且继续邀请友人为之题诗作跋，如1928年王树枏题五律一首。③ 以上一录一诗，皆不见于1926年八册本《蜀石经残本》和2020年八册本《宋拓蜀石经》。事实上，国图藏九册本比民国刊八册本已多出一册，内容、题跋条数皆有所增加。有鉴于此，本节引录题跋文本，概以《国家图书馆未刊石刻题跋辑录》为据。

国家图书馆藏有各类石刻拓本，"名家题跋累累，具有不可替代的文献价值"，其中题跋最多的是刘体乾旧藏《蜀石经》。据卢芳玉统计，其"绘画题跋达147款之多"。④ 另有一种统计则称刘体乾藏本"全篇题跋竟达三百数十首"，⑤ 不知有何根据。据笔者统计，刘体乾旧藏《宋拓蜀石经》各家题跋总计225条，其中包括题签26条，观款29条，以及其他各体题咏题跋170条，涉及人物超过100人，其时间跨度从乾隆五十二年（1787）到1928年，长达141年。系年未详者只有47条，约占20%强。这些题跋为研究宋拓《蜀石经》的阅读史提供了一个资料丰富而个性鲜明的案例。

---

① ［清］刘体乾辑《宋拓蜀石经》，第一册，"出版说明"。
② ［清］刘体乾辑《宋拓蜀石经》，第一册，"出版说明"。
③ 卢芳玉整理《国家图书馆未刊石刻题跋辑录》，第133—134页。
④ 卢芳玉整理《国家图书馆未刊石刻题跋辑录》，"整理题记"，第2页。
⑤ 李志嘉、樊一撰《蜀石经述略》，原载《文献》1989年第2期，后收入《二十世纪七朝石经专论》，第1134—1143页，此处引文见第1139页。

图 21　翁方纲、段玉裁跋《宋拓蜀石经》残本

无独有偶,罗聘《鬼趣图卷》南海霍氏珍藏本亦有清人题跋大约 120段,其年代始于乾隆三十七年丙戌(1766),终于民国七年戊午(1918),横跨 152 年,其中包括古近体诗、词、文等各种文类。① 刘体乾旧藏《宋拓蜀石经》题跋集与此同类,也由题耑、观款、骈散记文、古近体诗以及词体

---

① [清]罗聘《鬼趣图卷·弁言》,香港九龙开发股份有限公司影印南海霍氏珍藏本,香港,1970 年。详参程章灿《一次同题竞赛的百年雅集——读南海霍氏藏本罗聘〈鬼趣图卷〉题咏诗文》,《文艺研究》,2011 年第 7 期。

等各种题跋文字构成。按照中国传统文献分类，这两册题跋集都可以归入集部总集类，是围绕同一主题题跋而形成的各体诗文总集。这是对传统集部总集类的拓展，也是对中国古代文献文化的弘扬和发展。

五、石刻题跋与阅读者的被阅读

一件传承有序的名刻拓本，往往都有漫长的阅读史，在对这样的拓本进行阅读之前，难免要对前代阅读史有所回顾。在刘体乾旧藏《蜀石经》题跋集中，很多题跋者（读者）回顾并梳理了前代与当代的《蜀石经》阅读史。在频频的回顾中，前代的阅读者成为后代的被阅读者，而《蜀石经》的阅读史线索也被梳理得越来越清楚。

1928年，王树枏第三次为刘体乾藏本《宋拓蜀石经》题跋。这次题跋含有一次对更遥远的阅读史的回望。从文体形式上看，这篇题跋实际上是一篇书信，后附五律一首，书信亦可视为五律诗之序：

健之仁兄道席：

  屡奉惠书，只以老朽颓唐，懒于执笔，加以《清史》功课忙迫，急待成书，有日不暇给之势。昨又惠我诸公题跋，已照指示各节编订矣。顷读山谷《效进士作观成都石经》五律一首，谨次其韵，赋呈我公一阅。身处危城，藉此消遣，不敢云诗也。至属考订《嘉祐石经》，则仍阁笔也。匆匆，不宣。

  曩年访经石，风雨蜀宫寒。汉魏传遗法，龟龙焕大观。丹文出灰劫，墨宝岂丛残。物已聚所好，心犹乐不盘（扬子云《逐贫赋》："宗室之宴，为乐不盘。"《东都赋》："乐不极盘。"）穷搜到嘉祐，愉快胜居官（《论衡》："玩扬子云之篇，乐于居千石之官。"）

  弟王树枏顿复，戊辰三月二十五日①

---

① 卢芳玉整理《国家图书馆未刊石刻题跋辑录》，第133—134页。按：原录文末句"弟王树枏"作"弟子王树枏"，衍"子"字。

黄庭坚《效进士作观成都石经诗》全诗原文如下："成都九经石,岁久麝煤寒。字画参工拙,文章可鉴观。危邦犹劝讲,相国校雕刊。群盗烟尘后,诸生竹帛残。王春尊孔氏,乙夜诏甘盘。愿比求诸野,成书上学官。"①对比上引王树枏题诗,可知王树枏次韵诗少录"刊"韵两句。②《效进士作观成都石经诗》作于元祐三年(1088),其时黄庭坚"在秘书省兼史局"。③所谓《成都石经》即《蜀石经》,可见彼时秘书省和史局藏有蜀石经拓本,而且方便阅读。史容注此诗,引《成都记》云:"孟蜀时,伪宰相毋昭裔以俸金刻九经于石,其《毛诗》《仪礼》《礼记》,皆秘书郎张绍文书;《周礼》,校书郎孙朋古书;《周易》,国子博士孙逢吉书;《尚书》,校书郎周德政书;《尔雅》,简州平泉令张德昭书。题云'广政十四年',盖孟昶所镌。惟三传至皇祐元年方毕工,后列知益州、枢密直学士右谏议大夫田况名。"④可见对于蜀石经的相关情况,南宋初年人还是相当了解的。王树枏题诗含蓄而巧妙地拈出黄庭坚阅读《蜀石经》这一历史事实,宋代阅读者黄庭坚成为清代阅读者王树枏的阅读对象,古今两段阅读史线索相互交错,王树枏之阅读也增益了深广的时空与意义内涵。

钱大昕在其增订本题跋中,回顾了宋元明三代的《蜀石经》阅读史:"南宋时,《蜀石经》完好无恙。曾宏父、赵希弁辈述之甚详,而元、明儒者绝无一言及之,殆亡于嘉熙、淳祐以后。"⑤直到1923年,冯煦仍称《蜀石

---

① [宋]黄庭坚撰,[宋]任渊、史容、史季温注,刘尚荣校点《黄庭坚诗集注·山谷外集诗注》卷一六,第1369页。
② 按:因此跋作于1928年,故未及收入1926年刘体乾自印出版之《蜀石经残本》,2020年湖南美术出版社据《蜀石经残本》影印《宋拓蜀石经》,故亦未录此跋。检王树枏诗集《陶庐诗续集》(《陶庐丛刻》本),其收诗只到丁卯(1927)年止,并无此诗。又按:感谢卢芳玉女史惠示此页题跋扫描书影,王树枏手书题诗原本即少"刊"韵二句。
③ [宋]黄䎆《山谷年谱》,卷二三,台湾商务印书馆影印文渊阁《四库全书》本,第1113册,第898页。
④ 《黄庭坚诗集注·山谷外集诗注》卷一六,中华书局,2003年,第1369页。
⑤ 《潜研堂金石文跋尾》卷一一,后蜀《石经左传残字》,《嘉定钱大昕全集》第陆册,第298页。

经》"历宋元明,具无著录"。① 一开始,刘体乾对"《蜀石经》未见于元明著录"之说也信以为真,直到1921年,他偶然发现明人徐𤊹《红雨楼题跋》中有《石经左氏传》一则,欣喜不已,"亟录于此册,足征《蜀石经》拓本在明代已为珍贵矣"。② 至于1926年王国维等人考定明代内阁藏有《蜀石经》全拓,③则更在其后了。总之,这些题跋中既有对前代阅读史的回顾,也隐含着相互交错的古今两条阅读史的线索。

乾隆五十二年(1787)六月六日,翁方纲为《蜀石经·左传》残卷拓本撰写题跋,并系以七古诗一篇。其时,此残卷尚在陈芳林手中,百馀年后才转归刘体乾收藏。这段题跋是这部题跋集中年代最早的。④ 道光(1821—1850)中,陈芳林藏本转归梁章钜所藏,梁章钜之子逢辰特地"步覃溪先生韵",题写七古诗一首。⑤ 如果说翁方纲题诗标志着清人以诗体题跋《蜀石经》的开端,那么,梁逢辰的步韵题诗就是有意将自己的题跋与本朝前贤的题跋传统相连接,从这个角度来看,梁逢辰步翁方纲诗韵也是一次对当代阅读史的回顾,与后来王树枏步黄庭坚诗韵可谓殊途而同归。

每一次严肃的石刻阅读,都含有对既往阅读史的回顾,有时候,这种回顾就是回首平生,不免感慨良多。例如,王树枏在戊午年(1918)所作题跋《蜀石经斋记》中,深情回忆昔年阅读蜀石经的经历:

> 往者余宰青神,门人陈萼卿示余《蜀石经·尚书》,凡三十六字。后历八年之久,究搜博访,求片石残文,卒不可得。及余改官甘肃,以事至兰州,偶见叶菊裳学使座上有以《蜀石经·左传》一大巨册求售者,索价甚高,菊裳既坚持之,余亦匆匆返中卫而去。戊子(午)之

---

① 卢芳玉整理《国家图书馆未刊石刻题跋辑录》,第149页。
② 卢芳玉整理《国家图书馆未刊石刻题跋辑录》,第167页。
③ 王国维《蜀石经残拓本跋》,原载《实学》1927年第7期,后收入《二十世纪七朝石经专论》,第1101—1104页。
④ 卢芳玉整理《国家图书馆未刊石刻题跋辑录》,第118—119页。
⑤ 卢芳玉整理《国家图书馆未刊石刻题跋辑录》,第123页。

秋,庐江刘君健之为余言,伊手藏《蜀石经·左传》《周礼》《公羊》《谷梁》残卷,都经注四万六千余言,翌日出行箧中《左传》相示,则兰州所见故物也。……《庄子》曰:去国期年,"见似人者而喜",况夫处今之世,而犹有拳拳服膺此事如健之者,其为喜不更可知乎?①

王树枏这段回忆的重点是其与《蜀石经》的因缘,也就是其往时阅读《蜀石经》的经历,连带着提到其门人陈蓴卿以及其友人晚清著名金石家叶昌炽。1902—1906年间,叶昌炽在陕甘学使任上,曾与《蜀石经·左传》有一面之缘,但最终失之交臂。多年以后,当王树枏重见此册,其欣喜激动之情是难以抑制的。这既是对当代阅读史的回顾,也是对自身阅读史的回顾。

石刻及其拓本都具有物质的属性,因此,阅读石刻及其拓本,与古物相对,容易唤起人们物是人非的感叹。很多《蜀石经》宋拓本的阅读者都选择以诗词或骈文等文体形式,来表达自己阅读之时的各种感慨。诗体形式包括七绝、五律、七律、五古、七古,其中七古最为常见,包括七古的一种特殊体式柏梁体。② 词则有《齐天乐》《瑶华》《八声甘州》《高阳台》等词牌,皆为长调。这些诗词文题跋作品叙递藏、讲掌故、考经史,考据、辞章、情思兼而有之,展示了不同的阅读姿态。诗词骈文讲究辞章,其例甚多,不烦更举。诗词骈文中杂入经史考证,往往以自注方式出之,如周贞亮所题五古诗自注,就插入不少阅读史的考证:"宋乾道中,晁公武取《蜀石经》校唐版本经文,不同者三百二科,著《石经考异》刻石","朱子《论语集注》引石经者,即谓《蜀石经》"。③ 更引人注目的是,王树枏先后

---

① 卢芳玉整理《国家图书馆未刊石刻题跋辑录》,第95—96页。按:检核影印本《宋拓蜀石经》,此段题跋末署"戊子重阳后一日",题跋中亦提到"戊子",两处"戊子"皆为"戊午"之误释。此"戊午"当1918年。详见[清]刘体乾辑《宋拓蜀石经》,第四册,第11页、第17页。
② 详见本文附表3。
③ 卢芳玉整理《国家图书馆未刊石刻题跋辑录》,第140页。

第十六章　作为阅读对象的石刻

三次为此卷题跋，依次在戊午(1918)、乙丑(1925)和戊辰(1928)，①分别为散体的《蜀石经斋记》、骈体的《蜀石经序》以及五律诗并序一首。三篇题跋采用三种不同的文体形式，显然是王树枬有意为之。不同的文体，既是不同的表达方式，也是不同的阅读视角，王树枬有意通过文体选择，透过不同的文体视角，表达新异的阅读感受。

对于名刻珍拓，一次阅读显然是不够的。上文提到欧阳修对其所珍藏的石刻拓本，如《后汉樊毅华岳庙碑》《北齐常山义七级碑》《隋龙藏寺碑》等，多次研读，留下不止一篇题跋。每次阅读都可能有新的发现，每篇新的题跋也都可能有提升。丙辰(1916)十月，刘体乾为自家珍藏《宋拓蜀石经》作跋，②详细叙述宋拓蜀石经流传的经过以及最终汇聚刘氏蜀石经斋的艰辛历程，自述甘苦，颇有价值。此跋后来改题为《宋拓蜀石经跋》，刊载于《四存月刊》1921年第5期。③比对题跋集与《四存月刊》两个版本，可以发现多处文字不同。如原题跋称唐开成石经"多为后人剜改"，而《四存月刊》改作"多为后人补凿"；原题跋称魏三体石经光绪中叶山东丁氏曾得片石，《四存月刊》"丁氏"改作"黄氏"；原题跋称蜀石经《孟子》由席旦补刻，而《四存月刊》"席旦"改作"席益"，1923年刘体乾再作跋语，又以为当作席旦。④诸如此类，不一而足。这是刘体乾题跋的两个升级版，体现了从1916年到1923年刘体乾对蜀石经的阅读的深化和提升。版本升级的过程，就是阅读提升的过程。

阅读的过程，有时候像牛吃草，初次阅读，过目时间有限，往往来不及细细琢磨，只能将草先吞咽下去，过后重检典籍，细加考索，有如牛之反刍，能给身体提供更多更好的营养。⑤刘体乾藏宋拓《蜀石经》题跋集

---

① 分别见卢芳玉整理《国家图书馆未刊石刻题跋辑录》，第95—97、116—117、133—134页。

② 卢芳玉整理《国家图书馆未刊石刻题跋辑录》，第163—165页。

③ 刘体乾《宋拓蜀石经跋》，原载《四存月刊》1921年第5期，又见虞万里编著《二十世纪七朝石经专论》，第1099—1100页。

④ 卢芳玉整理《国家图书馆未刊石刻题跋辑录》，第152、167页。

⑤ 参看程章灿《海外读书记》之《前言》，浙江古籍出版社，2022年，第2页。

中有一个典型的例子。丙寅(1926)年仲夏之日,旅居析津(北平)的王国维有缘阅读到刘体乾藏本宋拓《蜀石经》,并根据拓本上所见"东宫书府"之印,结合传世典籍《南唐二主词》"阮郎归"词亦有此印,考定此印"自是汴宋之物","蜀石经并有此印,当是北宋拓本矣"。① 其后不久,王国维再次反刍消化这次阅读收获的史料,并重点对蜀石经在元明时代的著录与流传作了考索,提出"内阁蜀十三经均系北宋末旧拓","蜀石经一线之传,皆出于明内阁也"的重要观点。其论证以《蜀石经残拓本跋》为题,刊载于《实学》1927年第7期。② 此文不但发挥、充实了王国维本人前一题跋的论点,也超越了并世同侪的阅读心得,为后续深入研读《蜀石经》打开了一扇新的视窗。同时,这两种版本的题跋,还勾勒了王国维个人《蜀石经》阅读史的痕迹。

六、石刻题跋与阅读现场的重现

石刻是一种特殊的阅读对象,其阅读方式主要有石本、拓本、书本等三种不同形态,自具特色。③ 刘体乾旧藏《宋拓蜀石经》题跋集显然属于拓本阅读。作为同一拓本共读过程的记录与展示,这部题跋集重现了《蜀石经》拓本的阅读现场。

这个阅读现场是由不同时代的不同阅读交游圈构成的。刘体乾跋《蜀石经题跋姓氏录》册尾云:"《蜀石经》六册,旧有覃溪诸公题跋、观款四十四人。辛亥以后,余自乞瞿文慎诸君题跋、观款又数十人,因考其爵里、著作,为《姓氏录》。"④这些题跋可大分为两类,一类是《蜀石经》归刘体乾收藏之前已有的以覃溪(翁方纲)为代表的各家题跋,一类是归刘体乾收藏之后新增的以瞿鸿禨(瞿文慎)为代表的各家题跋。前者所勾画

---

① 卢芳玉整理《国家图书馆未刊石刻题跋辑录》,第134页。
② 今收入虞万里编著《二十世纪七朝石经专论》,下册,第1103—1104页。
③ 参看程章灿《石刻的现场阅读及其三种样态》,《文献》,2021年第4期。今收入本章第一节。
④ 卢芳玉整理《国家图书馆未刊石刻题跋辑录》,第202页。

的是刘体乾之前的石刻阅读交游圈,后者所勾画的是以刘体乾为中心的石刻阅读交游圈。这两个阅读交游圈的人员并不重叠交叉,但在这一部题跋集中,却构成了同一空间的齐肩并列和重叠交叉,而后来的阅读题跋者,也可以通过此一空间向前辈致敬、对话。

  刘体乾旧藏《宋拓蜀石经》包括《左传》《周礼》《谷梁传》《公羊传》等多种残本,原来分藏于诸家之手。例如,其中的《左传》卷二十原为元和陈芳林旧藏,后归长乐梁章钜所有,所以,今本题跋集中既有翁方纲、段玉裁、钱大昕、瞿中溶等人为陈芳林藏本所题诸跋,又有梁章钜、朱绶、朱琦、梁逢辰等人为梁章钜藏本所题诸跋。[①] 后来,《蜀石经》残本诸卷延津剑合,统归刘体乾收藏,前后各家题跋汇归一处,不同时代的阅读者汇聚于一个纸本平台之上,象征着不同的阅读交游圈的会合。这是拓本阅读史上一种有趣的现象,值得关注。当收藏家邀请友朋同好观览赏读所藏拓本之时,他的身份与其说是好古博雅之士,不如说是一场主题读书会的热心组织者和参加者。

  刘体乾就是这样一位热心组织者和参加者。为了使这场以《蜀石经残本》为主题的读书会活动更有规模、更具戏剧性,刘体乾不仅热心地邀请同好,还别出心裁地搜集未见于此部题跋集中的前人题跋,将其抄录装裱拼接,使前人的题跋与今人的题跋比肩并列,出现在同一文献空间之上。嘉庆七年(1802),钱大昕曾有缘观览陈芳林旧藏拓本,并为此本撰写题跋,文中统计此"残本三百九十五字,注二百六十七字",[②]可见其阅读之细。其后,此跋收入钱大昕著《潜研堂金石文跋尾》,文字有所修订,修订本更完整地体现了钱大昕的阅读心得。[③] 有鉴于此,刘体乾于

---

  ① 卢芳玉整理《国家图书馆未刊石刻题跋辑录》,第 118—123 页。按:卢芳玉整理本第 122 页录朱绶题诗,误将首二句"汉熹平立石经始,第五本成蜀广政"读破,第 123 页又误将梁逢辰题诗误作梁章钜题诗。

  ② 卢芳玉整理《国家图书馆未刊石刻题跋辑录》,第 119—120 页。

  ③ 《潜研堂金石文跋尾》卷一一,后蜀《石经左传残字》,《嘉定钱大昕全集》第陆册,第 295—298 页。

1925年又据《潜研堂金石文跋尾》过录一遍。① 于是，今见刘体乾藏本之上，版本不同的两篇钱大昕题跋便先后出现，赫然在目。此外，他还过录了清人钱泳、曹元弼二家之题跋。钱泳是金石学家，其跋原出于《履园丛话》，原是为梁章钜藏本所题。② 曹元弼是经学家，此跋原是其回复刘体乾信，讨论有关蜀石经本《周礼》的经学问题。③ 对刘体乾来说，钱大昕、钱泳是前代名贤，相隔百数十年，曹元弼虽是同时友好，但也有空间悬隔。通过移录题跋这种方式，他们都加入了由刘体乾主持的这场宋拓《蜀石经》会读活动，这场主题阅读会也因此变得更加充实，更加热闹了。

这部题跋集中共有十二幅同题《蜀石经斋图》的绘画，出自吴昌硕、萧愻、顾麟士、林纾等名家之手。④ 刘体乾自号蜀石经斋，此斋不仅是其珍藏宋拓《蜀石经》残本之所，也是其阅读蜀石经之地。这十二幅《蜀石经图》透过十二位画家的想象，重现了刘体乾赏读《蜀石经》的情形。吴学廉、卞綍昌皆在其题诗中，将刘体乾与北魏刘芳相比，称赞其为当代"刘石经"。⑤ 这些《蜀石经斋图》与题跋诗文相配合，共同塑造刘体乾好古博雅的当代"刘石经"形象。换句话说，图文配合也是这部题跋集重现阅读现场的一种方式。

除了刘体乾旧藏宋拓《蜀石经》外，国家图书馆同时收藏《沈树镛旧藏〈嘉祐石经·周礼〉》及《丁晏旧藏明拓〈嘉祐石经〉》，这两册题跋也已整理出版。⑥ 据笔者统计，丁晏旧藏明拓《嘉祐石经》共有约70条题跋，其中有吴昌硕、何维朴、姜筠、吴士鉴、沈曾植、罗振玉、杨守敬、缪荃孙、

---

① 刘体乾过录钱大昕题跋，见卢芳玉整理《国家图书馆未刊石刻题跋辑录》，第131—132页。

② [清]钱泳撰，张伟点校《履园丛话》卷九，中华书局，1979年，第248页。刘体乾过录本，见卢芳玉整理《国家图书馆未刊石刻题跋辑录》，第128页。

③ 刘体乾过录曹元弼信，见卢芳玉整理《国家图书馆未刊石刻题跋辑录》，第128页，第201—202页。

④ 详见本文附表2。

⑤ 卢芳玉整理《国家图书馆未刊石刻题跋辑录》，第217页。

⑥ 卢芳玉整理《国家图书馆未刊石刻题跋辑录》，第225—228、229—273页。

冯煦、杨钟羲、叶名澧、王式通、王闿运、清道人、郑孝胥诸家。① 值得注意的是，丁晏(1794—1876)的年代略早于刘体乾(1888—1940)，但是，在丁晏旧藏明拓《嘉祐石经》上题跋的诸家，往往也出现在刘体乾旧藏宋拓《蜀石经》题跋集之上。这两个重叠的石刻阅读圈，就是晚清时代石刻阅读圈以题跋为形式的展现。

值得注意的是，这个圈子里有大量的清遗民，如陈宝琛、沈曾植、郑孝胥、清道人、王国维等人，他们在1911年以后仍然坚持使用宣统年号，或者以其他方式表达自己对清王朝的忠诚。1919年，刘体乾蒙宣统皇帝赏赐御书"世载其德"匾额，次年，又蒙赏赐御书"孟蜀石经"四字，1921年又蒙赐"蜀石经斋"匾额，围绕着这三次宸翰颁赐事件，掀起了新一轮以尊经颂圣为主题的题跋热潮。② 刘体乾本人题诗曰："先臣曾有赐书楼，此册应居最上头。独抱遗经重太息，时人原不解春秋。"③从这些题跋中窥见的，不仅有阅读这部宋拓《蜀石经》的具体现场，更有儒家经典阅读所面对的时代大现场。

"五季僭窃多无文，吴蜀独含文字芬。江南小腆尚词笔，宁及蜀主宗典坟。堂堂宰相毋昭裔，成都琢石天下闻。"④当癸丑(1913)七月既望，林纾在北京宣南春觉斋为刘体乾绘就《蜀石经斋图》并题诗之时，以四书五经为主要考试内容的科举考试制度已被废止，读经在中国教育和学术文化中的地位一落千丈，林纾内心充满了怀古的叹惋。林纾后来被定位为新文化运动的反对者，但是，他的叹惋并非特例。回首五代十国那个纷乱的时代，对照后蜀规模空前的石经刊刻，像林纾这样深沉的叹惋，在这部题跋集中比比皆是。

几年后，"五四"新文化运动兴起，伴随着"打倒孔家店"的口号，经学日渐式微，读经日益边缘化。在这样的时代大背景中，刘体乾仍然煞费

---

① 以上人名按在原题跋集中出现的顺序排列，卢芳玉整理《国家图书馆未刊石刻题跋辑录》，第229—273页。
② 卢芳玉整理《国家图书馆未刊石刻题跋辑录》，第109—115页。
③ 卢芳玉整理《国家图书馆未刊石刻题跋辑录》，第109页。
④ 卢芳玉整理《国家图书馆未刊石刻题跋辑录》，第144页。

苦心,收集蜀石经残本,邀人题跋,自费刊印,明显表达了他的文化立场和文化关怀。这部题跋集作为刘体乾所组织的蜀石经专题读书会,不仅记录了读者的众声喧哗,也实现了由经学阅读而驱动的文献生长。题跋作为文献生长的重要动力,使《蜀石经》在现代历史舞台上有了一次短暂而闪亮的登场。

附表1:刘体乾旧藏《宋拓蜀石经》题跋各册页码对照表

国图藏本册次	国图藏本内容	《辑录》页码
1	《左传》卷十五	95—105
2	《周礼》卷九、卷十	105—108
3	《左传》卷二十	108—133
4	《谷梁传》卷八、卷九	133—144
5	《公羊传》卷二	144—158
6	陈氏木刻《蜀石经》	158
7	《谷梁传》卷九	158—202
8	《蜀石要题跋姓氏录》	202
9	《周礼》卷十二	202—221

附表2:刘体乾旧藏《宋拓蜀石经》绘图表

时间	绘图者	图名	国图藏本册次	《辑录》页码	《宋拓蜀石经》册数页码
壬子(1912)五月	汪洛年	蜀石经斋图	5	145	七 16—17
癸丑(1913)暮春	顾麟士	蜀石经斋图	1	95	四 8—9
癸丑(1913)七月既望	林纾	蜀石经斋图	5	144	七 14—15
癸丑(1913)七月	陆恢	蜀石经斋图	7	159	三 244—245
癸丑(1913)九月	姜筠	蜀石经斋图	2	107	二 142—143
戊午(1918)暮春	吴昌硕	蜀石经斋图			一 6—7
戊午(1918)十月	萧愻	蜀石经斋图	7	159	八 16—17
戊午(1918)十一月	萧愻	石图奇缘图	3	117	

第十六章　作为阅读对象的石刻

续　表

时间	绘图者	图名	国图藏本册次	《辑录》页码	《宋拓蜀石经》册数页码
己未(1919)秋	汤涤	蜀石经斋图	7	159	八 14—15
甲子(1924)五月	金蓉镜	蜀石经斋图	7	159	五 112—113
乙丑(1925)	汪大燮	蜀石经斋图	4	134	八 78—79
未详	郑沅	蜀石经斋图	6	159	
未详	何维朴	蜀石经斋图	7	159	三 242—243

附表3：刘体乾旧藏《宋拓蜀石经》题跋编年表

时间	作者	文体	国图藏本册次	《辑录》页码	备注
乾隆五十二年(1787)六月六日	翁方纲	七古	3	118—119	
嘉庆壬戌(1802)清明	段玉裁	题跋	3	119	
嘉庆壬戌(1802)三月	钱大昕	题跋	3	119—120	
嘉庆壬戌(1802)清明	瞿中溶	七古次翁韵	3	120	
嘉庆丙寅(1806)人日	孙星衍	观款	3	120	
道光壬寅(1842)四月	阮元	观款	3	120	
道光辛卯(1831)十一月	江凤彝 钱泳	观款	3	120	
道光辛卯(1831)冬	梁章钜	七古	3	121	
道光辛卯(1831)冬	梁章钜	题跋	3	121—122	
未详(原序)	朱绶	七古	3	122	
道光壬辰(1832)初夏	朱琦	七古	3	123	
道光壬辰(1832)十月	梁逢辰	七古和翁	3	123	和翁方纲
咸丰壬子(1852)十一月九日	吴履敬 吴式训	题跋	9	204—205	

439

续 表

时间	作者	文体	国图藏本册次	《辑录》页码	备注
咸丰壬子（1852）十一月	吴履敬 吴式训	题跋	5	145—146	
咸丰壬子（1852）十一月	冯志沂	观款	5	146	
咸丰壬子（1852）十一月	冯志沂	题跋	9	205—206	
咸丰二年（1852）十二月廿五日	陈庆镛	题跋	9	206	
咸丰二年（1852）十二月廿五日	陈庆镛	校记	9	206—216	石经考异补上
咸丰壬子（1852）十二月	陈庆镛	题跋二条	5	146	
咸丰壬子（1852）十二月	黄教镕	观款	9	220	
咸丰壬子（1852）某月廿六日	徐景钺	观款	9	220	
咸丰四年（1854）闰七月七日	郑复光	题跋	5	147	
咸丰六年（1856）重九日	杨宝臣	题跋	1	98	
未详（依旧序）	张锡庚	题跋	1	99	藏式古堂
咸丰七年（1857）正月廿九日	赵光	题跋	1	99	
未详（依旧序）	张德容	题跋	1	99	藏式古堂
咸丰七年（1857）暮春中澣	沈兆霖	题跋	1	99—100	
咸丰七年（1857）立秋前三日	祁寯藻	七古	1	100	藏式古堂
咸丰七年(1857)九日	何绍基	七古	1	95	

续　表

时间	作者	文体	国图藏本册次	《辑录》页码	备注
丁巳(1857)	何绍基	五古	9	202—203	吴履敬兄弟藏
咸丰七年(1857)冬至	朱学勤	题跋	1	100—102	藏式古堂
未详(依旧序)	叶名澧	七古	1	102	藏式古堂
咸丰戊午(1858)三月三日	孔宪彝	观款	9	206	
咸丰八年(1858)中秋后四日	杨传第	五古	1	102	藏式古堂
咸丰八年(1858)春二月	潘祖荫	题跋	1	103	藏式古堂
同治四年(1865)五月十六日	杨继震	题跋	7	160—161	
同治癸酉(1873)十月中旬	潘祖荫	题端	7	160	
丙子(1876)十二月除日	王懿荣	题跋	7	161	
光绪四年(1878)十二月	汪鸣銮 洪钧 吴大澂	同观款	1	103	
光绪四年(1878)十二月	汪鸣銮 洪钧 吴大澂	同观款	7	161	
光绪七年(1881)十二月十一日	张之洞	观款	3	124	
庚戌(1910)大雪后五日	陈衍	七古	3	124—125	
庚戌(1910)大雪后五日	陈衍书	七古	3	125	录祁寯藻诗已见页100
宣统三年(1911)四月	瞿鸿禨	七古	1	103	
宣统三年(1911)四月	吴庆坻	七绝二首	1	103—104	

续　表

时间	作者	文体	国图藏本册次	《辑录》页码	备注
辛亥(1911)	刘体乾	电报	7	162	
辛亥(1911)	瞿鸿禨	题跋	7	162	
辛亥(1911)长至	瞿鸿禨	信＋题跋	7	163	
辛亥(1911)仲冬	吴庆坻	题签	7	159	
辛亥(1911)冬	缪荃孙	题跋	7	161	
辛亥(1911)	缪荃孙	校记题跋	7	168—200	
壬子(1912)正月	缪荃孙	校记题跋	7	200—201	
壬子(1912)五月	汪洛年	绘图	5	145	
壬子(1912)十一月	杨守敬	观款	5	149	
壬子(1912)仲冬十八日	杨守敬	观款	7	161	
壬子(1912)仲冬	杨守敬	题跋	9	221	
壬子(1912)腊月廿五日	曾广钧 陈三立	同观款	7	161	
壬子(1912)腊月廿五日	清道人	同观款	7	162	与王闿运等
壬子(1912)腊月廿五日	樊增祥	观款	7	162	
壬子(1912)腊月廿五日	王闿运	题跋	7	163	
癸丑(1913)暮春	顾麟士	绘图	1	95	
癸丑(1913)七月既望	林纾	绘图	5	144	蜀石经斋图
癸丑(1913)七月既望	林纾	七古	5	144	
癸丑(1913)七月	陆恢	绘图	7	159	蜀石经斋图
癸丑(1913)九月	姜筠	绘图	2	107	

续　表

时间	作者	文体	国图藏本册次	《辑录》页码	备注
癸丑（1913）重阳前四日	姜筠	七绝二首	2	107	
癸丑（1913）重阳后一日	劳乃宣	观款	3	125	
癸丑（1913）九月十二日	梁鼎芬	观款	3	125	
丙辰(1916)十月	刘体乾	题跋	7	163—165	
丁巳(1917)长至	胡嗣芬	七律	7	163	
丁巳(1917)十一月	清道人	题端	5	144	
宣统九年(1917)	郑孝胥	七绝	3	114	
戊午（1918）重阳后一日	王树枏	记	1	95—97	
戊午(1918)九月	章梫	七古	1	104	蜀石经斋
戊午(1918)九月	丁传靖	七古	7	160	
戊午(1918)孟冬	江翰	七古	1	104	
戊午(1918)十月	萧愻	绘图	7	159	蜀石经斋图
戊午(1918)十一月	萧愻	绘图	3	117	
戊午(1918)十一月	郑沅	题端	3	117	
戊午(1918)十二月廿八日	章梫	观款	3	125	
戊午(1918)十二月	章梫	题签	6	158	
宣统己未(1919)正月廿六日	商衍瀛 胡嗣瑗	观款	3	125	
己未（1919）二月廿四日	郑孝胥	七古	3	126—127	
己未（1919）三月十二日	商衍鎏	观款	3	126	

续　表

时间	作者	文体	国图藏本册次	《辑录》页码	备注
己未（1919）四月初九日	陈毅	观款	3	126	
己未（1919）夏	吴闿生	题跋	7	159—160	
己未（1919）秋	汤涤	绘图	7	159	蜀石经斋图
己未（1919）十月十日	陈宝琛	题跋	3	124	
宣统己未（1919）腊月	沈曾植	七古	3	126	
宣统己未（1919）腊月	沈曾植	观款	3	120	
庚申（1920）二月	汤涤	观款	7	162	
庚申（1920）五月	溥仪	题端	3	109	
庚申（1920）五月	刘体乾	七绝二首	3	109	
庚申（1920）五月	吴庆坻	七绝四首	3	109—110	
庚申（1920）五月	杨钟羲	七绝二首	3	110	
宣统庚申（1920）九月二十六日	王乃徵	观款	3	126	
庚申（1920）九月	余肇康	观款	3	120	
庚申（1920）十月七日	余肇康	七古	7	165—166	
庚申（1920）十月	余肇康	七绝五首	3	110—111	
庚申（1920）十月	陈三立	五古	3	111	
庚申（1920）十月	炯然孤清	观款	7	162	
庚申（1920）除夕	吴庆焘	七绝三首	3	111	
庚申（1920）十二月	柯绍忞	七古	7	166	
辛酉（1921）	章梫	七古和苏	3	111	
庚申（1920）	沈曾植	七绝二首	3	110	
辛酉（1921）三月十八日	刘体乾	录题跋	7	166—167	徐兴公跋

续　表

时间	作者	文体	国图藏本册次	《辑录》页码	备注
辛酉(1921)十二月	刘体乾	七绝二首	3	109	
壬戌(1922)正月	王乃徵	五古	3	112	
癸亥(1923)初夏	陈诗	七古	9	203	
癸亥(1923)六月二十六日	刘体乾	题跋	7	167	
癸亥(1923)七月七日	刘体乾	题跋	3	127—128	
癸亥(1923)七月	吴士鉴	七绝九首	3	112—113	
宣统癸亥(1923)仲秋	叶尔恺	七古	5	148—149	
癸亥(1923)十月	郑沅	题跋	5	149	
癸亥(1923)十月廿八日	李经方	题跋	7	162	
癸亥(1923)十一月一日	刘体乾	题跋	7	167—168	
癸亥(1923)十一月	冯煦	题跋	5	149	
癸亥(1923)十二月八日	陶葆廉	观款	7	162	
癸亥(1923)十二月	朱祖谋	词	3	113—114	《齐天乐》
宣统癸亥(1923)嘉平	廷珍	七绝三首	5	145	
宣统癸亥(1923)冬	曹元弼	题跋	3	114	
甲子(1924)正月十一日	陈荣昌	七古	5	150	
甲子(1924)正月十九日	刘体乾	题跋	6	158	
甲子(1924)元旦立春后十日	余诚格	题跋	5	151	
甲子(1924)二月朔日	章钰	题跋	5	150—151	

续　表

时间	作者	文体	国图藏本册次	《辑录》页码	备注
甲子（1924）二月十七日	刘体乾	七绝二首	5	151	
甲子(1924)仲春	孙雄	柏梁体	5	151—152	
甲子(1924)二月	徐世昌	题跋	3	128—129	
甲子(1924)清明	刘体乾	题跋	8	202	
甲子(1924)清明	陈重庆	七古	9	216—217	
甲子(1924)暮春之初	卞綍昌	七律二首	9	217	
甲子(1924)三月望	王文焘	七古	5	153—154	
甲子（1924）三月十八日	王秉恩	七古	5	152—153	
甲子(1924)三月	吴学廉	七古	5	152	
甲子(1924)三月	蔡宝善	七绝三首	9	217	
甲子（1924）四月十七日	金蓉镜	七古	3	129	
甲子(1924)四月	曹广桢	五古	9	219	
甲子(1924)夏至	费树蔚	五古	7	168	
甲子(1924)五月	金蓉镜	绘图	7	159	蜀石经斋图
甲子(1925)五月	王式通	题跋	9	218—219	
甲子(1925)	高振霄	七古	9	219	
甲子(1924)七月	魏家骅	题跋	3	130	
甲子(1924)十一月十四日	吴昌硕	题跋	3	130	
甲子(1924)十一月	赵启霖	七古	3	114—115	
乙丑(1925)二月	阎迺竹撰阎孝损书	题跋	1	104—105	
乙丑(1925)春分	夏孙桐	词	3	116	《瑶华》

第十六章　作为阅读对象的石刻

续　表

时间	作者	文体	国图藏本册次	《辑录》页码	备注
乙丑(1925)三月	秦树声	五古	3	112	
乙丑(1925)三月	王树枏撰林开暮书	序(骈体)	3	116—117	
乙丑(1925)三月	郑沅	题端	4	135	
乙丑(1925)三月	刘体乾	题跋	4	135	
乙丑(1925)春	周贞亮	五古	4	140	
乙丑(1925)春暮	邵章	词	4	140	《八声甘州》
乙丑(1925)春暮	马其昶	题跋	4	141	李国松书
乙丑(1925)季春	章华	词	7	162—163	《高阳台》
乙丑(1925)四月	萧方骏	七古	4	135—137	
乙丑(1925)四月	高祺	记(骈体)	4	137—138	
乙丑(1925)四月二十四日	陈宝琛	七绝二首	4	135	
乙丑(1925)秋中	曹允源	题跋	3	130—131	
乙丑(1925)闰四月望	曹秉章	题跋	4	142	
乙丑(1925)闰月	黄濬	七古	4	142	
乙丑(1925)中伏	刘体乾	题跋	4	142—143	
乙丑(1925)九月十三日	田庚	观款	5	154	
乙丑(1925)季秋	陶葆廉	七古	4	143—144	
乙丑(1925)十月二十五日	陈重威	观款	5	154	
乙丑(1925)冬至后三日	康有为	七绝二首	3	115—116	
乙丑(1925)	刘体乾书	题跋	3	131—132	录钱大昕跋
乙丑(1925)	汪大燮	绘图	4	134	

447

续　表

时间	作者	文体	国图藏本册次	《辑录》页码	备注
乙丑(1925)	汪大燮	题跋	4	134	
乙丑(1925)	孙雄	记(骈体)	4	138—139	
丙寅(1926)五月	杨钟羲	七古	3	108	
丙寅(1926)仲夏	罗振玉	边跋	4	134	
丙寅(1926)仲夏	罗振玉	题跋	4	134	
丙寅(1926)仲夏	王国维	题跋	4	134—135	
丙寅(1926)夏	龚庆霖	记	5	156—157	
丙寅(1926)	钱骏祥	七古	3	132	
丁卯(1927)春	张其淦	五古	5	157—158	
丁卯(1927)十月二十六日	刘体乾	录题跋	7	201—202	曹元弼跋
戊辰(1928)三月二十五日	王树枏	五律	4	133—134	和山谷韵
未详	曾广钧	记(骈体)	2	105—107	
未详	郭曾炘	七绝二首	3	127	
未详	刘体乾书	题跋	3	128	录钱泳跋
未详	张謇	七古	3	132—133	
未详	姚永朴	七古	3	133	
未详	夏寿田	七古	4	139	序1925年？
未详	金兆蕃	七古	4	143	序1925年？
未详	何维朴	题签	5	144	
未详	曾广钧	七律	5	144—145	
未详	陈庆镛	题跋	5	147—148	序1852？
未详	宋育仁	七绝三首	5	154—155	序1925—26？
未详	骆成骧	五言排律	5	155	序1925—26？

第十六章　作为阅读对象的石刻

续　表

时间	作者	文体	国图藏本册次	《辑录》页码	备注
未详	尹昌龄	七绝四首	5	155	序1925—26?
未详	刘体蕃	七古	5	155—156	序1925—26?
未详	赵椿年	七古	5	157	序1925—26
未详	郑沅	绘图	6	159	蜀石经斋图
未详	何维朴	绘图	7	159	蜀石经斋图
未详	朱师辙	七古	9	203—204	
未详	沙元炳	七古	9	217—218	
未详	无名氏	题跋	9	218	
未详	缪荃孙	七绝四首	9	220	
未详	吴昌绶	七绝四首	9	220	
未详	冒广生	五古	9	221	
未详	刘体乾	书衣题签	1	95	
未详	瞿鸿禨	书板外签	1	95	
未详	何绍基	内签	1	95	
未详	杨晋康	内签	1	95	
未详	勋廷	内签	1	95	
未详	瞿鸿禨	题端	1	97	
未详	瞿鸿禨	题签	2	105	
未详	杨晋康	题签	2	108	
未详	杨庆麟	题签	2	108	
未详	潘祖荫	题端	2	108	
未详	陈宝琛	题签	3	108	
未详	商衍瀛	题签	3	115	
未详	梁章钜	题签	3	117	退庵藏

续　表

时间	作者	文体	国图藏本册次	《辑录》页码	备注
未详	致曲山人	题签	3	117	
未详	翁方纲	题签	3	117	
未详	何绍基	题签	3	117	
未详	陈宝琛	题签	4	133	
未详	何绍基	题端	5	145	
未详	钮树玉	题签	6	158	
未详	陈宝琛	题签	7	158	
未详	杨晋康	题签	7	161	
未详	何维朴	题签	9	202	外签
未详	何维朴	题签	9	202	内签
未详	何绍基	题端	9	202	

附　录
汉唐石刻：中国式的纪念与记忆

人是一种社会性的动物。如果用中国古代的词语来说，那就是：人是一种"群"的动物。个体的人必须跟群体在一起，才不会感到孤单。因此，人在一生当中，总是很害怕孤单，害怕被人遗忘，更害怕失忆。对于个体来说是如此，对于群体的社会来说也是如此。当然，我们大家会联想到中国历史上的隐士，这些人特别喜欢离群索居，他不要跟社群在一起，而要一个人隐居起来。这种人在古典文献当中称之为"逸士"。所以"逸"，就是要超脱日常社会生活网络的牢笼，跟日常社会生活规则不太合拍的那样一些人。如果打个比方，人就好比是浩瀚宇宙当中的星球，害怕失落于茫茫时空当中。

因为有这样一种害怕、这样一种恐惧，因此，人就非常重视纪念和记忆，之所以要纪念和记忆，就是为了求得群体的认同。这种群体的认同，一方面可以说是历时的，另一方面也可以说是共时的。如果就纪念来说，一件事情、一个人物、一项公共工程，我们往往都要利用或者采取某一种形式来进行纪念。纪念倾向于共时的群体认同，与纪念相比较，记忆比较倾向于历时的认同。记忆前人的经历、记忆前代的历史，那基本上是一种纵向的群体认同的延伸。说到记忆，我们可以把英文中对纪念或记忆的词语拿来作为对照比较。英文中说到纪念的时候，有两个比较常用的词语，一个词叫"memorize"，这个词语也可以说就是记忆。另一个跟纪念相关的词是纪念碑，英文叫"monument"，如果把它拓展成一个抽象的名词，就是纪念性，英文叫"monumentality"，这两个词与我今

作为物质文化的石刻文献

天要讲的"汉唐石刻与中国式的纪念及记忆"这个主题都有关系。关于纪念碑或者说纪念碑性的概念，已经被学术界运用到中国古代美术以及建筑艺术的研究当中。现任芝加哥大学美术史教授、著名学者巫鸿先生，在很多年以前写过一本书，叫作《中国早期艺术和建筑中的纪念性》，他所讲的纪念性其实就是纪念碑性，他所讲的艺术和建筑里面，有很多的内容其实就是关于石刻，石刻是中国早期建筑艺术的重要组成部分。

关于记忆，我们大家就更熟悉一些。我们对某一个行为、某一个事件进行记忆，记忆本身可以说是一种人类的文化本能。我们可以通过各种各样的形式来进行记忆，这些记忆的成果，我们有时候称之为记忆，有时候称之为历史。如果要分辨记忆和历史有什么不同，也许可以说，记忆是历史的另外一种形态，或者可以说，记忆是历史的一种初级形态。总的来说，记忆是历史当中没有经过史家加工的一种粗略的形态。

中国有非常发达的记忆文化，这种文化的传统历史悠久。在这个悠久的传统中，我们可以看到，先人们运用了很多种记忆媒介，发明了很多记忆智慧。所谓媒介，就是用什么样的一种手段、材质、方式来进行记忆。最早有所谓的"结绳记事"，意思是说，在还没有文字的时候，我们的先人们只是用一根绳子打一个结来记录今天发生了一件什么事或者有一个什么重要的行为。这里"绳"就成了一种记忆的媒介。相对于这种记忆媒介/方法，后来出现的文字当然要高级得多，也有效得多了。《吕氏春秋》曾经说到，在夏禹的时候，古人是怎样记忆的。他们采取的方法是"功绩铭乎金石"，把功绩铭刻在金石上。这里提到两样东西，一个是金，一个是石。一般来讲，这里的"金"就是指青铜器，"石"就是我今天要说的石刻。夏禹时代的金石，今天我们看不到一个确凿可信的实物。相传夏禹治水的时候，曾经刻过一个《岣嵝碑》，上面的字体非常奇怪，一般人都认不得。这种字有人称之为"岣嵝文"，有人说就是夏禹时代的文字，究竟这里面的每一个字怎么释读，是现在汉语里面的哪一个字，从古到今有众多的学者进行考证、研究，说法不少，我这里就不一一介绍了。我想强调的是，说这个《岣嵝碑》是夏禹时代的，其实是未必可信的。实际上，现在的学术界，恐怕没有什么人真正相信它是夏禹时代的东西，而更多的人宁可相信它也许是道教的某一种秘密文字。不管它是一种什么文字，不管它刻的是什么内容，也不管它的真假，如果我们相信《吕氏春秋》里面的记载，那么，夏禹时代应该有某种金石铭刻，当时人将其作为记忆的媒介。

众所周知，殷墟出土了甲骨文。甲骨文上面契刻的文字，应该说也是一种记忆的媒介。跟石刻相关的，在商代有所谓的"商伐鬼方纪功石刻"，以及相传"箕子就封碑文"。再往下看周代，相传周代石刻里面出现了几件大名鼎鼎的石刻，大多跟周代的名人有关系。比如说，相传周穆王有纪功石刻。又比如说在比干墓前面有孔子留下的题字。再比如，据说季札去世的时候，孔子也到他的墓前，并且也留下了题字。无论是周穆王纪功石刻，还是孔子在比干墓和季札墓前面的题字，都是不能够当真的，都是历史传说。那么，这些传说之所以出现的背景是什么呢？那就是中国有历史悠久的石刻文化，中国有历史悠久的把石刻作为记忆媒介的文化传统。

中国的记忆文化从结绳记事到刻于金石，这还都是比较初级的，等到史书出现，中国的记忆文化才到了较为高级的发展境界。我们今天可以去看一看《说文解字》这本书，看它对历史的"史"字的解释，那就是："史，记事者也。"在中国历史上，我们有连续不断的《二十四史》，这就是一个不间断的文化记忆、历史记忆，能够充分表明中国记忆文化的发达。除了这些正史以外，我们还要注意到野史，还有其他的一些文献。在这些正史以外的其他文献当中，汉代以后的石刻尤其是汉唐石刻就是非常重要的一部分。汉唐石刻能够起到对正史补充、订正的作用。所以，它是一种非常重要而且形式相当特殊的记忆文献。

如果我们不从正史的角度，而是单从记忆的角度，对它做一个简单划分，可以把记忆划分为个体记忆和集体记忆。这个"集体"层次不同，有比较小的集体，也有比较大的集体，比较小的集体包括一个家庭、一个家族、甚至一个村落；比较大的集体则可能是一个州县，也可以是整个一个时代、社会，或者某种更大的社群记忆。所以，记忆一方面是有私人性的；另一方面是有公共性的，要看这个记忆涉及的是什么样的类型。如

作为物质文化的石刻文献

果是一些比较个体的、私人性的记忆,那么,这些记忆就难免有一些主观性。如果是一些集体的、公共性的记忆呢?它的客观性就相对强一些。无论是主观还是客观的、私人还是公共的、个体的还是集体的,应该说,这两个方面都是互相联系在一起的。

中国的石刻非常多,历史也非常悠久,今天只给大家重点介绍汉唐石刻。为什么只专门说汉唐石刻呢?这是因为汉唐石刻就历史时序而言是比较早的,源远而流长。在讲汉唐石刻具体情况之前,我想简单地介绍一下石刻的情况。

石刻,有时候我们也称之为"铭刻"。所谓"铭刻",其目的就是为了不要让人遗忘。"铭刻"这两个字,就充分地突出了石刻这种文献的纪念性与记忆性特点。简单地说,石刻包括所有刻在石质材料之上的东西。刻在石质材料之上的大部分是文字,比如说墓碑、墓志,那上面刻的主要是文章。除了文字之外,有的刻的是图像,比如说汉画像。还有是石刻雕塑。当然,这三者可以同时出现。如果大家去洛阳去参观龙门石窟,龙门石窟里面有很多石刻的雕像,有时候在雕塑的旁边或者背后,也刻有一些文字。这些文字的题记跟这些雕像是配合的,相辅相成的。

石刻的起源,如果追踪起来,有一个很有意思的现象,就是它跟秦国有一种特殊的联系。我们在历史文献中看到几条有关先秦石刻的记载,都跟秦国有关系。第一条,秦惠文王的《诅楚文》,在公元前四世纪,秦国和楚国打仗,秦国为了自己能取得胜利,就做了一个巫术仪式,诅咒楚国,并且把它刻石记录下来。第二条,在《韩非子》这本书里写到一个类似寓言的故事。这个故事说,当年秦昭王曾经跟仙人在华山下棋,有胜负,他就把这样一件事刻在华山崖石上,留下了所谓的《华山勒石》。第三条,《华阳国志》中记载,秦国跟当时周边的夷人不和。夷人经常骚扰秦国,秦国经常去攻打夷人,最后和为贵,双方就立一个盟约,并刻石为据。这个盟约规定说,如果秦国去攻打夷人,秦国就要赔夷人什么东西,如果夷人再来骚扰秦国的话,那夷人要付出什么样的代价,等等。第四条就是白沙邮石刻,这是跟都江堰水利工程有关系的,也记载在《华阳国志》这部书中。以上四条都跟秦国有关系。秦始皇统一中国之后,巡游天下,在七个地方留下了石刻。这七个地方就是:山东峄山、泰山、琅琊台、之罘山、之罘东观、河北碣石、浙江绍兴会稽山。这七次秦始皇留下的石刻,大部分在《史记·秦始皇本纪》中有记载,当然都跟秦朝有关系,规模也是空前之大。如果我们把秦始皇以及他之前的四次石刻联系在一起,就可以得出这样一个印象:秦国人对于石刻特别重视,或者说情有独钟。否则的话,为什么关于秦国石刻的历史事例记载得特别多呢?关于这个问题,以前也有学者,比如说国学大师饶宗颐先生曾经注意到过。他并且做过这样一个推论:是不是由于秦国的青铜铸造技术比较差一些,因此,他们才选择了青铜以外的另外一种媒介"石刻",来作为他们的记忆媒介。这是有一定的可能性的。

讲到石刻的历史,除了秦国人对石刻特别感兴趣这个谜之外,还有一个谜:为什么在秦朝灭亡之后,西汉的石刻没有接续秦始皇那样一种传统而继续发展下去?为什么石刻文化跳过了西汉这个朝代,等到东汉才蓬勃兴起呢?这个问题成为石刻发展历史上另外一个谜,值得我们猜想。现在如果我们要去找西汉的石刻,真的是非常难得。江苏徐州在发掘龟山汉墓的时候,发现其中有很多塞石。什么叫塞石呢?就是墓修好以后怕人盗墓,搞了一块很大的长条石把墓道塞住。龟山汉墓里面有一块塞石上面刻了几行字,是石匠直接往上刻的,说这是某一诸侯的墓,里面没有什么金银财宝,所以也不要去盗墓了。这种刻字很粗糙,而且也不是所有汉墓里面都有。所以,我说它是非制度化的,虽然刻得非常粗糙,但这是西汉很少有的一个石刻的例子。

把所有传世的以及最新出土的西汉石刻加起来,总数也是非常有限的,到了东汉就非常多了。东汉石刻最多的是碑,有各种各样的碑,尤其是墓碑。为什么东汉忽然一下子有这么多的碑,尤其是有这么多的墓碑呢?可能的原因是,东汉当时的祭祀制度发生了重要的改变。原来,中国古代的祭祀是庙祭,从汉代开始,祭祀由庙祭转到了墓祭,有时候在墓上面立一个庙。皇帝的就叫祖庙了,一般民间的叫家族祠堂。现在,在山东嘉祥还有一个很有名的"武梁祠",这是当时武家的家族祠堂,也就是他们当时祭祀自己祖宗的地方。由于东汉时期祭祀制度的改变,因此

作为物质文化的石刻文献

人们需要相关的一些礼仪制度,而相关的礼仪里面就需要墓碑。东汉石刻的大量出现,尤其是墓碑的大量出现,应该跟丧葬制度的改变有一定的关系。

从东汉开始以后,石刻这个传统就绵延不断了,汉魏晋南北朝、唐宋元明清,石刻文化一直延续了两千年,历史相当长,而且种类非常多。如果仅限于汉唐石刻这一时段来讲,汉唐石刻非常丰富,类型多样,内容丰富。另一方面,如果当成一种文献来看,汉唐石刻还是一种原始文献。因为绝大多数我们现在看到的汉唐石刻都是当时、当地所撰所刻的。为什么我要说绝大多数呢?因为,现在流传下来的汉唐石刻当中,难免也有少量后人的重刻、翻刻乃至于伪刻。汉唐石刻跟后来宋、元、明清以后的石刻相比,除了要强调它的原始性之外,我觉得还要强调它的唯一性。什么叫唯一性呢?宋、元、明清以后,很多石刻文字,除了刻石以外,很多文人把这些文字都收到他们的文集中去了。比如说,宋代很多人写的墓志或者墓碑文都是这样。但是,像苏轼、苏辙兄弟两个给人家写的为数不多的墓志和墓碑,一篇文章往往长达好几千字,所以我非常怀疑当时有没有刻石。但是,应该讲,宋代以后的很多墓志文,一方面是刻石了,另一方面也收到这些作者的文集中,这样就失去了它作为文献的唯一性了。当然,从某种程度上,我们也可以说它还有唯一性,因为有时候,石刻的版本和文集的版本不完全一样,从古到今有很多例子。比如说,南朝作家庾信和唐朝作家韩愈,他们的文章很多刻石了,后来这些石刻出土,我们把出土石刻与韩愈文集以及庾信文集对照,发现文本不完全一样。但总的来讲,汉唐石刻的很多文字,不见于这些作者的文集,或者我们根本不知道这些石刻文字是哪些人撰写的,因为石刻上没有留下作者的署名。很多汉唐石刻文字没有纸本相印证,这就是其文献唯一性的表现,文献的唯一性,也就构成了记忆的唯一性。

汉唐石刻最重要的两大类型,就是"碑"和"墓志"。碑是一个很有意思的东西,品种很多,用途很广泛。在东汉开始大量使用碑刻以前,"碑"的意思还不是我们今天所了解的纪念碑、神道碑、墓碑之类。"碑"最早的用途有三个:第一个是在宫殿里标识日影,功能上类似日晷;第二个是在廊庙中用来拴牲口的,功能上类似柱子;第三个是在墓地用来牵引棺材的,四个方向树一块碑石,碑石中间穿一个洞,绳子穿过洞,将棺材平稳地放入墓穴,功能上类似辘轳。后来由此发展出了汉代的三种碑,可与这三种用途相对应:1.纪功颂德碑;2.祠庙碑;3.墓碑(包括神道碑)。我举一个汉碑为例。《汉故益州太守北海相景君铭》,一般我们就称作《景君碑》或者《景君铭》。这个墓主姓景,他做过益州太守、北海相。汉碑的形制大概是这样的:上面部分像一个人的额头一样,题写碑的名目,叫做碑额。碑石中间空出的这一块,有个洞可以穿进绳子,这叫碑穿。这是从墓地上牵引棺材的碑发展来的。实际上,这些碑竖立于地面上,并不需要穿绳的洞,这个碑穿继承了碑的传统形制,只有形式的意义,没有实际的功用。后来碑穿就不用了,功德碑上尤其不能用。有一个唐代人学问不够好,不了解这一点,给某位大官建立功德碑的时候,也在碑中凿了一个碑穿,以至于成为当时的笑话,他要奉承的那个大官也不高兴。碑的正面叫做碑阳,碑的反面叫做碑阴,两边叫做碑侧。碑阴从汉碑开始就有一个固定的用途——题名。大家看汉碑,不管是看拓本,还是实地看碑的实物,除了看碑的正面,还要留心看看反面,碑阴的那些题名也是很有意思的。一块很大的碑要树起来,要立得稳,底下需要有个碑座,一般要把碑嵌入到碑座里。为了保护碑,有时还要为碑建一个碑亭。我在这里强调碑座和碑亭,是希望提出这么一个想法:在汉代人们树立一块碑,很大程度上是把它当成是一个小型、具体而微的建筑。它的很多意义是跟建筑密切相连的,是建筑艺术的一部分。

在汉代,碑有好多种称法,有的叫作碑记,有的叫作碑颂,有的叫作碑表,有的就叫作颂。比如说,大家如果喜欢书法,欣赏过汉隶,汉隶中有一个很有名的作品《石门颂》,是歌颂当时开凿石门通道这样一个公共工程。也有的叫作碑表,所谓"表",就是表彰、表扬的意思。过去很有名的一块汉碑叫《张迁碑》,它的全名叫作《汉故谷城长荡阴令张君表颂》。还有的叫作碑碣。细说起来,碑和碣是有区别的,碑是比较大的,碣是比较小的。所谓大小,主要是就尺寸而言,也跟地位高低、重要性多少有关。另外还有称为碑铭的。汉代单纯叫碑的,就比较大一点;叫铭的,大多就比较小一点。比如说,河南《嵩山少室石阙铭》的铭文有两层,每层高 43 厘米,而宽度是 195 厘米,而《鲁峻碑》的尺寸,高度是 380 厘米,宽度有 149 厘米。如果把汉代的碑和后来的尤其是唐宋两代的碑相比,汉代的碑还算是小的。宋代抗金名将韩世忠的碑好大,称得上是巨碑。如果大家去南京的明孝陵,神道前面有一块《神功圣德碑》,高达十米多。明成祖朱棣本来还想立一块更大的碑,他把南京周边的一座石头山都凿空了,准备立一块史无前例的丰碑,歌颂他爹朱元璋的丰功伟业,也表达他的无与伦比的孝心,结果没有办法运到南京城里来,只好放弃了,现在那个山头就成了南京的一个旅游景点,叫作"阳山碑材"。

我们今天讲到碑,往往首先想到墓碑,由于墓碑跟丧葬、死人、死亡有关系,所以,我们往往想到"碑",就会跟悲哀、悲伤的"悲"联系起来。但实际上,在汉代,很多碑并没有悲伤的意思。比如说,用在山川祭祀封禅这些公共场合的碑,主要基调是歌颂,例如汉碑中的《祀三公山碑》《华山庙碑》《封龙山碑》《白石神君碑》。即使是用于祭祀祖先、圣人、神灵的汉碑,比如,相传创造文字的仓颉,后来他就成了一个神,也就有了《苍颉庙碑》;又如孔庙里与祭祀相关的,有《礼器碑》和《史晨碑》。这些碑都没有悲悼之意。一开始,汉代碑刻主要是用于公共事业、公共场合,后来也慢慢的用于某一个人。有一个地方官开通联接关中与汉中的褒斜通道,当时就有人给他立了一个摩崖碑刻。所谓摩崖,就是依着山崖的某一面自然的石壁刻字。除了《褒斜道摩崖》之外,还有《石门颂》摩崖。但是,碑慢慢的由赞颂活人发展到了赞颂、怀念死去的某一个人,前面说到的《北海相景君碑》《张平子碑》就是。

再比如《石门颂》是刻在崖壁上的,当时是如何刻上去的,还是很费猜想的。在中国书法史上,尽管《石门颂》是摩崖石刻,它的艺术成就,历经一千多年,古今书家都给予极高的评价,笔法瘦劲恣肆,雄健舒畅,颇饶趣味,"且喜用长势,多用圆笔。布置巧妙,错综变化",它的整个章法布局,超出了后代一般人的想象,有一种恣肆狂放的美。又如,《景君碑》也是隶书里非常重要的一篇作品,这个墓的年代是在公元 143 年,也就是在东汉的中后期。再如《曹全碑》,它也是隶书。把《曹全碑》的书法和刚才提到的《石门颂》的隶书相比较，就能体会《石门颂》那种飞扬的风格特点。这些碑刻内容跟"悲"都没有关系。

碑之所以令后人产生悲伤的联想，这大概是南朝以后才开始慢慢有的现象。我在汉碑里找了半天，只找到《北海相景君铭》里有这样两句话，一句是"竖建虎䨿"。"䨿"字"从石，悲省声"，是"碑"字的一种异体。另外一句是"欤歔哀哉，诔曰"。这说明到了《北海相景君铭》这个碑文的时代，"碑"字开始有了表达悲伤、悲悼的意思。如果严格地把汉代的石刻分类，《北海相景君铭》在文体上算是诔文，按照陆机《文赋》的说法："碑披文以相质，诔缠绵而凄怆。"陆机认为，碑的内容要写得典重，文质相符，诔则可以写得缠绵悱恻，凄凉悲伤。但是，汉碑是有多种功用、多种类型的，后人往往只看墓碑这一项。受这样的思维定势影响，在《乐府诗集》里我们就看到这样的诗："奈何许？石阙生口中，衔碑不得语。"诗中的"碑"是"悲"的谐音。初唐时代编的类书《初学记》中说："碑，悲也，所以悲往事。"晚唐文学家陆龟蒙写的《野庙碑》也说："碑者，悲也。"我想强调的是，这是后人的一种理解，而且是有失片面的理解。碑绝不只是悲伤的，碑也有歌颂、表彰、宣扬等多方面的用途。

墓碑是汉碑中最多见、最重要的一种，也是汉代墓葬里不可或缺的一项内容。当时几乎全社会的人，在他们亲人去世的时候，都要想办法建墓葬，立碑，这成为一种社会风俗，人们相互攀比。一方面，这在物资上、经济上造成了攀比和浪费，另一方面，这在民风上也造成了一种虚谀的风气。什么叫虚谀？就是没有根据的瞎吹捧。自己的亲人尤其是长辈去世了，找人作一篇墓碑文，当然是希望人家说好话，多多益善，这种心理是可以理解的。结果，乃至于当时七八岁的小孩夭折，碑文里也把他们写得不同凡人，几乎每一个人都是神童。大家读汉代的这些碑文，不要以为汉代神童特别多，这些文章都是花钱买来的。作者写什么，怎么写，要听丧家的，他们是出钱的人。到了东汉末年三国时代，曹操就认为此风不可长，下令禁碑。从魏晋一直到刘宋时代，都有政府的律令，禁止立碑。刘宋著名的史学家裴松之，就给皇帝上书，从史学家的角度，提出要禁止立碑的建议。尽管魏晋的时候不断下令禁止立碑，可是屡禁不

作为物质文化的石刻文献

止,稍微控制得松一点,立碑的人马上就冒出来了。尽管从建安开始到整个南朝,碑没有被完全禁绝,但是总的来说,魏晋南朝的碑已经少很多了。当然,也不是说绝对不可以立碑,但要打报告,获得上面批准,如果这个人够规格,被上面批准,那就可以堂而皇之地立碑。魏晋南朝立的碑,基本上是这种形式的。能够立碑,当然就要把自己的生平、功业向整个社会昭示,这是一种昭示,是纪念,也是记忆。禁碑,就是通过国家的律令,以体制的力量来消除某些不合社会规范的记忆,在某种程度上也可以说,是统一历史记忆。政府禁碑,有一些人敢于明着对抗,你不让我立碑,我偏敢立。但万一来抓我,或者官府有什么惩罚的措施,怎么办呢?所以,有些人就搞了一个变通的办法,把原来应该立在地面之上的碑,偷偷地埋进墓里面,慢慢地就有了墓志。

但是,如果你有背景,有后台,不但可以立碑,甚至一个人还可以立四块碑。在梁代,有一个诸侯王叫萧秀的,去世以后,他的下属就要为他立碑,所以就找了当时四位著名的文人王僧孺、陆倕、刘孝绰、裴子野,写了四篇碑文。按照一般的道理,应该选择一篇最好的碑文刻石,结果,这四篇碑文不相上下,后来干脆四篇都刻石。在南京栖霞区甘家巷小学内的萧秀墓道上,我们仍能看出来,这里曾经立有四块碑,这个光荣属于萧秀,也属于四个作者。这四块碑今天还留下来两块,东边那块石碑字迹已经完全磨灭,看不清楚了,西边那块石碑还看得到一些字,看得出是刘孝绰写的那篇。此外还残留有西石辟邪、东石辟邪、西石柱、龟趺等。这是最好的能够说明魏晋南朝碑的实物例子。它们表达了萧秀亲友故吏对他的纪念与铭记。

墓志最初是从碑转化过来的,所以,最早的墓志都是碑的样子。一般来说,标准的墓志是正方形的。北朝、唐代成熟期的墓志,是上下两块,下面是墓志,上面是墓志盖。墓志也叫墓志铭。"志"的意思是记住,"铭"的意思是铭记,也是记住,墓是一个生命生与死的分界线和标志点。所以,墓志铭对于一个生命来说,是发挥记忆和纪念功能的一种文字。墓志铭产生的一个背景是魏晋南北朝禁止立碑,另外一个背景是西晋末年五胡乱华,北士南迁。到了东晋末年,这些从北方侨迁到南方的士族,已经在南方生活了将近 100 年,他们越来越清醒地认识到,返回北方故园已无可能,那么就落地生根吧。他们临死之时,仍然念念不忘北方的家乡,下葬的时候寻根追源,要把自己的源头、祖宗从哪里来记录下来。东晋南朝最早的那些墓志,是在王、谢等侨姓士族手里开始使用的。从考古发掘中能够看到,最早的墓志出现在四世纪末,最初用这些墓志的都是王家和谢家等侨姓士族,在南京及其周边发掘出土的很多墓葬,基本上是这样。这些家族在当时有相当大的文化影响力,他们这样做,很多人也就跟进,不但南方的本地人跟进,北方的士族也跟进,整个墓志制度就此推广开来、固定下来。这样,南朝墓葬中就多了墓志这么一个新的东西。

早期的墓志有一个特点,跟后来的墓志铭不一样:前面两行是题目,下来之后就是铭文。你们如果读过一些碑文或墓志文的话,会看到正规的碑文或者墓志文都是先写散体的序,然后再写一段韵文的铭,一般来说都是先序后铭,但是早期的墓志铭有先铭后序的。这说明,铭文在早期的墓志铭里位置更灵活,作用也更关键。因为铭文更有文采,而早期的序文非常质朴,要么写得非常简单,要么就非常详细,如同抄家谱,总之是略输文采。也就是说,早期的墓志铭,铭文是讲究文采的,而序文则不讲究文采,但是它有别的意义。序、铭两部分相对比较独立,因为比较独立,所以有时候在一些文章选本中,只抄录或者只选录铭文。南朝一个很有名的作家叫作任昉,他写了一篇《刘先生夫人墓志》,这个刘先生叫作刘瓛,是梁武帝时代一个大名鼎鼎的经学家。他的夫人王氏死了以后,任昉给她写了一篇墓志,《文选》就只选录其韵文的部分,全文只有二十四句。后来很多学者深受此篇影响,都以为南朝墓志就只有铭文。这是一个误解。此篇墓志也有序,只是因为序乏文采,故《文选》没收。序文和铭文有相对的独立性,所以可以分工合作,一个人写序,另外一个人写铭。陈后主和他的尚书令江总曾经合作写过《孙玚墓志铭》。孙玚死了之后,江总为他写了序文和铭文,陈后主看了以后觉得意犹未尽,他又增添了这样几句:"秋风动竹,烟水惊波。几人樵径,何处山阿?今时日月,宿昔绮罗。天长路远,地久云多。功臣未勒,此意如何?"这是很有文采的一章墓志铭文。总之,碑志是汉唐石刻中最重要的两个部分,碑志里的文字内容对于记忆文化和历史传统的价值是最大的。

汉唐石刻是中国式的纪念和记忆。我这里强调的是"中国式"。如果仅仅说石刻,不能说只有中国有石刻,别的国家也有石刻,但是中国的石刻尤其是汉唐石刻有它自身的特点。

第一点是体制形式方面。中国人刻石非常讲究,刻碑也好,墓志也好,或者刻其他一些石刻也好,石材的选择非常关键。唐代的很多巨碑传到现在一千来年,敲上去还当当作响。还有一些名家写刻的碑志已经经过无数次棰拓,但是依然保存良好。碑有碑额、碑阳、碑阴、碑座,等等;墓志有志石和墓志盖,图文配合。如果从美术的角度去看,墓志盖也非常好玩。为什么说好玩呢?墓志盖的功能有点像碑额。墓志上有时候第一行会写墓志的题目,有时候第一行不写题目,而将题目写在墓志盖上。墓志盖上的文字一般是用篆书,这种字体被北朝到唐代的人,尤其是北朝人玩得花样百出,玩出了各种各样的美术字体。大家现在比较熟悉的魏碑体是接近美术字的,北朝人在墓志盖上搞的美术字实验很多,不胜枚举。墓志盖除了这种美术字,还刻有别的图案。这些都是有中国特色的形制规格。

第二点,文章形式方面。石刻文章绝大多数是讲究的,尤其是碑文,墓志文也讲究。碑文也由散文的序和韵文的铭两部分组成。韵文的铭,通常称为"铭文",但是,从汉代、唐代到宋代,一直都有人把铭文称之为"铭诗"。从文学的角度来看,我认为"铭诗"之称更为准确。从文学的层面看汉唐石刻,不仅有各种各样的文体,而且以碑文和志文这两种文章最为讲究。一般来讲,不是一流的高手没有资格写这种文章。

第三点,艺术形式方面。文章写得好,字也要写得好。书写要请书法名家,碑上的篆额、墓志的篆盖,也是请当时的名家来写,旁边还刻一些纹饰,这些都是非常有艺术价值的。我们今天研究中国美术史、艺术史、书法史,几乎没有办法脱离石刻。石刻中唐代书法家的名字太多了,初唐时代有褚遂良、虞世南、王知敬、欧阳询、欧阳通父子、薛稷、薛曜兄弟;盛唐时代有李阳冰、颜真卿、李邕、苏灵芝、褚庭海、蔡有邻、韩择木、史维则、梁升卿、徐浩；中唐时代有柳公权、沈传师、裴璘、唐玄度、刘禹锡；晚唐五代有徐铉、徐锴兄弟。宋以前的中国书法史，主要是建构在石刻文献基础之上的。明清以后，有的人不再把墓志埋进墓里，而把它嵌到墙壁上，主要的目的既是为了纪念那个死者，也是要纪念曾经有资格请到这么高明的书法家，写下这么高明的书法作品。然后，又有人把嵌到墙壁里的墓志制成拓本，作为艺术品来欣赏、传播。

第四点，是文献形式方面。石刻文献有三种形态：1. 实物的石刻；2. 拓本（包括照片）的石刻；3. 石刻的录文与题跋。如果说石刻的实物中国特色还不够突出的话，那么，拓本和题跋肯定是有突出的中国文化特色的。别的国家对于石刻的研究，也没有像中国那样传统悠久、资源丰厚。

第五点，礼仪形式方面。汉代人为什么那么重视立碑？因为立碑关涉到家族脸面和社会观感。立碑不只是一个家庭或一个家族的事，是与死者相联系的整个社会群体共同的责任。汉代有所谓会葬制度，尤其是一些名人或者达官死了之后，来参加葬礼的人动辄几千，规模更大的甚至多达两三万人。我曾怀疑这些历史记载有点夸张，但即使打很大的折扣，其规模照样极为可观。立碑以后，汉代人在春秋佳日以及清明都会到墓上去凭吊，所以，坟墓成了汉代人很重要的亲族聚会的一个场所。我们读《世说新语》，看到杨修经过《曹娥碑》，读到当年蔡邕留下的几个题字，"黄绢幼妇，外孙齑臼"。这说明很多人都会像蔡邕那样到墓上去看一看，除了凭吊、怀念死者以外，到墓上读碑也是一种读书。比如说，三国时候的邓艾，十二岁的时候跟他母亲到了颍川，读了陈寔的碑文："文为世范，行为士则"。意思是说陈寔的文章是天下的典范，行为是士人的榜样。他读后很感动，给自己改了名字，名邓范，字士则。后来因为这名字跟同族某人相同，才改为邓艾。这个例子足以说明碑刻之重要性。从礼仪的角度来说，碑刻也是重要的。跟唐太宗一起打天下的那些功臣，死了以后，但凡能有资格在昭陵立一块碑的，那就是一个政治待遇。这不但是对这个功臣本人，而且对功臣的家族也是极高的政治荣誉。唐代墓志制度里还有一个丧葬礼仪，就是刻好墓志以后、下葬之前，要把墓志放在一个车里供大家观看。这是一种面向社会的展示。这些

作为物质文化的石刻文献

礼仪上的特殊要求，也就使得石刻文献更加受到社会的重视。

最后说到中国风格。首先要说撰写文章、书写以及刻石，每一个环节都受到当时社会风气的影响。共同的特点就是有追求名家的情结，以便取得最大的社会效应。每一个时代有每一个时代的名家，汉代的蔡邕，东晋的孙绰，唐代除了韩愈之外，还有李邕。不但墓碑，其他各种类型的碑同样如此，只要找的是名家，就可能产生比较好的社会效应，也就有可能成为所谓"三绝碑"（撰者、书者、刻者）、"四绝碑"（墓主、撰者、书者、刻者）之选。就碑刻的委托者来说，这无非是为了保证碑刻有更好的社会记忆和传播效果，同时提高应用文体的文学艺术含量。

说汉唐石刻有中国特色，除了它的形式、风格，还应该谈到它的内容。内容方面有特色，首先是刻中国的经典，包括有儒家、道教和佛教的经典，最多的是儒家和佛教的。这里只讲儒家的石经。石经在中国历史上一共刻过七次，为什么要把儒家的经典刻在石碑上呢？早在汉代的时候，当时文献的传播还非常艰难，所以要把那些经书刻在石碑上，立在洛阳的太学门外，供人来抄写传播。最早的是汉灵帝熹平四年（175）刻的《熹平石经》，接下来是三国魏正始年间又一次刻石经，后来是唐文宗开成二年（837）、后蜀广政元年（938）又刻过两次，总之在汉唐之间共刻过四次石经。从文献历史传统、学术记忆、文本记忆方面来说，汉唐之间这四次刻经是比较重要的，后面的三次尤其最后的两次即南宋石经和清代乾隆石经在文献价值方面已经不那么重要了。因为南宋印刷术兴起以后，石经在文献生产和文本传播方面已经变成第二重要的媒介了。

石刻中另外一个比较有中国特色的内容，是药方。药方和石经不一样。石经代表的是精英社会和经典知识；药方代表的是民间社会和日用知识。洛阳龙门石窟中有一个石窟叫"药方洞"，刻了140剂药方。另外，像华山莲花峰、衡山也刻有药方，北宋开封大相国寺石壁上还刻有《针灸图》。石刻上还有一些比较好玩的内容。韩愈写墓志太多，最后写的都烦了，有时简直是拿委托人开心。有一个人请他写墓志，韩愈写这个死者非常喜欢服仙丹，相信服了仙丹就能够长生不老，于是他就炼丹，服了仙丹以后，他就死了。他给另外一个人写墓志铭，那个人是一个书生,还没有考中进士,也找不到对象。但是,有一个老头特别喜欢他,彼此性格也投缘。书生知道老头家里有个女儿,他就想如果能把他家女儿娶回来当老婆多好。于是有个媒婆就给他出主意,让他拿一张假的证书说自己考上进士了,那个老头也不细辨真假,就答应把女儿嫁给他。汉碑一般是比较庄重、典雅的,但《唐公房碑》上居然有这样一段志怪故事:唐公房相传是东汉时候的一个仙人,一开始他也是一个普通的老百姓。有一年夏天他在吃西瓜,旁边有一个仙人,谁都不知道。唐公房把自己吃的瓜分给那个仙人,这个神仙就教他法术,他能够"移意万里,知鸟兽言语"。后来他的上司要跟他学仙,唐公房不肯教,结果,他的上司就要把他的老婆孩子抓起来。唐公房就去告诉他的师傅,他的师傅说不用怕,我给你一点药,让你家人吃了就成仙飞走了。他老婆走的时候,舍不得家里的牛、马、猪等,于是仙人就在他们房子的柱子上涂了药,让那些牲畜也吃了药,最后,他们家的房子和牛马六畜也都随风飞到仙界了。通篇就像后来《搜神记》里的故事,碑文居然写得惟妙惟肖,这是非常有意思的。

碑刻中有特色性的内容还有一项,就是题名。看碑要看碑阴,碑阴的题名很重要。碑阴有门生故吏的题名,不是简单的题写个名字,往往还要写下籍贯、官职,更有意思的是还写他出了多少钱。所以,碑阴题名展示的群体性和社会性是很值得我们关注的。就参预题名的这些人来说,也可以说他们有这样的心理:在纪念碑主墓主的同时,也期望自己被所从属的那个社会群体所承认,更希望自己被后代的人记住。

除了碑阴题名以外,我还想说一下署名的问题。一般来说,汉碑上罕见署名。从北朝墓志开始,渐渐有一些作者和书写者留下署名。唐代石刻署名的就更多了。一开始,汉代人或者魏晋南北朝人不在石刻上面留名,有没有什么忌讳,我不确定。但是,唐代人可能有这样的忌讳,就是不愿意把自己的名字刻在碑志上,竖在墓前,或者跟墓志一起埋到墓里去。我没有看到文献上直接这样说,只有一个间接例证,有一些刻碑者刻碑的时候不用自己的真名,而是用伏灵芝、元省己、黄仙鹤这样的化名。尤其是"灵芝"和"仙鹤"之类,可能是有意拿来对抗死亡的威胁的。

作为物质文化的石刻文献

一直到了清代，还有人在书里说，现在有一些文人给人家写墓志的时候，要求不把名字署在上面。其实唐宋的时候，绝大多数人并不理会这个忌讳，唐宋时代有很多碑志上都留下了撰文和书写者的名字。宋代人不仅在石刻上署名，他们出去游山玩水的时候，还喜欢在名山大川直接镌刻自己的名字。所以欧阳修在他的《集古录跋尾》里面曾经感慨："甚矣，人之好名也。"

中国特色的内容，还有一点应该讲到，就是虚美。所谓虚美就是瞎吹捧，在汉代就开始了。前面讲到南朝不许立碑，但是有些人仍然执意要立碑。据《南史》记载，梁朝宗室萧明和梁武帝的关系很好，后来当上豫州刺史，他就让底下的老百姓"诣阙拜表"，向皇帝报告萧明在豫州做得很好，有多少德政，所以要树碑，结果得到批准。他就叫底下的人去采石，他用很好的伙食招待这些帮他做工程的人，还亲自率工把碑石运到豫州来。这是当时传为笑谈的一段故事，这也许是比较极端的一个例子，但是也说明在南朝禁碑之后，很多人还是以顽强的意志，通过各种巧妙的方式，想让自己有碑可立，想让自己被历史记住。

石刻作为有中国特色的记忆文献，自然形成了自身的文化特色。首先，它跟中国的学术有密切的关系，这一点从汉代所刻的石经上已经可以看出来。其次，它跟中国的文学有密切的关系。汉唐石刻中有很多高水平的文章。如果把汉碑和南朝碑做一个对照，就可能看出，两个时代的学风和文风不一样。汉碑比较典重醇厚，引经据典，大多来自儒家六经。南朝碑比较清切巧丽，好用一些佛教典故，显得驳杂一些。第三，石刻作为一种重要的记忆文献，刻上去以后，想不承认都不行。总有人千方百计想要凿改碑文，甚至毁灭石刻，意图抹煞或篡改记忆。有的是出于个人原因，更多则是出于政治原因。比如说安史之乱的时候，安禄山、史思明得志那几年，他们所建立的伪政权的年号，也曾刻于石碑，安史之乱平定后，这些碑当然要被凿改或推倒。又如，北宋奸相蔡京的字写得很好，见于碑刻者也很多。蔡京垮台以后，很多人就把蔡京的署名凿掉，想要掩盖这段历史，遮蔽这段记忆。甚至还有一些人想伪造、盗窃记忆的。明代成化年间，杭州有一个阴险小人，姓夏。他的邻居有一处很好的园林,他想骗到手。他假造了一篇碑文,偷偷埋在邻居园林的池子底下,然后去打官司,说邻居那个园林应属夏家,有碑为证,遇上昏官断案,居然把那处园林判给夏家。这虽然是一个比较极端的例子,也不是汉唐时代的,但是,在石刻文献历史上,通过篡改记忆以掩饰自己或者掩饰某一段政治历史的例子,其实还是非常多的。

  石刻是一种记忆文献,宋代发展起来的金石学对于这种记忆文献的保存、传播和影响起到非常大的作用。我们今天能够看到这些汉唐石刻,能够知道这些汉唐石刻,那是因为从宋代开始,有以欧阳修、赵明诚、洪适为代表的一批学者,他们积极收集石刻,把收集的石刻编辑在一起,进行整理,开展研究。对这些石刻的收集,就是对记忆的收集;对这些石刻的珍藏,也就是对记忆的珍藏。他们还为这些石刻做了一些题跋、校正,留下了他们的研究心得,发展出一套校勘、整理和研究石刻的学问,对我们今天了解和研究那个时代的历史,起着非常重要的作用。所以,宋代金石学兴起的历史,可以说就是对中国记忆文化收集、编辑、珍藏、转化、积累、传播和研究的历史。我们应该从文化的角度,对欧阳修、赵明诚等人的杰出贡献给予充分的肯定。

征引文献

（按文献名称音序排列）

A

《爱俪园梦影录》，李恩绩撰，生活·读书·新知三联书店，1984年。
《安金藏事迹及其溯源——粟特人华化历程的个案考察》，么振华撰，《兰州学刊》，
　　2018年第8期。

B

《八琼室金石补正》，[清]陆增祥撰，《石刻史料新编》，第一辑第6册。
《白居易集》，[唐]白居易撰，顾学颉校点，中华书局，1979年。
《宝刻类编》，[宋]佚名编，台湾商务印书馆影印文渊阁《四库全书》本。
《碑版文广例》，[清]王芑孙撰，[清]朱记荣辑《金石全例》本，北京图书馆出版社，
　　2008年。
《碑林集刊》，第十二辑，西安碑林博物馆编，陕西人民美术出版社，2006年。
《碑铭撷英——鄞州碑碣精品集》，马兆祥主编，人民美术出版社，2003年。
《碑学先声：阮元包世臣的生平及其艺术》，叶鹏飞撰，上海书画出版社，2005年。
《北京出土墓志刻工考录》，张全礼撰，《首都博物馆丛刊》，总第24期，北京燕山出版
　　社，2010年。
《北京辽金石刻刻工宫氏家族考》，周峰撰，《北京文博》，2007年第3期。
《北京石刻刻字工匠研究》，张全礼撰，载《首都博物馆论丛》，2017年总第31期，北
　　京燕山出版社，2018年。
《北京图书馆藏北京石刻拓本目录》，徐自强主编，书目文献出版社，1994年。

《北京图书馆藏善拓题跋辑录》,王敏辑注,文物出版社,1990年。
《北京图书馆藏中国历代石刻拓本汇编》,北京图书馆金石组编,中州古籍出版社,
　　1989年。
《北史》,[唐]李延寿撰,中华书局,1974年。
《北魏崔宣默、崔宣靖墓志考》,丛文俊撰,《中国书法》,2001年第11期。
《北中国考古图录》,[法]沙畹著,浙江人民美术出版社,2018年。
《笔精》,[明]徐𤊹撰,沈文倬校注,陈心榕标点,福建人民出版社,1997年。

C

《蔡邕集编年校注》,[汉]蔡邕著,邓安生编,河北教育出版社,1999年。
《〈曹娥碑〉谜探微》,李珍撰,《档案》,2015年第2期。
《曹植集校注》,[三国]曹植撰,赵幼文校注,人民文学出版社,1988年。
Catalogue of Chinese Rubbings from Field Museum, Hartmut Walravens ed. Field
　　Museum of Natural History, 1981.
《茶香室丛钞》,[清]俞樾撰,贞凡、顾馨、徐敏霞点校,中华书局,1995年。
《常山贞石志》,[清]沈涛撰,《石刻史料新编》第一辑第18册。
《朝鲜诗人李尚迪与晚清学人刘喜海》,温兆海撰,《延边大学学报(社会科学版)》,
　　2008年第1期。
《朝野类要》,[宋]赵升撰,台湾商务印书馆影印文渊阁《四库全书》本。
《尺素风雅·明清彩笺图录》,梁颖编著,山东美术出版社,2010年。
《"出字":刻书业的生产速度及其生产组织形式》,石祥撰,《中国出版史研究》2021
　　年第3期。
《传统、礼仪与文本——秦始皇东巡刻石的文化史意义》,程章灿撰,《文学遗产》,
　　2014年第2期。
《春秋左传正义》,[清]阮元校刻《十三经注疏》,中华书局影印,1980年。
《春渚纪闻》,[宋]何薳撰,张明华点校,中华书局,1983年。
《淳化秘阁法帖考》,容庚撰,《岭南学报》,第十二卷第一期(1952)。
《淳化秘阁法帖考证》,[清]王澍撰,台湾商务印书馆影印文渊阁《四库全书》本。
《慈溪金石志》,[清]杨泰亨纂,《石刻史料新编》第三辑第8册。
《"从庙至墓"的背后——作为政治象征的祭祀制度》,张力智撰,《美术研究》,2008
　　年第4期。

作为物质文化的石刻文献

《从碑石、碑颂、碑传到碑文——论汉唐之间碑文体演变之大趋势》,程章灿撰,《唐研究》,第13辑,北京大学出版社,2007年。

《从金到石,从廊庙到民间——石刻的兴起与文化背景》,程章灿撰,《中国典籍与文化》,1995年第4期。

《从墓志的史料分析走向墓志的史学分析——以〈新出魏晋南北朝墓志疏证〉为中心》,陆扬撰,《中华文史论丛》,第84辑,2006年。

《从武夷山摩崖石刻看朱熹的生态思想》,朱平安撰,《合肥学院学报(社会科学版)》,2008,25(4)。

Curators, Collections, and Contexts: Anthropology at the Field Museum, Stephen E. Nashu. Gary M. Feinman (Hg.), Fieldiana. Anthropology, New Series, Nr. 36, Field Museum of Natural History, Publication, Nr. 1525, Chicago, Field Museum of Natural History, 2003.

D

《大足石刻》,四川美术学院雕塑系编,朝花美术出版社,1962年。

《大足石窟艺术》,黎方银撰,重庆出版社,1990年。

《丹铅馀录》,[明]杨慎撰,台湾商务印书馆影印文渊阁《四库全书》本。

《道家金石略》,陈垣编,文物出版社,1988年。

《道乡集》,[宋]邹浩撰,台湾商务印书馆影印文渊阁《四库全书》本。

《道州月岩摩崖石刻》,张京华、陈微主编,天津人民出版社,2017年。

《道州志》,清光绪三年刻本。

Death Ritual in Late Imperial and Modern China, James L. Watson and Evelyn S. Rawski, eds. Berkeley: University of California Press, 1988.

《东观馀论》,[宋]黄伯思撰,《石刻史料新编》第三辑第40册。

《东观奏记》,[唐]裴庭裕撰,台湾商务印书馆影印文渊阁《四库全书》本。

《东湖丛记》,[清]蒋光煦撰,台湾广文书局,1967年。

《董其昌年谱》,郑威编著,上海书画出版社,1989年。

《杜甫集校注》,[唐]杜甫撰,谢思炜校注,上海古籍出版社,2015年。

《杜诗镜铨》,[清]杨伦撰,上海古籍出版社,1980年。

《杜诗详注》,[清]仇兆鳌撰,中华书局,1979年。

E

《二程集》,[宋]程颢、程颐著,中华书局,1981年。
《二金蝶堂遗墨》,[日]西川宁编,二玄社,1989年。
《二十史朔闰表》,陈垣著,中华书局,1962年。
《二十世纪福州名人墨迹》,林公武主编,福建美术出版社,2002年。
《二十世纪七朝石经专论》,虞万里主编,上海辞书出版社,2018年。

F

《法帖刊误》,[宋]黄伯思撰,《石刻史料新编》第三辑第40册。
《法帖谱系》,[宋]曹士冕撰,台湾商务印书馆影印文渊阁《四库全书》本。
《凡将斋金石丛稿》,马衡撰,中华书局,1977年。
《范成大笔记六种》,[宋]范成大撰,孔凡礼点校,中华书局,2002年。
《访书见闻录》,路工撰,上海古籍出版社,1985年。
《风俗通义校注》,[汉]应劭撰,王利器校注,中华书局,1981年。

G

《陔馀丛考》,[清]赵翼撰,中华书局,1963年。
《高句丽好大王碑早期拓本制作者李云从考》,徐建新撰,《中国学术》,第十九、二十合辑,商务印书馆,2005年。
《稿本语石》,[清]叶昌炽著,浙江古籍出版社,2022年。
《庚子销夏记》,[清]孙承泽撰,台湾商务印书馆影印文渊阁《四库全书》本。
《古今刀剑录》,[南朝梁]陶弘景撰,台湾商务印书馆影印文渊阁《四库全书》本。
《古今姓氏书辨证》,[宋]邓名世撰,台湾商务印书馆影印文渊阁《四库全书》本。
《古刻新诠》,程章灿撰,中华书局,2009年。
《古泉山馆金石文编残稿》,[清]瞿中溶撰,《四明丛书》本。
《古泉薮》,清杨守敬撰、清李宝台手拓,《中国钱币文献丛书》(第十九辑),上海古籍出版社,1992年。
《古文苑》,佚名编,《四部丛刊初编》本。
《古韵今风,名家传承——苏州碑刻艺术小记》,文森特撰,《苏州杂志》,2001年第2期。

《骨董琐记全编》,邓之诚撰,中华书局,2008年。
《管庭芬日记》,[清]管庭芬撰,张廷银整理,中华书局,2013年。
《广川书跋》,[宋]董逌撰,台湾商务印书馆影印文渊阁《四库全书》本。
《(光绪)湖南通志》,[清]卞宝第、李瀚章、曾国荃等修纂,清光绪十一年(1885)刻本。
《广艺舟双楫》,[清]康有为著,姜义华、张荣华编校,中国人民大学出版社,2010年。
《龟巢稿》,[元]谢应芳撰,台湾商务印书馆影印文渊阁《四库全书》本。
《鬼趣图卷》,[清]罗聘等撰,香港九龙开发股份有限公司影印南海霍氏珍藏本,1970年。
《癸辛杂识》,[宋]周密撰,吴企明点校,中华书局,1988年。
《桂林石刻总集辑校》,杜海军辑校,中华书局,2013年。
《国家图书馆未刊石刻题跋辑录》,卢芳玉整理,凤凰出版社,2021年。
《国闻备乘》,胡思敬撰,中华书局,2007年。
《郭玉堂与〈洛阳出土石刻时地记〉》,赵振华撰,《洛阳师范学院学报》,2007年第3期。

H

《海东金石苑》,[清]刘喜海撰,上海古籍书店,1964年。
《海宁金石志稿》,[清]朱锡恩撰,《石刻史料新编》第三辑第7册。
《海日楼札丛·外一种》,[清]沈曾植撰,中华书局,1962年。
《海外读书记》,程章灿撰,浙江古籍出版社,2022年。
《韩非子集解》,[清]王先慎撰,中华书局,1998年。
《韩非子校注》,《韩非子》校注组编,江苏人民出版社,1982年。
《韩愈集宋元传本研究》,刘真伦著,中国社会科学出版社,2004年。
《寒山帚谈》,[明]赵宦光著,林青华点校,浙江人民美术出版社,2018年。
《汉碑大观》,[清]钱泳编,中国书店,1993年。
《汉碑的形制与谶纬思想》,刘海宁撰,《齐鲁学刊》,2011年第2期。
《汉碑集释》(修订本),高文撰,河南大学出版社,1997年。
《汉代婚丧礼俗考》,杨树达撰,《杨树达文集》本,上海古籍出版社,2013年。
《汉代石刻集成·图版释文篇》,[日]永田英正编,东京同朋舍,1994年。
《汉帝国的遗产·汉鬼考》,姜生著,科学出版社,2016年。
《汉隶字原》,[宋]娄机撰,台湾商务印书馆影印文渊阁《四库全书》本。

《汉石例》，[清]刘宝楠撰，[清]朱记荣辑《金石全例》本，北京图书馆出版社，2008年。
《汉书》，[汉]班固撰，[唐]颜师古注，中华书局，1962年。
《汉唐方志辑佚》，刘纬毅辑，北京图书馆出版社，1997年。
《汉唐石刻——中国式的纪念与记忆》，程章灿撰，《图书馆杂志》，2012年第2期。
《汉魏六朝百三家集》，[明]张溥辑，台湾商务印书馆影印文渊阁《四库全书》本。
《汉魏南北朝墓志汇编》，赵超著，天津古籍出版社，1992年。
《汉魏南北朝墓志集释》，赵万里撰，广西师范大学出版社，2008年。
《汉学师承记笺释》，[清]江藩撰，漆永祥笺释，上海古籍出版社，2006年。
《好太王碑暨十六国北朝刻石书法研究》，丛文俊、刘成主编，吉林文史出版社，2006年。
《河洛墓刻拾零》，赵君平、赵文成编，北京图书馆出版社，2007年。
《贺昌群文集》，贺昌群撰，商务印书馆，2003年。
《后村先生大全集》，[宋]刘克庄撰，《四部丛刊》本。
《后汉书》，[南朝宋]范晔撰，[唐]李贤注，中华书局，1965年。
《湖南朝阳岩石刻考释》，张京华、侯永慧、汤军著，中国社会科学出版社，2018年。
《湖南地方文献与摩崖石刻研究》，李花蕾、张京华撰，华东师范大学出版社，2011年。
《湖南省博物馆近现代名人手札》，欧金林主编，岳麓书社，2012年。
《湖南图书馆藏近现代名人手札》，湖南图书馆编，岳麓书社，2010年。
《户县碑刻》，刘兆鹤、吴敏霞编著，三秦出版社，2005年。
《画史》，[宋]米芾撰，见[宋]米芾著，韩雅慧点校《宝章待访录（外五种）》，浙江人民美术出版社，2018年。
《花随人圣庵摭忆》，黄濬撰，中华书局，2008年。
《华宴：宇文所安自选集》，[美]宇文所安著，南京大学出版社，2020年。
《华阳国志校补图注》，[晋]常璩撰，任乃强校注，上海古籍出版社，2007年。
《华阳国志校注》，[晋]常璩撰，刘琳校注，巴蜀书社，1984年。
《画禅室随笔》，[明]董其昌撰，人民美术出版社，1989年。
《怀麓堂集》，[明]李东阳撰，台湾商务印书馆影印文渊阁《四库全书》本。
《黄庭坚墨迹选》，孙宝文编著，上海辞书出版社，2018年。
《黄庭坚〈西山碑〉考释》，陶梅岑撰，《中国书法》，2003年第4期。
《黄庭坚诗集注》，[宋]黄庭坚撰，[宋]任渊、史容、史季温注，刘尚荣校点，中华书局，

2003年。

《黄岩金石志》,[清]王咏霓撰纂,《石刻史料新编》第三辑第9册。

《黄易的访碑图与碑刻鉴藏——嵩山汉刻》,秦明撰,《紫禁城》,2010年第12期。

《黄易与金石学论集》,故宫博物院编,故宫出版社,2012年。

《挥麈录》,[宋]王明清撰,中华书局,1961年。

《会稽志》,[宋]施宿等撰,台湾商务印书馆影印文渊阁《四库全书》本。

《晦庵集》,[宋]朱熹撰,台湾商务印书馆影印文渊阁《四库全书》本。

J

《积微居小学金石论丛》,杨树达撰,上海古籍出版社,2007年。

《吉川幸次郎全集》,[日]吉川幸次郎撰,筑摩书房,1970年。

《集古录跋尾》,[宋]欧阳修著,邓宝剑、王怡琳笺注,人民美术出版社,2010年。

《集古录目》,[宋]欧阳棐撰,《石刻史料新编》第一辑第24册。

《集外集拾遗补编》,鲁迅撰,《鲁迅全集》第八卷,人民文学出版社,2005年。

《济州金石志》,[清]徐宗幹辑,《石刻史料新编》第二辑第13册。

《暨阳沙氏宗谱(诒福堂)》,暨阳沙氏宗谱编修委员会,2010年,江阴市图书馆藏。

《笺素珍赏——国家图书馆藏近现代百位名人手札》,国家图书馆出版社编,国家图书馆出版社,2011年。

《建炎以来朝野杂记》,[宋]李心传撰,徐规点校,中华书局,2000年。

《江苏碑刻》,刘谨胜、刘诗编著,中国世界语出版社,1994年。

《江西出土墓志选编》,陈柏泉编,江西教育出版社,1991年。

《江阴石刻记》,缪荃孙纂,《石刻史料新编》第三辑第6册。

《焦山石刻研究》,袁道俊主编,江苏美术出版社,1996年。

《校勘学释例》,陈垣撰,中华书局,1959年。

《结古欢:晚清集古笺与石刻文献》,程章灿撰,《中华文史论丛》,2016年第1期。

《金代石刻刻工考略》,王新英撰,《博物馆研究》,2010年第1期。

《金陵百咏·金陵杂兴·金陵杂咏·金陵百咏(外一种)》,成林、程章灿点校,南京出版社,2012年。

《金陵世纪·金陵选胜·金陵览古》,成林点校,南京出版社,2009年。

《金明馆丛馆二编》,陈寅恪撰,上海古籍出版社,1980年。

《金石丛话》,施蛰存撰,中华书局,1991年。

《金石萃编》，[清]王昶撰，陕西人民美术出版社，1990年据民国十年扫叶山房石印本影印。

《〈金石萃编〉与清代金石学》，赵成杰撰，中国社会科学出版社，2019年。

《金石例补》，[清]郭麐撰，[清]朱记荣辑《金石全例》本，北京图书馆出版社，2008年。

《金石林时地考》，明赵均撰，台湾商务印书馆影印文渊阁《四库全书》本。

《金石录校证》，[宋]赵明诚撰，金文明校证，广西师范大学出版社，2005年。

《金石史》，[明]郭宗昌撰，《石刻史料新编》第三辑第39册。

《金石文考略》卷十一，[清]李光暎撰，台湾商务印书馆影印文渊阁《四库全书》本。

《金石文字记》，[清]顾炎武撰，《顾炎武全集》，上海古籍出版社，2011年。

《金石续编》，[清]陆耀遹撰，《石刻史料新编》第一辑第4册。

《金石学录》，[清]李遇孙撰，桑椹点校《金石学录三种》，浙江人民美术出版社，2017年。

《金石学录补》，[清]陆心源撰，桑椹点校《金石学录三种》，浙江人民美术出版社，2017年。

《金薤琳琅》，[明]都穆撰，《石刻史料新编》第一辑第10册。

《近代名家书法大成》，《近代名家书法大成》编纂委员会编，上海书画出版社，1998年。

《近代名人手札精选》，陈善伟、王尔敏编，香港中文大学出版社，1992年。

《近代名人手札真迹：盛宣怀珍藏书牍初编》，王尔敏、陈善伟编，香港中文大学出版社，1987年。

《近代名人书札》，中国社会科学院近代史研究所编，社会科学文献出版社，2010年。

《近事会元》，[宋]李上交撰，《守山阁丛书》本。

《晋书》，[唐]房玄龄等撰，中华书局，1974年。

《晋唐两宋行记辑校》，李德辉辑校，辽海出版社，2009年。

《经义考》，[清]朱彝尊撰，台湾商务印书馆影印文渊阁《四库全书》本。

《荆州志》，[南朝宋]盛弘之撰，曹元忠辑本，清光绪十九年(1893)刊，收入曹氏《笺经室丛书》。

《景物：石刻作为空间景观与文本景观》，程章灿撰，《古典文献研究》，第17辑下卷，凤凰出版社，2014年。

《旧墨记——世纪学人的墨迹与往事》，方继孝著，国家图书馆出版社，2005年。

《旧唐书》，[后晋]刘昫等撰，中华书局，1975年。

《旧五代史》,[宋]薛居正等撰,中华书局点校本二十四史修订本,2016年。
《沮渠安周造寺碑》,卢芳玉撰,《人民日报(海外版)》2010年12月13日第08版。
《郡斋读书志校证》,[宋]晁公武撰,孙猛校证,上海古籍出版社,1990年。

K

《空间里的时间:试论台湾原住民祭仪乐舞的"体现"及其博物馆"展示"的演绎》,杨政贤撰,载王嵩山主编《博物馆展示的景观》,台湾博物馆编,2011年。
《昆山见存石刻录》,潘鸣凤编,《石刻史料新编》第二辑第9册。

L

《劳费尔和他的汉学研究对美国中国学的贡献》,龚咏梅撰,载朱政惠主编《海外中国学评论》,第2辑,上海古籍出版社,2007年。
《老学庵笔记》,[宋]陆游撰,李剑雄、刘德权点校,中华书局,1979年。
《乐郊私语》,[元]姚桐寿撰,台湾商务印书馆影印文渊阁《四库全书》本。
《类说》,[宋]曾慥辑,文学古籍刊行社影印,1955年。
《冷香阁碑帖刻印社营业册》,冷香阁碑帖刻印社印,民国二十年(1931)初版,民国廿四年(1935)十一月再版。
《礼记正义》,[清]阮元校刻《十三经注疏》本,中华书局,1980年。
《礼记正义》,[汉]郑玄注,[唐]孔颖达正义,吕友仁整理,上海古籍出版社,2008年。
《礼物的流动——一个中国村庄中的互惠原则与社会网络》,阎云翔著,李放春、刘瑜译,上海人民出版社,2000年。
《礼物——汉碑与社会交往》,程章灿撰,《中国学术》,第十三卷第一辑(总第三十七辑),商务印书馆,2016年。
《礼物之谜》,[法]莫里斯·古德利尔著,王毅译,上海人民出版社,2007年。
《礼仪中的美术——巫鸿中国古代美术史文编》,[美]巫鸿著,郑岩、王睿编,郑岩等译,生活·读书·新知三联书店,2005年。
《李商隐诗歌集解》,刘学锴、余恕诚撰,中华书局,2004年。
《历代赋汇》,[清]陈元龙撰,凤凰出版社,2004年。
《隶释》,[宋]洪适撰,中华书局影印洪氏晦木斋刻本,1985年。
《隶续》,[宋]洪适撰,中华书局影印洪氏晦木斋刻本,1985年。
《梁启超与现代中国:"南长街五十四号"藏梁氏重要档案·论文集》,北京匡时国际拍卖有限公司,2012年。

《梁书》,[唐]姚思廉撰,中华书局,1973年。

《两汉金石记》,[清]翁方纲编,《石刻史料新编》第一辑第10册。

《两汉文举要》,高步瀛选注,陈新点校,中华书局,1990年。

《两位中国艺术品收藏家的交汇:端方与福开森》,[美]罗覃撰,苗魏译,山东画报出版社,2013年。

《两浙金石志》,[清]阮元编,《石刻史料新编》第一辑第14册。

《林泉高致集》,旧题[宋]郭思撰,台湾商务印书馆影印文渊阁《四库全书》本。

《临川先生文集》,[宋]王安石撰,《四部丛刊》本。

《零陵朝阳岩小史》,汤军撰,华东师范大学出版社,2011年。

《刘宾客嘉话录》,[唐]韦绚撰,台湾商务印书馆影印文渊阁《四库全书》本。

《刘宾客嘉话录》,[唐]韦绚撰,载[唐]崔令钦等撰,曹中孚等校点《教坊记(外七种)》,上海古籍出版社,2012年。

《刘鹗及老残游记资料》,刘德隆、朱禧、刘德平编,四川人民出版社,1985年。

《刘克庄集笺校》,[宋]刘克庄著,辛更儒笺校,中华书局,2011年。

《刘克庄年谱》,程章灿撰,贵州人民出版社,1993年。

《刘喜海〈海东金石苑〉刊行始末》,柳向春撰,《传统中国研究集刊》,第7辑,2009年。

《柳南随笔》,[清]王应奎撰,王彬、严英俊点校,中华书局,1983年。

《六艺之一录》,[清]倪涛撰,台湾商务印书馆影印文渊阁《四库全书》本。

《论蔡邕碑文的非"谀碑"》,王银忠撰,《文山师范高等专科学校学报》,2006年第1期。

《论书绝句》,启功撰,生活·读书·新知三联书店,1990年。

《论语注疏》,[清]阮元校刻《十三经注疏》本,中华书局,1980年。

《萝轩变古笺》,[明]颜继祖辑,吴发祥刻印,凤凰出版社,2013年。

《萝轩变古笺谱》,上海朵云轩编印,中国国际书店发行,1981年。

《洛阳后梁高继蟾墓发掘简报》,洛阳市文物工作队撰,《文物》,1995年第8期。

《洛阳出土石刻时地记》,郭玉堂撰,大象出版社,2005年。

《洛阳伽蓝记校释》,[北魏]杨衒之撰,周祖谟校释,上海书店出版社,2000年。

《洛阳新获墓志》,李献奇、郭引强编,文物出版社,1996年。

《吕氏春秋集释》,许维遹撰,梁运华整理,中华书局,2009年。

《履园丛话》,[清]钱泳撰,张伟点校,中华书局,1979年。

《履斋示儿编》,[宋]孙奕撰,侯体健、况正兵点校,中华书局,2014年。
《略附此心报平安——南京博物院藏文徵明〈付彭、嘉六书〉考释》,陈名生撰,《中国书法》,2018年第10期。

M

《孟子林庙历代题咏集》,刘培桂编,齐鲁书社,2001年。
《秘书监志》,[元]王士点、商企翁同撰,台湾商务印书馆影印文渊阁《四库全书》本。
《民国著名刻工郭希安及其所镌石刻辑录》,段志凌撰,《碑林集刊》,第十二辑。
《闽南摩崖石刻研究》,陈光田著,商务印书馆,2018年。
《名迹录》,[明]朱珪撰,台湾商务印书馆影印文渊阁《四库全书》本。
《明清苏州社会史碑刻集》,王国平、唐力行主编,苏州大学出版社,1998年。
《明史》,[清]张廷玉等撰,中华书局,1974年。
《明文海》,[清]黄宗羲编,台湾商务印书馆影印文渊阁《四库全书》本。
《缪荃孙全集·金石》,缪荃孙撰,凤凰出版社,2014年。
《缪荃孙与泺源书院》,杨洪升撰,《山东图书馆学刊》,2006年第3期。
《缪荃孙致凌霞函札释读》,张廷银撰,《文献》,2010年第2期。
《墨池编》,[宋]朱长文撰,台湾商务印书馆影印文渊阁《四库全书》本。
Monumentality in Early Chinese Art and Architecture, Wu Hung, Stanford University Press, 1995.
《墨子间诂》,[清]孙诒让撰,孙启治点校,中华书局,2001年。
《目录学发微 古书通例》,余嘉锡撰,中华书局,2007年。
《墓志文体起源新论》,程章灿撰,《学术研究》,2005年第6期。

N

《"南长街五十四号"藏梁氏重要档案·书信》,北京匡时国际拍卖有限公司,2012年。
《南村辍耕录》,[明]陶宗仪撰,中华书局,1959年。
《南京大学藏近现代名人手迹选》,洪银兴主编,南京大学出版社,2012年。
《南京大学文物珍品图录》,洪银兴、蒋赞初主编,科学出版社,2002年。
《南史》,[唐]李延寿撰,中华书局,1983年。
《倪文贞集》,[明]倪元璐撰,台湾商务印书馆影印文渊阁《四库全书》本。

O

《欧阳行周文集》,[唐]欧阳詹撰,台湾商务印书馆影印文渊阁《四库全书》本。
《欧阳修集古录跋》,[宋]欧阳修撰,上海书画出版社2002年影印。
《欧阳修全集》,[宋]欧阳修撰,中华书局,2001年。
《欧阳修诗文集校笺》,[宋]欧阳修著,洪本健校笺,上海古籍出版社,2009年。
《欧斋石墨题跋》,朱翼庵撰,书目文献出版社,1990年。

P

《皮锡瑞全集》,[清]皮锡瑞撰,吴仰湘编,《国家清史编纂委员会·文献丛刊》,中华书局,2015年。
《平津馆金石萃编》,[清]严可均撰,《石刻史料新编》第二辑第4册。
Poetry, Space, Landscape: Toward a theory of landscape. Chris Fitter, Cambridge University Press,1995.
《曝书亭集》,[清]朱彝尊撰,台湾商务印书馆影印文渊阁《四库全书》本。

Q

《七朝石经研究新论》,虞万里主编,上海书店出版社,2019年。
《七修类稿》,[明]郎瑛撰,上海书店,2001年。
《(乾隆)江南通志》,[清]赵弘恩等监修,程章灿主编,凤凰出版社,2019年。
《千唐志斋藏志》,河南省文物研究所、洛阳地区文管处编,文物出版社,1983年。
《潜研堂金石文跋尾》,[清]钱大昕撰,《嘉定钱大昕全集》,凤凰出版社,2016年。
《钦定国子监志》,[清]梁国治等撰,台湾商务印书馆影印文渊阁《四库全书》本。
《钦定续通志》,[清]嵇璜等撰修,台湾商务印书馆影印文渊阁《四库全书》本。
《秦汉石刻题跋辑录》,容媛辑录,胡海帆整理,上海古籍出版社,2009年。
《秦始皇东巡刻石考述》,蒋经魁撰,《驻马店师专学报》,1989年第3期。
《秦始皇刻石探疑》,金其桢撰,《北京大学学报》,2001年第6期。
《青箱杂记》,[宋]吴处厚撰,李裕民点校,中华书局,1985年。
《清稗类钞》,徐珂编,中华书局,2010年。
《清波杂志校注》,[宋]周煇撰,刘永翔校注,中华书局,1994年。
《清代版刻一隅(增订本)》,黄裳撰,复旦大学出版社,2005年。

《清代名人书札》，本书编写组编，北京师范大学出版社，2009年。
《〈清代人物生卒年表〉补正》，张鑫龙撰，《经学文献研究集刊》，第26辑，上海书店出版社，2021年。
《清代苏州城市工商繁荣的写照——〈姑苏繁华图〉》，范金民撰，载《江南社会经济研究·明清卷》，中国农业出版社，2006年。
《清河书画舫》，[明]张丑撰，徐德明校点，上海古籍出版社，2011年。
《清劳韧叟先生乃宣自订年谱》，劳乃宣撰，王云五主编《新编中国名人年谱集成》第五辑，台湾商务印书馆，1978年。
《清儒学案》，徐世昌等编纂，中华书局，2008年。
《袁桷集校注》，[元]袁桷著，杨亮校注，中华书局，2012年。
《曲洧旧闻》，[宋]朱弁撰，孔凡礼点校《师友谈记·曲洧旧闻·西塘集耆旧续闻》合订本，中华书局，2002年。
《全上古三代秦汉三国六朝文》，[清]严可均校辑，中华书局，1958年。
《全宋词》，唐圭璋编，中华书局，1965年。
《全唐诗》，[清]彭定求等编，上海古籍出版社缩印扬州诗局本，1986年。
《全唐文》，[清]董诰等编，上海古籍出版社缩印扬州官刻本，1990年。

R

《热奈特论文选》，[法]杰拉德·热奈特撰，史忠义译，河南大学出版社，2009年。
《人境庐诗草笺注》，[清]黄遵宪著，钱仲联笺注，上海古籍出版社，1981年。
《日闻录》，[元]李翀撰，台湾商务印书馆影印文渊阁《四库全书》本。
《日下旧闻考》，[清]于敏中等编纂，北京古籍出版社，1985年。
《日知录集释》，[清]顾炎武撰，[清]黄汝成集释，栾保群、吕宗力点校，上海古籍出版社，2006年。
《容春堂集》，[明]邵宝撰，台湾商务印书馆影印文渊阁《四库全书》本。
《容庚文集》，曾宪通编，中山大学出版社，2004年。
《容媛金石学文集》，容媛著，罗志欢、李炳球主编，齐鲁书社，2020年。
《容斋随笔》，[宋]洪迈撰，孔凡礼点校，中华书局，2005年。

S

《三国碑述》，袁维春撰，北京工艺美术出版社，1993年。

《三国志》,[晋]陈寿撰,[南朝宋]裴松之注,中华书局,1982年。
《三"夷"相会——以越南汉文燕行文献为中心》,张京华撰,《外国文学评论》,2012年第1期。
《散原精舍诗文集》,[清]陈三立著,李开军校点,上海古籍出版社,2003年。
《沙畹汉学论著选译》,[法]沙畹著,邢克超选编,邢克超、杨金平、乔雪梅译,中华书局,2014年。
《沙畹和法国的中国碑铭学》,[法]戴仁撰,《法国汉学》,第6辑,中华书局,2002年。
《山东汉代碑刻研究》,刘海宁撰,齐鲁书社,2015年。
《山谷年谱》,[宋]黄𥕂撰,台湾商务印书馆影印文渊阁《四库全书》本。
《山谷题跋》,[宋]黄庭坚撰,《中国书画全书》,上海书画出版社,2000年。
《山居新话》,[元]杨瑀撰,台湾商务印书馆影印文渊阁《四库全书》本。
《山右石刻丛编》,[清]胡聘之辑,《石刻史料新编》第一辑第20、21册。
《山左金石志》,[清]毕沅、阮元撰,《石刻史料新编》第一辑第19册。
《善本碑帖录》,张彦生撰,中华书局,1984年。
《上海碑刻资料选辑》,上海博物馆图书资料室编,上海人民出版社,1980年。
《尚书正义》,[清]阮元校刻《十三经注疏》本,中华书局影印,1980年。
《尚书注疏汇校》,杜泽逊主编,中华书局,2018年。
《邵建和墓志》拓本,程章灿家藏。
《邵氏闻见录》,[宋]邵伯温撰,李剑雄、刘德权点校,中华书局,1983年。
《歙县金石志》,叶为铭辑,《石刻史料新编》第一辑第16册。
《圣碑:南京栖霞山明征君碑瞻礼》,吕佐兵主编,中国文史出版社,2015年。
《诗话总龟》,[宋]阮阅编,周本淳校点,人民文学出版社,1987年。
《十二砚斋金石过眼录》,[清]汪鋆撰,《石刻史料新编》第一辑第10册。
《16世纪以来的景观与历史》,[英]伊恩·D·怀特(Ian D. Whyte)著,王思思译,中国建筑工业出版社,2011年。
《十竹斋笺谱》,[明]胡正言辑,中国书店,2012年。
《石初集》,[元]周霆震撰,台湾商务印书馆影印文渊阁《四库全书》本。
《石刻的现场阅读及其三种样态》,程章灿撰,《文献》,2021年第4期。
《石刻考工录》,曾毅公辑,书目文献出版社,1987年。
《〈石刻考工录〉补正》,官桂铨撰,《文献》,1990年第1期。
《〈石刻考工录〉续补》,刘汉忠撰,《文献》,1991年第3期。
《石刻刻工研究》,程章灿撰,上海古籍出版社,2008年。

《石刻题跋索引》(增订本),杨殿珣编,商务印书馆,1990年。
《石刻研究的基本问题》,程章灿撰,《湖南科技学院学报》,2015年第7期。
《石林燕语》,[宋]叶梦得撰,中华书局,1984年。
《石墨镌华》,[明]赵崡撰,《石刻史料新编》第一辑第25册。
《石头上的儒家经典——曲阜碑文录》,骆承烈编,齐鲁书社,2001年。
《石学蠡探》,叶国良撰,台湾大安出版社,1989年。
《石学论丛》,程章灿撰,台湾大安出版社,1999年。
《史记》,[汉]司马迁撰,[南朝宋]裴骃集解,[唐]司马贞索隐,张守节正义,中华书局,1959年。
《史记》,[汉]司马迁撰,二十四史校点修订本,中华书局,2013年。
《始丰稿》,[明]徐一夔撰,台湾商务印书馆影印文渊阁《四库全书》本。
《世说新语笺疏》(修订版),余嘉锡撰,周祖谟、余淑宜整理,上海古籍出版社,1993年。
《式古堂书画汇考》,[清]卞永誉撰,台湾商务印书馆影印文渊阁《四库全书》本。
《释名》,[汉]刘熙撰,中华书局,2020年。
《授堂金石跋》,[清]武亿撰,高敏、袁祖亮校点,中州古籍出版社,1993年。
《授堂金石三跋》,[清]武亿撰,上海古籍出版社,2020年。
《书画跋跋》,[明]孙镛撰,台湾商务印书馆影印文渊阁《四库全书》本。
《书林藻鉴》,马宗霍撰,文物出版社,1984年。
《书史会要》,[明]陶宗仪撰,上海书店1984年据1929年武进陶氏逸园景刊明洪武本影印。
《书于竹帛:中国古代的文字记录》,钱存训著,上海书店出版社,2002年。
《水东日记》,[明]叶盛撰,台湾商务印书馆影印文渊阁《四库全书》本。
《水东日记》,[明]叶盛撰,魏中平点校,中华书局,1980年。
《水经注校证》,陈桥驿撰,中华书局,2007年。
《说笺》(增订本),梁颖撰,上海科学技术文献出版社,2012年。
《说文解字注》,[汉]许慎著,[清]段玉裁注,许惟贤整理,凤凰出版社,2015年。
《四川历代碑刻》,高文、高成刚编,四川大学出版社,1990年。
《四库全书总目》,[清]永瑢等撰,中华书局,1965年。
《四书章句集注》,[宋]朱熹撰,中华书局,1983年。
《四友斋丛说》,[明]何良俊撰,中华书局,1959年。
《嵩阳石刻集记》,[清]叶封撰,台湾商务印书馆影印文渊阁《四库全书》本。

《宋李成〈读碑窠石图〉》,张德宁撰,《新民晚报》2009年5月2日。

《宋朝事实类苑》,[宋]江少虞撰,上海古籍出版社,1981年。

《宋代官制辞典》,龚延明编著,中华书局,1997年。

《宋代金石学研究》,叶国良著,台湾书房出版有限公司,2011年。

《宋代刻石文化与民间及官署刻工考》,程章灿撰,香港浸会大学中文系编《人文中国》,第12辑,上海古籍出版社,2006年。

《宋会要辑稿》,[清]徐松辑,刘琳、刁忠民、舒大刚、尹波等校点,上海古籍出版社,2014年。

《宋荦年谱》,刘万华撰,广西师范大学2008年硕士论文。

《宋名臣言行录》,[宋]李幼武纂集,台湾商务印书馆影印文渊阁《四库全书》本。

《宋诗纪事》,[清]厉鹗辑撰,上海古籍出版社,2013年。

《宋史》,[元]脱脱等撰,中华书局,1985年。

《宋拓蜀石经》,刘体乾辑,湖南美术出版社影印,2020年。

《苏轼诗集》,[清]王文诰辑注,孔凡礼点校,中华书局,1982年。

《苏轼文集》,[宋]苏轼撰,孔凡礼点校,中华书局,1986年。

《苏魏公文集》,[宋]苏颂撰,台湾商务印书馆影印文渊阁《四库全书》本。

《苏州金石志》,[清]石韫玉撰,《石刻史料新编》第三辑第5册。

《苏州刻工穆大展之生平与交游考述——以〈摄山玩松图〉为中心》,郑幸撰,《文献》,2018年第6期。

《隋书》,[唐]魏徵等撰,中华书局点校本二十四史修订本,2019年。

《隋唐五代墓志汇编》,吴树平主编,天津古籍出版社,1992年。

《孙伯渊与吴湖帆书画鉴藏的几件轶事》,孙怡祖撰,《世纪》,2017年第1期。

《孙望文集》,孙望撰,南京师范大学出版社,2002年。

T

《拓片拓本制作技法》,李一、齐开义著,北京工艺美术出版社,1995年。

《太平御览》,[宋]李昉等撰,中华书局1960年影印本。

《谭献日记》,[清]谭献撰,范旭仑、牟晓朋整理,中华书局,2013年。

《唐代刻工孙继和墓志》,王连龙撰,《文献》,2011年第3期。

《唐代墓志汇编》,周绍良、赵超主编,上海古籍出版社,1992年。

《唐代墓志汇编续集》,周绍良、赵超主编,上海古籍出版社,2001年。

《唐代石工墓志和石工生涯——以石工周胡儿、孙继和墓志为中心》，赵振华撰，《唐史论丛》，2012年第1期。

《唐会要》，[宋]王溥撰，中华书局，1955年。

《唐宋时期的雕版印刷》，宿白撰，文物出版社，1999年。

《唐文粹》，[宋]姚铉撰，《四部丛刊》本。

《唐语林校证》，[宋]王谠撰，周勋初校证，中华书局，1987年。

《唐张说墓志考释》，李献奇撰，《文物》，2000年第10期。

《唐长孺文集》，唐长孺撰，中华书局，2011年。

《堂吉诃德》，[西班牙]塞万提斯著，张广森译，上海译文出版社，2006年。

《陶渊明集》，[晋]陶渊明撰，逯钦立校注，中华书局，1979年。

《陶渊明集笺注》，[晋]陶渊明撰，袁行霈撰，中华书局，2011年。

《"填写"写出来的人生——由亡宫墓志看唐代宫女的命运》，程章灿撰，《中国典籍与文化》，1996年第1期。

《天咫偶闻》，[清]震钧撰，北京古籍出版社，1982年。

《铁围山丛谈》，[宋]蔡絛撰，冯惠民、沈锡麟点校，中华书局，1983年。

《通志二十略》，[宋]郑樵撰，王树民点校，中华书局，1995年。

《同光体与晚清士人群体》，陆胤撰，《国学研究》，第22辑，北京大学出版社，2008年。

《拓本聚瑛——芝加哥富地博物馆藏中国石刻拓本述论》，程章灿撰，《中国文化研究》，2012年秋之卷（总第77期）。

W

《玩物：晚清士风与碑帖流通》，程章灿撰，《学术研究》，2015年第12期。

《晚清民国间的"名家传拓"与"传拓名家"》，郭玉海撰，《故宫学刊》，第五辑，紫禁城出版社，2010年。

《晚清名人墨迹精华》，王贵忱、于景祥、王大文编，辽海出版社，2008年。

《王同愈集》，[清]王同愈撰，顾廷龙编，上海古籍出版社，1998年。

《味水轩日记》，[明]李日华著，叶子卿点校，浙江人民美术出版社，2018年。

《文彭年谱》，刘东芹著，南京大学历史学院2019年博士后出站报告，未刊稿。

《文史通义校注》，[清]章学诚著，叶瑛校注，中华书局，1985年。

《文物：朱熹对石刻的文化利用》，程章灿撰，《南京大学学报》，2018年第5期。

《文心雕龙札记》，黄侃撰，周勋初导读，上海古籍出版社，2000年。
《文心雕龙注》，[南朝梁]刘勰著，范文澜注，人民文学出版社，1958年。
《文选》，[南朝梁]萧统编，[唐]李善注，中华书局影印胡刻本，1977年。
《〈文选〉研究文献辑刊》，宋志英、南江涛选编，国家图书馆出版社，2013年。
《文苑英华》，[宋]李昉等编，中华书局影印本，1966年。
《文章辨体汇选》，[明]贺复徵编，台湾商务印书馆影印文渊阁《四库全书》本。
《文章辨体序说·文体明辨序说》，[明]吴讷、徐师曾著，于北山、罗根泽校点，人民文学出版社，1962年。
《文章轨范》，[宋]谢枋得编，台湾商务印书馆影印文渊阁《四库全书》本。
《文辙（文学史论集）》，饶宗颐撰，台湾学生书局，1991年。
《文徵明集》，[明]文徵明著，周道振辑校，上海古籍出版社，1987年。
《文徵明书画简表》，周道振编著，人民美术出版社，1985年。
《文徵明与苏州画坛》，江兆申撰，台北故宫博物院，1977年。
《翁方纲年谱》，沈津撰，台湾"中研院"中国文哲研究所，2002年。
《我们的干爹石山保》，陈泳超撰，《湖南科技学院学报》，第36卷第3期（2015年）。
《吴大澂和他的拓工》，白谦慎撰，海豚出版社，2013年。
《吴都文粹续集》，[明]钱榖撰，台湾商务印书馆影印文渊阁《四库全书》本。
《吴兴备志》，[明]董斯张撰，台湾商务印书馆影印文渊阁《四库全书》本。
《吴兴掌故集》，[明]徐献忠撰，《四库存目丛书》本。
《五杂俎》，[明]谢肇淛撰，上海书店出版社，2001年。
《物质文化读本》，孟悦、罗钢主编，北京大学出版社，2008年。

X

《西安碑林新入藏墓志略论》，赵力光撰，《碑林集刊》，2010年第1期。
《西安郊区隋唐墓》，中国科学院考古研究所编著，科学出版社，1966年。
《西汉人造环境：官僚的空间与文人的环境》，Timothy Baker撰，政治大学中国文学系编，《第六届汉代文学与思想学术讨论会论文集》，政治大学中国文学系出版，2008年。
《〈西京杂记〉的作者》，程章灿撰，《中国文化》，第9辑，1994年。
《西京杂记全译》，[东晋]葛洪集，程章灿、成林译注，贵州人民出版社，1993年。
《析津志辑佚》，[元]熊梦祥撰，北京图书馆善本组辑，北京古籍出版社，1983年。

《先秦汉魏晋南北朝诗》,逯钦立辑校,中华书局,1983年。
《先秦两汉文选》,李隆献编,台湾大学出版中心,2013年。
《象阙与萧梁政权始建期的正统焦虑——读陆倕〈石阙铭〉》,程章灿撰,《文史》,2013年第2辑。
《小莽苍苍斋藏清代学者书札》,陈烈主编,人民文学出版社,2013年。
《新安文献志》,[明]程敏政撰,台湾商务印书馆影印文渊阁《四库全书》本。
《新版唐代墓志所在综合目录》,[日]气贺泽保规编,汲古书院,2004年。
《新出宋代墓志碑刻辑录(北宋卷)》,何新所编著,文物出版社,2019年。
《新发现唐代刻石名家邵建和墓志整理研究》,李浩撰,《文献》,2018年第6期。
《新唐书》,[宋]欧阳修、宋祁撰,中华书局,1975年。
《新征集唐〈罗州阠墓志〉志主的胡人身份浅析》,呼啸撰,《文博》,2010年第3期。
《新中国出土墓志·北京卷》,中国文物研究所、北京石刻艺术博物馆编,文物出版社,2003年。
《新中国出土墓志·陕西卷》,中国文物研究所、陕西省古籍整理办公室编,文物出版社,2000年。
《新中国出土墓志·重庆卷》,中国文物研究所编,文物出版社,2002年。
《幸鲁盛典》,[清]孔毓圻等撰,台湾商务印书馆影印文渊阁《四库全书》本。
《徐霞客游记》,[明]徐弘祖撰,商务印书馆,1986年。
《续资治通鉴长编》,[宋]李焘撰,中华书局,1979年。
《宣和画谱》,俞剑华注译,江苏美术出版社,2007年。
《玄英集》,[唐]方干撰,台湾商务印书馆影印文渊阁《四库全书》本。

Y

《颜氏家训集解》(增补本),王利器撰,中华书局,2002年。
《弇州山人题跋》,[明]王世贞撰,汤志波辑校,浙江人民美术出版社,2012年。
《弇州四部稿》,[明]王世贞撰,台湾商务印书馆影印文渊阁《四库全书》本。
《杨守敬集》,[清]杨守敬撰,谢承仁主编,湖北人民出版社,1997年。
《尧峰文钞》,[清]汪琬撰,台湾商务印书馆影印文渊阁《四库全书》本。
《也说"杜预沉碑"》,邵继云撰,《襄阳日报》2011年9月28日。
《叶昌炽诗集》,[清]叶昌炽撰,刘效礼点校,华东师范大学出版社,2012年。
《叶为铭佚稿〈浙江石刻石师录〉与陈锡钧》,王巨安撰,《杭州文博》,第7辑。

《一次同题竞赛的百年雅集——读南海霍氏藏本罗聘〈鬼趣图卷〉题咏诗文》,程章灿撰,《文艺研究》,2011年第7期。
《猗觉寮杂记》,[宋]朱翌撰,大象出版社,2019年。
《疑耀》,[明]张萱撰,台湾商务印书馆影印文渊阁《四库全书》本。
《艺风老人日记》,[清]缪荃孙撰,北京大学出版社影印本,1986年。
《艺风堂同人尺牍》,谢冬荣整理,载《中国典籍与文化论丛》,第16辑,凤凰出版社,2014年。
《义门读书记》,[清]何焯著,崔高维点校,中华书局,1987年。
《异苑》,[南朝宋]刘敬叔撰,中华书局,1996年。
《鄞县金石志》,[清]董沛撰,《石刻史料新编》第三辑第8册。
《饮冰室诗话》,梁启超著,舒芜校点,人民文学出版社,1959年。
《永州摩崖石刻精选》,潇湘意摩崖石刻拓片博物馆、张京华、杨宗君、敖炼著,湖南美术出版社,2019年。
《尤物:作为物质文化的中国古代石刻》,程章灿撰,《学术研究》,2013年第10期。
《由〈冯承素墓志〉推考初唐弘文馆搨书人问题》,王家葵撰,《文汇报》2015年9月18日。
《余嘉锡文史论集》,余嘉锡撰,岳麓书社,1997年。
《余姚金石志》,[清]孙德祖撰,《石刻史料新编》第三辑第9册。
《语石·语石异同评》,[清]叶昌炽撰,柯昌泗评,陈公柔、张明善点校,中华书局,1994年。
《舆地碑记目》,[宋]王象之,台湾商务印书馆影印文渊阁《四库全书》本。
《御定历代题画诗类》,清康熙四十六年敕辑,台湾商务印书馆影印文渊阁《四库全书》本。
《玉叩读碑:碑帖故事与考证》,王家葵著,四川文艺出版社,2016年。
《豫章文集》,[宋]罗从彦撰,台湾商务印书馆影印文渊阁《四库全书》本。
《冤魂志校注》,[北齐]颜之推撰,罗国威校注,巴蜀书社,2001年。
《元次山集》,[唐]元结撰,台湾商务印书馆影印文渊阁《四库全书》本。
《元次山集》,[唐]元结撰,中华书局,1960年。
《元次山年谱》,孙望撰,古典文学出版社,1957年。
《元和郡县图志》,[唐]李吉甫撰,贺次君点校,中华书局,1983年。
《元和姓纂四校记》,[唐]林宝撰,岑仲勉校,孙望、郁贤皓等整理,中华书局,1994年。

《元史》,[明]宋濂等撰,中华书局,1976年。
《原本韩集考异》,[宋]朱熹撰,台湾商务印书馆影印文渊阁《四库全书》本。
《缘督庐的金石世界》,任晓炜撰,中国美术学院2009届硕士论文(范景中教授指导)。
《缘督庐日记》,[清]叶昌炽撰,江苏古籍出版社,2002年。
《缘督庐日记钞》,[清]叶昌炽撰,王季烈编,北京图书出版社,2007年。
《"乐工"还是"医匠"?——安金藏研究》,李锦绣撰,《晋阳学刊》,2015年第3期。
《粤西金石略》,[清]谢启昆撰,《石刻史料新编》第一辑第17册。
《云峰诸山北朝刻石讨论会论文选集》,山东石刻艺术博物馆、中国书法家协会山东分会编,齐鲁书社,1985年。
《运甓漫稿》,[明]李昌祺撰,台湾商务印书馆影印文渊阁《四库全书》本。

Z

《曾巩集》,[宋]曾巩撰,陈杏珍、晁继周点校,中华书局,1998年。
《增订唐两京城坊考》,[清]徐松撰,李健超增订,三秦出版社,2019年。
《张佩纶日记》,[清]张佩纶撰,谢海林整理,凤凰出版社,2015年。
《张孝祥集编年校注》,[宋]张孝祥撰,辛更儒校注,中华书局,2016年。
《张之洞全集》,赵德馨主编,武汉出版社,2008年。
《浙江图书馆馆藏名人手札选》,李性忠主编,浙江人民出版社,2000年。
《浙江石刻石师录》(《五朝镌刻墓志碑铭石师姓氏录》),叶为铭撰,陈锡钧整理,手稿本,现藏浙江图书馆古籍部善本室。
《政和五礼新仪》,[宋]郑居中等撰,台湾商务印书馆影印文渊阁《四库全书》本。
《芝加哥斐尔德自然历史博物馆藏拓本聚瑛序言》,陈和铣撰,《大陆杂志》,1983年4月。
《至正集》,[元]许有壬撰,台湾商务印书馆影印文渊阁《四库全书》本。
《志石广例》,[清]梁玉绳撰,[清]朱记荣辑《金石全例》本,北京图书馆出版社,2008年。
《中国藏书家通典》,李玉安、黄正雨编著,中国国际文化出版社,2005年。
《中国古文献学史》,孙钦善著,中华书局,1994年。
《中国金石学讲义》,陆和九撰,北京图书馆出版社,2003年。
《中国伊朗编》,[美]劳费尔著,林筠因译,商务印书馆,1964年。

《中国文化中"报""保""包"之意义》,杨联陞著,贵州人民出版社,2009年。
《冢墓:作为刘宋的文化场域》,程章灿撰,《中国文化》,第53辑(2021年春季号)
《周易正义》,[清]阮元校刻《十三经注疏》本,上海古籍出版社,1997年。
《朱熹校书考》,赵灿鹏撰,《安徽史学》,2000年第1期。
《朱熹与武夷山摩崖石刻》,黄胜科撰,《福建史志》,2005年第4期。
《朱子金石学》,鲍鼎撰,台湾新文丰出版公司《石刻史料新编》第三辑第30册。
《朱子新学案》,钱穆撰,巴蜀书社,1986年。
《朱子语类》,[宋]黎靖德编,中华书局,1986年。
《竹云题跋》,[清]王澍撰,李文点校,浙江人民美术出版社,2019年。
《渚宫旧事》,[唐]余知古撰,中华书局,1985年。
《庄子集释》,[清]郭庆藩集释,中华书局,1961年。
《资治通鉴》,[宋]司马光撰,中华书局,1956年。
《紫山大全集》,[元]胡祗遹撰,台湾商务印书馆影印文渊阁《四库全书》本。
《滋溪文稿》,[元]苏天爵撰,台湾商务印书馆影印文渊阁《四库全书》本。

后　记

　　本书是十卷本《中国古代文献文化史》的第八卷，也是2010年国家社科基金重大项目"中国古代文献文化史"的子课题之一。作为这一重大项目的首席专家，我除了负责项目的全面规划，还承担第八卷和第十卷的研究与撰写任务。我一直认为，在讨论中国古代文献的历史形态与文化贡献之时，古代石刻文献非但是不可或缺的一环，还是十分重要的组成部分。历来有关古代石刻的研究，林林总总，大体上可以划分为史料研究、历史研究与文化研究三个层面，在文化研究这个层面，又可以有不同的视角，本书选择的是物质文化的研究视角。

　　全书十六章，绝大多数曾作为单篇论文在各家学术刊物上发表。虽然各章都环绕古代石刻与物质文化这一核心视角展开，但彼此之间仍然不免有一些重叠或交叉。收入本书时，我根据全书的结构需要作了一些删改、修订，少量章节作了一些调整。刻工是石刻文献的重要生产者，有关刻工研究的几个章节，在旧著《石刻刻工研究》相关内容的基础上，吸收近年出土的石刻新材料（如《邵建和墓志》）以及新的研究成果，作了较多改写，并适当增补了一些内容。

　　以下根据发表时间先后，将各篇论文原发刊物、题目及其刊期开列如下，并在括号中标注各篇在本书中的位置：

　　1.《汉唐石刻——中国式的纪念与记忆》，《图书馆杂志》，2012年第2期。（附录）

　　2.《尤物：作为物质文化的中国古代石刻》，《学术研究》，2013年第

10期。(第一章)

3.《传统、礼仪与文本——秦始皇东巡刻石的文化史意义》,《文学遗产》,2014年第2期。(第八章)

4.《景物:石刻作为空间景观与文本景观》,《古典文献研究》,第17辑下卷,凤凰出版社,2014年。(第十一章)

5.《玩物:晚清士风与碑帖流通》,《学术研究》,2015年第12期。(第十五章)

6.《结古欢:晚清集古笺与石刻文献》,《中华文史论丛》,2016年第1期。(第十四章)

7.《礼物——汉碑与社会交往》,《中国学术》,第十三卷第一辑(总第三十七辑),商务印书馆,2016年。(第九章)

8.《神物:后汉三国石刻志异》,《南京大学学报》,2017年第2期。(第十章)

9.《捶石入纸:拓本生产与流通中的拓工——以晚清缪荃孙及其拓工为中心》,《上海师范大学学报》,2018年第5期。(第七章)

10.《文物:朱熹对石刻的文化利用》,《南京大学学报》,2018年第5期。(第十三章)

11.《石刻的现场阅读及其三种样态》,《文献》,2021年第4期。(第十六章之一)

12.《方物:从永州摩崖石刻看文献生产的地方性》,《武汉大学学报》,2021年第1期。(第十二章)

13.《石刻文献的"四本论"》,《四川大学学报》,2022年第5期。(第二章)

14.《"保残守缺"的艺术:欧阳修的拓本阅读》,《江海学刊》,2022年第5期。(第十六章之二、三)

15.《石刻题跋的阅读方法——以刘体乾旧藏〈宋拓蜀石经〉题跋为例》,《社会科学战线》,2022年第10期。(第十六章之四、五、六)

上述论文大多曾在不同的学术会议、论坛或者演讲报告会上,与学界同人做过交流,获得过反馈和教益,在公开发表之前,也曾听取刊物编辑和匿名审稿人的指教,我愿借此机会一并致谢,尤其感谢给拙文提供发表空间的各家刊物。本书文字与单篇论文发表时已有不同,少数观点有所微调,虽经修订,定然还存在错漏不足。倘有惠赐教言者,请以本书文本为准。跂予望之。

程章灿
2022 年 8 月
记于金陵城东之仙霞庐